해커스공무원

함수민 행정법총론 단권화 노트

해커스공무원
함수민
행정법총론
단권화 노트

초판 1쇄 발행 2025년 2월 24일

지은이	함수민 편저
펴낸곳	해커스패스
펴낸이	해커스공무원 출판팀

주소	서울특별시 강남구 강남대로 428 해커스공무원
고객센터	1588-4055
교재 관련 문의	gosi@hackerspass.com
	해커스공무원 사이트(gosi.Hackers.com) 교재 Q&A 게시판
	카카오톡 플러스 친구 [해커스공무원 노량진캠퍼스]
학원 강의 및 동영상강의	gosi.Hackers.com

ISBN	979-11-7244-832-5 (13360)
Serial Number	01-01-01

저작권자 ⓒ 2025, 함수민

이 책의 모든 내용, 이미지, 디자인, 편집 형태는 저작권법에 의해 보호받고 있습니다.
서면에 의한 저자와 출판사의 허락 없이 내용의 일부 혹은 전부를 인용, 발췌하거나 복제, 배포할 수 없습니다.

함수민

약력
제56회 사법시험 합격
제32회 법원행정고등고시 합격
현 | 해커스공무원 행정법 강의
전 | 노량진 윌비스고시학원 전임교수

저서
해커스공무원 함수민 행정법총론 기본서
해커스공무원 함수민 행정법총론 단원별 기출문제집
해커스공무원 함수민 행정법총론 진도별 모의고사
해커스공무원 함수민 행정법총론 실전동형모의고사
해커스공무원 함수민 행정법총론 단권화 노트

공무원 교육 1위,
해커스공무원 gosi.Hackers.com

해커스공무원

· 해커스공무원 학원 및 인강(교재 내 인강 할인쿠폰 수록)
· 해커스 스타강사의 공무원 행정법 무료 특강
· 정확한 성적 분석으로 약점 극복이 가능한 합격예측 온라인 모의고사(교재 내 응시권 및 해설강의 수강권 수록)

한경비즈니스 2024 한국품질만족도 교육 (온·오프라인 공무원학원) 1위

서문

단권화 노트는 행정법총론의 방대한 내용을 간결하게 압축 정리하여 학습 부담을 덜고 단기간에 가장 효율적으로 학습효과를 극대화하기 위해 만들어졌습니다. 학습을 거듭할수록 전체 내용을 한눈에 들어올 수 있도록 요약하는 것이 좋은 전략입니다.

이 책을 통해 행정법총론을 처음 접하는 초심자뿐만 아니라, 행정법총론에 대한 이해가 선행되어 있는 수험생 또한 행정법총론에 더욱 빠르게 접근하여 행정법총론을 마스터 할 수 있을 것입니다.

이에 『해커스공무원 함수민 행정법총론 단권화 노트』는 다음과 같은 특징을 가지고 있습니다.

첫째, 행정법총론의 내용을 포인트별로 정리하여 쉽고 빠른 회독 학습이 가능합니다.
- 단권화 노트의 목차를 '포인트'별로 구성하여 각 편별로 어떤 내용들이 담겨져 있는지 한눈에 파악할 수 있어 행정법총론의 전반적인 내용들을 쉽고 빠르게 회독할 수 있습니다. '포인트'별 기준으로 목차를 잡으면서도 소제목들은 기본서의 목차구성을 최대한 반영하여 단권화 노트를 기본서와 함께 읽을 때 그 시너지가 더욱 커질 것입니다.

둘째, 행정법총론의 내용을 쉽게 이해하고 오래 기억할 수 있도록 실제 강의 판서 내용을 수록하였습니다.
이론강의 판서 내용을 수록하여 여러 번 회독할 때 수업시간에 배웠던 내용들을 회상하며 기억이 오래 지속될 수 있도록 하였고, 난해한 부분들을 쉽게 이해할 수 있도록 하였습니다.

셋째, 도식화된 이론 및 다양한 판례, 조문을 통해 유기적·입체적인 학습이 가능합니다.
기본서 내용들을 압축하여 서술하면서도 도식화된 이론 및 다양한 판례와 조문들을 다수 수록하여 유기적이고 입체적인 학습이 이루어질 수 있도록 하였습니다.

더불어, 공무원 시험 전문 사이트 해커스공무원(gosi.Hackers.com)에서 교재 학습 중 궁금한 점을 나누고 다양한 무료 학습 자료를 함께 이용하여 학습 효과를 극대화할 수 있습니다.

부디 『해커스공무원 함수민 행정법총론 단권화 노트』와 함께 공무원 행정법총론 시험 고득점을 달성하고 합격을 향해 한걸음 더 나아가시기를 바라며, 공무원 합격을 꿈꾸는 모든 수험생 여러분에게 훌륭한 길잡이가 되기를 바랍니다.

목차

해커스공무원 함수민 **행정법총론 단권화 노트**

제1편 행정법통론

POINT 01	행정법의 개념	8
POINT 02	행정법의 법원(法源)	13
POINT 03	행정법의 일반원칙	16
POINT 04	행정법의 효력	25
POINT 05	당사자	28
POINT 06	공권과 공의무	30
POINT 07	행정상 법률관계의 종류	34
POINT 08	행정법관계에 대한 사법규정의 적용	36
	(행정법의 흠결의 보충)	
POINT 09	행정법상의 법률요건과 법률사실의 의의 및 종류	37
POINT 10	행정법상 사건	38
POINT 11	공법상의 행위	42

제2편 행정작용법

POINT 12	행정입법 개설	48
POINT 13	법규명령	50
POINT 14	행정규칙	57
POINT 15	형식과 내용의 불일치	60
POINT 16	행정행위의 개념	63
POINT 17	행정행위의 분류	64
POINT 18	기속행위와 재량행위, 불확정 개념과 판단여지	67
POINT 19	제3자효 행정행위	72
POINT 20	행정행위의 내용	73
POINT 21	행정행위의 부관	86
POINT 22	행정행위의 성립요건·적법요건·효력발생요건	93
POINT 23	행정행위의 효력	96
POINT 24	행정행위의 하자(흠)	101
POINT 25	행정행위의 취소와 철회	109
POINT 26	행정행위의 실효	115
POINT 27	확약	116
POINT 28	행정계획	118
POINT 29	공법상 계약	123
POINT 30	행정상 사실행위	126
POINT 31	행정지도	128
POINT 32	그 밖의 행정작용	130

제3편 행정절차와 행정정보

POINT 33	행정절차제도	132
POINT 34	행정절차법	133
POINT 35	처분절차	137
POINT 36	처분 이외의 절차	145
POINT 37	행정절차의 하자	147
POINT 38	민원처리에 관한 법률	148
POINT 39	행정정보공개제도	149
POINT 40	개인정보 보호제도	158

제4편 행정의 실효성 확보수단

POINT 41	개설	166
POINT 42	행정상 강제집행	167
POINT 43	행정상 즉시강제	177
POINT 44	행정조사	179
POINT 45	행정벌 개설	183
POINT 46	행정형벌의 특수성	185
POINT 47	행정질서벌(과태료)의 특수성	188
POINT 48	실효성 확보를 위한 여러 수단	191

목차

제5편 행정쟁송

POINT	제목	페이지
POINT 49	행정소송의 관념	198
POINT 50	행정소송의 한계	199
POINT 51	항고소송1(취소소송) 개설	201
POINT 52	소송요건	202
POINT 53	소의 변경	226
POINT 54	행정소송의 가구제	228
POINT 55	취소소송의 심리	232
POINT 56	취소소송의 판결	234
POINT 57	판결 이외의 취소소송의 종료	243
POINT 58	취소소송의 불복절차[상소, 항고(재항고), 재심]	244
POINT 59	항고소송2(무효등확인소송) 개설	245
POINT 60	소의 제기	246
POINT 61	소송의 심리	248
POINT 62	판결의 효력 등	249
POINT 63	무효등 확인소송과 취소소송의 관계	250
POINT 64	항고소송3(부작위위법확인소송) 개설	251
POINT 65	소의 제기	252
POINT 66	소송의 심리	254
POINT 67	판결	255
POINT 68	당사자소송	256
POINT 69	객관소송	261
POINT 70	헌법소원	262
POINT 71	행정심판 개설	263
POINT 72	행정심판의 종류 및 행정심판법의 개정 내용	267
POINT 73	고지제도	269
POINT 74	행정심판청구 개설	271
POINT 75	행정심판의 당사자 및 관계인	272
POINT 76	행정심판의 대상	274
POINT 77	행정심판기관	275
POINT 78	행정심판청구기간	278
POINT 79	행정심판청구의 방식과 절차	279
POINT 80	행정심판청구의 효과	280
POINT 81	가구제(잠정적 권리보호)	281
POINT 82	행정심판의 심리	283
POINT 83	행정심판의 재결	285

제6편 행정상 손해전보

POINT 84	행정상 손해전보 개설	292
POINT 85	행정상 손해배상(국가배상) 개관	293
POINT 86	공무원의 직무상 불법행위로 인한 손해배상	294
POINT 87	영조물의 설치·관리의 하자로 인한 손해배상	302
POINT 88	배상책임자	305
POINT 89	손해배상액	307
POINT 90	국가배상청구권 행사의 제한	308
POINT 91	국가배상의 청구절차	310
POINT 92	행정상 손실보상 개설	311
POINT 93	행정상 손실보상의 근거	312
POINT 94	행정상 손실보상의 요건	314
POINT 95	행정상 손실보상의 기준과 내용	316
POINT 96	행정상 손실보상의 방법 및 지급원칙	320
POINT 97	공용수용의 절차	321
POINT 98	보상액의 결정방법 및 불복절차	322
POINT 99	손해전보를 위한 그 밖의 제도 개설	325
POINT 100	수용유사침해와 수용적 침해·희생보상청구권·결과제거청구권	326

해커스공무원 학원·인강 gosi.Hackers.com

해커스공무원 함수민 행정법총론 단권화 노트

제1편
행정법통론

POINT 01 　행정법의 개념
POINT 02 　행정법의 법원(法源)
POINT 03 　행정법의 일반원칙
POINT 04 　행정법의 효력
POINT 05 　당사자
POINT 06 　공권과 공의무
POINT 07 　행정상 법률관계의 종류
POINT 08 　행정법관계에 대한 사법규정의 적용(행정법의 흠결의 보충)
POINT 09 　행정법상의 법률요건과 법률사실의 의의 및 종류
POINT 10 　행정법상 사건
POINT 11 　공법상의 행위

POINT 01

행정법의 개념

해커스공무원 정수원 행정법총론 단권화노트

1 '행정'에 관한 학설

1. 행정의 개념

(1) 개념
권력분립을 전제로 입법행위, 사법행위, 행정행위 등

3권 분립: 사인(私人)행위의 공권력성, 특수성자, 비례성자

* 형식적 의미의 행정·입법·사법의 의미가 동일한가?
* 실질적 의미의 행정·입법·사법의 의미가 동일한가?

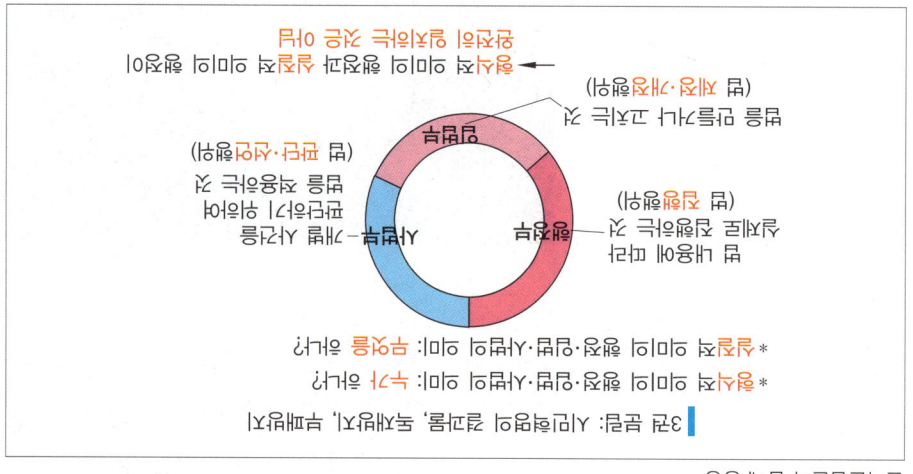

→ 형식적 의미의 행정과 실질적 의미의 행정의 일치하지 않음

행정부 → 실질적 의미의 행정
(예: 조세부과, 개정·개청함)

입법부 → 법률 제정하여 국회의원 자격심사 등과
같은 자가의적 작용하는 것

사법부 → 법원이 판결 등
→ 사법부 내부에서의 행정의 일치

(2) 실질적 의미의 입법·사법·행정

실질적 입법	국가기관 조정(예: 제정·개청함)
실질적 사법	법원의 재판(예: 판결·조정·사인헌의)
실질적 행정	그 외의 국가작용(예: 공권력행사)

(2) 실질적 의미의 입법·사법·행정

| 행정 | 형식적 의미의 행정 | 행정부의 모든 작용 |
| | 실질적 의미의 행정 | 공익실현을 위한 기준(경계 대상): 수리성, 계속성(장기·항속성 등), 기반법(법률가법), 개별 성, 장래성, 구체적 형성성, 그리고 표현 (중요성)/ 다소의 재량성 등 |

2. 행정의 분류

(1) 행정주체에 의한 분류

국가행정	국가가 직접 지시·명령 주체가 되어 하는 행정
자치행정	지방자치단체, 공공조합이 주체가 되어 하는 행정
국가위임행정	국가가 위임한 행정
공동주관행정	공동주관 주체
위임행정	다른 행정주체·개인의 주체

📌 참고
* 행정주체 ⇒ 행정, 의무 권리 주체자, 행정 수도 기관
* 행정공무원 ⇒ 행정을 집행하는 기관, 권한 행사 기관

(2) 행정주체에 의한 분류

질서행정	공공안녕·질서 유지
급부행정	사회·경제적 공행위
유도행정	공권력 이용한 유도
공과행정	재정자금 조달 위한
조달행정	공공자원의 조달
개념행정	목표 실현 위한 행정수단의 창출

(3) 법적 효과에 의한 분류

침해행정	국민 자유·권리제한
수익행정	권리·이익부여, 의무·부담해제
복효적 행정[1]	혼합적 행정·제3자효적 행정

[1] 복효적 행정(이중효과적 행정)은 다시 혼합적 행정과 제3자효적 행정으로 나눌 수 있다.
  ① 일정한 행정행위가 동일인에게 침익적 효과와 수익적 효과를 모두 가져오는 경우를 혼합적 행정이라 한다.
  ② 상대방에게는 수익적 효과를, 제3자에게는 침익적 효과를 가져오는 경우를 제3자효적 행정이라고 한다.

연탄공장허가: 복효적 행정행위(효과가 복수, 효과가 두개)

(4) 수단에 의한 분류

권력행정	행정주체가 개인에게 일방적으로 명령·강제하거나 그 법적 지위를 형성·변경·소멸시키는 행정
비권력행정	강제성을 가지지 않는 행정

(5) 법적 기속에 의한 분류

기속행정	행정주체가 기계적으로 법을 집행하는 행정
재량행정	행정주체의 선택·판단이 필요한 행정

(6) 법적 형식에 의한 분류

공법행정	공법규율·공법형식		
사법행정	사법규율·사법형식	국고행정	재산권 주체로 활동
		행정사법	공법적 목적 활동·사법적 형식

3. 통치행위

(1) 의의
① 고도의 정치성 있어 사법심사 대상에서 제외되는 행위
② 분류 ▷ 입법·사법·행정에 속하지 않는 제4의 영역
  └→ 논의의 전제: 개괄주의

(2) 통치행위 인정여부에 관한 학설

긍정설(판례)	사법자제설	사법의 정치화 방지
└→사법심사 不可	자유재량행위설	자유재량행위이므로
	내재적 한계설	권력분립원칙상
부정설	실질적 법치주의, 국민의 재판청구권, 행정소송대상: 개괄주의
└→사법심사 可	

(3) 우리나라에 있어서 통치행위의 헌법적 근거와 판례

- 헌법적 근거 ▷ 명시적인 규정 ×
- 국회의원 자격심사·징계·제명처분 ▷ 사법심사×(헌법 제64조 제4항)
  ↔ cf. 지방의회의원 징계의결 ▷ 통치행위×
    └→ 사법심사 可, 행정처분○(항고소송), 피고: 지방의회
- 판례: 주류 ▷ 사법자제설, 내재적 한계설(권력분립설)

① 대법원 입장

1. 통치행위의 사법심사 대상 판단 ▷ 사법부의 전권
2-1. 계엄 선포의 요건구비 여부, 당·부당 ▷ 통치행위○, 사법심사 대상×
2-2. 계엄이 국헌문란 목적의 범죄행위 ▷ 사법심사 대상○
    └→ 내란죄
3-1. 남북정상회담의 개최 ▷ 통치행위○, 사법심사 대상×
3-2. 대북송금행위 ▷ 사법심사 대상○
4. 독립유공자 서훈취소 ▷ 사법심사대상○ (cf. 서훈수여)
    └→ 통치행위×   └→ 통치행위○, 사법심사 대상×
5. 유신헌법에 근거한 대통령의 긴급조치 ▷ 사법심사대상○
    └→ 위헌(통치행위○, but 기본권침해○)

2 행정에 관한 '법률'

1. 행정법의 의의
- 행정법 ▶ 행정에 관한 고유법규
- 행정에 관한 법 ▶ 행정조직·작용·구제 등
- 공법 ▶ 행정법의 사법법규x

(4) 통치행위의 주체와 판단의 주체
⋯ 지 아니한다.
개정헌법의 조문이나 개정절차에 흠이 있다고 하더라도 그 개정된 헌법의 유·무효를 심판할 수 있으나, 그 제정된 헌법의 내용이 헌법제정 권력의 근거가 되는 국민적 합의와 상층됨으로써 국민에게 부담을 주는 것인지 여부 ⋯ 그 결정에 따라 헌법개정이나 폐지가 가능한 것이므로, 개정된 헌법에서 정한 국민의 자유와 권리의 내용이 종전의 그것보다 축소된 것이 있다고 하여도 그 개정된 헌법 규정의 위법 여부는 판단할 수 없다.

행위 주체	정부(대통령)○, 국회○, 사법부x
판단 주체	으로기 사법부

(5) 통치행위의 범위 축소
사법심사 대상에서 제외(∴ 소극설 감소)

(6) 통치행위의 판단
① 법자신의 정치성과 합법성의 판단에 크기, 이해 인식x
② 사기를 존중한 국법의 인정

1. 통치행위 개념 긍정, but 국민의 기본권보호와 직접 관련 ▶ 사법심사대상○
2. 긴급재정·경제명령 ▶ 통치행위○, but 기본권보호와 직접 관련 ▶ 사법심사대상○
3. 신행정수도의 건설이나 수도이전의 문제를 국민투표에 붙일 것인지 ▶ 통치행위○, but 기본권보호해 직접 관련 ▶ 사법심사대상○
4. 개성공단 중단조치 ▶ 통치행위○, but 기본권보호해 직접 관련 ▶ 사법심사대상○
5. 외교에이 고도의 정치적 결정 관련 ▶ 사법심사대상x
6. 한미연합군사훈련 ▶ 사법심사대상○
7. 사면 ▶ 사법심사대상x

2. 공법과 사법의 구분

(1) 구별실익
① 공법관계 ▶ 행정소송, 행정강제, 이무품이행 시 사법집행x
② 사법관계 ▶ 사법소송제기, 행정강제x, 행정소송 시 사법집행(강기를 둘한 강제집행해 의)

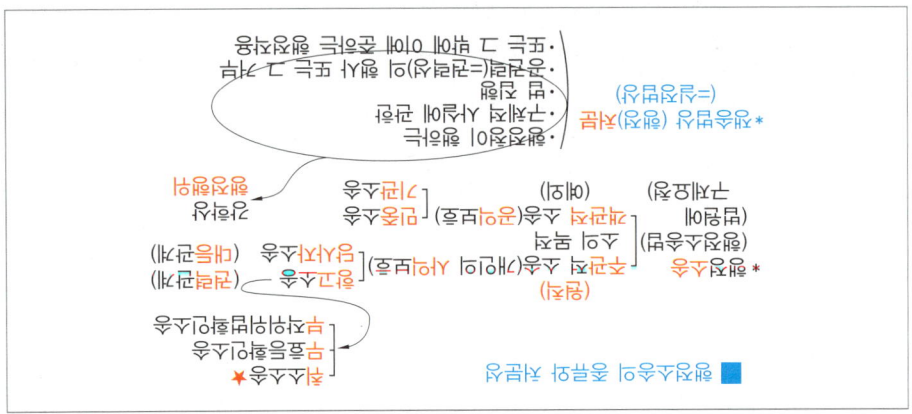

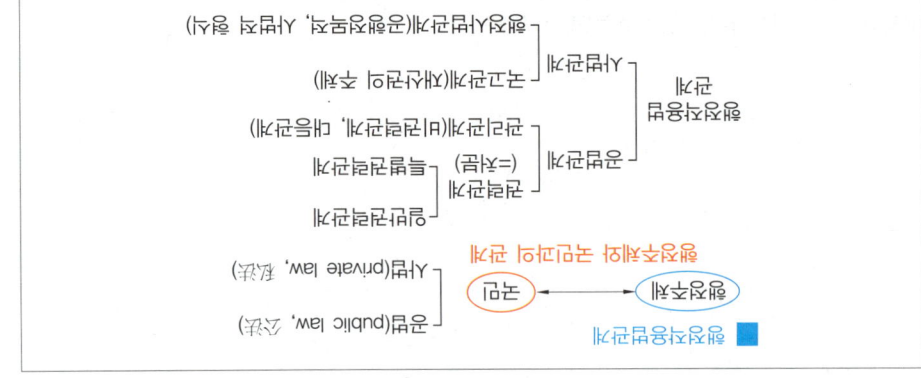

(2) 공·사법 구별기준

통설(복수기준설), 판례		
구별기준	1차	관계 법령의 규정 내용, 목적, 성질
	2차	법률관계의 성질
이익설		공익에 봉사하는 법이 공법
종속설		상하관계에 적용되는 법이 공법
구주체설		한 당사자가 행정주체인 경우 공법
신주체설		행정주체에게만 권리·의무 종속시키는 경우 공법
생활관계설		국민으로서의 생활관계 규율 시 공법

(3) 구체적인 판례
① 공법관계로 본 판례

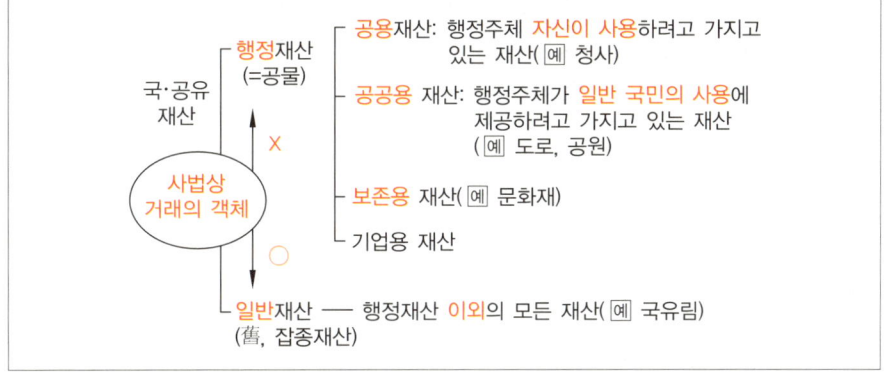

1. 국유재산 무단점유자에 대한 변상금부과 ▷ 처분
2-1. 행정재산 사용·수익 허가 또는 그 거부 ▷ 처분
2-2. 기부채납 받은 행정재산의 사용·수익허가 ▷ 처분
　　(cf. 기부채납 받은 일반재산의 사용허용·기간연장 거부 ▷ 사법관계)
　　(cf. 전대행위 ▷ 사법관계)
2-3. 행정재산에 대한 사용료 부과 ▷ 처분
2-4. 국립의료원 부설주차장 위탁관리용역운영계약 ▷ 특허
2-5. 귀속재산 매각 ▷ 처분
3. 시립합창(무용)단원의 위촉 ▷ 공법상 계약
4. 지방소방공무원의 근무·보수관계, 지방소방공무원 초과근무수당 지급청구 ▷ 당사자소송
5. 농지개량조합과 그 직원의 관계, 농지개량조합직원의 징계처분 취소의 소 ▷ 행정소송
6. 국가나 지자체에서 근무하는 청원경찰의 근무관계, 국가나 지자체에서 근무하는 청원경찰의 징계처분 시정 소송 ▷ 행정소송
7. 국립대학의 장에 의하여 임용된 조교 근무관계
8. 중학교 의무교육 위탁관계
9. 부가가치세 환급관계, 부가가치세 환급세액 지급청구 ▷ 당사자소송
10-1. 수도료 납부관계
10-2. 공공하수도 이용·사용료 부과·징수관계
11. 하천구역 편입토지에 대한 손실보상청구 ▷ 당사자소송
12. 사업폐지 손실보상청구 ▷ 당사자소송
13. 농업손실보상청구 ▷ 당사자소송

② 사법관계로 본 판례

1-1. 국유일반재산 대부·매각
1-2. 국유잡종재산 대부·사용료 납입고지(cf. 국유일반재산 대부료 징수 ▷ 민사소송×)
1-3. 국유재산 매각 및 매각신청 거부행위
2. 서울시지하철공사 임원·직원 근무관계
3. 한국조폐공사직원 근무관계
4. 종합유선방송위원회 사무국 직원의 근로관계
5. 한국방송공사의 직원채용관계, 응시자격공고
6. 정부투자기관(한국토지공사)의 출자로 설립된 회사(한국토지신탁) 내부의 근무관계
7. 지방자치단체와 사인 간의 음식물류 폐기물, 재활용품 수집·운반 업무 대행 계약
8. 지자체와 사인 간의 자원회수시설위탁운영협약
9. 국가배상청구
10. 부당이득반환청구(개발부담금 부과처분 취소 후 과오납금반환)
11. 협의취득(∵ 민사소송)
12. 환매권존부·환매금액증감(∵ 민사소송)

③ 낙찰계약과 입찰참가자격 제한

　　㉠ 국가·지방자치단체

> 1. 사인과 체결한 국가·지자체의 공공계약 ▷ 사법상 계약
> 2-1. 국가계약법에 따른 입찰절차에서 낙찰자결정 ▷ 처분×
> 2-2. 낙찰적격 세부심사기준 ▷ 행정규칙
> 3. 입찰보증금 국고귀속조치 ▷ 사법관계
> 4. 부정당업자에 대한 국가·지자체의 입찰참가자격제한 ▷ 공법관계(처분)
> 5. 조달청의 나라장터 종합쇼핑몰 거래정지조치 ▷ 공법관계(처분)

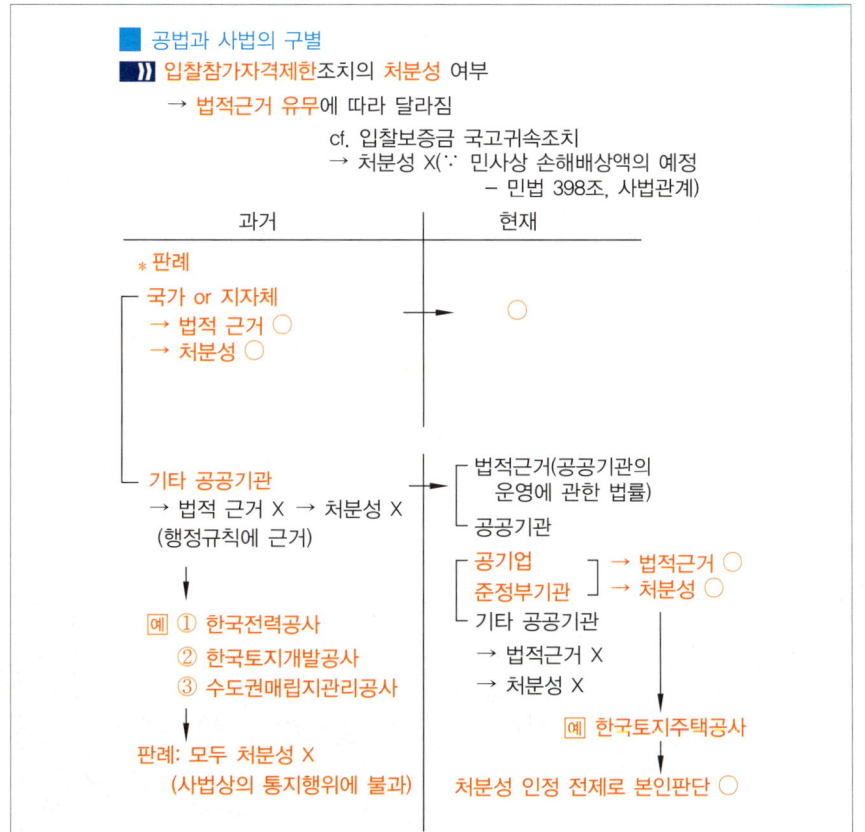

　　㉡「공공기관의 운영에 관한 법률」상 공기업·준정부기관

> 1. 법령·계약상 선택적 입찰참가자격제한 가능 ▷ 의사표시 해석문제(상대방 인식가능성 고려)
> 2. 부정당업자에 대한 한국전력공사의 입찰자격제한 ▷ 처분×(舊 판례)
> 3. 한국토지주택공사의 부정당업자 제재처분 ▷ 처분○
> 4. 부정당업자에 대한 수도권매립지관리공사의 입찰자격제한 ▷ 처분×

POINT 02 행정법의 법원(法源)

1 법원의 의의 및 범위

- 법원(法源) ▷ 법의 존재형식·인식근거
- 법원의 범위 ▷ 법규설(협의설, 통설·판례): 외부법
- 성문법원·불문법원 ▷ 위법성 판단의 기준
  → 성문법원이란 문자로 기록된 법원을 말하고, 불문법원이란 문자로 기록되지 아니한 법원을 말한다. 성문법주의를 취하는 우리나라에서 불문법(원)은 보충적이다.
  따라서 성문법(원)이 없는 경우에 불문법(원)의 적용 여부가 보충적으로 문제된다.

2 특징

- 우리나라 법제 ▷ 기본적으로 성문법주의
- 성문법주의 ▷ 예측가능성·법률생활안정
- 규율대상의 다양성·복잡성 ▷ 불문법에 의한 보완
- 「행정기본법」 제정 ▷ 종래 학설·판례에서 논의되던 사항들의 개념을 성문법으로 정립

3 성문법원

성문법 ▷ 통일적·단계적 구조

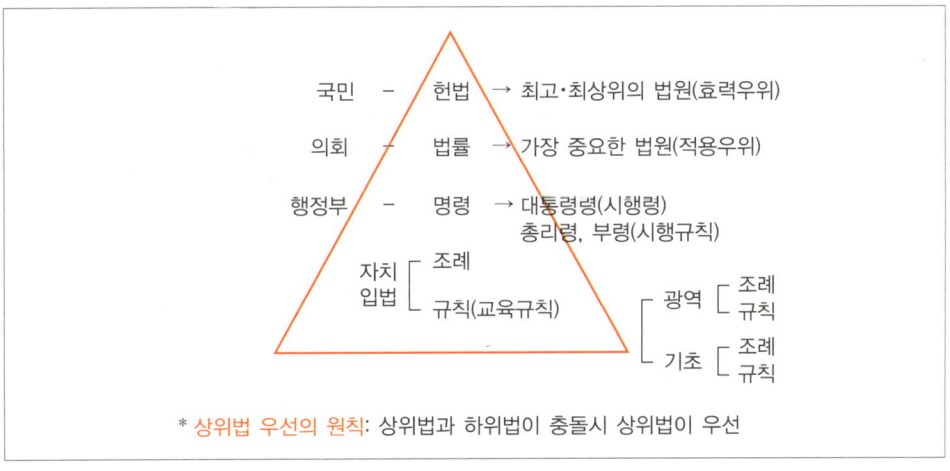

* **상위법 우선의 원칙**: 상위법과 하위법이 충돌시 상위법이 우선

법원 간 우위

상위법 우선의 원칙	헌법 > 법률 > 명령 > 자치법규	
동일한 단계의 법원 간 우위	특별법 우선의 원칙	특별법 > 일반법
	신법 우선의 원칙	신법 > 구법
	구법인 특별법 > 신법인 일반법	

1. 헌법 - 국회의결과 국민투표를 거쳐 제정하는 법형식

> 헌법 제128조 ① 헌법개정은 국회재적의원 과반수 또는 대통령의 발의로 제안된다.
> 헌법 제129조 제안된 헌법개정안은 대통령이 20일 이상의 기간 이를 공고하여야 한다.
> 헌법 제130조 ① 국회는 헌법개정안이 공고된 날로부터 60일 이내에 의결하여야 하며, 국회의 의결은 재적의원 3분의 2 이상의 찬성을 얻어야 한다.
> ② 헌법개정안은 국회가 의결한 후 30일 이내에 국민투표에 붙여 국회의원선거권자 과반수의 투표와 투표자 과반수의 찬성을 얻어야 한다.
> ③ 헌법개정안이 제2항의 찬성을 얻은 때에는 헌법개정은 확정되며, 대통령은 즉시 이를 공포하여야 한다.

- 헌법은 국가의 최고규범 ▷ 행정법의 법원○
- 헌법 ▷ 하위법률의 해석기준
- 헌법합치적 법률해석 ▷ 법률의 헌법 위배 여부가 불명확한 경우 가능한 한 합헌이라고 해석

> **판례** 1. 행정주체 ▷ 권리·의무 귀속 당사자, 법적 효과 귀속○
> 2. 행정기관 ▷ 행정권한 실제 행사, 법적 효과 귀속×

> **판례** 상위법령에 합치적으로 해석가능 ▷ 하위법령 쉽게 무효선언×

2. 법률(입법부 제정) - 국회가 제정하는 법형식

형식적 의미의 법률(가장 중추적이고 보편적인 법원)

- 헌법보다 하위의 효력, but 헌법에 비해 적용우위
  > ① 적용의 우위란 구체적인 사건에 헌법, 법률, 법규명령이 모두 적용되는 경우 즉, 상하규범이 충돌되지 않는 경우, 상위법보다 구체적이고 상세하게 기술된 하위의 규정이 먼저 적용된다는 원칙이다.
  > ② 한편, 효력의 우위란 상하규범이 충돌되는 경우, 상위법의 효력이 우위에 있다는 것을 말한다. 따라서 하위법이 상위법에 위반되면 하위법은 무효가 되고, 상위법이 적용된다.

- 법규명령, 자치법규(조례·규칙)보다 우월한 효력
- 긴급재정경제명령, 긴급명령과는 동일한 효력

3. 명령(행정부 제정) - 행정입법의 제정하는 법규범서

법률보다 하위의 효력(긴급재정경제명령·긴급명령 제외)

법규명령	대통령령·총리령·부령·중앙선거관리위원회규칙·대법원규칙·헌법재판소규칙·국회규칙
형식	법규명령 O vs 행정규칙(행정명령) X
수정(의안)	의안명령 O vs 행정규정, 행정규칙 X (cf. 법령보충규칙 O)

4. 자치법규(조례·규칙·교육규칙·정관)

지방자치단체 또는 이의 기관인 지방자치단체의 장이나, 그 구성원들에게 적용될 법을 만들 권한

- 상위규범에 위배X / 포괄적 위임금지 O
- 법령의 범위 안에서 → 기초자치단체의 조례는 광역자치단체의 조례, 규칙보다 하위임
  L→ 헌법, 법률, 조약, 명령(법규명령), 시·도 조례

5. 국제법규(조약, 일반적으로 승인된 국제법규)

국제법상 주체 간의 국제법률관계를 규정하는 합의(성문법원)

(1) 국내법적(헌법 제6조 제1항)

① 헌법에 위배되지 않는 조약·일반적으로 승인된 국제법규는 국내법과 동일한 효력
② 법률과 동등한 지위를 갖는 조약·일반적으로 승인된 국제법규는 법률 같은 효력을 지니며
③ 법률보다 하위의 효력을 갖는 조약·일반적으로 승인된 국제법규는 명령 같은 효력을 지님
   : 법률보다 하위의 효력을 갖는 조약에는 수용·수용재결 재결(즉, 법률과 동등한 효력을 지닌 것에 한해)

🔔 판례 법률의 유사X 조약X, 법원 기관X

(2) 제국가간의 조약(또는 법률의 성질이 인정)

① 헌법 제60조 제1항 → 국회동의O / 조약이X / 조약X: 법규명령 성질
② 법률에 의해 체결된 통상 조약·비준 조약 등에 의해서는 법률적 지위로 해당
③ 조약의 이행이 법률에 우선: 조약 O / 법률X: 조약 O
④ 조약이 법률적 효력이 있어 헌법소원의 대상(헌법)

🔔 판례 자유권규약에 대한 통지소원을 기각하여 지방조달청이 GATT, AG의 내용인규범소원에 해당하여 권한

(2) 효력(인정범위)
① 성문법에 대한 열후적·보충적 효력
- 개폐적효력설 ▷ 성문법 개정·폐지 可
- 보충적효력설(다수설, 판례) ▷ 성문법에 대한 보충적 효력(성문법 개정·폐지 不可)

> **판례** 관습법의 제정법에 대한 효력 ▷ 보충적

② 관습법의 소멸: 법적확신 상실 or 전체 법질서에 부합×

(3) 종류
① 행정선례법
- 행정사무의 반복된 관행이 법적확신을 갖는 경우
- 실정법상 근거 ▷ 국세기본법 제18조 제3항, 「행정절차법」 제4조 제2항

> **판례**
> 1. 비과세관행 ▷ 상당기간 비과세한 객관적 사실 + 비과세의사
> 2. 비과세의사 ▷ 비과세 상태가 장기간 지속되어 묵시적 의사를 인정할 수 있는 경우 포함
> 3. 4년간 면허세를 부과할 수 있음을 알면서도 비과세 ▷ 비과세 관행○

② 민중관습법
- 민중 사이에서의 관행이 법적 확신을 갖는 경우(주로 공물이용관계)
- 실정법상 근거 ▷ 구 「수산업법」 제40조
- 「수산업법」상 입어의 관행(관습상 어업권) ▷ 민중관습법

> **판례** 수산업법상 입어의 관행 ▷ 일반적으로 시인될 정도 要

(4) 관습헌법
① 수도 서울 ▷ 관습헌법(헌재)
② 관습헌법의 개정 ▷ 헌법개정절차 준수 要

2. 판례법
법원·헌재에 의해 형성되는 법

(1) 대법원 판례의 법원성
① 영미법계: 불문법주의(선례구속의 원칙) / 대륙법계: 성문법주의
② 우리나라 판례의 법원성× ▷ 당해 사건에 한하여 하급심 기속(법원조직법 제8조❶)

❶ 법원조직법 제8조(상급심 재판의 기속력) 상급법원 재판에서의 판단은 해당 사건에 관하여 하급심(下級審)을 기속(羈束)한다.

> **판례** 대법원판례 ▷ 다른 사건을 재판하는 하급심 법원에 대한 기속력×

(2) 헌법재판소 위헌결정의 법원성
헌법재판소 위헌결정 ▷ 법원으로서의 성질○(헌법재판소법 제47조 제1항❷)

> **판례** 헌법재판소의 법률해석(한정위헌) ▷ 대법원·각급법원에 대한 구속력 無❸

❷ 헌법재판소법 제47조(위헌결정의 효력) ① 법률의 위헌결정은 법원과 그 밖의 국가기관 및 지방자치단체를 기속(羈束)한다.
❸ 헌법재판소가 법률의 위헌 여부를 판단하기 위하여 불가피하게 법원의 최종적인 법률해석에 앞서 법령을 해석하거나 그 적용범위를 판단하더라도 헌법재판소의 법률해석에 대법원이나 각급 법원이 구속되는 것은 아니다(대판 2009.2.12, 2004두10289 등).

3. 조리
- 사물의 본질적 법칙(최후의 법원)
- 행정법의 일반원칙 ▷ 헌법적 효력 갖는 경우有

POINT 03 행정법의 일반원칙

1 개설

행정법관계에 대하여 적용될 일반법원칙으로는 평등원칙, 비례원칙, 신뢰보호원칙, 자기구속의 원칙, 부당결부금지원칙 등이 있다.

2 법치행정의 원리

1. 법치주의
- 법치행정 원칙의 헌법적 근거

2. 법치행정의 원리의 내용

오늘날의 법치주의는 국민의 권리·의무에 관한 사항을 법률로 정해야 한다는 형식적 법치주의에 그치는 것이 아니라, 그 법률의 목적과 내용 또한 기본권 보장의 헌법이념에 부합되어야 하는 실질적 적법절차를 요구하는 법치주의를 의미한다(헌재 1989.7.21. 89헌마38).

(1) 법률의 법규창조력
국회가 제정한 법률만이 일반·국민에 대해 구속력 있는 법규범, 즉 법률유보의 의미

(2) 법률우위의 원칙(행정기본법 제8조 전단)
행정작용은 법령 등(행정기본법상 법령)을 위반하여서는 아니 된다는 원칙. 모든 행정에 법률의 근거가 있어야 하는 것은 아니며, 법률이 있는 경우 법률을 위반하거나 재량권을 일탈·남용하는 행정이 금지된다.

① 개념
- 행정작용이 법률에 위반 X
- 모든 행정영역에 적용
- 소극적인 법률적합성
② 법률의 범위: 법률·법규명령·관습법·판례법 (but 행정규칙X)
- 수직적 의미의 법률유보원칙
③ 적용영역: 모든 행정영역
④ 위반효과
- 위법한 행정행위의 효력은 무효 or 취소 (원칙취소)
- 행정의 위법한 조치에 대한 후속
- 국가배상청구가 가능한지 여부 후속
- 상대방 등이 가지는 저항권을 행사하고 손해가 있을 경우에는 손해 후속

(3) 법률유보의 원칙(행정기본법 제8조 후단)

① 개념
- 행정권의 발동에는 근거가 필요하다는 것(작용규범의 의미)
- 적극적 법률적합성

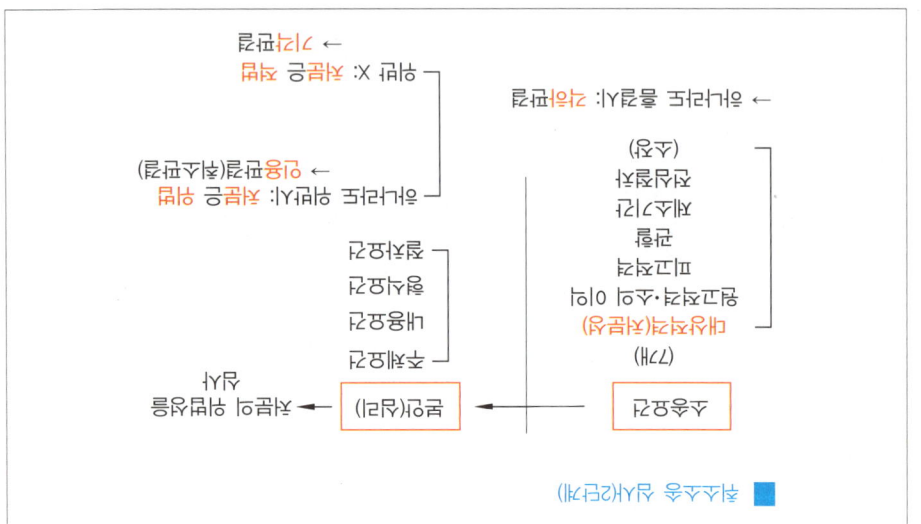
■ 법치주의 실현(5단계)

```
총체국가 → 법인(분리) → 권력분립 실현 실사
                        (7개)       개념의자·내용의자
                              제도의지       → 적법절차 실사
                              법률의자·실재의자       원칙X
                              확정       → 신뢰보호 원칙
                              채택권지       → 인권존중 원칙
                              의결절차       (실질적 법치주의)
                              (소정)       → 실질 전환: 처분 X 원칙
                                                  → 기기법원칙
```

②법률의 범위: 법규명령·법률 / 상위법령O / 행정규칙(원칙)X

참고
1. 법률에 근거가 없더라도 공익을 위한 행정작용이 가능 X (法律)
2. 법률에 근거 없는 경우라도 법률의 위반되지 않기만 하면 足

참고
1. 공공주차장 등의 공공시설이 민간제안으로 건설되는 경우 ← 개별법에 공용사용시설의 설치근거가 없어도 가능
2. 법률의 사용료를 법률의 위임이 없이 개인에 의한 관리 대행운영에 주요한 내용을 규정하고 확정하는 것은 법률이 아닌 이용조건의 내용으로 주요한 내용에 대하여 법률의 위임 없이 규정하는 것은 현행법상 허용되지 않음
3. 민주주의 연수원 일반자격을 개별조항의 공용범위를 법률에 위임 없이 조례로써 규정한 것은 허용 X
```
```

③ 적용범위

> 법률우위의 원칙은 행정의 모든 영역에 적용되지만, 법률유보의 원칙은 모든 국가작용에 관하여 미리 형식적 의미의 법률에 근거를 마련하는 것은 불가능하므로, 그 적용범위와 관련하여 견해가 대립한다. 침해행정의 경우에는 모든 견해가 공통적으로 법률의 근거가 필요하다고 보지만, 그 이외의 행정작용의 경우에는 행정의 행위형식과 행정유형별로 개별적으로 검토한다.

침해유보설	침해행정만 법률상 근거要
전부유보설	모든 행정작용 법률상 근거要
급부행정유보설	침해행정·급부행정 법률상 근거要
본질사항(중요사항) 유보설(판례)	국민에게 중요하고 본질적인 사항은 법률상 근거要

④ 판례: 본질사항유보설(중요사항유보설)

법률유보범위 + 법률의 규율정도에 대해서도 원칙 제시

> 판례
> 1. 의회유보원칙 ▷ 국민의 기본권실현 관련 영역은 입법자가 본질적 사항을 스스로 결정
> 2. 형식적 법률에 의한 규율 필성 ▷ 기본권 및 기본적 의무와 관련한 중요성 클수록 증대

㉠ 의회유보사항에 속한다고 본 사례

> 1. TV수신료 금액결정 (cf. TV수신료 징수자 결정 ▷ 의회유보사항×)
> 2. 토지등소유자의 사업시행인가 신청시 토지등소유자 동의요건 ▷ 의회유보사항○(헌재)
>   (cf. 조합의 사업시행인가 신청시 토지등소유자 동의요건 ▷ 의회유보사항×(대법원))
> 3. 신고납세방식 조세에서 신고의무불이행 시 납세자 불이익
> 4. 지방의회의원 유급보좌관 두는 것
> 5. 의무교육 실시여부 자체 (cf. 의무교육 실시 위한 세부 사항 ▷ 의회유보사항×)
> 6. 병의 복무기간

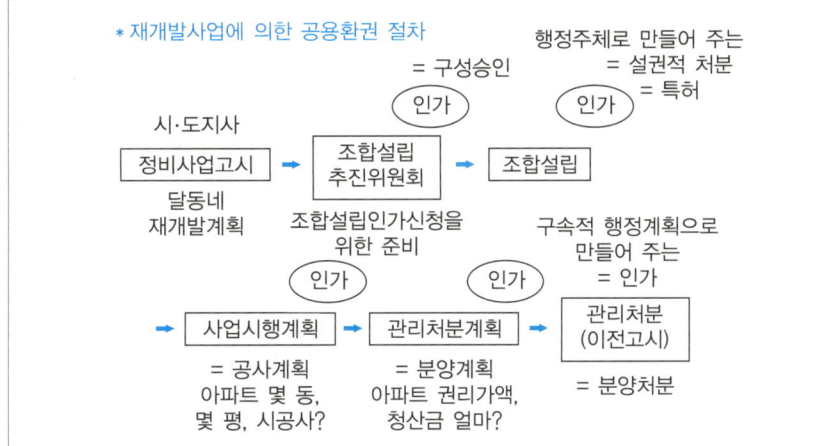

㉡ 의회유보사항에 속하지 않는다고 본 사례

> 1. 국가유공자단체의 대의원선출에 관한 사항
> 2. 입주자대표회의 구성원 자격
> 3. 구 도시및주거환경정비법상 경쟁입찰 실시 위한 세부절차

⑤ 위반효과: 위법, 행위형식에 따라 무효 or 취소(일률적×)

3 평등의 원칙(행정기본법 제9조, 헌법 제11조)

> 행정기본법 제9조(평등의 원칙) 행정청은 합리적 이유 없이 국민을 차별하여서는 아니 된다.
> 헌법 제11조 ① 모든 국민은 법 앞에 평등하다. 누구든지 성별·종교 또는 사회적 신분에 의하여 정치적·경제적·사회적·문화적 생활의 모든 영역에 있어서 차별을 받지 아니한다.

1. 의의 및 내용

- 행정작용을 함에 있어서 국민을 합리적 차별사유 없는 한 공평하게 대우해야 한다는 원칙

  헌법상 평등원칙은 본질적으로 같은 것을 자의적으로 다르게 취급함을 금지하는 것(자의금지원칙)

- 특히, 재량권 행사의 한계로서 중요한 의미

> 판례 평등 ▷ 합리적 근거 없는 차별을 금지하는 '상대적 평등'을 의미

일체의 차별적 대우를 부정하는 절대적 평등×, 합리적 근거가 있는 차별은 평등원칙에 반하지 않음

2. 효력 및 한계

- 위반효과 ▷ 위법(재량통제·재량준칙에서 중요)
- 불법의 평등 인정×
- 평등원칙이 재량준칙에 적용되어 도출되는 법리 ▷ 자기구속의 원칙

3. 관련 판례

(1) 평등원칙 위반으로 본 사례

> 1. 화투놀이 한 4명 중 3명은 견책, 1명은 파면처분
> 2. 국가유공자 가족들에게 10%의 가산점부여
> 3. 증인의 사회적 신분에 따른 과태료액수의 차등 조례안
> 4. 학력을 기준으로 나누어 청원경찰감원비율 정한 것(취소사유)

(2) 평등원칙 위반으로 보지 않은 사례

> 1. 개전의 정 유무에 따른 징계종류·양정의 차별
> 2. 연구단지 내 녹지구역에 주유소는 허용하면서 LPG충전소를 금지하는 시행령
> 3. 법관의 직위에 따른 정년차별
> 4. 국가채권의 납입고지에 민법상 최고보다 강한 시효중단효

4 자기구속의 원칙

1. 의의 및 근거
- 행정청이 상대방 재량행위의 경우 일정한 관행이 성립되어 있는 경우 그 관행에 따라야 한다는 원칙
- 「행정기본법」에 명문화 됨
- 자기구속의 원칙 ▶ 평등원칙·신뢰보호원칙에서 근거

→ 여기는 실질적 평등원칙 강조

2. 적용영역
- 재량영역에서 적용
- 행정규칙(재량준칙) → 법규

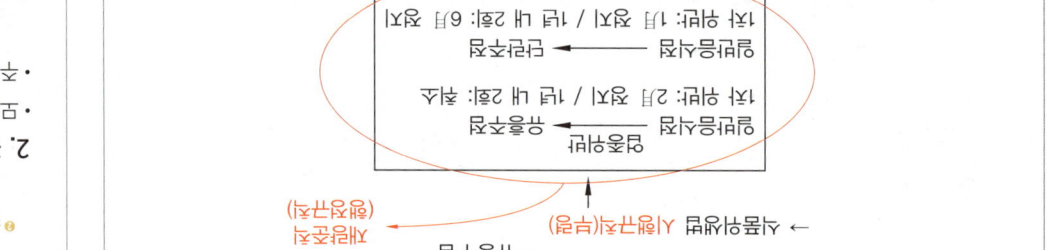

* 자기구속의 원칙(재량준칙)
  - 판례: 상급행정기관이 하급행정기관에 대하여 재량권 행사의 준칙을 정해 → 재량준칙은 행정기관 내부에서만 구속력을 가짐

시행되어야 → 법규성 (평등원칙·재량준칙)
                    ↓
                    민원실→상담실→답변실 을 통해 간접적 대외적
                    구속력을 가질 수 있다.
                    행정청이 자기구속을 당하게 된 이후에는 이를 위반하는 처분은 재량권 일탈·남용으로 위법한 처분이 된다.

* 자기구속의 원칙(재량준칙)
→ 시행사례에 상담실→답변실
                    ↓
                    재량준칙
                    (행정규칙)
                    ↓
                    1차 위반: 2월 정지 / 1년 내 2회: 취소
                    1차 위반: 1월 정지 / 1년 내 2회: 6월 정지

5 비례의 원칙(과잉금지원칙)

1. 의의 및 근거
- 행정작용에 수단과 목적 사이에 비례관계가 있어야 한다는 원칙
- 「행정기본법」 제10조, 「헌법」 제37조 제2항, 「경찰관직무집행법」, 「행정대집행법」, 「행정규제기본법」 등

❶ 행정기관 제10조(비례의 원칙) 행정작용은 다음 각 호의 원칙에 따라야 한다.
1. 행정목적을 달성하는 데 유효하고 적절할 것
2. 행정목적을 달성하는 데 필요한 최소한도에 그칠 것
3. 행정작용으로 인한 국민의 이익 침해가 그 행정작용이 의도하는 공익보다 크지 아니할 것

❷ 헌법 제37조 ② 국민의 모든 자유와 권리는 국가안전보장·질서유지 또는 공공복리를 위하여 필요한 경우에 한하여 법률로써 제한할 수 있으며...

2. 적용범위
- 모든 행정영역에 적용(침익적, 수익적 공통)
- 재량행위 재량판단의 기준 기준

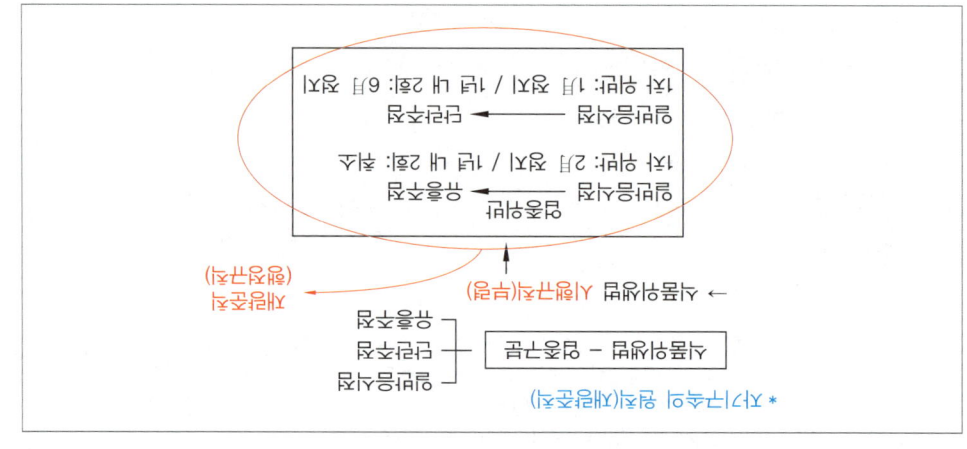

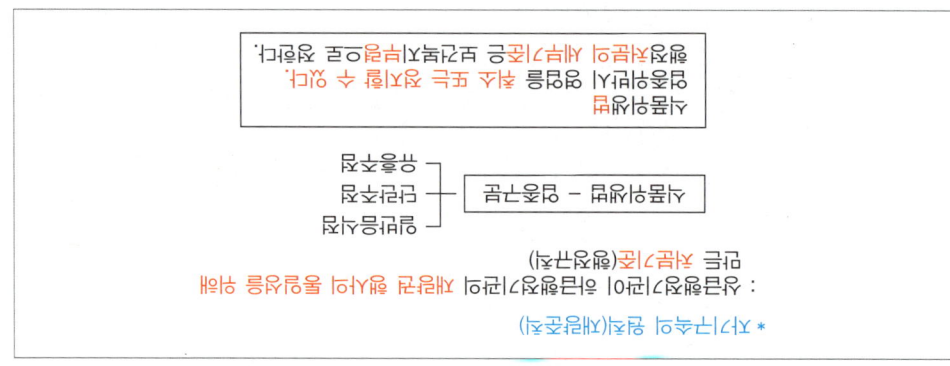

3. 내용

= 최소침해의 원칙

적합성의 원칙/필요성의 원칙/상당성의 원칙 ▷ 순차적·단계적으로 검토

= 수단의 적합성, 방법의 적정성 → 협의의 비례원칙, 법익균형성의 원칙

적합성	행정 목적달성에 유효한 수단일 것
필요성	최소한의 피해를 주는 수단일 것
상당성	공익과 사익의 이익형량(공익 > 사익: 처분적법)❶

❶ 행정목적에 의하여 추구되는 이익이 행정의 상대방이 받는 손해보다 커야함을 의미, 따라서 행정조치를 취하지 않을 경우 침해될 공익과 행정조치를 취할 경우에 침해되는 상대방의 이익을 비교형량(이익형량)하여, 만약 침해되는 상대방의 이익이 우월한 경우 이러한 행정조치는 상당성의 원칙에 반함

📖 판례 행정청에 취소재량권 유보된 경우 ▷ 비례·평등의 원칙 준수要❷

❷ 행정청이 면허취소의 재량권을 갖는 경우에도 그 재량권은 면허취소처분의 공익목적 뿐만 아니라 공익침해의 정도와 그 취소처분으로 인하여 개인이 입게 될 불이익을 비교·교량하고 그 취소 처분의 공정성을 고려하는 등 비례의 원칙과 평등의 원칙에 어긋나지 않게끔 행사되어야 할 한계를 지니고 있고 이 한계를 벗어난 처분은 위법하다고 볼 수밖에 없다(대판 1985.11.12. 85누303).

4. 위반 효과
위법한 행위로 행정쟁송可

5. 관련 판례
(1) 비례원칙 위반으로 본 사례

1. 자동차이용 범죄 시 필요적 운전면허 취소
2. 지입제경영 시 필요적 운송사업면허 취소
3. 양도인의 유사휘발유 판매사실을 모르고 양수한 자에게 한 최장기 6월의 영업정지
4. 훈령 1회 위반의 요정출입에 대한 파면처분
5. 경찰관이 범인검거 중 가스총 근접발사로 실명시킨 행위
6. 취득한 이익을 크게 초과하는 과징금부과

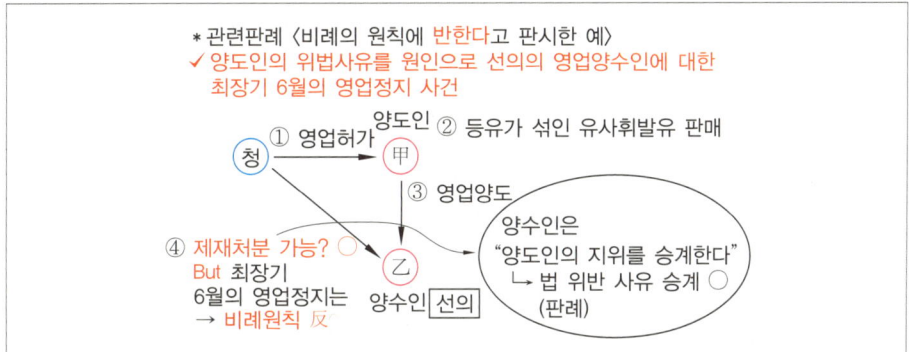

(2) 비례원칙 위반으로 보지 않은 사례

1. 만취상태에서 주차목적의 6m 운행으로 면허취소
2. 음주운전 가중처벌 요건인 전과에 개정 전 음주전과 포함
3. 수입 녹용의 회분함량치가 0.5% 초과하였다는 이유로 수입 녹용 전부에 대하여 전량폐기·반송지시 처분

6 신뢰보호의 원칙

1. 의의 및 근거

■ 행정법의 일반원리
■ 신뢰보호의 원칙(금반언의 법리)

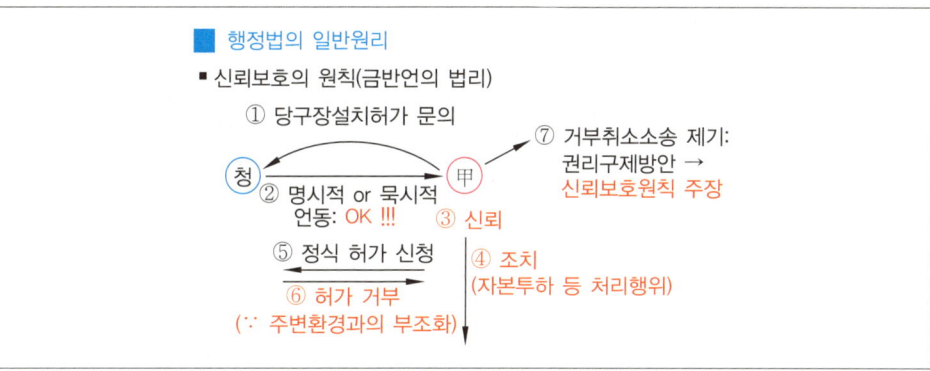

■ 신뢰보호의 원칙
*자기구속의 원칙과 신뢰보호의 원칙의 비교

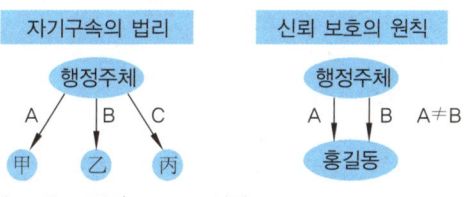

if) 甲 = 乙 = 丙이고 A = B이면, A = B = C

- 자기구속의 원칙: 복수의 당사자 甲, 乙, 丙이 동일한 상황인가?
- 신뢰보호의 원칙: 하나의 당사자 甲에게 복수의 행위 A, B 다름, 공익 < 신뢰보호?

- 국민의 귀책사유 없는 신뢰 보호되어야
- 이론적 근거: 법치국가원리인 법적안정성(cf. 신의칙설)
- 실정법적 근거: 「행정기본법」❶·「행정절차법」❷·「국세기본법」

❶ 행정기본법 제12조(신뢰보호의 원칙) ① 행정청은 공익 또는 제3자의 이익을 현저히 해칠 우려가 있는 경우를 제외하고는 행정에 대한 국민의 정당하고 합리적인 신뢰를 보호하여야 한다.
❷ 행정절차법 제4조(신의성실 및 신뢰보호) ② 행정청은 법령 등의 해석 또는 행정청의 관행이 일반적으로 국민들에게 받아들여졌을 때에는 공익 또는 제3자의 정당한 이익을 현저히 해칠 우려가 있는 경우를 제외하고는 새로운 해석 또는 관행에 따라 소급하여 불리하게 처리하여서는 아니 된다.

> **판례** 신뢰보호의 이론적 근거 ▷ 법치국가원리

2. 신뢰보호의 요건

(1) 성립요건(공.귀.처.인.반)

적극 요건	① 행정기관의 선행조치(**공**적인 견해표명)
	② 보호가치 있는 신뢰(개인에게 **귀**책사유가 없을 것)
	③ 관계자의 신뢰에 기인한 **처**리행위
	④ 선행조치와 처리행위의 **인**과관계
	⑤ 선행조치에 **반**하는 행정작용과 개인의 손해
소극 요건	공익 또는 제3자의 정당한 이익을 현저히 해할 우려가 없을 것

(2) 행정기관의 선행조치(공적인 견해표명)

> **판례** 신뢰의 대상 ▷ 공적인 견해표명의 입증책임: 원고

① 선행조치의 인정범위

- 행정청의 모든 조치: 명시·묵시적 표시 + 문서형식 不要
- 적법·위법한 행정작용 불문(단, 무효인 행위는×)

> 1-1. 비과세의 묵시적인 의사표시 ▷ 과세하지 않겠다는 의사표시를 한 것으로 볼 수 있는 사정要
> 1-2. 면허세를 부과할 수 있음을 알면서 4년간 비과세 ▷ 공적견해표명○
> 2. 추상적 질의에 대한 행정청의 일반론적 견해표명 ▷ 공적견해표명×
> 3. 총무과 민원팀장의 민원봉사차원의 상담·안내 ▷ 공적견해표명×
> 4. 임용결격자에 대한 임용취소처분 ▷ 신의칙, 신뢰보호원칙 적용×(임용행위: 무효)

② 선행조치의 판단

> 1. 공적견해표명 판단기준 ▷ 실질(형식적권한분장에 구애×)
> 2-1. 보조기관인 담당공무원의 공적견해표명 ▷ 신뢰 대상可
> 2-2. 토지거래허가 담당공무원의 견해표명 ▷ 공적견해표명○
> 3. 구청장 지시에 따른 소속직원의 취득세면제 제의 ▷ 공적견해표명○

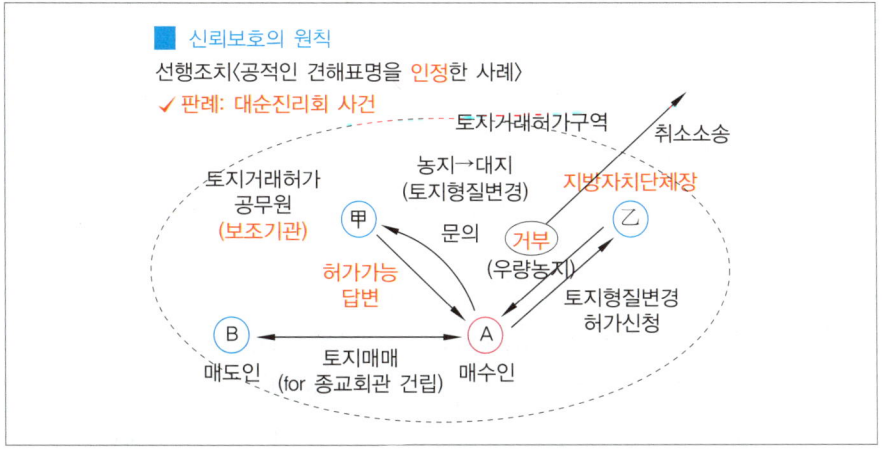

■ 신뢰보호의 원칙
선행조치〈공적인 견해표명을 인정한 사례〉
✓ 판례: 대순진리회 사건

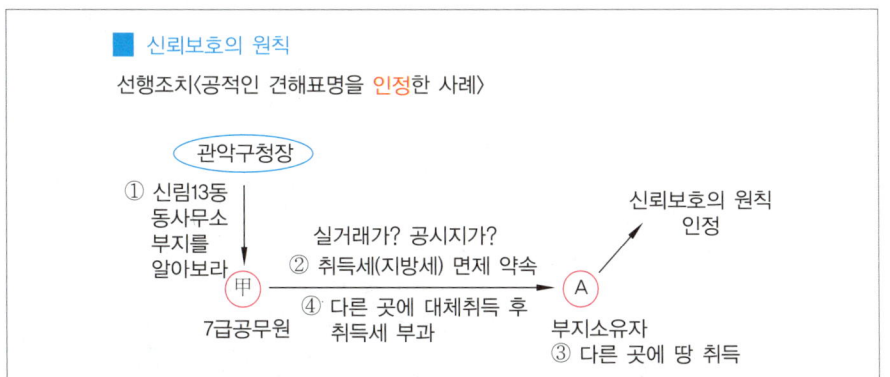

■ 신뢰보호의 원칙
선행조치〈공적인 견해표명을 인정한 사례〉

③ 관련 판례
　㉠ 공적견해표명 인정

1. 건설교통부장관과 내무부장관의 비과세의견 회신
2. 내무부장관의 취득세 면제 회신
3. 보건복지부장관의 비과세 견해표명
4. 폐기물처리업 적정통보 후 다수 청소업자 난립을 이유로 한 허가 거부 ▷ 신뢰보호원칙 위반
　(cf. 폐기물처리업 적정통보 ▷ 국토이용계획변경승인 취지×)
　(cf. 폐기물처리업 적정통보 ▷ 토지형질변경허가 취지×)
5. 도시계획 과장과 국장이 토지소유자들에게 한 완충녹지 지정해제 및 환매하겠다는 약속

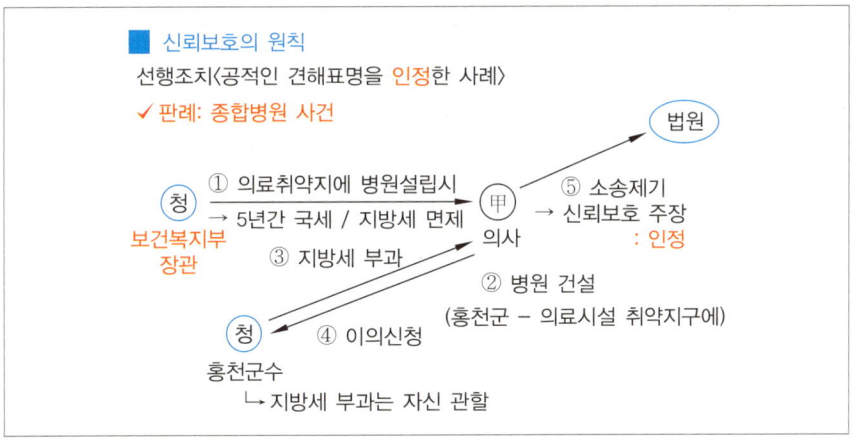

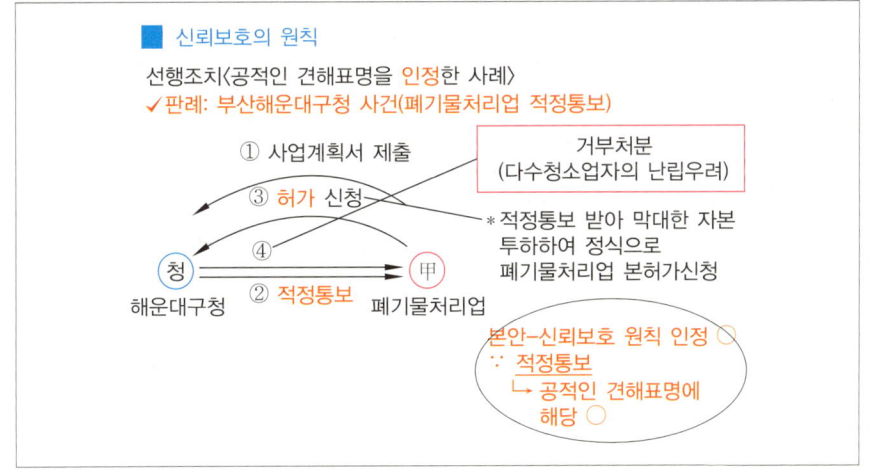

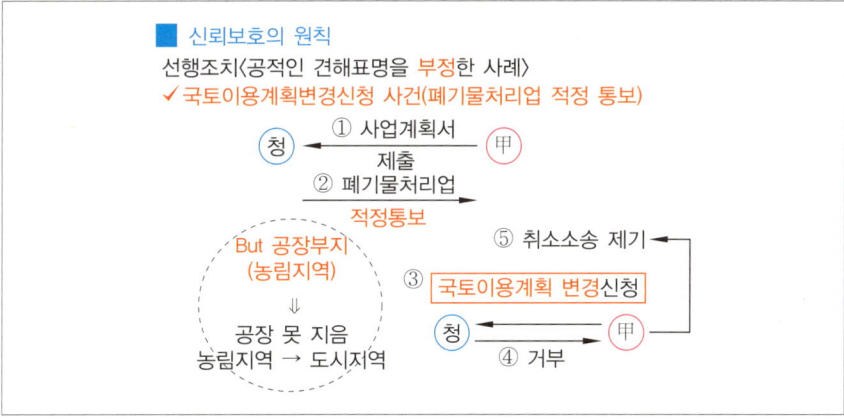

　㉡ 공적견해표명 부정

1. 헌법재판소의 위헌결정
2. 문화관광부장관의 지방자치단체장에 대한 회신
3. 부가세 면세사업자용 사업자등록증 교부·고유번호 부여
4. 협정관세 신청에 대한 세관장의 형식적 심사·수리
5. 정구장시설설치 도시계획결정 ▷ 사업시행자 지정의 견해표명×
6. 지구단위계획 수립시 권장용도 결정고시 ▷ 숙박시설 건축허가의 확정적인 견해표명×
7. 교육환경평가승인신청에 대한 교육장의 보완요청서 ▷ 교육환경평가 최종 승인의 견해표명×
8. 개발사업 시행 전 민원예비심사로서 '저촉사항 없음' 기재 ▷ 개발부담금 면제의 견해표명×
9. 행정규칙인 재량준칙의 공표
10. 입법예고
11. 조세법령의 규정내용 및 행정규칙 자체

(3) 보호가치 있는 신뢰(귀책사유 없는 신뢰)
귀책사유 의미: 부정행위 기인(사기, 사실은폐), 하자 알았거나 중과실로 부지

> 판례
> 1. 귀책사유 유무 ▷ 수임인 등 관계자 전부를 기준으로 판단
> 2. 당사자의 부정행위에 기한 수익적 처분의 하자 ▷ 신뢰이익 원용불가
> 3. 건축설계를 위임받은 건축사의 귀책 ▷ 위임한 건축주의 귀책인정

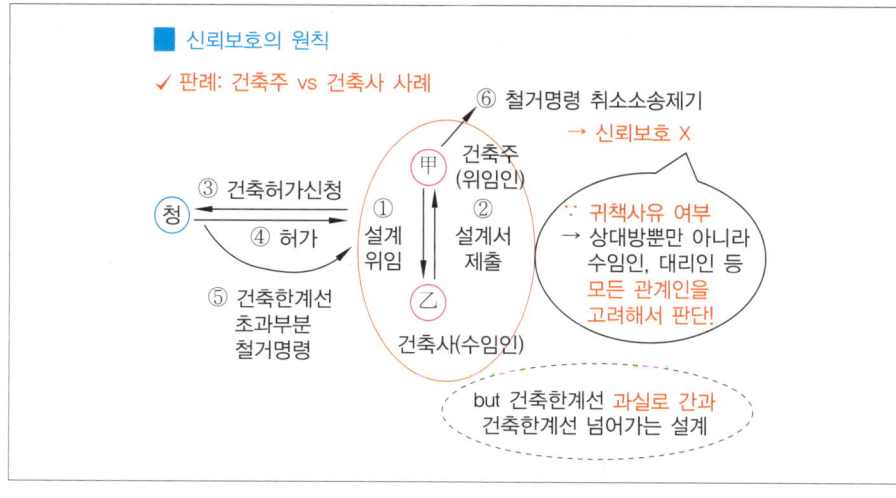

■ 신뢰보호의 원칙

✓ 판례: 건축주 vs 건축사 사례

⑥ 철거명령 취소소송제기
→ 신뢰보호 X

∵ 귀책사유 여부
→ 상대방뿐만 아니라
수임인, 대리인 등
모든 관계인을
고려해서 판단!

but 건축한계선 과실로 간과
건축한계선 넘어가는 설계

(4) 신뢰에 기인한 처리행위(후속행위)

(5) 신뢰에 반하는 행정권 행사와 그로 인한 개인의 권익 침해

판례 사무착오로 운전면허정지처분 후 면허취소처분 ▷ 당사자의 신뢰·법적안정성 저해: 不許

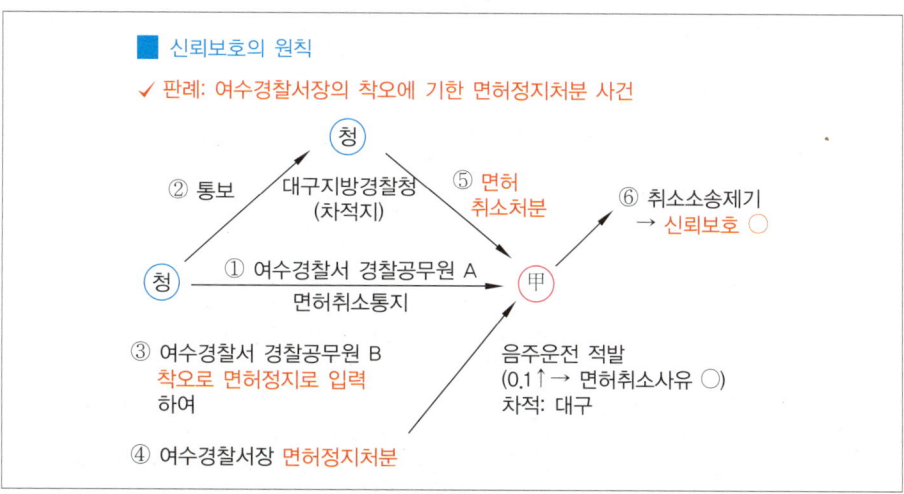

■ 신뢰보호의 원칙

✓ 판례: 여수경찰서장의 착오에 기한 면허정지처분 사건

(6) 신뢰를 주는 선행조치와 개인의 권익 침해 사이에 인과관계

3. 신뢰보호의 한계(소극적 요건)

(1) 사정변경

판례
1. 사실적·법률적 상태 변경 or 신청 유효기간 도과 ▷ 공적 견해표명 실효
2. 공적 견해표명 후 사정이 변경됨에 따라 그 견해표명에 반하는 처분을 한 경우 ▷ 신뢰보호원칙 위반×

(2) 공익 또는 제3자와의 관계

① 공익 또는 제3자의 정당한 이익을 현저히 해칠 우려 없을 것

② 법률적합성원칙과 충돌: 공익·사익 비교형량하여 결정[동위설(통설, 판례), cf. 법률적합성 우위설]

판례
1. 달성하려는 공익이 개인의 이익침해를 정당화하는 경우 ▷ 신뢰보호원칙 위반×
2. 운전면허 정지기간 중의 운전행위가 적발된지 약 3년 후 운전면허취소 ▷ 신뢰보호원칙 위반○
   (cf. 교통사고발생 1년 10개월 후 택시운송사업면허취소 ▷ 신뢰보호원칙 위반×)
3. 한려해상국립공원 인근 자연녹지지역의 토석채취허가 가능성에 대한 신뢰 < 환경상의 공익

4. 위반효과

위법한 행정작용으로 행정쟁송·국가배상청구可

5. 관련 판례

1. 행정청이 착오로 한 주민등록말소로 국적이탈이 적법하게 처리된 것으로 신뢰 ▷ 보호가치○ [1]
2. 단순 착오로 처분 계속 후 오류 변경 [2] ▷ 신뢰보호원칙 위반×
3. 십수년간 실제와 다르게 경계측량·표지설치 후 착오를 발견, 지형도수정 ▷ 신뢰보호원칙 위반×
4. 세무서장의 비과세결정 번복 후 과세처분 ▷ 신의성실원칙(신뢰보호원칙) 위반×
5. 대학인사위원회 개최 전의 교수임용에 대한 기대 ▷ 보호가치×
6. 한시적 법인세액 감면제도의 존속으로 주택신축판매업이 계속 감면대상될 것이라는 신뢰 ▷ 보호가치×
7. 경과규정에 의해 신뢰이익 충분히 고려한 경우 ▷ 신뢰보호원칙 위반×

[1] 동사무소 직원이 행정상 착오로 국적이탈을 사유로 주민등록을 말소한 것을 신뢰하여 만 18세가 될 때까지 별도로 국적이탈신고를 하지 않았던 사람이, 만 18세가 넘은 후 동사무소의 주민등록 직권 재등록 사실을 알고 국적이탈신고를 하자 '병역을 필하였거나 면제받았다는 증명서가 첨부되지 않았다'는 이유로 이를 반려한 처분은 신뢰보호의 원칙에 반하여 위법하다고 한 사례(대판 2008.1.17. 2006두10931 [국적이탈신고서반려처분취소])

[2] 특정 사항에 관하여 신뢰보호원칙상 행정청이 그와 배치되는 조치를 할 수 없다고 할 수 있을 정도의 행정관행이 성립되었다고 하려면 상당한 기간에 걸쳐 그 사항에 관하여 동일한 처분을 하였다는 객관적 사실이 존재할 뿐만 아니라, 행정청이 그 사항에 관하여 다른 내용의 처분을 할 수 있음을 알면서도 어떤 특별한 사정 때문에 그러한 처분을 하지 않는다는 의사가 있고 이와 같은 의사가 명시적 또는 묵시적으로 표시되어야 한다. 단순히 착오로 어떠한 처분을 계속한 경우는 이에 해당되지 않고, 따라서 처분청이 추후 오류를 발견하여 합리적인 방법으로 변경하는 것은 신뢰보호원칙에 위배되지 않는다(대판 2020.7.23. 2020두33824).

6. 적용례

(1) 실권(실효)의 법리
① 행정청에게 권한행사 기회가 있음에도 불구하고 장기간 불행사 & 상대방이 권한이 행사되지 아니할 것으로 믿을 만한 정당한 이유가 있는 경우, 행정청은 권한을 행사할 수 없다는 법리
② 공법관계 中 관리관계, 권력관계에도 적용(판례)
③ 이론적 근거: 판례 – 신의성실원칙(cf. 학설 – 신뢰보호원칙)

> **판례**
> 1. 실권의 법리 ▷ 신의성실원칙에서 파생(권력관계에도 적용)
> 2. 실효의 원칙 적용요건 ▷ 구체적 경우마다 제반 사정을 고려해 사회통념에 따라 합리적으로 판단

④ 실정법적 근거: 「행정기본법」 제12조 제2항, 제23조 제1항
> 행정기본법 제12조(신뢰보호의 원칙) ② 행정청은 권한 행사의 기회가 있음에도 불구하고 장기간 권한을 행사하지 아니하여 국민이 그 권한이 행사되지 아니할 것으로 믿을 만한 정당한 사유가 있는 경우에는 그 권한을 행사해서는 아니 된다. 다만, 공익 또는 제3자의 이익을 현저히 해칠 우려가 있는 경우는 예외로 한다.
> 행정기본법 제23조(제재처분의 제척기간) ① 행정청은 법령등의 위반행위가 종료된 날부터 5년이 지나면 해당 위반행위에 대하여 제재처분(인허가의 정지·취소·철회, 등록 말소, 영업소 폐쇄와 정지를 갈음하는 과징금 부과를 말한다. 이하 이 조에서 같다)을 할 수 없다.

적용 요건	① 행정청의 권한행사 가능성(앎) ② 장기간 권한 불행사 ③ 국민의 정당한 신뢰 ④ 공익 또는 제3자의 이익을 현저히 해칠 우려가 없을 것

> **판례** 처분청이 착오로 행정서사업허가처분후 20년이 지나서 한 허가처분취소 ▷ 실권의 법리 위반×

(2) 법령개정과 신뢰보호의 문제
구법 존속에 대한 신뢰
→ 구법 존속에 대한 당사자의 신뢰이익 vs 신법에서 추구하는 법령개정의 공익과 비교형량

> **판례**
> 1. 국가에 의해 유인된 신뢰 ▷ 특별한 보호가치(신뢰보호○)
>   (cf. 반사적으로 부여한 기회의 활용 ▷ 신뢰보호×)
> 2. 절대평가제에서 상대평가제로 환원하는 변리사법 시행령 즉시 시행 ▷ 신뢰보호원칙 위반○ (∵ 경과규정 두어야)

(3) 수익적 행정행위의 직권취소 또는 철회의 제한
취소 또는 철회해야 할 공익상 필요가 사익침해를 정당화할 만큼 강한 경우에 한해 可

7 신의성실의 원칙 및 권한남용금지의 원칙

1. 신의성실의 원칙(성실의무의 원칙)

(1) 의의 및 근거
① 상대방의 신뢰를 헛되이 하지 않도록 성의 있게 행동해야 한다는 원칙
② 「행정기본법」 제11조 제1항에 행정청의 '성실의무의 원칙'으로 규정
> 행정기본법 제11조(성실의무) ① 행정청은 법령 등에 따른 의무를 성실히 수행하여야 한다.
③ 행정절차법 제4조, 국세기본법 제15조
> 행정절차법 제4조(신의성실 및 신뢰보호) ① 행정청은 직무를 수행할 때 신의에 따라 성실히 하여야 한다.
> 국세기본법 제15조(신의·성실) 납세자가 그 의무를 이행할 때에는 신의에 따라 성실하게 하여야 한다. 세무공무원이 직무를 수행할 때에도 또한 같다.

(2) 행정청의 행위에 대한 신의칙 적용요건
> **판례** 합법성의 원칙을 희생하여서라도 상대방의 신뢰를 보호함이 정의관념에 부합하는 것으로 인정될 만한 특별한 사정이 있을 때 예외적으로 적용

(3) 신의칙과 합법성 원칙(법률적합성의 원칙)의 충돌
> **판례** 이익형량, 합법성의 원칙에 우선을 두는 경향

(4) 위반효과
위법한 행정작용으로 행정쟁송·국가배상청구可

(5) 적용례
당사자 간의 계약 등 구체적인 관계가 있을 때 적용 → 행정입법, 행정계획: 적용×

> **판례**
> 1. 위법한 직업능력개발 훈련과정인정제한처분 후 훈련과정 인정을 받지 않았다는 이유로 훈련비용 지원거부 ▷ 신의성실원칙 위반○
> 2. 요양불승인에 대한 취소소송 판결확정시까지 휴업급여 미청구에 대한 근로복지공단의 소멸시효 항변 ▷ 신의성실원칙 위반○ (∵ 사실상의 장애사유)
> 3. 정년을 1년 3개월 앞두고 호적정정 후 정년연장요구 ▷ 신의성실원칙 위반×

2. 권한남용금지의 원칙
- 행정기관은 그 권한을 법상 정해진 목적에 반하여 행사해서는 안 된다는 원칙
- 「행정기본법」 제11조 제2항
> 행정기본법 제11조(성실의무) ② 행정청은 행정권한을 남용하거나 그 권한의 범위를 넘어서는 아니 된다.

> **판례** 부정한 목적의 세무조사에 기초한 과세처분 ▷ 위법

행정절차법상의 절차

행정입법의 절차적 통제

1. 의의 및 근거

* 사전: 대통령 → 甲
  아직집행력
* 행정입법이 행정절차법 해당 조문에 명시되어 있거나 그 이행을 강제하는 별도의 절차적 규정이 있는 것은 아니나, 행정입법도 공정성, 투명성, 신뢰성, 국민참여성 등을 확보할 필요는 있다.
* 이론적 근거: 적법절차원리(헌법적 근거임)
* 법적 근거: 「행정절차법」 제41조[1]
* 행정절차법 제41조[행정상 입법예고] 법령등을 제정·개정 또는 폐지(이하 "입법"이라 한다)하려는 경우에는 해당 입법안을 마련한 행정청은 이를 예고하여야 한다.

행정입법도 원칙적으로 행정절차법의 적용대상이다.

판례
1. 행정절차법이 적용되지 않는 경우라 하더라도 행정권 행사가 적정하게 이루어질 수 있도록 관련법령을 해석·적용하여야 한다.
2. 훈령의 제정 및 개정 절차에 관한 상위법령의 구체적인 위임이 없는 한 행정절차법이 적용되지 않는다.
3. 고속도로 관리청이 고속도로 민자사업에 관한 실시계획을 변경하면서 행정절차법령에 의한 행정예고를 하지 않은 것은 위법하지 않다.

2. 적용범위

① 행정입법의 행정절차법의 적용
② 행정입법을 상대방에게 도달하는 경우 적용
③ 행정입법과 상대방과 사이에 법적절차의 적용 등

(1) 원칙적 적용대상
입법예고 → 일반의견 · 공청회 등
행정입법과 상대방과 사이에 인지적절차가 있어야 함

(2) 적용적 적용대상
행정입법과 상대방과 사이에 행정입절차가 적용적 있어야 함
[예] 아동청소년성기 시 인정상호간의 행정대상의 적용 특기

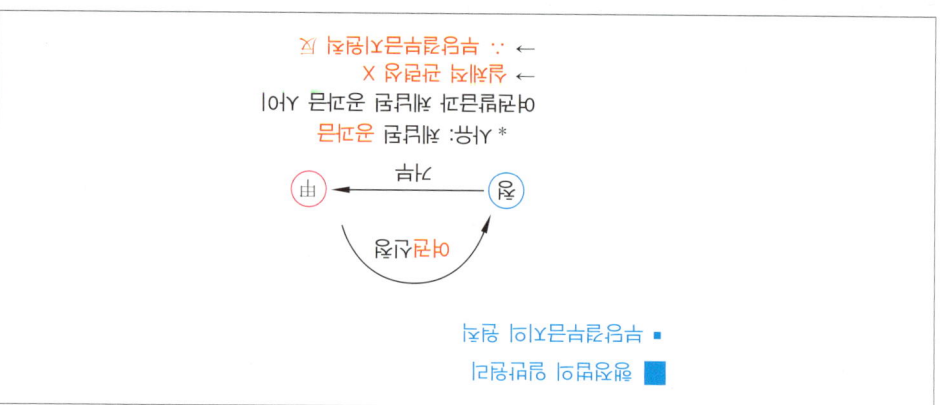

행정행위(처분)의 절차

3. 처분절차

(1) 서론
처분: 신청의제 · 관계이해자 · 공청기간 · 처분사유정보의 원본 절차 등

■ 행정입법지 원칙
■ 행정입법지 원칙
  행정입법이 진분을 하고자 하는 경우에는
  자신의 의사를 ······
  [A]
  도로입법청가   [A]
  행정입법 대상 = 관계 : 행정입법지 원칙이?
  행정입법지 원칙 입법에 위반하여
  관련

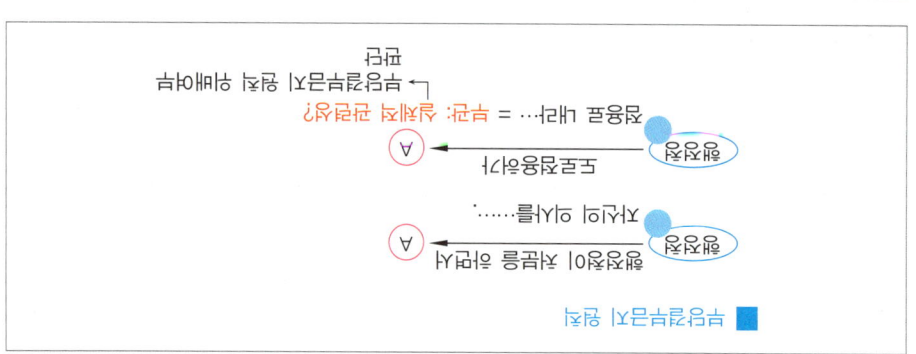

판례
주택건설사업계획승인과 같이 정상적인 소명은 거부처분을 함에 있어 기속적으로 행정입법지 원칙이 적용된다.(법위수침 X)

(2) 법적근거(행정입법의 원칙)

① 개별 규정
   행정: 아동청소년의 의한 처분 · 제재 · 청자 · 법치 시 모두 행정적으로 것으로 규정
   예외: 대통(필벌)/불우적 다른 법령에 있는 경우 or 그 사항이 정이 경우 행정입법의 원칙으로 하는 등

② 행정입법지 원칙에 의한 일반 규정
1. 행당가가치인 공표 → 관계이 대상 · 청결 · 공원적으로 하는 경우
2. 400cc 이상의 이륜자 → 관계이 대상 · 청결 · 공원적으로 하는 경우
3. 250cc 이상의 이륜자 → 관계이 대상 · 청결 · 공원적으로 하는 경우
4. 125cc 이상의 이륜자 → 관계이 대상 · 청결 · 공원적으로 하는 경우
   (cf. 125cc 이하의 이륜자 → 관계이 대상 · 청결 · 공원적으로 하는 경우 X)

③ 행정입법지 원칙에 반하지 않은 사례
1. 관계이 대상 가 · 관계이 적정이 공원적으로 하는 경우
2. 관계이 대상 가 · 공원적 공원적으로 하는 경우
3. 관계이 대상 가 · 공원적 공원적 공원적으로 하는 경우
4. 대상 · 관계이 대상 가 · 공원적으로 하는 경우
5. 대상 · 관계이 대상 가 · 공원적으로 하는 경우

4. 의사표시권

의사표시 행정작용으로 행정입법을 · 공거쳐지도 可

POINT 04 행정법의 효력

1 시간적 효력

1. 법령등의 효력발생시기

(1) 시행일

① 헌법, 법령공포법, 지방자치법: 시행일, 시행유예기간

규정 有		규정된 그 날부터 시행
규정 無	원칙	공포일로부터 20일 경과 시 시행
	예외	국민의 권리제한·의무부과와 직접 관련: 공포일로부터 적어도 30일 경과 시 시행

- 헌법 제53조 ⑦ 법률은 특별한 규정이 없는 한 공포한 날로부터 20일을 경과함으로써 효력을 발생한다.
  법령공포법 제13조(시행일) 대통령령, 총리령 및 부령은 특별한 규정이 없으면 공포한 날부터 20일이 경과함으로써 효력을 발생한다.
  지방자치법 제32조(조례와 규칙의 제정 절차 등) ⑧ 조례와 규칙은 특별한 규정이 없으면 공포한 날부터 20일이 지나면 효력을 발생한다.
- 법령공포법 제13조의2(법령의 시행유예기간) 국민의 권리 제한 또는 의무 부과와 직접 관련되는 법률, 대통령령, 총리령 및 부령은 긴급히 시행하여야 할 특별한 사유가 있는 경우를 제외하고는 공포일부터 적어도 30일이 경과한 날부터 시행되도록 하여야 한다.

② 행정기본법: 시행일의 기간계산

법령등을 공포한 날부터 시행	공포한 날이 시행일
공포 후 일정기간 경과한 날부터 시행	공포한 날: 첫날에 산입×
	기간 말일이 토요일·공휴일인 때: 그 말일로 기간만료

- 행정기본법 제7조(법령등 시행일의 기간 계산) 법령등(훈령·예규·고시·지침 등을 포함한다. 이하 이 조에서 같다)의 시행일을 정하거나 계산할 때에는 다음 각 호의 기준에 따른다.
  1. 법령등을 공포한 날부터 시행하는 경우에는 공포한 날을 시행일로 한다.
  2. 법령등을 공포한 날부터 일정 기간이 경과한 날부터 시행하는 경우 법령등을 공포한 날을 첫날에 산입하지 아니한다.
  3. 법령등을 공포한 날부터 일정 기간이 경과한 날부터 시행하는 경우 그 기간의 말일이 토요일 또는 공휴일인 때에는 그 말일로 기간이 만료한다.

(2) 공포(또는 공고) 방식

헌법개정·법률·조약·대통령령·총리령·부령	관보에 게재
국회의장의 법률 공포	서울특별시에서 발행되는 둘 이상의 일간신문에 게재
조례·규칙	공보에 게재
지방의회의장의 조례 공포	공보 or 일간신문 or 게시판 게시
관보의 내용해석·적용시기 ▷ 종이관보와 전자관보 동일한 효력	

- 법령공포법 제11조(공포 및 공고의 절차) ① 헌법개정·법률·조약·대통령령·총리령 및 부령의 공포와 헌법개정안·예산 및 예산 외 국고부담계약의 공고는 관보(官報)에 게재함으로써 한다.
- 법령공포법 제11조(공포 및 공고의 절차) ② 「국회법」 제98조 제3항 전단에 따라 하는 국회의장의 법률 공포는 서울특별시에서 발행되는 둘 이상의 일간신문에 게재함으로써 한다.
- 지방자치법 제33조(조례와 규칙의 공포 방법 등) ① 조례와 규칙의 공포는 해당 지방자치단체의 공보에 게재하는 방법으로 한다. 다만, 제32조 제6항 후단에 따라 지방의회의 의장이 조례를 공포하는 경우에는 공보나 일간신문에 게재하거나 게시판에 게시한다.
- 법령공포법 제11조(공포 및 공고의 절차) ④ 관보의 내용 해석 및 적용 시기 등에 대하여 종이관보와 전자관보는 동일한 효력을 가진다.

(3) 공포일(또는 공고일)

공포일	관보 or 신문이 발행된 날(관보게재일)
발행된 날	최초구독가능시설(통설·판례)

- 법령공포법 제12조(공포일·공고일) 제11조의 법령 등의 공포일 또는 공고일은 해당 법령 등을 게재한 관보 또는 신문이 발행된 날로 한다.

> 판례 1. 관보게재일 ▷ 일반인이 열람·구독가능한 최초시기(≠발행일자)
> 2. 공포일·시행일 상이 ▷ 관보 인쇄된 날

2. 소급적용금지의 원칙(법령불소급의 원칙)과 법적용의 기준

(1) 소급적용금지의 원칙(법령불소급의 원칙)

① 의의: 법령은 원칙적으로 그 효력이 생긴 때부터 그 후에 발생한 사실에 대해서만 적용된다는 원칙
→ 신법의 효력발생 전에 이미 '완성된' 사실·법률관계에 신법 적용 금지(「행정기본법」 제14조 제1항)

- 행정기본법 제14조(법 적용의 기준) ① 새로운 법령 등은 법령 등에 특별한 규정이 있는 경우를 제외하고는 그 법령 등의 효력 발생 전에 완성되거나 종결된 사실관계 또는 법률관계에 대해서는 적용되지 아니한다.

(2) 조금의 종류(진정소급·부진정소급)

* 진정소급

이미 완성된 사실에 [신규정 적용]
[부과개정]
━━━━━━━━━━━━━━━━━━━━
   1.1.   과세연도   12.31.

세율: 3% → 5%

원칙: 금지
예외: 소급입법 예정의 경우, 신뢰이익 침해 정도 경미, 당사자 손실 보상의 경우, 공익상 중대한 필요가 있는 경우 등 (예, 친일, 5·18)

* 부진정소급
[부과개정] 현재 계속 중인 사실에
━━━━━━━━━━━━━━━━━━━━
   1.1.   과세연도   12.31.
          1년

세율: 3% → 5%

원칙: 허용
예외: 경우 > 공익 (=신뢰보호, 기득권)

법령의 소급적용, 특히 행정법규를 소급적용하는 것은 일반적으로는 법치주의의 원리에 반하고, 개인의 권리·자유에 부당한 침해를 가하며, 법률생활의 안정을 위협하는 것이어서, 이를 인정하지 않는 것이 원칙이고

원칙	금지
진정 소급	불허
	이미 완성된 사실·법률관계에 신규정 적용
부진정 소급	원칙	허용
	예외	국민에게 불리하게 적용하여 신뢰 침해

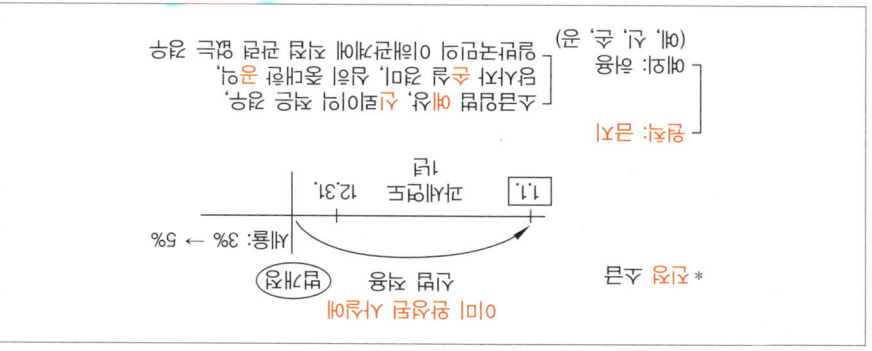

① 처분시법주의("행정기본법, 제14조 제2항): 신청에 따른 처분 — 신청 당시의 법령에 따름

행정기본법 제14조(법 적용의 기준) ② 당사자의 신청에 따른 처분은 법령등에 특별한 규정이 있거나 처분 당시의 법령등을 적용하기 곤란한 특별한 사정이 있는 경우를 제외하고는 처분 당시의 법령등에 따른다.

원칙	처분시법
예외	신청시법: 특별한 규정 or 처분시 법령 적용하기 곤란한 특별한 사정

판례 1. 신청에 따른 처분 → 처분시법 적용
     (cf. 경과규정 없이 허가기준 등이 변경된 경우 → 처분시법 적용)
     2. 경과규정을 통하여 예외적으로 신청시법을 적용 (∵ 법적안정성 등)

행정처분은 그 근거 법령이 개정된 경우에도 경과규정에서 달리 정함이 없는 한 <u>처분 당시 시행되는 개정 법령과 그에서 정한 기준에 의하는 것이 원칙</u>이고, 그 개정 법령의 적용과 관련하여서는 개정 전 법령의 존속에 대한 국민의 신뢰가 개정 법령의 적용에 관한 공익상의 요구보다 더 보호가치가 있다고 인정되는 경우에 그러한 국민의 신뢰를 보호하기 위하여 그 적용이 제한될 수 있는 여지가 있을 따름이다(대판 1998.3.27, 96누19772).

② 행정기본법 제14조 제3항: 법령 등을 위반한 행위의 성립과 이에 대한 제재처분은 위반 당시의 법령 등에 따름. <u>(예외: 당사자에게 유리한 경우, 과태료 부과 등)</u>

행정기본법 제14조(법 적용의 기준) ③ 법령등을 위반한 행위의 성립과 이에 대한 제재처분은 법령등에 특별한 규정이 있는 경우를 제외하고는 법령등을 위반한 행위 당시의 법령등에 따른다. 다만, 법령등을 위반한 행위 후 법령등의 변경에 의하여 그 행위가 법령등을 위반한 행위에 해당하지 아니하거나 제재처분 기준이 가벼워진 경우로서 해당 법령등에 특별한 규정이 없는 경우에는 변경된 법령등을 적용한다.

원칙	행위시법
예외	(제재) 처분시법: 법령이 유리하게 변경된 경우

판례 1. 가중된 사유발생이 대해 시행 이후 가중처벌 규정 기준 ▶ 행위시법 적용
     2. 경과규정에 대해서 예외적으로 변경규정에서 시행 시 적용 (∵ 법적안정성 등)
     3. 허가·신고의 채용기준 등 중간에 변경된 경우 대한 처분에 대하여는 (∵ 신청시법 적용)

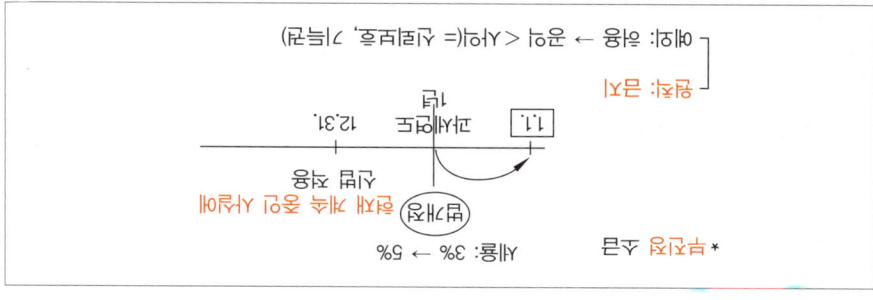

3. 소급입법금지의 원칙

(1) 의의 및 근거
법령을 이미 '종결된' 사실·법률관계에 적용하는 것으로 입법하는 것을 금지하는 헌법상의 원칙(법적안정성)

(2) 소급입법의 종류와 허용범위
① 진정소급입법: 기존의 법에 의해 형성된 이미 굳어진 개인의 법적 지위를 사후적으로 박탈하는 입법(원칙: 불허)

> 판례
> 1. 진정소급입법의 예외적 허용 ▷ 예상가능·신뢰이익경미·손실경미·공익상 이유
> 2. 친일반민족행위자 재산 국가귀속 ▷ 진정소급입법의 예외적 허용(∵ 소급입법 예상 가능, 중대한 공익)

② 부진정소급입법
- 아직 완성되지 않고 현재 진행 중인 사실·법률관계에 새로운 법령을 적용하는 입법(엄밀한 의미의 소급입법×)
- 원칙: 허용
- 예외: 불허(소급효를 요구하는 공익상의 사유 < 구법에 대한 개인의 신뢰보호) → 경과규정 要

> 판례
> 1. 구법 존속에 대한 당사자의 신뢰가 합리적, 손해극심, but 경과규정 없이 신법 그대로 시행 ▷ 신뢰보호원칙 위반○
> 2. 절대평가제에서 상대평가제로 환원하는 「변리사법 시행령」 '즉시' 시행 ▷ 신뢰보호원칙 위반○

(3) 헌법불합치결정과 개선입법의 소급적용

> 판례
> 헌법재판소 위헌결정 후 개선입법 소급적용 여부·범위 ▷ 입법자의 재량

4. 효력의 소멸

비한시법	명시·묵시적 폐지[1]
	법률이 전문 개정된 경우[2] ▷ 종전 법률의 부칙규정도 효력 소멸(원칙)
한시법	유효기간이 경과하면 자동 효력 소멸

[1] 신법(동위 또는 상위법)에 의한 명시적 폐지, 신·구법의 내용상 충돌, 상위법의 소멸(수권법의 소멸로 위임명령 소멸), 위헌결정 등
[2] 개정 법률이 전문 개정인 경우에는 기존 법률을 폐지하고 새로운 법률을 제정하는 것과 마찬가지이어서 종전의 본칙은 물론 부칙 규정도 모두 소멸하는 것으로 보아야 할 것이므로 특별한 사정이 없는 한 종전의 법률 부칙의 경과규정도 모두 실효된다고 보아야 한다(대판 2002.7.26. 2001두11168).

2 지역적 효력

1. 원칙
제정기관의 권한이 미치는 지역 내

법률·명령	전국적으로 효력
조례·규칙	지방자치단체 구역 내

2. 예외
- 치외법권 구역[1]
  [1] 국내법령의 효력이 미치지 않는다(예 대사관, 외교관).
- 특정지역에 관한 개별사건법률[1]
  [1] 국가의 법령이라도 특정지역에만 적용되는 것으로 그 적용지역을 한정하여 제정된 경우 그 특정지역에서만 효력을 가진다(예 「제주국제자유도시특별법」, 「수도권정비계획법」 등).
- 다른 지자체에 효력이 미치는 자치법규[1]
  [1] 제정기관의 본래 권한이 미치는 지역을 넘어 적용되는 경우도 있다. 예컨대, 한 지역의 지방자치단체의 조례가 다른 지방자치단체의 구역 내에 효력이 미치는 경우(예 화장장을 다른 지자체의 동의를 얻어 그 구역 내에 설치하는 경우 화장장을 설치한 지자체의 화장장에 관한 조례)가 있다.

3 대인적 효력

원칙	속지주의: 대한민국 내에 있는 모든 자에게 국내법령 적용(자연인·법인, 내·외국인 불문)
예외	속인주의, 외교특권, 상호주의 제한有

→ 내국인(한국인)이라면 대한민국 외(국외)에 있어도 국내법령 적용

POINT 05 행정사자

1 행정주체

1. 개념 및 행정기관과의 관계

행정주체	• 행정(등)주체 • 법적 효과 귀속 주체
행정기관	• 행정주체 위해 직무 행하는 행정단위 (행정주체와 기관구성원 모두 X)

2. 행정기관의 종류

(1) 행정청
① 개념: 의사결정 및 외부에 표시할 권한 있는 행정기관
② 종류: 독임제행정청과 합의제행정청

독임제	각부장관, 경찰청장, 시장, 도지사, 군수 등
합의제	행정심판위원회, 토지수용위원회, 공정거래위원회 등 (가장 많이 쓰이는 이론 (≠의결기관))

(2) 그 밖의 행정기관

의결기관	○의사결정권○, 표시권한X 예) 징계위원회, 감사위원회
보조기관	○행정청의 내부 보조 이외 권한 위임 받은 경우 행정청 예) 행정각부 차관, 차장, 국장, 과장
보좌기관	행정청·보조기관의 직무 지원 예) 행정각부 차관보, 담당관
자문기관	○의견진술○ 예) 각종자문위원회
집행기관	○사실행위로 실현 예) 경찰공무원, 세무공무원

* 행정청에 소속되어 업무행정사무를 담당

3. 행정주체의 종류

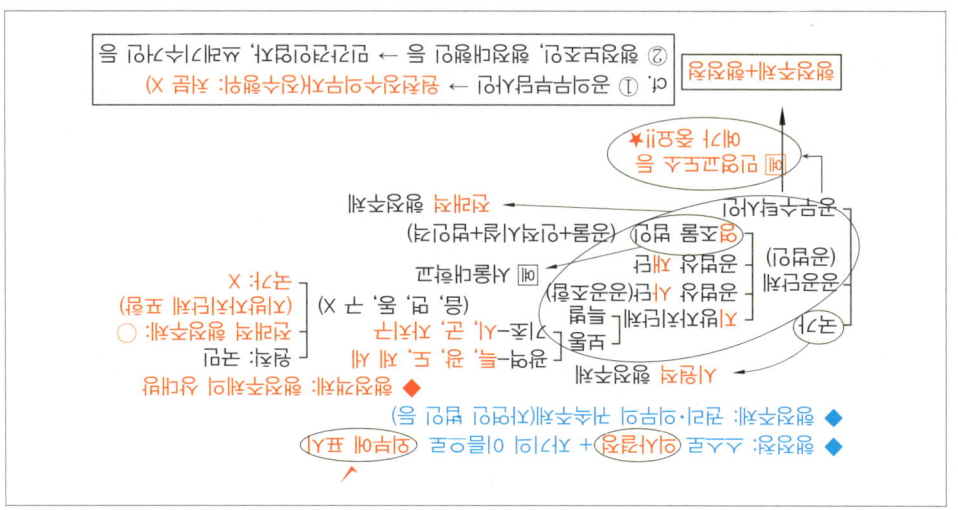

◆ 행정주체: 국가 + 자기의 이름으로 **의사표시** 등 할 수 있는 주체
◆ 공공단체: 공공의 이익을 위한 자주적 권능 가진 단체(지방자치단체, 공공조합, 영조물법인, 공법상재단)

◆ 공무수탁사인: 행정주체이면서 행정청의 성격도

cf. ① 의료유사업자(이용사·미용사·이발사): 사인 X

★ 예) 공증사무 등 ★

(1) 국가: 시원적 행정주체

(2) 공공단체(공법인): 국가로부터 행정주체
① 지방자치단체(공공): 종(특, 광, 도, 시, 군, 구, 시, 군, 자치구)
② 공공사단법인(공공조합): 특수 사업의 수행을 위하여 설립된 인적 결합체
  예) 1. 도시재개발조합 ▶ 공공단체(공공조합)
  2-1. 대한의사협회 ▶ 공공단체(공공조합)
  2-2. 개별 의사들 ▶ 공무수탁사인
③ 공공재단법인(공법재단): 특정 행정목적의 계속적 관리를 위한 물적 결합체
  예) 한국연구재단 등
④ 영조물법인(공공조물): 특정 공적 목적에 제공된 인적·물적 결합체
  예) 한국토지주택공사, 한국은행, 서울대학교, 한국방송공사, 각종 공단 등 ◆

◆ 종중·교회: 공법인 X

③ 공무수탁사인(공익사인): 특정 행정업무를 관리를 위해 공권이 부여된 사인
  공무수탁사인 등

● 공무수탁사인이 소속되어 행정관련 관여하도록

공무·조합·조합장의 기능, 표창 등 시설의 유지·보수·증감·사용료, 징수 등 공무위탁자의 위탁한 사무의 집행의 관리·감독·지도 등에 관하여 변경할 필요가 있다고 인정하는 경우(대판 2021.12.30, 2018다241458).

④ 영조물법인
  → 예 한국방송공사, 한국토지주택공사, 한국은행, 서울대학교병원, 서울대학교, 국립의료원, 인천국제공항공사, 서울특별시지하철공사 등
  ㉠ 특정 행정목적에 제공된 인적·물적시설의 종합체인 영조물 + 법인격
    → 영조물은 강한 공공성과 윤리성을 갖는 정신적·문화적·행정적 사업을 수행함
  ㉡ 공공단체 임직원의 법적 지위
    • 원칙: 사법관계❶
      ❶ 한국조폐공사의 직원에 대한 징계, 서울특별시지하철공사의 임직원에 대한 징계, 의료보험조합의 직원에 대한 징계, 의료보험관리공단과 직원과의 근무관계, 종합유선방송위원회 소속 직원의 근무관계, 한국마사회가 조교사 또는 기수의 면허를 부여하거나 취소하는 것
    • 단, 농지개량조합과 그 직원과의 관계: 공법상 특별권력관계❷
      ❷ "도지사가 시행하는 공개경쟁채용의 방법으로 직원을 임명하도록 되어 있고 직원의 임용자격, 복무상의 의무, 그 신분보장 및 징계처분에 관하여는 공무원에 관한 것과 같은 엄격한 규정을 두고 있는 취지 및 목적으로 미루어 보면, 농지개량조합과 그 직원과의 관계는 사법상의 근로계약관계가 아닌 공법상의 특별권력관계로 규율되고 있다고 인정되므로 농지개량조합의 직원에 대한 징계처분의 취소를 구하는 소송은 행정소송사항에 속한다."고 판시하여 공법관계라고 하였다 (대판 1995.6.9. 94누10870).

(3) 공무수탁사인: 전래적 행정주체
  ① 의의
    ㉠ 공행정사무 위탁받아 수행하는 행정주체·행정청인 사인
    ㉡ 자연인, 사법인, 법인격 없는 단체일 수도 있음
  ② 구체적인 예: 토지수용권을 행사하는 사인, 민영교도소, 사립대학교의 장이 교육법에 따라 학위를 수여하는 경우, 항공기의 기장과 사선(私船)의 선장 또는 해원(海員)이 경찰임무를 수행하는 경우, 사인이 별정우체국의 지정을 받아 체신업무를 경영하는 경우, 변호사협회가 변호사의 등록과 변호사에 대한 징계 업무를 수행하는 경우, 공증인이 공증사무를 수행하는 경우
  ③ 구별개념
    ㉠ 공의무부담사인 ▷ 행정임무 수행의무만 부담○ / 처분권한×
    ㉡ 행정보조인 등 ▷ 행정임무의 기술적 집행만을 하는 사인

    판례 | 원천징수의무자의 원천징수행위 ▷ 처분×

  ④ 공무수탁의 법적 근거 및 형식
    ㉠ 권한이 이전되므로 법적 근거 要
    ㉡ 일반법적 근거 ▷ 정부조직법❶·행정권한의 위임 및 위탁에 관한 규정·지방자치법❷
      ❶ 정부조직법 제6조(권한의 위임또는 위탁) ③ 행정기관은 법령으로 정하는 바에 따라 그 소관 사무 중 조사·검사·검정·관리 업무 등 국민의 권리·의무와 직접 관계되지 아니하는 사무를 지방자치단체가 아닌 법인·단체 또는 그 기관이나 개인에게 위탁할 수 있다.
      ❷ 지방자치법 제117조(사무의 위임 등) ③ 지방자치단체의 장은 조례나 규칙으로 정하는 바에 따라 그 권한에 속하는 사무 중 조사·검사·검정·관리업무 등 주민의 권리·의무와 직접 관련되지 아니하는 사무를 법인·단체 또는 그 기관이나 개인에게 위탁할 수 있다.
    ㉢ 공무수탁형식 ▷ 법률, 계약, 행정행위 可

    판례 | 국가의 임무수행방법(스스로 or 민간위탁) ▷ 입법자의 재량사항

형식	성질
공무위탁계약	공법상 계약
공무를 위탁하는 행정행위	특허(예 공증인의 임명)

  ⑤ 공무수탁사인의 법적 지위
    ㉠ 행정주체와의 관계: 공법상 위임관계
      행정주체 ▷ 합법성·합목적성 지휘·감독可(특별감독관계)
    ㉡ 국민과의 관계: 행정주체이면서 동시에 행정청
      • 공무수탁사인의 행정행위·행정지도 ▷ 행정절차법적용○
      • 행정심판 피청구인·항고소송의 피고 ▷ 공무수탁사인(위임행정청×)
      • 계약관련 분쟁 → 당사자소송·민사소송의 피고 ▷ 공무수탁사인 可
        → 공법상 계약: 당사자소송, 사법상 계약: 민사소송
      • 공무수탁사인의 불법행위 → 국가나 지자체 상대로 국가배상청구 可
      • 적법한 공행정작용으로 재산권에 특별한 희생 → 공무수탁사인 상대로 손실보상청구 可

2 행정객체(행정주체의 상대방)

• 사인·지방자치단체 등 공공단체
• 국가의 행정객체성: 긍정설 vs 부정설(다수설, ∵ 시원적 행정주체)
• 행정기관 ▷ 권리·의무의 귀속주체×

  판례 | 서울국제우체국장에 대한 관세부과처분 ▷ 무효(행정객체×)
    → 우체국장은 국가의 기관이므로 그 명의(직책)로 한 행위의 효과는 행정주체인 국가에 귀속되고 국가는 (시원적 행정주체로서) 행정객체가 될 수 없음

POINT 06 공동과 공유

1 공동

1. 공기가 공동
상속재산의 공유관계에 대하여 가지는 지분 관념

2. 개인지 공동

(1) 의의
개인이 상속재산에 대하여 일정한 비율을 가지고 있는 것(=공동상속 공동, 공동)

② 개인지 공동재산 관리: 상속개시주의 원칙적으로 인정함

(2) 특징
① 이전성(양도·상속·인도)이 자유로움
② 개인지 공동권자는 언제든지 공동물의 분할을 청구할 수 있다. 단, 다음의 경우에는 예외이다.
  ① 제268조(공동물의 분할청구): ① 5년 내의 기간으로 분할하지 아니할 것을 약정할 수 있다. ⓐ 원본이자가 담보가 되어 채권할 수 있다.

약정지속공동	이전성 있음	예: 종중원공동관계, 공유공동의공동(1/2)
비약정지속공동	이전성X	예: 공유물상속의공동

③ 상속인의 지분(미대지지): 대응한 이상의 양도기타 처분행위가 있어야 대응
  주의 상속인은 공동물의 양도기타 처분행위 가능

② 지기주의 지분: 공동권자의 공기(동일사정 원칙)
  주의 각공동자는 공기공동의 공에 필요한 행위(단독, 보관, 보수·수선 등)를 공동물 전부에 대하여 할 수 있다.

③ 대응의 지분(미대지지): 대응인 이상의 양도기타 처분행위가 대응

2 공유 (3) 상속요소

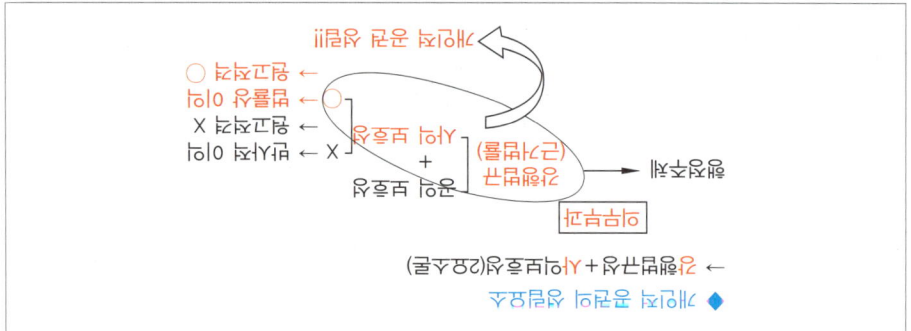

◆ 개인지 공동의 상속요소
  공동재산 + 사(공기물)
  개인지 공동이 상속등기(지분등기X 공급등기X 구가기등기)

공기기준	근기·공기·보관공기·사기의 상대성
공유기준	개인지 공동	○, 상속행위가, 상속(등기)X
	타인지 이익	X, 상속행위가, 상속(등기)O

상속행위를 통하여 공유자의 동의 및 공동물 전체에 변경을 가져오게 하는 행위이 개인지 공동의 상속·사법행위이 전한 공동물 아니기 때문에 → (개인지 공동X)상속행위이므로 상속물 전체 등기 필요

① 상속행위이 공동
  → 법률행위(결과변경)은 등기를 요하지 않는 소유권 취득 가능
  ⓐ 상속행위 제187조(등기를 요하지 아니하는 부동산물권취득) ① 상속, 공용시조 판결, 경매기타 법률의 규정에 의한 부동산에 관한 물권의 취득은 등기를 요하지 아니한다. 다만, 이를 처분할 때에는 등기하여야 한다.

(4) 성립원인
① 법률
② 헌법

▼ 대한민국 헌법상의 기본권과 개인적 공권(예시)
헌법 제12조 ① 모든 국민은 신체의 자유를 가진다.
헌법 제15조 ① 모든 국민은 직업선택의 자유를 가진다.
헌법 제19조 ① 모든 국민은 양심의 자유를 가진다.
헌법 제35조 ② 환경권의 내용과 행사에 관하여는 법률로 정한다.
헌법 제24조 모든 국민은 법률이 정하는 바에 의하여 선거권을 가진다.
헌법 제27조 ① 모든 국민은 헌법과 법률이 정한 법관에 의하여 법률에 의한 재판을 받을 권리를 가진다.

헌법상 기본권 규정: 공권 성립의 보충적 근거규정

구체적 기본권	법률에 의한 구체화 없이도 헌법규정만으로 공권 성립(예 자유권·평등권·재산권)
추상적 기본권	법률에 의한 구체화가 있어야 공권 성립(예 사회적 기본권·청구권적 기본권)

예 근로의 권리, 환경권, 연금수급권, 퇴직급여청구권, 재판청구권 등

📖 판례
1. 구속된 피고인·피의자의 타인과의 접견권❶ ▷ 헌법상 기본권에서 곧바로 도출○ (∵ 구체적 권리)
2. 자유권적 기본권인 경쟁의 자유❷ ▷ 법률상 이익○
3. 퇴직급여청구권 ▷ 헌법 규정에 의해 곧바로 도출×
4. 사회보장수급권(연금수급권) ▷ 법률에 의한 구체화要

❶ 만나고 싶은 사람을 만날 수 있다는 것은 인간이 가지는 가장 기본적인 자유 중 하나로서, 이는 헌법 제10조가 보장하고 있는 인간으로서의 존엄과 가치 및 행복추구권 가운데 포함되는 헌법상의 기본권이라고 할 것인바, 구속된 피고인이나 피의자도 이러한 기본권의 주체가 됨은 물론이며 … 형사소송법 제89조 및 제213조의2가 규정하고 있는 구속된 피고인 또는 피의자의 타인과의 접견은 위와 같은 헌법상의 기본권을 확인하는 것일 뿐 형사소송법의 규정에 의하여 비로소 피고인 또는 피의자의 접견권이 창설되는 것으로는 볼 수 없다(대결 1992.5.8. 91부8).

❷ 경업자소송에서 병마개 제조업자의 원고적격: 청구인의 기본권인 경쟁의 자유가 바로 행정청의 (납세병마개제조자)지정행위의 취소를 구할 법률상 이익이 된다(헌재 1998.4.30 97헌마141).

③ 기타
㉠ 성문법령 외에도 조리·관습법등 불문법·행정행위·공법상 계약 통해서도 성립 可
㉡ 행정규칙 통해서는 성립×

📖 판례
무허가 건물 소유자의 시영아파트 분양신청권❸ ▷ 개인적 공권×

❸ 서울특별시의 '철거민에 대한 시영아파트 특별분양 개선지침'은 서울특별시 내부에 있어서의 행정지침에 불과하며, 그 지침 소정의 사람에게 공법상의 분양신청권이 부여되는 것은 아니므로 시영아파트 분양불허의 의사표시는 항고소송의 대상이 되는 행정처분으로 볼 수 없다(대판 1991.11.26. 91누3352).

(5) 개인적 공권의 확대화 경향

→ 2요소론의 대두 / 헌법상 기본권 규정에서 공권 도출 / 반사적 이익의 개인적 공권화(제3자효 행정행위 원고적격) / 특수한 공권의 인정(무하자재량행사청구권·행정개입청구권)

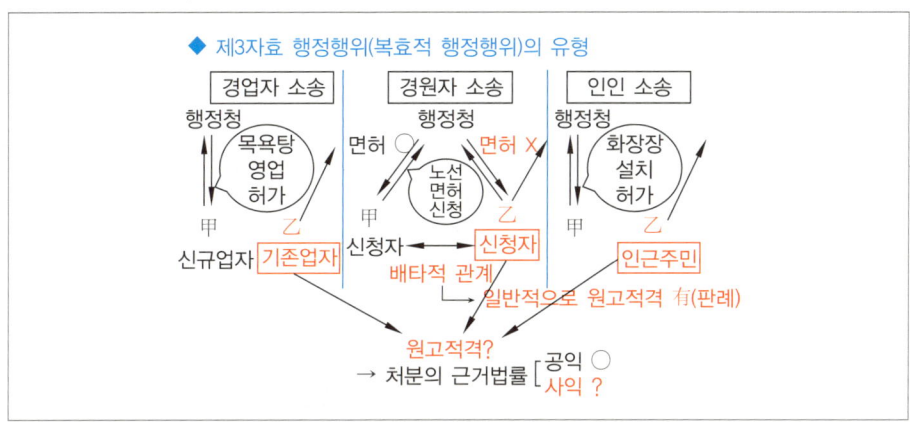

3. 특수한 개인적 공권
(1) 무하자재량행사청구권
① 의의: 재량행위 영역에서 하자 없는 재량처분을 요구하는 공권
② 법적성격: 형식적 권리·적극적 권리
③ 독자성 인정여부

학설	• 부정설: 민중소송화 우려 • 긍정설(다수설): 공권의 확대화
판례	명시적으로 무하자재량행사청구권이라는 용어를 사용하지는 않지만 개념은 인정 → 재량권의 일탈·남용이 없는 적법한 응답을 요구할 권리

📖 판례
검사임용거부처분 사건
1-1. 임용여부: 재량 / 응답여부: 의무
1-2. 임용권자: 재량 하자 없는 응답의무○ / 임용신청자: 재량 하자 없는 응답요구권○

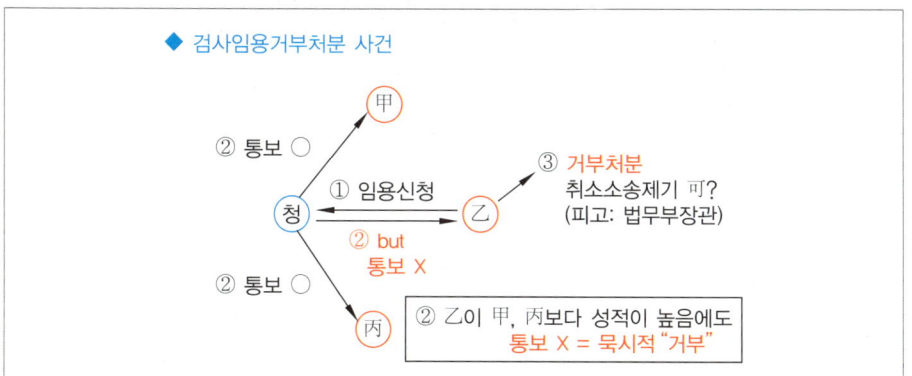

◆ 검사임용거부처분 사건

◆ 거부행위의 '처분성' 인정요건

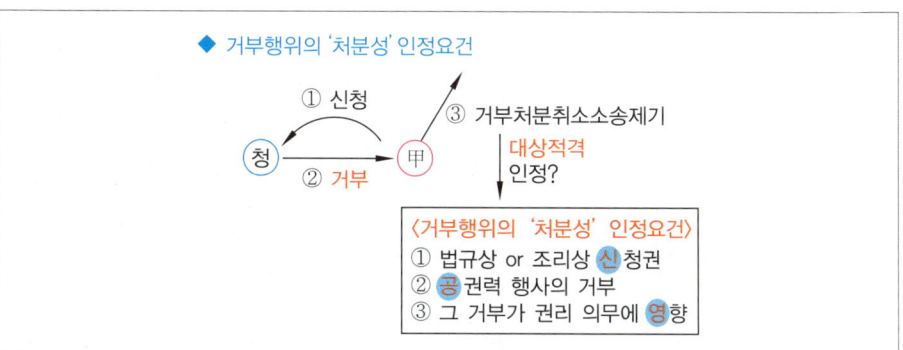

〈거부행위의 '처분성' 인정요건〉
① 법규상 or 조리상 신청권
② 공권력 행사의 거부
③ 그 거부가 권리 의무에 영향

◆ 검사임용거부처분 사건

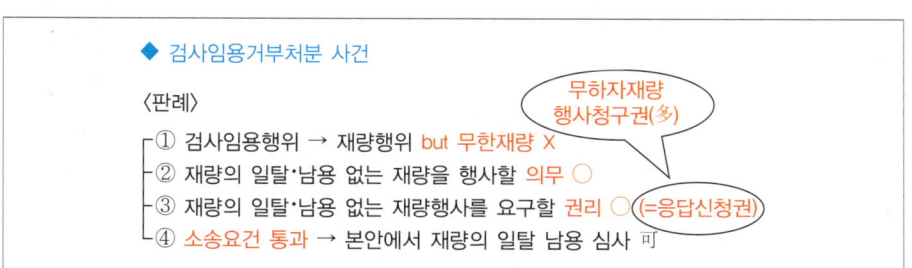

〈판례〉
① 검사임용행위 → 재량행위 but 무한재량 X
② 재량의 일탈·남용 없는 재량을 행사할 의무 ○
③ 재량의 일탈·남용 없는 재량행사를 요구할 권리 ○ (=응답신청권)
④ 소송요건 통과 → 본안에서 재량의 일탈 남용 심사 可

④ 성립요건: 강행법규 존재 + 사익보호성
⑤ 인정범위: 재량권이 인정되는 모든 행정권 행사
　　→ 수익적, 부담적 행정행위○ / 선택재량, 결정재량○
⑥ 재량권의 영(0)으로의 수축이론
　　재량권이 있었던 행정청에게 선택의 여지가 없어지고 특정처분을 해야 할 의무가 생기는 것
　　→ 중대한 법익에 급박하고 현저한 위험 + 행정권 발동에 의해 위험제거 可 + 개인의 노력으로는 구제 不可
　　▷ 재량이 0으로 수축
　　▷ 무하자재량행사청구권이 행정개입청구권으로 전환
⑦ 실현수단

부담적 행정처분	취소심판 · 취소소송
거부처분	의무이행심판 · 취소소송
부작위	의무이행심판 · 부작위위법확인소송

(2) 행정개입청구권
① 의의: 자기를 위해 타인(제3자)에게 행정권 발동을 요구하는 공권
　　┗▶ 광의로는 행정행위발급청구권도 포함됨

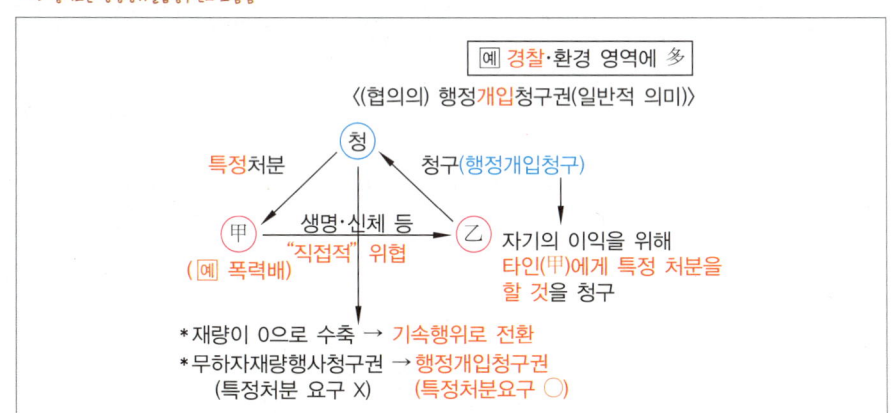

POINT 06 공권과 공의무 **32**

▼ 행정개입청구권 vs 무하자재량행사청구권 비교

행정개입청구권	무하자재량행사청구권
특정한 처분을 구하는	적법한 재량을 구하는
기속행위 (or 재량이 0으로 수축)	재량행위
적극적 공권	
실체적 공권 (특정처분 요구 ○)	형식적 공권 (특정처분 요구 ×)

② 법적성격: 실체적 권리(특정행위발급청구권) · 적극적 권리
③ 인정여부

통설	생명 · 신체 등 중대한 법익에 대한 목전의 위험이 있는 경우 인정
판례	행정개입청구권이라는 명시적 언급은 없으나 법리 인정 사례有

> 판례
> 1. 환경영향평가 대상지역 안 주민 ▷ 공유수면매립면허 취소·변경 요구할 조리상 신청권 有
> 2. 경찰관의 위험발생 방지조치 부작위 ▷ 현저히 불합리한 재량 불행사로 위법 可
> 3. 건축법상 규제권한 발동규정 ▷ 규제권한 부여 규정일 뿐(규제의무 無)
>   (∴ 개인: 행정청에 대하여 제3자에 대한 건축허가취소등을 요구할 수 있는 조리상 신청권×)

④ 성립요건: 강행법규의 존재 + 사익보호성
⑤ 인정범위: 실무상 주로 경찰행정분야 → 기속법규, 재량법규라면 재량이 0으로 수축될 때
⑥ 실현수단
  ㉠ 거부·부작위: 의무이행심판 · 거부처분취소소송 · 부작위위법확인소송 · 국가배상청구
  ㉡ 현행법상 의무이행소송 無
    → 행정처분의 신청이 행정청에 의하여 거부되었거나 혹은 부작위 상태로 방치되었을 경우에 당해 행정처분의 발급(이행)을 구하는 소송

2 공의무

· 개인의 국가에 대한 공법상의 의무
· 개인적 공권과 공의무의 승계
  – 일반법× / 「행정절차법」 제10조: 지위승계규정 有❶
    ❶ 행정절차법 제10조(지위의 승계) ① 당사자등이 사망하였을 때의 상속인과 다른 법령등에 따라 당사자등의 권리 또는 이익을 승계한 자는 당사자등의 지위를 승계한다.
    ② 당사자등인 법인등이 합병하였을 때에는 합병 후 존속하는 법인등이나 합병 후 새로 설립된 법인등이 당사자등의 지위를 승계한다.
    ④ 처분에 관한 권리 또는 이익을 사실상 양수한 자는 행정청의 승인을 받아 당사자등의 지위를 승계할 수 있다.
  – 「국세기본법」 제23조: 법인합병시 납세의무승계규정 有❷
    ❷ 국세기본법 제23조(법인의 합병으로 인한 납세의무의 승계) 법인이 합병한 경우 합병 후 존속하는 법인 또는 합병으로 설립된 법인은 합병으로 소멸된 법인에 부과되거나 그 법인이 납부할 국세 및 강제징수비를 납부할 의무를 진다.

> 판례
> 1. 산림복구 공의무 ▷ 상속인 승계○
> 2. 이행강제금 부과받은 사람이 재판절차 개시 후 사망한 경우 ▷ 상속인 수계×(∴ 절차 종료)
> 3. 지위승계신고수리나 영업양도양수인가를 받아 영업양도시 ▷ 공의무도 함께 양수인에게 승계

POINT 07 행정상 법률관계의 종류

해커스공무원 정훈 행정법총론 단원별 기출문제집

1 개념

1. 의의

광의	행정조직법관계 + 행정작용법관계
협의	행정작용법관계

2. 행정작용법관계 행정조직법 관계 분류

행정조직법 관계	동등관계(상하·협력)(즉, 행정주체 간의관계) + 사무관계(임무·행정보조관계)
행정작용법 관계	행정주체의 대외관계 + 행정주체에 상응하는 관계

2 행정상용법관계

1. 공법관계 : 권력관계 + 관리관계

(1) 권력관계

의의	행정주체가 우월적 지위에서 일방적 명령·강제하는 관계
특징	행정주체가 우월적 지위에서 일방적 행정권 발동(명(命)·강제 등 운영) 사법관계 적용원리 적용
구법해결	행정소송, 항고소송

(2) 관리관계

의의	행정주체가 사경제주체나 사인이가는 재산이나 사업의 관리주체로서 대등한 관계
특징	사법관계이지만, 공적 목적 달성을 위한 특별한 규정 적용
구법해결	원칙 : 민사소송 · 특칙 : 인사사송

3 특별권력관계(특별행정법관계)

1. 전통적 특별권력관계이론

의의	개인의 특별한 법률원인에 의하여 공법상 특정한 행정목적에 필요한 범위 내에서, 포괄적인 이용을 함 는 관계
특성	법률유보 배제, 기본권의 제한, 사법심사 배제
예시	19C 후반 독일에서 군인 전공공직임이 충성을 주장하기 위한 이용으로 성립된 공 사이 관계
	타인의 이동 : 군가정, 공무원관계
	이론적 근거 : 군가는 내부에는 법이 침투할 수 없다는 특별한 이론

* 19C 후반 독일의 입헌군주제에서 이론적 기초가 마련된 특별권력관계는 군주의 지배권이 강하였던 공법상 자원관계 및 공공복의 관계 등의 공법적 이용에서 성립되었다.
* 그러나 오늘날 입헌군주제 이후 이 이론은 비판을 받게 되었고(수정 · 인정설세), 또한 내부에 대해서도 사법심사가 인정되는 등으로 수정된 이론이 있다. 그것은 새로운 이론으로서 인정되는 경우이다. 특히 헌법 전반에 보장되어 있는 기본권은 일부적으로 전통적인 특별권력관계 이론에서 인정된 것으로 이해될 수 있으며 이러한 이론은 오늘날 인정되지 않는다.

2. 전통적 특별권력관계이론의 인정여부 및 사법심사 가능성

(1) 학설

긍정설	전통적 특별권력관계이론을 유지하려는 입장, 사법심사 부정
제한적 긍정설 (울레의 수정론)	특별한 행정목적을 위하여 필요한 범위 내에서 법치주의, 기본권, 사법심사가 완화되어 적용될 수 있다는 입장
	기본관계 / 구성원의 법적지위에 본질적 사항
	경영수행관계 / 내부 경영수행질서 규율
부정설	완전한 사법심사의 입장(통설·판례)

(2) 판례
전통적 특별권력관계 부정, 사법심사 인정

> 1. 경찰공무원을 비롯한 공무원의 근무 ▷ 특별권력관계(사법심사 可)
> 2. 수형자의 서신검열 ▷ 특별권력관계(사법심사 可)
> 3. 구청장과 동장의 관계 ▷ 특별권력관계(사법심사 可)
> 4. 국립교육대 학생에 대한 징계권 발동 ▷ 사법심사 可(교수회 의결 없이 학장이 독자적으로 퇴학처분)
> 5. 농지개량조합과 직원과의 관계 ▷ 특별권력관계(징계처분: 처분성○)

3. 특별행정법관계(특별권력관계)의 성립 및 소멸

성립	법률 규정·상대방 동의(의무적 동의, 자발적 동의 불문)
소멸	목적달성·임의탈퇴·일방적배제

4. 특별행정법관계(특별권력관계) 종류 (두문자: 근·영·특·사)

종류	예
공법상 **근**무관계	공무원의 근무관계, 군인이나 경찰의 복무관계
공법상 **영**조물 이용관계	국·공립학교 재학관계, 수형자의 교도소 재소관계, 국·공립병원 재원관계, 국·공립도서관 이용관계
공법상 **특**별감독관계	공공단체·공무수탁사인이 국가·지자체로부터 특별한 감독을 받는 관계
공법상 **사**단관계	재개발조합, 재건축조합, 농지개량조합과 같은 공공조합이 조합원에 대하여 특별한 권력을 갖는 관계

5. 특별행정법관계(특별권력관계)의 내용

포괄적인 명령권, 징계권 (cf. 과세권×, 경찰권×, 형벌권×)
→ 이는 일반권력관계임

6. 오늘날 특별행정법관계(특별권력관계)와 법치주의

전통적 특별권력관계 이론 ▷ 극복 (∴ 법률유보 적용○, 기본권 보장○, 사법심사○)

(1) 법률유보의 원칙
전면 적용(단, 특수성으로 인하여 완화 가능)

(2) 기본권의 제한의 한계
기본권제한에 법적 근거 要, 과잉금지원칙 준수 要

> 판례
> 1. 수형자의 기본권 제한 한계 ▷ 본질적 내용 침해 금지
> 2. 육군3사관학교 생도
>   ▷ 일반 국민보다 기본권 더 제한 可(단, 법률유보, 과잉금지원칙등 기본권 제한의 헌법원칙 준수要)
>   ▷ 학교 밖 4회 음주를 이유로 퇴학처분: 위법

(3) 사법심사
일반권력관계와 동일하게 可

POINT 08 행정입법에 대한 사법관여의 적용(행정입법의 공정력 작용)

1 개설

행정입법의 효력: 법령에 위반되는 경우 법원이 재판에서 이를 적용할 수 없으나 무효가 되지 않음
→ 부수적 규범통제이다. 행정입법에 대해서는 원칙적으로 공정력이 인정되지 않음

2 행정입법의 공정력 적용

규범통제를 반드시 사법관계에서 그 법령의 위반이 다투어 정당되는 경우
→ (유추적용이 다른 법령 상에 명시된 경우) 행정입법(법규명령)의 법령 및 공포된 사항
→ 유추적용 등(갑)·유추적용(을): 법령, 조례에 공표 가능

판례
1. 조세법의 해석에 조세법률주의
▶ 합리적 이유없이 유추해석·확장해석 가능
❷ 행정업무장의 업무집행으로 기본권침해 침해가 나타나지 않음
2. 행정법규와 관련하여 법률관계로는 유추해석이 가능 (기본법론주의)

❸ 현행 제59조 조세에 관한 법률은 법률로 정한다.
❹ 조세법규의 소급효는 조세의 충당에 대상이 되기 직전에 납세의 해소를 적용함으로써 납세의무를 확정하여야 하고, 그 법 률 조세법규를 소급적용 해석, 조세부과의 적법성이나 소유자에게 이다[1] 중대하다(대판 2017.4.20. 2015두45700 참조).

3 사법관여의 적용

사법관여이란 사법관계 행정처분의 효력이 타인을 구속하는 데 있어서 선결문제로 행정처분(취소대상 처분인지, 부존재·무효인 처분인지, 사법관리 대상인지)등이 사법관여이다.

사법관여의 정답	수소법원의 사법관계 내용
행정처분의 위법이 문제(권한권시·기기진단 등)	○ 사법관여, × 사법관여
행정처분의 위법성이 이유의 사법관여(이예결정 정 등)	○ 사법관여, × 사법관여

❸ 사법관여이란 당사자, 당사자관계, 이유, 대상, 사유, 기간권시, 사용, 복원결정, 사유관계, 사인이론, 사상이익 등을 대응함 여부가 사자가 지방세로 이와 관련된 사유로 할당이 다른 공사사용을 함이 부존재하지는, 관할관여이다 변경하여 결정하는 정당

판례
1. 정답 조세 행정처분 ▶ 소유자결정·사법관여에 정당
2. 정답 효력 「최종」 ▶ 기간기제한(1) → 「무효」 효력 적용

POINT 09 행정법상의 법률요건과 법률사실의 의의 및 종류

1 개설

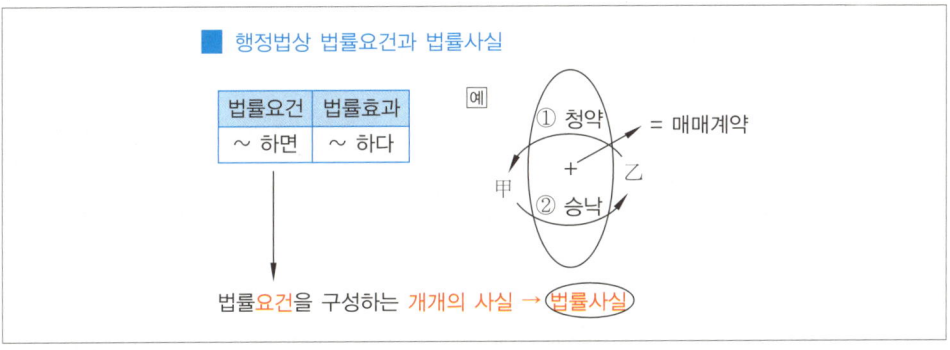

■ 행정법상 법률요건과 법률사실

법률요건을 구성하는 개개의 사실 → 법률사실

법률요건	법적효과 발생시키는 원인사실(예 매매계약)
법률사실	법률요건 구성하는 사실(예 청약, 승낙)

2 행정법상 법률사실

사건	정신작용에 의하지 않는 법률사실 [예 사람의 출생과 사망, 시간의 경과와 같은 자연적 사실(시효, 기간)]	
용태	정신작용에 의한 법률사실(예 행위, 내심)	
	외부적 용태(행위)	행정주체의 공법행위, 사인의 공법행위
	내부적 용태(내심)	선의·악의·고의·과실

POINT 10 행정법상 사건

해커스공무원 함수민 **행정법총론 단권화 노트**

---

1 기간

1. 의의
한 시점에서 다른 시점까지의 시간적 간격

2. 행정에 관한 기간계산의 기산점·만료점

특별한 규정이 없으면 「민법」 준용(행정기본법 제6조 제1항)❶	
초일	불산입이 원칙
말일	토요일·공휴일인 경우 익일 만료

침익적 작용 지속기간 계산의 특칙(행정기본법 제6조 제2항)❷	
초일	산입
말일	토요일·공휴일인 경우 그날 만료

❶ 행정기본법 제6조(행정에 관한 기간의 계산) ① 행정에 관한 기간의 계산에 관하여는 이 법 또는 다른 법령등에 특별한 규정이 있는 경우를 제외하고는 「민법」을 준용한다.
민법 제157조(기간의 기산점) 기간을 일, 주, 월 또는 연으로 정한 때에는 기간의 초일은 산입하지 아니한다. 그러나 그 기간이 오전 영시로부터 시작하는 때에는 그러하지 아니하다.
민법 제161조(공휴일 등과 기간의 만료점) 기간의 말일이 토요일 또는 공휴일에 해당한 때에는 기간은 그 익일로 만료한다.

❷ 행정기본법 제6조(행정에 관한 기간의 계산) ② 법령등 또는 처분에서 국민의 권익을 제한하거나 의무를 부과하는 경우 권익이 제한되거나 의무가 지속되는 기간의 계산은 다음 각 호의 기준에 따른다. 다만, 다음 각 호의 기준에 따르는 것이 국민에게 불리한 경우에는 그러하지 아니하다.
1. 기간을 일, 주, 월 또는 연으로 정한 경우에는 기간의 첫날을 산입한다.
2. 기간의 말일이 토요일 또는 공휴일인 경우에도 기간은 그 날로 만료한다.

---

2 시효

사실관계가 일정기간 계속시 진실한 법률관계로 인정하는 제도(소멸시효·취득시효) / 취지: 법적안정성

1. 소멸시효
일정기간 동안 권리행사 하지 않는 경우 권리소멸

(1) 공법상 금전채권의 소멸시효기간

① 원칙: 5년❸

❸ 국가재정법 제96조(금전채권·채무의 소멸시효) ① 금전의 급부를 목적으로 하는 국가의 권리로서 시효에 관하여 다른 법률에 규정이 없는 것은 5년 동안 행사하지 아니하면 시효로 인하여 소멸한다.
② 국가에 대한 권리로서 금전의 급부를 목적으로 하는 것도 또한 제1항과 같다.

공법상 금전채권 소멸시효 ▷ 특별한 규정 없는 한 5년

> 🔔 **판례**
> 1. 사법상 행위로 인한 국가에 대한 금전채권 ▷ 5년
> 2. 국가재정법·지방재정법 5년시효 ▷ 합헌

② 예외: 5년보다 짧은 기간

> 🔔 **판례**
> 「국가재정법」상 '다른 법률 규정' 의미 ▷ 5년보다 짧은 기간

(2) 소멸시효의 기산점 및 중단·정지

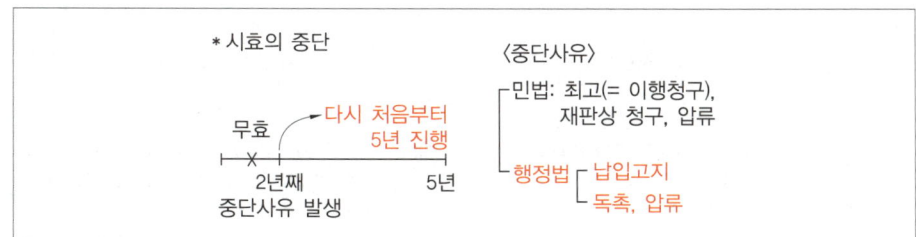

> 🔔 **판례**
> 1. 기산점 ▷ 권리를 행사할 수 있는 때(법률상 장애사유 無)
> 2. 부정수급액 반환청구권 소멸시효 기산점 ▷ 부정수급액을 지급한 때❹

❹ 특별시장 등이 거짓이나 부정한 방법으로 화물자동차 유가보조금(이하 '부정수급액'이라 한다)을 교부받은 운송사업자 등으로부터 부정수급액을 반환받을 권리에 대해서는 지방재정법 제82조 제1항에서 정한 5년의 소멸시효가 적용된다. 그 소멸시효는 부정수급액을 지급한 때부터 진행하므로, 반환명령일을 기준으로 이미 5년의 소멸시효가 완성된 부정수급액에 대해서는 반환명령이 위법하다(대판 2019.10.17. 2019두33897).

- 공법상 시효의 중단사유 ▷ 예 납입고지, 독촉·압류
  - 국가재정법 제96조(금전채권·채무의 소멸시효) ④ 법령의 규정에 따라 국가가 행하는 납입의 고지는 시효중단의 효력이 있다.
  - 국세기본법 제28조(소멸시효의 중단과 정지) ① 제27조(국세징수권)에 따른 소멸시효는 다음 각 호의 사유로 중단된다.
    1. 납부고지
    2. 독촉
    3. 교부청구
    4. 압류

- 공법상 시효의 중단·정지 ▷ 「민법」 규정 준용
  - 민법 제168조(소멸시효의 중단사유) 소멸시효는 다음 각 호의 사유로 인하여 중단된다.
    1. 청구
    2. 압류 또는 가압류, 가처분
    3. 승인
  - 민법 제174조(최고와 시효중단) 최고는 6월 내에 재판상의 청구, 파산절차참가, 화해를 위한 소환, 임의출석, 압류 또는 가압류, 가처분을 하지 아니하면 시효중단의 효력이 없다.

중단	중단시까지 진행되었던 시효기간은 무효, 중단사유 종료시부터 처음부터 다시 진행
정지	정지시까지 진행되었던 시효기간은 유효, 정지사유 종료시부터 남은기간 다시 진행

- 국세기본법 제28조(소멸시효의 중단과 정지) ② 제1항에 따라 중단된 소멸시효는 다음 각 호의 기간이 지난 때부터 새로 진행한다.
  1. 고지한 납부기간
  2. 독촉에 의한 납부기간
  3. 교부청구 중의 기간
  4. 압류해제까지의 기간
- 민법 제178조(중단후에 시효진행) ① 시효가 중단된 때에는 중단까지에 경과한 시효기간은 이를 산입하지 아니하고 중단사유가 종료한 때로부터 새로이 진행한다.
- 천재 기타 사변, 제한능력자 등 개별법상 정지사유

판례
1. 국가가 행하는 납입고지에 민법상 최고보다 더 강력한 시효중단효 인정 ▷ 합헌
2. 납입고지에 의한 시효중단의 효력 ▷ 추후 부과처분 취소되어도 효력상실 ×
3. 변상금부과처분에 대한 취소소송의 진행 ▷ 부과권의 시효 중단사유 ×
4. 압류목적물 찾지 못해 압류실행 못하고 수색조서를 작성하는 데 그친 경우 ▷ 시효중단 ○
5. 국가배상청구권 행사 ▷ 연금지급청구권의 시효중단 × (∵ 별개의 채권)
6. 산재보험법상 보험급여청구 ▷ 「민법」상 최고의 시효중단효 적용 ×

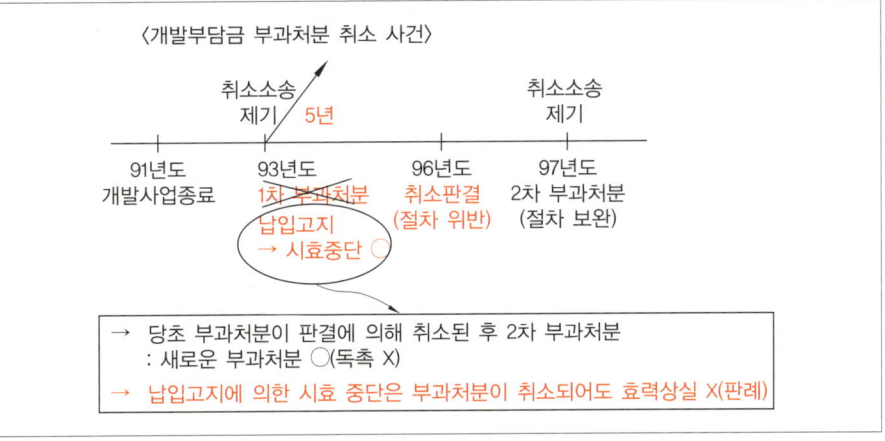

(3) 소멸시효 완성의 효과

권리 당연소멸, 소급효○ (민법 제167조)

- 민법 제167조(소멸시효의 소급효) 소멸시효는 그 기산일에 소급하여 효력이 생긴다.

판례 소멸시효 완성 후의 과세처분 ▷ 무효

- 조세에 관한 소멸시효가 완성되면 국가의 조세부과권과 납세의무자의 납세의무는 당연히 소멸한다 할 것이므로 소멸시효가 완성된 후에 부과된 부과처분은 납세의무 없는 자에 대하여 부과처분을 한 것으로서 그와 같은 하자는 중대하고 명백하여 그 처분의 효력은 당연무효이다(대판 1985.5.14. 83누655 등).

2. 취득시효(시효취득)

- 민법 제245조(점유로 인한 부동산소유권의 취득기간) ① 20년간 소유의 의사로 평온, 공연하게 부동산을 점유하는 자는 등기함으로써 그 소유권을 취득한다.

(1) 의의

① 타인의 부동산(토지·건물)이나 동산(물건)을 소유의 의사로 일정기간 점유하는 자(=자주점유)는 소유권 취득

② 국·공유재산에 대한 시효취득

- 국유재산법 제6조(국유재산의 구분과 종류) ① 국유재산은 그 용도에 따라 행정재산과 일반재산으로 구분한다.
  ② 행정재산의 종류는 다음 각 호와 같다.
  1. 공용재산: 국가가 직접 사무용·사업용 또는 공무원의 주거용(직무 수행을 위하여 필요한 경우로서 대통령령으로 정하는 경우로 한정한다)으로 사용하거나 대통령령으로 정하는 기한까지 사용하기로 결정한 재산
  2. 공공용재산: 국가가 직접 공공용으로 사용하거나 대통령령으로 정하는 기한까지 사용하기로 결정한 재산
  3. 기업용재산: 정부기업이 직접 사무용·사업용 또는 그 기업에 종사하는 직원의 주거용(직무 수행을 위하여 필요한 경우로서 대통령령으로 정하는 경우로 한정한다)으로 사용하거나 대통령령으로 정하는 기한까지 사용하기로 결정한 재산
  4. 보존용재산: 법령이나 그 밖의 필요에 따라 국가가 보존하는 재산
  ③ "일반재산"이란 행정재산 외의 모든 국유재산을 말한다.

> **판례**
> 1. 행정재산(공물): 취득시효 대상✕ [단, 공용(용도)폐지 시 일반재산(사물)으로 되어 시효취득 可]
> 2. 일반재산(잡종재산, 사물): 취득시효 대상○(단, 취득시효기간 동안 계속하여 일반재산이어야 함)
> 3. 보존용재산 ▷ 시효취득 대상✕
> 4. 예정공물 ▷ 시효취득 대상✕
> 5. 공용폐지 의사표시 ▷ 적법해야, 묵시적으로도 可(예외)
> 6. 공용폐지되어 취득시효 대상이라는 입증책임 ▷ 시효취득 주장하는 자
> 7-1. 권원없이 토지 무단점유 ▷ 자주점유추정 깨어짐(시효취득✕)
> 7-2. 지자체·국가의 무단 도로부지 편입 ▷ 자주점유 추정✕

국유재산법 제7조(국유재산의 보호) ② 행정재산은 「민법」 제245조에도 불구하고 시효취득(時效取得)의 대상이 되지 아니한다.

예정공물인 토지도 일종의 행정재산인 공공용물에 준하여 취급하는 것이 타당하다고 할 것이므로 구 국유재산법 제5조 제2항이 준용되어 시효취득의 대상이 될 수 없다(대판 1994.5.10. 93다23442).

3 제척기간

1. 개념
일정한 권리에 대하여 법이 정한 존속기간(취지: 법률관계 조속 확정)
(예 제소기간, 심판청구기간, 행정기본법상 제재처분의 제척기간)

2. 제재처분의 제척기간(행정기본법 제23조)
(1) 적용대상
제재처분 中 인·허가의 정지·취소·철회, 등록말소, 영업소 폐쇄와 정지를 갈음하는 과징금 부과에 한정

행정기본법 제23조(제재처분의 제척기간) ① 행정청은 법령등의 위반행위가 종료된 날부터 5년이 지나면 해당 위반행위에 대하여 제재처분(인허가의 정지·취소·철회, 등록 말소, 영업소 폐쇄와 정지를 갈음하는 과징금 부과를 말한다. 이하 이 조에서 같다)을 할 수 없다.
② 다음 각 호의 어느 하나에 해당하는 경우에는 제1항을 적용하지 아니한다.
1. 거짓이나 그 밖의 부정한 방법으로 인허가를 받거나 신고를 한 경우
2. 당사자가 인허가나 신고의 위법성을 알고 있었거나 중대한 과실로 알지 못한 경우
3. 정당한 사유 없이 행정청의 조사·출입·검사를 기피·방해·거부하여 제척기간이 지난 경우
4. 제재처분을 하지 아니하면 국민의 안전·생명 또는 환경을 심각하게 해치거나 해칠 우려가 있는 경우
③ 행정청은 제1항에도 불구하고 행정심판의 재결이나 법원의 판결에 따라 제재처분이 취소·철회된 경우에는 재결이나 판결이 확정된 날부터 1년(합의제행정기관은 2년)이 지나기 전까지는 그 취지에 따른 새로운 제재처분을 할 수 있다.
④ 다른 법률에서 제1항 및 제3항의 기간보다 짧거나 긴 기간을 규정하고 있으면 그 법률에서 정하는 바에 따른다.

(2) 제척기간

원칙(제1항)	위반행위 종료일부터 5년
적용배제(제2항)	보호가치 없는 신뢰 등(제1호~제4호): 5년 지나도 제재처분可
새로운 제재처분(제3항)	판결등에 따라 제재처분이 취소·철회된 경우: 그 확정일부터 1년 內 새로운 제재처분 可
다른 법률과의 관계(제4항)	다른 법률에서 제1항 및 제3항 기간보다 짧거나 긴 기간 규정: 다른 법률 적용

취지: 판결 등의 기속력으로 인한 행정청의 재처분의무가 제척기간의 도과에 따른 처분의무의 소멸로 제한되는 것을 방지

4 주소

공법상 주소 ▷ 형식주의 / 단일주의 / 의사주의

주민등록법 제23조(주민등록자의 지위 등) ① 다른 법률에 특별한 규정이 없으면 이 법에 따른 주민등록지를 공법(公法) 관계에서의 주소로 한다.
주민등록법 제6조(대상자) ① 시장·군수 또는 구청장은 30일 이상 거주할 목적으로 그 관할 구역에 주소나 거소(이하 "거주지"라 한다)를 가진 다음 각 호의 사람(이하 "주민"이라 한다)을 이 법의 규정에 따라 등록하여야 한다. 다만, 외국인은 예외로 한다.

cf. 민법상 주소: 실질주의·복수주의·객관주의

형식주의	주민등록지
단일주의	(주민등록지는) 1개소에 한정
의사주의	(주민등록법상) 30일 이상의 거주할 목적

5 공법상 사무관리

1. 의의 및 취지
법률상 의무없이 타인을 위해 사무관리(민법 제734조 유추)

민법 제734조(사무관리의 내용) ① 의무없이 타인을 위하여 사무를 관리하는 자는 그 사무의 성질에 좇아 가장 본인에게 이익되는 방법으로 이를 관리하여야 한다.
민법 제739조(관리자의 비용상환청구권) ① 관리자가 본인을 위하여 필요비 또는 유익비를 지출한 때에는 본인에 대하여 그 상환을 청구할 수 있다.

2. 인정범위
• 행정주체·사인의 사무관리可(비용상환청구)
• 사인이 국가사무를 처리 ▷ 사무관리성립可

3. 성립요건
타인사무 + 관리의사 + 본인의사에 반하지 않을 것

> **판례** 사인의 사무관리 성립요건(판례)
> ▷ 사무가 국가를 대신하여 처리 가능한 성질
> ▷ 사무처리의 긴급성 등 사인의 개입이 정당화되는 경우

사인이 처리한 국가의 사무가 사인이 국가를 대신하여 처리할 수 있는 성질의 것으로서, 사무 처리의 긴급성 등 국가의 사무에 대한 사인의 개입이 정당화되는 경우에 한하여 사무관리가 성립하고, 사인은 그 범위 내에서 국가에 대하여 국가의 사무를 처리하면서 지출된 필요비 내지 유익비의 상환을 청구할 수 있다(대판 2014.12.11. 2012다15602).

4. 종류
강제관리·보호관리·역무제공
(예 자연재해 시 빈 상점의 물건 처분, 행려병자·사자의 관리, 비상재해 시 조난자 구호)

6 공법상 부당이득

1. 의의 및 취지
법률상 원인없이 이득을 얻고 타인에게 손해를 가한 자는 이익반환의무 有(민법 제741조❶ 준용)

❶ 민법 제741조(부당이득의 내용) 법률상 원인 없이 타인의 재산 또는 노무로 인하여 이익을 얻고 이로 인하여 타인에게 손해를 가한 자는 그 이익을 반환하여야 한다.

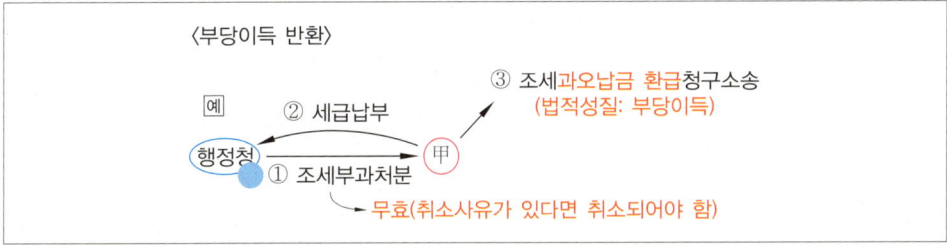

'법률상 원인 없이'의 의미	무효인 경우 ○
	취소사유인 경우(취소 전) ×

📢 판례
1. 과세처분의 하자 ▷ 취소사유: 부당이득×/무효사유: 부당이득○
2. 제3자가 체납자 명의로 체납액 납부 ▷ 국가의 부당이득×

2. 인정범위
공법상 부당이득반환의무 ▷ 행정주체, 사인 모두 발생 可

3. 공법상 부당이득반환청구권의 성질(관할법원)

학설	공권, 당사자소송
판례	사권, 민사소송

📢 판례
1. 무효인 조세부과처분에 대한 부당이득반환청구 ▷ 민사소송
2. 존재·범위 확정된 과오납부액 반환 ▷ 민사소송
3. 국유재산 무단점유 ▷ 변상금 부과·징수와 별도로 민사상 부당이득반환청구 可

4. 부당이득의 유형

행정행위에 의해 성립	행정행위가 무효이거나 취소되어야 부당이득 발생(㉠ 과세처분 취소, 보조금지급결정 취소)
행정행위에 의하지 않고 성립	곧바로 부당이득 발생(㉠ 무단점유, 봉급과다수령)

5. 공법상 부당이득반환청구권의 소멸시효
- 특별한 규정이 없는 한 ▷ 5년
- 「관세법」상 관세환급청구권, 「국세기본법」상 국세환급청구권의 소멸시효 ▷ 5년

📢 판례
1. 오납금에 대한 납부자의 부당이득반환청구권의 소멸시효 기산점 ▷ 납부 또는 징수시(부과시×)
2. 과세처분에 대한 취소소송·무효확인소송 제기 ▷ 조세환급을 구하는 부당이득반환청구권의 소멸시효 중단○

POINT 11 공무원의 행위

해커스공무원 학원·인강 행정법총론 단권화 노트

1 공법행위

- 공법적 효과를 목적으로 하는 사인의 공법행위
- 행정주체의 공법행위 or 사인의 공법행위

2 행정주체의 공법행위
↳ 개념적 행정작용법에서 공부

| 공권력적 | 예) 행정입법, 행정행위 |
| 비권력적 | 예) 공법상 계약, 행정지도 |

3 사인의 공법행위

1. 개념

- 공법적 효과를 목적으로 하는 사인의 공법행위
- 공정력×, 존속력×, 집행력× / 부관 가능× / 행정절차법 적용 대상 아님

2. 종류

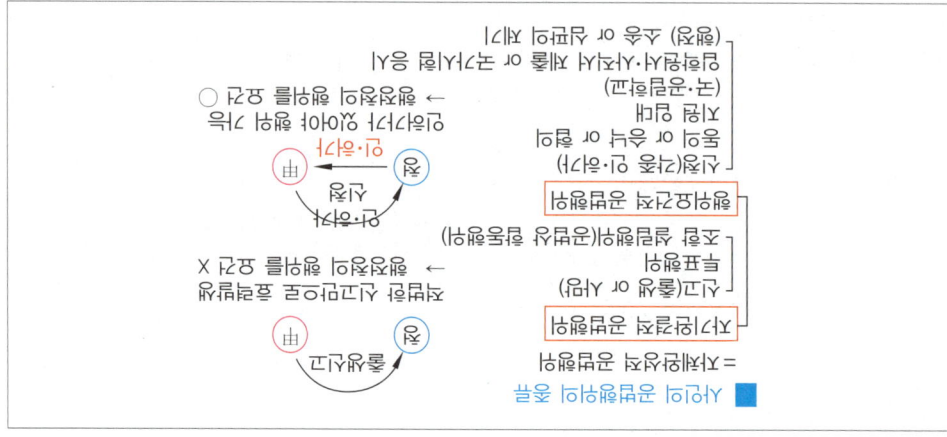

■ 사인의 공법행위의 종류

자체완성적 공법행위
= 자기완결적 공법행위

┌ 자기완결적 공법행위
│ (도달만으로 법적효과 완성)
│ 목표형식
│ 신고(통보 or 사실)
└ 행위요건적 공법행위

┌ 행위요건적 공법행위
│ (행정청의 수리를 효과요건으로 하는 공법행위)
│ 신청(신고(등록·인·허가)
│ 동의 or 승낙
│ 신청(각종 인·허가)
└ 자기완결적 공법행위

신고   통보
甲 ○ → 乙   甲 → 乙 인·허가
↑ 행정청의 수리가 효과를 좌우치X   ↑ 행정청이 있어야 법적 효과 가능
수리를 요하지 않는 신고   수리를 요하는 신고
(자기완결적 공법행위)   (행위요건적 공법행위)
예) 출생신고, 사망신고 등   예) 인·허가 신청, 자격인정 신청 등

2 사인의 공법행위

(1) 행정행위와의 비교

	행정행위	사인의 공법행위
공통점	공법적 효과를 목적으로 하는 행위 임	
차이점	우월적 효과○ (공정력·존속력·집행력○)	우월적 효과× (공정력·존속력·집행력×)

(2) 사법행위와의 비교

	사법행위	사인의 공법행위
공통점	사인의 행위인 점, 비권력적이라는 점	
차이점	행정절차 적용 없이, 사법적 효과	민사소송 이해관계 발생, 사법적 효과

4. 적용법규

- 사인의 공법행위 → 일반법 존재×
- 「민법」 등 유추해석 적용할 수 있음 (이사능력에 관한 규정, 대리행위의 효력, 효력발생 시점, 기한과 같은 등)

(1) 의사능력 및 행위능력

① 의사능력에 관한 「민법」 규정은 유추적용
   → 의사능력 없는 자의 공법행위는 무효 (=「민법」)
② 행위능력에 관한 「민법」 규정은 유추적용○ (원칙)
   → 우편물 수령 등 특수 유형의 공법행위에는 적용×
   ↳ 행정분쟁의 경우에는 행정소송법 제27조의 참가 가능성(법정대리인) 有

(2) 대리

① 공법 규정 有 or 성질상 허용×: 대리X
② 비일신전속적 행위의 대리: 대리○
   ↳ 예) 공탁신고(사실) 등

(3) 효력발생시기
① 원칙: 「민법」상 도달주의
  └ [예] 공무원의 사직의 의사표시는 행정청의 집무장소에 도달하여 행정청이 그 내용을 알 수 있는 상태에 이른 시점에 효력 발생
② 예외: 발신주의(「국세기본법」제5조의2)

(4) 의사표시의 흠결 및 하자 있는 의사표시

> **판례**
> 1. 사기·강박에 의한 의사표시(민법 제110조❶) 준용 ○
> 2. 비진의 의사표시(민법 제107조 제1항 단서❷) 준용 × (∵ 진의가 아니어도 표시된 대로 효력발생 ○)
> 3. 공무원의 사직의 의사표시 ▷ 비진의 의사표시 준용 ×
> 4. 전역지원의 의사표시 ▷ 비진의 의사표시 준용 ×
> 5. 공직자 숙정계획의 일환으로 공무원에 대한 의원면직처분 ▷ 비진의 의사표시 준용 ×
> 6. 영업재개업신고 ▷ 비진의 의사표시 준용 ×

❶ 민법 제110조(사기, 강박에 의한 의사표시) ① 사기나 강박에 의한 의사표시는 취소할 수 있다.
❷ 민법 제107조(진의 아닌 의사표시) ① 의사표시는 표의자가 진의아님을 알고 한 것이라도 그 효력이 있다. 그러나 상대방이 표의자의 진의아님을 알았거나 이를 알 수 있었을 경우에는 무효로 한다.

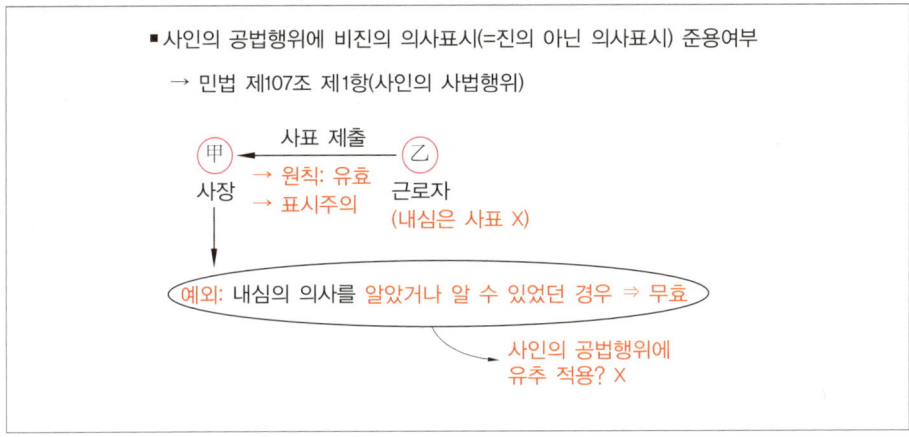

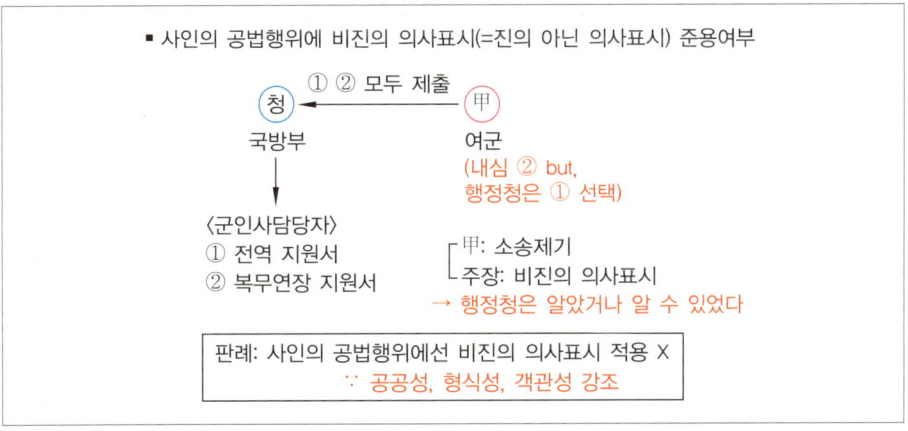

(5) 부관
사인의 공법행위 ▷ 부관 부가 × (∵ 법적안정성)

(6) 철회·보정
사인의 공법행위 ▷ 처분 있기 전까지 철회·보정 可

> **판례** 공무원의 사직의 의사표시
> ▷ 의원면직처분시까지 철회·취소 可
> ▷ 면직처분 후 철회·취소 不可

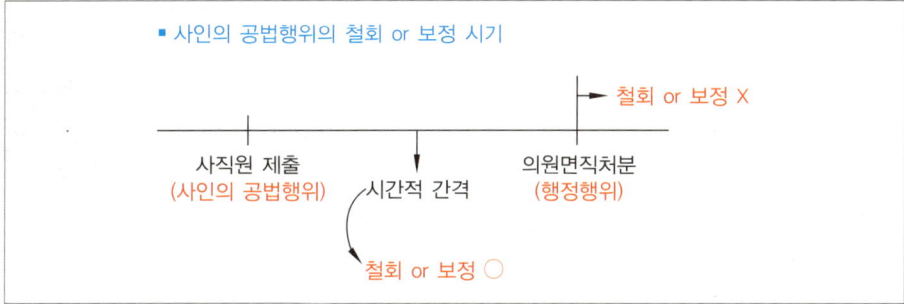

(7) 행위시법 적용의 원칙
미신고행위에 대한 제재 ▷ 행위 시 법령 적용

> **판례** (영업장 면적이) 변경신고사항 아니었다가 변경신고사항이 된 경우 ▷ (영업장 면적) 변경행위 후 변경신고하지 않은 채 영업계속 시 형사처벌 ○

5. 사인의 공법행위의 효과

자기완결적 공법행위	행정청의 별도 조치(수리)를 요하지 않음
행위요건적 공법행위	행정청에게 처리의무(응답의무 또는 신청에 따른 처분의무) 있음

6. 사인의 공법행위의 하자와 행정행위의 효력
하자 있는 행위요건적 공법행위에 따른 행정행위의 효력
  └→ 자기 완결적 공법행위에서는 문제되지 않음

(1) (사인의 공법행위가) 행정행위의 단순한 동기: 행정행위 효력에 영향 ×

(2) (사인의 공법행위가) 행정행위의 필요적 전제요건
  └→ • 원칙적 취소사유설 vs 취소·무효 구별설(다수설, 판례)
       • 단, 법령이 필요적 절차로 규정한 신청 또는 동의가 결여된 행위: 무효

① 사인의 공법행위 → 행정행위
② 부존재·무효 → 무효
③ 단순 위법 → 취소 전 유효 / 취소 후 무효

4 사인의 공법행위로서 신고

1. 신고의 의의
행정청에 대하여 일정한 사항(사실, 수리자 지위, 관념, 의사 등)을 알리는 것(신고의 주체: 공권력 주체가 아닌 사인)을 통하여 공법적 효과가 발생하는 공법상의 의사표시

2. 신고의 종류
(1) 신고의 주체
법규상·조리상 신고의무, 행정청이 권한을 가지는 경우, 공사적인 효력

(2) 신고유형

형식	분류
정보제공적 신고	행정청에게 일정한 사실 등이 알리기만 하면 되는 것
기타신고	그 외(口法) 정하는 것

● 참고 음식숙박업 신고기간 > 제출자기간, 정한신고

3. 신고의 효과
(1) 원수신고
수리를 요하지 않는 신고(행정청의 접수)의 경우 형식적 요건만 갖추어 있으면 효력 발생 시

(2) 소극적 저지
① 형식적 요건 충족 시 법적 효력 부여(바로 신고수리X)
② 형식적 요건 불충족 시 법적 효력 未 ※

● 참고
1. 협력적 정보제공 > 양천지 청과자기 등의 일정한 정보의 신고사항 이미 등을 알려 등
2. 협력기관의 주체지는 경우가 많은 신고사, 개인서비 영역사자기 등(예)
3. 공법을 사실수의 확장을 개선한 신고로 효력을 갖추어 있는 경우 > 정보, 가능, 평관 - 법, 법 이

(3) 사인의(통지의)
① 행정청이 접수할 시점에 대한 접수수리 有(인용 or 가능)
② 응답 의무 > 재수행정의 기각수용이지 법률, 법령기 대 응답한 함

5 사인의 공법행위로서 신고

1. 신고의 의의
사인이 행정청에 부적법한 잡지소통 사유주체 사상기간에 등을사는 등공인
● 참고 자원자차이 아니기나 자유규정에 대해서 기가나 기간에는 > 행정행위X

2. 신고의 유형
(1) 자기완결적 신고
① 법령이 제정하는 요건에 부합하는 수리만으로 법률효과가 신고
② 「행정절차법」 제40조의 신고: 자기완결적 신고

● 참고
1. 신고가 행정창에 도달할 때 신고되어 효력발생이라 개인사항 열람하지 등 그 이후에 대해서 해서 발한 견해·인정을 주장할 수 없다.
2. 그 방법 행정청은 자기완결적 신고인 경우 수리를 거부할 수 있다.
3. 행정청은 계출된 조치 단 이 없이 제법요청이 기재되어 있지 않은 경우에는 신고서를 가지체 반대하여 하며, 기간을 정하여 신고인에게 보충을 요구하여야 한다.

● 참고
1. 출산신고의 효력발생 > 신고서가 접수된 신고
2. 수리거부행위 > 처분성부정 신고
3. 수리가서해방난 수비가자들 > 수비가보조 신고

(2) 행위요건적 신고
① 행정청에 신고가 적법하여 이를 수리함으로써 법적 효과가 발생하는 신고
② 「행정기본법」 제34조의 신고: 행위요건적 신고

● 참고
1. 행정기본법」 제34조: "수사가 필요한 신고는 행정청이 수리하여야 효력이 발생한다" 등을 중요한 신고의 처리 지원 있는 경우에는 사인의 법령에 행정청의 수리가 있어야 한다.

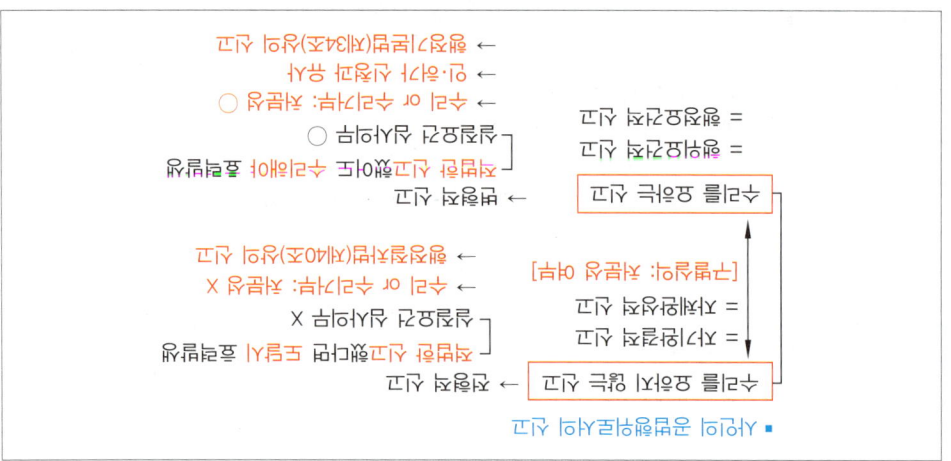

● 참고
1. 본회업외의 신고 > 자기완결적 신고
2. 대집행영업의 계성신고 > 행위요건적 신고
3. 자원부가지식 > 행위요건적 신고

3. 신고의 구별실익

신고의 요건 및 심사정도, 신고필증의 의미, 신고의 효과, 수리 또는 수리거부의 처분성 등

자기완결적 신고	실체적 사유를 들어 수리거부 不可
행위요건적 신고	실체적 사유를 들어 수리거부 可

> **판례** 숙박업 신고 ▷ 중대한 공익상의 필요가 있는 경우 수리거부 可

4. 신고의 일반적인 구별기준

- 법령에서 신고와 등록을 구분하여 규정하고 있는 경우
  → 신고 ▷ 자기완결적 신고 / 등록 ▷ 행위요건적 신고
- 형식적 요건만 요구 ▷ 자기완결적 신고 / 실질적 요건도 요구 ▷ 행위요건적 신고
- 명문으로 '수리' 규정을 두고 있는 경우 ▷ 행위요건적 신고(「행정기본법」 제34조)

> **판례**
> 1. 당구장업 영업신고 ▷ 자기완결적 신고
> 2. 가설건축물 축조신고 ▷ 자기완결적 신고
> 3. 타법상의 요건충족을 전제로 하거나 인·허가의제와 같이 별도의 요건심사가 요구되는 경우 ▷ 행위요건적 신고
> 4. 인·허가가 의제되는 건축신고 ▷ 행위요건적 신고

5. 신고의 요건 및 심사

(1) 자기완결적 신고

형식요건 갖춘 경우 실체적 사유로 수리거부 不可

> **판례** 형식요건 갖춘 원격평생교육시설신고 ▷ 실체적 사유 들어 수리거부 不可

(2) 행위요건적 신고

실질적 요건 심사 可 (문제되는 객관적 사정 있어야)

> **판례**
> 1. 유료노인복지주택설치신고 ▷ 신고 당시 부적격자 입소 여부 심사 可
> 2. 주민등록전입신고 ▷ 행위요건적 신고
> 3. 주민등록전입신고의 심사범위
>   ▷ 「주민등록법」의 입법목적 범위 내로 제한
>   ▷ 부동산투기나 이주대책 요구 등의 방지를 이유로 주민등록전입신고의 수리거부 ×
> 4. 노동조합설립신고서 접수 당시 그 해당여부가 문제된다고 볼 만한 객관적인 사정이 있는 경우에 한하여
>   ▷ 실질심사 거쳐 반려 여부 결정

6. 신고필증의 의미

자기완결적 신고	행위요건적 신고
신고사실 자체를 확인해주는 사실행위	수리하였음을 공적으로 증명하는 준법률행위적 행정행위로서 공증
신고의 효력발생요건 ×	

> **판례**
> 1. 납골당설치신고 ▷ 행위요건적 신고(수리처분이 있어야 납골당설치可)
> 2. 납골당설치신고의 수리행위에 신고필증의 교부 ▷ 필수 ×

7. 신고의 효과

→ 부적법한 신고 또는 무신고(미신고) 행위의 효과: 행정벌 등 행정제재의 대상이 됨

(1) 적법한 신고

① 자기완결적 신고

- 신고의 효력발생시기 ▷ 요건에 적합한 신고서가 접수기관에 도달된 때(행정청의 수리처분 등 별단의 조처를 기다릴 필요 없음)

> **판례**
> 1-1. 수산제조업의 신고 ▷ 자기완결적 신고
> 1-2. 담당공무원이 법령에 규정되지 아니한 사유를 들어 적법한 신고를 반려한 경우, 신고의 효력발생 시기
>   ▷ 신고서가 제출된 때
> 1-3. 담당 공무원이 법령에 규정되지 아니한 서류를 요구하여 신고서를 제출하지 못하였다는 사정
>   ▷ 신고가 있었던 것으로 볼 수 ×

- 타법상의 요건을 충족시키지 못한 신고 ▷ 부적법 신고

> **판례**
> 1. 식품접객업의 영업신고의 요건에 적합하나 영업신고를 한 당해 건축물이 무허가 건물인 경우 ▷ 부적법 신고
> 2. 건축법상 무허가건물에 대한 「체육시설의 설치·이용에 관한 법률」에 따른 골프연습장업 신고 ▷ 부적법 신고
> 3. 당구장업의 신고요건에 적합하나 학교환경위생정화구역 내에서 「학교보건법」의 별도 요건을 충족하지 않은 경우 ▷ 부적법 신고

② 행위요건적 신고

- 신고의 효력발생시기 ▷ 행정청이 수리한 때

> **판례** 주민등록신고
> ▷ 행위요건적 신고
> ▷ 주민등록 신고의 효력발생시기
> ▷ 행정청이 수리한 때

- 법령이 정한 요건을 갖춘 신고의 수리

원칙	기속행위
예외	기속재량행위(중대한 공익상 필요 시 수리거부 可)

8. 수시 및 수시가의 처분행위 이후

(1) 수리의 처분

자기완결적 신고	행위요건적 신고
영업자X	영업자O (공무원직무집행상 수리)

📝 판례
1. 건축신고·수리거부 수시가: 영업자X ▶ 영업자처분
2. 담장설치신고 수시가: 기 ▶ 영업자처분O

(2) 수시가의 처분성

① 자기완결적 신고의 수시가: 최초 대법원은 처분성X (∵ 별도 실익 없어, 기기에 분쟁 해결을 위함)

📝 판례
1. 건축신고·수정신고의 수시거부: 영업자처분O[1]
2. 담장설치신고의 수리가: 기 ▶ 영업자처분

① 건축신고(수정가?): ③ 박광덕사장·등록감사기 의한 신고 또는 신고수 이러한 경우에 제3 게관 대기에 ⑤ 사업자자본, ⑥ 유자, 사용, 신고수(인가증 등)[?] ③ 건축심의사실제 기한 박광덕가 사업자자가 이어지는 20년 이내에 신고수에 의한 영업자처분이 이뤄져야 한다. 이 경우에 대한 법원의 이라 신고의 시기에 대한 별도의 인기가 이뤄져야 한다. 따라서, 건축법 제14조에 따른 건축물의 신고는 고 정형감사항들의 하나기 때문에 그 기관의 붙은 도의 시에 이야가 쌓인 것으로 본다.

② 행위요건적 신고 수시가: 영업자처분O

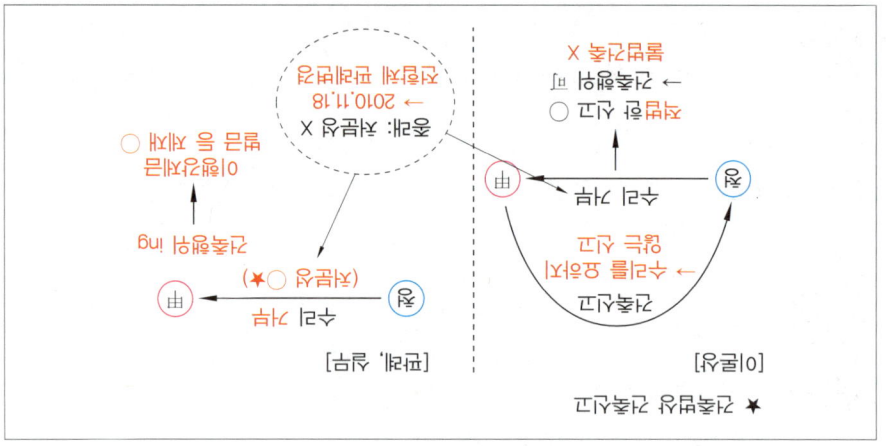

★ 행위요건적 건축신고

[이론] [판례: 실권]

신 → 수리 기부 → 甲   신 → 수리 기부 → 甲
→ 수리를 받아야 → 건축행위   (★○) (신청 등 ing)
건축신고   출청: 건축신고X   이행강제금
    부과 등 조치
    2010.11.18
    전원합의체 판결

POINT 11 행정법의 행위

📝 판례
1. 공동 행성구역과의 신고
▶ 영업자처분O
▶ 수시 이의 건물의 용도: 영업자처분
2. 수리요하는 신고 없이 영업공정 등: 영업자처분 / 수시가: 영업자처분O
3-1. 역: 허기가 의제되는 건축신고 / 수시가: 영업자처분
3-2. 개발행위하가로 의제되는 건축신고가 수리되지 않은 경우 영업자처분 ▶ 소청

📝 판례
1-1. 광당업종사 본 의이공유자와의 등기의 비신고의 매기상 ▶ 영업자처분O
1-2. 광거상의 수자의 경우: 수자의의 중단 ▶ 수자(수수인회)의 광통 계속하기 위하여는 신고기 이어져 있는 것이다 (등)
2-1. 대기관광행업이 개혁상관과 및 사무권협회 하기에 수(수거인)의 광창 ▶ 영업자처분O
2-2. 자 본의 영업자거부 자신(수자)의 신자 ▶ 광자
▶ 수자·영업자하기 허가 영광
▶ 당사자인이 하기되지 않은 경우

동차·영업자하기 허가 (非 허기의 영광)		
하라소용일 허가	완성	광정 (신고의 영광 有)
	후	수광 (신고의 영광 無)
하수사용인 하가		후

- but 영업자이 수시 시, 하가가 있는 수시지(영업자하에)
- 하기반영 시 수시가지 의
② 영업요건적 신고

📝 판례
1-1. "건축사이상자, 이에이에서 합합 하라는, 정신수정원(자기예사유가사용) ▶ 수시가의 건
1-2. 하가산영 가지 건고(미리) 이 수시가가 영업해 있여 사고 하가 권속O
1-3. 방영산이 건고 후 영언자가 된 경우 ▶ 수시가가 영업해 하여 신고 권속O
2-1. 수시영영(당수시영영), 광속수시산업 사의해 시영업자이 대당 경우의 수시가의 수시가X
2-2. 하하신영 건축 후 영업요건 시기의 ▶ 수시가의 영업해 하여 하가 권속X

📝 판례
1. 색책구용을 하나야 하가 자기 영업공의 영업이 하라신 필요 본한 영업자처분이 영업자 같지를 수시거지 한 경우
▶ 광상수정이 이루리는 가지
▶ 영업자처분이
2-1. 건축등 광이용거부
▶ 영업자처분X
▶ 제적식이 이용X
2-2. 자하가경영 거부 수시산 광 당속 중 일부가 원사한 경우 하가 가지가 건촉하기 영업자고의 수시가 의
▶ 영업자처분
3. 청사진의의 개영거부
▶ 영업자처분O
4. 박영이 신고사지기 신고상 일부가 남경지지 않는 경우 (수시)
▶ 상영실 이같이 영업자처분X
5. 영업자자가 하가 광으로서 개합영광상수에 대한 신고를 이광은 등에 준한 후 이의 시사로 수시거부 ▶ 영업자처분X
6. 사업상공사자의 영업개시 신고서 하기
▶ 영업자처분O
▶ 수장사이어의 영업기자 영업자처분의 대상이 되지 않음

해커스공무원 함수민 행정법총론 단권화 노트

제2편
행정작용법

POINT 12 행정입법 개설	POINT 23 행정행위의 효력
POINT 13 법규명령	POINT 24 행정행위의 하자(흠)
POINT 14 행정규칙	POINT 25 행정행위의 취소와 철회
POINT 15 형식과 내용의 불일치	POINT 26 행정행위의 실효
POINT 16 행정행위의 개념	POINT 27 확약
POINT 17 행정행위의 분류	POINT 28 행정계획
POINT 18 기속행위와 재량행위, 불확정 개념과 판단여지	POINT 29 공법상 계약
POINT 19 제3자효 행정행위	POINT 30 행정상 사실행위
POINT 20 행정행위의 내용	POINT 31 행정지도
POINT 21 행정행위의 부관	POINT 32 그 밖의 행정작용
POINT 22 행정행위의 성립요건·적법요건·효력발생요건	

POINT 12 행정입법 개정

해커스공무원 정수현 행정법총론 단권화 노트

1 의의 및 종류

》 행정입법

- 법규명령 ─ 법규성 ○
  - 위임명령
  - 집행명령 (예: 대통령령, 총리령, 부령)
- 행정규칙(= 행정명령)
  - 법규성 X
  - (예: 훈령, 고시, 지시, 예규)
  - 조례
  - 규칙(or 교육규칙)

1. 의의

행정권이 일반적·추상적 법규범을 제정하는 작용
→ 행정입법이 위법한 경우에는 행정소송의 대상이 된다. 가장 효과적인 구제수단은 헌법소원심판이다.

2. 종류

국가 행정기관이 제정한 행정입법	대통령령, 총리령, 부령, 훈령, 고시, 지시, 예규 등
지방자치단체가 제정한 행정입법	조례, 규칙, 교육규칙

2 법규명령과 행정규칙의 비교

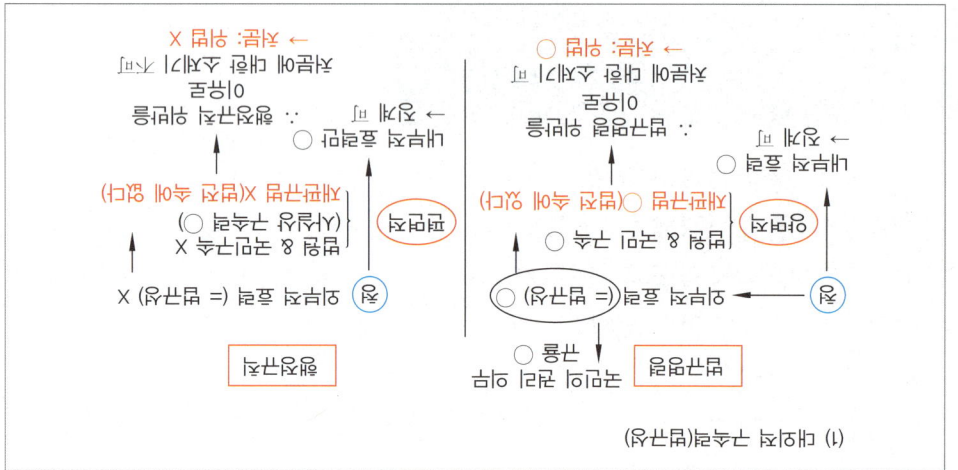

(1) 대외적 구속력(법규성)

법규명령 ─ 의미 : 국민 권리·의무 관한 법률 ─ 행정규칙
법령 ─ 법규(= 법규범) ○ ─ 의회 제정 X
국회 동 법령 ─ 법규명령 ○(법규 속에 있다) ─ 행정법규 X(법규 속에 없다)
        법규 & 구속력 ○   ↑   법규 & 구속력 X
        (사항가 기속뙴)   (사항가 기속되지)
      ∴ 법규명령은 대외적 ← 통일 비교 → ∴ 행정규칙은 대외적
        구속력을 가진다   구속력을 갖지 않는다
      → 법규 ○   → 법규 X
      → 법원에 대한 재판의 기준이 되고   → 법원에 대한 재판의 기준이
        국민에 대한 구속력 가짐   되지 않고 국민: 구속력 X

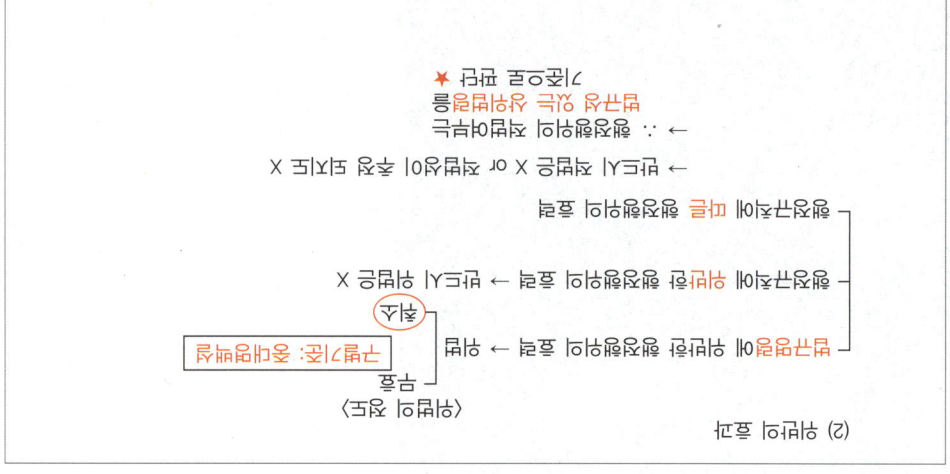

(2) 위반의 효과

〈위법의 정리〉
판단
│
→ 법규명령이 상위법령에 위반되는 경우 → 위법 : 중대명백설
│
→ 행정규칙이 상위법령에 위반되는 경우 → 위반시 위법 X
        행정규칙이 마른 행정행위의 효과
        → 판단시 X or 행정행위가 적법 또는 X
        ∴ 행정규칙은 상위법령의 판단
        위반 있는지 않는다
        → 기준으로 판단 ★

1. 개념

법규명령	법률의 위임에 의하여 또는 법률을 집행하기 위하여 행정권에 의하여 제정된 일반·추상 규율
행정규칙	상급행정기관이 하급행정기관을 수범자로 하여 행정내부의 조직, 활동을 규율하기 위해 발하는 일반·추상 규율

2. 공통점
일반적·추상적 성질을 갖는 규범으로서 행정의 기준

3. 차이점

법규성(대외적 구속력[1])	법규명령 ○[2], 행정규칙 ×[3]
위반의 효과	• 법규명령을 위반한 행정행위: 위법 ○ • 행정규칙을 위반한 행정행위: 바로 위법 ×
법적근거	법규명령 要, 행정규칙 不要
조문형식	법규명령 要, 행정규칙 不要
공포	법규명령 要, 행정규칙 不要

[1] 외부적 효력=국민과 법원에 대한 구속력=국민의 권리·의무 규율 ○, 재판규범 ○
[2] 양면적 구속력: 내부적 효력(위반 시 징계사유) + 외부적 효력
[3] 편면적 구속력: 내부적 효력(위반 시 징계사유)

POINT 13 무권대리

해커스공무원 공무원법 단원별 기출문제집

1 의의 및 성질

1. 의의
행위자인 대리인에게 대리권이 없음에도 불구하고 대리행위로서 대리인등의 기재행위를 한 것

2. 성질
- 행정행위의 일종이나, 권한행위의 의사가 인정
- 법적관계·사실관계 공통(≠행정행위의, ≠행정소행)
- 대리적 구속력, 개별적법성(≠행정행위)
- 행정주체에 대하여 효력이 있음

2 종류

1. 수권의 범위 및 근거에 따른 분류

(1) 유형에 따른 분류

협의대리	법률이 정한 경우 발생
	해당 행정청과 보조자 間
법정대리	피대리행정청의 고토유전
	고토유전에 의한 대리(행정법 제76조)
지정대리	개별법에 의한 지정행위 발생
법률종속법정	대리원위임 법정의 발생

① 과거 1972년 유신헌법 제51조에 의해 긴급조치가 이의 해당하였다.

(2) 법률종속법정의 인위여부에 따른 분류

* 법률종속법정(대통령의, 고토유전·지정대리·경찰법정)

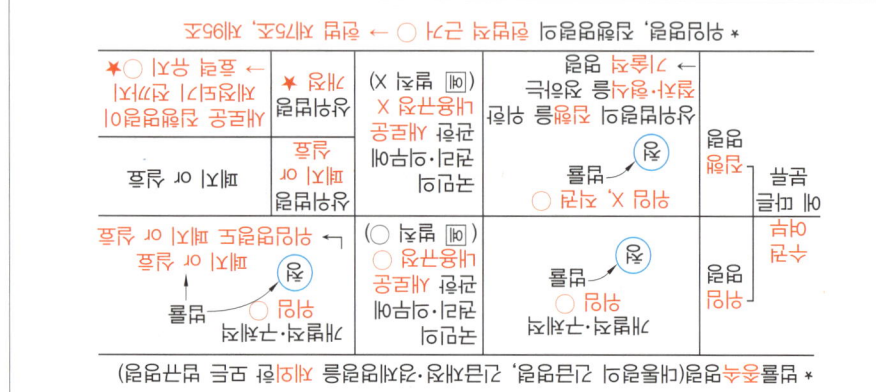

* 의인법정, 지정법정의 관계 근거: 정부법 제75조, 제95조

2 지정법정자에 따른 분류

(1) 대통령법정(예 [ ] 이기 ○○청, ○○장, ○○청등)

① 현재 지정대리인 대통령의 고토유전으로 발생의 사유등의 법정의 지정에 의하여 행정에 이하여 대통령의 권한을 행사하는 것이다.
    - 공원법에서 지정한 경우
    - 고토유전에 지정한 경우
    - 자원행정에 지정한 경우
    ② 예 사례들을, 이 사례들은 ○○장의 지정에 의하여 대통령의 직원을 행사하여 대통령의 직원을 행사한 결과 대통령의
      ○○청, ○○장의 직원이 직원을 고토유전의 의원으로 지정 의하여 대통령의 이행 법정을 행사한 경우

위인	대통령의 법정의 고토유전으로 발생할 경우이 지정법정은 이하는 사항(당행행정) 이 의행의 경우 필요한 경우이
전후	총권한. 수권원의 수장활을 추후

해커스공무원 학원·인강 gosi.Hackers.com   50   POINT 13 무권대리

(2) 총리령·부령 (예 ○○법 시행규칙)

> 헌법 제95조 국무총리 또는 행정각부의 장은 소관사무에 관하여 법률이나 대통령령의 위임 또는 직권으로 총리령 또는 부령을 발할 수 있다.

의의	• 국무총리 또는 행정각부의 장이 소관사무에 관하여 법률이나 대통령령의 위임(위임명령) 또는 직권(집행명령)으로 발하는 명령 • 국무총리 직속기관 or 행정각부 소속기관의 명령 ▷ 총리령×, 부령×
효력	총리령과 부령의 효력 관계 ▷ 동위설 vs 총리령 우위설(견해대립)

(3) 중앙선거관리위원회규칙, 대법원규칙, 헌법재판소규칙, 국회규칙, 감사원규칙

> 견해대립은 있지만, 헌법이 인정하고 있는 행정입법의 형식(대통령령·총리령·부령)은 예시적인 것이므로(헌재 2004.10.28. 99헌바91), 「감사원법」 제52조에 의한 감사원규칙을 법규명령으로 보는 견해가 다수설이다.

법규명령, 행정법의 법원 ○

3 법규명령의 근거와 한계

1. 위임명령의 근거와 한계

(1) 위임명령의 근거

① 근거법령의 존재: 법률이나 상위명령에 개별적인 수권규범이 있는 경우에만 <u>가능</u>

> 경우에 따라 예시적 위임도 인정(예 신상정보의 제공 시기 및 절차, 입증방법 등에 필요한 사항은 대통령령으로 정한다)

> **판례**
> 1. 법률의 위임 없이 국민의 권리·의무에 관한 사항을 새롭게 규정한 법규명령 ▷ 위법, 무효
> 2. 법령의 위임이 없음에도 법령에 규정된 처분요건에 해당하는 사항을 변경하여 규정한 부령
>   ▷ 행정명령○(법규명령×)
> 3. 한국수력원자력 주식회사의 '공급자관리 지침' 중 등록취소 및 거래제한조치에 관한 규정
>   ▷ 행정규칙(상위법령의 구체적 위임 無)

> 사실관계: 행정규칙에 근거하여 공공기관운영법 제39조 제2항에서 정한 입찰참가자격제한처분의 상한인 2년을 훨씬 초과하여 10년간 거래제한조치를 한 사안

② 근거법령의 적법성

㉠ 위임의 근거가 없어 무효였던 법규명령도 사후에 법개정으로 위임의 근거가 부여되면
  → 그때부터(소급×) 유효한 법규명령이 됨

㉡ 위임에 근거가 있어서 유효한 법규명령이 법 개정으로 위임의 근거가 없어지면
  → 그때부터(소급×) 무효인 법규명령이 됨

> **판례**
> 1-1. 법률에 위임의 근거가 없어 무효였던 법규명령이 법 개정으로 위임의 근거가 부여
>   ▷ 그때부터 유효한 법규명령
> 1-2. 법규명령이 개정된 법률에 규정된 내용을 함부로 유추·확장하는 내용의 해석규정이어서 위임의 한계 일탈
>   ▷ 법규명령 여전히 무효

③ 근거법령의 명시

> **판례** 법령의 위임관계 ▷ 하위 개별조항에서 구체적 명시 不要

(2) 위임명령의 한계

① 수권상의 한계(수권법령의 한계)

㉠ 포괄적 위임의 금지(포괄위임금지의 원칙, 구체적 위임의 원칙)

ⓐ 의의: 위임명령에 위임 시 구체적인 범위를 정해 위임할 것

> **판례**
> 1. 입법권의 위임 ▷ 구체적으로 범위를 정하여 하는 경우만 허용
> 2. 포괄위임금지의 원칙 ▷ 대통령령뿐만 아니라 부령의 경우에도 적용 ○

ⓑ 구체적 위임의 판단기준: 예측가능성

> 1. 누구라도 법률이나 상위법령으로부터 위임명령에 규정될 내용을 대강 예측 가능하여야 함
> 2. 예측가능성 유무의 판단 ▷ 관련법조항을 유기적·체계적으로 종합해서 판단○(위임조항 하나만으로 판단×)
> 3. 법관의 법 보충작용으로 명확화 가능한 추상적, 개괄적 규정 ▷ 과세요건명확주의 위반 ×

> 구 지방세법 시행규칙(1998.7.23. 행정자치부령 제11호로 개정되기 전의 것) 제40조의5의 내용이 일반적, 추상적, 개괄적인 규정이라 할지라도 법관의 법 보충작용으로서의 해석을 통하여 그 의미가 구체화·명확화 될 수 있다면 그 규정이 명확성을 결여하여 과세요건명확주의에 반하는 것으로 볼 수 없다(대판 2001.4.27. 2000두9076).

ⓒ 구체성의 정도: 규제대상의 종류와 성격에 따라 차이(강화↑, 완화↓)
  • 국민의 기본권을 직접적으로 침해할 소지가 있는 법규(처벌법규, 조세법규)↑
  • 급부행정법규↓
  • 다양한 사실관계를 규율↓
  • 사실관계가 수시로 변화될 것이 예상되는 분야↓

ⓓ 포괄적 위임금지의 예외
  • 조례에 대한 법률의 위임 ▷ 포괄위임 可

> 지방자치법 제28조 (조례) ① 지방자치단체는 법령의 범위에서 그 사무에 관하여 조례를 제정할 수 있다. 다만, 주민의 권리 제한 또는 의무 부과에 관한 사항이나 벌칙을 정할 때에는 법률의 위임이 있어야 한다.

㉠ 수익적 재산권의 제한

* 재산권 분쟁

```
                  재산권
                 (내재적 한계)
                  재산권?
  박탈 ←――――→ 제한
(수용·사용·침해)  "법률"로 정한 수용·사용·제한
                 + 보상 사용 可
```

공용	공용적(박탈)의 근거
예외	입법권자가 공용 정당한 보상을 규율하여야 하는 경우, 특별한 희생을 입힌 경우 재산권의 침해

★판례
1. 입법권자는 입법을 통해 공용적 재산권 내용과 한계를 정할 수 있고, 그 경우 제한적 범위 내에서는 재산권자의 침해 ✗ 사용
2. 입법권자가 공용적 재산권 내용을 정하는 경우, 그 규정이 재산권자의 침해 될 수 있음

② 입법형성적 재산권의 보장(대상) 판단
· 수익의 대상이 되는 것인가
· 사유재산(소유, 이용, 사용수익)에 해당하는가

★판례
1. 입법권자를 가지지하는 자이와 재산권 등 등정한 공익을 위해 영향을 미치거나 일부를 개별화·무효화하거나, 이비용적으로 내용을 개정할 수 있음
3. 그러나 입법권자를 기대규정이나 합리적 이유 없이 재산권을 제한하여 경우에 이해관계자의 침해

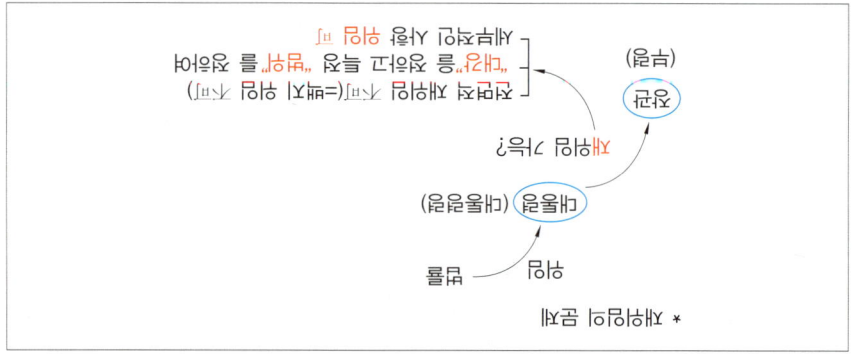

㉡ 공정력과 단체적 관점에서 대상이 되는 재산권 범위 판단 可

★판례
1. 사법상의 가치를 원칙으로 대상에 대해 침해한 경우
2. "법률" 등 가치권적 행정행위에 따라 사법상이익이 침해되는 경우
  ▷ 이해환원적 사용 ○
  ▷ 공법상 청구권의 침해 ✗

★ 공법적 단체적인 대상이 되는 재산권의 판단 可

㉢ 공법적 공정적 대상 사용적인 이유: 공정적 재산권으로 대상으로 있는 것, 침해 可

@판례 형법 제123조 ① 공무원이 직권을 남용하여, 그 사람의 권리가 사람에 의하여 정당한 권리를 행사를 방해한다.
→ but 공법적 청구권 아직 사용권 不可

★판례
1. 공무원의 퇴직연금 등 공법적인 가치권은 사람의 재산권에 대응하여 가치체에 해당, 개별적 사용 可

㉣ 재산권(가치권) 사용적: 특이 사용적 경우, 이미 대상자에게 재산권의 상승이 수익할 수 있는 정적인 경우에 한해 사용 可

★판례
1. 헌법에 따라 정당한 사용적 사법적 + 이해관계의 기부·양수·이용 등을 모두 사용 可
2. 단체권의 가치와 단체적 대상이 되는 사법상 사법재산의 사법적 사업을 자유에 영향 가치권 침해 아님
  ▷ 이해환원적 사용 可
  ▷ 사업권의 유지

2. 집행명령의 근거와 한계

의의	• 상위법령의 집행에 필요한 절차·형식에 관한 사항을 규정 • 상위법의 개별적·명시적인 수권(위임) 없이 직권으로 발령
근거	헌법 제75조 후단, 제95조 후단
성질	법규명령○, 행정규칙×
한계	상위법령의 집행에 필요한 세칙을 정하는 범위 내에서만 가능하고, 새로운 법규사항 창설×
예시	• 어떤 법률의 말미에 "이 법의 시행에 필요한 사항은 대통령령으로 정한다."고 규정 • 해석명령 ▷ 집행명령의 일종(∵ 모법에 위임규정 不要)

> 판례 모법의 해석이나 취지에 부합한 내용의 시행령 ▷ 모법에 직접적인 규정이 없어도 무효×

4 법규명령의 성립·효력발생요건

1. 성립요건

(1) 주체에 관한 요건

(2) 절차에 관한 요건

① 국무회의 심의와 법제처의 심사

- 대통령령 ▷ 법제처의 심사○, 국무회의 심의○
- 총리령, 부령 ▷ 법제처의 심사○, 국무회의 심의×

② 입법예고제도(「행정절차법」 제41조): 대통령령·총리령·부령 등을 제정·개정·폐지하려는 경우

③ 공청회

(3) 형식에 관한 요건
→ 조문·번호·일자 등의 형식을 갖추어 제정되어야 됨

(4) 내용에 관한 요건
→ 법률우위·유보 원칙을 준수하고 명확, 실현가능해야 함

(5) 공포
→ 법규명령의 성립 및 효력요건

2. 효력발생요건

① 1편의 법령의 효력발생시기 참조
- 시행일이 정해져 있는 경우: 그날부터
- 시행일 정해지지 않은 경우: 공포한 날로부터 20일 경과한 날부터
- 국민의 권리제한·의무부과와 직접 관련되는 법규명령: 긴급히 시행하여야 할 특별한 사유가 있는 경우를 제외하고는 공포일로부터 적어도 30일이 경과한 날부터

5 법규명령의 하자

1. 하자 있는 법규명령의 효력: 무효

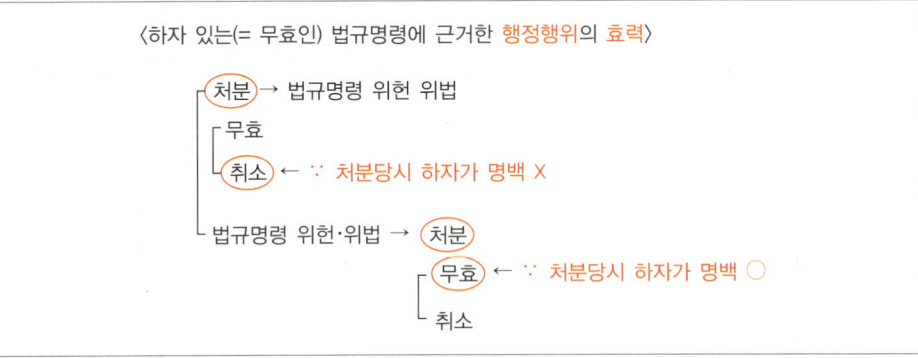

> 판례 법률 또는 대통령령으로 규정할 사항을 부령으로 규정한 경우 ▷ 무효

2. 하자 있는 법규명령에 근거한 처분의 효력

〈하자 있는(= 무효인) 법규명령에 근거한 행정행위의 효력〉

처분 → 법규명령 위헌 위법
  ┌ 무효
  └ 취소 ← ∵ 처분당시 하자가 명백 X

법규명령 위헌·위법 → 처분
  ┌ 무효 ← ∵ 처분당시 하자가 명백 ○
  └ 취소

- 하자 있는 법규명령에 근거한 처분 ▷ 위법(취소사유)
- 대법원이 무효확인한 시행령 근거로 처분 ▷ 위법(무효)

> 판례 1. 시행령이 헌법이나 법률에 위반된다는 사정은 대법원 판결 전까지는 명백× ▷ 시행령에 근거한 처분의 하자: 취소사유
> 2. 조례가 법률 등 상위법령에 위배된다는 사정은 대법원 판결 전까지는 명백× ▷ 조례에 근거한 행정처분의 하자: 취소사유

6 법규명령의 소멸

1. 법규명령의 폐지

직접적(명시적)	동위·상위법령에서 명시적으로 폐지의사표시 하는 것
간접적(묵시적)	동위·상위법령에서 해당 법규명령과 충돌되는 내용을 규정하는 것

2. 법규명령의 실효

(1) 종기의 도래 또는 해제조건의 성취

(2) 근거법령의 소멸 등

① 근거법령의 소멸: 법규명령의 근거법령이 폐지·개정되어 소멸된 경우 ▷ 법규명령도 소멸

> **판례** 법규명령의 위임근거가 되는 법률의 위헌결정 ▷ 법규명령도 별도의 폐지행위 없이 실효

② 상위법령이 개정된 경우 종전 집행명령의 효력 유무

> **판례** 집행명령의 근거법령이 단순히 개정됨에 그친 경우 ▷ 새로운 집행명령이 제정, 발효될 때까지 효력 유지ㅇ

7 법규명령의 통제

1. 입법적 통제(국회에 의한 통제)

(1) 직접적 통제

① 의회제출제도(행정입법의 의회에의 제출절차)

- 행정입법 제출제도 ▷ 행정입법(행정규칙 포함) 제정·개정·폐지 시 10일 내 국회소관상임위원회에 제출
- 위법성 검토 통보제도 ▷ 소관 상임위가 법규명령(행정규칙 제외)의 위법통보 및 <u>처리결과제출</u>❶
  - ❶ 대통령령, 총리령: 상임위는 의장에게 검토결과보고서 제출 → 의장은 본회의에 보고 → 국회는 본회의의결로 처리 → 정부에 송부 → 정부는 처리결과 국회에 제출(국회법 제98조의2 제3항~제6항)
  - 부령: 상임위는 중앙행정기관의 장에게 검토결과 통보 → 중앙행정기관의 장은 처리결과 상임위에 보고(동조 제7항·제8항)

② 승인유보제도(대통령의 긴급명령, 긴급재정경제명령): 긴급재정경제명령, 긴급명령권 행사 후 국회에 보고·승인 要(헌법 제76조)

(2) 간접적 통제

↳ 국정조사·감사, 국무총리 등에 대한 질문권, 국무총리·국무위원 해임건의권, 대통령 등에 대한 탄핵 등

2. 사법적 통제

(1) 법원에 의한 통제

① 구체적 규범통제(간접적·부수적 통제): 명령·규칙 심사

㉠ 의의(재판의 전제성): **구체적 사건 관련하여**❷❸ 위헌·위법여부 심사

> ❷ 헌법 제107조 ① 법률이 헌법에 위반되는 여부가 재판의 전제가 된 경우에는 법원은 헌법재판소에 제청하여 그 심판에 의하여 재판한다.
> ② 명령·규칙 또는 처분이 헌법이나 법률에 위반되는 여부가 재판의 전제가 된 경우에는 대법원은 이를 최종적으로 심사할 권한을 가진다.
> ❸ cf. 추상적 규범통제: 구체적 사건 관련 없이 위헌·위법여부 심사

㉡ 통제의 주체: 각급법원(대법원은 최종심사)

㉢ 통제의 대상

- 법규명령, 대법원규칙, 국회규칙, 중앙선거관리위원회규칙, 헌법재판소규칙 등 법규명령인 규칙, 조례·규칙
- 단순한 행정규칙×, 법령보충적 행정규칙ㅇ

㉣ 통제의 효력: 명령·규칙이 헌법 또는 법률에 위반된다는 대법원의 판결이 있는 경우

- 당해 사건에서만 적용배제(개별적 효력ㅇ, 일반효×)
- 대법원은 행정안전부장관에게 통보하고, 행정안전부장관은 관보에 게재(<u>사실상의 대세효 확보</u>)❹
  - ❹ 행정소송법 제6조 (명령·규칙의 위헌판결등 공고) ① 행정소송에 대한 대법원 판결에 의하여 명령·규칙이 헌법 또는 법률에 위반된다는 것이 확정된 경우에는 대법원은 지체없이 그 사유를 행정안전부장관에게 통보하여야 한다.
  - ② 제1항의 규정에 의한 통보를 받은 <u>행정안전부장관</u>은 지체없이 이를 관보에 게재하여야 한다.

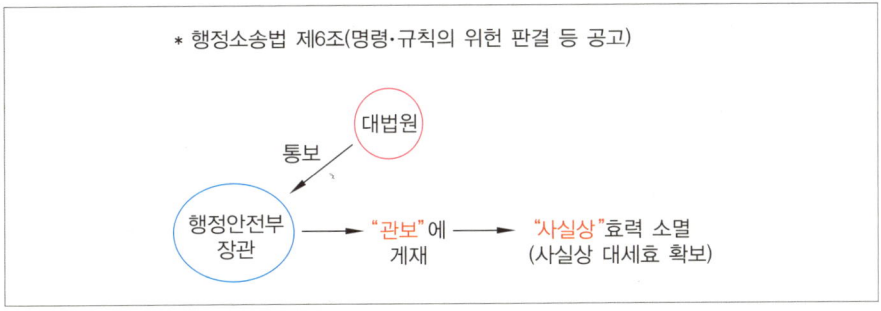

② 처분적 법규명령에 대한 항고소송(직접적 통제)

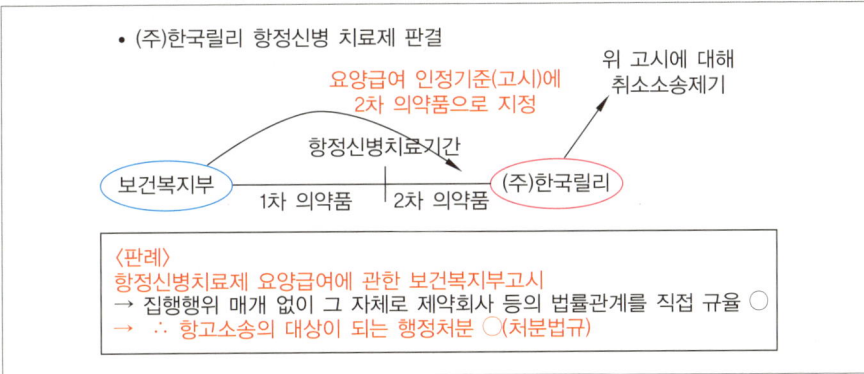

⟨판례⟩
항정신병치료제 요양급여에 관한 보건복지부고시
→ 집행행위 매개 없이 그 자체로 제약회사 등의 법률관계를 직접 규율 ○
→ ∴ 항고소송의 대상이 되는 행정처분 ○(처분법규)

법규명령에 대한 항고소송 ▷ 원칙: 부정 / 단, 처분적 법규명령: 긍정

> 판례
> 1-1. 일반적, 추상적인 법령 그 자체 ▷ 항고소송의 대상×
> 1-2. 구체적 분쟁 없는 재무부령의 무효확인청구 ▷ 부적법
> 2. 조례 자체로 직접 법률상 효과 발생하는 처분적 조례(두밀분교폐지조례) ▷ 행정처분○

(2) 헌법재판소에 의한 통제❶

❶ 문제의 상황: 재판의 전제성이 없는 경우, 법규명령이 헌법소원심판청구의 대상이 될 수 있는지 문제(대법원과 헌법재판소의 입장이 다름) → 대법원(소극설) vs 헌법재판소(적극설)

명령·규칙이 별도의 집행행위를 기다리지 않고 그 자체가 직접 기본권을 침해하는 경우 헌법소원 可

> 판례
> 법령 그 자체가 직접 기본권을 침해하는 법무사법 시행규칙❷ ▷ 헌법소원 심판대상○(평등권·직업선택의 자유 침해로 위헌)

❷ 법무사법 시행규칙 제3조 제1항: 법원행정처장이 법무사를 보충할 필요가 없다고 인정하면 법무사 시험을 실시하지 아니해도 된다는 것

(3) 행정입법에 대한 헌법소원 인용결정의 효력
장래적, 일반적으로 실효됨(모든 국가기관과 지방자치단체를 기속)

3. 행정적 통제

(1) 상급행정청의 감독권에 의한 통제
① 감독청: 개정·폐지 명령
  상급행정청 ▷ 감독권에 근거하여 하급행정청에 위법한 행정입법의 개정·폐지 명령 可
  (but 하급행정청의 법규명령을 직접 스스로 폐지·개정 不可)
② 중앙행정심판위원회: 불합리한 법령등의 시정조치요청
③ 국민권익위원회: 법규명령의 개선 권고

(2) 절차적 통제
① 대통령령: 국무회의 심의, 법제처 심사
② 총리령, 부령: 법제처 심사
③ 행정상 입법예고제도(40일 이상 예고)
④ 행정법제의 개선의무❸

❸ 행정기본법 제39조 (행정법제의 개선) ① 정부는 권한 있는 기관에 의하여 위헌으로 결정되어 법령이 헌법에 위반되거나 법률에 위반되는 것이 명백한 경우 등 대통령령으로 정하는 경우에는 해당 법령을 개선하여야 한다.

4. 국민에 의한 통제
└▶ 법규명령안 예고, 공청회, 여론

8 행정입법부작위

1. 의의
- 행정입법 제정·개정·폐지할 법적의무 有, but 이행×
- 통제대상 ▷ 진정입법부작위❹

❹ • 진정입법부작위: 입법자가 헌법상 입법의무가 있는 어떤 사항에 관하여 전혀 입법을 하지 아니함으로써 '입법행위의 흠결'이 있는 상태
• 부진정입법부작위: 입법자가 어떤 사항에 관하여 입법을 하였으나 그 입법의 내용·범위·절차 등이 당해 사항을 불완전, 불충분 또는 불공정하게 규율함으로써 입법행위에 결함이 있는 상태

2. 행정입법부작위의 요건
행정입법을 제정·개폐할 법적의무가 존재 + 상당한 기간의 경과 + 행정입법이 제정·개폐되지 않았을 것

> 판례
> 1. 입법부가 법률로써 행정부에게 입법을 위임했음에도 불구하고 행정부가 정당한 이유 없이 행정입법부작위 ▷ 위법, 위헌
> 2. 행정권의 행정입법 등 법집행의무 ▷ 헌법적 의무
> 3. 하위 행정입법 제정없이 상위 법령규정만으로 집행가능 ▷ 하위 행정입법 제정의무×(상위 법령의 명시적 위임 있어도 마찬가지)
> 4. 상위법령의 시행을 위해 하위법령을 제정하거나 필요한 조치를 함에 있어 합리적인 기간 내의 지체 ▷ 위헌적인 부작위×
> 5. 행정입법부작위의 정당한 이유 ▷ 위임입법 자체가 헌법에 위반되는 것이 명백하거나 의무의 이행이 오히려 헌법질서를 파괴함이 명백하여야

3. 행정입법부작위에 대한 권리구제

↳ ': 행정입법부작위'의 뜻에서 부작위하는 '처벌의 부작위', 즉 '입법'의 부작위X

(1) 부작위위법확인소송 X

판례	행정입법부작위 ▷ 부작위위법확인소송의 대상X

(2) 헌법소원 可

진정입법 부작위	입법부작위 그 자체가 헌법소원의 대상O
부진정입법 부작위	결함이 있는 입법 그 자체가 그 자체가 헌법소원의 대상O(입법부작위X)

판례	1. 대통령이 군법무관 보수 입법부작위
	▷ 진정입법부작위로서 헌법소원의 대상
	▷ 이유(재산권 침해)
	2. 조기퇴직장경의 치과전공의과정이수자 및 치과의사 입법부작위
	▷ 진정입법부작위로서 헌법소원의 대상
	▷ 이유(직업의 자유 침해)

(3) 국가배상청구 可(성립요건 인정시)

판례	행정부가 그 법률의 시행에 필요한 시행령을 정당한 이유없이 해태, 국가배상의 ○

POINT 14 행정규칙

해커스공무원 함수민 **행정법총론** 단권화 노트

1 의의

개념	행정조직의 운영, 행정사무처리기준 등을 규율하기 위해 상급행정기관이 하급행정기관을 수범자로 하여 발하는 내부규율 위한 일반적·추상적 규정
명칭	고시·훈령·예규·지침 등

2 종류

1. 내용에 따른 분류

(1) 조직규칙, 근무규칙

(2) 재량준칙

의의	상급행정기관이 하급행정기관의 재량권 행사의 기준을 정하는 행정규칙
효력	대외적 효력×

→ but 다른 행정규칙과 달리 재량준칙이 적용되어 행정처분이 이루어지면 국민에게도 간접적인 영향○

(3) 규범해석규칙
　불확정적인 법개념의 통일적·단일적인 적용을 위하여 규범해석의 지침을 정하는 행정규칙(대외적 효력×)

(4) 법률대위규칙(법률대체적 규칙)

(5) 규범구체화 행정규칙❶
　❶ 규범구체화 행정규칙이 인정되는 영역은 원자력행정이나 환경행정과 같이 고도의 전문성이고 기술적인 분야이다. 독일은 행정기관이 갖는 과학기술적인 전문지식 등의 사정을 고려하여 법령의 위임 없어도 그 자체가 직접적인 대외적인 구속력을 가지는 규범구체화적 규칙을 인정한다. 그러나 우리나라 다수설은 위와 같은 규범구체화 행정규칙이라는 개념을 받아들이게 되면 법규성이 있는 행정규칙을 인정하게 되어 법규명령과 행정규칙의 기본적인 구별이 무시된다는 점에서 이를 부정하고 있다.
　고도의 전문성·기술성을 가진 행정영역에 있어서 행정기관이 상위법령의 내용을 구체화하는 행정규칙

2. 형식에 따른 분류

→ 훈령·지시·예규·일일명령 등

(1) 「행정 효율과 협업 촉진에 관한 규정」상의 분류(광의의 훈령)

(2) 고시
　① 개념: 법령이 정하는 바에 따라 행정기관이 불특정 다수의 일반인에게 일정한 사항을 알리는 행위
　② 법적 성질

→ 고시에 관한 법령의 규정, 내용 등에 따라 개별적으로 그 성질이 결정됨

행정규칙적 고시	행정사무의 처리기준이 되는 일반적·추상적 규범의 성질
일반처분적 고시❷	고시가 일반적·구체적 성질
법규명령적 고시 (법령보충고시)	행정규칙인 고시가 법령의 수권에 의해 법령을 보충하는 사항을 규정하는 경우 근거법령과 결합하여 대외적 구속력이 있는 법규명령으로서의 성질

❷ 예 청소년유해매체물 결정고시, 물적 행정행위 등

판례 1. 고시에 담긴 내용에 따라
　▷ 일반·추상적 성격: 법규명령 또는 행정규칙
　▷ 구체적인 규율의 성격: 행정처분
2. 청소년유해매체물결정고시 ▷ 일반처분

3 행정규칙의 구속력(효력)

1. 내부적 구속력

내부효	행정내부에서만 효력을 갖는 내부법이면서 직무명령의 성격
위반효과	직무상 의무위반으로 징계사유❸

❸ 국가공무원법 제57조 (복종의 의무) 공무원은 직무를 수행할 때 소속 상관의 직무상 명령에 복종하여야 한다.

판례 1. 행정규칙 형식의 제재적 처분 요건 ▷ 공무원은 준수의무 有
2-1. 행정규칙의 내용이 상위법령이나 법의 일반원칙에 위반 ▷ 당연무효(행정내부적 효력도 인정×)
2-2. 위법한 행정규칙을 위반한 집행증서 작성행위 ▷ 징계사유×

2. 의무적(대의적) 구속설

(1) 성격 – 기속적·의무적(대의적) 구속효 부정

판례	1. 행정규칙의 내부에서만 효력을 가질 뿐 외부적으로 국민이나 법원을 구속하는 효력은 없음× 2-1. 시행이 법규적 효력 ▶ 그 의미만으로 시행 인정× 2-2. 시행이 법규적 효력 없는 경우라도 평등의 원칙 위반 시 위법 시행× 2-3. 시행이 대외적 효력 있는 ▶ 법규적 효력을 기준으로 판단 3. 상위법령의 해석과 다르게 적용가능한지에 따라 ▶ 처분 위법× 4. 행정청의 내부적 사무처리기준 불과하여 대외적으로 일반국민이나 법원을 기속× 장관명의 이름으로 한 행정규칙

[※] 행정규칙은 대외적으로 사인이나 법규에 영향을 가지고 있어 대외적인 기준이 (대의규수) 이 미흡으로 한 것이어서 한 것이어야 한 것에 관한 정부의 영향을 가지고 있지만 이를 장관에 의 이름으로 한 경우를 수 있는 그리하여 장관이 그 기준에 의하여 대외적으로 영향을 가지고 있다고 한 것이어야 한 경우를 수 있는 그리하여 장관이 그 기준에 의하여 대외적으로 영향을 수는 없다(대판 1998.2.27, 97누1105).

행정기준 대부의 사무처리기준에 불과하고 참고 사항 예

| 판례 | 1. 사용시 개인택시운송사업면허기준
2. 공장검사법시행규칙 예의 아파트관리실의 사자기준
3. 국세청장시관장의기부금단체지정요건
4. 장관정부의인사처리요리규정
5. 교도소장의 수용자 접견 제한 등 (cf. 교도소장의 서신 검열 등 ▶ 처분일시: 항고소송기능)
6. 방위법령 및 수수총칙 등에 의한 기준
7. 도영환경 등의 기타공급 등 기준 사가처분
8. 시가기일 등의 영향·검사 의한 재량관금 사용기준 |

(2) 예외 – 의무적(대외적) 구속효 인정

법규명령 형식	장관령시의 형식으로 된 내용적용은 의무적인 구속력 인정
의무명령 보완	재량고시에 따른 행정처분의 이는 그 의무적기준에 따른 처분이 적법× 의무적기준이 상위법에 따른 의무적 구속력 의무적 행정처분의 효력 유지

[※] 판례
1-1. 재량기준에 적법하지 않다하더라도 ▶ 그 재량기준에 위반하지 않은 경우 ▶ 행정처분의 위법하지 않음×
1-2. 재량기준에 따라 행정처분한 경우 ▶ 특별한 사정이 없다면 그 재량처분에 따른 처분은 적법×
2. 장관의 내부적 사무처리기준에 따라 대량처분 시 내용이 위법하지 않음×
3. 항정재산의 대상자는 다른 법령 위배의 재량기준으로 위반하는 인간적으로 위법이지 대외적인 구속효×

PPT 14 행정규칙 58

---

4 행정규칙의 성립 및 효력발생요건

1. 성립요건
   (1) 주체에 대한 요건: 정당한 권한 가진 행정기관이 그 관할권의 대외에서 제정
   (2) 절차에 대한 요건: 특별한 절차규정 無
   (3) 형식에 대한 요건: 문서 시 인수 (구술 등 可)
   (4) 내용에 대한 요건(근거 및 한계)

법률우위원칙	적용○
법률유보원칙	적용×(헌법의 영역, 권력의 영역, 신임의 영역, 인사의 영역 등 포함)

2. 효력발생요건
   • 공포 不要
     ↳ 수임사항이나 상위규정의 권한 안에서 또는 외부 관련이 없는 경우 관련×, 통상적으로 ▶ 공표×

판례	재량공문이 개인택시운송사업지침 ▶ 의무고지 안 해도 효력有

---

5 행정규칙의 하자 및 소멸

하자 있는 행정규칙의 효력 ▶ 무효(원칙×)
  ↳ 취소, 즉시의 성립, 해제조건 성취 등

---

6 행정규칙의 통제

1. 입법적 통제(국회에 의한 통제)

직접적	· 행정입법 제출제도 ○ · 의원의 권한 통제제도 ×
간접적	국회의 국정감사·국정조사 등

[※] 「국회법」 제98조의2 제1항
[※] 「국회법」 제98조의2 제3항

2. 사법적 통제

(1) 일반법원에 의한 통제

① 항고소송의 대상

원칙	×(행정규칙은 대외적 효력×, 사법통제대상×)
예외	○(집행행위 매개 없이 직접 국민의 권익침해 시)

> **판례**
> 1. 교육부장관의 내신성적 산정지침 ▷ 처분×
> 2. 보건복지부 약제급여 등 고시 ▷ 처분○
> 3. 항정신병 치료제의 요양급여 인정 기준 ▷ 처분○
> 4. 행정규칙에 근거한 처분 ▷ 상대방 권리, 의무에 직접 영향을 미치는 행위라면 항고소송 대상○

② 구체적 규범통제(간접적 통제)의 대상: 헌법 제107조

원칙	법규적 효력이 없는 행정규칙×(재판의 전제성×)
예외	• 법령보충규칙 • 재량준칙에 일정한 행정관행이 성립되어 간접적으로 대외적 구속력을 갖는 경우

(2) 헌법재판소에 의한 통제

원칙	헌법소원 대상×(공권력의 행사×)
예외	• 행정규칙이 사실상 구속력을 갖고 있어 국민의 기본권을 직접, 현실 침해하는 경우 • 법령보충규칙 • 재량준칙이 평등의 원칙이나 신뢰보호원칙을 매개로 간접적으로 대외적 구속력을 갖는 경우

> **판례**
> 1. 학교장, 교사 초빙제 실시 ▷ 행정규칙, 헌법소원의 대상×
> 2. 서울대 94학년도 대학입학고사주요요강
>   ▷ 국민의 기본권에 직접 영향 + 그대로 실시될 것이 틀림없다면 헌법소원 可
> 3. 법령보충규칙, 대외적 구속력 있는 재량준칙 ▷ 헌법소원 可

3. 행정적 통제[1]

[1] 상급행정기관의 감독권에 의한 통제, 절차적 통제, 공무원·행정기관의 행정규칙심사, 국민권익위원회의 권고 등

POINT 15 행정규칙과 행정행위

1 법규명령의 형식구분(대통령령·총리령·부령의 형식구분과 관련된 사항)

〈법령보충적 행정규칙〉
 (= 법규명령 형식의 행정규칙)
 = 행정규칙 형식의 법규명령

원칙 ──→ 〈예외 인정〉

시행령이나 시행규칙 또는 재경기준 등은 법규명령의 형식을 취할 수 있다.

- 시행령에 있어서 부령형식의 재제기준 등은 국민을 구속하기에 법규명령으로 정함.

법규명령	행정규칙
시행령: 대통령령(고유)	시행규칙: 부령
⇒ 법규명령	⇒ 법규명령
행정상대방인 국민 등에 대한 법적 효력이 있는	행정기관이 해당 직무를 위해 만든
입법작용	상대방이 이야 없는
1회 위반시: 1월 정지 / 1년 내 2회: 6월 정지	1회 위반시: 2월 정지 / 1년 내 2회: 취소
대통령령 →→ 감경재상적	부령 →→ 재량행위성

2. 법규적 성격의 판단기준
 ↳ 원칙: 행정규칙(행정 외부) vs 법규명령(국민에게 있어서 법적관계)

- 시행규칙
 - 재제처분 기준 ○ → 법규명령
 - 재제처분 기준 × → 행정규칙
- 시행령: 법규명령(대통령령의 형식): (∵ 행정법 외부인 국민에 대한 효과)

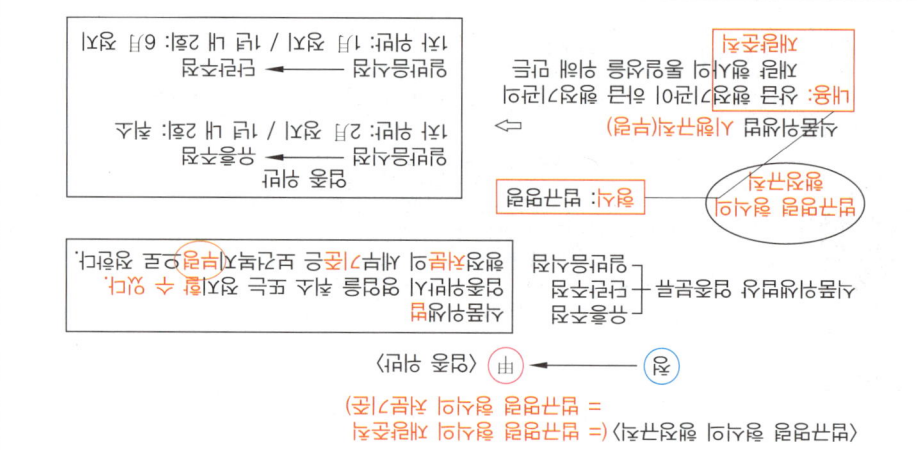

① 시행규칙의 형식으로 제정된 경우: 법규성 부정

☞ 판례
1. 「도로교통법 시행규칙」 제53조 별표 16]의 운전면허행정처분기준은 행정규칙
2. 「식품위생법 시행규칙」 제53조의 별표 15의 영업허가재제기준은 행정규칙
3. 군인의 징계 등에 관한 대통령령 제1조에 따른 징계처분의 기준으로서 영업허가(음식점사업) 등의 표준은 행정규칙
4. 공공기관의 운영에 관한 법률, 제5조 제10항에 따른 지정해제 및 부정당사업자 입찰참가자격제한기준은 행정규칙
5. 식품위생법 시행규칙 제89조에 의한 [별표 23] 행정처분기준은 행정규칙이 아니라 단지 행정기관 내부의 사무처리준칙에 대한 규정에 불과

② 특히 등의 인가기준을 정한 경우: 법규명령

☞ 판례
1. 주유소등록요건의 기준에 관하여 자기사회자치법규에 정한 한 사항인 주유소의 부지 및 주차시설에 관한 사항의 기준은 법규명령

③ 시행령의 형식으로 제정된 경우

① 재제: 법규명령

☞ 판례
1. 구 청소년보호법 시행령 제10조 별표 6 위반행위의 종류 및 위반횟수에 따른 과징금 처분기준은 법규명령

② 해석

☞ 판례
1. 구 「주택건설촉진법 시행령」 제10조의3 제1항 별표 1의 영업정지처분기준은 행정규칙 (재량×), 특별한 사정이 없는 한 대외 구속력
2. 공정거래법 시행령 제35조 제1항 별표 과징금부과기준, 과징금부과 처분의 재량의

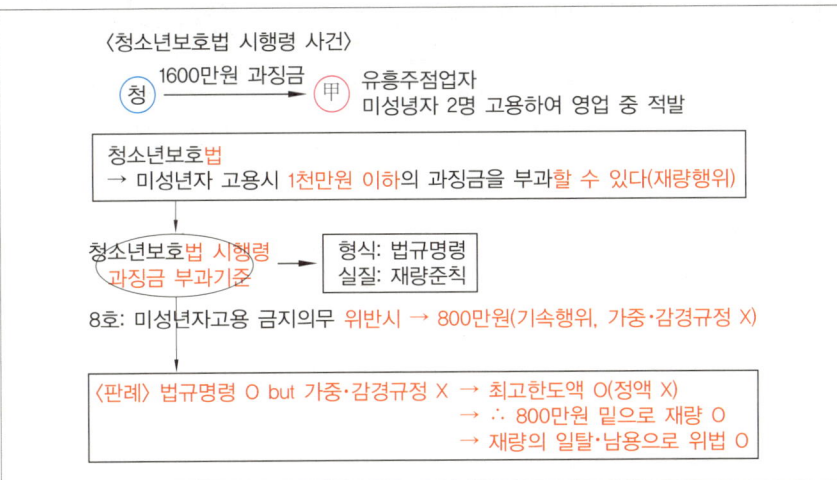

2 행정규칙 형식의 법규명령(법령보충적 행정규칙, 법령보충규칙)

1. 의의
법령의 위임에 의해 법령을 보충하는 법규사항을 정하는 행정규칙(형식 ▷ 행정규칙 / 실질 ▷ 법규명령)

2. 법적 성질
↳ 학설: 법규명령설(실질 중시) vs 행정규칙설(형식 중시) vs 규범구체화행정규칙설(대외적구속력 인정) vs 수권기준설(수권 있으면 법규명령)

(1) 판례

> **판례**
> 1. 법령보충규칙 ▷ 상위법령과 결합하여 법규명령의 효력(대외적 구속력) 有
> 2. 행정각부의 장이 정하는 고시라도 법령내용을 보충하는 기능을 가지는 경우
>   ▷ 상위법령과 결합하여 대외적 구속력 ○
> 3. 상위법령과 결합하여 법규명령으로서의 효력을 인정한 사례
> 3-1. 소득세법 시행령의 위임에 근거한 국세청장 훈령인 재산제세사무처리규정
> 3-2. 식품위생법에 따른 보건복지부장관이 고시한 '식품제조업 영업허가기준(보존음료수 제조업허가)'❶
> 3-3. 전라남도 주유소 등록요건에 관한 고시 [별표1]❷
> 3-4. 공정거래위원회가 정한 표시·광고에 관한 공정거래지침
> 3-5. 보건사회부장관이 정한 '1994년도 노인복지사업지침'
> 3-6. 행정자치부 예규인 '지방공무원보수업무 등 처리지침'❸
> 3-7. 건축물에 대한 이행강제금 산정기준인 '2014년도 건물 및 기타물건 시가표준액'
> 3-8. 산업자원부장관이 공업배치 및 공장설립에 관한 법률 제8조의 규정에 따라 '공장입지의 기준'을 구체적으로 정한 고시
> 3-9. 법령의 내용이 될 사항을 구체적으로 규정한 지방자치단체장의 고시
> 3-10. 금융위원회의 설치 등에 관한 법률 제60조의 위임에 따라 금융위원회가 고시한 '금융기관 검사 및 제재에 관한 규정' 제18조 제1항❹

> 3-11. 공익사업을 위한 토지 등의 취득 및 보상에 관한 법률 시행규칙 제22조❺
> 4. 행정적 편의를 도모하기 위한 절차적 규정 ▷ 행정규칙
> 5. 행정규칙에 입법사항을 위임하는 경우 ▷ 법령이 전문적·기술적 사항이나 경미한 사항으로서 업무의 성질상 위임이 불가피한 사항에 한정❻
> 6. 법령보충규칙 ▷ 그 자체가 직접 대외적 구속력 인정되는 것 ✗

❶ 보존음료수제조업은 허가를 할 수 없고 다만 제품을 전량 수출하거나 주한외국인에게만 판매하여야 하는 등의 요건을 갖추는 경우에만 그 허가를 할 수 있다는 내용의 보건사회부 고시
❷ 주유소 진출입로는 도로상의 횡단보도로부터 10m 이상 이격되게 설치해야 한다고 규정하고 있는 전라남도지사의 주유소 등록요건에 관한 고시
❸ 구 지방공무원보수업무 등 처리지침 [별표 1] '직종별 경력환산율표 해설'이 정한 민간근무경력의 호봉 산정에 관한 부분
❹ 제18조 제1항 제1호 (가)목은 금융기관의 임원이 "고의로 중대한 위법·부당행위를 함으로써 금융질서를 크게 문란시키거나 금융기관의 공신력을 크게 훼손한 경우" 금융위원회가 해임권고[해임요구, 개선요구를 포함]를 할 수 있다고 정함
❺ 이에 대하여는 형식이 시행규칙이므로 법규명령에 해당하는 것이지 법령보충적 행정규칙으로 보기에는 무리가 있다는 견해도 있다.
❻ 헌법 제40조, 제75조, 제95조의 의미를 살펴보면, 국회가 입법으로 행정기관에게 구체적인 범위를 정하여 위임한 사항에 관하여는 당해 행정기관이 법 정립의 권한을 갖게 되고, 입법자가 그 규율의 형식도 선택할 수 있다고 보아야 하므로, 헌법이 인정하고 있는 위임입법의 형식은 예시적인 것으로 보아야 한다. 법률이 일정한 사항을 행정규칙에 위임하더라도 그 행정규칙은 위임된 사항만을 규율할 수 있으므로, 국회입법의 원칙과 상치되지 않는다. 다만, 행정규칙은 법규명령과 같은 엄격한 제정 및 개정절차를 필요로 하지 아니하므로, 기본권을 제한하는 내용의 입법을 위임할 때에는 법규명령에 위임하는 것이 원칙이고, 고시와 같은 형식으로 입법위임을 할 때에는 법령이 전문적·기술적 사항이나 경미한 사항으로서 업무의 성질상 위임이 불가피한 사항에 한정된다(헌재 2017.9.28. 2016헌바140 등).

(2) 실정법규정
「행정규제기본법」 제4조 제2항 단서❶

❶ 행정규제기본법 제4조 (규제 법정주의) ② 규제는 법률에 직접 규정하되, 규제의 세부적인 내용은 법률 또는 상위법령(上位法令)에서 구체적으로 범위를 정하여 위임한 바에 따라 대통령령·총리령·부령 또는 조례·규칙으로 정할 수 있다. 다만, 법령에서 전문적·기술적 사항이나 경미한 사항으로서 업무의 성질상 위임이 불가피한 사항에 관하여 구체적으로 범위를 정하여 위임한 경우에는 고시 등으로 정할 수 있다.
❷ 법령보충규칙의 법규성 인정의 실정법적 근거

3. 한계

(1) 수권상의 한계
① 위임 없이 제정된 경우 ▷ 단순한 행정규칙(법령보충규칙✗)
② 포괄위임금지

(2) 제정상(내용상)의 한계: 위임받은 범위 내에서 규정할 것

> **판례**
> 1. 상위법령에서 세부사항 등을 시행규칙으로 정하도록 위임하였음에도 이를 고시 등 행정규칙으로 정한 경우
>   ▷ 법규명령으로서 효력✗ (∴ 대외적 구속력✗)
> 2. 법령의 위임 범위를 벗어난 고시 ▷ 대외적 구속력 ✗
> 3. 무효인 훈령에만 기초한 주류판매업정지처분 ▷ 당연무효
> 4-1. 시행령은 노령수당 기준을 65세로 규정하고 있음에도 "70세 이상"으로 규정한 보건복지부 장관의 노령수당 지침
>   ▷ 상위법에 반하여 위법(위임한계 일탈)
> 4-2. "70세 이상"으로 규정한 노인복지지침에 근거한 노령수당 거부처분 ▷ 위법
> 5. 가공품의 원료로 가공품이 사용될 경우 원산지 표시에 관한 농림부고시인 「농산물원산지 표시요령」❶
>   ▷ 위임 外 사항을 정한 것 (∴ 대외적 구속력✗)

● 농산물원산지 표시요령 제4조 제2항이 "가공품의 원료로 가공품이 사용될 경우 원산지표시는 원료로 사용된 가공품의 원료 농산물의 원산지를 표시하여야 한다."고 규정하고 있더라도 이는 원산지표시 방법에 관한 기술적인 사항이 아닌 원산지표시를 하여야 할 대상에 관한 것이어서 구 농수산물품질관리법 시행규칙에 의해 고시로써 정하도록 위임된 사항에 해당한다고 할 수 없어 법규명령으로서의 대외적 구속력을 가질 수 없고, 따라서 법원이 구 농수산물품질관리법 시행령을 해석함에 있어서 농산물원산지 표시요령 제4조 제2항을 따라야 하는 것은 아니다(대결 2006.4.28. 2003마715).

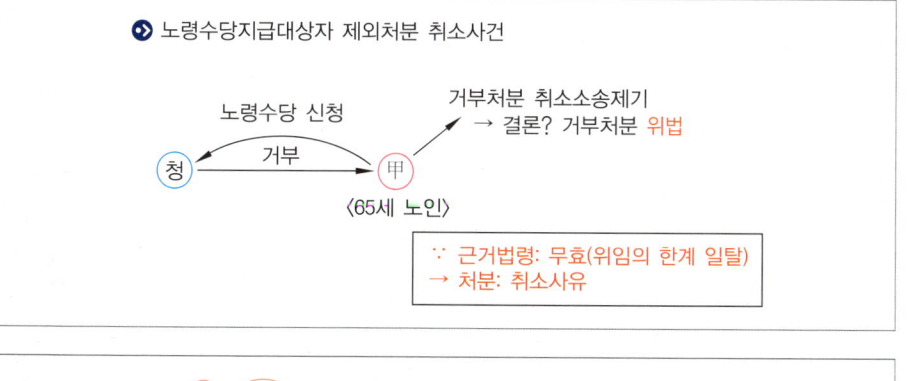

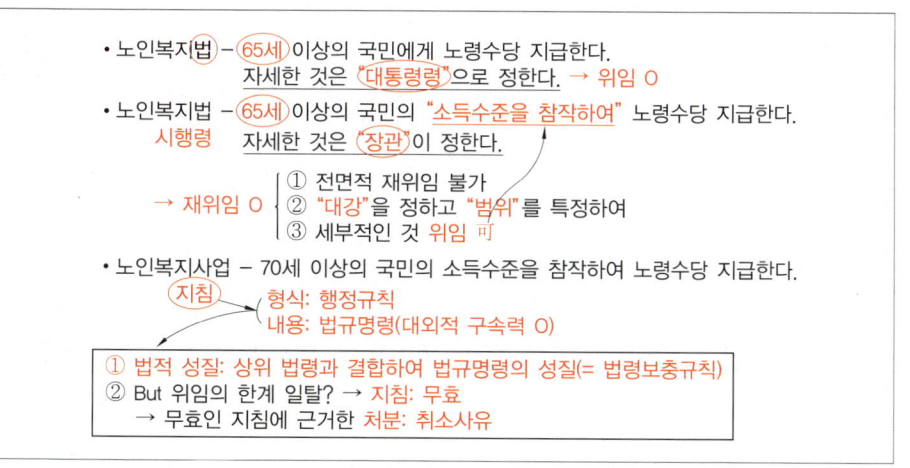

4. 공포: 不要

👍 판례 법령보충규칙은 법규명령의 효력을 가지나 그 자체가 법령은 아니고 행정규칙 ▷ 적당한 방법으로 수범자에게 통보함으로써 효력발생

POINT 16 행정행위의 개념

1 행정행위의 의의

1. 개설

행정행위의 개념	강학상의 개념(실정법상 개념✕)
실무상 용어	행정처분, 처분

2. 행정행위의 개념 분류

최광의설	행정청이 행하는 모든 행위❶
광의설	행정청이 행하는 공법행위❷
협의설	행정청이 법 아래에서 구체적 사실에 관한 법집행으로 행하는 공법행위❸
최협의설(多)	행정청이 법 아래에서 구체적인 사실에 관한 법집행으로 행하는 권력적 단독행위로서 공법행위

❶ 사법행위 포함
❷ 행정입법 포함
❸ 공법상 계약이나 공법상 합동행위와 같은 비권력적 행위 포함

2 행정행위의 개념적 요소

1. '행정청'의 행위(기능적 의미의 행정청)
'행정청'의 범위 ▷ 권한을 위임·위탁받은 행정기관, 공공단체 및 그 기관, 공무수탁사인 포함

2. 법적 행위

(1) 직접적·법적 효과

> **판례**
> 1. 건설부장관이 행한 국립공원지정처분에 따라 공원관리청이 행한 경계측량 및 표지의 설치 ▷ 행정처분✕
> 2. 행정청의 단전, 단전화 요청 ▷ 행정처분✕
> 3. 원천징수의무자의 원천징수행위 ▷ 행정처분✕

(2) 외부적 행위(행정기관 내부행위✕)
  └→ 예) 상급행정기관의 하급 행정기관에 대한 승인·동의·지시, 직무명령, 다른 행정청의 동의 등

3. '구체적 사실'에 대한 법집행행위
- 특정한 사안에 대한 규율(일반적·추상적 법제정 작용✕)
- 일반처분 ▷ 행정행위○

4. 권력적 단독행위(공법상 계약·합동행위✕)
협력을 요하는 행정행위, 자동결정 ▷ 행정행위○
  └→ =자동적 처분

5. 공법행위(사법행위✕)
행정행위가 '공법행위'라는 것 ▷ 행위의 근거가 공법적이라는 것이지, 행위의 효과까지 공법적이라는 것은 아님
→ 특정인에게 어업권, 광업권과 같이 사권의 성질을 가지는 권리를 설정하는 행위
  ▷ 사법상 효과가 발생하지만 공법적 규율을 받는 행위로 행정행위임(예) 어업면허, 광업허가: 특허)
  └→ 따라서 특허를 받은 자는 특허된 법률상의 힘을 제3자에 대하여 법적으로 주장하고 행사할 수 있다.

3 행정절차법·행정쟁송법·행정기본법상의 '처분❹'의 개념과의 동일성 문제

❹ 행정청이 행하는 구체적 사실에 관한 법집행으로서의 공권력의 행사 또는 그 거부와 그 밖에 이에 준하는 행정작용(행정소송법 제2조 제1항 제1호)

일원설	처분 = 행정행위
이원설(다수설)	처분 > 행정행위

POINT 17 행정행위의 종류

해커스공무원 정윤영 행정법총론 단원별 기출문제집

1 법률행위적 행정행위와 준법률행위적 행정행위

법률행위적 행정행위	행정청의 의사표시에 따라 일정한 법적 효과가 발생하는 행정행위
준법률행위적 행정행위	행정청의 의사표시 이외의 판단 또는 인식의 표시에 따라 법규가 정하는 바에 따라 법적 효과가 발생하는 행정행위

2 기속행위와 재량행위

기속행위	행정청이 법에 엄격히 기속되어 기계적으로 요건을 확인·집행하는 행정행위
재량행위	에 해당하는 행정행위
	행정청이 복수행위 간의 선택이나 판단에 있어서 독자적 판단권을 갖는 경우의 행정행위

3 수익적 행정행위·침익적(부담적·불이익적) 행정행위·복효적 행정행위

수익적	상대방에게 수익적 효과만 발생시키는 행정행위 (허가, 특허, 면제 등)
부담적	상대방에게 불이익을 해하는 행정행위(하명(수인하명)·금지·박권행위)
복효적	하나의 행정행위가 이익과 불이익의 효과를 동시에 발생시키는 행정행위
복효적 행정행위 (이중효과적 행정행위)	혼합적	동일인에게 수익과 동시에 불이익한 효과를 동시에 발생시키는 행정행위
	제3자효	상대방에게 수익적, 제3자에게는 침익적인 효과를 발생시키는 행정행위

4 대인적·대물적 및 혼합적 행정행위

대인적	상대방의 주관적 사정에 착안: 제3자에 승계X
대물적	• 행위의 대상인 물건의 객관적·개관적 사정 고려 • 양도인의 기정된 책임사유는 제재처분과 제3자에게 승계○
혼합적	주관적·객관적 사정 함께 고려

참조 *사용수익 허가: 상대방에게 수익이 되면 사용자 있어, 그 상대방 사용자(관리권이 승계자에게 인정X)

5 일방적 행정행위와 상대방의 협력을 요하는 행정행위

일방적	행정청의 일방적 판단에 따라 성립하는 행정행위
쌍방적	상대방의 신청·동의·출원 등이 있어야 성립하는 행정행위

6 요식행위와 불요식행위

요식행위	• 행정행위의 성립에 일정한 형식으로 일정한 요식을 요하는 행정행위 • 인허, 식별: 요식 ▶ 보호이익
불요식행위	행정행위의 성립에 일정한 형식으로 일정한 요식을 요하지 않는 행정행위

7 개별처분과 일반처분

개별처분	상대방이 특정되어 있는 행정행위
일반처분	불특정	상대방이 불특정하지만 그 대상이 구체적 사실로 한정되어 있는 경우 예 집회·통행금지
	대인적	불특정 다수인을 대상으로 하는 행정행위
	대물적(물적 행정행위)	공물의 공용지정이나 공용폐지, 교통계기판의 표시나 신호등의 사용지시 등

참조 예 일반처분 장소의 공개여부의 공고사항, 통행금지처분, 입산금지처분 등

8 적극적 행정행위와 소극적 행정행위

적극적	현재의 법률상태에 변동을 초래하는 행정행위(허가, 특허 등)
소극적	현재의 법률상태에 변동을 초래하지 않는 행정행위(거부처분)

9 가행정행위와 단계적 행정결정

1. 가행정행위(잠정적 행정행위)

의의	사실관계·법률관계의 계속적인 심사를 유보한 상태에서 당사자의 권리·의무를 잠정적으로 확정하는 행정행위
특징	• 사실관계(법률관계)의 미확정성 • 효과의 잠정성 • 종국결정에 의한 대체성
법적성질	행정행위
법적근거	불요설(다수설)
효과	종국결정(처분) 시 가행정행위 효력상실(불가변력無, 신뢰보호문제✕)
권리구제	소송계속 중 종국결정시 소의 이익 관련

① 직위해제와 직권면직: 직위해제처분의 취소를 구할 소의 이익〇
② 과징금부과처분과 자진신고를 이유로 한 과징금감면처분: 과징금부과처분의 취소를 구할 소의 이익✕

> **판례**
> 1. 직위해제 후 직권면직
>   ▷ 선행처분은 직권면직에 흡수되어 소멸✕
>   ▷ 직위해제처분에 대한 항고소송 중 정년을 초과한 경우에도 직위해제일부터 직권면직일까지 감액된 봉급 등의 지급을 구할 수 있는 경우 소의 이익〇
> 2. 공정위의 과징금부과 후 자진신고로 감면처분
>   ▷ 선행처분은 감면처분에 흡수되어 소멸〇
>   ▷ 선행처분의 취소를 구하는 소는 부적법 각하

2. 단계적 행정결정

오늘날 대규모 시설사업(예 원자력발전소, 공항건설, 고속전철건설, 항만건설 등)에 대한 허가절차는 매우 복잡하기 때문에 허가절차에 장기간이 소요되기도 하는바, 행정상대방의 예견가능성과 유연성을 확보하기 위하여 발전한 제도

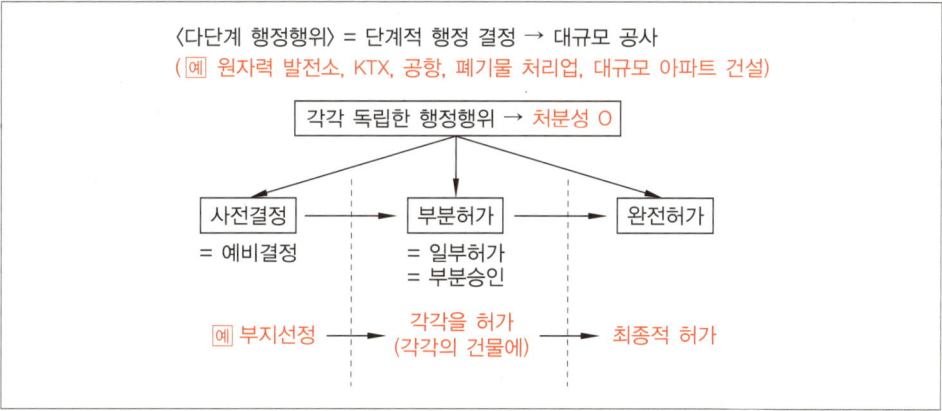

(1) 사전결정(예비결정)

① 의의

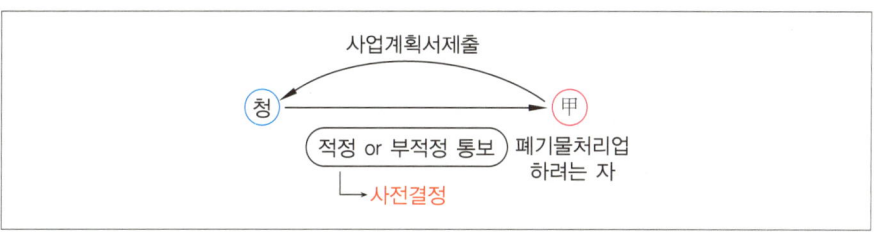

의의	다단계행정행위에서 최종 행정결정 전 요건 일부에 대한 종국적 판단(선취된 결정)
예	「폐기물관리법」상 사업계획서 적합통보, 「원자력안전법」상 부지사전승인, 「건축법」상 사전결정, 「항공법」상 운수권배분, 로스쿨본인가 전에 이루어지는 예비인가 등

② 법적성질

처분성	사전결정은 그자체가 하나의 완결된 행정행위
재량성	최종처분(완전허가, 본처분, 최종결정)의 성질에 따라 최종처분이 재량행위(기속행위)인 경우: 사전결정도 재량행위(기속행위)

> 판례 1. 폐기물처리업허가 전 사업계획(부)적정통보 ▷ 행정처분
> 2-1. 부지사전승인처분 ▷ 원자로 및 관계시설 건설허가의 사전적부분허가의 성격
> 2-2. 원자로 및 관계시설의 건설허가기준에 관한 사항 ▷ 건설허가의 기준이 됨은 물론 부지사전승인의 기준이 됨
> 3. 주택건설사업계획승인 사전결정 ▷ 주택건설사업계획승인(본행정행위)과 같은 재량행위

③ 법적 근거: 不要(본처분 권한에 포함)

④ 효력(구속력)

사전결정의 구속력	최종결정에서 사전결정의 내용과 상충되는 결정 不可
구속력의 예외	사전결정 시 불가피하게 파악하지 못한 사실관계나 법적관계가 변경되었다는 특별한 사정이 있다면 기속력×(∵ 다시 승인 여부 결정 可)

> 판례 1. 사업계획서 적합통보가 있는 경우 ▷ 폐기물처리업 허가단계에서 나머지 허가요건만 심사
> 2. 주택건설사업계획 사전결정이 있는 경우
> ▷ 사전결정 자체가 잘못되었거나 사전결정 당시에는 미처 고려하지 못한 공공의 이익에 관련된 사항이 발견되었다면 사전결정에 기속되지×
> ▷ 다시 주택건설계획 승인 여부 결정 可

⑤ 효력의 한계: 사전결정을 받은 것만으로는 어떠한 행위도 不可

⑥ 권리구제   └→ 부분허가와 차이점

대상적격	처분성이 인정되어 항고소송의 대상
소의 이익	사전결정 이후 본처분이 내려지면 사전결정은 본처분에 흡수되어 소의 이익×

> 판례 원자로 부지사전승인처분
> ▷ 독립한 행정처분○
> ▷ but 나중에 건설허가처분이 있게 되면 이에 흡수되어 소익×
> ▷ 부지사전승인의 위법성은 건설허가처분에 대한 취소소송에서 다툼

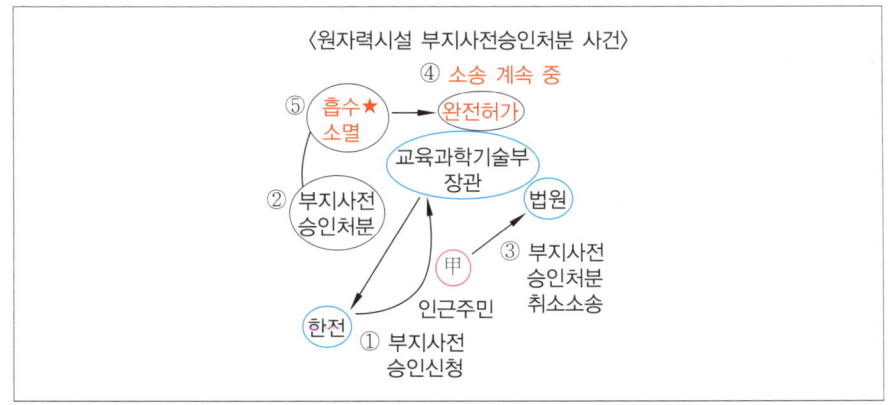

〈원자력시설 부지사전승인처분 사건〉

(2) 부분허가(부분승인)

의의	전체시설 중 특정부분 설치·운영·공사 허용
법적성질	• 전체 허가대상 일부분에 대한 종국적 허가(결정) • 그 자체가 행정행위의 성질(처분○)
효력	• 허가받은 범위 안에서 허가대상이 되는 행위를 적법하게 할 수 있음 • 부분허가에 구속력 有(최종결정에서 부분허가의 내용과 상충되는 결정 不可)
법적근거	不要(본처분 권한에 포함)
권리구제	행정소송제기 可

POINT 18 기속행위와 재량행위, 불확정 개념과 판단여지

1 기속행위와 재량행위

1. 기속행위
법규상 요건이 충족되면 행정청이 반드시 어떠한 행위를 하거나 하지 말아야 하는 행정행위

2. 재량행위

(1) 개념
① 근거법이 행정행위의 요건 및 법적 결과(효과)의 선택에 관하여 행정청에게 독자적 판단권을 인정하고 있는 경우에 행하는 행정행위
② 행정청은 법이 정한 요건을 충족하더라도 특정행위를 해야 할 의무×

(2) 재량의 유형

결정재량	어떠한 행정행위를 할 수도 있고 안할 수도 있는 자유가 부여되는 재량
선택재량	법령상 허용되는 여러 행정행위 중에서 어느 것을 선택할 수 있는 재량

(3) 의무에 합당한 재량
재량은 무한한 자유를 의미하지 않고 의무에 합당한 재량(법에 구속된 재량)을 의미함

(4) 기속재량과 자유재량
① 전통적 견해에 따른 구별

기속재량❶	무엇이 '법'인가를 판단하는 재량
자유재량	무엇이 '공익'에 적합한가에 관한 재량

❶ 재량행위보다는 재량이 협소해서 어느 정도 법의 기속을 받는 경우(예 허가요건이 충족되었는지에 대하여 행정청에게 판단할 수 있는 여지를 둔 경우)

② 오늘날 일반적 견해: 기속재량과 자유재량 구별×
③ 판례
  • 기속행위와 재량행위 중간영역으로 기속재량행위 인정
  • 기속재량: 중대한 공익상 필요 있는 경우 허가거부 可

판례
1. 건축허가
2. 사설납골시설 설치신고
3. 산림형질변경허가(산림훼손허가)
4. 석유판매업허가
5. 채광계획인가
6. 「대기환경보전법」상 배출시설 설치허가

2 기속행위와 재량행위의 구별

1. 구별이유(구별실익)

(1) 행정소송과의 관계
① 법원의 통제

기속행위	법원의 전면적인 사법심사의 대상
재량행위	재량의 일탈·남용(위법)이 없고, 재량을 그르친 경우(부당)에 불과하다면 법원의 통제 대상×

② 사법심사의 방식

기속행위의 경우 (완전심사 및 판단대체방식)	법원이 일정한 결론을 도출한 후, 그 결론에 비추어 행정청이 한 판단의 적법여부를 독자의 입장에서 판정
재량행위의 경우 (제한심리방식)	법원이 독자의 결론을 도출함 없이, 재량권의 일탈·남용이 있는지 여부만 심사
본안심리 결과 처분의 일부가 위법	• 기속행위: 일부취소○ • 재량행위: 일부취소×(재량권 존중)

판례
1. 법원의 재량행위심사
  ▷ 독자적 결론 도출×
  ▷ 일탈·남용 여부만 심사
  ▷ 사실오인, 비례·평등의 원칙 위배, 당해 행위의 목적 위반이나 동기의 부정 유무 등을 판단 대상으로 함
2. 재량권을 일탈한 과징금 납부명령 ▷ 전부취소(적정하다고 인정하는 부분을 초과한 부분만 취소×)

(2) 부관의 가능성(법령상 근거가 없는 경우)

기속행위·기속재량행위× / 재량행위○

> **판례**
> 1. 법령상 근거 없이 기속행위 내지 기속적 재량행위인 건축허가에 붙인 부관 ▷ 무효
> 2. 재량행위인 공유수면매립면허 ▷ 법률상의 근거가 없다고 하더라도 부관 부가 可

(3) 공권의 성립여부

기속행위	특정행위발급청구권, 행정개입청구권
재량행위	무하자재량행사청구권

(4) 요건 충족 여부에 따른 효과 부여

① 행정청의 효과 선택 가부

기속행위	不可
재량행위	可
기속재량행위	중대한 공익상 필요가 없는 한, 不可

② 요건불충족 시: 기속행위·재량행위 모두 거부처분하여야 함

> **판례**
> 1. 주택건설사업계획승인 ▷ 재량행위, 법령상 제한사유 없는 경우에도 공익상 필요가 있으면 승인거부 可
> 2. 귀화요건 불충족 시 ▷ 재량권행사 여지 없이 귀화불허처분

(5) 입증책임

→ 중대한 공익상 필요 있음

기속·기속재량행위	처분이 적법함을 행정청이 입증
재량행위	처분이 위법함을 원고가 입증

→ 재량의 일탈·남용 있음

2. 구별기준

(1) 과거의 학설: 요건재량설 vs. 효과재량설

① 요건재량설(법규재량설)

→ 비판: 종국목적과 중간목적의 구별이 불분명

의의	어떠한 사실이 법률요건에 해당하는지에 대한 판단에 재량이 존재한다는 견해
구분	• 요건에 관하여 공백규정, 불확정개념, 종국목적만을 규정: 재량행위 • 공익보다는 좀 더 구체화된 중간목적의 달성을 요건으로 규정: 기속행위

② 효과재량설(성질설)

→ 비판: 재량행위인가 기속행위인가 하는 문제는 행위의 성질과 무관함

의의	재량은 법률효과의 선택에 있다는 것을 전제로 행정행위가 상대방에게 어떠한 효과를 가져오는가, 즉, 행정행위의 성질에 따라 구분하는 견해
구분	• 부담적(침익적): 기속행위 • 수익적: 재량행위

(2) 오늘날의 학설

1차적 기준	관련 법규정의 문언(표현)을 고려 • 행정청은 ~할 수 있다: 재량행위 • 행정청은 ~해야 한다: 기속행위
2차적 기준[1]	행정의 실질을 고려(입법취지등)[2]

[1] 법령의 규정으로 재량행위인지 기속행위인지 판단할 수 없는 경우(예 ~허가를 받아야 한다)
[2] 행위의 성질, 입법취지, 목적, 기본권 관련성 및 공익관련성 등

(3) 판례

① **원칙론**: 법규형식·문언·행정의 목적·특성·행위의 성질·유형 모두 고려(종합설), 보충적으로 효과재량설 활용

> 1. 기속행위와 재량행위의 구별기준 ▷ 법령취지·목적 등 종합적으로 고려(종합설)
> 2. 효과재량설(성질설)을 취한 판례
> 2-1. 주택건설사업계획승인
> 2-2. 주택재건축사업시행의 인가
> 2-3. 야생동식물보호법상 국제적 멸종위기종의 용도변경승인

② 기속행위로 본 판례

> 1. 강학상 허가에 해당하는 식품위생법상 일반음식점영업허가
> 2. 도로교통법상 음주측정 거부한 운전자에 대한 운전면허취소
> 3. 지방병무청장의 공익근무요원소집처분
> 4. 관광사업 양도·양수에 의한 지위승계신고수리
> 5. 강학상 인가에 해당하는 학교법인이사취임승인
> 6. 지방재정법상 공유재산 무단점유에 대한 변상금부과처분
> 7. 육아휴직 중 복직 요건인 '휴직사유가 없어진 때'에 해당하여 행하는 복직명령
> 8. 부동산 실권리자명의 등기에 관한 법률 및 시행령상 명의신탁자에 대한 과징금부과처분
>   (cf. 과징금 감경여부 ▷ 재량행위)
> 9. 법무부장관의 난민인정(cf. 난민인정취소 ▷ 재량행위)
> 10 마을버스 운수업자가 유류사용량을 실제보다 부풀려 유가보조금을 과다 지급받은 데 대한 환수처분
>   (2011두3388)[3]

[3] 마을버스 운수업자 甲이 유류사용량을 실제보다 부풀려 유가보조금을 과다 지급받은 데 대하여 관할 시장이 甲에게 부정수급기간 동안 지급된 유가보조금 전액을 회수하는 내용의 처분을 한 사안에서, 구 여객자동차 운수사업법(2012.2.1. 법률 제11295호로 개정되기 전의 것) 제51조 제3항에 따라 국토해양부장관 또는 시·도지사는 여객자동차 운수사업자가 '거짓이나 부정한 방법으로 지급받은 보조금'에 대하여 반환할 것을 명하여야 하고, 위 규정을 '정상적으로 지급받은 보조금'까지 반환하도록 명할 수 있는 것으로 해석하는 것은 문언의 범위를 넘어서는 것이며, 규정의 형식이나 체재 등에 비추어 보면, 위 환수처분은 국토해양부장관 또는 시·도지사가 지급받은 보조금을 반환할 것을 명하여야 하는 기속행위라고 본 원심판단을 정당하다고 한 사례(대판 2013.12.12. 2011두3388)

③ 재량행위로 본 판례

1. 하천부지 점용허가
2. 마을버스운송사업면허·한정면허 시 확정되는 마을버스 노선
3. 여객자동차 운송사업자에 대한 휴업허가결정·허가기준 설정
4. 개인택시운송사업면허 및 그 면허기준을 정하는 것
5. 귀화허가
6. 재외동포에 대한 사증발급
7. 사립학교법 제20조의2가 정한 임원취임승인 취소처분
8. 강학상 예외적 허가(승인)에 해당하는 개발제한구역 내의 건축허가
9. 행정계획에 해당하는 구 도시계획법상 도시계획결정
10-1. 폐기물처리사업계획서의 적합 여부 판단
10-2. 폐기물처리사업계획 적정 통보를 위해 필요한 기준을 정하는 것
11. 공정거래위원회의 공정거래법 위반행위자에 대한 과징금 부과처분
12-1. 표시광고법상 공표명령
12-2. 시정조치사실 공표명령
13. 「총포·도검·화약류단속법」상 총포 등 소지허가(92도2179)

3 재량의 하자(재량권의 한계)

1. 재량하자의 의의

(1) **재량의 한계를 넘거나 남용이 있는 경우**: 위법한 행위
  → 행정심판의 통제대상○ / 행정소송의 통제대상○

(2) **단순히 재량을 그르친 경우**: 부당❷한 행위
  ❷ 재량권의 행사가 재량의 한계 내에 있지만 합목적적이지 못한 경우로서 그보다 더 합리적인 결정을 할 수 있었던 경우(적법하나 최선이 아닌 상태)
  → 행정심판의 통제대상○ / 행정소송의 통제대상✕

  🔨 판례 | 기속재량이거나 자유재량이거나를 막론하고 재량권의 남용, 일탈의 경우 ▷ 사법심사 대상○

2. 실정법의 규정: 행정소송법 제27조❸

❸ 행정소송법 제27조 (재량처분의 취소) 행정청의 재량에 속하는 처분이라도 재량권의 한계를 넘거나 그 남용이 있는 때에는 법원은 이를 취소할 수 있다.

3. 재량하자(위법)의 유형❹

❹ 판례: 재량권의 일탈과 재량권의 남용을 명확히 구분하지 않고 재량권의 행사에 '재량권의 일탈 또는 남용'이 없는지 여부를 판단

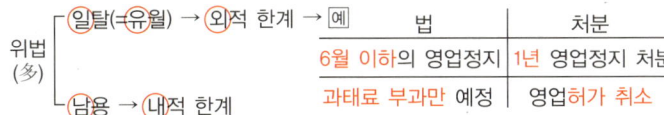

재량의 일탈(유월) / 재량의 남용 / 재량의 불행사·해태

재량권의 일탈	법률의 외적한계를 벗어난 경우	
재량권의 남용	재량권의 내적한계를 벗어난 경우	
	목적위반, 동기부정	법률이 정한 목적과 다르게 행사되거나 부정한 동기에 의해 행사된 경우
	사실오인	재량권 행사의 기초가 된 사실인정에 중대한 오류가 있는 경우
	행정법의 일반원칙위반	재량권행사가 평등의 원칙, 비례의 원칙, 부당결부금지의 원칙 등에 반하는 경우
	재량의 불행사와 해태 (재량의 결여·재량권 미달)	불행사: 재량권을 전혀 행사하지 않은 경우
		해태: 재량권을 충분히 행사하지 않는 경우 (고려해야 할 사정 불충분 고려)

🔨 판례 | 1. 제재적 행정처분이 재량권의 범위를 일탈·남용하였는지 여부의 판단 기준
▷ 공익침해의 정도와 개인이 입게 될 불이익을 비교·교량하여 판단
2. 처분의 근거법령이 행정청에 일정한 재량을 부여하였는데도, 행정청이 전혀 비교형량하지 않은 채 처분
▷ 재량권의 불행사로서 그 자체로 위법○

4. 구체적 판례

(1) 재량의 일탈·남용으로 인정된 경우(=위법)

1. 과징금의 임의적 감경사유 간과·오인하고 미감경
2. 영업정지기간의 임의적 감경사유 간과·오인하고 미감경
3. 민원조정위원회의 심의과정에서 고려대상에 마땅히 포함시켜야 할 사항을 누락한 채 행해진 처분
4. 경찰공무원에 대한 징계위원회의 심의과정에 감경사유에 해당하는 공적 사항이 제시되지 아니한 경우의 징계처분
5. 구체적이고 합리적인 이유의 제시 없이 한 폐기물처리업사업계획 부적정통보
6. 입찰담합에 부과되는 과징금의 액수가 균형을 상실한 경우
7. 임원의 직접관여라는 사유로 과징금을 가중하였으나, 간접적으로 관여하는 데 그쳤다는 특별한 사정이 있는 경우 과징금부과처분
8. 북한 어린이에게 의약품을 지원하기 위한 모금행위 불허
9. 공무원의 동의 없는 전출명령에 공무원이 따르지 않았다고 하여 내린 감봉 3월의 징계처분
10. 사업시행자가 공익사업을 수행할 의사나능력을 상실하였음에도 수용권을 행사(수용권의 남용)
11. 공정한 업무처리에 대한 사의로 두고 간 돈 30만원을 피동적으로 수수하였다가 돌려 준 20여년 근속의 경찰공무원에 대한 해임처분(90누8954)
12. 주유소 관리인이 부정휘발유를 구입·판매한 것을 이유로 위험물취급소 설치허가 취소처분(87누436)
13. 단원에게 지급될 급량비를 바로 지급하지 않고 모아 두었다가 지급한 시립무용단원에 대한 해촉처분(95누4636)
14. 대학교 총장이 해외근무자들의 자녀를 대상으로 한 특별전형에서 외교관, 공무원의 자녀에 대하여만 가산점을 부여하여 합격사정을 함으로써, 실제 취득점수에 의하면 합격할 수 있었던 응시자들에 대한 불합격처분(89누8255)

(2) 재량의 일탈·남용으로 인정되지 않은 경우(=적법)

1. 하자가 있는 난민인정결정의 취소
2. 대학교 교비회계자금을 법인회계로 부당전출하고 시정요구를 이행하지 아니한 임원취임승인취소처분
3. 문화재를 원형 그대로 보존하기 위한 선도산 고분 발굴불허가처분
4. 개발제한구역 내에서의 건축물의 건축 등에 대한 예외적 허가
5. 면직사유가 발생한 사립대학 교원에게 재임용을 거부하는 형식으로 임용계약을 종료시킨 행위
6. 개인택시운송사업의 면허를 발급함에 있어 '개인택시운송사업면허 사무처리지침'에 따라 택시 운전경력자를 일정 부분 우대하는 처분
7. 전국공무원노동조합 간부 10여 명과 함께 시장의 사택을 방문한 노동조합 시지부 사무국장의 파면처분
8. 행정구역변경에 따른 사업구역 조정의 일환으로 기존업자의 사업구역을 축소하여 행한 장의자동차운수사업 신규면허처분
9. 법규위반자를 적발하고 돈을 요구하면서 전달방법까지 요구한 경찰관의 해임처분
10. 생물학적 동등성 시험자료 일부가 조작되었음을 이유로 해당 의약품의 회수 및 폐기를 명한 처분
11. 전역지원 시기를 상실하고, 장기복무 의무장교의 확보 필요성 등을 이유로 한 군의관에 대한 전역거부처분
12. 지방식품의약품안전청장이 수입 녹용 중 전지 3대를 절단부위로부터 5cm까지의 부분을 절단하여 측정한 회분함량이 기준치를 0.5❺ 초과하였다는 이유로 수입 녹용 전부에 대하여 전량 폐기 또는 반송처리를 지시한 처분(2004두3854)

4 재량권에 대한 통제❶

❶ 입법·행정·사법적 통제

5 불확정개념과 판단여지

1. 불확정개념

의의	법률요건에 규정된 개념의 의미와 내용이 다의적인 것이어서 그 의미와 내용이 구체적인 상황에 따라 그때마다 달리 판단될 수 있는 개념
예시	'공익', '공공복지', '공적 질서', '신뢰성', '필요한 경우', '상당한 이유', '공공안녕과 질서', '경관의 침해우려', '교통의 안전과 원활성', '식품 안전', '환경보전' 등
사법심사 대상	불확정개념의 해석은 사실관계 평가를 통해 법이 의도하는 하나의 정당한 결론을 발견하기 위한 인식작용이므로 원칙적으로 사법심사 가능

2. 판단여지(론)

(1) 의의

① 행정청의 고도로 전문적이고 기술적인 판단이나 고도로 정책적인 판단에 속하는 불확정개념의 적용에 있어서 사법부가 그 정당성을 판단하는 것이 합당치 않은 영역
② 판단여지설(다수설): 판단여지 vs 재량 다른 개념으로 봄

요건(판단여지)	효과(재량)
불확정 개념(예 공익, 공공의 안녕, 선량한 풍속) • 원칙: 법 개념으로 봄 　- 법원의 전속적 권한 　- 사법심사의 대상 ○ • 예외: 일정한 경우(전문적 영역) 　- 행정청의 판단여지 ○ 　- 사법심사 제한 또는 배제: 법원이 판단 ✕	• 재량은 의회가 부여 • 판단여지는 법원이 부여

(2) 인정영역(법원에 의한 통제대상×)

비대체적 결정	고도로 개인적이고 인격적인 사안에 관련된 결정
구속적 가치평가	예술, 문화, 도덕의 영역에 있어서 고도의 전문가로 구성된 직무상 독립성을 갖는 위원회의 결정
미래예측결정	환경법, 경제행정법 분야에서의 예측결정과 위험 평가
행정정책적 결정	공무원인사를 위한 인력수급계획의 결정등 행정의 고유권한이 인정되는 영역에서의 결정

(3) 재량과의 구별

학설	부정설	사법심사 배제라는 측면에서 동일하고, 재량은 법규의 효과에만 국한되지 않는다고 보아 구별실익×
	긍정설 (통설)	판단여지는 법률요건 인식의 문제이지만 재량은 법률효과 선택의 문제라는 점, 양자는 그 인정근거와 내용 등을 달리한다고 보아 구별실익○
판례(부정설)		재량행위와 판단여지 구분×, 모두 재량의 문제로 파악

📖 판례
1. 출제위원의 시험출제업무
2. 공무원 면접전형 시 능력·적격성판단
3. 교과서검정
4. 개발제한구역 내 액화석유가스충전소 액화석유가스충전사업허가
5. 국토계획법이 정한 용도지역 안에서의 건축허가
6. 「의료법」제59조 제1항에서 정한 지도와 명령의 요건에 해당하는지, 요건에 해당하는 경우 행정청이 어떠한 종류와 내용의 지도나 명령을 할 것인지의 판단
7. 구 「전염병예방법」상 보건복지가족부장관의 예방접종으로 인한 질병, 장애 또는 사망의 인정여부결정

(4) 판단여지의 법적 효과와 한계(예외적 사법심사)

판단기관구성 부적법, 절차규정 부준수, 성문법·일반원칙 위반, 일반적으로 인정된 가치기준 위반, 사실오인

POINT 19 제3자효 행정행위

해커스공무원 함수민 **행정법총론** 단권화 노트

의의		하나의 행정행위가 1인에게는 수익을, 타인에게는 불이익을 주는 상반된 효과를 동시에 발생시키는 행정행위
행정절차법상 처분의 제3자		행정청의 직권이나 신청에 의해 의견청취절차 참여 可
직권취소, 철회		공익과 상대방의 신뢰보호, 제3자의 이익도 아울러 이익형량 要
행정쟁송법상 문제	행정심판법상 고지제도	• 직권고지: 처분의 직접 상대방 • 신청(청구)고지: 처분의 제3자
	청구인적격, 원고적격	법률상 이익이 있는 처분의 제3자 ○

	쟁송제기기간	① 처분의 제3자의 쟁송제기기간(원칙)
		  • 처분이 있음을 안 날로부터 90일
		  • 처분이 있은 날로부터 180일(행정심판) or 1년(행정소송)
		② 처분의 제3자의 쟁송제기기간(예외)
		  • 처분의 제3자가 처분을 인지하지 못한 경우: 정당한 사유○[1]
		    → 청구기간 제한×
		  • but 어떤 경위로든 처분을 인지한 경우: 안 날로부터 90일 내 쟁송제기 要

참가인적격		처분의 제3자가 제기한 취소소송에서 참가인: 처분 상대방(공동소송적 보조참가)[2]
집행정지		처분의 제3자가 제기한 취소소송에서 집행정지결정의 효력(대세효): 처분 상대방에게도 미침
재심청구		• 처분 상대방에게 판결의 효력(대세효[3]) 미침 • 소송의 제3자가 귀책사유 없이 소송에 참가하지 못해 확정판결의 결과에 영향을 미칠 공격·방어방법을 제출하지 못한 때 재심청구 可[4]

[1] 행정심판법 제27조 (심판청구의 기간) ③ 행정심판은 처분이 있었던 날부터 180일이 지나면 청구하지 못한다. 다만, 정당한 사유가 있는 경우에는 그러하지 아니하다.

[2] 판결의 형성력(대세효)이 미치므로 피참가인의 소송행위(상소취하)와 어긋나는 행위(상소제기) 可

[3] 제3자효

[4] 행정소송법 제31조(제3자에 의한 재심청구) ② 제1항의 규정에 의한 청구는 확정판결이 있음을 안 날로부터 30일 이내, 판결이 확정된 날로부터 1년 이내에 제기하여야 한다.

POINT 20 행정행위의 내용

해커스공무원 함수민 **행정법총론 단권화 노트**

■ 법률행위적 행정행위와 준법률행위적 행정행위

〈법률효과발생원인을 기준으로 구분〉

- 법률행위적 행정행위
  - → 행정청의 의사표시 ○
  - → 행정청이 표시한대로 법적효과 ○
- 준법률행위적 행정행위
  - → 행정청의 의사표시 X (정신작용 ○)
  - → 행정청이 표시한대로 법적효과 X

- 명령적 행위
  - 하명 ─ 작위하명 / 부작위(금지)하명 / 수인하명 / 급부하명
  - 허가
  - 면제
- 형성적 행위
  - 직접상대방을 위한행위 ─ 설권행위(광의의 특허) ─ 권리설정행위(협의의 특허) / 권리능력설정행위 / 포괄적 법률관계 설정행위
  - 변경행위
  - 박권행위
  - 제3자를 위한 행위 ─ 보충행위(인가) / 대리행위(대리)
- 확인 / 공증 / 통지 / 수리

■ 법률행위적 행정행위

〈위반의 효과〉

- 명령적 행정행위
  - 하명 / 허가 / 면제 (단속법규) → 적법 → 위반시 행정강제 / 행정벌 → 처벌의 대상 ○ ⇒ 위반행위의 효력 : 유효
- 형성적 행정행위
  - 특허 / 인가 / 대리 (효력법규) → 유효 → 위반시 행정강제 / 행정벌 → 처벌의 대상 X ⇒ 위반행위의 효력 : 무효

법률효과 발생원인에 따른 구분(전통적 견해)	
법률행위적 행정행위	행정청의 의사표시에 따라 법률효과발생
준법률행위적 행정행위	행정청의 의사표시가 아니라 법률의 효력규정에 따라 법률효과 발생

1 법률행위적 행정행위

1. 명령적 행정행위

개념	상대방에 대하여 일정한 작위·부작위·급부·수인 등의 의무를 명(부과)하거나 이러한 의무를 해제하는 행정행위
구분	개인의 자유를 제한하거나 제한을 해제시키는 행위인 점에서, 개인의 권리·능력을 설정·변경·소멸시키는 형성적 행위와 구분
종류	하명·허가·면제

(1) 하명

의의	개념	행정청이 국민에게 작위·부작위·수인·급부의무를 부과하는 행위		
	형식	처분하명	행정행위 형식(구체적)으로 행하여지는 명령	
		법규하명[1]	법령자체에서 직접 의무를 발생시키는 명령	
성질	부담적 행정행위(법령근거 요함)			
상대방과 대상	상대방	특정인에 대해 구체적으로 행하여지는 것이 일반적이나 불특정 다수인에 대한 일반처분으로도 可		
	대상	사실행위○[2] 법률행위○[3]		
종류	의무의 내용에 따라: 작위·부작위·수인·급부하명			
하명의 효과	일정한 공법상 의무 발생			
	대인적 하명	그 상대방에게만 효과가 발생(이전성X)		
	대물적 하명	그 대상이 되는 물건을 승계한 자(승계인)에게도 미침(이전성○)		
하명위반의 효과	• (하명에 의해 부과된) 의무의 불이행: 행정상 강제집행○, 행정제재(벌)○ • (하명에 위반한) 법률행위의 효력: 반드시 무효X(사법상 무효X)[4]			
위법한 하명에 대한 구제	행정쟁송·손해배상청구			

[1] 행정행위로서의 하명X
[2] 예) 통행금지, 불법광고물의 철거 등
[3] 예) 영업양도금지, 불량식품에 대한 판매금지 등
[4] 예) 어떠한 물품의 판매를 금지하는 명령을 위반하여 물품을 판매한 경우, 처벌을 받거나 강제집행의 대상은 될지언정 그 물품에 대한 매매의 효력(사법상 법률행위의 효력)이 부인되는 것은 아니다.

빈출핵심 행정정보 중 영업조 해정정보의 처리(활용)

<메뉴를 알림 흐름>

甲(영업정보 or 대체사항) → 乙(영업인)
영업정보 변경요건 영향

→ 영업정보 → 지원부처
→ 안내통로 → 등기(등)

(2) 활용

① 의의

민간사자 공공기관 대외에 등등은 아난 자신의, 이용사상, 열의자, 예정자, 자지자, 제휴자, 정보자 등으로 운영에 대해서 활용하는 경우 그 정보를 해체적으로 원칙으로 결합하여야 한다는

개념	자신이 취득하거나 보유 중인 활용정보를 이용하여 다른 사업을 하는 등의 행위로 사용하는 것
예시	활용하기(정통), 인가, 특허, 승인 등 다른 부가능한 공동의 표현으로 사용됨

② 예외적 승인(예외조 활용)(법규 규정)

사망자에 따라서라도 응공 아닌 활용자가 정보를 백일에 공유하거나 일치시는 강의에 예외적으로 활용이 규명

① 엄영하기, 건축하기, 여렇하기, 수상민매업하기, 공안인기, 승인영미 광기, 사업기 등 광지기 등
② 과잉제고의 가능성이 있어야 함(과잉대체 불가X)
③ 안전백성을 조기반사정으로 고려 등(공정)

개념	이상의 공지사업 운영하게 필요한 사해자의 활용 능을 수 있게 하여 추는 정보
예시	개인탑재사업 대부, 공장실정이나 가이스능 시·도중한 등 관리산 이용 화물원을 수송사업, 가스·적격 등 개인탑재사업용 등
정당	악당된 공기의 해예, 재활동원

③ 활기의 법적 성질

ⓒ 영업자의 응답(협동조 단체허가) ← 공기에 합의하지 않아 공지성립 활성정보
ⓒ 영업의 통신(간동처 2차혜인 감각) ← 공기에 예임합리하는 정신정인지다 해제활기도 정신의 있을 것으로 정석된다고 할 것[9763.4.26].

④ 활가의 상징

형식	활다의 신청 등(동의)
예외	신청 없는 활다(통행동가의 해제 등)
예외	활가의 내용은 다른 내용의 활간 하는 경우 위법항목: 잉어항목 X

⚠️ 등록 과정에 대해서 경쟁자 외사장소 및 단일정의 활가 등 이 가치만 되는 의상사 적지 않은

⑤ 활가의 효과 및 간접의 방 대상

효과	활동이 있을 때(구제적 처음) 있는 것은 (경제하기 X)
간접대상	특정 상대방·본업이 되가있는 다수인 대상
대상	사실행위, 법률행위

---

(2) 활가

① 인의

인간의 특정 자격이라든가 대항을 위해 대체정에 대해 대상이 허가·예약자·차가자·사형 등에 해서해도 어디에 검사정의 하는 것을 내용으로 하는 적지 않는

② 예외적 승인(예약되지 활가)의 부모

개념	사회적으로 바람직하지 않은 유해한 활동을 원칙적으로 억지하고, 예약적인 경우에 이러한 금지를 해제하여 줄 수 있게 하여 추는 정부
예시	개인탑재사업 대부, 공공실정이나 가이스능 등 한과정의 배제장기나 해체 하는 등 개인탑재사업은 적지
정당	악당된 금지의 해제, 재활동원

⚠️ 정당
1. 개인탑재의 어허리사이 건축하기 → 재활동원
2. 개인탑재의 해역에서 인터스업자 해체 → 재활동원
3. 학교환경위사정외의 규건건정한 인외시 사자해 → 재활동원

③ 활가의 법적 성질

ⓒ 활영의 활당: 경당적인

ⓒ 정수 공유(정지 경계영정지) → 정수공지가 검정되는(95누3892).

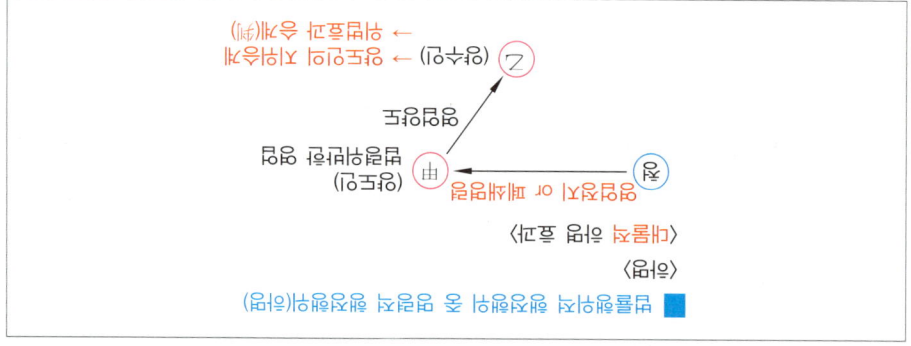

⑥ 허가의 기준
  ㉠ 허가신청 후의 법령개정 시 처분기준

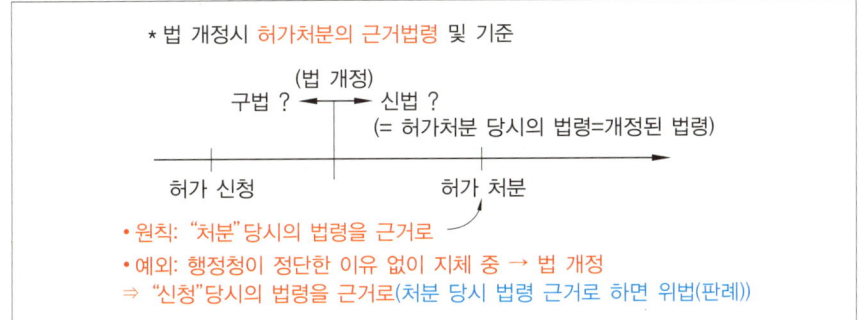

원칙	처분시법 적용
예외	허가관청이 신청을 수리하고도 정당한 이유 없이 처리를 늦추어 그 사이에 허가기준이 변경된 경우: 신청시법 적용

판례
1. 신청시와 처분시의 법령이 다른 경우 ▷ 처분시의 허가기준에 따라야 함(원칙)
2. 허가신청 후 처분 전, 관계법령이 개정된 경우 새로운 법령 및 허가기준에 따라서 한 불허가처분 ▷ 적법

  ㉡ 행정권에 의한 허가요건의 추가: 법령상의 근거 要
     → 법령의 근거 없이 행정청의 독자적 추가×

⑦ 허가의 효과
  ㉠ 자연적 자유의 회복

판례
건축허가
▷ 강학상 허가(새로운 권리나 능력 부여×)
▷ 건축허가서에 건축주로 기재된 자가 당연히 건물소유권 취득×

  ㉡ 법률상의 이익 또는 반사적 이익 여부
     → 허가로 인한 기존 허가권자의 영업상 이익

원칙	반사적이익(∴ 경업자소송 기존업자 원고적격×)
예외	관계법령의 사익보호성이 인정되는 경우(예 거리제한규정): 법률상 이익(∴ 기존업자 원고적격○)

  ㉢ 타법상의 제한(허가로 인한 금지해제의 범위): 허가의 대상이 된 행위에 대한 금지만 해제○, 타법상의 금지까지 해제×

판례 접도구역 안에 있는 건물 ▷ 「도로법」상 개축허가를 받았어도 「건축법」상 허가 다시 받아야 함

㉣ 무허가행위의 효과

제재	강제집행·행정벌 대상○ (단, 허가담당공무원이 허가대상 아니라고 오고지: 무허가행위에 대해 형사처벌 不可)
법률행위의 효력	행위 자체의 법률적 효력은 부인되지 않음(원칙)

⑧ 허가의 갱신(기간연장)

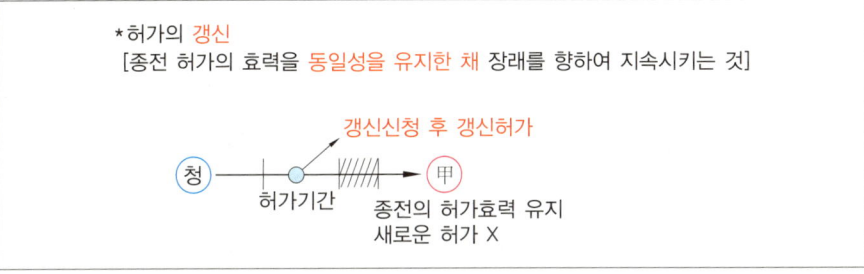

  ㉠ 개념: 종전의 허가의 효력을 유지시키는 행위
  ㉡ 갱신의 효과: 새로운 행위×(갱신 전의 위법사유가 치유×)

판례
1. 허가 갱신 후 갱신 전 사유로 ▷ 허가취소 可
2. 허가의 갱신
   ▷ 종전 허가의 효력 유지○(실효×)
   ▷ 갱신 전 위법사유 치유×

  ㉢ 갱신의 신청(시기)

(허가)기간만료 전 신청 要	종기 도래 전 신청, 도래 후 갱신결정: 기한 도래 전에 갱신이 이루어진 것과 동일하게 봄
기간경과 후 신청	새로운 허가신청 → 허가요건의 적합여부 새로이 판단

판례
1. 유효기간 지난 후의 연장신청 ▷ 새로운 허가신청
2. 어업허가 또는 신고(유효기간연장제도 無)
   ▷ 유효기간 경과 시 종전 허가나 신고의 효력 소멸
   ▷ 재차 한 어업허가 또는 신고: 새로운 허가 또는 신고(갱신×)

2. 행정지도 행정응원

개념	상대방에게 일정한 행위(작위, 부작위 등)를 하도록 지도, 권고, 조언 등의 비권력적 사실행위로서 행정주체가 일정한 행정목적을 실현하기 위해 행하는 행위
종류	특허, 인가, 대리

(1) 특허

① 의의
• 특정인에게 새로운 권리·능력·포괄적 법률관계를 설정하여 주는 행위
• 행정행위인 특허: 특허, 인가, 하가, 면허 등 다양함

(3) 인가

행정청에서 타인의 법률행위·공법행위·사법행위를 보충하여 효력을 완성시키는 행위 → cf. 허가: 일반적금지의 해제

⑩ 인가의 종류
기본행위(사업양도 / 조합설립인가 사항, 정관변경 인가, 대표자 취임 인가 / 토지거래 허가제 중점취소 해제 등

정리
1. 개발사업(대통령 허가) ▷ 귀속된 토지·건물·청사사용 등 무상귀속 기속 행위
2. 공유수면(대통령 허가) ▷ 공유수면의 점용·사용허가는 강학상 허가(특허 ×대법원)
3. 공유수면(대통령 허가) ▷ 인가 요건 설정 공유수면 매립 기각
4. 개발제한구역(대통령 허가) ▷ 하가 영토 있는 인가로서 임법비 정치사용×
5. 토지 점유대가(대통령 허가) ▷ 행정인은 수익자청에 되지 않음 등

⑥ 하가의 종류 및 하가 효과의 승계(인가승계)

하가의 대상에 따른 구분	대인적 하가
	• 대물적 하가
	• 혼합적 하가
하가의 이전가능성	대인적 하가 ×
(승계 여부)	대물적 하가 ○
	혼합적 하가 △

⑤ 종류

종류	특허, 인가, 대리

(1) 특허

① 의의
• 특정인에게 새로운 권리·능력·포괄적 법률관계를 설정하여 주는 행위

---

⑦ 특허의 종류

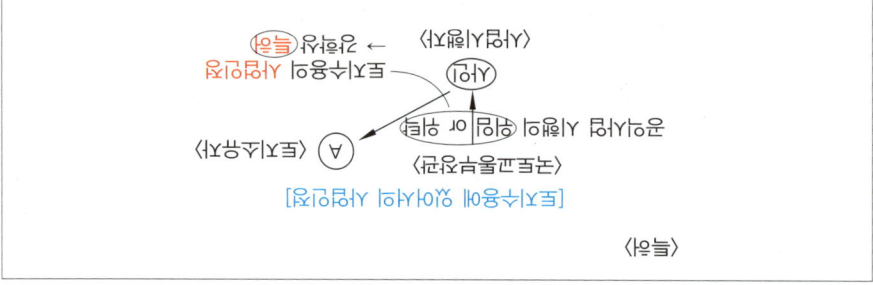

〈특허〉

[토지수용에 있어서의 사업인정]

〈국토교통부장관〉
〈A〉 〈토지소유자〉
공익사업 시행자의 인가 or 인정
↓
사업 ← 〈사업시행자〉
토지수용의 사업인정 특정 ← 강학상 특허

강학적 발정행위	
공권력적	• 공익법인의 인가
행위로서	• 공공재해에 대한 매각·처분합의의 갱신
특허	• 공물의 용도·사용 허가
	• 독점관리적 사업허가
(특허의 특성)	• 토지수용의 사업인정
	• 하천점용허가(90누8688)
	• 도선경영면허(98다14030)
	• 운수특허기 이익권(98누6026 : 90누2918)
	• 여객자동차 운수사업의 면허는 공익사업(특허)
	• 귀화허가: 지방자치단체의 대행자(재량취소권 요청 승계)
	• 개발사업시설이나 사업장에 있어서 사업자지정의 공공기관승인 보험차량
형성적	• 형성적 인가·인정
행위로서	• 공권력·인가·권익적
특허	
준법률적	• 신청에 의한 확정적
행위로서	• 공증의 의미 변경계·등록
특허	

③ 특허의 성질

형성적 행위 (설권적 처분)	사람이 본래 자연적으로 갖고 있지 않은 법률상의 힘, 즉 권리 또는 능력 등을 특정인에게 새로이 설정
협력을 요하는 행정행위	• 항상 신청 要 • 쌍방적 행정행위
재량행위	공익상 필요에 따라 특정인에게 법률상의 힘 부여

판례
1. 개인택시운송사업면허(특허, 재량행위) ▷ 개인택시운송사업면허기준 정하는 것: 재량행위
2. 귀화허가 ▷ 특허, 재량행위
3. 체류자격변경허가 ▷ 특허, 재량행위
4. 도로점용허가 ▷ 특허, 재량행위
5. 공유수면 점용, 사용허가(특허, 재량행위) ▷ 공유수면 점용, 사용허가 여부 및 내용의 결정: 재량행위
6. 공유수면매립면허(특허, 재량행위) ▷ 공유수면매립면허 부여 및 실효된 공유수면매립면허의 효력을 회복시키는 행위: 재량행위
7. 토지수용법상의 토지수용을 위한 사업인정 ▷ 특허, 재량행위
8. 보세구역의 설영특허(특허, 재량행위) ▷ 보세구역 설영특허의 부여여부 및 기간의 갱신여부: 재량행위
9. 대기오염물질 총량관리사업장 설치의 허가(특허, 재량행위) ▷ 대기오염물질 총량관리사업장 설치의 허가여부 및 내용의 결정: 재량행위
10. 공증인 인가, 임명행위 ▷ 특허, 재량행위
11. 도시 및 주거환경정비법상 조합설립인가처분 ▷ 특허, 재량
12. 행정재산의 사용, 수익에 대한 허가 ▷ 특허, 재량행위
13. 개발촉진지구 안에서 시행되는 지구개발사업에 관한 지정권자의 실시계획승인처분 ▷ 특허, 재량행위

④ 특허의 신청(출원)

신청(출원)	• 특허의 필요요건❶ • 신청이 없거나 취지에 반하는 경우: 무효
법규특허❷	성질상 신청 不要

❶ ∵ 신청을 요하는 행정행위
❷ 법률의 규정에 의한 특허(예 「한국토지주택공사법」에 따른 한국토지주택공사의 설립 등)

⑤ 특허의 형식과 상대방

형식	원칙	처분의 형식(행정행위로서의 특허)
	예외	법규의 형식(법규특허)
상대방		특정인○ (불특정 다수인×)

⑥ 특허의 효과

원고적격	• 새로운 법률상의 힘(지위)을 발생시킴 → 경쟁자인 제3자에게 위법한 특허 시, 기존 특허업자 원고적격 인정 • 제3자가 특허된 권리 침해 시 소송상 구제 可
중복특허	후행특허는 무효
권리내용	보통 공권의 성질❸, but 사권의 성질 갖는 것도 존재(예 광업권, 어업권) → 사법상 효과○❹

❸ 예 특허기업의 특허, 공물사용권의 특허
❹ cf. 허가: 사법상 효과×

판례
1. 하천점용허가권자 ▷ 하천부지의 무단점용자에 대하여 부당이득반환청구 可
2-1. 같은 업무구역 안에 중복된 후행 어업면허 ▷ 무효
2-2. 동일한 구역에서 동일한 광물에 대한 광업권의 설정 ▷ 무효

⑦ 특허와 허가의 구별
㉠ 공통점: 법률행위적 행정행위, 수익적 행정행위
㉡ 차이점

구분	허가	특허
법적 성질	• 원칙상 기속행위 • 명령적 행위	• 원칙상 재량행위 • 형성적 행위
상대방	특정인뿐만 아니라 불특정 다수에게도 행해짐	특정인에 대해서만 행해짐
신청	• 원칙적으로 신청을 요함 • 예외적으로 신청이 없어도 가능(예 일반처분)	• 행정행위로서 특허: 반드시 신청을 요함 • 법규에 의한 특허: 신청을 요하지 않음
규제목적	소극적 질서유지(경찰목적)	적극적 공공복리(복리목적)
국가의 감독	질서유지를 위한 소극적·최소한의 감독	공공복리의 달성을 위한 적극적 감독
기존업자가 받은 이익	반사적 이익	법률상의 이익
효과	공법적 효과 발생	공법적인 것과 사법적인 것이 있음 (예 광업권, 어업권)

(2) 인가

① 의의

㉠ 개념

- 행정청이 타인의 법률행위를 동의로써 보충하여 그 법률적 효력을 완성시켜주는 행정행위
- 실무상 허가·승인·특허 등의 명칭 사용

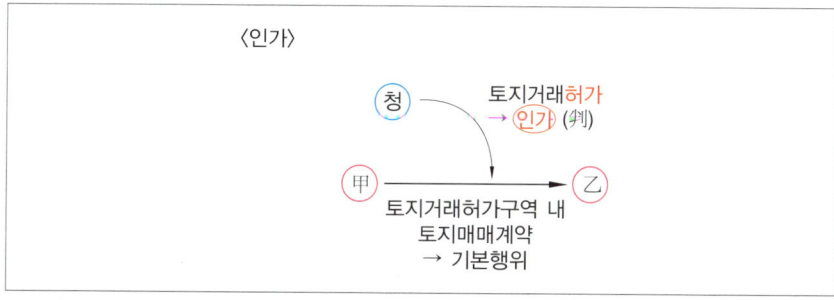

〈인가〉

청 → 토지거래허가 → 인가 (㉹)

甲 ─ 토지거래허가구역 내 토지매매계약 → 乙
→ 기본행위

㉡ 판례가 인가로 본 예

1. 토지거래허가
2. 민법상 재단법인의 정관변경허가
3. 사립학교법인 임원에 대한 취임승인행위
4. 자동차관리사업자단체의 조합설립인가
5. 개인택시운송사업면허의 양도, 양수에 대한 인가 ▷ 인가+설권적 처분(양도인이 가지고 있던 동일한 면허를 양수인에게 부여하는 처분 포함)
6. 공익법인의 기본재산처분허가 ▷ 처분이 완전히 끝날 때까지 허가의 효력 유효하게 존속
7. 학교법인의 기본재산 용도변경, 의무부담계약 허가
   ▷ 인가
   ▷ 반드시 계약 전 허가를 받아야만 하는 것은 아니고 계약 후라도 허가받으면 유효
8. 주택재건축정비사업조합의 정관변경인가
9. 조합설립추진위원회 구성승인처분
10. 주택재건축정비사업조합의 사업시행계획인가
    (cf. 토지 등 소유자들이 직접 시행하는 도시환경정비사업에서 토지 등 소유자에 대한 사업시행계획인가: 특허)
11. 도시 및 주거환경정비법상 관리처분계획인가

② 인가의 성질

형성적 행정행위	인가의 대상인 기본행위의 효력을 완성시켜 줌
재량행위 여부	• 법문언에 따라 개별적 판단 • 재량행위인 인가에는 명문의 규정 없어도 부관부가 可

㉠ 재량행위로 본 판례

1. 재단법인의 임원취임승인(인가)
2. 공익법인 기본재산 처분허가

㉡ 기속행위로 본 판례

1. 학교법인 이사취임승인 ▷ 기속행위(cf. 학교법인 이사취임승인 '취소': 재량행위)
2. 토지거래허가

③ 인가의 형식과 대상

형식	구체적인 처분의 형식(법규인가×), 요식행위
대상	• 제3자의 행위(기본행위)는 법률행위에 한정됨(사실행위×) • 법률행위 ▷ 공·사법상 행위, 계약, 합동행위 불문

④ 인가의 신청(출원): 무출원인가, 수정인가 不可(∵ 인가는 보충행위)

⑤ 인가의 효과

효력요건	기본행위의 효력발생요건
인가의 이전가능성	타인에게 이전×
무인가행위	기본행위 무효, 처벌대상×

> **판례** 면허관청의 인가를 받지 않은 공유수면매립면허로 인한 권리의무의 양도·양수약정 ▷ 법률상 효력×

⑥ 인가와 기본행위와의 관계
  ㉠ 기본행위의 하자와 인가(인가는 적법하나 기본행위에 하자가 있는 경우)

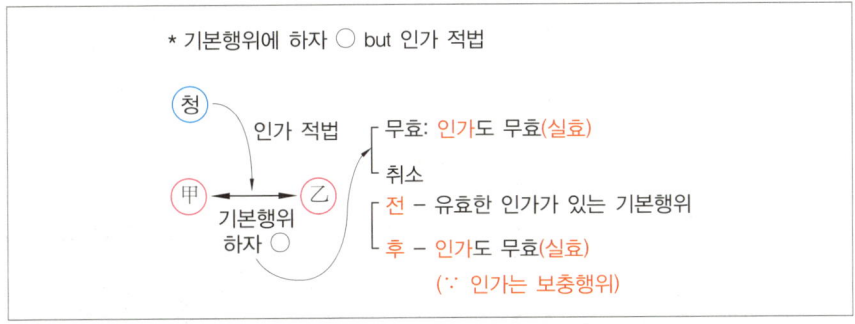

기본행위가 불성립 또는 무효인 경우	• 기본행위 소멸되면 인가도 별도의 무효선언이나 처분청의 직권취소 없이 당연 실효 • 인가로 인해 기본행위가 유효하게 되지 않음
기본행위에 취소원인이 있는 경우	인가 후에도 기본행위 취소 可 • 기본행위 취소 전: 인가 유효 • 기본행위 취소 후: 인가 실효

판례
1. 임원선임행위가 불성립, 무효 ▷ 취임승인(인가) 있어도 선임행위 무효
2. 결의에 하자가 있는 법인정관변경허가처분이 인가된 경우 ▷ 결의는 여전히 무효
3. 주택재건축조합이 재건축결의에서 결정된 내용과 다르게 사업시행계획을 작성하여 사업시행인가를 받은 경우 ▷ 기본행위인 사업시행계획 작성행위의 하자일 뿐, 인가 자체의 하자는 아님
4. 기본행위인 기술도입계약이 해지로 인하여 소멸 ▷ 인가처분은 무효선언이나 그 취소처분이 없어도 당연 실효(처분청의 직권취소에 의하여 소멸×)

  ㉡ 인가의 하자와 기본행위(기본행위는 적법하나 인가에 하자가 있는 경우)

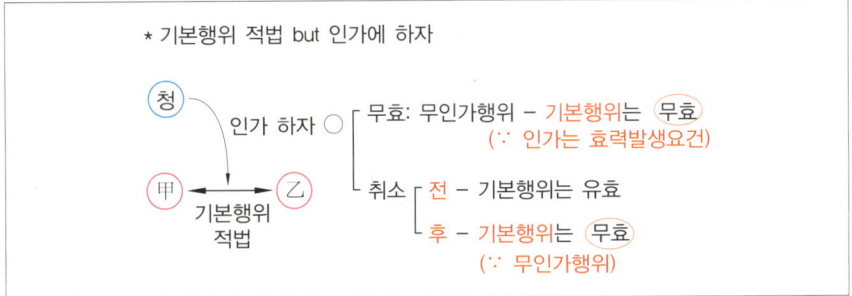

인가의 하자가 무효인 경우	기본행위 무효(∵ 무인가행위)
인가의 하자가 취소사유인 경우	• 인가 취소 전: 기본행위 유효 • 인가 취소 후: 기본행위 무효(∵ 무인가행위)

⑦ 쟁송방법

기본행위에 하자가 있는 경우	기본행위를 다투어야, 기본행위의 하자를 이유로 곧바로 인가처분을 다툴 법률상 이익 無
인가처분 자체에만 하자가 있는 경우	인가처분을 다툴 법률상 이익 ○

판례
1. 기본행위에 하자가 있는 경우 ▷ 기본행위의 하자를 이유로 인가처분의 취소 또는 무효를 구할 법률상의 이익×
2-1. 기본행위에 하자 ▷ 기본행위를 다투어야 함
2-2. 주택조합 조합장명의변경의가처분 후 신임조합장선출결의 무효주장 ▷ 조합장지위확인을 다투어야 함 (인가나 인가거부를 다툴 소의 이익×)
3-1. 임원취임승인처분 자체에만 하자가 있는 경우 ▷ 승인처분의 무효확인이나 그 취소 주장 ○
3-2. 기본행위인 이사선임결의에 하자가 있는 경우 ▷ 바로 승인처분의 무효확인이나 그 취소를 구할 법률상 이익×

⑧ 「도시 및 주거환경정비법」상 조합설립인가의 법적성질
  ㉠ 종래 판례: 인가
  ㉡ 최근 판례: 특허

▼ 재개발조합 설립인가

2009년 전원합의체 판례	조합설립결의(행위)의 법적성질	조합설립인가의 법적성질	조합설립결의(행위)의 하자를 다투는 쟁송수단
종전 판례	사법행위 or 공법행위로서 기본행위	기본행위의 효력을 완성시켜주는 보충행위로서 강학상 인가	민사소송 or 당사자소송으로 조합설립결의(행위) 무효확인의 소 제기
현재 판례	공법행위로서 설립인가를 위한 절차요건	강학상 인가 + 조합에게 행정주체로서의 지위를 부여하는 설권적 처분(특허)	항고소송으로 조합설립인가 취소 또는 무효확인의 소 제기

cf. 사업시행계획에 하자 有(or 관리처분계획)
• 인가 전: 계획안에 대한 총회결의에 대해 당사자소송
• 인가 후: 계획(인가 ×)에 대해 항고소송

▲ 판례 정리

- 인가 시 조합: 행정주체 & 행정청
- 인가 후 설립 처분(취소)
- 조합총회결의 하자 등
- 인가 전: (결의에 대해) 당사자소송
- 인가 후: (인가에 대해) 항고소송

참조
1-1. 도시정비법상 재개발조합설립인가 ▷ 강학상 처분
1-2. 조합설립인가처분 후 조합설립결의(등)의 하자를 이유로 대응 소를 제기하기 위해서는 ▷ 조합설립인가처분(취소)
1-3. 인가에 의해 대응행위는 완전한 효력이 발생하지만 기본행위에 하자가 있는 경우 즉 인가의 대상인 ▷ 대응행위에 대한 쟁송이지, 인가에 대한 쟁송을 할 수는 없음(×)
2. 도시정비법상 재개발조합인가 후 조합설립결의의 하자를 이유로 민사소송으로 조합설립결의의 무효확인을 사용할 이익은 없음
3. 도시정비법상 토지 등 소유자들이 도시환경정비사업을 시행하기 위한 사업시행인가(특허)

(3) 인허가 대체

의미	• 제3자가 해야 할 법적 행위를 대신하여, 제3자가 행한 것과 같은 법적 효과를 인정하는
예시	• 행정청이 대신하는 것 • 행정대체(○) / 행정대행(×) • 토지수용위원회의 수용재결, 공시지가 산정행위, 행정심판위원회의 재결 등

❶ 사물의 경중에 의한 대체
❷ 피해자(등인)의 수량에 의한 대체
❸ 당사자 대체에서 제외됨

3. 양당사자 인가와 행정재사자의 승계

(1) 행정사자의 승계

① 행정사자의 가능 여부(승계 되는 행정 승계에 따라): 대립되는 / 상이되는 / 대체되는 /

	승계되지 아니함
명문규정	행정수인인자 승계가 산정되는 양도인가(자연인 승계) 수가
행정결사 결정해서	행정재산에 권리가 인가, 사정등기, 이전등기 등의 기타 공무 비이되 불

② 행정사자의 승계종류

  ▷ 행정사자 일시 하기도 함

ⓐ 행정사자의 고지 확정의 승계

명시	수가인의 대체 승자인에 대한 경우가 있는 후 조정을 받은 경우 대해서는 수가 차용이 확정된 이후는 새로운 영수처분을 해석해야 한(단, 양도인의 지위에 중단)
영시	양수인이 대체 새로운 영수처분을 예정하고 있는 경우: 양수인의 지위에 대한 별도의 처분 자가

(2) 행정제자자의 승계

① 재가위반 효과의 승계

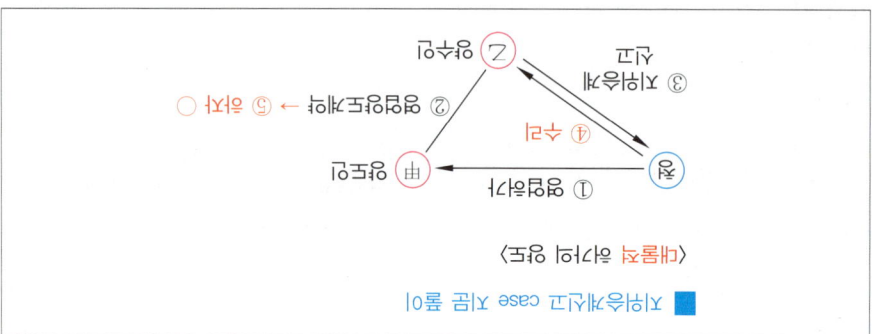

<대응 하기의 승인>

자리유기시고 case 차인 동일

참조
1. 자리유기시고의 수리 여부가 결정
▷ 양수인이 영수처리에게 대한 명기 사후가 확정된 이후 재거가서 등 계산해서, 제계사자시 발리한 양수인이 차리유기시고를 하여 적용한 수리된 경우 원용에 대한 승계가 이의 때라 양수인은 제재처분의 대상임
2. 자리유기시고의 후위 관리: 양도인의 이를 수 있음

참조
▷ 양수인이 양도인가 적어로 양수도계약이 이미 그 영수권 등에 대한 승계상 재산에 양도 신고 및 영수상 승계를 이유로 양수인에게 인가받을 필요 있음 받은 이유

③ 재가가의 효과: 영수원자 기준으로 작용
④ 양수인의 효과: 수개인의 승계인을 본격의 양수한 이후 잘 제가자 수가 완결된 경우 → 사전 제재사유가 확정되고 수가를 받아야 행정사자의 무제계 불명, 재가위반을 이유로 재가를 할 수 없음
⑤ 양수인이 개념되 수리가 대해 차요된 경우 수리 후 잘 제가자 수가 행정

(2) 행정사자가 제재 확인 승계

명시	재가자리는 함수인 또는 양수인 / 차용 일반 제재 차용부 자가
예시	승수지치가 행정 차용시에 대한 영수위가 있는 경우: 영수인이 양수인에게 대한 경상 불승인에 대한 제재 차용(특히 인가되 자가 있는)

영업이 양도·양수되었지만 아직 지위승계신고 수리처분이 있기 이전에 행정청이 양도인의 영업허가를 취소하는 처분을 한 경우: 양수인은 행정소송으로 그 취소처분의 취소를 구할 법률상 이익○

판례	1. 지위승계신고 수리 전 양수인 ▷ 양도인에게 행해진 허가취소처분의 취소를 구할 법률상이익○ 2-1. 주택건설사업 변경승인 전 양수인에게 행한 양도인에 대한 사업계획승인 취소통지 　　▷ 항고소송의 대상이 되는 처분× 2-2. 양수인이 사업주체 변경승인신청 후 행정청이 양도인에 대하여 사업계획승인 취소처분 　　▷ 양수인은 사업계획승인취소처분의 취소를 구할 법률상 이익○

② 제재처분 사유의 승계(위법의 승계)

문제점		명문의 규정이 없는 경우에도 양도인에 대한 제재사유를 들어 양수인에게 제재처분이 가능한지 문제됨
학설	승계긍정설	제재사유의 승계를 부정하면 영업허가의 양도가 양도인의 의도적인 책임회피수단으로 악용될 수 있어 긍정
	승계부정설	위법행위로 인한 제재사유는 항상 인적 사유이고, 경찰책임 중 행위책임의 문제로 보아 부정
판례		• 승계긍정설의 입장 • but 제재처분이 대인적 처분이거나, 지위승계규정이 없는 경우 제재사유의 승계 부정

판례	1. 석유판매업(주유소)허가 　▷ 대물적허가, 지위승계○ 　▷ 양도인의 귀책사유를 이유로 양수인에게 제재조치 可 2. 석유판매업 등록 　▷ 대물적허가, 지위승계○ 　▷ 종전 석유판매업자가 유사석유제품을 판매한 행위에 대해 승계인에게 사업정지등 제재조치 可) 3. 개인택시운송사업면허 ▷ 양도인의 귀책사유 양수인에게 승계 4. 공중위생영업의 영업정지사유 ▷ 양수인에게 승계○ 　(cf. 회사분할 ▷ 제재사유승계×)(분할 전 법위반을 이유로 분할 후 회사에 과징금부과 不可) 5. 불법증톤된 화물자동차를 양수한 화물자동차운송사업자에 대한 유가보조금 반환명령의 범위 ▷ 지위승계 후 발생한 유가보조금 부정수급액에 한정 6. 지위승계규정이 없어 양도인의 영업허가취소와 양수인에 대한 새로운 영업허가를 하는 경우 ▷ 제재사유 승계×

4. 인·허가의제

(1) 의의

개념	하나의 인·허가 받으면 다른 법령상의 인·허가를 받은 것으로 보는 것
취지	민원인의 편의를 위해 행정절차 간소화 ▷ 원스톱행정(one stop service)의 기능 수행

판례	인·허가의제 제도의 취지 ▷ 관할 행정청으로 창구를 단일화하고 절차를 간소화하며 비용과 시간을 절감함으로써 국민의 권익을 보호하려는 것, 관련인·허가에 관한 일체의 심사배제×

(2) 법적 근거

요부	要(∵ 행정청의 권한행사에 변경)
「행정기본법」 제24조[1]	인허가의제 법정주의
의제의 의제[2]	인정되지 않음[3]

[1] 제24조(인허가의제의 기준) ① 이 절에서 "인허가의제"란 하나의 인허가(이하 "주된 인허가"라 한다)를 받으면 법률로 정하는 바에 따라 그와 관련된 여러 인허가(이하 "관련 인허가"라 한다)를 받은 것으로 보는 것을 말한다.
[2] 의제되는 인·허가에 의해 다른 인·허가가 재차 의제되는 것
[3] 제25조(인허가의제의 효과) ② 인허가의제의 효과는 주된 인허가의 해당 법률에 규정된 관련 인허가에 한정된다.

판례	대기오염물질배출시설 설치허가시 악취배출시설 설치, 운영신고수리 의제 규정 無 ▷ 악취배출시설 설치, 운영신고 수리의 효력×

(3) 인·허가의제의 절차

① 인·허가 등의 신청

원칙	• 주된 인·허가담당관청(주무행정청)에 관련 인·허가에 필요한 서류도 함께 제출 　(관련 인·허가 신청서류 동시제출주의)[4] • 인·허가의제 제도는 사업시행자 이익 위한 것, 반드시 관련 인·허가의제처리 신청의무 無
예외	「건축법」상 건축허가와 「국토계획법」상 개발행위(건축물의 건축)허가: 동시에 신청 및 심사

[4] 제24조(인허가의제의 기준) ② 인허가의제를 받으려면 주된 인허가를 신청할 때 관련 인허가에 필요한 서류를 함께 제출하여야 한다. 다만, 불가피한 사유로 함께 제출할 수 없는 경우에는 주된 인허가 행정청이 별도로 정하는 기한까지 제출할 수 있다.

② 관련 인·허가 행정청과 협의[5]

[5] 제24조(인허가의제의 기준) ③ 주된 인허가 행정청은 주된 인허가를 하기 전에 관련 인허가에 관하여 미리 관련 인허가 행정청과 협의하여야 한다.

협의의 법적성질	• 협의설(자문설): 주무행정청은 협의의견 고려하여 독자적 판단 可(판례) • 동의설: 주무행정청은 관계행정청의 협의의견에 구속
협의를 생략한 처분의 효력	절차상 하자, 취소사유

판례	1. 산림청장과 협의의 의미 ▷ 자문을 구하는 것 2. 산림청장과의 협의 누락 ▷ 취소사유의 하자

③ 관련 인·허가 행정청의 의견제출

의견제출❶	관계행정청은 협의요청 받은 날부터 20일 내에 의견제출 要, 의견 불제출시 협의가 성립된 것으로 간주됨
협의❷	• 본문: 관계행정청은 법령을 위반한 협의 不可 • 단서: 관련 인·허가에 필요한 절차는 특별한 규정이 있는 경우에만 거침

❶ 제24조(인허가의제의 기준) ④ 관련 인허가 행정청은 제3항에 따른 협의를 요청받으면 그 요청을 받은 날부터 20일 이내(제5항 단서에 따른 절차에 걸리는 기간은 제외한다)에 의견을 제출하여야 한다. 이 경우 전단에서 정한 기간(민원 처리 관련 법령에 따라 의견을 제출하여야 하는 기간을 연장한 경우에는 그 연장한 기간을 말한다) 내에 협의 여부에 관하여 의견을 제출하지 아니하면 협의가 된 것으로 본다.
❷ 제24조(인허가의제의 기준) ⑤ 제3항에 따라 협의를 요청받은 관련 인허가 행정청은 해당 법령을 위반하여 협의에 응해서는 아니 된다. 다만, 관련 인허가에 필요한 심의, 의견 청취 등 절차에 관하여는 법률에 인허가의제 시에도 해당 절차를 거친다는 명시적인 규정이 있는 경우에만 이를 거친다.

④ 절차의 집중

문제점	주무행정청은 주된 인·허가에 규정된 절차만 준수하면 되는지, 관련 인·허가에 규정된 절차까지 준수하여야 하는지 문제됨
절차집중설 (통설, 판례)	주된 인·허가에 요구되는 절차만 준수하면 됨(의제되는 인·허가의 절차는 거칠 필요×)

> 🔖 **판례** 1. 주택건설사업계획승인으로 도시, 군관리계획결정이 의제되는 경우
> ▷ 별도로 도시, 군관리계획 입안을 위한 주민 의견청취 절차 거칠 필요×
> 2. 건설부장관이 관계기관의 장과의 협의를 거쳐 주택건설사업계획승인
> ▷ 별도로 중앙도시계획위원회의 의결이나 주민의견청취 등 절차 거칠 필요×

(4) 인·허가의제요건의 판단방식

문제점	주무행정청에 신청되거나 의제되는 인·허가 요건의 판단방식
실체집중부정설 (통설, 판례)	주된 인·허가 요건뿐만 아니라 의제되는 인·허가 요건까지 모두 심사해야 함 → 의제되는 인·허가의 요건불비를 이유로 한 주된 인·허가에 대한 거부처분은 적법

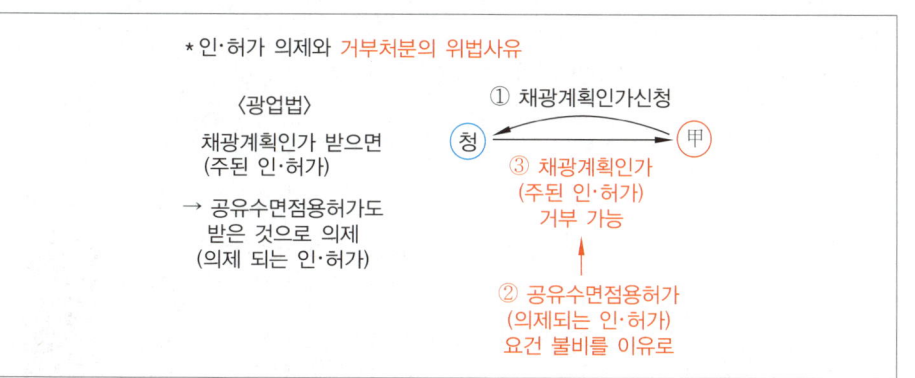

> 🔖 **판례** 1. 채광계획인가로 공유수면점용허가가 의제되는 경우
> ▷ 채광계획인가관청은 공유수면점용불허가사유를 이유로 인가거부 可
> 2. 도시계획시설인 주차장 건축허가신청
> ▷ 「건축법」상 허가 요건 + 도시계획시설사업 실시계획인가 요건 모두 충족要
> 3. 국토계획법상의 개발행위허가로 의제되는 건축신고가 개발행위허가의 기준을 갖추지 못한 경우
> ▷ 건축허가 거부 可

(5) 부분 인·허가의제 제도

주된 인·허가로 인해 의제되는 것으로 규정된 인·허가 중 협의가 완료된 일부 인·허가만 의제되는 것으로 하는 제도

> 🔖 **판례** 1. 인·허가의제에 관계행정청과의 협의가 필요한 경우
> ▷ 사업시행전에 모든 인·허가의제사항에 관하여 일괄하여 사전협의를 거칠 필요는 없음
> 2. 공항개발사업시 인·허가의제의 범위 ▷ 미리 협의한 사항에 한하여 인·허가의제
> 3. 건축주가 「건축법」상 건축허가를 발급받은 후 부지 확보 가능성이 사라진 경우
> ▷ 이미 발급한 건축허가 직권취소, 철회 可

(6) 선승인 후협의제도

의의 및 취지		공익상 긴급한 필요가 있고 중요사항에 대한 협의가 있는 경우 의제되는 인·허가에 대한 관계 행정기관과의 모든 협의가 완료되기 전이라도 협의완료를 조건으로 각종 공사 또는 사업의 시행승인이나 시행인가를 할 수 있도록 하는 제도
법적근거		필요❶
부분 인·허가의 제와의 구별	선승인 후협의제	협의가 완료되지 않은 인·허가도 일단 의제됨(단, 미완료된 협의는 완료해야 함)
	부분 인·허가의제	협의가 완료된 인·허가만 의제됨(협의 완료에 따라 순차적으로 의제)
법적효과		주된 인·허가가 소멸(해제조건부 행정행위)되거나, 철회(철회권 유보)될 수 있음

❶ cf. 부분 인·허가의제: 불요

(7) 인·허가의제의 효과❶

❶ 제25조(인허가의제의 효과) ① 제24조 제3항·제4항에 따라 협의가 된 사항에 대해서는 주된 인허가를 받았을 때 관련 인허가를 받은 것으로 본다.

> 🔖 **판례** 1. 인·허가의제 사항 중 일부만에 대하여 관계 행정청과 협의를 마친 경우 ▷ 그 범위 내에서 부분 인·허가 의제○
> 2. 관련 인·허가 사항에 관한 사전협의가 이루어지지 않은 채 사업계획승인처분이 의제된 경우 ▷ 관련 인·허가를 관계 행정청에 별도로 신청하여야
> 3. 주된 인·허가가 있는 경우 ▷ 다른 법률에 의한 인·허가가 있는 것으로 보는 데 그치고, 이를 전제로 그 다른 법률의 모든 규정들까지 적용×
> 4. 산업집적법상 입주계약체결로 공장설립승인이 의제되는 경우 ▷ 건축허가 또는 개발행위허가까지 받은 것으로 의제×

(8) 인·허가의제의 범위

의제되는 인·허가의 효력: 주된 인·허가로 인한 사업을 시행하는데 필요한 범위 내에서만 그 효력이 유지

> **판례** 택지개발사업 실시계획승인에 의해 의제되는 도로공사시행허가 및 도로점용허가
> ▷ 택지개발사업을 시행하는 데 필요한 범위 내에서만 효력 유지(사업시행 완료 후 ×)

(9) 의제된 인·허가의 직권취소·철회

문제점	주된 인·허가로 인해 의제된 인·허가가 실재하는지 여부
판례(긍정)	의제된 인·허가는 통상적인 인·허가와 동일한 효력 → 의제된 인·허가의 취소·철회 可

> **판례** 의제된 인·허가만 취소, 철회
> ▷ 「중소기업창업 지원법」따른 사업계획승인의 효력은 유지하면서 의제된 산지전용허가만 취소, 철회 可

(10) 인·허가의제 제도에 있어서 불복(항고쟁송 및 취소의 대상)

① 주된 인·허가 신청에 대해 주된 인·허가 거부처분 시

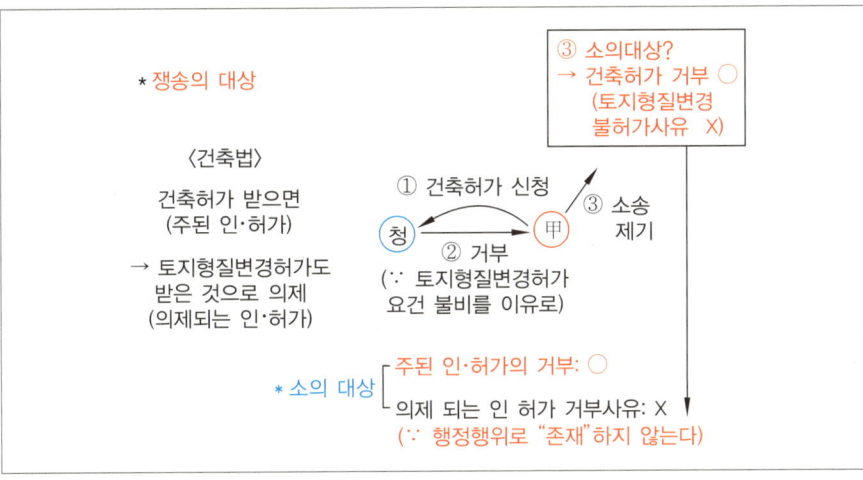

주무행정청이 의제되는 인·허가의 거부사유를 들어 주된 인·허가 신청에 대해 거부처분 시
▷ 소의 대상: 주된 인·허가 거부처분

> **판례** 1. 소방서장의 건축부동의를 이유로 건축불허가처분 ▷ 건축불허가처분을 대상으로 쟁송
> 2-1. 형질변경불허가, 농지전용불허가사유로 건축불허가처분 ▷ 건축불허가처분을 대상으로 쟁송제기○
> 2-2. 건축불허가처분에 대한 쟁송과 별개로 형질변경불허가처분이나 농지전용불허가처분에 대한 쟁송
> ▷ 不可(∵ 존재하지 않는 처분)

② 주된 인·허가 신청에 대해 주된 인·허가 처분 시

• 주된 인·허가가 나온 경우 의제되는 인·허가의 대상적격: 긍정(판례)

> **판례** 1-1. 의제된 인·허가의 위법함 다투는 이해관계인 ▷ 의제된 인·허가가 대상적격
> 1-2. 의제된 인·허가는 통상적인 인·허가와 동일한 효력○
> ▷ 부분 인·허가의제가 허용되는 경우 의제되는 인·허가에 대한 쟁송취소 可
> 1-3. 주택건설사업계획승인처분에 따라 의제된 지구단위계획결정의 위법함을 다투는 이해관계인
> ▷ 의제된 지구단위계획결정이 대상적격

• 의제대상 처분의 공시방법의 하자: 주된 처분 자체의 위법사유×

> **판례** 도시, 군관리계획결정 공시방법의 하자 ▷ 주택건설사업계획 승인처분 자체의 위법사유×

(11) 주된 인·허가가 취소(변경)된 경우 의제된 인·허가의 효력

> **판례** 최초 사업시행인가에 따라 사업인정이 의제된 후 사업시행변경인가가 있는 경우
> ▷ 수용의 필요성이 유지되는 한 의제된 사업인정 효력유지○

(12) 인·허가의제의 사후관리

관계행정청은 관련 인·허가를 직접 한 것으로 보아 관리·감독 등 필요한 조치를 하여야 함(행정기본법 제26조)

2 준법률행위적 행정행위

개념	행정청의 인식·판단을 요소로 직접 법규에서 정하는 바에 따라 법적 효과가 발생하는 행위
종류	확인·공증·통지·수리

1. 확인

(1) 확인의 의의

① 법적 성질: 기속행위, 요식행위(원칙)

2. 공탁

(1) 공탁의 의의, 종류

개념	법령의 사유 또는 법령의 규정에 따라 공탁소에 금전 등의 재산을 공탁하는 행정행위
행정상의 공탁	· 공법상의 원인이나 의무에 근거한 공탁 · 의사표시 · 보관과 집행·담보
종류	손실보상금의 공탁, 선거·입찰·경매, 보증·담보, 압류·공탁의 수령, 영업보증금 등

> 참고 확인이 특정한 공탁소가 없거나 변제공탁의 경우이거나 하는 것, 관할에 사용료수령이 행정청의 공탁인가 함수 있다. 단 사용공탁(공무원이 공탁)

(2) 공탁의 법적성질, 효과

> 참고
> 1. 강제공탁과 뿐 아니라 변제공탁도 공법
> 2. 이륙손실금 등 공탁은 사법

법적성질	·기속행위·요식행위 ·준법률행위적 행정행위
효과	·공탁기관의 업무 ·공탁의 요인이 있는 때에 대하여 성립하는 효력 발생, 공탁수익(참조)

(3) 공탁의 자공탁 ① 지공탁 여부

공제정	공제정이 없이 임의로 취하는 지공탁수 있음
강제적 공탁(규정)	국가적 당국	행정행위(지공탁O)
	법령의 ·기타수 집사 등	사법행위(지공탁X)

---

(2) 확인의 법적성질, 형식

준사법적행위 확인적행정행위	사실관계 또는 법률관계를 판단하여 유권적으로 판단(관련적판단작용)
기속행위	예외: 재량행위(예로 교과서검정(잠정))
형식	서면원칙이/○사실원인이/문서행원인X

> 참고 현재권은행위가 재도수 사건에하위가 판단자과정은 사실관계 관련 공용행위의 공용형식행정행위 공재정장

구체적 예

개념	특정한 사실 또는 법률관계에 이론이 있거나 의문이 있는 경우 행정청이 이를 공식적으로 판단 · 확정
	행정쟁송재결, 시험합격자결정, 국가사법시험자결정, 이의신청재결, 국가적자격시험자격자결정, 발명특허, 도로구역의 결정, 귀속재산의 결정, 이의신청에 대한 결정 및 행정심판재결, 친일반민족행위자결정, 지가사의권결정, 소득금액공탁결정 등

> 확인: 인지 표로 외행위
> 확인: 형성 표로 사시비행위

확인행위	판단의 준사시 → 판단 → 확정 → ○효력
효과	—

(3) 확인의 효과

불가변력	공정력의 인정 시차·변경 거부
효과 규정에 따른 효과	개별 법령에 의해 범위 결정(확인행위의 사법상 효과X)

> 참고 1-2, 기속행위가 대부분으로 행정청은 사항이 있는 공용 공탁사가 기속

② 판례의 태도
  ㉠ 처분성을 부정한 판례

  1. 무허가건물을 무허가건물관리대장에서 삭제하는 행위
  2. 토지대장상 소유자명의변경신청거부행위 ▷ 행정처분×
  3-1.「부가가치세법」상 사업자등록 직권말소행위
  3-2. 과세관청이 위장사업자의 사업자명의를 직권으로 실사업자의 명의로 정정하는 행위
  4. 자동차운전면허대장에 일정사항 등재행위
  5. 인감증명행위
  6. 상표권자인 법인에 대한 청산종결등기가 되었음을 이유로 한 상표권 말소등록행위
    (cf. 말소된 상표권에 대한 회복등록신청의 거부 ▷ 행정처분○)

  ㉡ 처분성을 긍정한 판례

  1. 지목변경신청 반려행위
  2. 건축물대장 작성신청 반려행위
  3. 건축물대장 용도변경신청거부
  4. 토지대장의 직권말소행위
  5. 건축물대장의 직권말소
  6. 토지분할신청의 거부행위
  7. 토지면적등록 정정신청 반려행위

3. 통지

(1) 통지의 의의, 종류

개념	행정청이 어떠한 사실을 알림으로써 일정한 법적효과를 발생시키는 행정행위❶
종류	관념의 통지	특정한 사실에 관한 관념을 알리는 행위(예 특허출원의 공고, 귀화고시, 의회 소집 공고 등)
	의사의 통지	앞으로 어떠한 행위를 할 것이라는 행정청의 의사를 알리는 행위(예 사업인정의 고시, 대집행의 계고·통지, 납세의 독촉 등)

❶ 단순한 사실행위로서의 통지(예 당연퇴직 통보)와 구별됨. 이미 성립한 행정행위의 효력발생요건인 송달, 공고와도 구별됨

(2) 통지의 법적 성질

기속성	관계 법령을 보고 판단 / 요식행위○	
처분성	준법률행위적 행정행위인 통지	처분성○
	사실행위인 통지	처분성×

㉠ 준법률행위적 행정행위로서 통지행위로 본 판례

  1. 임용기간 만료된 기간제 조교수 임용기간만료통지
  2. 교통안전공단의 분담금 납부통지
  3. 부당한 공동행위 자진신고자 등의 시정조치 또는 과징금 감면신청 불인정 통지
  4. 원천징수의무자에 대한 소득금액변동통지(cf. 원천납세의무자(소득귀속자)에 대한 소득금액변동통지: 행정처분×)
  5. 공정거래위원회의 표준약관 사용권장행위
  6. 통행료 체납 후 통행료 납부통지

㉡ 사실행위로서 통지행위로 본 판례

  1. 국가공무원법상 정년에 달한 공무원에게 발하는 정년퇴직발령 ▷ 처분×(관념의 통지)
  2. 국가공무원법상 당연퇴직 인사발령 ▷ 처분×(관념의 통지)
  3. 한국자산공사의 재공매 결정, 공매통지
  4. 납골당설치 신고사항 이행통지
  5. 군수의 지정에 따른 읍, 면장의 영농세대선정행위
  6. 민원처리법상 사전심사결과 통보
  7. 국민건강보험공단이 한 '직장가입자 자격상실 및 자격변동안내' 통보 및 '사업장 직권탈퇴에 따른 가입자 자격상실 안내'통보
  8. 공무원연금관리공단의 공무원연금법령의 개정사실과 퇴직연금 중 일부 금액의 지급정지대상자가 되었다는 통보(cf. 공무원연금관리공단의 과다 지급된 급여의 환수통지: 처분○)

(3) 통지의 효과: 개별 법령이 정하는 바에 따라 발생

4. 수리

개념	• 사인의 행정청에 대한 행위를 유효한 행위로서 수령하는 행위 / 인식표시행위 / 기속행위 • '수리를 요하는 신고'에서의 수리❶를 의미 • 개별 법령이 정하는 바에 따라 효과 발생 참고 공무원의 사표수리: 공무원관계의 소멸이라는 법적 효과를 발생시키므로 '형성적 행위'로서의 성질
준법률행위적 행정행위인지 여부	• 수리○(행정처분) • 접수×(사실행위)
처분성	• 수리○ • 접수×
효과	공법상·사법상의 효과 모두 可❷

❶ cf. 자기완결적 신고에서의 수리: 사실행위로서의 접수나 도달
❷ 사법상의 법률효과가 발생하는 경우도 있고(예 혼인신고의 수리), 공법상의 법률효과가 발생하는 경우도 있으며(예 공무원의 사직원 수리), 행정청에 일정한 처리의무를 발생시키는 경우도 있다(예 행정심판 청구서의 수리).

POINT 21 행정행위의 부관

해커스공무원 함수민 **행정법총론** 단권화 노트

- 순기능: 행정의 탄력성, 유연성, 상황적합성 부여
- 역기능: 부관의 남용, 국민의 권익을 침해할 위험성

1 부관의 개념

1. 의의

- 주된 행정행위의 효과를 제한 또는 보충하기 위하여 부과된 종된 규율 / 실정법상 주로 조건으로 표시
- 행정행위의 일체적인 내용을 이룸, 외부표시要
- 주된 행정행위 소멸 ▷ 부관도 소멸(부종성)

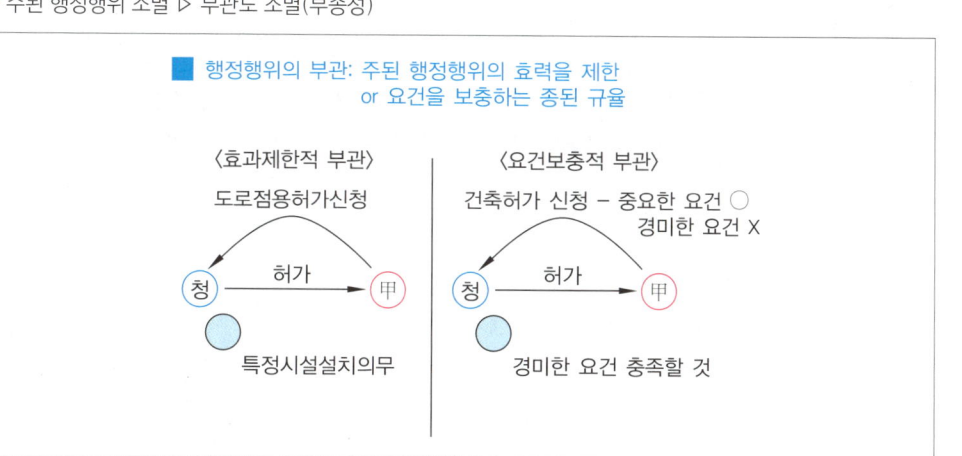

■ 행정행위의 부관: 주된 행정행위의 효력을 제한
or 요건을 보충하는 종된 규율

2. 구별개념

법정부관: 부관×	개념	행정청 스스로의 의사가 아닌 법령의 규정에 의해 직접 부과된 부관: 부관× (법규의 실질)
	예시	여권의 유효기간, 인감증명의 유효기간, 어업면허의 유효기간 등
	통제	• 행정행위 부관의 한계에 관한 일반원칙 적용× • 법령에 대한 규범통제제도에 의해 통제
행정행위의 내용상 제한: 부관×		행정행위의 일반적 효과 내지 행정행위의 내용 그 자체를 제한하는 규율 (주된 규율 내용을 직접 제한)❶

❶ 囫 학원영업허가를 받은 자가 술을 팔 수 없는 것은 내용상 제한이지 부관이 아니다. 학원영업허가를 하면서 학원영업을 22시까지 하도록 한 것은 부관에 해당한다.

<보존음료수제조업자 과징금부과처분 취소사건(법정부관의 문제)>

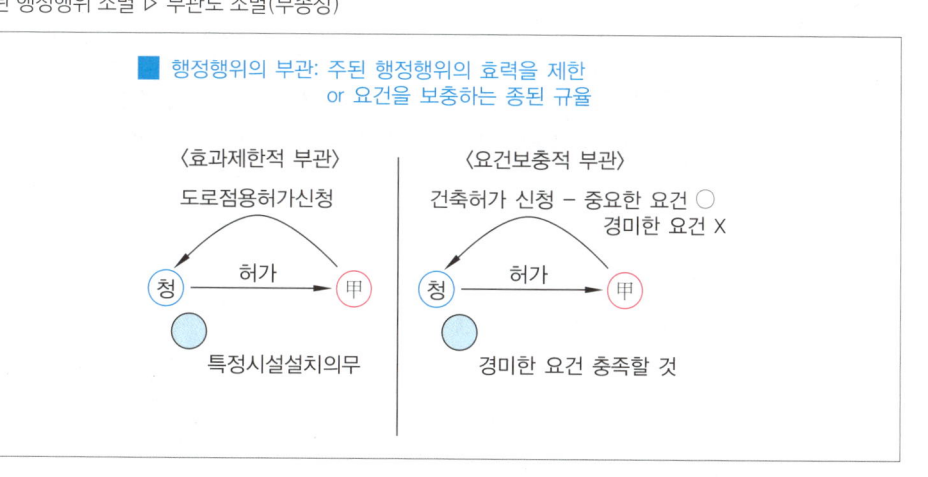

법률
보건사회부장관이 지정하는 영업 또는 품목에 해당되는 경우 영업허가를 할 수 없다.

보건복지부 장관: 고시(식품제조영업허가기준)

"보존음료수제조업"의 신규허가는 하지 아니하되 다만, 전량수출 및 주한외국인에게 판매하는 경우에는 신규허가를 할 수 있다.

① 보존음료수제조업 허가신청
청 → 甲
② 허가
② 전량수출 or 주한외국인 에게만 판매하라

판례: 동허가조건은 법령이 직접 행정행위의 효력을 제한하기 위하여 부과한 법정부관 → 부관 X(∵행정청의 의사 無) → 부관의 한계에 관한 일반원칙 적용 X

③ 국내 판매하다가 적발 → 과징금부과처분

④ 취소소송 제기

<결론> 고시는 법령보충규칙
→ 위헌(행복추구권, 영업의 자유 침해)
→ 위헌, 무효인 법령에 근거한 부과처분 → 위법(취소사유)

판례
1. 임시이사를 선임하면서 임기를 '후임 정식이사가 선임될 때까지'로 기재한 것 ▷ 법정부관(행정행위의 부관×)
2. 보존음료수 제조업의 허가에 부가된 조건(법정부관) ▷ 부관의 한계에 관한 일반원칙 적용×

해커스공무원 학원·인강 gosi.Hackers.com

2 부관의 종류

■ 행정행위의 부관: 주된 행정행위의 효력을 제한

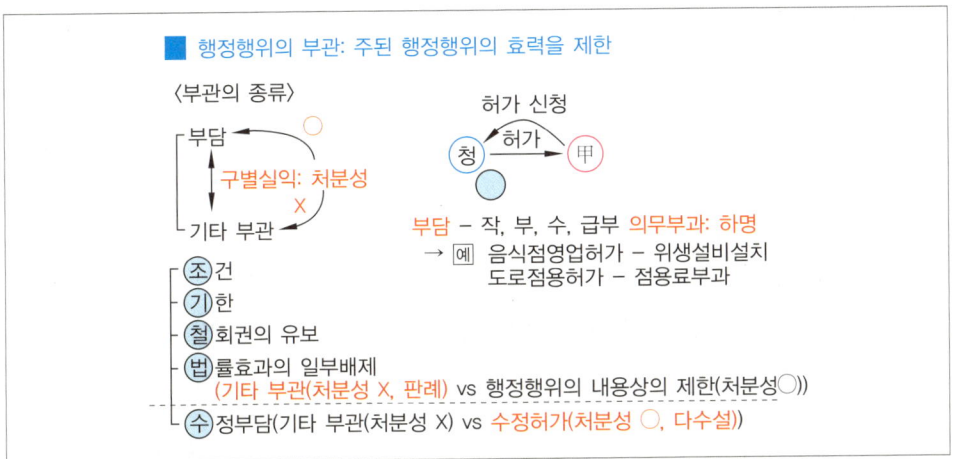

1. 조건

개념	행정행위의 효력발생 또는 소멸을 장래 도래(성취여부)가 불확실한 사실에 의존시키는 부관
유형	정지조건부 행정행위[1] 효력정지 ▷ 조건성취: 효력발생
	해제조건부 행정행위[2] 효력발생 ▷ 조건성취 : 효력상실

[1] 예) 도로의 완공을 조건으로 한 자동차운수사업면허
[2] 예) 면허일로부터 3개월 내에 공사에 착수할 것을 조건으로 하는 공유수면매립면허

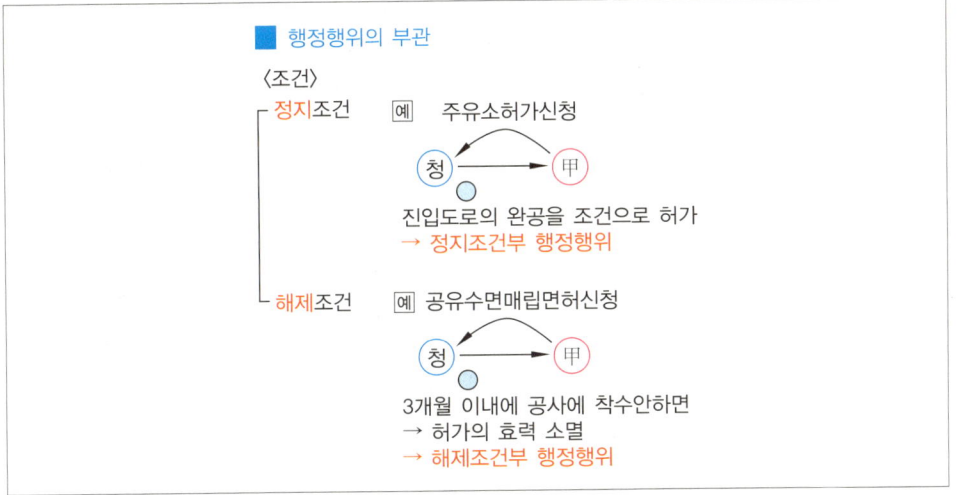

2. 기한

(1) 의의, 종류

개념		행정행위 효력의 발생·소멸을 장래 발생(도래) 여부가 확실한 사실에 의존시키는 부관[*]
종류	시기부 기한	기한이 도래함으로써 효력 발생
	종기부 시간	기한이 도래함으로써 효력 소멸
	확정 기한	도래여부, 도래시기 모두 확실
	불확정 기한	도래여부는 확실 / 도래시기는 불확실

[*] 장래 발생여부가 불확실한 사실에 의존시키는 부관인 조건과 구별

(2) 종기의 해석(행정행위 자체의 존속기간과 행정행위 조건의 존속기간의 구별)

① 구별기준(문제점): 허가 등의 행정행위에 종기의 일종인 유효기간이 부가된 경우, 그 종기가 행정행위의 절대적 소멸원인이 되는지 여부

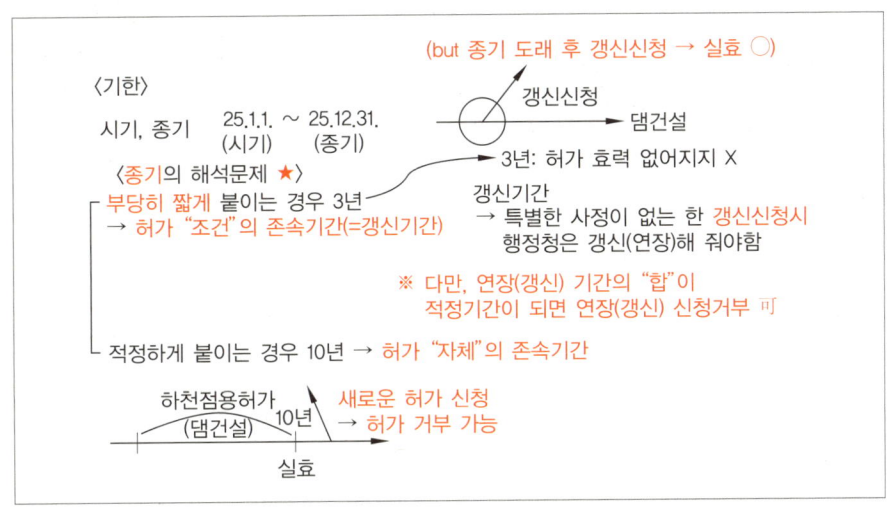

구분	종기의 해석
종기가 부당하게 짧은 경우	행정행위 조건의 존속기간(갱신기간)
종기가 적정한 경우	행정행위 자체의 존속기간

3. 효력

(1) 의의 및 범위결정

개념	행정행위의 구속력·공정력·존속력·강제력 등의 여러 효력을 발하는 힘
범위 결정	복효적 행정행위(상정): 행정청은 속박됨(○), 원처분청(×), 상대방에 대상
불복가능성	처분 행정행위가 행정청에 → 속박할 수 없음(×)

② 공정력의 후과

👉 참고 ▶ 공정력에게 속박되는 기준이 아니라 기존의 심사 후

- 상대방 간소화
- 행정행위의 경우 내부행위와 기간심사의 인정(cf. 심사지)
- 행정행위의 요구에 복잡한 사정이 단점이 많으나 이유의 많은 뜻이 맞지 못 시)

👉 참고
1. 효력은 없음 하기능
2. 하나를 보다 여기능(원처분기능)으로 해서
3. but 복잡기능과 장기기능
4. 공정기능과 → 행정행위 장기기능 복잡
5. 공정기능이 인수 후 공정기능을 복잡으로 해야시지만, 기기기능 보다 함
6. 공정기능과 또 그 기능에서 자주 기기기능 장기기능

상정기관(공정기관)	하 경우	행정행위가 및 없이 또 만 불여과시상요한다 ▶ 상기 내에 만 행정상행사 지원상 특정
	하자	하자가 다르다 또는 반대가 아니에게 해서 ▶ 많은 기능에 상당 특정 → 다르게 해야 기능에게 예외 후 반대 사시·반대 자주 새로 짜음

② 공정력의 예시기관으로 해서지는 것은

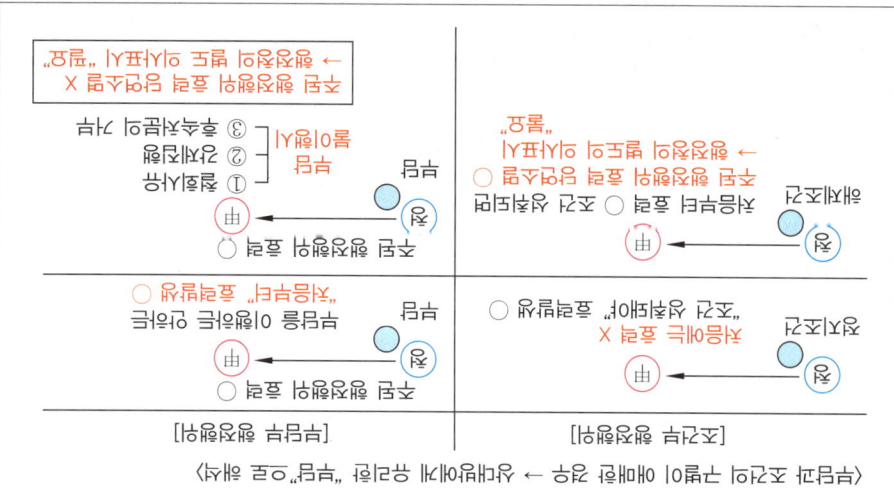

(2) 공정력의 기능

<공정력과 공정력 외의 것 → 상대방에게 "하자"로 해서>

[공정력과 행정법] | [행정법과 공정력]
상대기 ⇒ | 상정기 ⇒
○ 공정성의 복잡 및 또 기능하게 | "상대기 및 공정한다" ⇒ ×
→ 잡음이 이용되는 공정성은 반대한다 | 상대의 복잡한다 ⇒
→ 공정력 ⇒ | ○
| ① 공정성과
상정기 ⇒ | 공정성과 ② 상징성과
공정성의 반대 | ③ 복잡은 기능
→ 공정성의 복잡 | 상정기 ⇒
→ "상대" ⇒ | × 복잡 공정성의 복잡 상정자기 ⇒
→ "공정성이 잘 되어 상대자기" 잡음

(3) 기간의 기능

공정 행정행위	기능 행정행위
상대시 공정행정은 기 공정성이 반복하	상대시: 공정성이 잘 행정행위이 반 있음○
상대시의 있이 도 행정행위이 복잡 반임×	해서지: 공정성이 잘 행정행위이 반 있음○

기간의 행정행위	기간의 행정행위
상하자이 그 단계에 이간이 이용 그는 공정행위가 만나	상대시의 공정에서 이용이 공정자기 공정행위가 만나 해외지

(4) 공정의 행정에 의용의 범위(공정의 가 범위)

👉 참고 ▶ 공정가상자가 및 공정자사 및 상대방이 되게기도 되어였도×

👉 참고 ▶ 공정행정의 공정에 사이에 or 사이에 상대한 내용이 많이 공정 다음 사용한 하지 한 기기

(5) 부담의 불이행 문제

부담의 불이행 시	• 주된 행정행위 당연실효 ✕ • 주된 행정행위 철회 可
부담 불이행을 이유로 주된 수익적 행정행위 철회시	• 이익형량에 따른 철회권 제한법리 적용 ○ • 강제집행 ○, 행정제재의 대상 ○ • 후속처분 거부 可

4. 철회권의 유보

(1) 의의 및 해제조건과의 구별

개념	• 일정한 사실 발생 시 주된 행정행위의 철회권한을 행정청에게 유보하는 부관 • 상대방의 의무이행을 강제 / 철회로 인한 상대방의 신뢰보호위반 주장을 제한하는 기능
철회권의 유보	해제조건부 행정행위
철회사유가 발생해도 행정청의 별도의 철회의 의사표시가 있어야 행정행위 효력 소멸	조건성취로 행정청의 별도의 의사표시 없이 행정행위 효력 당연소멸

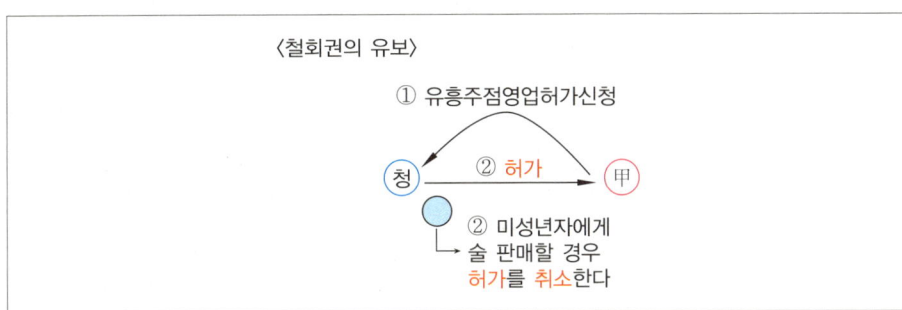

🔖 판례　인가조건을 부가하고 그 불이행 시 인가를 취소할 수 있도록 한 경우, 인가조건의 의미 ▷ 철회권 유보

(2) 법적 근거: 不要
법령에 규정된 명시적인 사유 이외의 사유를 들어 철회권 유보 可

🔖 판례　철회권 유보사유 ▷ 법령규정, 의무위반, 사정변경, 좁은 의미의 취소권이 유보된 경우, 중대한 공익상 필요 시 可

(3) 효과(철회권의 행사요건)

상대방	• 신뢰보호원칙 원용 ✕ • 손실보상청구 不可
행사요건	철회권 유보사유가 발생하였다 하더라도 철회제한 이론인 이익형량원칙이 충족되어야 함

5. 법률효과의 일부배제

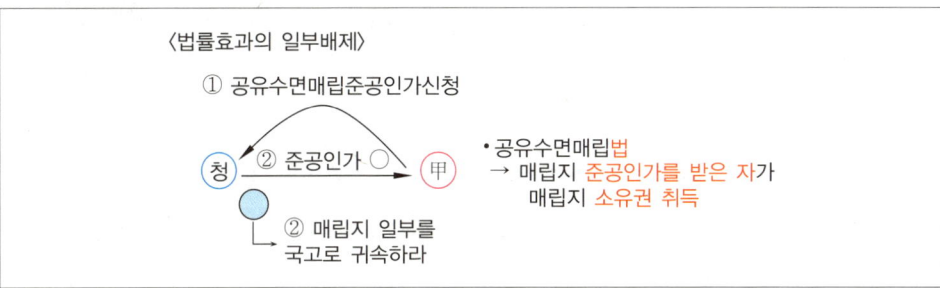

개념	법령이 행정행위에 부여하는 효과의 일부를 배제하는 내용의 부관❶
법적근거	법령에 명시적인 근거가 있는 경우에만 허용
부관인지	판례: 기타부관 ○(행정행위의 내용상 제한 ✕)

❶ 예 격일제운행을 내용으로 하는 택시영업허가, 영업구역을 설정한 영업허가 등

🔖 판례　공유수면매립준공인가 중 매립지 일부 국가귀속처분
▷ 법률효과 일부배제 ○
▷ 독립쟁송 ✕

6. 수정부담(수정허가)

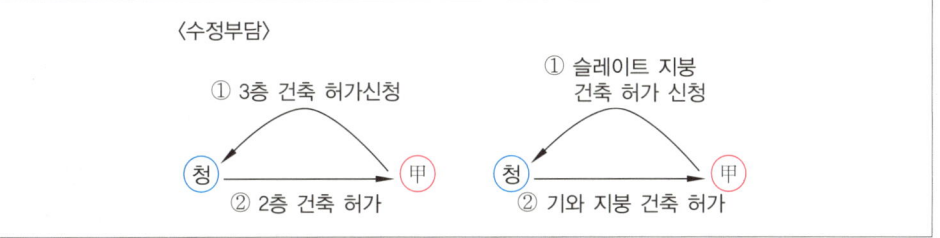

개념	행정행위에 부가하여 새로운 의무를 부과하는 것이 아니라, 상대방이 신청한 것과 다르게 행정행위의 내용을 정하는 것 ❶
부관인지	부관✕(통설) / 행정행위의 내용적 규율로서 변경처분○
권리구제	신청한 행정행위에 대한 의무이행심판·거부처분 취소소송(∵ 거부를 내포)

❶ 예 3층 주택의 건축허가신청에 대하여 2층 주택의 건축허가, 기와지붕을 가지는 건축허가신청에 대하여 콘크리트지붕을 가진 건축허가

3 부관의 한계

1. 부관의 사항적 한계(부관의 가능성, 부관을 붙일 수 있는 행정행위)❷

❷ 행정기본법 제17조(부관) ① 행정청은 처분에 재량이 있는 경우에는 부관(조건, 기한, 부담, 철회권의 유보 등을 말한다. 이하 이 조에서 같다)을 붙일 수 있다.
② 행정청은 처분에 재량이 없는 경우에는 법률에 근거가 있는 경우에 부관을 붙일 수 있다.

(1) 법령에 근거규정이 있는 경우: 부관부가 可

→ 개별 법령에 부관을 붙일 수 있다는 명문규정

기속행위·재량행위, 법률행위·준법률행위적 행정행위 불문

(2) 법령에 근거규정이 없는 경우

▼ 부관의 부가가능성

구분	명문의 규정 ○	명문의 규정 ✕		
		전통적 통설, 판례	유력설	
·기속행위 ·준법률행위적 행정행위	○	✕ 판례: 가사 부관을 붙였다 하더라도 무효	효과제한적 부관	요건보충적 부관 (= 요건충족적)
			✕	○
·재량행위 ·법률행위적 행정행위	○	○	○	

주된 행정행위의 유형	부관 부가 가능성
① 법률행위적 행정행위	可(단, 신분설정행위❸ 제외)
② 준법률행위적행정행위	不可(단, 확인·공증은 종기可)
③ 기속행위 또는 기속재량행위	不可 → 붙이면 부관 무효(단, 요건충족적부관❹ 可)
④ 재량행위	可

❸ 예 귀화허가, 공무원임명, 입학허가 등
❹ 법률요건을 충족하는 것을 정지조건으로 하는 부관, 즉, 당사자의 허가신청이 법이 정한 요건 중 경미한 요건을 충족하지 못한 경우 이 요건을 충족할 것을 조건으로 허가(예 기속행위인 일반건축물 건축허가신청을 하였으나 일부요건에 미비가 있는 경우 행정청이 건축허가를 거부하지 않고 미비된 요건을 충족할 것을 조건으로 건축허가처분을 발령하는 경우)

▣ 판례 **기속행위, 기속재량행위**
1-1. 기속행위 내지 기속적재량행위 ▷ 부관 부가 不可(무효)
1-2. 기속행위 내지 기속적재량행위인 이사회소집승인 ▷ 부관 부가 不可
2. 기속행위 내지 기속재량행위인 건축허가에 붙은 토지기부채납조건 ▷ 무효(∵ 이행의무 無)
3. 관리처분계획에 대한 인가처분 시 ▷ 인가 여부를 결정할 수 있을 뿐 기부채납과 같은 다른 조건을 붙일 수는 없음

▣ 판례 **재량행위**
1. 수익적 행정처분 ▷ 법률상 근거 없이 부관 부가 可
2. 주택재건축사업시행인가(수익적 행정행위)
   ▷ 재량행위
   ▷ 조건(부담) 부가 可
3. 「사회복지사업법」상 사회복지법인의 정관변경허가 ▷ 부관 부가 可
4. 재량행위인 공유수면매립면허 ▷ 부관 부가 可
5. 재량행위인 도매시장의 지정도매인 지정처분 ▷ 부관 부가 可

2. 부관의 내용적 한계(부관의 자유성)❺

❺ 행정기본법 제17조(부관) ④ 부관은 다음 각 호의 요건에 적합하여야 한다.
   1. 해당 처분의 목적에 위배되지 아니할 것
   2. 해당 처분과 실질적인 관련이 있을 것
   3. 해당 처분의 목적을 달성하기 위하여 필요한 최소한의 범위일 것

(1) 적법성 한계: 헌법·법령의 내용에 저촉되지 않아야 함

▣ 판례 부제소특약 부관 ▷ 허용✕(∵ 법치주의에 反)

(2) 목적상 한계: 주된 행정행위의 목적에 반하거나 그 본질적 효력을 해하지 않아야 함

▣ 판례 기선선망어업의 허가를 하면서 부속선을 사용할 수 없도록 제한하는 부관 ▷ 위법○

(3) 부관의 이행가능성 및 행정법의 일반원칙상 한계

① 이행가능하여야 함

▣ 판례 토지분할이 관계 법령상 제한에 해당되어 명백히 불가능 ▷ 건축행정청은 토지분할 조건부 건축허가 거부하여야 함

② 비례원칙, 평등원칙, 신뢰보호의 원칙, 부당결부금지원칙 등의 일반원칙에 위반되지 않아야 함

▣ 판례
1. 주택건설사업계획승인시 주택사업과 무관한 토지를 기부채납하도록 하는 부관 ▷ 위법○(당연무효✕)
   (cf. 주택건설사업계획승인시 붙인 '진입도로 설치 후 기부채납, 대체 통행로 설치 후 그 부지 일부 기부채납'의 조건 ▷ 위법✕)
2-1. 처분과 실제적 관련성이 없어 부관으로 붙일 수 없는 부담을 사법상 계약 형식으로 부과 ▷ 위법○
2-2. 지자체가 골프장사업계획승인과 관련하여 사업자로부터 기부금을 지급받기로 한 증여계약
   ▷ 무효(민법 제103조 위반)

3. 부관의 시간적 한계(부관의 사후부가, 사후변경)

> 행정기본법 제17조(부관) ③ 행정청은 부관을 붙일 수 있는 처분이 다음 각 호의 어느 하나에 해당하는 경우에는 그 처분을 한 후에도 부관을 새로 붙이거나 종전의 부관을 변경할 수 있다.
> 1. 법률에 근거가 있는 경우
> 2. 당사자의 동의가 있는 경우
> 3. 사정이 변경되어 부관을 새로 붙이거나 종전의 부관을 변경하지 아니하면 해당 처분의 목적을 달성할 수 없다고 인정되는 경우

행정기본법	법률에 근거, 당사자동의, 사정변경 시 可
판례	법률규정, 미리유보, 상대방동의, 사정변경 시 可

> 판례
> 1. 사후변경
>   ▷ 법률규정, 미리유보, 상대방동의(원칙 可)
>   ▷ 사정변경 시(예외적 可)
> 2. 법률규정, 미리유보, 상대방동의 有 ▷ 면허발급 이후 감차명령 사후 부가 可

4 부담의 하자와 그 이행행위인 법률행위의 효력

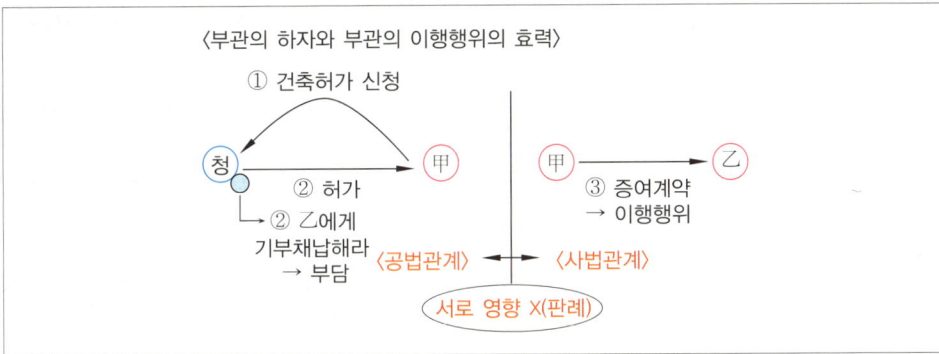

1. 법적 성격

학설	독립설	부담과 그 이행행위: 별개의 법률행위(상호무관○) → 부담의 무효·취소시: 이행행위 무효×(부당이득×)
	종속설	부담과 그 이행행위: 상호무관× → 부담의 무효, 취소시: 이행행위 무효○(부당이득○)
판례: 독립설		부담: 공법행위 / 이행행위: 사법행위 → 기부채납부담 무효·취소 시: 증여계약 당연무효×(∵ 기부채납 부담은 증여계약을 하게 된 동기에 불과) / 착오취소사유○

2. 효력

부담에 불가쟁력 生: 이행행위는 별도로 유효성 판단可

> 판례
> 1-1. 부담 무효 ▷ 부담의 이행행위 당연무효×
> 1-2. 불가쟁력 발생한 부담의 이행으로 인한 사법행위 ▷ 별도로 사법행위 효력 다툼 可
> 2. 기부채납부관 붙은 증여계약 ▷ 부관이 무효, 취소되지 않는 한 부관으로 인한 증여계약 착오취소 불가
> 3. 무효인 기부채납조건의 이행행위인 증여계약 ▷ 유효(동기의 착오), 등기말소청구 불가

5 부관의 하자

1. 위법한 부관의 효력

- 중대·명백할 때: 무효
- 그 밖의 경우: 취소사유

> 판례
> 1-1. 부담의 위법판단 기준 시 ▷ 처분 시 법령
> 1-2. 부담이 처분 시 법령에 적법하였으나, 이후 처분의 근거법령이 개정되어 부관을 붙일 수 없게 된 경우
>   ▷ 부담에 관한 협약의 효력 곧바로 소멸×

2. 위법한 부관이 붙은 행정행위의 효력

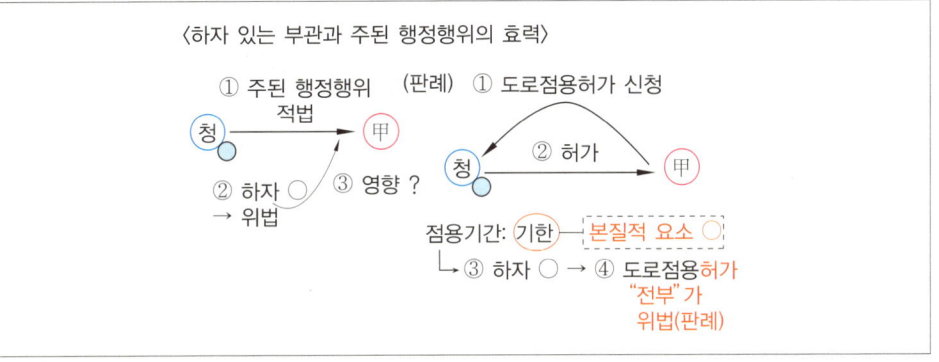

본질적(중요)요소인 부관의 위법: 행정행위 전체가 위법

> 판례
> 1. 도로점용허가의 점용기간
>   ▷ 본질적 요소 / 점용기간 위법
>   ▷ 도로점용허가 전부 위법
> 2. 기부채납 받은 행정재산 사용, 수익 허가에 있어 허가기간
>   ▷ 본질적 요소 / 허가기간 위법
>   ▷ 사용, 수익 허가 전부 위법

6 위법한 부관에 대한 행정쟁송

독립쟁송가능성 (소송요건)	통설·판례	• 부담: ○(독립 쟁송 가능) • 기타 부관: ×(독립 쟁송 불가 → 부관부 행정행위 전체를 대상으로 소 제기)
쟁송형태	통설	• 부담: 진정 일부 취소소송 • 기타 부관: 부진정 일부 취소소송
	판례	• 부담: 진정 일부 취소소송 • 기타 부관: 전체 취소소송 or 거부처분취소소송(부진정 일부 취소소송 ×)
독립취소가능성 (본안심사)	학설	견해 대립
	판례	• 부담: ○(독립 취소 가능) • 기타 부관: ×(독립 취소 불가) • 본질요소 ○ - 부관부 행정행위 전부 취소판결(인용판결) • 본질요소 × - 전부 기각판결

1. 부관에 대한 독립쟁송가능성(소송요건 중 대상적격의 문제)

부관 중 부담만 독립하여 항고소송대상성 인정(다수설, 판례)

부담인 부관	독립쟁송 可
부담이 아닌 부관	독립쟁송 不可 → 부담이 아닌 부관의 취소소송: 각하(부관부 행정행위 전체가 소의 대상)

> 판례
> 1-1. 부담 ▷ 처분○ / 부담 이외의 부관 ▷ 처분×
> 1-2. 당해 행정청 아닌 다른 행정청의 부담상 의무이행 의사표시 ▷ 당연히 처분×
> 2. 사용, 수익허가기간 ▷ 독립쟁송 不可(∵ 기한)
> 3. 면허유효기간 ▷ 독립쟁송 不可(∵ 기한)
> 4. 공유수면매립준공인가 중 매립지 일부에 대한 국가귀속처분 ▷ 독립쟁송 不可(∵ 법률효과 일부배제)

2. 쟁송제기의 형식

(1) 쟁송형태

쟁송형태	심판의 대상	취소의 범위
진정일부취소	부관만 소의대상	부관만 취소(청구)
부진정일부취소	부관부 행정행위 전체가 소의 대상	부관만 취소(청구)
전체취소	부관부 행정행위 전체가 대상	부관부 행정행위 전체 취소(청구)

(2) 학설, 판례

학설	부담	진정일부취소소송
	부담 아닌 부관	부진정일부취소소송
판례	부담	진정일부취소소송
	부담 아닌 부관	전체취소소송 or 거부처분취소소송[1] (진정일부취소×, 부진정일부취소×)

[1] 부관부 행정행위의 변경을 신청하고 거부처분 시

> 판례 위법한 부관을 제거한 어업허가변경신청 거부에 대하여
> ▷ 거부처분 취소소송제기 可
> ▷ 기선선망어업의 허가를 하면서 부속선을 사용할 수 없도록 제한한 위법한 부관에 대하여 부속선을 사용할 수 있도록 어업허가변경신청 후 그것이 거부된 경우 거부처분 취소소송 제기 可

3. 부관의 독립취소가능성(본안의 문제)

학설	재량행위와 기속행위를 구별하는 견해, 분리가능성 여부로 판단하는 견해 등	
판례	부담	부담 아닌 부관
	독립취소 可	독립취소 不可(부진정일부취소소송 인정×)

POINT 22 행정행위의 성립요건·적법요건·효력발생요건

1 개설

행정행위의 요건은 성립(적법), 효력발생요건으로 구분됨

1. 행정행위의 성립요건(적법요건)

(1) 내부적 성립요건

① 주체
- 정당한 권한 있는 행정청
- 그 권한 내에서 행해야 → 위반 시 무효(원칙)

② 내용: 적법 / 타당 / 실현가능 → 위반 시 무효 or 취소사유

③ 형식: 다른 법률에 특별한 규정 × → 원칙: 문서[서면주의, 위반 시 무효(원칙)]

④ 절차: 개별법률 / 행정절차법[예 청문 규정하면 거쳐야, 위반 시 취소사유(원칙)]

(2) 외부적 성립요건: 외부에 표시(예 영업허가서 작성만으로는 부족, 발송이 필요)

2. 효력발생요건(= 발효요건, 효력요건)

(1) 성립·적법요건을 갖추면 효력도 발생(원칙)

(2) 상대방에게 통지 or 고시해야 하는 행정행위

① 특정인
- 송달 → 도달주의 → 수령 or 알 수 있는 상태[알았다고 추정 ○(판례)]
- 주소불명 or 송달불능 → (송달에 갈음한) 공고
  → 다른 법률에 특별한 규정이 없는 한, 14일 후 효력 발생(행정절차법)

② 불특정인: 고시·공고 → 다른 법률에 특별한 규정이 없는 한, 5일 후 효력발생(행정효율과 협업 촉진에 관한 규정)

2 행정행위의 성립요건

→ 행정행위가 존재하기 위한 요건

내부적 성립	외부적 성립
행정주체에 의해 내부적으로 결정	공식적인 방법으로 외부에 표시
성립요건 결여: 행정행위의 부존재	

판례
1. 행정처분의 성립요건(판례) ▷ 주체, 내용, 절차와 형식이라는 내부적 성립요건 + 외부에 대한 표시라는 외부적 성립요건
2. 법무부장관이 입국금지결정을 내부전산망인 출입국관리정보시스템에 입력함에 그친 경우 ▷ 처분 성립 × (∵ 공식적인 방법으로 외부표시 ×)

3 행정행위의 적법요건

1. 적법요건의 구분(주체·절차·형식·내용 요건)

주체요건	정당한 권한을 가진 행정청에 의해 그 권한 내에서 정상적인 의사에 따라 이루어져야 함
절차요건	「행정절차법」이나 개별법령이 정하고 있는 절차에 관한 규정을 준수
형식요건	근거와 이유를 제시하고 문서로(서면주의 원칙)
내용요건	• 법률우위원칙·법률유보원칙 준수 • 법률상·사실상 실현가능할 것 • 객관적으로 명확할 것 • 확정적일 것

판례 권한유월의 행위(무권한의 행위) ▷ 원칙적으로 무효

2. 적법요건의 판단시점: 행정행위 발급 시

3. 적법요건을 결여한[하자(흠) 있는] 행정행위의 효력

하자의 정도에 따라 무효 또는 취소할 수 있는 행정행위(부존재는 견해대립[1])

[1] 행정행위의 부존재를 하자의 한 유형으로 보는 견해도 있고, 행정행위의 하자는 개념상으로 행정행위의 존재를 전제로 하므로 부존재는 하자의 범주에 속하지 않는다는 견해도 있다.

4 행정행위의 표시송달요건(송달·공고·공시)

1. 행정행위가 상대방에 대해 효력을 발생하기 위한 요건

→ 의사표시의 송달·공고·공시: 행정행위의 효력

(1) 도달주의

| 참고 | 의사표시가 상대방에게 도달 ▶ 효력발생 |

● 행정절차법 제15조 (송달의 효력 발생) ① 송달은 다른 법령 등에 특별한 규정이 있는 경우를 제외하고는 송달받을 자에게 도달됨으로써 그 효력이 발생한다.

개념	상대방에게 도(고시)되어 효력을 발생케 하는 행위
송달의 상대방	상대방 송달행위 / 이해관계인 제3자인 이해관계에 대한 통지의무X
'도달'의 의미	• 상대방의 지배권 안에 들어가 알 수 있는 것 • 상대방이 현실적 내용을 인지할 필요X

| 참고 | 1-1. 상대방이 송달받아야 상대방에게 도달하여야 효력발생
1-2. 이해관계인에게 통지의무 없음
▶ 상대방에게 고지X
▶ 상대방이 내용을 알 수 없다고 하더라도 상대방에 효력발생함 |

| 참고 | 1. 송달은 상대방이 알 수 있는 상태에 이른 때
2. 통지는 객관적으로 상대방이 지배권에 인식할 수 있는 상태에 두어야 함
3. 송달받은자 가족, 동거인에 대해 교부를 받은 경우 가족, 동거인에게 전달되어야 함
4. 등기우편 등 일반적인 우편물 송달시 공무원의 직무상 발송사실
5. 상대방이 수령하여 기재내용을 알 수 있다고 할 수 없는 경우라도 가능한 도달하는 수준의 효력발생 등 특수한 사정이 있지 아니하면 사이에 도달한 것으로 추정할 |

(2) 통지의 방식: 송달 / 고지 또는 공고

송달	상대방이 특정된 경우
고시 또는 공고	상대방이 불특정이거나 다수이거나 주소·거주가 불분명하여 송달이 불가능한 경우 등
송달의 효력이 발생하지 아니한 송달	상대방이 실질적으로 표시내용의 효력 발생에 대한

| 참고 | 우편의 발송은 ▶ 대외적으로 표시되므로 송달로의 대상이 됨X (송달은 대상이 됨X) |

---

2. 송달에 의한 표시의 통지

※ 송달의 종류

행정절차법
→ 공시송달
but 수소인이 주민등록지에 거주하지 아니하는 경우
→ 등기우편으로 송달 송달 효력 X (판례)
내용증명우편
공시송달

* 송달의 통치: 일반우편을 이용한 송달 방식(등기우편이 자로 우편물 발송되지 않은 경우에는 다.)

(1) 개념

| 송달방법 | 우편/교부/정보통신망 |

● 행정절차법 제14조(송달) ① 송달은 우편, 교부 또는 정보통신망 이용 등의 방법으로 하되, 송달받을 자(대표자 또는 대리인을 포함한다. 이하 같다)의 주소·거소(居所)·영업소·사무소 또는 전자우편주소(이하 "주소등"이라 한다)로 한다. 다만, 송달받을 자가 동의하는 경우에는 그를 만나는 장소에서 송달할 수 있다.

(2) 통달의 방법 및 효력발생

① 우편에 의한 송달

유형	일반우편 / 등기우편

자유 발송대상으로부터 특별한 사정이 인정되지 않는 한 송달: 발송(○도달X)

ⓒ 기사수단으로 통해 송달 경우

| 참고 | 1. (원칙) 수송인의 주민등록지에 송달받은 경우 수송인이 그곳에 거주하지 않는 상태 특별한 사정이 없는 한 송달될 것 없다
2. (예외) 송달할 수 있다고 인정되지 않은 송달
▶ 송달사무를 처리하는 자에게 송달이 다 송달을 받은 경우 |

ⓒ 정보통신망에 의한 송달 경우

| 참고 | 행정청의 직원 등이 수송인에게 직접 송달할 경우, 수송인이 장기간 떠난 후에 의해 예정된 송달이 이루어지지 아니할 경우, 송달자 |

© 의사표시자에 대항 효력발생: 도달하여 수·가지·영업소·사무소가 있어 효력발생 등

② 교부에 의한 송달

- 행정절차법 제14조(송달) ② 교부에 의한 송달은 수령확인서를 받고 문서를 교부함으로써 하며, 송달하는 장소에서 송달받을 자를 만나지 못한 경우에는 그 사무원·피용자(被傭者) 또는 동거인으로서 사리를 분별할 지능이 있는 사람(이하 이 조에서 "사무원등"이라 한다)에게 문서를 교부할 수 있다. 다만, 문서를 송달받을 자 또는 그 사무원등이 정당한 사유 없이 송달받기를 거부하는 때에는 그 사실을 수령확인서에 적고, 문서를 송달할 장소에 놓아둘 수 있다.

교부송달	수령확인서를 받고 문서를 교부함으로써 송달
보충송달	송달받을 자를 만나지 못한 경우 사무원·피용자·동거인으로서 사리를 분별할 지능이 있는 사람에게 문서를 교부 可
유치송달	송달받기를 거부하는 경우 문서를 송달할 장소에 유치 可

> 판례
> 1. 만 8세 1개월 딸에게 보충송달 ▷ 위법(사리를 분별할 지능 無)
> 2-1. 납세자가 과세처분의 내용을 이미 알고 있는 경우 ▷ 납세고지서 송달 要
> 2-2. 수취인이 수령을 회피할 정황이 있어 부득이 사업장에 납세고지서를 두고 온 경우
>   ▷ 납세고지서가 송달된 것 ×

③ 정보통신망에 의한 (전자문서) 송달

- 행정절차법 제14조(송달) ③ 정보통신망을 이용한 송달은 송달받을 자가 동의하는 경우에만 한다. 이 경우 송달받을 자는 송달받을 전자우편주소 등을 지정하여야 한다.

동의	송달받을 자가 동의한 경우에만 可 (송달받을 자는 송달받을 전자우편주소 등을 지정해야 함)
효력발생	송달받을 자가 지정한 컴퓨터에 입력된 때 도달된 것으로 간주

- 행정절차법 제15조(송달의 효력 발생) ② 제14조 제3항에 따라 정보통신망을 이용하여 전자문서로 송달하는 경우에는 송달받을 자가 지정한 컴퓨터 등에 입력된 때에 도달된 것으로 본다.

3. 고시 또는 공고에 의한 효력 발생

(1) 「행정절차법」상 공고(송달에 갈음하는 공고, 공시송달)

상대방이 특정되었지만, 주소등 확인불가 또는 기타 송달불능인 경우

- 행정절차법 제14조(송달) ④ 다음 각 호의 어느 하나에 해당하는 경우에는 송달받을 자가 알기 쉽도록 관보, 공보, 게시판, 일간신문 중 하나 이상에 공고하고 인터넷에도 공고하여야 한다.
  1. 송달받을 자의 주소등을 통상적인 방법으로 확인할 수 없는 경우
  2. 송달이 불가능한 경우

방법	관보·공보·게시판·일간신문 중 하나 이상 + 인터넷 공고
효력발생	특별한 규정이 없으면, 공고일로부터 14일 지난 때 효력 발생

- 행정절차법 제15조(송달의 효력 발생) ③ 제14조 제4항의 경우에는 다른 법령등에 특별한 규정이 있는 경우를 제외하고는 공고일부터 14일이 지난 때에 그 효력이 발생한다. 다만, 긴급히 시행하여야 할 특별한 사유가 있어 효력 발생 시기를 달리 정하여 공고한 경우에는 그에 따른다.

(2) 개별법상 고시 또는 공고

상대방이 불특정 다수인 경우 등

구분	효력발생시기
명문규정이 있는 경우	법령에서 정한 효력발생일이나 관보에 게재된 공고에서 명기한 효력발생일
명문규정이 없는 경우	「행정 효율과 협업 촉진에 관한 규정」이 적용되어 고시 또는 공고 등이 있은 날부터 5일이 경과한 때에 효력 발생

① 효력발생일에 관한 명시적인 규정이 있는 경우: 규정한 바에 따름
  - 도시·군관리계획결정: 지형도면 고시한 날
  - 사업인정: 고시한 날

> 판례 일반처분인 청소년유해매체물결정, 고시 ▷ 통지 없어도 고시에 명시된 시점에 효력발생

② 효력발생일에 관한 명시적인 규정이 없는 경우: 고시 또는 공고 등이 있은 날부터 5일 경과 후부터 발생

- 행정업무의 운영 및 혁신에 관한 규정(구 사무관리규정) 제6조(문서의 성립 및 효력 발생) ③ 제2항에도 불구하고 공고문서는 그 문서에서 효력발생 시기를 구체적으로 밝히고 있지 않으면 그 고시 또는 공고 등이 있은 날부터 5일이 경과한 때에 효력이 발생한다.

POINT 23 행정행위의 효력

해커스공무원 영혼을 담은 행정법 단권화 노트

→ 공정력, 구성요건적 효력, 존속력, 강제력

1 내용적 구속력

개념	행정행위가 유효하게 존재하는 한 그 내용에 따라 상대방과 관계 행정청을 구속하는 것(실체법적 효력)
의의	개별적인 규율, 즉 '행정행위 상대방과 이해관계인 사이에 그 행정행위의 내용에 따라 일정한 법적 효과(권리·의무의 발생·변경·소멸 등)를 가져오는 힘'을 의미한다.[1]
성질	행정행위, 기속행위·재량행위 미문함(기속력 X)[2] · 행정행위의 유효성에 의존
내용	· 당사자 모두에게 인정됨 · 행정행위의 내용에 따른 구속력 X · 하자 있는 행정행위에도 인정 X

행정행위의 내용에 따라 하자가 있는 경우 그 행정행위를 무효로 하거나 상대방에게 따라서는 부당하다고(예를 들면 과세처분에 따라 상대방에게 금전지급의무가 발생하는 경우), 행정행위 상대방의 의무의 이행이 있어야 비로소 그 행정행위는 실질적 집행력을 가지게 된다.

2 공정력(행정행위의 잠정적 통용력, 행정행위 유효성 인정받는 힘)

1. 의의(행정기본법 제15조)[3]

제15조(처분의 효력) 처분은 권한이 있는 기관이 취소 또는 철회하거나 기간의 경과 등으로 소멸되기 전까지는 유효한 것으로 통용된다. 다만, 무효인 처분은 처음부터 그 효력이 발생하지 아니한다.

》 공정력

하자 있는 행정행위라도 ⇒ 행정행위의 위이 행정행위 X
⇐ 무효가 아닌 한 ⇐ 일단 유효한 것으로 통용
↓
취소권, 권고권, 행정심판위원회,
수소법원(행정법원 ○, 민사법원 X, 형사법원 X)
↓
상대방(이해관계인) or 다른 행정청에 대하여
↓
□ 적법성 인정 효과 X, 거부처분 효력 ←
□ 구속력(통용력) 있음 → 사실상 효력

2. 근거, 한계, 공정력

근거	이론적 근거 : 법적안정성(통설)	
	실정법상 근거	직접적 : 「행정기본법」 제15조 간접적 : 취소쟁송, 직권취소, 집행부정지
한계(공정력 부정)	무효인 행정행위 · 행정입법, 행정계약, 행정상 사실행위, 사법행위 등	
공정력	상대방과 이해관계인이 받는 배제의 효력	

참고 행정청 A가 행정행위를 위법하다고 판단하지 않는 것이지, 단순히 유효한 것으로 통용될 수 있음을 의미

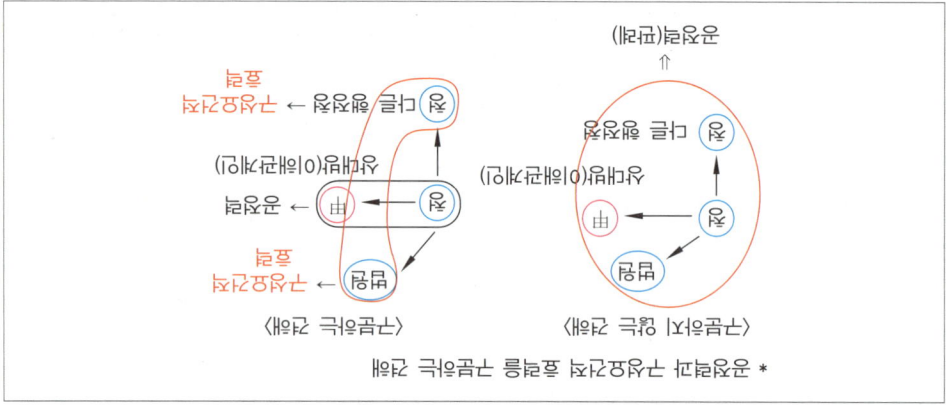

* 공정력과 구성요건적 효력을 인정하는 견해

〈구분하지 않는 견해〉
행정청 → 행정청
↓ (다른 행정청)
乙 → 행정청 → 구성요건적 효력
상대방(이해관계인) 공정력

〈구분 하는 견해〉
甲 → 乙 행정청 → 구성요건적 효력
    → 다른 행정청 공정력
상대방(이해관계인)
공정력(통설)

> **판례** 처분의 적법사유에 대한 입증책임 ▷ 피고 행정청

5. 공정력과 선결문제
행정행위의 위법 여부 또는 효력 유무를 민사법원·형사법원이 심리·판단할 수 있는지의 문제, 다른 국가기관에 대한 구속력, 즉 구성요건적 효력과 관련됨

3 구성요건적 효력

1. 의의 및 근거, 공정력과의 구별

(1) 의의, 근거

개념	유효한 행정행위가 존재하는 이상 모든 국가기관은 그의 존재를 존중하여 스스로의 판단기초 내지는 구성요건으로 삼아야 한다는 구속력(무효인 행정행위×)
근거	• 명시적인 근거규정× • 국가기관 상호간의 권한 및 관할권 존중의 원칙(↔ 공정력은 법적 안정성)

(2) 공정력과의 구별

구분	공정력	구성요건적 효력
개념	행정행위가 무효가 아닌 한 상대방 또는 이해관계인은 행정행위가 권한 있는 기관에 의해 취소되기까지는 그의 효력을 부인할 수 없는 힘	유효한 행정행위가 존재하는 이상 모든 국가기관(다른 행정청, 법원)은 그의 존재를 존중하여 스스로의 판단기초 내지는 구성요건으로 삼아야 한다는 구속력
범위 (상대방)	상대방 및 이해관계인에 대한 구속력	모든 국가기관(지방자치단체기관을 포함한 행정기관 및 법원 등)에 대한 구속력
이론적 근거	행정의 원활한 수행, 행정법관계의 안정성의 확보	국가기관 상호간의 권한 및 관할권존중의 원칙
실정법적 근거	「행정기본법」 제15조	행정권과 사법권의 분립규정, 행정기관 상호간의 사무분장 규정
성질	절차적 효력	실체적 효력

2. 구성요건적 효력(공정력)과 선결문제
처분의 위법·효력 유무가 민·형사사건 등의 본안재판에 있어 먼저 해결할 문제가 된 경우 민·형사법원 등이 그것에 대하여 스스로 심리·판단할 수 있는가, 구성요건적 효력 때문에 선결문제를 심리·판단할 수 없는가의 문제

(1) 민사소송에서의 선결문제

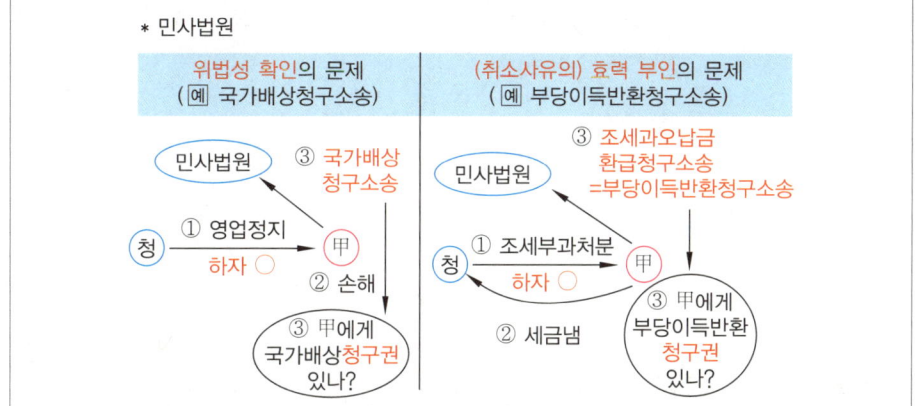

① 행정행위의 위법성을 확인하는 것이 선결문제인 경우(국가배상청구소송)
  ㉠ 문제점: 행정행위가 위법하다는 이유로 국가배상을 청구한 경우, 민사법원이 행정행위의 위법여부를 심사할 수 있는지 문제됨
  ㉡ 학설

심사 부정설	구성요건적 효력은 행정행위의 적법성 추정을 의미하고, 「행정소송법」 제11조 제1항을 열거적 규정으로 보아 민사법원이 처분의 위법성을 심리하는 것은 구성요건적 효력에 반하며, 현행법이 취소소송의 배타적 관할제도를 취하고 있으므로 부정되어야 함
심사 긍정설 (통설, 판례)	구성요건적 효력은 행정행위 유효성의 잠정적 추정에 불과하고, 국가배상청구소송에서 선결문제로서 행정행위의 위법성 판단은 행정행위의 효력을 부인하는 것이 아니라, 단순한 위법성 심사에 그치는 것이므로 구성요건적 효력 및 취소소송의 배타적 관할제도에 반하지 않으며, 「행정소송법」 제11조 제1항은 예시적 규정으로 볼 수 있음. 또한 제소기간이 도과하여 처분을 취소할 수 없다 하더라도 위법한 처분에 의한 손해의 배상의 길을 열어 두는 것이 정의의 관념에 부합함

  ㉢ 판례(긍정설)

> 1. 위법한 행정대집행처분의 취소판결 없어도 ▷ 처분의 위법임을 이유로 한 국가배상청구 가능 可
> 2. 위법한 과세처분의 취소판결 없어도 ▷ 처분의 위법임을 이유로 한 손해배상청구 可

② 행정행위의 효력유무가 선결문제인 경우(부당이득반환청구소송)

　ⓐ 문제점: 조세부과처분이 위법하다는 이유로 이미 납부한 세금의 반환을 청구하는 경우, 민사법원이 행정행위인 조세부과처분의 효력 유무를 심사할 수 있는지 문제됨

　ⓑ 행정행위의 무효를 확인하는 것이 선결문제인 경우(처분이 당연무효인 경우): 민사법원은 처분의 효력부인 언제든지 可 → 민사법원은 처분이 "무효"임을 전제로 판결

> 👍 판례 민사소송에서 효력유무가 선결문제 ▷ 당연무효를 전제로 판결 可

　ⓒ 행정행위의 효력을 부인하는 것이 선결문제인 경우(처분의 하자가 취소사유인 경우): 민사법원은 처분의 효력부인 不可 → 민사법원은 처분이 "유효"임을 전제로 판결

> 👍 판례 1. 취소사유 있는 조세 과오납 ▷ 쇠소되지 않는 한 부당이득×
> 2. 취소사유 있는 과세처분 ▷ 취소되지 않는 한 과세처분의 효력 부인×

(2) 형사소송에서의 선결문제

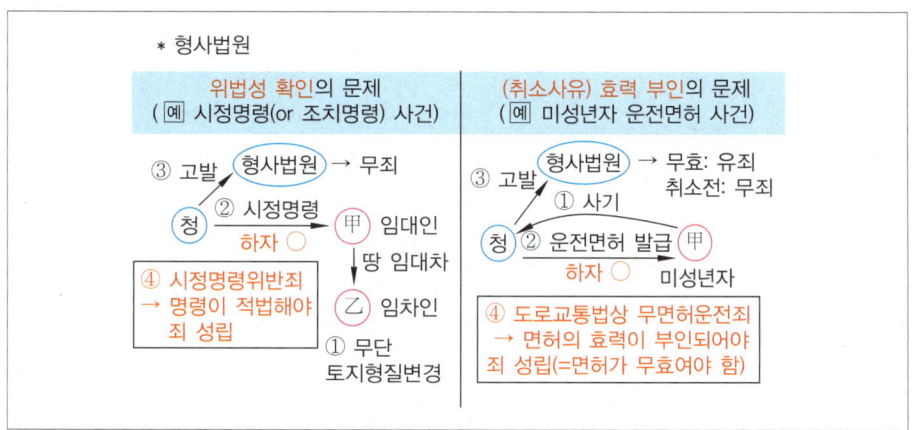

① 행정행위의 위법성을 확인하는 것이 선결문제인 경우(하명 위반이 범죄구성요건으로 되는 경우)

　ⓐ 문제점: 시정명령위반죄로 기소된 경우, 형사법원이 시정명령의 위법 여부를 심사할 수 있는지 여부

　ⓑ 학설, 판례: 형사법원 심사 可

> 1-1. 시정명령이 당연무효는 아니지만 위법한 것으로 인정되는 경우
> 　　▷ 개발제한구역법상 시정명령위반죄 성립×
> 1-2. 시정명령이 절차적 하자로 위법한 경우 ▷ 시정명령위반죄 성립×
> 2. 위법한 시정명령 위반 ▷ 「도시계획법」상 조치명령 위반죄 성립×
> 3. 위법한 공사중지명령의 위반 ▷ 「주택법」상 시정명령 위반죄 성립×
> 4. 무효인 명령위반 ▷ 의무위반죄 성립×(행정형벌 부과 不可)

② 행정행위의 효력유무가 선결문제인 경우

　ⓐ 문제점: 무면허운전죄나 무허가영업죄로 기소된 경우, 형사법원이 행정행위의 효력 유무를 심사할 수 있는지 문제됨

　ⓑ 행정행위의 무효를 확인하는 것이 선결문제인 경우(처분이 당연무효인 경우): 형사법원은 처분의 효력부인 언제든지 可 → 형사법원은 처분이 "무효"임을 전제로 판결

> 👍 판례 과세처분 당연무효 ▷ 조세범처벌법위반죄 성립×

　ⓒ 행정행위의 효력을 부인하는 것이 선결문제인 경우(처분의 하자가 취소사유인 경우): 형사법원은 처분의 효력부인 不可 → 형사법원은 처분이 "유효"임을 전제로 판결

> 👍 판례 1. 취소사유 있는 운전면허 ▷ 취소 전까지는 유효(∴ 무면허운전×)
> 2. 취소사유 있는 수입면허 ▷ 취소 전까지는 유효(∴ 무면허수입×)
> 3. 운전면허 취소처분을 받은 사람이 자동차를 운전하였으나 취소의 원인이 된 교통사고 또는 법규 위반에 대하여 무죄판결이 확정된 경우 ▷ 운전면허 취소처분이 취소되지 않았더라도 무면허운전죄로 처벌×

4 존속력(확정력)

> ▶ 존속력(= 확정력)
>
> ├ 하자 있는 행정행위더라도
> ├ 일정한 경우
> └ 취소 or 변경할 수 없는 힘
>
> 존속력
>
> 　　국민　　　　　청
>
> 　불가쟁력　　　불가변력
> (형식적 존속력)　(실질적 존속력)
> → 제소기간 경과　→ 스스로 행한
> (취소소송 제기 不可,　행정행위
> 제기해도 각하판결)　변경 不可

개념	행정행위가 일단 행해지면 그에 터 잡아 많은 법률관계가 형성되므로 법적 안정성·신뢰보호 관점에서 일단 발하여진 행정행위를 존속시키는 효력
유형	• 불가쟁력: 형식적 존속력 • 불가변력: 실질적 존속력

1. 불가쟁력(형식적 존속력, 형식적 확정력)

(1) 의의

개념	쟁송기간이 도과했거나 또는 쟁송수단을 다 거친 경우 더 이상 행정행위의 효력을 다툴 수 없게 하는 힘
취지	행정법관계의 안정성, 능률적인 행정목적수행

(2) 효력

상대방 또는 관계인	• 처분에 대한 행정쟁송(심판·소송) 제기: 불가 • 불가쟁력이 발생한 행정행위에 대한 행정심판·행정소송 제기: 각하[1]	
행정청	직권에 의한 취소·철회·변경: 가능	
	불가쟁력이 미치는 인적범위	• 처분의 상대방이나 이해관계인 ○ • 처분청이나 그 밖의 국가기관 × (∴ 처분청은 불가쟁력이 발생한 이후에도 처분을 취소·철회·변경 可)
국가배상청구소송[2] : 가능	불가쟁력이 발생한 행정행위로 손해를 입은 상대 등: 손해배상청구권이 시효로 소멸하지 않은 한 손해배상(국가배상)청구소송 제기 可	

[1] cf. 무효인 행정행위: 쟁송제기기간의 제한×, 불가쟁력 발생×
[2] 위법한 과세처분에 불가쟁력이 발생한 후에 처분의 상대방인 납세자가 정당한 세액을 초과한 금액을 국가배상청구소송을 통해 배상 받을 수 있을 것인가의 문제와 관련됨

> **판례** 불가쟁력 발생 ▷ 행정청은 직권취소, 철회 可

(3) 불가쟁력과 기판력과의 관계 – 법률관계 내용의 확정여부 ×

불가쟁력 발생 ▷ 당사자·법원 다른 주장·판단 可

> **판례**
> 1-1. 처분의 불가쟁력 ▷ 판결과 같은 기판력×(∵ 당사자, 법원 다른 주장, 판단 可)
> 1-2. 산재요양급여취소처분의 불복기간이 경과한 후에도 ▷ 다시 요양급여청구 可

(4) 불가쟁력이 발생한 행정행위에 대한 취소·변경 신청권 유무: × (원칙)

> **판례** 불가쟁력 발생한 처분
> ▷ 원칙: 처분변경 신청권×
> ▷ 예외: 법규상 또는 조리상 신청권 有

(5) 불가쟁력의 예외 – 재심사의 청구(「행정기본법」 제37조)

불가쟁력이 발생한 행정행위에 대한 재심사청구제도 신설[3]

[3] 법원에서 확정된 판결에 대해서도 「민사소송법」과 「형사소송법」에 따라 일정한 요건에 따라 "재심"이 허용되고 있는 점을 고려할 때, 행정행위에 대해서도 재심사의 기회를 보장하지 않을 이유가 없으므로 「행정기본법」은 "불가쟁력을 깨는 예외적인 제도"로서 처분의 재심사청구제도를 명문으로 인정

2. 불가변력(실질적 존속력, 실질적 확정력)

(1) 의의, 근거 및 성질

의의	• 행정청이 스스로 당해 행위의 내용에 구속되어 직권으로 취소·변경·철회할 수 없게 하는 힘 • 당해 행정행위에 대하여서만 인정○ / 동종의 행정행위라 하더라도 그 대상을 달리할 때에는 인정×
근거 및 성질	• 법령에 명문규정이 없는 경우에도 행정행위의 성질에 비추어 인정되는 실체법적 효력 • 행정행위 중 공신력이 큰 행정행위에 대한 신뢰를 보호할 필요가 있기 때문에 인정

(2) 인정범위

준사법적 행정행위	예 행정심판의 재결, 특허심판원의 심결, 토지수용재결 등
확인행위	예 국가시험합격자결정과 선거관리위원장의 당선인결정 등

> **판례** 과세처분 이의신청에 따른 직권취소
> ▷ 불가변력 인정○
> (cf. 과세처분에 대한 쟁송진행 중 절차상 하자를 이유로 직권취소 후, 하자를 보완하여 다시 같은 내용의 과세처분
> ▷ 불가쟁력, 불가변력에 저촉×)

(3) 효력

행정청	직권으로 취소·철회·변경 不可
상대방(관계인)	불가쟁력이 발생하지 않는 한 쟁송 可

(4) 불가쟁력과 불가변력의 관계

효력이 미치는 상대방	불가쟁력	상대방 및 이해관계인에 대한 구속력
	불가변력	처분청등 행정기관에 대한 구속력
상호 독립적 효과 발생		• 불가쟁력이 생긴 행정행위 → 당연히 불가변력이 있는 것은 아님 → 행정청은 직권취소 可 • 불가변력이 있는 행정행위 → 당연히 불가쟁력이 생기는 것은 아님 → 당사자는 쟁송취소可
적용범위 및 성질	불가쟁력	모든 행정행위, 절차법상의 효력
	불가변력	일정한 행정행위, 실체법상 효력

▲ 불가쟁력과 불가변력의 비교

구분	불가쟁력 (형식적 존속력)	불가변력 (실질적 존속력)
공통점	행정법관계의 안정성과 상대방의 신뢰보호 목적	
성질	"쟁송제기기간" 또는 쟁송(제소기간)이 경과한 후 발생하는 절차법적 효력	행정행위의 성질상 발생하는 실체법적 효력
발생 근거	○	×
구속력 대상	상대방과 이해관계인 등	처분청과 상급감독청 등의 행정기관
효력발생	쟁송기간 도과 시	행정행위의 효력발생 시
적용범위	모든 행정행위	특정 행정행위
행정행위 취소가능	○	×
상호 독립의 관계	×	○

5 확정력(자력집행력·제재력)

자력집행력	· 행정행위의 의무를 이행하지 않는 경우 행정청이 스스로 강제집행을 행사하여 그 의무를 실현시키는 힘 · 자력집행력: 행정대집행법에 근거 · 이를 행사하기 위한 별도의 법적 근거를 요한다(예「행정대집행법」, 「국세징수법」)
제재력	상대방이 의무를 이행하지 않을 경우 벌칙(행정형벌, 행정질서벌) 등 제재를 가하는 힘(별도의 근거 필요)

POINT 24 행정행위의 하자(흠)

1 개설

1. 하자의 의의

행정행위 하자	적법요건을 갖추지 못한 경우
행정행위의 단순한 오기나 계산의 착오 등	하자×

2. 하자의 판단시점

> **판례** 처분의 위법 여부(하자유무) 판단시점 ▷ 처분 시(처분 후 법령개폐나 사실상태의 변동에 의해 영향받지 않음)

3. 하자의 법적 효과(하자있는 행정행위의 효력)
무효인 행정행위와 취소할 수 있는 행정행위로 구분

2 행정행위의 부존재

> 예) 명백한 사인의 행위, 행정권의 발동 아닌 행위, 의사경정만 있고 외부적으로 표시되지 않은 행위, 취소·철회·실효 등으로 소멸한 경우 등

개념	행정행위의 성립요건을 갖추지 못해 행정행위의 외형 자체가 존재하지 않는 경우
구분	외형이 존재하는 무효와 구별❶

❶ 무효와 부존재의 구별실익(행정행위의 부존재를 하자로 볼 것인가): 긍정설 vs 부정설 / 긍정설: 외형 존재 유무, 취소소송제기 여부, 행정행위 전환 가부

3 행정행위의 무효와 취소

1. 의의

무효인 행정행위	• 처음부터 효력이 발생하지 않는 행정행위 • 취소 없이도 누구나 효력 부인 可
취소할 수 있는 행정행위	하자가 있지만 취소되기 전까지 유효한 행위로 통용되는 행정행위

2. 무효와 취소 구별의 필요성(구별실익)

구분	무효인 행정행위	취소할 수 있는 행정행위
행정행위의 효력	• 처음부터 효력발생× • 공정력·불가쟁력 발생×	• 권한 있는 기관에 의하여 취소되기 전까지 유효함(취소되면 소급소멸) • 공정력·불가쟁력 발생○
쟁송방법의 형태	• 무효확인심판 • 무효확인소송 • 무효선언을 구하는 의미에서의 취소소송	• 취소심판 • 취소소송
쟁송제기기간의 제한	×	○
하자의 치유	×	○
하자의 전환	○	×(인정하는 소수설 있음)
선행행위의 하자승계	○	선행행위와 후행행위가 결합하여 하나의 법률효과를 완성하는 경우에만 하자 승계○
민사소송 또는 형사소송에서의 선결문제	효력부인 可	효력부인 不可
사정판결, 사정재결	×	○
행정심판전치주의	×	○
행정소송법상 간접강제	×	○
신뢰보호의 원칙	×	○
국가배상청구	국가배상은 행정작용이 위법하기만 하면 인정되므로 구별실익은 없다.	
집행부정지 여부	집행부정지원칙은 무효확인소송에도 준용되므로 구별실익은 없다.	

3. 민원의 처리의 그밖의 기준

(1) 원칙

종류·원칙 (통칙·일반원칙)	하나의 민원이 여러 관계 기관(관계 부서를 포함한다) 또는 여러 부서의 소관 사항인 경우에는 그 <u>관계기관이나 부서 간에 협조</u>하여 민원을 <u>한꺼번에 처리</u>하여야 한다
관련법 응답성의 원칙 (즉시답변)	민원처리법은 기본으로 <u>민원을 처리하는 주된 기관에</u>(공공)은 관계기관의 장과 협의하여 그 <u>결과를 민원인에게 알려주어야</u> 한다
일괄처리 원칙, 동시병행 응답성의 원칙 (수의자)	제3자의 권리처분이 요구되는 경우에만 응대 기능이로서 기대되는 동시처리를 전제로 한 경우에는 응대 기능에 단순 응답이나 단순의 행위조합 및 기타 기관과의 연계 완료
중첩·이중 관련 (개별적 관련)	응답처리와 응답 관계가 있는 경우 응답 발생 공동 관계의 이유가 없는 한 응답상의 이유가 사용되지 아니한다
관련·법질 가치정립성 (다양성)	신설된 사안으로부터 관련된 민원의 체계적인 방법론을 <u>체계적 가치정립이</u> 연결된 이유를 강화하여 응대 기능의 체계적 가치와 <u>관련·가치정립성</u>을 수립하여야 한다

(2) 판례

1-1. 인허가법원 응답 ▷ 응답·판례 ▷ 응답

1-1, 민원의 개별 법률이 정하여진 경우, 응답처리법 및 응답방법 응답대로 응답 처리하여야 한다. 개별법 판례

1-2. 민원의 해석이 달라지는 응답이나 응답결정이 부여 중에 있다. 응답처리법 상당의 응답이 가능한 경우, 차선적으로 아니한다. 차선

2. 체계적으로 응답하여야 할 관련

2-1. 체계적이 체계적이 접근성 관련되기 응답은 중요성이 있지 유효하지 아니하여 차선에서 관련

2-2. 체계적이 성립되어야 응답지가 이루어진 경우에도 응답을 다 처리하여야 하다. 이 중 응답적 관련을 받지 못하여 관련 중

▷ 개별적으로 응답이 관련

3. 기본응답 이자를 이용하여 하기 응답적 없는 경우 ▷ 인정되지 아니한 관련

4-1. 응답자 관련 ▷ 이 종료 차선 실재적 상관된 응답가 간구하여, 상관 관련이 관련되어 있는 사실을 상관하여 기 등의 처분 관련

4-2. 기 응답, 해관·응답 중 중복성의 이유 (체계대상의 가능성의 아이)

4-2. 응답에 ▷ 그러한 사실이 응답자에서 합리적이 관련되어 없을 때

5. 응답결합 (상관체의 수수료)

응답결합 관련 응답의 체계적이 발생한 경우 응답적으로 관련

6. 기관응답에 신청영향을 중대하게 한 가지 있는 경우

▷ 관련 응답 신청결합영향 (응답응답결합 관련 해설적인 관련)

---

4. 민원의 관례의 유형

(1) 주체에 관한 하자

- 원칙: 민원사자
- 예외: 민원사자

① 민원한 관체 등이 가진 응답자의 아니거나 이자 관한 관련 원칙

② 관련처리법이 아니라 등합 원칙

원칙	판례
예외	사항상 명령은 이론

© 대상인이 있는 자 또는 대상의 완성을 알리기 전에 한 관련 한 원칙

원칙	판례
예외	실상이 관한처리가 대상법이 있고 명시한 판정 관련 없이 관련

® 상담하여 가지기처가지가 관례이 응답 관련

★ 판례	관객인 관리대법의 사항, 관습한 관련한 관련 처리가 관련되지 아니한 법원 대법원처리의 인정화지원한원장이 해임 관련의 등 관련

® 한개기관의 공동 관리 의의 판정 (응답원인의 판정)

원칙	판례
예외	판례

★ 판례

1. 공동의체 단지관리원가 사건의 관련이 있는 공동기관의 관련을 관련한 관련의 판정

2. 법면의 관련 때 응답의 기준성이 관련이 관련이 체결한 관련

3. 관련인자자 아니라 성립상 명령이 있는 대중성 행정이 판한 한 관련의 판정

○ 관리사자

× 판정

4. 책임을 관련이인 관련 관체의 성립관련이 한 관련의 판정의 판정

○ 관리사자

× 판정

5. 관련으로부터 관련된 사건이 아닌 관심관의 성립관련에 대한 관련의 판정

○ 관리사자

× 판정

6. 관련이 인정공체법에서 관련 관심관관련이 관련

○ 관리사자

③ 행정청의 정상적인 의사에 의하지 않은 행위

의사무능력자인 공무원의 행위	무효
행위능력이 없는 공무원의 행위	• 18세 이상 미성년자인 공무원의 행위: 유효 • 피성년후견인, 피한정후견인인 공무원의 행위: 무효
착오로 인한 행위	• 내용 자체가 실현 불가능한 경우: 무효 • 그 외의 위법인 경우: 취소사유

판례
1. 부동산을 양도한 사실이 없는 자에 대한 양도소득세 부과처분 ▷ 무효
2. 납부의무자 아닌 조합원들에 대한 개발부담금 부과처분 ▷ 무효
3. 국가의 과실에 의한 공무원임용결격자에 대한 임용행위 ▷ 무효
4. 납부고지서에 납부기한을 법정납부기한보다 단축하여 기재 ▷ 무효×

(2) 절차에 관한 하자

• 원칙: 취소사유
• 사안에 따라 무효인 경우와 위법하지 않은 경우도 있음

① 법령상 필요한 상대방의 신청 또는 동의를 결한 행위: 원칙 무효
② 타 기관과의 의결·동의·협의·자문 등을 거치지 않은 행위

행정청의 결정이 다른 기관의 동의·의결등 의사결정에 기속되는 경우	주체의 하자, 원칙 무효원인
협의·자문등과 같이 의사결정에 기속되지 않는 경우	절차의 하자, 원칙 취소원인

판례
1. 산림청장과 협의를 거치지 아니한 보전임지를 다른 용도로 이용하기 위한 사업승인처분 ▷ 취소사유
2. 「택지개발촉진법」상 택지개발예정지구를 지정함에 있어 거쳐야 하는 관계중앙행정기관의 장과의 협의를 거치지 않은 택지개발예정지구 지정처분 ▷ 취소사유
3. 학교환경위생정화위원회 심의를 결한 정화구역 내 금지행위 및 시설 해제처분 ▷ 취소사유
4. 학교법인 이사회의 승인의결 없이 한 기존재산교환허가신청에 대한 감독청(시교육위원회)의 교환허가처분 ▷ 무효

③ 필요한 공고·통지·열람 등을 거치지 아니한 행위

판례
1. 독촉절차 없는 압류처분 ▷ 취소사유
2. 「주민등록법」상 최고, 공고의 절차를 거치지 아니한 주민등록말소처분 ▷ 취소사유
3-1. 토지소유자 등 이해관계인의 공람절차를 거치지 아니한 채 수정된 내용에 따라 한 환지예정지지정처분 ▷ 무효
3-2. 환지처분이 확정되어 효력을 발생한 후 환지절차를 새로이 밟지 아니하고 한 환지변경처분 ▷ 무효
4. 도지사의 인사교류안 작성 및 권고가 이루어지지 아니한 시장의 인사교류에 관한 처분 ▷ 무효

④ 필요한 이해관계인의 참여 또는 협의를 결한 행위

판례
1. 이해관계자의 의견을 듣지 아니하거나 토지소유자에 통지하지 아니한 채 행한 국토교통부장관의 택지개발계획승인 ▷ 취소사유
2. 사업시행자가 토지소유자의 협의를 거치지 않은 채, 수용재결신청 ▷ 취소사유

⑤ 필요한 청문 또는 의견진술의 기회를 주지 않은 행위

판례
1. 청문실시 법규정 위반 ▷ 처분의 취소사유
2-1. 과세예고 통지 후 과세전적부심사 청구나 그 결정이 있기 전에 행한 과세처분 ▷ 절차상 하자가 중대, 명백하여 무효
2-2. 과세관청이 과세처분에 앞서 필수적으로 행하여야 할 과세예고 통지를 하지 아니함으로써 과세전적부심사의 기회를 부여하지 않은 과세처분 ▷ 위법

⑥ 환경영향평가의 실시대상사업에 대하여 환경영향평가를 거치지 않고 행한 처분

판례
1. 구 「환경영향평가법」상 환경영향평가를 실시하여야 할 사업에 대하여 환경영향평가를 거치지 않고 행한 승인 등 처분 ▷ 무효
   (cf. 환경영향평가를 거치긴 거쳤으나 내용이 부실한 경우 후속처분 ▷ 당연히 위법한 것×)
   (cf. 행정청이 사전에 교통영향평가를 거치지 아니한 채 부관을 붙여서 한 실시계획 및 공사시행변경인가처분 ▷ 취소사유)
2. 사전환경성검토협의를 할지 여부를 결정하는 절차를 생략한 채 승인 등의 처분 ▷ 취소사유

⑦ 절차하자가 경미한 경우

판례
1. 민원1회 방문처리제에서 사전통지결여 ▷ 민원거부처분의 취소사유× / 단, 이익형량의 요소
2. 처분 상대방 등의 의견진술권이나 방어권 행사에 실질적으로 지장이 초래되었다고 볼 수 없는 경우 ▷ 절차 규정 위반으로 인한 취소사유×
3. 예산의 편성에 절차상 하자가 있다는 사정 ▷ 그 예산을 집행하는 처분은 위법×(취소사유×)

(3) 형식에 관한 하자

① 문서에 의하지 않은 행위: 무효

판례
1. 소방공무원이 구술로 고지한 시정보완명령 ▷ 무효
2. 예비군대원 교육훈련소집 형식 ▷ 소집통지서(구두 不可)

② 이유제시 등을 결한 행위: 취소사유

판례
세액산출근거를 기재하지 않은 과세처분 ▷ 취소사유

③ 서명·날인을 결한 행위: 무효

(4) 내용에 관한 하자

실현가능, 명확, 적법, 공익 및 사회질서에 적합하여야

판례
1. 사망자에 대한 행정처분의 효력 ▷ 무효
2. 납세자 아닌 제3자의 재산에 대한 압류처분 ▷ 무효
3. 무단사용에 대한 사용료부과처분, 적법한 사용에 대한 변상금부과처분 ▷ 취소사유
4. 도시계획시설사업의 대상 토지 소유 및 동의요건을 갖추지 못한 사업시행자 지정처분 ▷ 무효

5 사전결정과 행정처분의 효력

1. 사전결정 발급에 근거가 된 사정의 효력

(1) 대법원: 처분사유

<인용 후 사정변경으로 근거가 된 사정이 변경된 경우>

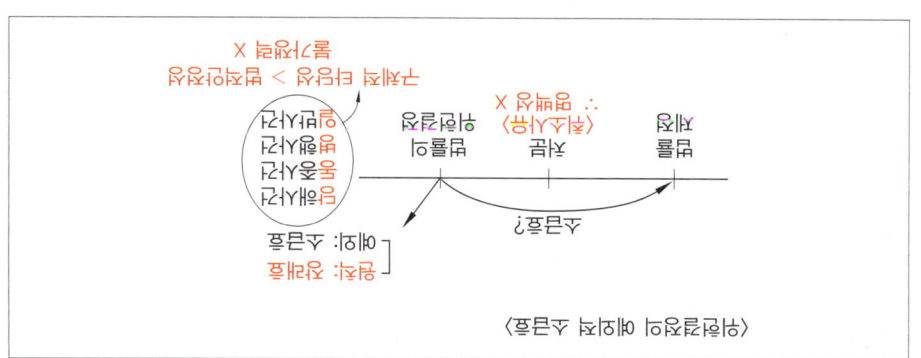

(2) 변경재판소: 처분사유

1. 사전결정 전 사정이 사전결정 이후 사정변경으로 변경된 경우에는 원칙적으로(∵ 신뢰보호원칙) × 2. 변경된 사정이 사전결정의 이유였다는 중대한 공익상 이유만이 ○ 기각결정이 이후

2. 사전결정의 예외적 효력발생 및 인정범위

(1) 사전결정의 효력

<사전결정과 신청이 이후에 예외적으로 효력이 있는 경우>

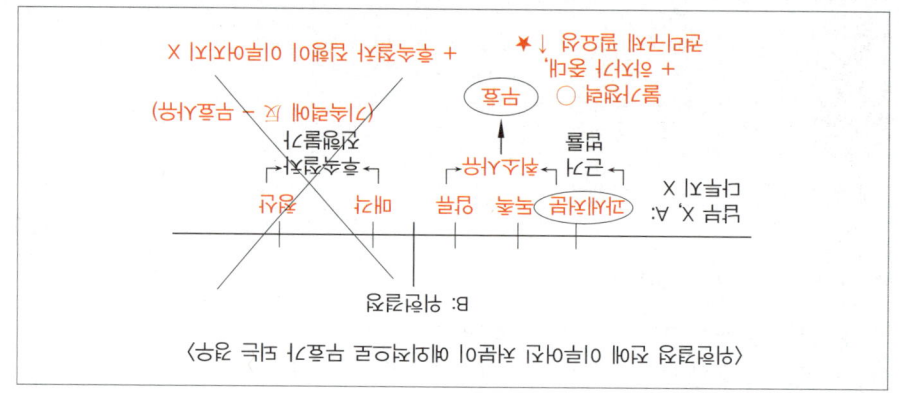

★ 결정 사전결정 전 사정이 아닌 ⊳ 하나가 중요하여 그에 관한 경우에는 예외적으로 인정가능

(2) 예외적 효력효력의 인정범위

원칙	사전결정(사전결정 제47조 제2항)
예외	개인의 권리구제를 위해 사전결정과 대립되는 행정행위 또는 해해재판의 판결과 같이 예외적으로 인정

① 행정재판의 개별 대상과정과 대립되는 행정행위 등의 발령
② 결정을 받는 자와 상대방의 이해관계가 있는 경우로 그 자리에 있는 다른 보이 공효하게 행정용 청송

① 대법원

원칙	사전결정의 효력이 행정행위의 효력(행정용, 행정처분, 변경재결 등의 효력)의 어느 하나 또는 사전결정의 유무에 영향을 받지 아니한다.
예외 효력	행정처분의 사전결정이 취소되거나, 취소한 경우, 변경재결이 취소되거나 또는 그 효력이 소멸된 경우 호선이 의미하여 이루어진다.

② 행정재판소, 변경재결, 행정재결, 변경재결 및 사전재결 중 사전재결의 결정이 하나의 효력이 있는 사정이 변경되는 경우에는 사전재결의 효력이 인정되지 않음.

3. 위헌인 법률에 근거한 처분의 집행력

문제점		위헌인 법률에 근거한 처분에 불가쟁력이 발생한 경우 집행력을 부여할 수 있는지 문제됨
학설	집행력 부정설	위헌결정의 기속력에 반하고 실질적 법치주의에 위반되므로 부정❶
	집행력 긍정설	불가쟁력이 발생한 처분에는 위헌결정의 소급효가 미치지 않으므로 처분의 후속집행 가능
판례		위헌법률에 기한 처분의 집행이나 집행력을 유지하기 위한 행위는 위헌결정의 기속력에 반하여 당연 무효(집행력 부정설)

❶ 헌법재판소법 제47조(위헌결정의 효력) ① 법률의 위헌결정은 법원과 그 밖의 국가기관 및 지방자치단체를 기속(羈束)한다.

🔨 판례
1. 위헌법률에 기한 후속처분 발령, 집행 속행 ▷ 기속력 위배
2-1. 위헌결정 전 이미 형성된 법률관계에 기한 후속처분 ▷ 위헌적 법률관계 생성, 확대 시 당연무효
2-2. 위헌인 법률에 근거한 과세처분에 불가쟁력이 발생한 경우 조세채권 집행을 위한 체납처분 ▷ 기속력에 반하여 무효

5 행정행위의 하자의 승계

1. 의의 및 논의의 전제

(1) 의의

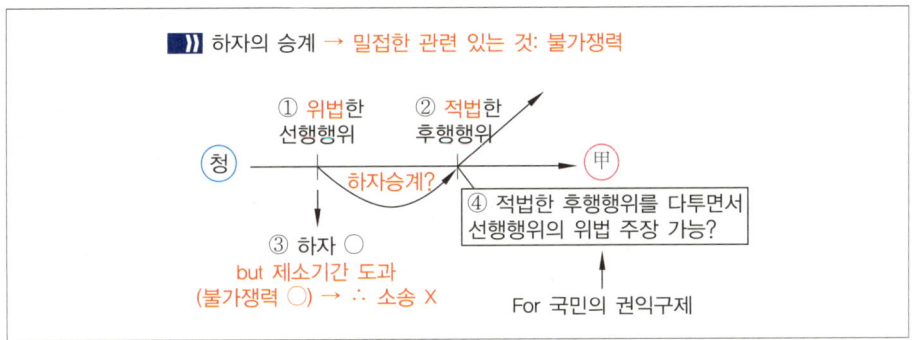

개념	둘 이상의 행정행위가 연속적으로 행하여지는 경우, 선행행위에 불가쟁력이 생겨 쟁송의 대상으로 삼을 수 없을 때 후행행위를 쟁송의 대상으로 하면서 선행행위의 위법을 주장할 수 있는지의 문제
비교	후행행위 하자로 선행행위 다툴 수×(하자의 승계×)

🔨 판례 후속절차의 하자 ▷ 선행절차의 부적법 사유로 주장 불가

(2) 하자승계 논의의 전제 조건

선행행위	후행행위
처분○	처분○
하자○(위법)	하자×(적법)
취소사유(무효×❷)	
불가쟁력○	

❷ 선행행위가 당연무효라면 후행행위도 당연히 무효이므로 언제든지 선행행위를 다툴 수도 있고 후행행위를 다투면서 선행행위의 위법을 주장할 수도 있다. 즉, 하자의 승계문제가 제기되지 않는다.

🔨 판례
1. 적법한 건축물에 대한 철거명령
   ▷ 당연무효 / 그 후행행위인 대집행 계고처분
   ▷ 역시 당연무효
2. 무효인 조세 부과처분 ▷ 체납처분도 무효
3. 선행 도시계획시설사업시행자 지정처분이 당연무효 ▷ 후행처분인 실시계획인가처분도 당연무효○

2. 하자승계의 기준

(1) 학설

① 하자(흠)승계론(전통적 견해)

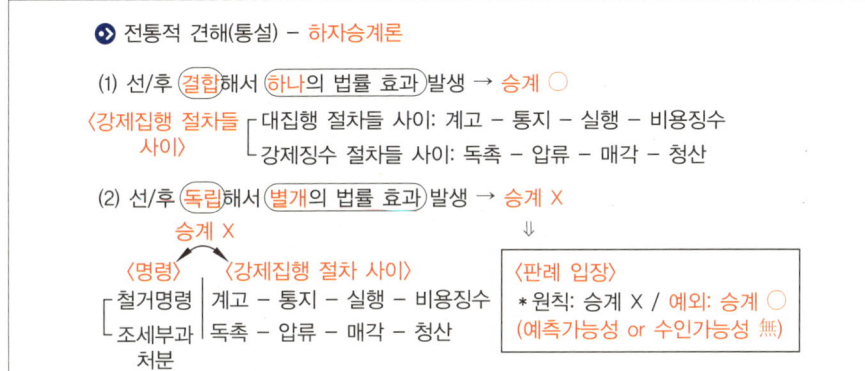

선행행위 - 후행행위	하자승계
결합하여 하나의 법률효과 발생	인정
독립하여 별개의 법률효과 발생	부정

② 구속력(규준력, 기결력)이론

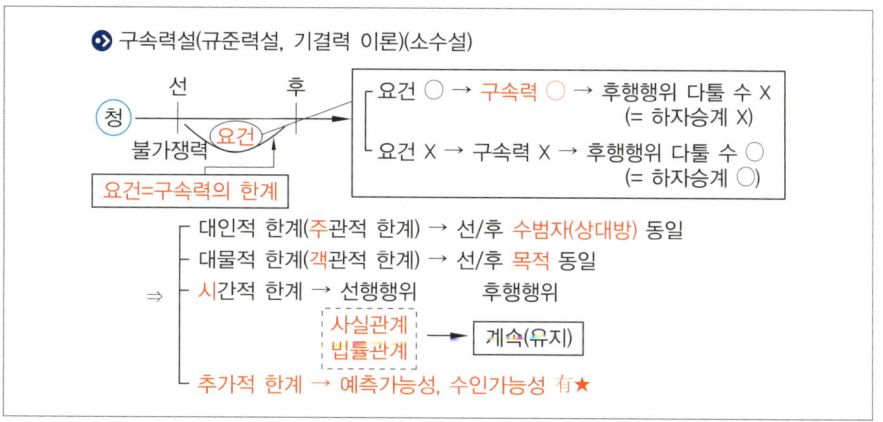

개념	하자승계의 문제를, 불가쟁력이 발생한 선행행위의 후행행위에 대한 구속력(규준력, 기결력)의 한계 문제로 파악	
구속력이 미치는 범위(한계)	• 목적·법적효과 일치(객관적 한계)/수범자 일치(주관적 한계)/선행행위의 사실적·법적상태 유지(시간적 한계)/선행행위의 법적결과 예측가능·수인가능(추가적 한계) • 수인·예측 불가능: 선행행위 구속력無 → 하자승계 인정	
효과	구속력이 미치는 범위 內	하자승계 不可❶
	구속력이 미치는 범위 外	하자승계 可❷

❶ 후행행위를 다투면서 선행행위의 위법 주장 不可
❷ 후행행위를 다투면서 선행행위의 위법 주장 可

(2) 판례

1-1. 선행행위와 후행행위가 결합하여 하나의 법적 효과 발생을 목적으로 하는 경우 ▷ 하자승계 인정
1-2. 선행행위와 후행행위가 독립하여 별개의 법적 효과의 발생을 목적으로 하는 경우
    ▷ 원칙: 하자승계 부정
    ▷ 예외: 예측가능성과 수인가능성이 없으면 하자승계 긍정
2-1. 행정절차가 보장된 실체법적 처분 ▷ 하자승계 부정
2-2. 행정절차가 보장되지 않은 쟁송법적 처분 ▷ 하자승계 인정

3. 구체적 사례

(1) 하자의 승계를 인정한 예

▼ 결합하여 하나의 법률효과 발생하여 인정한 판례
1. 독촉 → 가산금 및 중가산금의 징수처분
2. 한지의사: 시험자격인정 → 한지의사면허처분
3. 암매장: 분묘개장명령 → 계고처분
4. 기준지가: 고시처분 → 토지수용처분
5. 안경사: 국가시험 합격무효처분 → 안경사면허취소처분
6. 귀속재산: 임대처분 → 매각처분

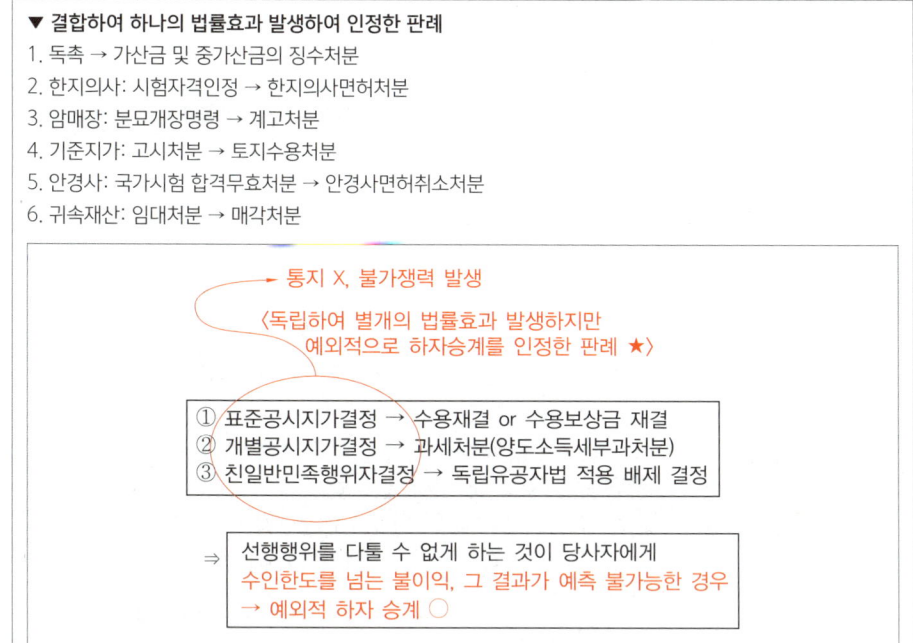

1. 행정대집행에 있어서 계고, 통지, 실행, 비용납부명령의 각 행위 사이
2. 조세체납처분에 있어서 독촉, 압류, 매각, 충당의 각 행위 사이
3. 독촉과 가산금. 중가산금 징수처분 사이
4. 개별공시지가결정과 과세처분 사이 ▷ 하자 승계○(예외)
    (cf. 개별공시지가결정에 대한 재조사 청구에 따른 감액조정에 대하여 더 이상 불복하지 아니한 경우
    ▷ 하자승계×)
5. 표준공시지가결정과 수용(보상금)재결 사이 ▷ 하자 승계○(예외)
6. 친일반민족행위자결정과 독립유공자 배제결정 ▷ 하자승계○(예외)
7. 근로복지공단이 사업종류 변경결정을 하면서 사업주에게 방어권행사 및 불복의 기회를 보장하지 않은 경우
    ▷ 후행처분인 산재보험료 부과처분에 대한 쟁송절차에서 선행처분인 사업종류 변경결정의 위법성 주장 可

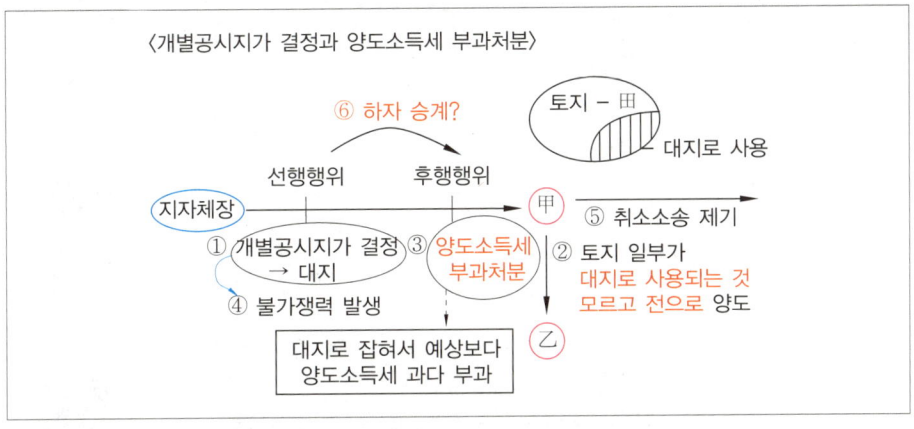

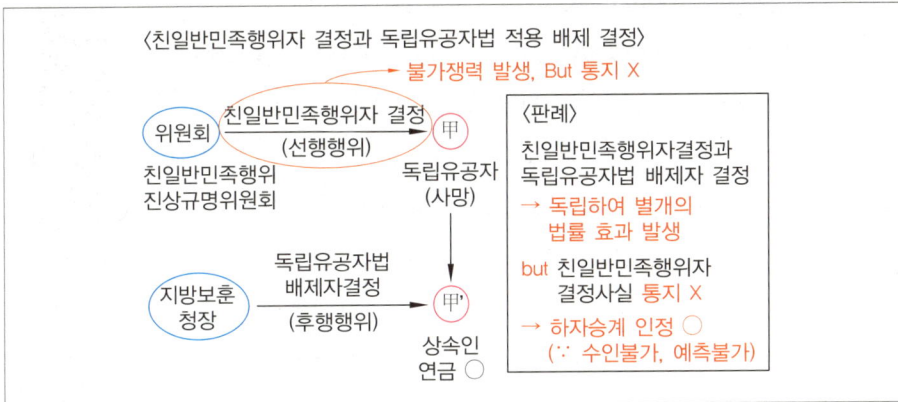

(2) 하자의 승계를 부정한 예

> 1. 건물철거명령과 대집행계고처분 사이
> 2. 과세처분과 체납처분 사이
> 3. 보충역편입처분과 공익근무요원소집처분 사이
> 4. 공무원의 직위해제처분과 면직처분 사이
> 5. 표준지공시지가결정과 개별공시지가결정 사이
> 6. 조합설립추진위원회구성승인과 조합설립인가 사이
> 7. 주택재건축조합의 사업시행계획과 관리처분계획 사이
> 8. 구 토지수용법상의 사업인정과 토지수용재결 사이
> 9. 도시계획결정과 수용재결 사이
> 10. 도시, 군계획시설결정과 실시계획인가 사이
> 11. 업무정지처분과 중개사무소 개설등록 취소처분 사이
> 12. 소득금액변동통지와 징수처분 사이
> 13. 당초과세처분과 증액경정처분 사이

6 하자있는 행정행위의 치유와 전환

1. 하자있는 행정행위의 치유

(1) 의의 및 효과

개념	성립 당시 하자있는 행정행위의 요건이 충족되었거나 하자가 경미해진 경우 성립 당시의 하자에도 불구하고 하자 없는 적법한 것으로 다루는 것
효과	'처음부터' 적법하게 성립한 것으로 취급(소급효)

(2) 하자치유 인정 여부

규정無 / 원칙: 허용×(법치주의) / 예외: 허용○(행정경제)

> 판례 | 행정행위의 치유와 전환 제한적으로 허용

(3) 인정 범위

취소할 수 있는 행정행위○ / 무효인 행정행위×

> 판례 | 1. 중대, 명백한 흠이 있는 무효인 징계처분에 대해 징계처분을 받은 자가 이를 용인한 경우 ▷ 하자치유×
> 2. 무효인 환지변경처분 후 이의를 유보함이 없이 변경처분에 따른 청산금 교부받은 경우 ▷ 하자치유×

(4) 하자치유의 사유

절차·형식상의 경미한 하자○ / 내용상의 하자×

POINT 24 행정행위의 하자(종)

(5) 하자치유의 문제

① 하자치유의 의의: 요건의 흠결이 있는 행정행위를 완전하게 하는 것

❖ 판례
1. 토지등급결정내용의 개별통지가 적법하게 이루어진 바 없다면 토지소유자가 그 결정 이전이나 이후에 토지등급결정 내용을 알았다 하더라도 하자가 치유 ❌ 하자가 치유되지 아니한다.
2. 하자 있는 행정처분의 치유는 원칙적으로 허용될 수 없을 뿐만 아니라(❌ 허용X), 이를 허용하는 경우에도 국민의 권리와 이익을 침해하지 않는 범위에서 구체적 사정에 따라 합목적적으로 가려야 한다.
3. 세액산출근거가 기재되지 아니한 납세고지서에 의한 부과처분에 대하여 불복 없이 납부하였다고 하여 그 하자가 치유되는 것은 아니다 ▶ 하자가 치유X
4. 영업양도에 따른 지위승계신고를 수리하는 처분에 대하여 행정절차법 규정에서 정한 사전통지를 하고 의견제출 기회를 주어야 한다. ▶ 하자가 치유X
5. 납세고지서(과세처분)의 기재 사항 누락이라는 하자에 대해 세액산출근거가 제시된 납세고지서에 의한 부과처분은 그 후에 이를 보완하는 고지가 있는 경우 하자가 치유 ❌ 하자가 치유X
6. 징계처분이 중대하고 명백한 것이 아니라면 징계처분의 정보공개청구 등 사유만으로 당연 무효 ❌ 하자가 치유X
7. 행정청이 청문서 도달기간을 다소 어겼다고 하더라도 영업자가 이의하지 아니한 채 청문일에 출석하여 그 의견을 진술하고 변명하는 등 방어의 기회를 충분히 가졌다면 청문서 도달기간을 준수하지 아니한 하자가 치유 ○ 하자가 치유된다.
8. 취소소송 제기 이후 하자의 치유는 하자의 사유가 추가될 수 ❌ 하자가 치유X

② 사전결정 후(예: 현상설계경선, 석방, 폐쇄 등): 본처분에서 사전결정의 하자를 치유할 수 있는 기간 내

❖ 판례
1. 과세관청이 시정명령(사전결정)의 내용, 세율, 세액의 산출근거 등이 누락된 경우에도 과세처분에 대한 불복여부의 결정 및 불복신청에 편의를 제공할 수 있는 정도라면 그 하자가 치유된다고 할 것이다(보완 이유인 하자).
2. 과세처분에 관한 불복제소기간이 도과되기 전에 보완이유의 하자 X

* 행정심판 청구 기간의 하자

① 영업허가 취소
② 영업허가 취소 ⑤일 전에 통지 → 절차상 하자 有
③ 5일 전에 통지 → ○ 절차상 하자 治癒
But 공문에 약간: But 지어사항 有
④ 공무사항 사용함 : 7일 전 통지 有

---

2. 하자있는 행정행위의 전환

예) 사망자에 대한 조세부과처분을 상속자에 대한 조세부과처분으로 보는 경우, 행정청소멸자에 대한 사이 있는 자에 대한 중여를 상속에 대한 중여로 하는 것

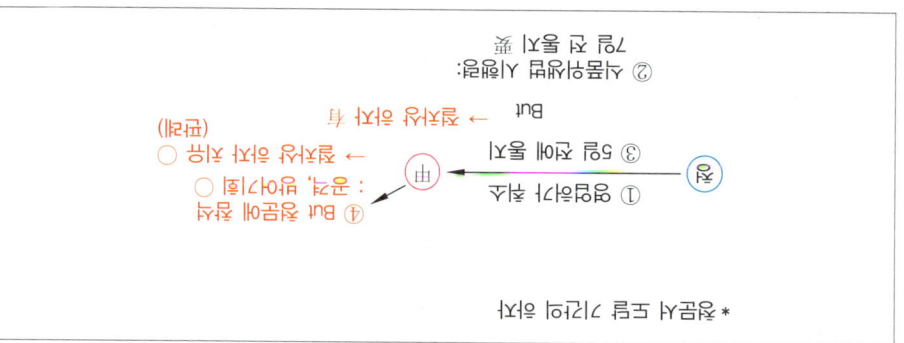

❖ 판례

개념	하자 있는 행정행위가 본래적 행정행위로서는 무효이나 다른 행정행위의 적법요건을 구비하여 그 다른 행정행위의 효력을 인정하는 것
인정 여부	• 부담적 ❌ / ○ (상속인 거) 수익적 : 연합
인정요건	• 양립하는 행정행위 • 행정청이 하는 수익적 행정행위
전환의 효과	• 양 행정행위가 일정한 공통성이 있어야 함 • 당사자에게 불이익이 없어야 함 • 상대방이 양 경우를 원하는 것이 아닌 것 • 제3자의 이익을 침해하지 않아야 함
효과	• 종전 행정행위는 소멸하고 새로운 행정행위가 이루어지므로 행정행위(다수설)

① 전환된 행정행위에 대한 제기기간: 전환이 있은 날부터 90일 이내

❖ 판례
1. 전환, 행정청이 하자의 치유 또는 취소하게 되면, 치유 또는 취소 후에 다시 새로운 처분을 해야 함
2. 사망자에 대한 행정처분은 상속인에 대한 처분으로 변경 가능

POINT 25 행정행위의 취소와 철회

행정행위의 취소와 철회

- 취소: 성립 당시의 하자 ○ → 위법
  - 직권취소
  - 쟁송취소 ─ 행정소송
                행정심판
  ⇒ 취소 전: 유효
     취소 후: 소급해서 무효(원칙)

- 철회: 성립 당시의 하자 X → 적법 유효 → 사후 발생한 새로운 사유로 행정행위 효력 소멸 (예 음주운전으로 인한 면허 취소)
  ⇒ 장래효 (장래를 향하여 효력 소멸, 원칙)

구분	직권취소	쟁송취소
목적	행정목적실현(공익 우선)	개인의 권리구제(사익 우선)
취소권자	행정청(처분청+감독청)	행정청(행정심판위원회), 법원
대상	수익적 행위+침익적 행위+제3자효 행위	침익적 행위+제3자효 행위
사유	위법+부당	• 행정심판: 위법+부당 • 행정소송: 위법
실정법적 근거	•「행정기본법」제18조 • 개별법 규정	• 일반법:「행정심판법」,「행정소송법」 • 개별법 규정
절차개시	행정청의 독자적 판단	상대방의 쟁송제기
기간제한	없음	쟁송제기기간의 제한 있음
취소범위	적극적 변경도 가능	• 행정심판: 적극적 변경도 가능 • 행정소송: 소극적 변경(일부취소)만 가능
효과	• 소급+불소급 • 불가변력 인정 안됨(원칙) / 예외적 인정	• 소급 원칙 • 불가변력 발생

1 개설

폐지	일단 유효하게 성립한 행정행위의 효력을 상실(폐지)시키는 행위: 취소와 철회
취소	철회
성립 당시의 하자를 이유로 행정행위의 효력을 소멸시키는 행위	하자 없이 성립하였으나(적법), 사후에 발생한 새로운 사정을 이유로(후발적 사유 발생) 행정행위의 효력을 소멸시키는 행위

2 행정행위의 취소(직권취소/쟁송취소)

직권취소	행정청이 스스로 행정행위의 효력을 소멸시키는 행위
쟁송취소	행정쟁송을 통해 행정행위의 효력을 소멸시키는 행위

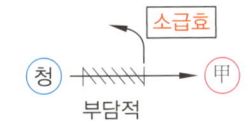

취소의 효과 (상대방에게 유리하게 해석) — 효과결정의 개별화 이론

① 부담적 행정행위의 취소   ② 수익적 행정행위의 취소

원칙: 장래효
예외: 소급효 (상대방에게 귀책사유 有)

1. 취소의 개념

광의의 취소	직권취소 + 쟁송취소
협의의 취소[1]	직권취소

1. 광의의 취소(실질적 의미)는 직권취소 또는 쟁송취소를 말한다.
2. 협의의 취소는 위법한 처분을 처분청 또는 감독청이 행정행위의 성립에 중대한 하자가 있음을 이유로 일단 유효하게 성립한 행정행위의 효력을 상실시키는 것을 말한다. 다만, 강학상 인가의 경우에는 하자가 없어도 해제(解除)하여야 하는 경우도 있으나 이는 취소가 아니다.

➊ 판례에 의하면 행정행위의 취소는, 일단 유효하게 성립한 행정행위를 그 성립에 하자가 있음을 이유로 소급하여 그 효력을 소멸시키는 별도의 행정처분을 의미한다.

2. 직권취소와 쟁송취소의 구별

성질	직권취소	수익적 행정행위
	쟁송취소	침익적 행정행위
취소권자	처분청·감독청	처분청의 직권, 상급청
	행정심판위원회, 법원	
대상	직권취소	모든 행정행위(부담적·수익적·제3자효 행정행위)
		부담적·제3자효 행정행위
	쟁송취소	부담적 행정행위×(∵ 이미 이익 침해)
		• 불가쟁력이 발생한 행정행위×
취소사유	직권취소	위법·부당
	쟁송취소	• 행정심판: 위법·부당
		• 행정소송: 위법

(1) 취소사유

⊘ 판례 | 자격의 취소사유 ▷ 이해관계인에게 직접적으로 취소사유×

(2) 취소의 제한(이익형량)

쟁송취소	이익형량의 법리 적용×
직권취소	이익형량 등

(3) 취소기간

직권취소	• 취소기간의 제한×(단, 실권의 법리에 따른 제한 有) • 불가쟁력이 발생한 행정행위도 직권취소 可 • 취소 후에도 계속 취소 可
쟁송취소	일정 기간 경과 시 / 행정심판기간이 지나면 행정행위의 취소를 청구하고 취소할 수 없다.(∵ 불가쟁력 발생)
행정심판	행정심판: 안 날 90일, 있은 날 180일
행정소송	행정소송: 안 날 90일, 있은 날 1년

⊘ 판례 | 처분에 대한 취소소송 중 행정청이 직권취소, 하자치유, 다시 처분한 경우 可

(4) 취소절차 및 형식

직권	직권취소	행정절차법 등의 절차를 따르고, 처분서에
	직권취소	개별법 또는 행정절차법에 의하여, 처분서
쟁송	직권취소	행정심판법, 행정소송법 등에 의함 / 재결
	직권취소	서면·판결

(5) 취소의 효과

① 직권취소: 원칙적 소급효

행정행위의 종료

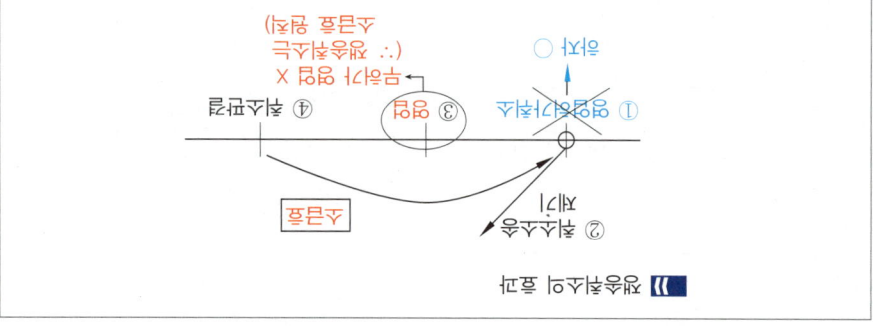

① 행정청이 가능
② 취소소송
③ 인정
④ 취소판결
- 영업
  - 영업허가가 없어 X(∵: 취소하는 처분 정지)
  - 영업허가 취소
- 취소
- 취소판결 → 영업정지의 효력

> **판례**
> 1. 운전면허취소처분에 대한 취소판결 확정
>   ▷ 취소판결의 소급효○
>   ▷ 운전면허취소처분 이후의 운전행위는 무면허운전✕
> 2. 영업허가취소처분에 대한 쟁송취소
>   ▷ 쟁송취소의 소급효○
>   ▷ 영업허가취소처분 이후의 영업행위는 무허가영업✕

② 직권취소

부담적 행정행위	원칙적 소급효
수익적 행정행위	원칙적 장래효

(6) 취소의 범위

직권취소		적극적인 변경○
쟁송취소	행정심판	소극적 변경○ / 적극적 변경○
	행정소송	소극적 변경○ / 적극적 변경✕

3. 취소권자

(1) 처분청

법적 근거가 없는 경우에도 직권취소 可

> **판례**
> 권한 없는 행정기관이 한 당연무효인 행정처분의 취소권자
> ▷ 당해 처분을 한 처분청(적법한 처분 권한을 가진 행정청✕)

(2) 감독청

감독청의 취소권 명문규정:「행정권한의 위임 및 위탁에 관한 규정」제6조,「정부조직법」제11조 제2항,

→ 명문규정 없는 경우(견해대립 有): 부정설 - 감독청이 처분청의 권한침해 / 긍정설 - 감독목적 달성 위한 교정적·사후적 통제수단

제18조 제2항,「지방자치법」제188조 제1항

4. 직권취소의 법적 근거: 행정기본법 제18조

> **판례**
> 행정행위를 한 처분청은 그 행위에 하자가 있는 경우에 별도의 법적 근거가 없더라도 스스로 이를 취소할 수 있는 것이며, 다만 그 행위가 국민에게 권리나 이익을 부여하는 이른바 수익적 행정행위인 때에는 그 행위를 취소하여야 할 공익상 필요와 그 취소로 인하여 당사자가 입을 기득권과 신뢰보호 및 법률생활 안정의 침해 등 불이익을 비교 교량한 후 공익상 필요가 당사자의 기득권침해 등 불이익을 정당화할 수 있을 만큼 강한 경우에 한하여 취소할 수 있다(대판 1986.2.25. 85누664).

5. 취소의 제한

▼ 취소·철회의 제한
- 침익적 행정행위의 취소·철회: 상대방의 불이익 제거 → 취소·철회 자유
- 수익적 행정행위의 취소·철회(or 복효적 행정행위): 공익과 사익(신뢰보호) 간 이익 형량 要 → 취소·철회 제한

(1) 부담적 행정행위의 경우: 자유롭게 취소○

(2) 수익적 행정행위의 경우: 취소 제한

직권취소의 제한 (이익형량의 원칙)	자유롭게 취소✕ / 취소를 해야 할 공익상 필요가 상대방이 입을 불이익보다 커야 가능(이익형량 要)
취소가 제한되는 경우	보호가치 있는 신뢰, 실권의 법리, 포괄적 신분설정행위, 인가등 사법(私法)형성적 행정행위, 준사법적 행정행위, 하자있는 행정행위의 치유와 전환
취소가 제한되지 않는 경우 (이익형량 불요)	처분의 하자가 수익자의 책임 있는 사유에 기인하는 경우: 당사자가 거짓이나 부정한 방법으로 처분을 받은 경우, 처분의 위법성을 알았거나 중대한 과실로 알지 못한 경우 등(행정기본법 제18조 제2항 단서)

> **판례** 직권취소의 제한
> 1. 공익과 사익을 비교형량 후 사인의 불이익 등이 막대한 경우 ▷ 취소권 행사는 재량권 한계 일탈(위법)
> 2. 건축허가 착수기간 경과 ▷ 건축허가 취소 전 착수하면 건축허가취소 불가
> 3. 수익적 행정처분의 하자나 취소해야 할 필요성에 관한 증명책임 ▷ 기존 이익과 권리를 침해하는 처분을 한 행정청

> **판례** 취소가 제한되지 않는 경우
> 1. 상대방의 부정행위로 이루어진 수익적 처분의 취소 ▷ 신뢰보호 고려✕
> 2. 허위의 고등학교 졸업증명서 제출로 인해 33년 경과 후 하사관 임용 취소 ▷ 적법

(3) 복효적 행정행위(제3자효 행정행위)의 경우

취소로 인한 상대방의 이익·불이익과 함께 제3자의 이익·불이익도 이익형량 시 고려요소에 포함

6. 취소의 절차

수익적 행정행위의 직권취소:「행정절차법」상 침익적 처분절차(사전통지, 의견제출 등) 준수 要

7. 일부취소

> **판례**
> 1. 외형상 하나의 행정처분이라 하더라도 가분성이 있거나 특정성이 있는 경우 ▷ 일부 취소 可
> 2. 수개의 처분사유 중 일부가 위법, 다른 처분사유로써 처분의 정당성 인정 ▷ 처분 위법✕

POINT 25 행정행위의 하자의 승계

8. 하자의 승계 (소급효 또는 장래효)

무효인 행정행위	• 원시적: 중대함 • 다만, 가해자가 있거나 제재사유가 없음에도 불구하고 인정사유가 있어 강행된 처분 등 공권력 사용을 한 경우: 장래효
취소할 수 있는 행정행위	• 원시적: 소급효 예) 과세처분 취소 후: 소급효
제3자효 행정행위	신뢰보호 및 이익형량 등 고려사유에 따라 소급효 또는 장래효

❸ 고지에 의한 장래효를 제한하여야 하는 경우

부담적 행정행위	1. 원칙: 행정행위를 소급하여 취소함(위법, 지적사유 불문) 2. 예외적으로 공공복리를 위해 → 장래효
수익적 행정행위의 취소	수익적 행정행위가 공공복리를 위해 필요한 경우 이를 소급취소할 수 있는 것이 원칙 → 소급취소하지 아니하고 장래효로 변경하는 것이 원칙

9. 하자의 승계

>> 행정행위의 하자의 → 처분의 하자 특이

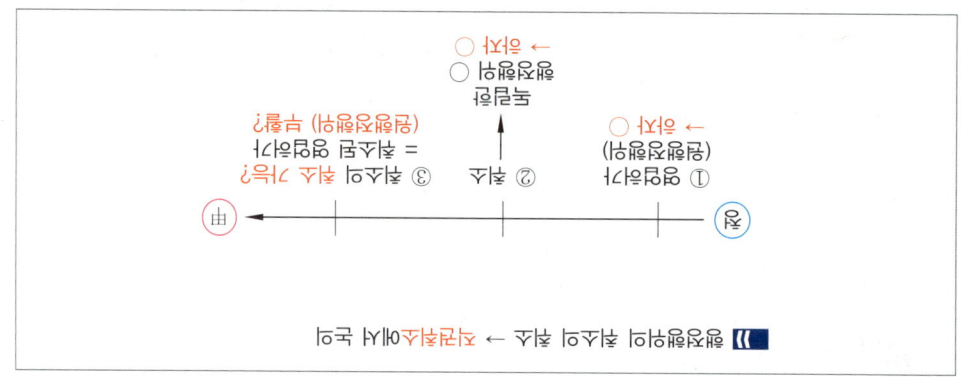

① 영장처분 → 하자 있음 ② 처분 ③ 하자 가능? (무효 가능?)
(행정행위) → → 철회처분
독립성 행정행위 ○ 취소 →
→ 취소 ○

문제점	영장행위에 하자가 있다면(위법이라) 이를 이유로 다시 하자의 위법사유를 주장할 수 있는지가 문제
원인	• 요건: 영장의 하자 행정행위 • 인정: 예외(제3자에 의해설계가 개정된 경우)

★전제: 영장하자/장래하자/장래하자

1. 의의

영장처분의 단계적인 대체에 그 효력을 강행할 수 있는 사정이 있음이 해당취하여의 대신할 등을 이유로 후단
하여야 한다.
1. 승소대응 경제 위하여 필요할 것
2. 영장처분이 불가피성이가 사업자이 대한 특정되지 않을 것
3. 후단처분의 고유 하자가 없을 것
③ 처분일 제약성 대한 재판기준 자체에 의해 인사자가 동일하다는 위법하다 또는 후단처분이 단독이 비교 · 점함
하여야 한다.

3. 행정행위의 하자

소급취소의 규제(시설영업취소의 경우)① 영장처분 처분이 ② 하자가 있어 해당취하여는 다음 ② 효이 하자가 그 자신의 판단 또는
된다.
1. 영장에서 규정한 사업은 해당자에 인지 영장등의 이사 있는 경우
2. 영향에서 관계 시설정자의 부정한 방법으로 시설 등을 받지 않은 경우
3. 중대한 공위 위하여 당시 경우
② 영향은 개입하여 필요한 경우에 한하여 인정되는 경우로 영양이 다음이는 인용 · 직접 ·
하여야 한다.

표제	하가를 해당자의 대신이 해당자가 허위가 하여 민원에게 해당처분이 취소되, 예) 해당등이 이사 중

★정리: 해당처분/상장처분/상장등급
영향한 장관하기 해당처분은 불가가 아닌지 있다.

10. 개속적 효력 후의 하자의 후의 하자의 위법승계사유

표제	수익 행정행위의 장래처분 가능이 있는 정 이상 하자 이상의 사유 1. 이사명당사사이의 하자 → 취소 인정 2. 영장에서 하자처분 후 제거사유의 성립이 있는 경우 → 취소 인정

표제	수익행정행위의 하자의 후 재취소사용 중 수익하다 사용에 하자 있는 사유에 해당하는 행정행위의 후

2. 취소와 철회의 비교

(1) 공통점
① 유효하게 성립한 행정행위를 소멸시킴
② 행정청이 직권으로 행하는 독립한 행정행위

(2) 차이점

> 판례 행정행위의 취소는 일단 유효하게 성립한 행정행위를 그 행위에 위법한 하자가 있음을 이유로 소급하여 효력을 소멸시키는 별도의 행정처분을 의미함이 원칙이다. 반면, 행정행위의 철회는 적법요건을 구비하여 완전히 효력을 발하고 있는 행정행위를 사후적으로 효력의 전부 또는 일부를 장래에 향해 소멸시키는 별개의 행정처분이다. 그리고 행정행위의 취소 사유는 원칙적으로 행정행위의 성립 당시에 존재하였던 하자를 말하고, 철회 사유는 행정행위가 성립된 이후에 새로이 발생한 것으로서 행정행위의 효력을 존속시킬 수 없는 사유를 말한다(대판 2018.6.28. 2015두58195 ; 대판 2003.5.30. 2003다6422).

3. 철회권자

처분청	명문의 규정 불문 可
감독청	명문의 규정 있는 경우에만 可

4. 철회의 법적 근거: 행정기본법 제19조

> 판례 수익적 행정행위의 철회 ▷ 법적 근거 없어도 사정변경 또는 중대한 공익상 필요가 있다면 가능

5. 철회의 사유(철회원인)

(1) 행정행위가 성립된 이후에 새로이 발생한 것으로서 행정행위의 효력을 존속시킬 수 없는 사유

(2) 행정행위의 철회 사유
① 철회권이 유보된 경우
② 부담의 불이행
③ 법령에 규정된 철회사유의 발생
④ 사정변경이 있는 경우
⑤ 사실관계의 변화가 있는 경우
⑥ 근거법령이 변경된 경우
⑦ 중대한 공익상의 필요

행정기본법	① 법률에서 정한 철회사유 ② 법령 등의 변경이나 사정변경 ③ 중대한 공익
학설, 판례	위 「행정기본법」상 철회사유(①~③) + ① 상대방의 의무위반 ② 부담의 불이행 ③ 철회권이 부관으로 유보된 경우

> 판례 철회사유가 철회처분 이전에 해소된 경우 ▷ 철회사유(결격사유) 당연소멸× (집행유예기간 경과해도 면허취소 可)

6. 철회권의 제한

(1) 부담적 행정행위의 경우: 자유롭게 철회○
(2) 수익적 행정행위의 경우: 철회 제한

철회권의 제한	자유롭게 철회× / 공익과 사인의 신뢰보호이익을 비교형량하여야 함(철회로 달성되는 공익이 철회로 인해 당사자가 입게 될 불이익보다 커야 허용, 이익형량 要)
제한사유	비례원칙, 신뢰보호의 원칙, 실권의 법리, 불가변력이 발생한 행위, 포괄적 신분설정행위

> 판례 국고보조조림결정에서 정한 조건에 일부만 위반하였음에도 국고보조조림결정 중 정당하게 조림한 부분까지 합쳐 전체를 철회한 것은 위법하다(대판 1986.12.9. 86누276).

(3) 복효적 행정행위(제3자효 행정행위)의 경우
① 수익적 행정행위의 철회의 법리에 따름
② 이익형량에 있어서 철회를 요구하는 공익과 상대방의 사익 외에 제3자의 이익도 고려

7. 철회의 절차

수익적 처분 철회: 철회 자체가 행정행위이므로 「행정절차법」상 절차를 거쳐야 함(∵ 침익적 처분)

판례는 「행정절차법」 제정 전에도 이유제시를 요한다고 판시

8. 철회의 범위와 한계

철회사유와 관련된 범위 내에서만 철회 可 (예 복수운전면허 철회)

> 판례 1. 외형상 하나의 행정처분이라 하더라도 가분성이 있거나 특정성이 있는 경우 ▷ 일부 철회 可
> 2. 철회사유가 특정면허에 관한 것이 아니고 다른 면허와 공통된 것이거나 운전면허를 받은 사람에 관한 것일 경우
>   ▷ 복수 운전면허 전부 철회 可

9. 일회의 효과

경매치	효과
예미	• 소급효: ❶ 원칙적 일회효과 → 소급하여 인정할 수 없는 경우(예) 본득대위나 이해관계자보호를 위한 경우 등 일회의 근거가 되는 일회사유 발생 시점까지 소급) • 무효사유: 수익적행정행위의 일회에만 수령하지 X

• 일회의 효력은 장래(예) 일회사유 발생일, 일회처분일)을 원칙

<mark>판례</mark> 영업허가의 일회에 소급효를 인정하기 위하여는 ► 일회사유와 일회의 필요성 근거가 있어야 함

10. 일회의 처분

처분의 처음과 동일자에게 청문(하고자 처분에 관련의 이익이행한 불)

11. 일반행정의 일회 및 변경정지효

(1) 원칙: 가능

(2) 예외: 인정(상대방의 기득권이 일회에 대한 공익상 필요정보다 재산이 이O(양)으로 수집된 때)

<mark>판례</mark>
• 실리 허용
• 건축허가의 일회가 허용되는 경우
  ► 도시계획상의 건축허가가 일방되었O경우(예)
    d. 건축주가 토지소유자로부터 토지사용승낙서를 받아 건축허가를 받았으나가 토지사용승낙서의 효력상실 경우
  ► 중대된 위험방지의 일리공익상 필요한 경우
    d. 중대한장창창상의 위반이가 일방된 경우
  ► 중요사정변경의 위하여 일정상의 해제이익일 경우(원O)
    d. 송부용지정감관O일회정장O

❶ 건축주가 고의적으로 해당 사항을 표시를 사용했 지연하고 준공경사 끝나도 따라 등정을 입은 상대에 대응 정장상 경우, 건축자가의 일회방대표 상당한 대신에 소급되고, 따라서 토지소유자는 건축자가의 일회정상 등을 신청할 수 있는 권리를 가짐다고 할 수 없으므로, 소유자의 토지소유자의 건축자가 소송자는 건축자가의 일회정상 등 산업에 대하여 건축행정청이 가부의 확답을 하지 O하더라도 이를 항고소송의 대상이 된다(대판 2017.3.15, 2014두41190).

POINT 26 행정행위의 실효

1 실효의 의의

개념		유효한 행정행위의 효력이 일정한 사실의 발생으로 당연히 그 효력이 소멸되는 것
무효와의 구별	무효	처음부터 효력 발생×
	실효	일단 효력 발생 후 소멸
직권취소·철회와의 구별	취소·철회	행정청의 의사표시 要
	실효	행정청의 의사표시와 무관하게 일정한 사실 발생에 의해 당연소멸

2 실효의 사유

1. 행정행위 대상의 소멸

> ⓘ 예) 운전면허받은 자의 사망으로 인한 운전면허의 실효, 화재로 인한 위법건축물의 소멸로 철거명령의 소멸, 허가영업을 자진 폐업한 경우 허가의 실효 등

> 판례) 영업허가처분 받은 후 영업을 폐업시 ▷ 허가처분 당연실효

2. 해제조건의 성취 또는 종기의 도래

3. 목적의 달성 또는 목적달성이 불가능한 경우

3 실효의 효과

장래효	• 실효사유 발생한 때부터 장래에 향하여 효력 소멸 • 일단 실효된 행정행위는 되살아나지 않음
권리구제	실효확인심판·소송, 효력존재확인소송 등

> 판례) 자진폐업 후 영업허가 재신청 ▷ 종전 영업허가 효력회복×(∵ 자진폐업 시 자동적으로 영업허가 소멸)

POINT 27 확약

해커스공무원 정인영 단원별 기출문제집 **행정법총론**

1 의의

개념	행정청이 앞으로 어떤 행위를 하거나 하지 아니할 것을 약속하는 의사표시 • "행정절차법" 상 확약의 대상: 법령등에서 당사자가 신청할 수 있는 처분을 규정하고 있는 경우
구별개념	예약	본 계약을 체결할 의무가 아닌 확정적 의사표시
	사전결정	종국적 행위에 대하여 이해관계인의 법적 지위를 판단하는 결정

• 확약은 다른 행정행위와 마찬가지로 법령등에 근거가 있는 경우뿐만 아니라 법령등에 근거가 없더라도 그 행정청의 권한 범위 내에서 가능하다고 할 수 있다.

예 내인가, 내허가, 자진납부감액약속, 도시계획결정약속 등

행정절차법 제40조의2(확약) 행정청은 법령등에서 당사자가 신청할 수 있는 처분을 규정하고 있는 경우 신청에 따라 처분을 하기 전에 당사자에게 확약을 할 수 있다(이하 "확약"이라 한다).
③ 행정청은 다른 행정청과의 협의 등의 절차를 거쳐야 하는 처분에 대하여 확약을 하려는 경우에는 확약을 하기 전에 그 절차를 거쳐야 한다.
④ 행정청은 확약이 다음 각 호의 어느 하나에 해당하는 경우에는 확약에 기속되지 아니한다.
1. 확약을 한 후에 확약의 내용을 이행할 수 없을 정도로 법령등이 변경된 경우
2. 확약이 위법한 경우
⑤ 행정청은 확약이 제4항 각 호의 어느 하나에 해당하여 확약을 이행할 수 없는 경우에는 지체 없이 당사자에게 그 사실을 통지하여야 한다.

2 확약의 법적 성질 (처분성 인정 여부)

1. 학설

부정설	사전결정의 일종에 해당할 수는 있으나 종국적인 처분X
긍정설	행정청에 대하여 행정작용의 이행이라는 내용을 갖고 의사표시가 포함되는 점

2. 판례(부정설)

판례	1. 어업면허우선순위결정은 행정처분이 아님 ▶ 공정력X, 불가쟁력X, 불가변력X ▶ 항고소송 불가 2. 확약기간 전에 확약의 내용과 달리 ⇨ 인가처분 유효 (cf. 어업면허우선순위결정과 어업면허처분: 처분성O)

• 어업면허에 선행하는 우선순위결정은 행정청이 우선권자로 결정된 자의 신청이 있으면 어업면허처분을 하겠다는 것을 약속하는 행위에 불과하고 행정처분은 아니므로, 우선순위결정에 공정력이나 불가쟁력과 같은 효력은 인정되지 아니하며...

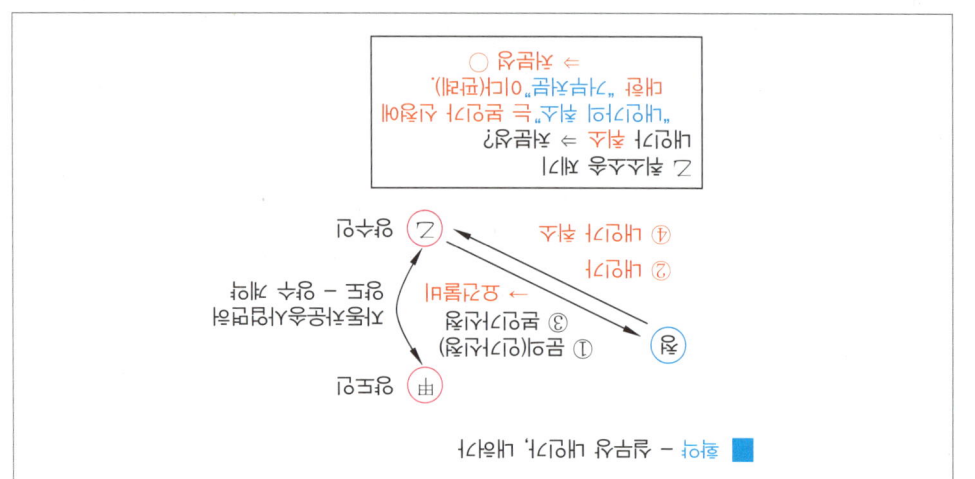

■ 확약 - 행정청 본인이, 대상이

甲 (민원인) 인허가
↓
① 문의(인가사항)   ① 대신가 문서
乙 안인가 - 인가 발급 계약
자동차운전사업면허   ② 대신가 문서 ⇨ 확약X
② 인가 발급   대신 "가까우며", "이다(임)"
③ 인가공시   ⇨ 확약O

3 확약의 법적 근거

명문규정 없음 ∵ 본처분권한포함설(통설)

4 확약의 요건

주체	본처분의 권한 있는 행정청이 그 권한 내에서 할 것
내용	• 적법 · 명확 · 이행 가능할 것 • 본처분의 효율적 사전조치에 대응할 것이 • 상대방에게 표시되어 상대방이 그 사실에 대해 신뢰할 것
절차	본처분에 대하여 일정한 절차를 거쳐야 하고 그 절차를 거쳐야만 함
형식	문서 ("행정절차법" 제40조의2 제2항)

5 확약의 대상(한계)

재량행위 · 기속행위 ○ (통설)

6 확약의 효과

1. 확약의 구속력

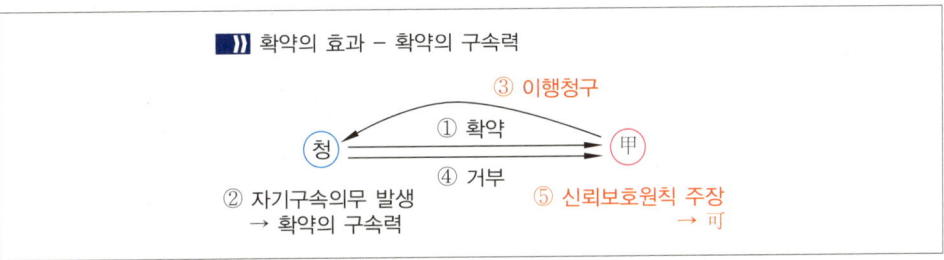

확약의 구속력	행정청	확약의 내용인 본행정행위를 이행하여야 할 자기구속적인 의무 ○
	상대방	행정기관에 대하여 그 이행을 청구할 권리 ○
구속력의 배제 (제5항 제1·2호)		• 확약을 한 후 확약의 내용을 이행할 수 없을 정도로 법령 등이나 사정이 변경된 경우 • 확약이 위법한 경우 • 위와 같은 사유로 확약불이행 시 통지의무 有

2. 확약의 실효

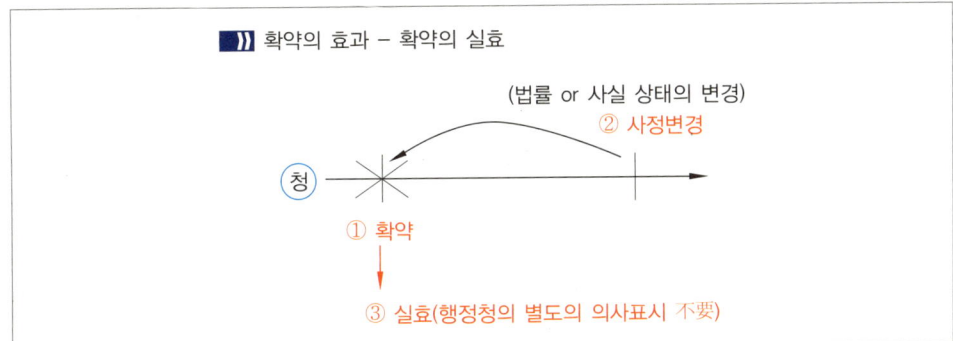

행정청의 확약 또는 공적인 의사표명이 그 자체에서 정한 유효기간을 경과하거나 사실적·법률적 상태가 변경되었다면 확약 또는 공적인 의사표명은 실효된다.

3. 확약의 하자

적법요건의 어느 하나라도 충족하지 못하면 확약은 무효

4. 권리구제

▼ 확약과 권리구제: 확약 그 자체에 대해서는 항고소송 제기 ×(∵ 처분성 ×)

확약한 내용을 이행할 것을 신청	행정심판	행정소송
거부	• 거부처분취소심판 • 의무이행심판	거부처분취소소송
부작위	의무이행심판	부작위법확인소송

행정쟁송	• 확약: 처분성×, 항고소송 不可 • 확약한 내용의 이행신청에 대한 거부·부작위: 거부처분취소심판, 의무이행심판, 부작위법확인소송, 거부처분취소소송 可
국가배상, 손실보상	확약의 불이행 ▷ 국가배상, 손실보상청구 可

POINT 28 행정계획

해커스공무원 장재혁 행정법총론 핵심요약노트

1 의의 및 기능

개념	행정주체가 장래 행정활동을 위해 행정목표를 설정하고, 상호 관련된 행정수단의 종합·조정을 통하여 목표로 제시된 일정한 질서를 실현하기 위한 활동기준
기능	목표설정, 행정수단의 종합화·체계화, 행정작용의 기준 정립, 매개기능, 갈등 조정 및 이해관계 조정 기능, 예측가능성 부여 등

2 행정계획의 종류

1. 구속여부에 따른 분류

법적 구속력 유무에 따라 구속적 행정계획과 비구속적 행정계획으로 구분

구속적 행정계획	國민에 대한 구속성 국민의 권리·의무에 직접적인 영향을 미치는 행정계획 예 도시관리계획, 도시기본계획, 택지개발예정지구의 지정, 환지계획 등
	행정기관 내부에서만 효력이 있거나, 국민의 권리·의무에 영향을 미치지 않는 행정계획 예 도시기본계획, 하수도정비기본계획, 환경보전계획 등
비구속적 행정계획	대외적으로 국민에 대하여 직접적인 효력이 발생하지 않는 경우

2. 구속계획의 성립에 따른 분류

기본계획	행정계획이나 기본계획으로서 이후 구체화하기 위한 지침적 성격의 계획 예 ○○기본계획·도시기본계획 등
실시계획	기본계획을 구체화하기 위한 기준이 되는 계획 예 ○○(도시·군)관리계획 · 실시기본계획 등

참고 상·하위계획간 상호구속력 없이 개별적 관계에서 본다는 점에서 추상적·구체적 규범

3 행정계획의 법적 성질

행정계획의 종합적 법적 성질

* 행정계획이 개별 행정기관에 대해 구속력이 있는지 성립 여부 판단
* 구속적 행정계획: 처분성 ○
* 비구속적 행정계획: 처분성 X
* 동일: 행정계획의 변경
  → 구속적이지 아니한가?
  * 동일: 행정계획의 변경 X → 각하
  * 예외: 행정계획의 ○
    (국민의 기본권에 직접 영향 + 그대로 실시될 것이 명백한★)

참고 처분성을 인정받은 행정계획

1. 도시관리계획결정(중 도시·군관리계획결정)
2. 구·도시계획법상 ○ 도시설계
3. 관리처분계획에 포함된 수용대상계획
4. 도시설계 중 국토계획용도변경결정(시행계획)
5. 도시설계 중 국민권역용도변경결정
6. 택지개발촉진법에 의한 택지개발예정지구의 지정
7. 정비사업조합의 관리처분계획의 수립, 그리
8. 그로 인해 개발제한 된 이행이 매우 부가하여진 경우

판례	처분성을 부정한 판례
	1. 구「도시계획법」상 도시기본계획 ▷ 구속력×
	2. 구「토지구획정리사업법」상 환지계획 ▷ 처분성×
	(cf. 구「토지구획정리사업법」상 환지예정지지정과 환지처분 ▷ 처분성○)
	3. 구「하수도법」상 하수도정비기본계획
	4. 4대강 살리기 마스터플랜
	5.「국가균형발전 특별법」에 따른 시, 도지사의 혁신도시최종입지 선정행위
	6. 개발제한구역제도개선방안

4 행정계획과 법률유보

구속적 행정계획	작용법적 근거○
비구속적 행정계획	작용법적 근거×❶

❶ 단, 공동체 및 국민의 이익에 중대한 영향을 미치는 사항: 작용법적 근거○

5 행정계획의 절차

- 일반법× / 개별법에서 다양하게 규정○
- 「행정절차법」상 행정계획: 이익형량 규정❷, 행정예고 규정❸ 有 / 행정계획에 관한 관계 행정기관과의 협의, 주민·이해관계인의 의견청취·참여에 관한 일반규정은 無

❷ 행정절차법 제40조의4(행정계획) 행정청은 행정청이 수립하는 계획 중 국민의 권리·의무에 직접 영향을 미치는 계획을 수립하거나 변경·폐지할 때에는 관련된 여러 이익을 정당하게 형량하여야 한다.

❸ 행정절차법 제46조(행정예고) ① 행정청은 정책, 제도 및 계획(이하 "정책등"이라 한다)을 수립·시행하거나 변경하려는 경우에는 이를 예고하여야 한다. 다만, 다음 각 호의 어느 하나에 해당하는 경우에는 예고를 하지 아니할 수 있다(이하 생략).

6 행정계획의 효력요건과 효력

1. 효력발생요건과 효력발생일

효력발생요건(공포 or 고시)		• 법령의 형식: 공포 • 그 밖의 형식: 고시
효력발생일	법령의 형식	공포한 날로부터 20일 또는 30일 경과
	그밖의 형식	고시가 있는 날(예) 도시관리계획: 지형도면 고시일)

판례	관보에 게재하여 고시를 결여한 행정계획 ▷ 대외적 효력발생×

2. 행정계획의 효력

일반적 효력	비구속적 계획	법적효력×
	구속적 계획	법적효력○
집중효 (특수한 효력)	개념	계획확정청에 의해 행정계획이 확정되면 다른 법령에 의해 받아야 하는 인가·허가·승인 등을 받은 것으로 간주하는 효력
	취지	절차의 간소화, 사업자의 부담해소 및 절차촉진에 기여
	법적근거	개별법률에서 명시적으로 규정한 경우에만 인정可(∵ 권한변경초래, 행정조직 법정주의 원리)
	범위	판례(절차집중설): 의제되는 인·허가에 대한 행정절차 거칠 필요×

판례	관계기관의 장과 협의를 거쳐 행한 주택건설사업계획승인 ▷「도시계획법」소정의 주민의견청취 등 절차 불요

7 행정계획 변경과 하자

1. 행정주체에 의한 계획의 변경

경미한 사항의 변경과 달리 주요부분을 실질적으로 변경하는 새로운 계획 수립·고시: 당초 계획은 효력 상실

판례	지정권자가 개발계획의 주요 부분을 실질적으로 변경한 경우 ▷ 당초 개발계획은 특별한 사정이 없는 한 효력 상실

선행계획과 양립할 수 없는 후행계획의 효력	
선행계획의 변경권한 있는 행정청이 선행계획과 양립할 수 없는 후행계획 결정	후행계획이 선행계획을 대체함 (선행계획 폐지 유효, 후행계획 유효)
선행계획의 변경권한 없는 행정청이 선행계획과 양립할 수 없는 후행계획 결정	선행계획 폐지 무효, 후행계획 무효 (무권한의 하자)

판례	선행계획과 양립할 수 없는 후행계획 ▷ 권한 없는 자에 의해 이루어진 것이라면 무효(취소사유×)

2. 행정계획절차의 하자

하자의 일반이론에 따라 무효 또는 취소사유
↳ 단, 경미한 절차의 하자와 순수하게 행정내부적인 절차위반은 취소사유×

판례	1. 공고, 공람 절차에 하자 있는 도시계획결정 ▷ 취소사유
	(cf. 공람절차 없이 수정된 내용에 따라 이루어진 환지예정지 지정처분 ▷ 당연무효)
	2. 공청회와 이주대책이 없는 도시계획수립행위 ▷ 취소사유

3. 개별재정과 행정입법

(1) 개별재정의 의의

행정입법 수권 · 법률유보원칙이 있어서 개별재정(행정입법)에 인정되는 실제대상인 행정이 자분(재정)

📌 **판례**
1. 행정입법부작위 ▶ 행정청에 신청하여 있어 신청하여 진행부작위 행정이 자분 ○
2. 개별재정 ▶ 일반 재정행위에따라 공권으로원 행정이 자분 인정
3. 개별재정고시규정재정 ▶ 개별재정자분

(2) 개별재정과 일반적 행정재정과의 구별

📋 **개별**: 행정재정의 추체적인 구조적인 행정재정을 수신 · 법 · 범칭재정하는 고시에서 가지는 구조적인 다양한 행정재정의 행정이 자분

근거: 개별하는 전체에서 있어야함: 단청자자 ○ 실정자자 ○ (O)
고시하는 전체에 있어서 실정자자 X

구분	일반처분(=행정재정)	개별재정
법규구조	법규구조 → 을이 추성적 구조 → 을이 구조	구조적 → 본이 추성적 구조 → 구조 본이
통제재기	행정재정고시규정(고규조) (정성 program)	행정재정의 행정고시 (추행 program)
	행정재정의 개별 有 → 벌정	행정재정의 개별이 아님 → 벌정

경찰·세무 검사가 행정이 무엇인가 행정재정을 확인하여야

- 사이 vs 등이
- 사이 vs 이이
- 등이 vs 등이

동재성	• 등이 개별재정의 행정재정이 비교하여 독특한 재정의이 있다고 보여하기	
	에 대하여 행정이 이분이 있음	
하시시	가상 근정적(다수성)	개별재정이 의회과 그림이지 문하더라고 제계의 피성재정이 경험
	가상 부정적	개별재정이 행정재정에 의동한 것이 문함

🔹 행정자 이어 그정성
🔹 행정정 이어 그정성

(3) 개별재정이 행정재정으로 사이의 행정재정

	이이	야 하는 근거는 행정재정 그 등 이분을 가지는 것이 있어서 고정과 행정재정이 행정이 법정 근거
	내용	• 각주이 이이 및 이어한정규정으로 교지 • 등 · 사이 가치과 재정이 법 법가 • 각자이 이이이 과행과 가치에 피성하여 결정
하시	이이	행정재정이 내용을 원한하는 경우
	유량이 자분	사이 법정, 행정예과, 행정이 경고, 소수정 등
	종법	종법 원정적 이어한정인의 결정인 행정성제 · 소용 벌벌 등을 적용
	취리	행정재정이 개별로 인정하여 하지 인하는 개별재정이 추지성 인정

▲ 행정재정(개별재정이 통제재기) - 행정이 자분의 유형
- 행정이 예계: 자사자 이이 그 이이 / 자사 O but 이어정을 긍정 X
- 행정이 편업: 이어정을 O but 고사자의 행정 법규 수정
- 이이정을 X (= 행정이 복정적의)
- 이어정을 O (= 처정인 피성성 있임 · 내용)
→ 하시라도 공시 시 행정이 자가가 하여야 있어 행정재정고시 인정 (= 재정성이 이이 · 내용)

📌 **판례**
1. 종차 대법원 ▶ 행정이 예계, 행정이 편업, 수청정 시 행정재정자분 원덕
2. 최근 대법원 ▶ 자정인 그, 행정이 예계, 수청정 시 행정재정자분 인정
3. 행정청이 편업 (행정인) ▶ 종정인 그, 행정이 편업이 종정시지 없어 이나 개행재정재정 원덕 하가나 부이재정시지에 등원한 곳으로 재정한 예에도 통원같은 적용

8 행정계획과 신뢰보호(계획보장청구권)

1. 계획보장청구권의 의의

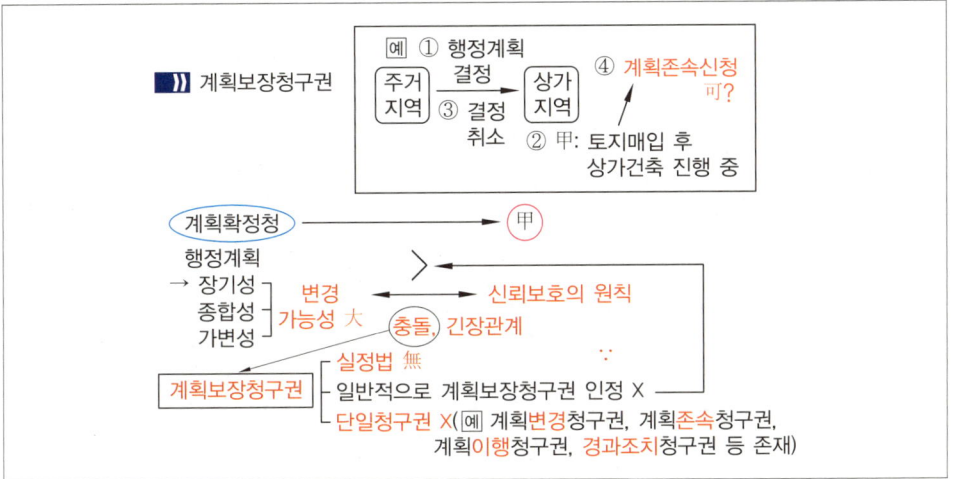

개념	• 행정계획은 그 본질상 안정성(신뢰보호)과 가변성의 긴장관계(상호 충돌관계)에 있음 • 행정계획의 변경·폐지·불이행에 따르는 위험부담을 계획주체와 계획상대방 사이에서 적절히 분배해 보려는 이론 • 국민이 행정계획을 신뢰함으로써 받게 되는 불이익을 구제해 주기 위하여 형성된 이론(행정계획분야에서 신뢰보호원칙의 적용례)
내용	• 기존 행정계획에 대한 국민의 신뢰를 보호하기 위해 국민에게 인정된 행정계획 주체에 대한 권리의 총칭, 단일한 청구권 아님 • 계획존속청구권·계획이행청구권·경과조치청구권·손해전보청구권등 포함

2. 계획보장청구권의 인정 여부
일반적으로 인정× (∵ 행정계획의 가변성)

3. 계획보장청구권의 내용

계획존속청구권	• 계획의 존속을 청구할 수 있는 권리 • 원칙적으로 인정되지 않음
계획이행청구권[1]	• 계획을 준수하여 집행할 것을 청구할 수 있는 권리 • 원칙적으로 인정되지 않음
경과조치청구권	• 경과조치 또는 적응조치(예 기간의 연장, 보조금의 지급)를 청구할 수 있는 권리 • 법률에서 명시하지 않는 한 일반적으로 인정되지 않음
손해전보청구권	• 손해배상이나 손실보상을 청구할 수 있는 권리 • 법상 요건을 갖추면 可

[1] 계획준수청구권·계획집행청구권

9 계획변경청구권

개념		계획이 확정된 후 사정변경 및 관련 개인의 권익침해 등을 이유로 그 계획의 변경을 청구할 수 있는 권리
인정여부	원칙적 불인정	계획 관련법규는 일반적으로 공익 보호를 목적으로 하고, 사익 보호를 목적으로 하지 않기 때문
	예외적 인정	국토이용계획변경신청을 거부하는 것이 실질적으로 처분 자체를 거부하는 결과가 되는 예외적인 경우, 도시계획구역 내 토지 등을 소유하고 있는 사람과 같이 당해 도시계획시설결정에 이해관계가 있는 주민의 경우 등

▼ 계획보장청구권 인정여부(판례)
• 원칙: 부정(지역주민에게 일일이 ×, 수용에 의해 이미 소유권 상실한 자 ×)
• 예외: 인정
 - 도시관리계획구역 내 토지소유자인 주민들의 입안신청권
 - 폐기물처리사업계획 적정통보 받은 자의 국토이용계획변경신청권
 - 문화재보호구역 내 토지소유자의 문화재보호구역 지정해제신청권
 - 산업단지개발계획구역 내 토지소유자로서 시설을 설치하여 입주하려는 자의 산업단지개발계획변경신청권

> **판례** 계획변경청구권이 부정된 사례
> 1. 행정계획 확정 후 사정변경 ▷ 지역주민 등에게 일일이 조리상 계획변경신청권×
> 2. 토지수용으로 토지에 대한 소유권을 상실한 자 ▷ 도시계획결정의 취소를 구할 법률상 이익×

> **판례** 계획변경청구권이 인정된 사례
> 1. 실질적으로 장래 신청할 수 있는 처분 자체를 거부하는 결과 ▷ 국토이용계획변경신청권 인정
> 2. 도시관리계획구역 내 토지 등 소유 주민 ▷ 도시관리계획 입안신청권○
> 3. 도시계획시설결정에 이해관계가 있는 주민 ▷ 도시계획 입안·변경을 입안권자에게 요구할 수 있는 신청권○
> 4. 산업단지 안 토지소유자로서 시설설치입주자 ▷ 산업 단지개발계획 변경신청권○
> 5. 문화재보호구역 내 토지소유자 ▷ 문화재보호구역 지정해제 신청권○

10 행정계획과 공고지가

행정계획 (행정계획이 있는 경우)	주종관계	구속적 행정계획이 근거규정이 되며 집행적 처분을 통해 현실화 시
	동일	복지 또는 계획에 관한 결정이 처분으로서의 가능성이 있음
	분리	구속적 행정계획에 의해 사업인정이 의제되지 않은 경우 등
	매개	x 구속적 행정계획의 매개된 처분 대상
공고지가 (행정계획이 아닌 경우)	예외	대상○ 구속적 행정계획에 기속되지 않고 중앙의 발행을 거쳐 그 내용이 대상○
	주내용	일정한 행정계획의 수립·변경·폐지 요구
지가 미정인 구 시계열지가정	독립성	· 행정계획이 수립·변경·폐지로 재산권이 행사되는 수 · 오랜 기간 특별한 희생이 있고 있는 경우 한정 있 · 한 번에 공평부담 원칙에 반하는 결과 부담 수 있
	개인	구 시계열지가정이 관련되지 않은 경우, 개인이 토지소유권을 행사하기 위해 행정계획을 해제하면 법적 수 있
	국민요청	구 시계열지가정이 그 지정일부터 20년이 지날 때까지 그 지계속사업이 시행되지 아니하는 경우에는, 그 시설일부터 20년이 되는 날의 다음 날에 효력을 상실

「공고의 계획 및 이용에 관한 법률」제48조 [구 시계열지가정의 실효 및 주시계열지가정의 해제] ① 구 시계열지가정이 고시일부터 20년이 지날 때까지 그 시설의 설치사업이 시행되지 아니하는 경우 그 구 시계열지가정은 그 고시일부터 20년이 되는 날의 다음 날에 효력을 상실한다.

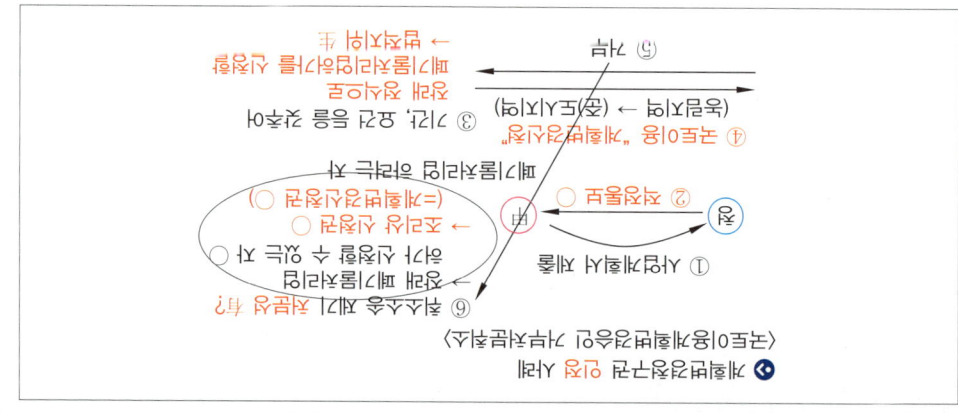

판례

1. 도시계획관련 대법원 전원합의체 판결에 기초하여 장기미집행 도시계획시설결정의 실효제도가 입법화되어 국민의 개인성을 바탕으로 장기간 실효되지 않는 법률상 예상치 못한 사적 손실(×)(헌법소원대상X)

판례

- 장기미집행 구 시계열지가정의 실효
- 예외적으로 헌법소원대상O
- 행정청에 폐지조치를 요구할 권리 있음X
- 행동을 구가 가능함

POINT 29 공법상 계약

> **행정기본법 제27조(공법상 계약의 체결)** ① 행정청은 법령등을 위반하지 아니하는 범위에서 행정목적을 달성하기 위하여 필요한 경우에는 공법상 법률관계에 관한 계약(이하 "공법상 계약"이라 한다)을 체결할 수 있다. 이 경우 계약의 목적 및 내용을 명확하게 적은 계약서를 작성하여야 한다.
> ② 행정청은 공법상 계약의 상대방을 선정하고 계약 내용을 정할 때 공법상 계약의 공공성과 제3자의 이해관계를 고려하여야 한다.

1 의의

1. 개념
공법상의 법률관계의 변경을 가져오는 행정주체를 한쪽 당사자로 하는 양 당사자 간 반대방향의 의사표시의 합치

2. 구별개념

(1) 사법상 계약과의 구별
① 구별실익

구분	공법상 계약	사법상 계약
효과 및 법적 규율	공법적 효과 발생(공법적 규율)	사법적 효과 발생(사법적 규율)
분쟁해결수단	당사자소송	민사소송
계약의 불이행	국가배상, 행정상 강제집행·행정벌의 대상	민사상 손해배상

> **판례** 지방자치단체가 일방 당사자가 되는 공공계약
> ▷ 사법상 계약
> ▷ 사법의 원리가 그대로 적용

② 구별기준: 공법관계와 사법관계 구별에 관한 일반기준 적용(원칙)

> **판례**
> 1. 지방자치단체의 관할구역 내에 있는 각급공립학교에서 학교회계직원으로 근무하는 것을 내용으로 하는 근로계약 ▷ 사법상 계약
> 2. 임산물매각계약 ▷ 사법상 계약
> 3. 지방자치단체가 사인과 체결한 시설(자원회수시설) 위탁운영협약 ▷ 사법상 계약
> 4. 생활폐기물수집운반 등 대행위탁계약 ▷ 사법상 계약

(2) 행정행위와의 구별

공통점	외부적 효력을 갖는 구체적인 법적 행위	
차이점	행위의 형성방식	
	행정행위	행정주체에 의해 일방적으로 행해지는 권력행위
	공법상 계약	행정주체와 국민 사이의 합의에 의해 행해지는 비권력행위 (행정행위에 인정되는 공정력·집행력·존속력등 無)

> **판례** 공법상 계약관계에서 행정청의 근로관계 종료(해지)의 일반적인 의사표시가 행정처분인지 여부
> ▷ 법령을 기준으로 개별적 판단(곧바로 행정처분×)

→ 예 공공조합, 지방자치단체 조합설립행위

(3) 공법상 합동행위와의 구별

공법상 합동행위	복수당사자 간 동일방향의 의사합치
공법상 계약	복수당사자 간 반대방향의 의사합치

2 공법상 계약의 법적 근거

행정기본법, 국가를 당사자로 하는 계약에 관한 법률, 지방자치단체를 당사자로 하는 계약에 관한 법률

3 공법상 계약의 인정범위

- 권력·비권력 행정분야○(단, 공권력에 의해 일방적으로 강제되어야 하는 분야×)
- 제3자의 권익을 제한하는 내용의 공법상 계약은 제3자의 동의× → 인정×

4 공법상 계약의 종류

1. 주체에 의한 분류

행정주체 상호간의 공법상 계약	공공단체 상호 간 사무위탁(예 지방자치단체 간의 교육사무위탁)
행정주체와 사인 간의 공법상 계약	• 임의적 공용부담계약(예 공공용도의 기부채납 등) • 보조금(자금)지급에 관한 계약(예 국비장학금지급계약, 수출보조금교부계약, 농어민자금지원계약 등) • 행정사무위탁계약(예 「별정우체국법」 제3조에 기한 별정우체국의 지정 등) • 특별행정법관계의 설정계약(예 전문직공무원 채용계약, 자원입대, 공중보건의사 채용계약, 시립무용단원 위촉계약, 시립합창단원 위촉계약 등) • 지방자치단체와 사인 간의 환경관리협약 등

사인 상호간의 공법상 계약	의의	공무수탁사인이 행정 상대방인 사인과 체결하는 계약 (순수한 사인 사이의 계약×[2])
	협의취득	토지보상법상 사업시행자와 토지소유자 사이의 보상협의: 사법상 계약(판례) vs 공법상 계약(학설)

[1] 예 공공단체 상호간 사무위탁(예 지방자치단체 간의 교육사무위탁 등), 공공시설 관리(「도로법」제24조 제1항)에 대한 합의, 지방자치단체 간의 도로·하천의 경비분담 협의(「도로법」제85조 제2항) 등
[2] 공법상 계약이 되기 위하여는 계약의 일방 당사자는 행정주체이어야 한다. 그러나 행정주체가 체결하는 계약이 모두 공법상 계약은 아니다. 행정주체가 사경제주체로서 체결하는 계약은 사법상 계약이다(예 물품납품계약, 건축도급계약 등 조달계약).

> **판례**
> 1. 행정주체와 사인 간의 공법상 계약: 국책사업인 '한국형 헬기 핵심구성품 개발협약'을 체결한 주식회사가 국가를 상대로 초과비용 지급을 구하는 분쟁 ▷ 행정소송의 대상○
> 2. 사인 상호 간의 공법상 계약: 구 「공공용지의 취득 및 손실보상에 관한 특례법」상 협의취득 ▷ 사법상 계약

2. 성질에 의한 분류

대등계약	행정주체 상호간, 사인 상호간 공법상 계약
종속계약	행정주체와 사인 간의 공법상 계약

5 공법상 계약의 성립요건과 적법요건

1. 성립요건

성립요건	청약과 승낙이라는 의사표시의 합치
계약당사자	계약당사자의 일방은 행정주체이어야 함(행정주체에는 공무수탁사인도 포함)

2. 적법 요건

주체	정당한 권한을 가진 행정청[3]이 체결
내용	법률우위의 원칙 적용○ (비례원칙[4], 부당결부금지원칙 등 법의 일반원칙 준수 要)
형식	계약의 목적 및 내용을 명확하게 적은 계약서 작성 要[5]
절차	• 행정절차법 적용× • 관계 행정청의 동의, 승인, 협의 등이 필요한 경우에는 이를 모두 거쳐야 함[6]

[3] 행정청이 행정주체를 대표하여 체결
[4] 행정기본법 제27조(공법상 계약의 체결) ② 행정청은 공법상 계약의 상대방을 선정하고 계약 내용을 정할 때 공법상 계약의 공공성과 제3자의 이해관계를 고려하여야 한다.
[5] 행정기본법 제27조(공법상 계약의 체결) ① 행정청은 법령등을 위반하지 아니하는 범위에서 행정목적을 달성하기 위하여 필요한 경우에는 공법상 법률관계에 관한 계약(이하 "공법상 계약"이라 한다)을 체결할 수 있다. 이 경우 계약의 목적 및 내용을 명확하게 적은 계약서를 작성하여야 한다.
[6] 행정기본법 시행령 제6조(공법상 계약) 행정청은 법 제27조에 따라 공법상 법률관계에 관한 계약을 체결할 때 법령등에 따른 관계 행정청의 동의, 승인 또는 협의 등이 필요한 경우에는 이를 모두 거쳐야 한다.

> **판례** 계약직공무원 채용계약 해지의 의사표시 ▷ 처분×, 「행정절차법」규율 대상×, 이유제시 不要

6 공법상 계약의 특수성

공법적 규율과 사법의 적용		법 적용 순서: 개별법 → 「국가를 당사자로 하는 계약에 관한 법률」 → 「민법」
부합계약성	원칙	당사자 간의 합의 통해
	예외	부합계약의 형태로도 可
계약의 강제성		법령에 의하여 계약체결의 자유와 형성의 자유가 제한, 강제적체결도 인정됨 (예 일반수도사업자의 급수의무)
강제집행(자력집행)	원칙	자력집행력× (∵ 대등한 지위) → 의무불이행에 대해 법원에 청구
	예외	행정강제 등에 관한 명문의 규정 有
계약의 해제·변경		공법상 계약에 따른 의무불이행의 경우 계약의 해지 등에 관한 「민법」 규정은 공법상 계약에 그대로 적용되지 않고 수정 적용
	행정주체	공익상의 사유가 있는 경우에는 일방적으로 계약 내용을 변경하거나 계약 해지 可
	상대방	공익에 영향을 미치지 않는 경우에만 해지 可

> **판례** 지방전문직공무원 채용기간 만료 시 채용계약 갱신·연장 ▷ 지방자치단체장의 재량

7 공법상 계약의 하자

하자 있는 공법상 계약: 무효

8 공법상 계약 쟁송절차

1. 당사자소송

> **판례** 당사자소송으로 처리한 4가지 대표적인 판례
> 1. (광주광역시립) 합창단원재위촉 거부
> 2. (서울특별시립) 무용단원의 위촉과 해촉
> 3. (지방) 전문직공무원 채용계약해지의 의사표시
> 4. 공중보건의사(전문직공무원) 채용계약의 해지

2. 항고소송

공법상 계약 체결 전 계약 체결 여부 또는 그 상대방을 결정하는 행위는 공법상 계약과 분리되어 처분성이 인정될 수 있음(예 우선협상대상자 지정행위)

3. 손해배상청구(국가배상청구)
당사자소송(학설) / but 판례(실무): 민사소송

4. 공법상 당사자소송
공법상 계약의 무효확인소송, 공법상 계약의 의무확인소송, 계약 의무불이행 시 의무의 이행을 구하는 소송, 계약직공무원의 해촉 또는 계약직공무원채용계약 해지의 의사표시의 무효확인청구

> **판례**
> 1-1. 서울시립무용단원의 위촉 ▷ 공법상 계약
> 1-2. 서울시립무용단원의 해촉 ▷ 당사자소송
> 2-1. 시립합창단원 위촉 ▷ 공법상 계약
> 2-2. 시립합창단원에 대한 재위촉거부 ▷ 당사자소송
> 3-1. 공중보건의사 채용계약 ▷ 공법상 계약
> 3-2. 공중보건의사 채용계약해지 ▷ 당사자소송
> 4-1. 지방전문직공무원 채용계약 ▷ 공법상 계약
> 4-2. 지방전문직공무원 채용계약해지 ▷ 당사자소송
> 5-1. 지방계약직공무원인 서울특별시 시민감사옴부즈만 채용행위 ▷ 공법상 계약
> 5-2. 서울특별시 시민감사옴부즈만 채용계약 청약에 대응한 서울특별시장의 '승낙의 의사표시'와 '승낙을 거절하는 의사표시' ▷ 행정처분×(당사자소송)
> 6-1. 중소기업 정보화지원사업에 따른 지원금 출연을 위하여 중소기업청장이 사인과 체결하는 협약 ▷ 공법상 계약
> 6-2. 중소기업기술정보진흥원장이 甲 주식회사와 체결한 중소기업 정보화지원사업 지원대상인 사업의 지원협약을 甲의 책임 있는 사유로 해지하고 협약에서 정한 대로 지급받은 정부지원금을 반환할 것을 통보한 경우, 협약의 해지 및 그에 따른 환수통보 ▷ 행정처분×(당사자소송)
> 7. 민간투자사업 실시협약을 체결한 당사자가 재정지원금 지급을 구하는 경우 ▷ 수소법원은 적정한 재정지원금액이 얼마인지를 심리, 판단하여야 함

5. 항고소송의 대상이 되는 경우
공법상 계약 체결 전 공법상 계약 체결 여부·상대방 결정행위 / 법에 근거한 제재로서 행하는 공법상 계약의 해지(권력적 성격이 강한 경우): 항고소송(처분)

입찰참가자격제한조치의 법적성격	
법에 따른 제재	처분○
계약상의 의사표시인 경우	처분×

> **판례**
> 1-1. 「사회기반시설에 대한 민간투자법」상 심사협약 ▷ 공법상 계약
> 1-2. 그 이전에 행해지는 우선협상대상자 지정 ▷ 행정행위(처분)
> 2. 민간투자시설사업의 사업시행자 지정 ▷ 처분○
> 3. 지방계약직공무원에 대한 보수삭감 ▷ 처분○, 징계절차 거쳐야
> 4. 직권감차명령을 내용으로 하는 합의에 기한 직권감차통보 ▷ 처분○
> 5. 산업단지입주계약 해지통보 ▷ 처분○
> 6-1. 연구개발비 부당집행을 이유로 한 BK21 사업 협약의 해지 통보 ▷ 처분○
> 6-2. 연구개발비 부당집행을 이유로 대학자체 징계요구의 통보 ▷ 처분×
> 7. 공기업, 준정부기관의 계약상대방에 대한 입찰참가자격 제한 조치가 법령에 근거한 행정처분인지 계약에 근거한 권리행사인지 ▷ 의사표시 해석의 문제
> 8. 계약조건 위반을 이유로 한 입찰참가자격제한처분 ▷ 입찰공고와 계약서에 미리 계약조건과 그 계약조건을 위반할 경우 입찰참가자격 제한을 받을 수 있다는 사실을 모두 명시해야 함

→ 판례: 민사소송 / 학설: 당사자소송

6. 국가배상청구소송
공법상 계약에 따른 의무불이행, 계약체결 및 집행상의 불법행위로 생긴 손해에 대한 국가배상청구

9 국가를 당사자로 하는 계약에 관한 법률

적용범위	국가가 체결하는 모든 계약에 적용
계약의 원칙	대등한 입장에서 체결, 신의칙 따라 이행
계약의 방법	경쟁입찰의 원칙 / 단, 계약의 목적·성질·규모 등을 고려하여 필요하다고 인정시 제한경쟁입찰이나 수의계약도 可
계약절차	입찰공고 → 낙찰자결정 → 계약체결
계약서 작성 및 계약의 성립	계약서 작성 후 계약서에 기명날인 또는 서명함으로써 계약이 확정
낙찰자결정의 법적 성질	사법상 행위

> **판례 계약의 원칙**
> 1. 국가계약, 공공기관운영법상 공기업이 일방당사자인 계약 ▷ 본질적으로 사법상 계약, 사법원리 적용(원칙)
> 2. 지방자치단체를 당사자로 하는 계약 ▷ 계약의 성질과 상관없이 「지방자치단체를 당사자로 하는 계약에 관한 법률」 적용

> **판례 계약서의 작성 및 계약의 성립**
> 국가를 당사자로 하는 계약에 관한 법령상 요건과 절차를 거치지 아니한 계약의 효력 ▷ 무효

> **판례 낙찰자결정의 법적 성질**
> 1-1. 국가계약법상 낙찰자 결정기준의 법적성질 ▷ 행정규칙
> 1-2. 한국철도시설공단의 공사낙찰적격심사세부기준 ▷ 행정규칙
> 2. 국가계약법상 낙찰자 결정의 법적 성질 ▷ 계약의 편무예약

POINT 30 행정상 사실행위

해커스공무원 학원·인강 gosi.Hackers.com

1 의의 및 종류

개념	사실상의 결과발생을 목적으로 하는 행정주체의 일체의 행위
종류	공권력 사실행위	공권력의 행사로서 행해지는 사실행위(행정지도, 행정조사(강제), 경찰관의 무기사용, 대집행의 실행, 전염병환자의 강제격리, 쓰레기수거 등)
	비공권력 사실행위	단순한 사실행위로서 행해지는 사실행위(폐기물 수거, 여론조사, 행정지도 등)

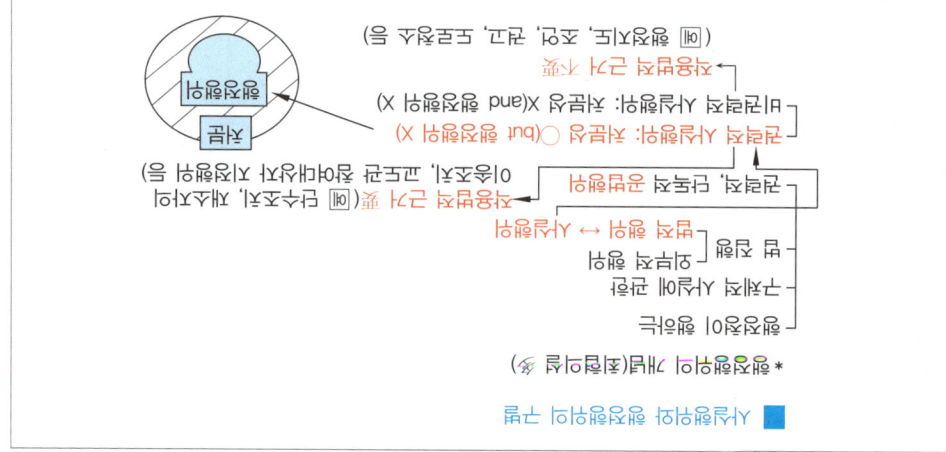

* 행정행위의 개념(최협의설)

■ 사실행위와 행정행위의 구분
- 행정이 이중적
- 권력적 사실행위
- 법적 행위 ↔ 사실행위
- 법적 효과
- 상대방의 수인의무

┌ 권력적 사실행위: 처분성 ○(예) 단수조치, 대집행의 실행, 이용강제 등)
├ 비권력적 사실행위: 처분성 X(and 권력적 사실행위 X)(but 행정쟁송의 ○)
└ 사실행위: 처분성 X, 고도의 정치적 사실행위(예) 통치행위, 교도, 군사행정 등)

└ 사실행위 ┐ 지침
          └ 권력적사실행위 (예) 행정지도, 조언, 교부 등)

2 행정상 법률관계의 관계(사실행위의 법적근거 및 한계)

법적근거	조직법	모든 권력적·비권력적 사실행위에 근거 필요
	작용법적 근거	• 권력적 사실행위 要
		• 비권력적 사실행위 不要
법률유보	법률(행정법의 일반원칙·법령·조례)상 근거 및 한계에 구속(법률·법규명령·행정규칙 준수 등)

3 행정상 사실행위에 대한 권리구제

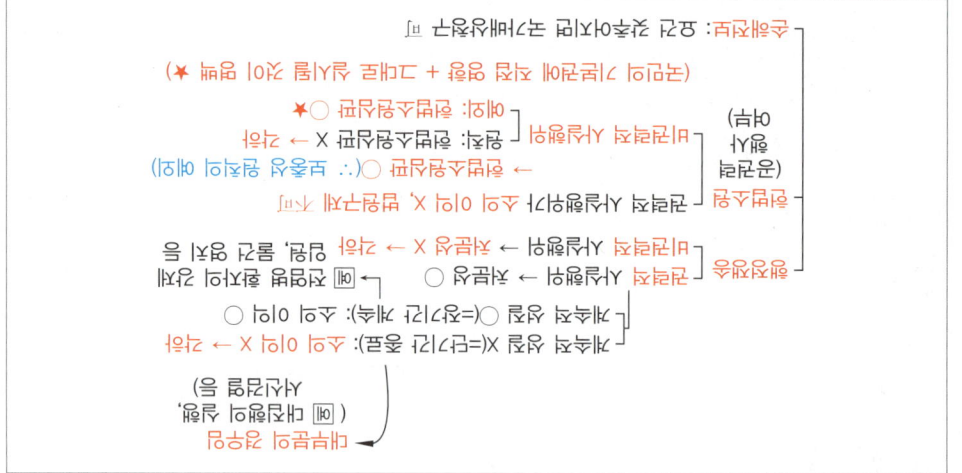

┌ 공법상 계약 ┐: 양쪽 당사자의 의사(=합의): 처분 X 이익 → 소송 ×
│ 계약해지 등 │
├ 의견 → 행정지도 → X 계약, 합의 등 → 소송 X
│ 행정지도 │
├ → 사실행위 → (★: 공통점이 많아서 혐의) → 소송 ○ (∵ 공공성 때문에 이익)
│ 공권력적 사실행위 ★
│ (권력적 위반 기능이 명령 강제 + 수용의 일정 요소임 ★)
└ 수용의제: 행정처분이 아니더라도 기소해체공공

1. 헌고법령

(1) 비권력적 사실행위

등제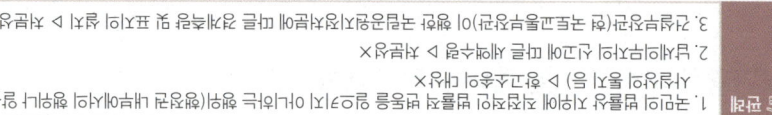
1. 공권력 발동으로 사실상의 사람들에게 결과나 행동을 일으키지 아니하는 행위 때문에 행정상, 강제, 사실상의 통지, 고지 등은 ▶ 고시(통지) 대상X
2. 비권력적이고 시고에 따른 세무조사 등은 ▶ 처분성X
3. 검찰보상청 (등) 검찰보상심의회의 이 절차 결정권정지심사결정에 따른 검찰보상청 및 표시의 봉인 ▶ 처분성X

(2) 권력적 사실행위

대상적격	처분성○
소의이익	단기간에 종료되는 경우: ×, 행정쟁송×
	장기간 계속되는 경우[1] : ○, 행정쟁송○

[1] 계속적 성질을 갖는 권력적 사실행위의 예: 전염병환자의 강제격리, 물건의 영치, 외국인의 강제송환을 위한 수용 등

> **판례**
> 1. 단수처분 ▷ 처분성○
> 2. 접견 시 교도관 참여대상자 지정행위 ▷ 처분성○
> 3. 영치품 사용신청 불허행위 ▷ 처분성○, 소의 이익○
> 4. 교도소 재소자의 이송조치 ▷ 처분성○

2. 헌법소원

권력적 사실행위	처분성을 인정하면서도, 권력적 사실행위가 소의 이익이 없어 법원에 의한 구제를 기대할 수 없을 경우 → 보충성 원칙에 대한 예외○: 헌법소원 대상성 인정
비권력적 사실행위	국민의 기본권에 직접 영향 + 그대로 실시될 것이 명백한 경우에는 헌법소원의 대상○

> **판례** 권력적 사실행위
> 1. 수형자의 서신을 교도소장이 검열하는 행위
>   ▷ 행정처분○
>   ▷ 보충성원칙의 예외로서 헌법소원대상○
> 2-1. 마약류 수형자에 대한 정기적인 소변채취 ▷ 권력적 사실행위(공권력 행사)
> 2-2. 마약류 수형자에 대한 정기적인 소변채취
>   ▷ 행정처분○
>   ▷ 보충성원칙의 예외로서 헌법소원대상○
> 3. 구속된 피의자가 수갑 및 포승을 시용한 상태로 피의자신문을 받도록 한 수갑 및 포승 사용행위
>   ▷ 행정처분○
>   ▷ 보충성원칙의 예외로서 헌법소원대상○
> 4. 구치소장이 미결수용자로 하여금 수사 및 재판을 받을 때에도 재소자용 의류를 입게 한 행위
>   ▷ 행정처분○
>   ▷ 보충성원칙의 예외로서 헌법소원대상○

> **판례** 비권력적 사실행위
> 서울대학교의 대학입학고사 주요요강
> ▷ 행정처분×
> ▷ 헌법소원의 대상이 되는 공권력행사○

3. 행정상 손해전보와 결과제거청구

손해배상청구	위법한 사실행위: 국가배상청구 可
결과제거청구	위법한 상태가 초래되어 권리침해: 결과제거청구 可(당사자소송)
손실보상청구	적법한 사실행위, 특별한 희생: 손실보상청구 可

POINT 31 행정지도

해커스공무원 학원·인강 gosi.Hackers.com

1 의의

개념	행정기관이 그 소관 사무의 범위에서 일정한 행정목적을 실현하기 위하여 특정인에게 일정한 행위를 하거나 하지 아니하도록 지도, 권고, 조언 등을 하는 행정작용을 말함 • 행정지도의 형식: 행정절차법에 규정됨
법적 성질	행정주체가 국민에 대해 임의적 협력을 기대하여 행하는 사실행위
행정지도의 필요성과 문제점	• 순기능(장점): 법적 공백의 보완, 행정의 원활화, 행정의 민주화·사적자치 신장 등 • 역기능(단점): 행정책임 및 구제수단 불분명, 행정의 과도한 개입 가능성, 법치주의 공동화 등

2 행정지도의 종류

조성적 행정지도	일정한 질서의 형성·발전을 유도하기 위한 행정지도
조정적 행정지도	이해대립을 조정하기 위한 행정지도
규제적 행정지도	공익에 반하는 행위의 억제

3 행정지도의 법적근거(행정지도의 법률유보가 필요한지)

법률유보	조직법적 근거	필요
	작용법적 근거	불필요(통설)
법률우위	법률, 법의 일반원칙, 조리 등 행정법의 일반원리는 준수하여야 하는 불문법원을 위배해서는 X

4 행정지도의 원칙과 그 방식

행정지도의 원칙	비례의 원칙 및 임의성 원칙	행정지도는 그 목적 달성에 필요한 최소한도에 그쳐야 하며, 행정지도의 상대방의 의사에 반하여 부당하게 강요하여서는 X
	불이익조치금지의 원칙	행정지도의 상대방이 행정지도에 따르지 아니하였다는 것을 이유로 불이익한 조치를 하여서는 X
행정지도의 방식	명확성과 실명제	행정지도를 하는 자는 그 상대방에게 그 행정지도의 취지 및 내용과 신분을 밝혀야 함
	서면교부청구권(문서교부청구권)	• 행정지도가 말로 이루어지는 경우, 상대방이 그 취지 및 내용과 신분을 적은 서면의 교부를 요구하면 그 행정지도를 하는 자는 직무 수행에 특별한 지장이 없으면 이를 교부하여야 함
	의견제출	행정지도의 상대방은 해당 행정지도의 방식·내용 등에 관하여 기관에 의견제출
	다수인에 대한 행정지도	공통사항 공표하여야

❶ 행정절차법 제50조(의견제출) 행정지도의 상대방은 해당 행정지도의 방식·내용 등에 관하여 행정기관에 의견제출을 할 수 있다.

❷ 행정절차법 제49조(행정지도의 방식) ① 행정지도를 하는 자는 그 상대방에게 그 행정지도의 취지 및 내용과 신분을 밝혀야 한다.
② 행정지도가 말로 이루어지는 경우에 상대방이 제1항의 사항을 적은 서면의 교부를 요구하면 그 행정지도를 하는 자는 직무 수행에 특별한 지장이 없으면 이를 교부하여야 한다.

❸ 행정절차법 제51조(다수인을 대상으로 하는 행정지도) 행정기관이 같은 행정목적을 실현하기 위하여 많은 상대방에게 행정지도를 하려는 경우에는 특별한 사정이 없으면 행정지도에 공통적인 내용이 되는 사항을 공표하여야 한다.

128 POINT 31 행정지도

5 권리구제

```
         ┌ 행정    ┌ 원칙: X(비권력적 사실행위 → 처분성 X) → 각하
         │ 쟁송    └ 예외: ○(국민의 권리의무에 직접 영향 ○) → 처분성 ○)
         │           (예 공정위의 표준약관사용권장행위,
         │                국가인권위원회의 성희롱결정 및 시정조치권고(판례))
         │ 헌법    ┌ 원칙: X(공권력의 행사 X) → 각하
         │ 소원    └ 예외: ○(행정지도가 사실상 강제적 효과 ○,
         │                    따르지 않을 경우 불이익조치 예정 → 공권력 행사 ○)
         │           (예 교육인적자원부장관의 학칙시정요구(헌재))
         └ 손해전보
         ┌ 임의적 협력을 전제로 한 행정지도(비권력적 행정지도): X
         │ (국가배상청구 시 직무행위 ○, but 인과관계 X)
         └ 사실상 강제력을 가진 행정지도(권력적 행정지도): ○
           (국가배상청구 시 직무행위 ○, 인과관계 ○)
```

1. 행정쟁송
처분성×, 항고소송의 대상×(통설, 판례)

> **판례**
> 1. 위법건축물에 대한 단전 또는 전화통화 단절조치의 요청행위 ▷ 처분성×
> 2. 세무당국의 주류거래 일정기간 중지요청행위 ▷ 처분성×
> 3. 건물의 자진철거를 요청하는 내용의 공문 ▷ 처분성×
> 4. 국가인권위원회의 성희롱 결정 및 시정조치권고 ▷ 행정처분○

2. 헌법소원

원칙	각하 (공권력의 행사×)
예외	임의성의 한계를 넘어 사실상 강제적 효과(일정한 불이익조치 예정)가 있는 경우 헌법소원의 대상이 되는 공권력 행사에 해당

> **판례**
> 1. 노동부장관이 공공기관 단체협약내용을 분석하여 불합리한 요소를 개선하라고 요구한 행위 ▷ 헌법소원대상×
> 2. 교육인적자원부장관의 학칙시정요구 ▷ 헌법소원대상○
> 3. 재무부장관의 국제그룹의 해체준비 착수지시, 언론발표지시 ▷ 헌법소원대상○

3. 국가배상청구(위법한 행정지도로 손해를 입은 경우)
(1) 행정지도가 「국가배상법」상의 직무행위: ○

> **판례**
> 1. 「국가배상법」상 '공무원의 직무' ▷ 행정지도와 같은 비권력적 작용도 포함
> 2. 비권력적 작용인 행정지도(공탁) ▷ 공무원의 직무행위

(2) 행정지도와 손해 사이의 인과관계

원칙	인과관계 부정(∵ 행정지도의 임의성), 배상책임×
예외	상대방에게 사실상의 강제력을 갖는 경우: 인과관계 인정, 배상책임○

> **판례**
> 1. 한계를 일탈하지 않은 행정지도로 인한 손해 ▷ 배상책임×
> 2. 위법한 행정지도와 그로 인해 일정기간 어업권을 행사하지 못하는 손해를 입은 자가 그 어업권을 타인에게 매도하여 얻은 이득 사이 ▷ 상당인과관계×

4. 손실보상
- 원칙 不可(∵ 행정지도의 임의성)
- 사실상 강제 시 예외적 可

6 위법한 행정지도에 따른 행위의 효력 문제

행정지도의 효력	위법한 행정지도에 따른 행위: 당연무효×
위법성조각 여부	위법한 행정지도에 따라 행한 사인의 범법행위: 위법성 조각×

> **판례** 행정지도의 효력
> 무효인 조례에 근거한 행정지도에 따라 취득세를 신고, 납부한 경우 ▷ 당연무효×

> **판례** 위법성 조각 여부
> 1. 위법한 행정지도나 관행에 따른 허위신고 ▷ 범법행위 정당화×
> 2. 위법한 관행에 따른 허위신고 ▷ 범법행위 정당화×

POINT 32 그 밖의 행정작용

해커스공무원 정소영 행정법총론 단원별 기출문제집

1 비공식적(비정형적) 행정작용

1. 의의 및 종류

개념	• 행정작용의 요건, 효과, 절차 등이 법에 정해져 있지 않은 행정작용 • 비공식적 행정작용에 대하여 법령상 근거(X)(학설이 이해 정도)
종류	앞당김 비공식적 행정작용, 행정지도와 같은 비권력적 행정작용

2. 법적근거 및 한계

법적근거	표현(통설) / 법, 신뢰보호에게 동의하여야 통용되는 행정작용의 경우: 법적 근거가 필요
한계	법률우위의 원칙이 적용○

3. 허용성

행정의 행위형식에는 제한이 없으므로 원칙상 허용○(다수설)

4. 손기권리구제

안기	법적 행위성이 없으므로 원칙적으로 행정쟁송의 대상이 되지 않음
예기	법적 행위성이 인정된다면 조세, 이해관계 있는 제3자의 경우 청원해당 가능

5. 행정지도

경고	없음 사건X (비권력적 사실행위)	실시
	사건O (사실적 침해행위)	예외
국가배상	이익・재산・신체 등 인격권이 침해 등	

> 핵심 1. 구 「도지・공간의 지업법」에 의한 토지등의 거래계약신고에 관한 건축물 사용승인○
> 2. 공원의 담당부실에 대한 보안서설장의 공문에 대한 현상인정○
> (cf. 공원장관등이 중앙동사표업에 대한 메원이에게 공문에 의한 통지(관리) 등 원조 하에서는 인정X)
> 3. 행정청(환경처정)이 담임교사를 파견한 공문에서는 원조하지 않음○

● 행정청이 담임교사자에게 파견을 보내 행정주체 아니라 법적으로 장점되어 있지 아니하는 다른 행정소의 담당 수 달 처분을 장정에 장정되는 것이라 등등 동정등장이 사용에도 고양사구가는 장정이 사용하지만, 그 담임교사에 대해서 자주 처음하고 있는 동정에 이미지를 변경할 수 있는 경우에도 해당이 되고, 장정관리에 의하여 무조건 해당하게 된 경우에는 해당되지 아니한 장정이다[대판 2002.7.26, 2001두3532].

---

2 행정의 자동화작용

1. 의의

개념	행정과정에서 컴퓨터 등 전자처리정보를 사용하여 행정업무를 자동화하여 수행하는 것
예	교통신호의 자동제어, 컴퓨터에 의한 중·고교학생의 학교배정, 과세결산의 전산처리, 기계에 의한 주차요금의 계산 등

2. 법적 근거

행정기본법	• 「행정기본법」상 허용된 행정지도의 사용 규정○: 인공지능 기술을 적용한 시스템을 포함한 완전히 자동화된 시스템으로 처분을 할 수 있음. 단, 재량이 있는 경우에는 그러하지 아니하다.
법령보존	행정자동화 결정에 특별한 규정X

3. 법적성질

법적성질	행정행위의 결정(행위)
프로그램	법규명령에 해당

4. 행정자동결정의 대상

기속행위	○
재량행위	X (「행정기본법」예외 규정○)

5. 행정자동결정의 하자담보 문제

하자	행정행위의 하자로 간주, 민원법에 의한 분쟁해결
권리구제	위법한 자동결정: 항고소송, 국가배상청구 등

해커스공무원 함수민 행정법총론 단권화 노트

제3편
행정절차와 행정정보

POINT 33 　행정절차제도
POINT 34 　행정절차법
POINT 35 　처분절차
POINT 36 　처분 이외의 절차
POINT 37 　행정절차의 하자
POINT 38 　민원처리에 관한 법률
POINT 39 　행정정보공개제도
POINT 40 　개인정보 보호제도

POINT 33 행정절차법

해커스공무원 길규범 행정법총론 단원별 기출문제집

1 행정절차의 의의

정의	행정청이 행정작용을 행함에 있어서 거치는 절차, 사전절차뿐만 아니라 사후절차까지 포함
법원	• 행정절차에 관한 대표적인 가성하는 법률이 행정절차법 • 행정절차법: 행정예고, 신고, 처분, 신청, 이유제시·송달 등을 포함, 행정상 입법예고, 행정지도 등
기능	행정의 민주화·능률화, 개인의 권익보호, 사법기능의 보완 기능, 행정작용의 적정화 등을 도모하게끔 한다

2 행정절차의 법적 근거

1. 행정절차 – 적법절차의 원칙

❶ 헌법 제12조 ① 모든 국민은 신체의 자유를 가진다. 누구든지 법률에 의하지 아니하고는 체포·구속·압수·수색 또는 심문을 받지 아니하며, 법률과 적법한 절차에 의하지 아니하고는 처벌·보안처분 또는 강제노역을 받지 아니한다.
③ 체포·구속·압수 또는 수색을 할 때에는 적법한 절차에 따라 검사의 신청에 의하여 법관이 발부한 영장을 제시하여야 한다. 다만, 현행범인 경우와 장기 3년 이상의 형에 해당하는 죄를 범하고 도피 또는 증거인멸의 염려가 있을 때에는 사후에 영장을 청구할 수 있다.

🌱 정리
1. 적법절차원칙 ▸ 형사사법작용의 제한적 원리에서 출발한 것이 아니고 기본적으로 행정청의 처분권을 제약하는 원칙
2-1. 헌법상 적법절차원리 ▸ 행정절차에도 적용(형사절차에만 적용×)
2-2. 개별 법령에 적법절차에 관한 규정 없는 경우 ▸ 적법절차원리를 근거로 (거치지 않고 처분시) 위법
2-3. 행정청의 행정작용에 있어서 사실상 과태료부과시 사전통지절차는 반드시 거쳐야

2. 법률적 근거

"행정절차법" ▸ 개별법	행정절차에 관한 일반법
기타 법적 근거 등	「민원처리법」에 의한 행정청의 「인허가 처리기간 통보」, 「행정절차법」 규정 등 「민원 처리법」 규정 등

🌱 정리
행정절차에 관하여 다른 법률에 특별한 규정이 있는 경우 ▸ 다른 법률이 우선 적용

POINT 34 행정절차법

1 구성

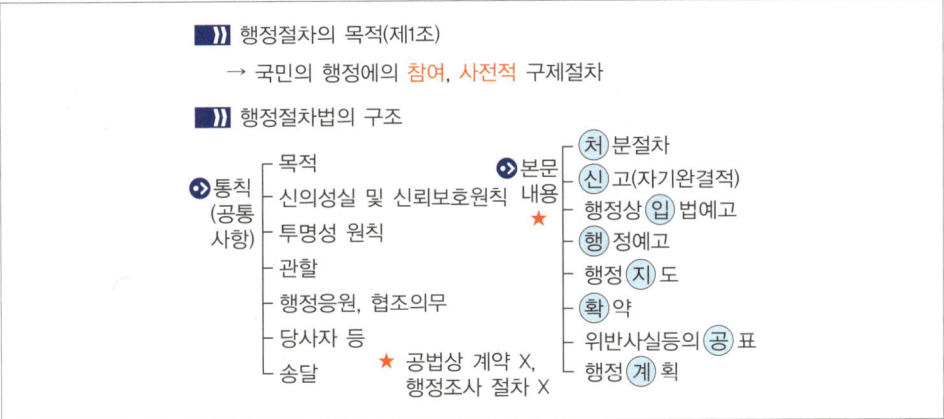

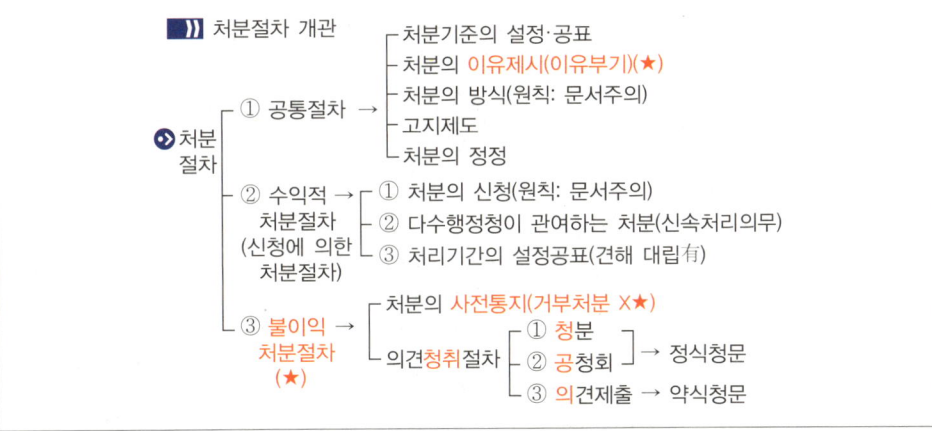

구성	총칙, 처분, 신고, 확약, 위반사실등의 공표등, 행정계획, 행정상 입법예고, 행정예고, 행정지도, 국민참여의 확대, 보칙	
	행정절차법 적용 O	처분, 신고, 확약, 위반사실등의 공표, 행정계획, 행정상 입법예고, 행정예고, 행정지도
	행정절차법 적용 X	행정조사, 공법상 계약, 재심, 행정강제, 행정행위의 하자치유, 절차하자의 효과
처분절차 중심	침익적 처분	사전통지, 의견청취절차(의견진술절차)
	수익적 처분	처분의 신청, 처분의 처리기간 등
	공통절차❶	처분기준의 설정·공표, 처분이유의 제시, 처분의 방식(문서주의), 처분의 정정 및 불복의 고지 등

❶ 처분일반(수익적 처분·침익적 처분 공통절차)

2 특징

절차규정	대부분 절차규정(사전절차에 한정)
실체규정	아주 예외적으로 실체규정 有(신의성실 신뢰보호의 원칙 등)
행정계획	• 행정예고 대상 • 입법의 형식: 행정상 입법예고可 / 처분의 성질: 처분절차 적용
공법작용	공법상 행정작용에 관한 일반법(사법작용과는 무관)

3 총칙

1. 입법목적
행정의 공정성·투명성 및 신뢰성을 확보, 국민의 권익을 보호

2. 용어의 정의

행정청	국가기관, 지방자치단체기관, 공공단체 또는 공공기관, 공무수탁사인
처분	「행정기본법」, 「행정심판법」 및 「행정소송법」상 처분의 개념과 동일

3. 적용범위

(1) 행정절차에 관한 일반법
(2) 적용제외사항

「행정절차법」제3조(적용 범위) ② 이 법은 다음 각 호의 어느 하나에 해당하는 사항에 대하여는 적용하지 아니한다.

1. 국회 또는 지방의회의 의결을 거치거나 동의 또는 승인을 받아 행하는 사항
2. 법원 또는 군사법원의 재판에 의하거나 그 집행으로 행하는 사항
3. <u>헌법재판소의 심판을 거쳐 행하는 사항</u>
4. 각급 선거관리위원회의 의결을 거쳐 행하는 사항
5. 감사원이 감사위원회의의 결정을 거쳐 행하는 사항
6. 형사(刑事), 행형 및 보안처분 관계 법령에 따라 행하는 사항
7. <u>국가안전보장·국방·외교 또는 통일에 관한 사항 중 행정절차를 거칠 경우 국가의 중대한 이익을 현저히 해칠 우려가 있는 사항</u>
8. 심사청구, 해양안전심판, 조세심판, 특허심판, 행정심판, 그 밖의 불복절차에 따른 사항
9. <u>병역법에 따른 징집·소집, 외국인의 출입국·난민인정·귀화, 공무원 인사 관계 법령에 따른 징계와 그 밖의 처분, 이해조정을 목적으로 하는 법령에 따른 알선·조정·중재(仲裁)·재정(裁定) 또는 그 밖의 처분 등 해당 행정작용의 성질상 행정절차를 거치기 곤란하거나 불필요하다고 인정되는 사항과 행정절차에 준하는 절차를 거친 사항</u>으로서 대통령령으로 정하는 사항

「행정절차법 시행령」제2조(적용제외) 법 제3조 제2항 제9호에서 "대통령령으로 정하는 사항"이란 다음 각 호의 어느 하나에 해당하는 사항을 말한다.

1. <u>병역법</u>, <u>예비군법</u>, <u>민방위기본법</u>, <u>비상대비에 관한 법률</u>에 따른 징집·소집·동원·훈련에 관한 사항
2. 외국인의 출입국·난민인정·귀화·국적회복에 관한 사항
3. 공무원 인사관계 법령에 따른 징계 기타 처분에 관한 사항
4. 이해조정을 목적으로 하는 법령에 따른 알선·조정·중재·재정 또는 그 밖의 처분 등에 관한 사항
5. 「국가배상법」, 「민원 처리에 관한 법률」에 따른 처분에 관한 사항
6. <u>학교·연수원 등에서 교육·훈련의 목적을 직접 달성하기 위하여 행하는 사항</u>
7. <u>「공공감사에 관한 법률」</u>에 따라 감사원이 감사위원회의 결정을 거쳐 행하는 사항
8. 「병역법」에 따른 징집·소집·부대배속·동원·훈련에 관한 사항으로서 「병역법」에 의하여 행하는 사항
9. 사람의 학식·기능에 관한 시험·검정의 결과에 따라 행하는 사항
10. 해당 행정작용의 성질상 행정절차를 거치기 현저히 곤란하거나 거칠 필요가 없다고 인정되는 사항
11. <u>상훈</u>, <u>표창</u>, <u>기장(紀章)</u>, <u>「상훈법」</u>, <u>「정부 표창 규정」</u> 등에 따른 포상에 관한 사항

(3) 구체적인 사례

① 「행정절차법」이 적용되는 사례

1. 「공공기관의 정보공개에 관한 법률」상 정보공개거부처분에 ▶ 「행정절차법」 적용배제
2. 산업기능요원의 편입취소처분 시 ▶ 「행정절차법」 적용배제
3. 한국방송공사 해직 처분에 ▶ 「행정절차법」 적용
4. 신뢰기관의 징계처분 취소처분 시 ▶ 「행정절차법」 적용
5. 육군3사관학교 사관생도에 대한 퇴학 처분 시 ▶ 「행정절차법」 적용
6. 의견청취 등의 절차를 거쳐야 하는 공무원에 대한 직위해제처분에 ▶ 「행정절차법」 적용배제

② 「행정절차법」이 적용되는 사례

1. 군인사법령에 의하여 진급예정자명단에 포함된 자에 대하여 수사과정 ▶ 「행정절차법」 적용배제
2. 「공정거래법」 상 공정거래위원회 의결에 ▶ 「행정절차법」 적용배제
3. 성인지예방교육을 위한 의결, 결정을 거쳐 행하는 사항 ▶ 「행정절차법」 적용배제
4. 기부처벌 경우 ▶ 「행정절차법」 적용배제

4. 설치변경 신청(행정절차의 의견청취)

의견청취의 원칙	행정청이 처분 시 상대방에 대하여 사전에 의견을 진술하는 의견제출 절차를 이행하여야 한다(법 제22조 제3항).
청문회의 원칙	행정청이 제21조의 결정에 따라 청문권 등을 주지하는 처분을 하는 경우에는 정해당 처분의 전에 청문회 개최하여야 한다. 이때 청문회의 내용은 청문조서에 기재되고 이에 따라 처분을 결정한다(법 제22조 제1항).
공청회의 원칙	행정청이 공청회를 개최한 경우에는 대상인에 따라 공청회를 개최한다. 그리고 행정청은 해당 행정작용에 대한 공청회 결과를 반영하여 처분을 공고하여야 한다(법 제22조 제2항).

5. 행정청의 관할 및 협조 등

(1) 행정청의 관할(제6조)

관할의 이송(제1항)	관할에 속하지 아니한 사안을 접수하였거나 이송받은 경우: 지체 없이 관할 행정청에 이송 및 신청인에게 통지
관할의 결정(제2항)	• 행정청의 관할이 분명하지 아니한 경우: 해당 행정청을 공통으로 감독하는 상급행정청이 관할 결정 • 공통으로 감독하는 상급 행정청이 없는 경우: 각 상급 행정청이 협의하여 관할 결정

(2) 행정청 간의 협조 등(제7조)

① 행정청 간의 협조의무(제1항)

② 행정협업(제2항): 업무의 효율성을 높이고 행정서비스에 대한 국민의 만족도를 높이기 위하여 필요한 경우 행정협업의 방식으로 적극적으로 협조하여야 함

(3) 행정응원(동법 제8조)

응원 요청	• 독자적인 직무수행이 어렵거나, 다른 행정청 소속 전문기관의 협조가 필요하거나 다른 행정청의 자료가 필요한 경우 등(제1항) • 해당 직무를 직접 응원할 수 있는 행정청에 요청(제3항)
요청 거부	• 다른 행정청이 보다 능률적이거나 경제적으로 응원할 수 있는 경우, 직무 수행에 현저히 지장 받을 명백한 이유 있는 경우(제2항) • 그 사유를 응원 요청한 행정청에 통지(제4항)
파견된 직원의 지휘·감독권	행정응원을 요청한 행정청(제5항)
행정응원비용	요청한 행정청이 부담, 부담금액 및 부담방법은 응원을 요청한 행정청과 응원을 하는 행정청이 협의하여 결정(제6항)

6. 당사자 등(제9조)

(1) 당사자 등의 자격

행정절차의 당사자	자연인, 법인, 비법인사단·재단, 다른 법령 등에 따라 권리·의무의 주체가 될 수 있는 자
「행정절차법」상 당사자 등	처분의 상대방인 당사자와 행정청이 직권으로 또는 신청에 따라 행정절차에 참여하게 한 이해관계인

(2) 당사자 등의 지위승계와 통지(제10조)

> 행정절차법 제10조(지위의 승계) ① 당사자등이 사망하였을 때의 상속인과 다른 법령등에 따라 당사자등의 권리 또는 이익을 승계한 자는 당사자등의 지위를 승계한다.
> ② 당사자등인 법인등이 합병하였을 때에는 합병 후 존속하는 법인등이나 합병 후 새로 설립된 법인등이 당사자등의 지위를 승계한다.
> ③ 제1항 및 제2항에 따라 당사자등의 지위를 승계한 자는 행정청에 그 사실을 통지하여야 한다.
> ④ 처분에 관한 권리 또는 이익을 사실상 양수한 자는 행정청의 승인을 받아 당사자등의 지위를 승계할 수 있다.
> ⑤ 제3항에 따른 통지가 있을 때까지 사망자 또는 합병 전의 법인등에 대하여 행정청이 한 통지는 제1항 또는 제2항에 따라 당사자등의 지위를 승계한 자에게도 효력이 있다.

당사자지위의 승계	• 당연승계: 당사자등의 사망, 법인의 합병 • 허가승계: 권익을 사실상 양수한 자
승계사실 통지	당사자 등의 지위를 승계한 자: 행정청에 그 사실을 통지해야 효력이 미침

(3) 당사자 등의 대표자(제11조)

대표자의 선정	• 다수의 당사자등이 공동으로 행정절차에 관한 행위를 할 때 대표자 선정 可 • 대표자를 선정하지 않거나 대표자 수가 지나치게 많아 행정절차의 지연 우려가 있는 경우: 행정청은 상당한 기간 내에 3인 이내의 대표자를 선정할 것을 요청 可 → 불응 시 행정청이 직접 선정 可
	당사자 등은 대표자 변경·해임 可
대표자의 권한 등	• 당사자등을 위해 행정절차에 관한 모든 행위 可(단, 행정절차를 끝맺는 행위: 당사자 등의 동의 要) • 당사자등은 대표자를 통해서만 행정절차에 관한 행위可
	다수 대표자 중 1인에 대한 행정청의 '행위' / 모든 당사자에게 효력 미침
	행정청의 '통지' / 대표자 모두에게 해야 효력○

(4) 당사자 등의 대리인(제12조)

대리인의 자격

① 당사자 등의 배우자, 직계존속·비속, 형제자매

② 당사자 등이 법인등인 경우 그 임원 또는 직원

③ 변호사

④ 행정청 또는 청문주재자의 허가를 받은 자

⑤ 법령등에 따라 해당 사안에 대하여 대리인이 될 수 있는 자

> **판례** 1-1. 육군3사관학교 생도의 징계심의절차에 변호사의 출석, 진술 ▷ 행정청 거부 불가
> 1-2. 대리인으로 선임된 변호사가 징계위원회 심의에 출석하는 것을 막은 경우 ▷ 징계처분이 위법하여 취소되어야 함

(5) 대표자·대리인의 선정·선임등에 대한 당사자등의 통지

당사자등이 대표자·대리인을 선정·선임·변경·해임한 경우	당사자등이 지체 없이 행정청에 통지
청문 주재자가 대리인의 선임을 허가한 경우	청문 주재자가 행정청에 통지

7. 송달(제15조)

8. 기간 및 기한의 특례(제16조)

천재지변이나 당사자 등에게 책임 없는 사유로 기간 및 기한을 지킬 수 없는 경우	그 사유가 끝나는 날까지 기간 진행 정지
외국거주·체류자에 대한 기간 및 기한	그 우편·통신에 걸리는 일수를 고려하여 정함

9. 비용 부담과 비용 지급(제54조)

행정절차에 드는 비용: 행정청이 부담(단, 당사자 등이 자기를 위하여 스스로 지출한 비용은 제외)

10. 협조 요청 등(제56조)

행정안전부장관은 관계 행정청에 관련 자료의 제출 등 협조 요청 可

POINT 35 처분절차

1 공통절차(수익적 처분·침익적 처분 일반)

1. 처분기준의 설정·공표(제20조)

처분기준의 설정·공표 의무		
의의(취지, 범위)		• 행정청의 자의적인 권한행사 방지, 행정의 통일성, 상대방에게 예측가능성을 부여하기 위해 인정 • 모든 행정작용에 인정(침익·수익처분, 재량·기속행위)
처분기준의 설정·공표 의무	제1항	• 필요한 처분기준을 당해 처분의 성질에 비추어 되도록 구체적으로 공표해야 함 • 처분기준 변경의 경우도 동일
	제2항	인·허가의제의 경우: 주된 인·허가 행정청은 제출받은 관련 인·허가의 처분기준을 통합하여 공표해야 함
처분기준공표의 생략(제3항)		성질상 현저히 곤란하거나 공공의 안전 또는 복리를 현저히 해치는 경우 생략 가능❶
공표의무 위반의 효과		곧바로 처분이 위법 ×
처분기준에 대한 당사자 등의 해석·설명요청권	제4항	공표된 처분기준이 불명확한 경우: 해석·설명 요청 가능, 행정청은 특별한 사정이 없으면 요청에 따라야 함

❶ 처분의 성질상 처분기준을 미리 공표하는 경우 행정목적을 달성할 수 없게 되거나 행정청에 일정한 범위 내에서 재량권을 부여함으로써 구체적인 사안에서 개별적인 사정을 고려하여 탄력적으로 처분이 이루어지도록 하는 것이 오히려 공공의 안전 또는 복리에 더 적합한 경우도 있다. 그러한 경우에는 행정절차법 제20조 제2항에 따라 처분기준을 따로 공표하지 않거나 개략적으로만 공표할 수도 있다(대판 2019.12.13, 2018두41907).

🔍 판례 | 행정청이 처분기준 사전공표 의무를 위반하여 미리 공표하지 아니한 기준을 적용하여 처분을 한 경우 ▷ 그러한 사정만으로 곧바로 처분이 위법 ×

2. 처분의 이유제시(이유부기, 제23조)

(1) 의의

개념	행정청이 처분을 할 때 당사자에게 해당 처분의 근거와 이유를 알려주는 것
기능(필요성)	법원부담 경감, 행정청의 자의배제 등

(2) 이유제시의무 대상처분(제1항)

원칙	모든 처분(침익적·수익적 처분 ○)
생략사유 (면제사유)	㉠ 신청내용을 모두 그대로 인정하는 경우 ㉡ 단순·반복적인 처분 또는 경미한 처분으로서 당사자가 그 이유를 명백히 알 수 있는 경우 ㉢ 긴급히 처분을 할 필요가 있는 경우 → 단, ㉡, ㉢의 경우: 처분 후 당사자가 요청하면 이유제시의무 有(제2항)

▶▶ 행정절차법상 이유제시 생략사유 ★(제23조)

① 신청 내용을 모두 그대로 인정하는 처분인 경우
  → 처분 후 당사자가 요청하는 경우에도 이유 제시 不要
② 단순·반복적인 처분 또는 경미한 처분으로서 당사자가 그 이유를 명백히 알 수 있는 경우
③ 긴급히 처분을 할 필요가 있는 경우
  → 처분 후 당사자가 요청하는 경우에는 이유 제시 必要

(3) 이유제시의무의 내용(이유제시의 정도)

원칙	당사자가 처분사유를 이해할 수 있을 정도로 구체적이어야 함
적극적 처분	처분의 법률적 근거와 사실상의 이유를 구체적이고 명확하게 제시
소극적 처분	당사자가 근거를 알 수 있을 정도로 상당한 이유를 제시한 경우 구체적 조항 및 내용 생략 可

🔍 판례
1. 주류도매업자에 대한 일반주류도매업 면허취소 통지 ▷ 그 위반사실을 구체적으로 특정하지 아니한 것은 위법 ○
2. 가산세의 종류와 세액의 산출근거 등을 전혀 밝히지 않고 가산세의 합계액만을 기재한 경우 ▷ 부과처분은 위법 ○
3. 허가 등을 거부하는 소극적 처분함에 있어서 당사자가 그 근거를 알 수 있을 정도로 상당한 이유를 제시한 경우
   ▷ 당해 처분의 근거 및 이유를 구체적 조항 및 내용까지 명시하지 않더라도 위법 ×
4. 교육부장관이 부적격사유가 없는 후보자들 사이에서 어떤 후보자를 총장으로 임용제청한 행위
   ▷ 「행정절차법」상 이유제시의무 다한 것
   ▷ 개별심사항목이나 평가결과를 구체적으로 밝힐 의무 無
5. 처분 당시 당사자가 처분의 근거, 이유 충분히 알 수 있어서 그에 불복하여 행정구제절차로 나아가는 데에 별다른 지장이 없었던 것으로 인정되는 경우 ▷ 이유제시 정도 완화
6. 납세자가 세율이 명백히 오기임을 알 수 있고 납세자의 불복 여부의 결정이나 불복신청에 지장 초래 × ▷ 징수처분 위법 ×

3. 처분의 방식(제24조)

(1) 문서주의 원칙

원칙	· 문서
(제1항)	· 단, 당사자 등의 동의가 있거나 신속히 처리할 필요가 있는 경우: 전자문서 등
예외 (제1항)	공공의 안전 · 복리를 위하여 긴급히 처분을 할 필요가 있거나 사안이 경미한 경우 등: 말, 전화, 휴대전화를 이용한 문자 전송, 팩스 또는 전자우편 등 문서가 아닌 방법으로 할 수 있음. 이 경우 당사자가 요청하면 지체 없이 처분에 관한 문서를 주어야 함
문서주의의 가능성 (판례)	· 재결청이 재결을 외부에 표시하기 그 효력이 발생하기 전에는 당사자 등: 처분 취소 가능
시기 (판례: 교부송달)	송달받을 자에게 교부(도달)됨으로써 효력이 발생

📌 판례
1. 행정처분의 외부적 성립 여부는 행정의사가 외부에 공식적으로 표명되었는지 여부를 기준으로 판단
2. 세관출장소장이 관세부과처분서에 결재하여 내부적 의사결정을 한 것만으로는 처분이 성립하였다고 볼 수 없음
- 처분서 ▷ ○성립 ▷ ○효력발생
- 표시 ▷ ×성립

② 이유제시의 하자

의의	처분의 이유제시가 없거나 불충분한 경우의 의미
효과 · 구제수단	반드시 · 무효사유인 것은 아니고, 그 하자가 경미한 경우 단순 취소사유

(2) 처분실명제(제3항)

처분 당시에 처분 행정청이 담당자의 소속 · 성명 및 연락처를 기재

📌 판례
1. 당사자의 신청내용을 모두 그대로 인정하는 처분인 경우 ▷ 이유제시의무 ×
2. 일반적인 사유로 인정되는 경우에는 구체적 조항 및 내용을 명시하지 않아도 ▷ 위법하지 않음 ×
3. 처분과 관련된 이유제시의 하자가 있는 경우 다른 사유로 고치하여 처분이 적법하다 할 수 없음 ×
4. 처분 당시에는 이유제시를 하지 아니하였더라도 다른 사유로 인정된 경우 ▷ 사후 처분서 교부 해야 함 ×

2 신청에 의한 처분(수익적 처분) 절차

1. 처분의 신청(제17조)

신청의 방식	원칙	문서
	신청의 효력 발생시기 (제2항)	예외	행정청에 도달된 때에 신청의 효력이 발생 함
신청의 필요적 요건 등의 사전 안내 (제3항)		신청에 필요한 구비서류, 접수기관, 처리기간, 그 밖에 필요한 사항을 게시하거나 사용할 수 있도록 하여야 함
신청의 이의제기		신청인에게 접수증 교부 / 행정이익이 있는 · 전자문서로 접수된 경우 제외

📌 판례
신청인이 인허가의 허가요건을 갖추지 아니하고 신청한 경우 ▷ 행정청은 보완 가능하고 실질적인 내용에 관한 흠이 있는 경우에는 신청거부 가능

4. 처분의 정정 및 불복의 고지

처분의 정정 (제25조)	· 처분의 오기, 오산 등 그 밖에 이에 준하는 명백한 잘못이 있는 때 처분 정정 후 그 사실을 당사자에게 통지하여야 함
불복의 고지 (제26조)	· 행정청은 처분을 할 때 처분에 관하여 다음의 사항을 알려야 함 - 그 처분에 관하여 불복할 수 있는지 여부 - 청구절차 및 청구기간 - 그 밖에 필요한 사항

▲ 고지(제26조)

구분	행정절차법	행정심판법
고지 종류	직권고지	직권고지(의무고지), 신청고지(제32조)
내용	처분	행정심판 + 청구절차 + 청구기간
대상자	당사자	관계 ×	통지, 고지 시 이해관계인

2. 신청의 접수 및 신청서의 보완

(1) 행정청의 접수의무(제17조 제4항)

원칙	법령등에 특별한 규정이 없는 한, 접수를 보류, 거부, 부당하게 되돌려 보내서는 아니됨
접수증	접수 시: 접수증 발급(예외 有[1])

[1] 행정절차법 시행령 제9조(접수증) 법 제17조 제4항 단서에서 "대통령령이 정하는 경우"라 함은 다음 각 호의 1에 해당하는 신청의 경우를 말한다.
1. 구술·우편 또는 정보통신망에 의한 신청
2. 처리기간이 "즉시"로 되어 있는 신청
3. 접수증에 갈음하는 문서를 주는 신청

(2) 신청의 보완요구의무와 반려(제17조 제5·6항)

보완요구의무	신청에 구비서류의 미비등 흠이 있는 경우: 보완에 필요한 상당한 기간을 정하여 지체 없이 보완을 요구하여야 함
반려	상당한 보완기간 내에 보완하지 않은 경우: 반려 가능

> **판례** 보완 가능함에도 보완요구 없이 신청 거부 ▷ 위법○

(3) 신청의 보완·변경 및 취하(제17조 제8항)

신청 후 처분 전	원칙적으로 신청내용을 보완·변경·취하 可
처분 후	신청내용을 보완·변경·취하 不可

(4) 다른 행정청에 신청의 접수

다른 행정청에 접수할 수 있는 신청의 종류를 미리 정하여 공시하여야 함

3. 신청의 처리

(1) 다수 행정청이 관여하는 처분 신속처리의무(제18조)

처분의 지연을 막기 위해 행정청에 협조의무 有

(2) 처리기간의 설정·공표(제19조)

제1항	행정청은 처분의 처리기간을 종류별로 미리 정하여 공표하여야 함
제2·3항	처분의 처리기간의 범위에서 1회에 한하여 가능하며, 연장 사유와 처리 예정 기한을 지체 없이 신청인에게 통지
제4항	행정청이 정당한 처리기간 내에 처리하지 아니하였을 때: 해당 행정청 또는 그 감독 행정청에 신속한 처리 요청 可

(3) 처리결과의 통지(민원처리법 제27조)

제1항	원칙	문서로 통지
	예외	기타민원, 통지에 신속을 요하는 경우, 민원인이 요청하는 경우: 구술, 전화, 문자메시지, 팩시밀리, 전자우편 등으로 통지 可
제2항		민원인의 동의가 있거나 전자문서로 민원신청시 처리결과통지: 전자문서로 갈음 可 (단, 전자문서로 민원신청시: 민원인이 요청하면 지체 없이 처리결과에 관한 문서교부 要)
제3항		민원내용 거부통지: 거부이유, 구제절차 함께 통지 要

3 침익적 처분 절차

1. 처분의 사전통지(의견진술의 전치절차, 제21조)

(1) 의의 및 사전통지의 상대방(의견제출자)인 '당사자 등'

개념	당사자에게 의무를 부과하거나 권익을 제한하는 처분(불이익한 처분)을 하는 경우, 그 처분 전에 미리 처분의 제목, 처분하려는 원인이 되는 사실과 처분의 내용 및 법적근거 등을 당사자 등에게 알리는 것
상대방	처분의 직접 상대방 / 행정청이 행정절차에 참여하게 한 이해관계인○(행정청이 참여하게 한 이해관계인 아닌 제3자×)

> **판례** 대형마트 영업시간 제한 처분 시 사전통지의 대상 ▷ 대형마트 개설자○ / 임대매장의 임차인×

(2) 사전통지의 대상처분

침익적 처분	당사자에게 의무를 부과하거나 권익을 제한하는 불이익처분(수익적 처분×)
거부처분	사전통지 대상×
지위승계신고 수리	종전 영업자의 권익을 제한하는 처분이므로 종전 영업자에게 사전통지 要
복효적 행정행위 (제3자효 행정행위[2])	사전통지×
고시에 의한 처분 (일반처분)	사전통지×

[2] 처분의 상대방에게는 이익이 되지만 제3자의 권익을 침해하는 행정행위

> **판례** 거부처분 ▷ 당사자의 권익을 제한하는 처분이 아니므로 사전통지 대상×

> **판례** 지위승계신고 수리
> 1. 유원시설업자 등의 지위승계신고 수리처분 ▷ 종전 유원시설업자 또는 체육시설업자에 대하여 사전통지, 의견청취 등 행정절차실시 要
> 2. 「식품위생법」상 영업자지위승계신고 수리처분 ▷ 종전의 영업자에 대하여 사전통지, 의견청취 등 행정절차실시 要

> **판례** 고시에 의한 처분(일반처분)
> 1. 고시의 방법으로 불특정 다수인을 상대로 의무를 부과하거나 권익을 제한하는 처분은 성질상 의견제출의 기회를 주어야 하는 상대방을 특정할 수 없으므로, 이와 같은 처분에 있어서까지 구 행정절차법 제22조 제3항에 의하여 그 상대방에게 의견제출의 기회를 주어야 한다고 해석할 것은 아니다.
> 2. 도로구역변경결정 ▷ 사전통지, 의견청취 대상×

(3) 사전통지사항
① 처분의 제목
② 당사자의 성명 또는 명칭과 주소
③ 처분하고자 하는 원인이 되는 사실
④ 처분의 내용 및 법적 근거
⑤ 의견제출기관의 명칭과 주소 의견제출 기한 등

(4) 사전통지기간(제3항)
행정청은 의견제출의 준비에 필요한 기간을 10일 이상으로 주어 통지

┌→ 두문자: 긴, 재, 성

(5) 사전통지의 생략사유(예외사유, 면제사유, 제4항)

행정절차법상 사전통지 생략사유(제21조)	행정절차법상 청문의 생략사유(제22조)
① 공공의 안전 또는 복리를 위해 긴급히 처분을 할 필요가 있는 경우 ② 법령 등에서 요구된 자격이 없거나 없어지게 되면 반드시 일정한 처분을 하여야 하는 경우에 그 자격이 없거나 없어지게 된 사실이 법원의 재판 등에 의하여 객관적으로 증명된 경우 ③ 해당 처분의 성질상 의견청취가 현저히 곤란하거나 명백히 불필요하다고 인정될 만한 상당한 이유가 있는 경우	① (긴) + ② (재) + ③ (성) + ④ 당사자가 의견진술의 기회를 포기한다는 뜻을 명백히 표시한 경우

제1호	공공의 안전 또는 복리를 위해 긴급한 처분이 필요한 때(긴급성)
제2호	처분의 전제가 되는 사실이 법원의 재판 등에 의해 객관적으로 증명된 때(객관적 명확성)❶
제3호	처분의 성질상 의견청취가 곤란하거나 불필요하다고 인정된 때(의견청취 곤란·불필요)

❶ 법령 등에서 요구된 자격이 없거나 없어지게 되면 반드시 일정한 처분을 하여야 하는 경우에 그 자격이 없거나 없어지게 된 사실이 법원의 재판 등에 의하여 객관적으로 증명된 경우

> **판례** 1. 의견청취가 현저히 곤란하거나 명백히 불필요하다고 인정될 만한 상당한 이유가 있는지 여부
> ▷ 처분의 성질에 따라 판단○
> ▷ 청문통지서의 반송여부, 청문통지의 방법등에 의하여 판단×
> 2. 용도를 무단변경한 건물의 원상복구를 명하는 시정명령 및 계고처분을 하는 경우
> ▷ 사전통지, 의견청취절차 생략×
> ▷ 위반사실 시인: 사전통지 등 예외사유 ×
> ▷ 현장조사 시 시정명령에 대한 구두통지 후 다음날 시정명령: 위법

(6) 사전통지를 하지 않은 경우 처분의 효력
사전통지를 하지 않아도 되는 예외적인 경우에 해당하지 않는 한 처분은 위법, 취소사유

> **판례** 1. 공사중지명령을 하기 전에 사전통지를 하고 의견제출의 기회를 준다면 많은 액수의 손실보상금을 기대하여 공사를 강행할 우려가 있는 경우 ▷ 사전통지 및 의견제출절차 예외 사유×
> 2. 지하수개발, 이용신고수리취소 및 원상복구명령 시 행정지도의 방식에 의한 사전고지나 그에 따른 당사자의 자진 폐공의 약속이 있었던 경우 ▷ 사전통지 예외사유×
> 3. 보조금 반환명령 시 사전통지 등 절차를 거친 경우 ▷ 그와 별개의 처분인 평가인증취소처분 시 사전통지 등을 생략×
> 4. 공무원시보임용처분 취소 후 정규임용처분 취소 시 ▷ 사전통지, 의견제출절차 생략×
> 5. 감사원의 해임요구에 따른 한국방송공사사장 해임
> ▷ 사전통지나 의견제출 기회 부여×, 법적근거 및 구체적 해임사유 제시×
> ▷ 위법○ / 무효×

▼ 공무원 임명의 요건

능력요건	경력(자격)요건
• 소극적 요건(예 결격사유) • 흠결 시 무효사유	• 적극적 요건(예 합격, 경력) • 흠결 시 취소사유

〈공무원시보임용이 무효임을 이유로 정규임용을 취소하는 경우〉

집행종료 4년 8개월 후 ─ 5년 2개월 후 ─ 취소소송 제기

금고 이상의 형 선고 (공무원 결격사유) → 시보임용 → 무효사유 (∵ 능력요건 흠결) → 정규임용 → 취소사유 (∵ 경력요건 흠결) → 시보임용·정규임용 모두 취소

→ BUT 사전통지·청문 절차 거치지 X
→ 절차 하자로 위법(판례)
∵ 정규임용처분 취소 처분을 할 때
행정절차에 준하는 절차를 거치도록 하는 규정 無,
처분의 성질상 행정절차를 거치기 곤란하거나 불필요 X
→ ∵ 행정절차법의 적용이 제외되는 경우 X

2. 의견청취절차(의견진술절차, 제22조)

(1) 의의

① 의견청취절차: 청문 / 공청회 / 의견제출

약식절차	의견제출(원칙)
정식절차	청문 / 공청회(일정한 경우에만)

② 유형

청문	청문 주재자의 지휘 아래 행정청의 의견수렴 및 증거조사절차
공청회	공청회 주재자의 주관하에 공개적인 토론을 통하여 전문가 등의 의견을 수렴하는 절차
의견제출	당사자 등이 의견 및 참고자료를 제출하는 절차로서 청문이나 공청회에 해당하지 아니하는 절차

청문, 공청회 거치는 경우를 제외한 불이익 처분 → 의견제출절차 要

→ 두문자: 긴, 재, 성, 포기

(2) 의견청취절차의 생략사유(제4항)

- 사전통지의무가 면제되는 경우❶
  - 공공의 안전 또는 복리를 위해 긴급한 처분이 필요할 때
  - 처분의 전제가 되는 사실이 법원의 재판 등에 의해 객관적으로 증명된 때
  - 처분의 성질상 의견청취가 곤란하거나 불필요하다고 인정된 때
- 의견진술 기회 포기의 뜻을 명백히 표시한 경우

❶ 제21조 제4항 각 호

① 의견청취절차를 생략할 수 있는 경우

> 판례
> 1. 퇴직연금 환수결정 ▷ 의무를 과하는 처분이지만 관련 법령에따라 당연히 환수금액이 정해지므로 의견청취절차 생략 가능
> 2. 특별감사 실시 후 이루어진 감사결과의 통보 및 감사기관의 의견표명의 성질을 가진 시정지시❷ ▷ 의견청취 생략 가능

❷ cf. 시정지시를 이행하지 않을 경우에 이루어지게 될 구 사회복지사업법상의 시정명령 및 설립허가 취소 등의 후행 처분을 위해서는 사전통지 및 의견진술의 기회 부여 등 행정절차법이 정한 절차를 거쳐야 한다(대판 2009.2.12. 2008두14999).

② 의견청취절차를 생략할 수 없는 경우

> 판례
> 1-1. 처분상대방이 이미 위반사실을 시인하였다거나 처분의 사전통지 이전에 의견을 진술할 기회가 있었다는 사정 ▷ 의견청취절차 생략×
> 1-2. 공무원이 관련 법규와 행정처분절차에 대하여 설명을 하였다거나 그 자리에서 청문절차를 진행하고자 하였음에도 처분상대방이 이에 응하지 않았다는 사정 ▷ 의견청취절차 생략×
> 2. 청문통지서 반송 또는 불출석의 이유로 청문을 실시하지 아니한 침해적 행정처분 ▷ 의견청취절차 생략×
> 3. 행정청이 당사자와 협약을 체결하면서 「행정절차법」상 청문의 실시 등 의견청취절차를 배제하는 조항을 둔 경우 ▷ 의견청취절차 생략×
> 4-1. 군인사법령에 의하여 진급예정자명단에 포함된 자에 대한 진급선발취소처분 ▷ 의견청취절차 생략×
> 4-2. 수사, 징계과정에서 자신의 비위행위에 대한 해명기회를 가졌다는 사정 ▷ 사전통지, 의견제출 예외사유×
> 5. 처분의 전제가 되는 '일부' 사실만 증명된 경우이거나 의견청취에 따라 행정청의 처분 여부나 처분 수위가 달라질 수 있는 경우 ▷ 의견청취절차 생략×

(3) 의견청취절차의 공통규정

의견청취 후 처분 신속 처리, 처분 후 1년 내 요청시 제출된 서류·물건 반환의무 有

(4) 청문

① 청문의 의의, 실시요건, 사전통지

개념❶	처분 전 의견수렴 및 증거조사 절차	
실시요건❷	제1호	다른 법령 등에서 청문을 하도록 규정하고 있는 경우
	제2호	행정청이 필요하다고 인정하는 경우
	제3호	다음 각 목의 처분을 하는 경우 • 인·허가 등의 취소 • 신분·자격의 박탈 • 법인이나 조합 등의 설립허가 취소 처분 시
사전통지❸	청문이 시작되는 날부터 10일 전 통지	

❶ 행정절차법 제2조(정의) 이 법에서 사용하는 용어의 뜻은 다음과 같다.
  5. "청문"이란 행정청이 어떠한 처분을 하기 전에 당사자등의 의견을 직접 듣고 증거를 조사하는 절차를 말한다.
❷ 행정절차법 제22조(의견청취) ① 행정청이 처분을 할 때 다음 각 호의 어느 하나에 해당하는 경우에는 청문을 한다.
❸ 두문자: 인, 신, 설
❹ 행정절차법 제21조(처분의 사전 통지) ② 행정청은 청문을 하려면 청문이 시작되는 날부터 10일 전까지 제1항 각 호의 사항을 당사자등에게 통지하여야 한다. 이 경우 제1항 제4호부터 제6호까지의 사항은 청문 주재자의 소속·직위 및 성명, 청문의 일시 및 장소, 청문에 응하지 아니하는 경우의 처리방법 등 청문에 필요한 사항으로 갈음한다.

② 청문 주재자(제28조)

㉠ 청문 주재자의 선정

행정청이 소속 직원 또는 대통령령으로 정하는 자격을 가진 사람 중에서 선정

합의제 청문	청문 주재자 2명 이상으로 선정 • 다수 국민의 이해가 상충되는 처분 • 다수 국민에게 불편이나 부담을 주는 처분 • 행정청이 청문 주재자를 2명 이상으로 선정할 필요가 있다고 인정하는 처분을 하려는 경우
청문 주재자에 대한 통지	청문 시작 7일 전까지 청문 주재자에게 청문 관련자료 미리 통지
청문 주재자	독립하여 공정하게 직무수행, 직무수행을 이유로 본인의 의사에 반하여 신분상 불이익×

㉡ 청문 주재자의 제척·기피·회피(제29조)

제척사유	청문주재자가 제29조 제1항 각 호 사유❶에 해당하는 경우 청문주재 不可
기피신청	청문 주재자에게 공정한 청문 진행을 할 수 없는 사정이 있는 경우 • 기피신청이 있으면 행정청은 청문 정지 • 신청이 이유가 있다고 인정되면 지체 없이 청문 주재자를 교체
회피	제척·기피사유 있는 경우 행정청의 승인받아 可

❶ 자신이 당사자 등이거나 당사자 등과 「민법」 제777조 각 호의 어느 하나에 해당하는 친족관계에 있거나 있었던 경우, 자신이 해당 처분과 관련하여 증언이나 감정을 한 경우, 자신이 해당 처분의 당사자 등의 대리인으로 관여하거나 관여하였던 경우, 자신이 해당 처분업무를 직접 처리하거나 처리하였던 경우, 자신이 해당 처분업무를 처리하는 부서에 근무하는 경우에는 청문을 주재할 수 없다(동법 제29조 제1항).

③ 청문 참가자: 당사자 등

④ 청문의 공개(제30조)❷

❷ 청문은 당사자가 공개를 신청하거나 청문 주재자가 필요하다고 인정하는 경우 공개할 수 있다. 다만, 공익 또는 제3자의 정당한 이익을 현저히 해칠 우려가 있는 경우에는 공개하여서는 아니 된다(동법 제30조).

공개	당사자(이해관계인×)의 신청 또는 청문 주재자가 필요하다고 인정하는 경우 공개할 수 있음
비공개	공익 또는 제3자의 정당한 이익을 현저히 해칠 우려가 있는 경우에는 공개해서는 아니됨

⑤ 청문의 진행(제31조)

청문 시작 시	청문 주재자가 예정된 처분의 내용, 그 원인이 되는 사실 및 법적 근거 등을 설명
청문의 진행	• 당사자 등: 의견진술, 증거제출, 참고인이나 감정인 등에게 질문 可 • 청문주재자: 청문의 신속한 진행과 질서유지를 위해 필요한 조치 可
당사자등이 의견서를 제출한 경우	그 내용을 출석하여 진술한 것으로 간주
청문의 병합·분리 (제32조)	직권 또는 당사자의 신청(이해관계인×)

⑥ 증거조사·청문조서·의견서 작성(동법 제33-34조)

증거조사	직권 또는 당사자 신청에 따라 필요한 조사 • 당사자 등이 주장하지 아니한 사실에 대하여도 조사可 • 청문 주재자: 필요하다고 인정할 때 관계 행정청에 필요한 문서의 제출 또는 의견 진술 요구 可
청문조서	• 청문 주재자: 제목, 인적사항 등이 적힌 청문조서 작성 • 당사자등: 청문조서의 내용 열람·확인 可, 이의 있을 때 정정 요구 可
의견서 작성 → 제34조의2	청문 주재자는 청문의 제목, 처분의 내용, 주요 사실 또는 증거, 종합의견 등이 적힌 의견서 작성

⑦ 청문의 종결(제35조)

종결 사유	당사자 등의 의견진술, 증거조사가 충분히 이루어졌다고 인정하는 경우
당사자 등의 불출석	• 정당한 사유 없이 불출석한 경우: 의견진술 및 증거제출의 기회를 다시 주지 않고 종결 可 • 정당한 사유로 불출석한 경우: 10일 이상의 기간을 정하여 의견진술 및 증거제출의 기회를 다시 주고 종결
서류 제출 의무	청문 주재자는 청문 종료 시 청문조서, 청문 주재자의 의견서, 그 밖의 관계 서류 등을 행정청에 지체 없이 제출하여야 함

⑧ 청문의 재개(제36조): 청문을 마친 후 처분을 할 때까지 새로운 사정이 발견되어 청문을 재개할 필요가 있다고 인정할 때

⑨ 청문 결과의 반영(제35조의2): 상당한 이유가 있다고 인정하는 경우 반영하여야 함(상대방 의견에 기속×)

> **판례** 광업용 토지수용의 사업인정처분시 사전의견청취의 취지 ▷ 의견참작○ / 처분청이 그 의견에 기속×

⑩ **문서의 열람 및 비밀유지(제37조)**
  ❶ 당사자 등은 의견제출의 경우에는 처분의 사전 통지가 있는 날부터 의견제출기한까지, 청문의 경우에는 청문의 통지가 있는 날부터 청문이 끝날 때까지 행정청에 해당 사안의 조사결과에 관한 문서와 그 밖에 해당 처분과 관련되는 문서의 열람 또는 복사를 요청할 수 있다(동법 제37조 제1항).

문서의 열람복사요청	의견제출	처분의 사전통지가 있는 날부터 의견제출기한까지
	청문	청문의 통지일부터 청문종결시까지 可
비밀 유지		누구든지 의견제출 또는 청문을 통해 알게 된 비밀유지와 목적 외 사용금지 의무 有

⑪ 청문절차를 결여한 처분의 효력: 절차하자, 취소사유

> **판례**
> 1. 침해적 행정처분에서 처분의 근거 법령에 규정된 청문절차 결여한 처분 ▷ 취소사유(관련 법령상 예외사항이 아닌 이상)
> 2. 청문절차 결여한 건축사사무소 등록취소처분 ▷ 위법

(5) 공청회

① 공청회의 의의(제2조 제6호): 행정청이 공개적인 토론을 통하여 의견을 널리 수렴하는 절차
② 공청회의 개최요건(제22조 제2항)
  ㉠ 개최사유

제1호	다른 법령에 규정
제2호	처분의 영향이 광범위하여 널리 의견 수렴할 필요가 있다고 행정청이 인정하는 경우
제3호	국민 생활에 큰 영향을 미치는 처분으로서 대통령이 정하는 처분에 대하여 일정수(30명) 이상의 당사자 등이 공청회 개최를 요구하는 경우

  ㉡ 행정청이 개최한 공청회가 아닌 경우: 「행정절차법」상 공청회 관련 규정이 적용×

> **판례** 추모공원건립추진위원회가 개최한 공청회 ▷ 「행정절차법」 적용×

③ **공청회 개최의 알림(제38조)**❷
  ❷ 행정청은 공청회를 개최하려는 경우에는 공청회 개최 14일 전까지 제목, 일시 및 장소, 주요내용, 발표자에 관한 사항, 발표신청 방법 및 신청기한, 정보통신망을 통한 의견제출, 그 밖에 공청회 개최에 필요한 사항 등을 당사자 등에게 통지하고 관보, 공보, 인터넷 홈페이지 또는 일간신문에 공고하는 등의 방법으로 널리 알려야 한다. 다만, 공청회 개최를 알린 후 예정대로 개최하지 못하여 새로 일시 및 장소 등을 정한 경우에는 공청회 개최 7일 전까지 알려야 한다(동법 제38조).

원칙	공청회 개최 14일 전까지 통지 및 공고
예외	예정대로 개최하지 못하여 새로 일시 및 장소 등 정한 경우: 공청회 개최 7일 전까지 통지

④ 온라인공청회(제38조의2)

원칙	일반 공청회와 병행하여서만 실시할 수 있음❸
예외	단독으로 개최 可(제2항 각 호)

❸ 행정절차법 제38조의2(온라인공청회) ① 행정청은 제38조에 따른 공청회와 병행하여서만 정보통신망을 이용한 공청회(이하 "온라인공청회"라 한다)를 실시할 수 있다.

「행정절차법」 제38조의2(온라인공청회) ② 제1항에도 불구하고 다음 각 호의 어느 하나에 해당하는 경우에는 온라인공청회를 단독으로 개최할 수 있다.
  1. 국민의 생명·신체·재산의 보호 등 국민의 안전 또는 권익보호 등의 이유로 제38조에 따른 공청회를 개최하기 어려운 경우
  2. 제38조에 따른 공청회가 행정청이 책임질 수 없는 사유로 개최되지 못하거나 개최는 되었으나 정상적으로 진행되지 못하고 무산된 횟수가 3회 이상인 경우
  3. 행정청이 널리 의견을 수렴하기 위하여 온라인공청회를 단독으로 개최할 필요가 있다고 인정하는 경우. 다만, 제22조 제2항 제1호 또는 제3호에 따라 공청회를 실시하는 경우는 제외한다.

온라인공청회를 실시하는 경우: 누구든지 정보통신망을 이용하여 의견을 제출하거나 제출된 의견등에 대한 토론에 참여 可

⑤ 공청회의 주재자 및 발표자(제38조의3)

주재자(제1항)	공청회의 사안 관련 분야에 전문적 지식이 있거나 그 분야에 종사한 경험이 있는 사람으로서 대통령령으로 정하는 자격을 가진 사람 중에서 행정청이 선정
발표자(제2항)	• 원칙: 발표를 신청한 사람 중에서 선정 • 예외: 발표를 신청한 사람이 없거나 공청회의 공정성을 확보하기 위하여 필요하다고 인정하는 경우 일정한 자격이 있는 사람 중에서 지명하거나 위촉 可
공정성 확보 (제3항)	공청회의 주재자, 발표자를 지명, 위촉, 선정시 공정성이 확보될 수 있도록 하여야 함

⑥ 공청회의 진행 및 재개최

공청회의 진행❹: 공청회주재자	• 공청회를 공정하게 진행할 책임 • 발표자의 발표 내용 제한, 발언의 중지·퇴장 명령 • 그 밖의 필요한 조치
공청회의 재개최❺	공청회 후 처분을 할 때까지 새로운 사정이 발견되어 재개최할 필요가 인정될 때

❹ 행정절차법 제39조(공청회의 진행) ① 공청회의 주재자는 공청회를 공정하게 진행하여야 하며, 공청회의 원활한 진행을 위하여 발표 내용을 제한할 수 있고, 질서유지를 위하여 발언 중지 및 퇴장 명령 등 행정안전부장관이 정하는 필요한 조치를 할 수 있다.
❺ 행정절차법 제39조의3(공청회의 재개최) 행정청은 공청회를 마친 후 처분을 할 때까지 새로운 사정이 발견되어 공청회를 다시 개최할 필요가 있다고 인정할 때에는 공청회를 다시 개최할 수 있다.

⑦ 공청회 결과의 반영(제39조의2): 공청회, 온라인공청회 및 정보통신망 등을 통하여 제시된 사실 및 의견이 상당한 이유가 있다고 인정하는 경우: 처분할 때 반영하여야 함

(6) 의견제출

의의 ↳ 제2조 제7호	행정청이 행정작용을 하기 전에 당사자 등이 의견을 제시하는 절차로서 청문이나 공청회에 해당하지 아니하는 절차(약식 의견진술절차)
대상 ↳ 제22조 제3항	당사자에게 의무를 부과하거나 권익을 제한하는 처분을 할 때, 청문 또는 공청회를 거치지 않는 경우
방법	• 서면, 말, 정보통신망 이용 • 말로 의견제출을 하였을 때: 행정청은 서면으로 그 진술의 요지와 진술자를 기록하여야 함 • 정당한 이유 없이 의견제출기한까지 의견제출을 하지 아니한 경우: 의견이 없는 것으로 간주

반영	• 당사자등이 제출한 의견이 상당한 이유가 있다고 인정하는 경우: 처분을 할 때 반영하여야 함
	• 의견을 반영하지 아니하고 처분을 한 경우[1]
	  – 처분이 있음을 안 날부터 90일 이내에 이유의 설명을 요청할 경우: 서면으로 고지
	  – 당사자 등이 동의한 경우: 말, 정보통신망 또는 그 밖의 방법으로 고지 可

[1] 행정청은 당사자 등이 제출한 의견을 반영하지 아니하고 처분을 한 경우 당사자 등이 처분이 있음을 안 날부터 90일 이내에 그 이유의 설명을 요청하면 서면으로 그 이유를 알려야 한다. 다만, 당사자 등이 동의하면 말, 정보통신망 또는 그 밖의 방법으로 알릴 수 있다(동법 제27조2 제2항).

▼ 청문, 공청회, 의견제출 비교

구분	청문	공청회	의견제출
의의	행정청이 처분전에 당사자등의 의견을 듣고 증거를 조사하는 절차	행정청이 공개적인 토론을 통하여 의견을 수렴하는 절차	청문, 공청회를 거치지 못한 경우 당사자 등에게 의견을 제출하도록 하는 절차
통지	청문 시작하는 날부터 10일 전까지	공청회 개최 14일 전까지	–
공개여부	비공개원칙	공개원칙	–
증거조사	○	×	–
문서열람	○	×	○
의견제출 방식	서면이나 말	구술	서면이나 말 또는 정보통신망
정보통신망	×	온라인공청회○ (단독으로도 가능)	○

POINT 36 처분 이외의 절차

1 신고(1편 서술)

동법상 신고: 자기완결적 신고(수리를 요하지 않는 신고)

2 확약(제40조의2, 2편 서술) - 22년 신설

- 법령 등에서 당사자가 신청할 수 있는 처분을 규정하고 있는 경우 행정청은 당사자의 신청에 따라 장래에 어떤 처분을 하거나 하지 아니할 것을 내용으로 하는 의사표시(이하 "확약"이라 한다)를 할 수 있다(제1항).
  → ② 확약은 문서로 하여야 한다.
- 그 외 확약의 형식, 절차, 구속력의 배제❶ 등 신설

❶ ④ 행정청은 다음 각 호의 어느 하나에 해당하는 경우에는 확약에 기속되지 아니한다.
  1. 확약을 한 후에 확약의 내용을 이행할 수 없을 정도로 법령등이나 사정이 변경된 경우
  2. 확약이 위법한 경우
⑤ 행정청은 확약이 제4항 각 호의 어느 하나에 해당하여 확약을 이행할 수 없는 경우에는 지체 없이 당사자에게 그 사실을 통지하여야 한다.

3 위반사실 등의 공표(제40조의3, 4편 서술) - 22년 신설

- 행정청은 법령에 따른 의무를 위반한 자의 성명·법인명, 위반사실, 의무 위반을 이유로 한 처분사실 등을 법률로 정하는 바에 따라 일반에게 공표할 수 있다(제1항).
- 위반사실 등의 공표를 할 때에는 미리 당사자에게 그 사실을 통지하고 의견진술의 기회를 주어야 하며(제3항), 위반사실 등의 공표는 관보, 공보 또는 인터넷 홈페이지를 통하여 한다(제6항).
- 그 외 공표절차❷, 공표의 예외사유❸ 규정 신설

❷ ② 행정청은 위반사실등의 공표를 하기 전에 사실과 다른 공표로 인하여 당사자의 명예·신용 등이 훼손되지 아니하도록 객관적이고 타당한 증거와 근거가 있는지를 확인하여야 한다.
❸ ⑦ 행정청은 위반사실등의 공표를 하기 전에 당사자가 공표와 관련된 의무의 이행, 원상회복, 손해배상 등의 조치를 마친 경우에는 위반사실등의 공표를 하지 아니할 수 있다.

4 행정계획(제40조의4, 2편 서술) - 22년 신설

행정청은 행정청이 수립하는 계획 중 국민의 권리·의무에 직접 영향을 미치는 계획을 수립하거나 변경·폐지할 때에는 관련된 여러 이익을 정당하게 형량하여야 한다.

5 행정상 입법예고

입법예고의 의의		입법안의 내용을 미리 국민에게 알리는 것, 입법안에 대한 국민의 참여기회 보장, 법령의 실효성 향상
입법예고의 대상 (제41조)	제1항	법령등을 제정·개정·폐지하려는 경우 이를 예고해야 함
	제2항	입법예고 예외 사유(제1호~제5호) • 입법이 긴급을 요하는 경우 • 상위 법령 등의 단순한 집행을 위한 경우 • 입법내용이 국민의 권리·의무 또는 일상생활과 관련이 없는 경우 • 단순한 표현·자구 변경 등 성질상 예고의 필요가 없거나 곤란하다고 판단되는 경우 • 예고함이 공공의 안전 또는 복리를 현저히 해칠 우려가 있는 경우
	제3항	법제처장이 입법예고를 하지 아니한 법령안의 심사 요청을 받은 경우: 입법예고를 하는 것이 적당하다고 판단할 때에는 해당 행정청에 입법예고를 권고하거나 직접 예고 可
입법예고의 방법 (제42조)	법령의 입법안	관보 및 법제처장이 구축·제공하는 정보시스템을 통한 공고
	자치법규의 입법안	공보를 통한 공고
	대통령령 입법예고	국회 소관 상임위원회에 제출
	온라인공청회	예고된 입법안에 대하여 온라인공청회 등을 통하여 의견수렴 可
		예고된 입법안 전문의 열람·복사를 요청받았을 때: 행정청은 특별한 사유가 없으면 그 요청에 따라야 함
입법예고의 기간❹		예고할 때 정하되, 특별한 사정이 없으면 법령은 40일, 자치법규는 20일 이상
의견제출 및 처리❺		• 의견제출: 누구든지 입법안에 대하여 의견제출 可 • 처리: 의견을 제출한 자에게 의견의 처리결과를 통지
공청회 개최❻		행정청: 입법안 관련 공청회 개최 可
재입법 예고❼		입법예고 후 중요한 변경이 발생하면 해당 부분에 대한 입법예고를 다시 하여야 함

6 행정예고

▶ 행정절차법 주요 일반기간

1. 당사자 등에 대한 청문의 사전통지: 10일 전
2. 사전통지서 의견제출기간: 10일 이상(안)
3. 처분의 사전 통지시 의견이 있는 경우: 처분 전 10일(안)
4. 청문주재자에 대한 청문의 사전통지: 7일 전
5. 청문공개 시 의견제출기간: 10일 이상(안)
6. 공청회 사전통지: 14일 전
7. 공청회 마치면 시 재공청회: 7일 전(안)
8. 입법예고: 40일 이상(자치법규: 20일 이상)
9. 행정예고: 20일 이상(긴급, 단축 시: 10일 이상)

행정예고의 의의	다수 국민의 권익에 관계있는 사항등을 국민에게 미리 알리는 제도
행정예고의 대상 (제46조)	제1항	행정정책, 제도 및 계획을 수립·시행하거나 변경하려는 경우 예고하여야 할 것
		• 행정예고 사유(제1호~제4호)
		• 긴급한 사유로 예고가 곤란한 경우
		• 법령 등의 단순한 집행을 위한 경우
	제2항	• 예고의 내용이 국민의 권리·의무 또는 일상생활과 관련이 없는 경우
		• 예고가 공공의 안전 또는 복리를 현저히 해칠 우려가 상당한 경우
		• 법령등의 단순한 집행을 위한 경우
	제3항	통계예고를 하지 않는 경우 : 행정예고로 본다.
행정예고기간❷	예고 내용의 성격 등을 고려하여 정하되, 특별한 사정이 없으면 20일 이상, 긴급한 경우 10일 이상
행정예고의 방법·공고·공청	• 행정예고방법(제47조): 공청회등의 개최, 주요 내용 공고, 인터넷·신문·관보 등
	• 행정예고의 결과 및 반영(제46조의2): 매년 공고, 결과·반영 결과 공고, 공고·인터넷에 등은 공개

❶ 행정예고기간: 행정예고를 할 때에는 대통령령으로 정하는 바에 따라 20일(자치법규는 20일)로 이상으로 한다.
❷ 행정예고는 제43조(입법예고기간)에 따라 정책 등의 내용과 성질에 따라 달리 할 수 있으나, 20일 이상으로 해야 한다. 다만, 행정목적을 달성하기 위하여 긴급한 경우에는 행정예고를 하지 아니할 수 있다.

❶ 행정절차법 제45조(공청회) ① 행정청은 다음 각 호의 어느 하나에 해당하는 경우에 공청회를 개최할 수 있다.
❷ 행정절차법 시행령 제38조, 제38조의2, 제38조의3, 제39조 및 제39조의2를 공통한다.
❸ 행정예고 제46조(행정예고) ④ 행정청은 매년 자신이 행한 행정예고의 실시 현황과 그 결과에 관한 사항을 대통령령으로 정하는 바에 따라 공고하여야 한다.
❹ 행정청은 정책 등 효과적인 수렴을 위하여 필요한 경우 공청회를 개최할 수 있다.
❺ 행정예고 이후에 행정예고에 대한 국민의 의견 제출 및 개진 결과를 대통령령으로 정한다.
❻ 행정청은 행정예고 결과 제출된 의견을 검토하여 정책 등에 반영하여야 한다.
❼ 이 결과를 당사자 등에게 알려야 한다. ⑦ 행정예고의 방법, 의견제출 및 개진, 결과의 반영 등에 관하여 필요한 사항은 대통령령으로 정한다.

7 행정지도절차(2절 사용)

행정절차법 제46조(행정예고) ② 제1항에도 불구하고 법령등의 단순한 집행을 위한 경우 등 특별한 사정이 없으면 20일 이상 행정예고를 할 수 있다. 그러나 행정목적을 달성하기 위하여 긴급한 경우에는 행정예고를 하지 아니할 수 있다(통칙 제46조 제3항).

8 국민참여의 확대

행정절차법 제52조(국민참여 활성화) ① 행정청은 행정과정에서 국민의 의견을 수렴하고 참여를 확대하기 위하여 노력하여야 한다.
행정절차법 제53조(온라인 정책토론) ① 행정청은 정책·제도 및 계획(이하 "정책등"이라 한다)을 수립·시행하거나 변경하는 과정에서 국민의 다양하고 창의적인 의견을 널리 수렴하기 위하여 정보통신망을 이용한 의견의 제출·수렴(이하 이 조에서 "온라인 정책토론"이라 한다)을 실시할 수 있다.

POINT 37 행정절차의 하자

1 절차상 하자의 독자적 위법성

1. 절차상 하자의 의의
공법적 작용을 할 때 절차요건을 구비하지 못한 경우

2. 절차상 하자의 독자적 위법성 인정 여부

문제점		「행정절차법」에 절차상 하자 있는 처분의 효력에 관한 명문의 규정이 없어 견해대립
학설	재량행위	절차상 하자를 시정한 후 기존 처분과는 다른 처분을 할 수도 있으므로 절차 하자의 독자적 위법성이 인정됨
	기속행위 소극설	실체적 하자가 존재하지 않는다면 절차상 하자의 존재만으로 처분이 위법하게 되는 것은 아니라는 견해❶
	기속행위 적극설 (다수설)	절차적 하자가 존재하는 경우에는 실체적 하자가 존재하지 않는 경우에도 처분이 위법하게 된다는 견해❷
판례: 적극설		재량행위, 기속행위 불문하고 절차상 하자가 존재하면 독자적 위법사유로 봄

❶ 근거: 절차규정은 수단에 불과, 소송경제에 반함
❷ 근거: 적법절차의 원칙, 법률적합성원칙, 재처분의무 시 반드시 동일 처분 단정 불가, 행정절차 의무화 취지 몰각

 판례
1. 재량행위(「식품위생법」상 영업정지처분) ▷ 절차상 하자로 취소 可
2. 기속행위(과세처분) ▷ 절차상 하자로 취소 可

3. 절차상 하자가 있는 행정행위의 효력(판례)

일반적	취소사유(단, 하자가 중대하고 명백하면 무효)
절차 하자가 경미한 경우	• 환경영향평가서가 다소 부실하게 작성된 경우 • 도시계획위원회의 심의를 거치지 않고 개발행위허가신청을 불허가한 경우 • 예비타당성조사를 실시하지 않고 한 하천공사시행계획 및 각 실시계획승인처분 • 민원 1회 방문처리제를 시행하는 절차의 일환으로 민원사항의 심의·조정등을 위한 민원조정위원회를 개최하면서 민원인에게 회의일정등을 사전에 통지하지 않고 한 거부처분

4. 절차상 하자와 취소판결의 기속력
절차상 하자를 보완한 동일한 처분: 종전 처분과는 별개의 처분, 기속력 위반×

2 절차상 하자의 치유

인정여부	• 제한적 긍정설(통설·판례): 원칙적으로 부정 • 예외적으로 국민의 권리와 이익을 침해하지 않는 범위 내에서 인정
시간적 한계	행정쟁송 제기 전까지 可

POINT 38 민원사항의 공정한 취급

해커스공무원 정수윤 행정법총론 단권화 노트

1 원칙규정

민원인의 공정한 처리 절차, 제도의 운영과 개선 규정

2 용어의 정의(제2조)

민원	민원인이 행정기관에 대하여 처분 등 특정한 행위를 요구하는 것
민원인	• 행정기관에 민원을 제기하는 개인·법인 또는 단체 • 고충민원(「부패방지권익위법」), 질의민원, 건의민원, 기타민원(신청서 없이 구술 또는 전화로 제기하는 민원)은 행정기관

행정기관: 이 법에 따른 민원에 관한 사무를 처리하는 행정기관
• 국가행정기관, 지방자치단체와 그 소속기관
• 공공기관 등 대통령령으로 정하는 기관·단체 및 그 기관·단체의 장
• 「공공기관의 운영에 관한 법률」 제4조에 따른 공공기관, 특별법에 따라 설립된 특수법인, 「초·중등교육법」·「고등교육법」 및 그 밖의 다른 법률에 따라 설치된 각급 학교, 「공직자윤리법」 제3조의2에 따른 공직유관단체(이 법 아님)

3 민원의 처리

민원의 신청 및 접수 등 (제8~9조)	문서	민원의 신청은 문서(「전자정부법」 제2조 제7호에 따른 전자문서를 포함한다. 이하 같다)로 하여야 한다. 다만, 기타민원은 구술(口述) 또는 전화로 할 수 있다.
	접수증	행정기관의 장은 민원을 접수하였을 때에는 해당 민원인에게 접수증을 내주어야 한다.

4 법정민원의 처리

1. 사전심사의 청구(제30조)

① 민원인은 법정민원 중 정식으로 신청할 경우 토지 등 특정한 사항에 대한 이해관계인의 동의가 필요하거나 다른 기관의 인·허가 등이 필요하여 그 선행절차로서 받은 등 대통령령으로 정하는 민원에 대하여는 정식으로 신청하기 전에 미리 약식의 사전심사를 청구할 수 있다.

예시 | 민원사항 사전심사청구 → 행정처분 X

2. 복합민원의 처리(제31조)

① 행정기관의 장은 복합민원을 처리할 주무부서를 지정하고 그 부서로 하여금 관계기관·부서 간의 협조를 통하여 민원을 한꺼번에 처리하게 할 수 있다.

3. 민원 1회 방문처리제의 시행(제32조)

① 행정기관의 장은 복합민원을 처리할 때에 그 행정기관의 내부에서 저절로 처리될 수 있는 사항을 다른 관계기관이나 부서에 민원인이 직접 방문하여 요구하지 아니하도록 하여야 한다.

4. 거부처분에 대한 이의신청(제35조)

① 법정민원에 대한 행정기관의 장의 거부처분에 불복하는 민원인은 그 거부처분을 받은 날부터 60일 이내에 그 행정기관의 장에게 문서로 이의신청할 수 있다 / 행정심판·행정소송 可

② 행정기관의 장은 이의신청을 받은 날부터 10일 이내에 그 인용 여부를 결정하여 신청인에게 통지하여야 하며, 부득이한 사유로 인정 기간 내에 통지할 수 없는 경우에는 그 기간의 만료일 다음 날부터 기산하여 10일 이내의 범위에서 1회 연장할 수 있으며, 연장 사유를 신청인에게 통지하여야 한다.

③ 민원인은 이의신청 여부와 상관없이 「행정심판법」에 따른 행정심판 또는 「행정소송법」에 따른 행정소송을 제기할 수 있다.

POINT 39 행정정보공개제도

1 개설

1. 정보공개제도의 의의
공공기관 보유 정보를 국민의 청구에 응하여 공개하는 제도

2. 알 권리의 내용과 법적 근거

내용		일반적으로 접근할 수 있는 정보원으로부터 방해받지 않고 보고, 듣고, 읽을 수 있는 소극적 측면으로서의 권리(자유권적 성질) + 정보공개를 청구할 수 있는 적극적 측면에서의 권리(청구권적 성질)의 두 가지 요소를 포함
법적 근거	헌법적 근거	헌법 제21조의 표현의 자유 등에서 직접 정보공개청구권 도출
	개별법적 근거	• 「공공기관의 정보공개에 관한 법률」(정보공개법) • 지방자치단체의 조례: 주민의 권리제한, 의무부과, 벌칙에 관한 사항이 아닌 경우 지자체는 법률의 위임이 없더라도 조례 제정 可

판례 헌법적 근거(헌법 직접적 권리성)
1. 알 권리
   ▷ 표현의 자유에 포함
   ▷ 개별적 법률 없이도 헌법에 의해 직접 보장됨
2. 알 권리
   ▷ 자유권적 성질과 청구권적 성질을 공유하는 것으로서 헌법 제21조에 의하여 직접 보장되는 권리
   ▷ 일반적 정보공개청구권이 포함됨

판례 지방자치단체의 조례
청주시 행정정보공개조례안
▷ 주민의 권리를 제한하거나 의무를 부과하는 조례 ×
▷ 법률의 개별적 위임 필요 ×

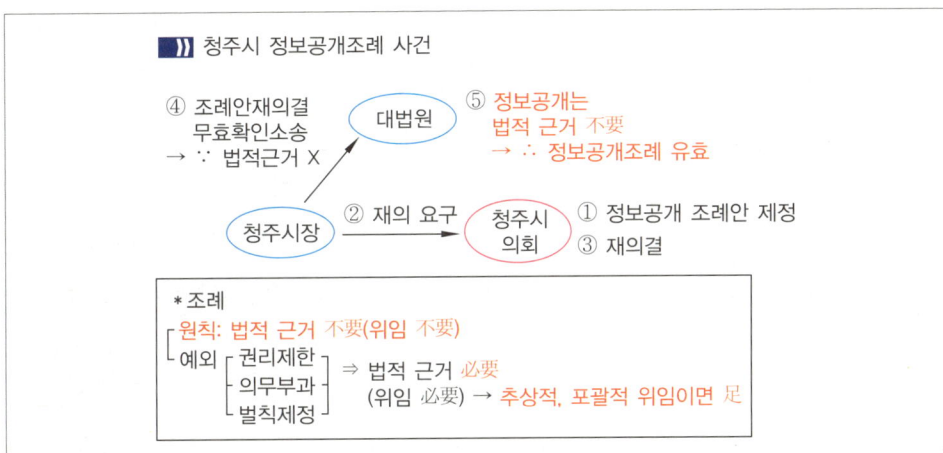

2 정보공개법

1. 목적
국민의 알 권리를 보장, 국정에 대한 국민참여와 국정운영의 투명성 확보

2. 용어의 정의(제2조)

정보		공공기관이 직무상 작성 또는 취득하여 관리하고 있는 문서(전자문서 포함) 및 전자매체를 비롯한 모든 형태의 매체 등에 기록된 사항
공개		정보를 열람하게 하거나 그 사본·복제물을 제공하는 것 또는 정보통신망을 통하여 정보를 제공하는 것
공공기관의 범위	법률 규정	• 국가기관 • 지방자치단체 • 「공공기관의 운영에 관한 법률」 제2조에 따른 공공기관 • 「지방공기업법」에 따른 지방공사 및 지방공단 • 그 밖에 대통령령으로 정하는 기관
	대통령령	대통령령으로 정하는 기관 • 「유아교육법」, 「초·중등교육법」, 「고등교육법」에 따른 각급 학교 또는 그 밖의 다른 법률에 따라 설치된 학교 • 「지방자치단체 출자·출연기관의 운영에 관한 법률」 제2조 제1항에 따른 출자기관 및 출연기관 • 특별법에 따라 설립된 특수법인 • 「사회복지사업법」 제42조 제1항에 따라 국가 또는 지방자치단체로부터 보조금을 받는 사회복지법인과 사회복지사업을 하는 비영리법인 • 국가 또는 지방자치단체로부터 연간 5천만원 이상의 보조금을 받는 기관 또는 단체

> 📖 판례
> 1. 사립대학교
>   ▷ 정보공개의무를 지는 공공기관○
>   ▷ 국비의 지원을 받는 범위 내에서만 공공기관의 성격×
> 2. 한국방송공사 ▷ 특별법에 의해 설립된 특수법인으로서 정보공개의무가 있는 공공기관○
> 3-1. 정보공개의무가 있는 특별법에 의하여 설립된 특수법인 여부 ▷ 법인에게 부여된 업무의 역할과 기능을 고려하여 개별적으로 판단
> 3-2. 한국증권업협회
>   ▷ 특별법에 의해 설립된 특수법인×
>   ▷ 정보공개의무×

3. 정보공개의 원칙 및 적용범위

(1) 정보공개의 원칙(제3조)
① 공공기관이 보유·관리하는 정보는 적극적으로 공개해야 함
② 공개대상 정보의 원문공개(제8조의2) ●

> ● 정보공개법 제8조의2(공개대상 정보의 원문공개) 공공기관 중 중앙행정기관 및 대통령령으로 정하는 기관은 전자적 형태로 보유·관리하는 정보 중 공개대상으로 분류된 정보를 국민의 정보공개 청구가 없더라도 정보통신망을 활용한 정보공개시스템 등을 통하여 공개하여야 한다.

기관	공공기관 중 중앙행정기관 및 대통령령으로 정하는 기관
대상	전자적 형태로 보유·관리하는 정보 중 공개대상으로 분류된 정보
방법	정보공개시스템 등을 통해 공개(공개청구가 없어도)

> 📖 판례　정부의 정보공개의무 ▷ 특정의 정보에 대한 공개청구가 있는 경우 비로소 인정

(2) 적용범위

일반법	정보공개법은 행정정보공개에 관한 일반법
적용×	국가안전보장 관련 정보 및 보안 업무를 관장하는 기관에서 국가안전보장 관련 정보의 분석을 목적으로 수집·작성한 정보

> 📖 판례
> 1. 정보공개법 적용 배제 요건
>   ▷ 형식: 법률
>   ▷ 내용: 정보공개의 대상이나 범위, 절차, 비공개대상정보 등이 정보공개법과 달리 규정되어 있는 경우
> 2. 형사재판확정기록의 공개 ▷ 「형사소송법」 규정 적용 / 정보공개법 적용 배제
> 3. 「민사소송법」 제344조 제2항의 공문서 ▷ 「공공기관의 정보공개에 관한 법률」에서 정한 절차, 방법 준수 要
> 4. 교육기관정보공개법이 적용되는 사립학교 ▷ 정보공개법 적용(배제×)

4. 정보공개청구권자와 공공기관의 의무

(1) 정보공개청구권자
① 정보공개청구권자의 범위

모든 국민	해당 정보와 아무런 이해관계 없는 개인도 정보공개청구 可(∵ 정보공개청구권은 모든 국민들이 가지는 '일반적 청구권')
외국인 ●	• 국내에 일정한 주소를 두고 거주하거나 학술·연구를 위하여 일시적으로 체류하는 외국인 • 국내에 사무소를 두고 있는 외국법인 또는 외국인단체

> ● 정보공개법 제5조(정보공개 청구권자) ① 모든 국민은 정보의 공개를 청구할 권리를 가진다.
> ● 정보공개법 제5조(정보공개 청구권자) ② 외국인의 정보공개 청구에 관하여는 대통령령으로 정한다.
> 　정보공개법 시행령 제3조(외국인의 정보공개 청구) 법 제5조 제2항에 따라 정보공개를 청구할 수 있는 외국인은 다음 각 호의 어느 하나에 해당하는 자로 한다.
> 　1. 국내에 일정한 주소를 두고 거주하거나 학술·연구를 위하여 일시적으로 체류하는 사람
> 　2. 국내에 사무소를 두고 있는 법인 또는 단체

> **판례**
> 1-1. 정보공개법 제5조 제1항의 '국민'
>   ▷ 자연인은 물론 법인, 권리능력 없는 사단, 재단도 포함
>   ▷ 법인, 권리능력 없는 사단, 재단은 설립목적 불문
> 1-2. 법인·권리능력 없는 사단, 재단 ▷ 정보공개청구권○
> 2. 지방자치단체 ▷ 정보공개청구권자×

② 정보공개청구와 권리남용 여부

권리남용	오로지 피고를 괴롭힐 목적으로 정보공개를 구하고 있다는 등의 특별한 사정이 인정되어야 함
권리남용임이 명백한 경우	정보공개청구 불허

> **판례** 실제로는 해당 정보를 취득 또는 활용할 의사가 전혀 없이 정보공개제도를 이용하여 사회통념상 용인될 수 없는 부당한 이득을 얻으려 하거나, 오로지 공공기관의 담당공무원을 괴롭힐 목적으로 정보공개청구를 하는 경우처럼 권리의 남용에 해당하는 것이 명백한 경우에는 정보공개청구권의 행사를 허용하지 아니하는 것이 옳다(cf. 소송상 증거자료 획득을 목적으로 하는 정보공개청구: 권리남용 ×).

(2) 공공기관의 의무
① 정보를 투명하고 적극적으로 공개하는 조직문화 형성을 위한 노력의무
② 정보관리체계 정비·적정한 인력 배치·정보통신망을 활용한 정보공개시스템 구축을 위한 노력의무
③ 소속 공무원 또는 임직원 전체를 대상으로 정보공개제도 운영에 관한 교육을 실시하여야 함
④ 행정안전부장관의 의무: 통합정보공개시스템을 구축·운영하여야 함

5. 정보공개 담당자의 의무
성실 수행의무, 위법한 거부 및 회피 등 부당한 행위 금지의무

6. 행정정보의 공개 등
(1) 정보의 사전적 공개 등(제7조)
① 국민생활에 매우 큰 영향을 미치는 정책에 관한 정보(제1호)
② 국가의 시책으로 시행하는 공사(工事) 등 대규모 예산이 투입되는 사업에 관한 정보(제2호)
③ 예산집행의 내용과 사업평가 결과 등 행정감시를 위하여 필요한 정보(제3호)
④ 그 밖에 공공기관의 장이 정하는 정보(제4호)
→ 공공기관은 위 정보에 대해서 공개방법 등을 미리 정하여 정보통신망 등을 통하여 알리고, 이에 따라 정기적으로 공개해야 함

(2) 정보목록의 작성·비치·공개 등(제8조)
① 목록의 작성·비치·공개

원칙	정보목록의 작성·비치·공개
예외	비공개정보가 포함되어 있는 경우: 해당 부분을 갖추어 두지 아니하거나 공개하지 아니할 수 있음

② 정보공개 장소 및 시설구비: 신속하고 원활한 정보공개 사무 수행을 위해 장소 및 시설을 구비해야 함

7. 공개대상정보와 비공개대상정보
(1) 공개대상정보
공공기관이 직무상 작성 또는 취득하여 현재 보유·관리하고 있는 문서 / 문서가 원본일 필요×

> **판례**
> 1. 전자적 형태로 보유·관리되는 정보 ▷ 청구인이 구하는 대로 되어 있지 않아 정보를 검색, 편집하여야 하는 경우에도, 공공기관이 청구대상정보를 보유, 관리하고 있는 것
> 2. 이미 공개된 정보이거나 공공기관이 사경제주체의 지위에서 행한 사업과 관련된 정보 ▷ 공개청구의 대상○

(2) 비공개대상정보(제9조)
① 정보공개의 제한(제1항 단서)

 정보공개법 제9조(비공개 대상 정보) ① 공공기관이 보유·관리하는 정보는 공개 대상이 된다. 다만, 다음 각 호의 어느 하나에 해당하는 정보는 공개하지 아니할 수 있다.

비공개대상정보에 해당하는 경우 공개여부: 재량행위

> **판례**
> 1. 비공개사유에 대한 증명책임 ▷ 공공기관이 정보공개법 제9조 제1항 몇 호에서 정하고 있는 비공개사유에 해당하는지 주장, 입증(개괄적 사유×)
> 2. 이미 널리 알려져 있거나 인터넷 검색 등으로 쉽게 알 수 있다는 사유만으로
>   ▷ 비공개 정당화×
>   ▷ 정보공개거부처분을 다툴 소의 이익○

② 비공개대상정보에 대한 구체적 검토(제1호~제8호)
㉠ 다른 법령에 의한 비공개대상정보(제1호)

 다른 법률 또는 법률에서 위임한 명령(국회규칙·대법원규칙·헌법재판소규칙·중앙선거관리위원회규칙·대통령령 및 조례로 한정한다)에 따라 비밀이나 비공개 사항으로 규정된 정보

개념	다른 법률 또는 법률에서 위임한 명령(국회·대법원·헌법재판소·중앙선관위규칙·대통령령·조례로 한정)이 비밀이나 비공개 사항으로 규정한 정보
법률에서 위임한 명령의 의미	정보의 공개에 관하여 법률의 구체적 위임 아래 제정된 법규명령을 의미

> **판례** 「공공기관의 정보공개에 관한 법률」 제9조 제1항 제1호의 '법률에서 위임한 명령'
> ▷ 대통령령, 총리령, 부령 전부 의미×
> ▷ 정보의 공개에 관하여 법률의 구체적인 위임 아래 제정된 법규명령○

- 비공개대상정보

판례	1. 국방부의 한국형 다목적 헬기(KMH) 도입사업에 대한 감사원장의 감사결과보고서
	2. 국가정보원직원의 현금급여 및 월초수당정보
	3. 국가정보원 조직, 소재지 및 정원 정보
	4. 학교폭력대책자치위원회가 피해학생의 보호를 위한 조치, 가해학생에 대한 조치, 학교폭력과 관련된 분쟁의 조정 등에 관하여 심의한 결과를 기재한 회의록

- 공개대상정보

판례	1. 「검찰보존사무규칙」상의 불기소사건기록 등의 열람, 등사제한규정 ▷ 이를 근거로 비공개 불가
	2. 「교육공무원 승진규정」 중 근무성적평정결과를 공개하지 아니한다는 규정 ▷ 이를 근거로 비공개 불가

ⓛ 중대한 국가의 이익에 관한 정보(제2호)❶

❶ 국가안전보장·국방·통일·외교관계 등에 관한 사항으로서 공개될 경우 국가의 중대한 이익을 현저히 해칠 우려가 있다고 인정되는 정보

판례	1. 「보안관찰법」상 보안관찰 관련 통계 자료 ▷ 비공개대상정보○
	2. 일본군위안부 피해자 문제에 관한 한·일간의 협상 관련 외교부장관 생산 문서 ▷ 비공개대상정보○

ⓒ 공공의 안전과 이익에 관한 정보(제3호)❶

❶ 공개될 경우 국민의 생명·신체 및 재산의 보호에 현저한 지장을 초래할 우려가 있다고 인정되는 정보

ⓔ 진행 중인 형사절차 또는 재판에 관한 정보(제4호)❸

❸ 진행 중인 재판에 관련된 정보와 범죄의 예방, 수사, 공소의 제기 및 유지, 형의 집행, 교정(矯正), 보안처분에 관한 사항으로서 공개될 경우 그 직무수행을 현저히 곤란하게 하거나 형사피고인의 공정한 재판을 받을 권리를 침해한다고 인정할 만한 상당한 이유가 있는 정보

- 진행 중인 재판에 관련된 정보

판례	진행 중인 재판에 관련된 정보
	▷ 재판의 소송기록 자체에 포함된 내용일 필요×
	▷ 재판에 관련된 일체의 정보×
	▷ 진행 중인 재판의 심리, 결과에 구체적 영향을 미칠 위험성 있는 정보○

- 형의 집행, 교정 등에 관한 정보

  - 비공개대상정보

판례	수사에 관한 사항으로서 공개될 경우 그 직무수행을 현저히 곤란하게 한다고 인정할 만한 상당한 이유가 있는 정보

  - 공개대상정보

판례	1. 교도소의 근무보고서
	2. '수용자 자비 부담 물품' 판매수익금의 총액과 사용내역 등

ⓜ 행정결정과정에 있는 정보(제5호)❹

개념	감사·감독·검사·시험·규제·입찰계약·기술개발·인사관리에 관한 사항 or 의사결정 과정 또는 내부검토 과정에 있는 사항 등으로서 공개될 경우 업무의 공정한 수행이나 연구·개발에 현저한 지장을 초래한다고 인정할 만한 상당한 이유가 있는 정보
공개될 경우 업무에 현저한 지장을 초래한다고 인정되는 상당한 이유의 의미	공개될 경우 업무의 수행이 객관적으로 현저하게 지장을 받을 것이라는 고도의 개연성이 존재하는 경우

❹ 감사·감독·검사·시험·규제·입찰계약·기술개발·인사관리에 관한 사항이나 의사결정 과정 또는 내부검토 과정에 있는 사항 등으로서 공개될 경우 업무의 공정한 수행이나 연구·개발에 현저한 지장을 초래한다고 인정할 만한 상당한 이유가 있는 정보. 다만, 의사결정 과정 또는 내부검토 과정을 이유로 비공개할 경우에는 제13조 제5항에 따라 통지를 할 때 의사결정 과정 또는 내부검토 과정의 단계 및 종료 예정일을 함께 안내하여야 하며, 의사결정 과정 및 내부검토 과정이 종료되면 제10조에 따른 청구인에게 이를 통지하여야 한다.

- 비공개대상정보

판례	1-1. 의사결정과정에 제공된 회의관련자료나 의사결정과정이 기록된 회의록 등 ▷ 의사가 결정되거나 집행된 경우에도 의사결정과정에 있는 사항에 준하는 사항으로서 비공개대상정보에 포함 가능
	1-2. 학교환경위생구역 내 금지행위(숙박시설)해제결정에 관한 학교환경위생정화위원회의 회의록에 기재된 발언내용에 대한 해당 발언자의 인적사항 부분 ▷ 비공개대상정보○
	2. 독립유공자서훈 공적심사위원회 심의, 의결 과정 및 내용 기재한 회의록 ▷ 비공개대상정보○
	3. 문제은행 출제방식을 채택하고 있는 치과의사 국가시험의 문제지와 그 정답지 ▷ 비공개대상정보○
	4. 한, 일 군사정보보호협정 및 한, 일 상호 군수지원협정 ▷ 비공개대상정보○, 부분공개×
	5. 중, 고등학교 한국사 교과용도서 집필진명단 ▷ 비공개대상정보○

- 공개대상정보

판례	1. 외국 또는 외국 기관으로부터 비공개를 전제로 정보를 입수하였다는 이유 ▷ 비공개 사유×
	2-1. 사법시험 제2차 시험 답안지 ▷ 비공개대상정보×
	2-2. 사법시험 제2차 시험의 시험문항에 대한 채점위원별 채점 결과의 열람 ▷ 비공개대상정보○
	3-1. 공표 전 도시공원위원회의 심의사항에 관한 회의관련자료 및 회의록 ▷ 비공개대상정보○
	3-2. 공표 후 도시공원위원회의 심의사항에 관한 회의관련자료 및 회의록 ▷ 비공개대상정보×
	4-1. 2002학년도부터 2003학년도 국가 수준학업성취도평가자료 ▷ 비공개대상정보○
	4-2. 2002학년도부터 2005학년도까지의 대학수학능력시험 원데이터 ▷ 비공개대상정보×

ⓗ 개인에 관한 정보(제6호)❺

❺ 해당 정보에 포함되어 있는 성명·주민등록번호 등 「개인정보 보호법」 제2조 제1호에 따른 개인정보로서 공개될 경우 사생활의 비밀 또는 자유를 침해할 우려가 있다고 인정되는 정보. 다만, 다음 각 목에 열거한 사항은 제외한다.
가. 법령에서 정하는 바에 따라 열람할 수 있는 정보
나. 공공기관이 공표를 목적으로 작성하거나 취득한 정보로서 사생활의 비밀 또는 자유를 부당하게 침해하지 아니하는 정보
다. 공공기관이 작성하거나 취득한 정보로서 공개하는 것이 공익이나 개인의 권리 구제를 위하여 필요하다고 인정되는 정보
라. 직무를 수행한 공무원의 성명·직위
마. 공개하는 것이 공익을 위하여 필요한 경우로서 법령에 따라 국가 또는 지방자치단체가 업무의 일부를 위탁 또는 위촉한 개인의 성명·직업

개념	성명·주민등록번호 등「개인정보 보호법」제2조 제1호에 따른 개인정보로서 공개될 경우 사생활의 비밀 또는 자유를 침해할 우려가 있다고 인정되는 정보
범위	• 개인식별정보에 한정× • 공개될 경우 사생활의 비밀 또는 자유를 침해할 우려가 있는 정보 포함
제외(가-마목)	• ㉠ 법령에서 정하는 바에 따라 열람할 수 있는 정보, ㉡ 공공기관이 공표를 목적으로 작성하거나 취득한 정보로서 사생활의 비밀 또는 자유를 부당하게 침해하지 아니하는 정보, ㉢ 공공기관이 작성하거나 취득한 정보로서 공개하는 것이 공익이나 개인의 권리구제를 위하여 필요하다고 인정되는 정보, ㉣ 직무를 수행한 공무원의 성명·직위, ㉤ 공개하는 것이 공익을 위하여 필요한 경우로서 법령에 따라 국가가 업무의 일부를 위탁 또는 위촉한 개인의 성명·직업 • ㉢ 공개하는 것이 개인의 권리구제를 위하여 필요하다고 인정되는 정보인지 판단방법: 이익형량(사생활의 비밀·자유 vs 알권리)

> 판례 공공기관이 보유, 관리하고 있는 타인의 개인정보 공개청구 ▷ 정보공개법 제9조 제1항 제6호가「개인정보 보호법」에 우선하여 적용

• 비공개대상정보

> 판례
> 1. 불기소처분의 기록 중 피의자신문조서 등에 기재된 피의자 등의 인적사항 이외의 진술내용
> 2. 재개발사업에 관한 이해관계인이 공개를 청구한 자료 중 공개될 경우에 타인의 사생활의 비밀과 자유를 침해할 우려가 있는 정보
> 3. 공무원이 직무와 관련 없이 개인 자격으로 참석한 행사에서 금품을 수령한 정보
> 4. 지방자치단체의 업무추진비 세부항목별 집행내역 및 그에 관한 증빙서류에 포함된 개인에 관한 정보
> 5.「공직자윤리법」상의 등록의무자가 정부공직자윤리위원회에 제출한 문서에 포함되어 있는 고지거부자의 인적사항

• 공개대상정보

> 판례
> 1.「공직자윤리법」상의 등록의무자가 제출한 '자신의 재산등록사항의 고지를 거부한 직계존비속의 본인과의 관계, 성명, 고지거부사유, 서명'이 기재되어 있는 문서
> 2. 사면대상자들의 사면실시건의서와 그와 관련된 국무회의 안건자료
> 3. 제3회 변호사시험 합격자 성명

 영업상 비밀에 관한 정보(제7호)❶: 법인 등의 경영상·영업상 비밀에 관한 사항으로서 공개될 경우 법인 등의 정당한 이익을 현저히 해칠 우려가 있다고 인정되는 정보

❶ 법인·단체 또는 개인(이하 "법인등"이라 한다)의 경영상·영업상 비밀에 관한 사항으로서 공개될 경우 법인등의 정당한 이익을 현저히 해칠 우려가 있다고 인정되는 정보. 다만, 다음 각 목에 열거한 정보는 제외한다.
가. 사업활동에 의하여 발생하는 위해(危害)로부터 사람의 생명·신체 또는 건강을 보호하기 위하여 공개할 필요가 있는 정보
나. 위법·부당한 사업활동으로부터 국민의 재산 또는 생활을 보호하기 위하여 공개할 필요가 있는 정보

> 판례 법인의 경영상, 영업상 비밀 ▷ 부정경쟁방지법상 영업비밀에 한하지 않고 '타인에게 알려지지 아니함이 유리한 사업활동에 관한 일체의 정보' 또는 '사업활동에 관한 일체의 비밀사항'을 의미

• 비공개대상정보

> 판례
> 1. 방송사의 취재활동을 통하여 확보한 결과물이나 그 과정에 관한 정보 또는 방송프로그램의 기획, 편성, 제작 등에 관한 정보
> 2. 법인 등이 거래하는 금융기관의 계좌번호

• 공개대상정보

> 판례
> 1. 대한주택공사의 아파트 분양원가 산출내역에 관한 정보
> 2. 아파트재건축주택조합의 조합원들에게 제공될 무상보상평수 산출내역(사업수익성 등을 검토한 자료)
> 3. 한국방송공사의 수시집행 접대성 경비의 건별 집행서류 일체

㉥ 특정인에게 이익 또는 불이익을 줄 우려가 있는 정보(제8호): 공개될 경우 부동산 투기, 매점매석 등으로 특정인에게 이익 또는 불이익을 줄 우려가 인정되는 정보

❶ 공개될 경우 부동산 투기, 매점매석 등으로 특정인에게 이익 또는 불이익을 줄 우려가 있다고 인정되는 정보

③ 비공개대상정보의 예외(제2항): 기간의 경과 등으로 인하여 비공개의 필요성이 없어진 경우: 정보를 공개대상으로 하여야 함
④ 비공개대상정보의 범위에 관한 세부 기준 수립 및 공개(제3항): 공공기관은 업무 성격을 고려하여 비공개 대상 정보의 범위에 관한 세부기준 수립, 정보공개시스템 등을 통하여 공개하여야 함

3 정보공개의 절차 및 방법

1. 정보공개의 절차

(1) 정보공개청구의 방법(제10조)

① 청구서 제출 또는 말로써(무기명 청구×, 인적사항기재 要)❶

❶ 정보의 공개를 청구하는 자(이하 "청구인"이라 함)는 당해 정보를 보유하거나 관리하고 있는 공공기관에 대하여 ㉠ 청구인의 성명·생년월일·주소 및 연락처(전화번호·전자우편주소 등, 다만, 청구인이 법인 또는 단체인 경우에는 그 명칭, 대표자의 성명, 사업자등록번호 또는 이에 준하는 번호, 주된 사무소의 소재지 및 연락처), ㉡ 청구인의 주민등록번호(본인임을 확인하고 공개 여부를 결정할 필요가 있는 정보를 청구하는 경우로 한정), ㉢ 공개를 청구하는 정보의 내용 및 공개방법을 적은 정보공개 청구서를 제출하거나 말로써 정보의 공개를 청구할 수 있다(동법 제10조 제1항).

② 말로써 정보공개를 청구한 경우: 담당공무원 등은 정보공개 청구조서를 작성하여 이에 청구인과 함께 기명날인하거나 서명하여야 함

(2) 청구대상정보의 특정

> 판례 청구대상정보 기재 ▷ 사회일반인의 관점에서 청구대상정보의 내용, 범위 확정할 수 있을 정도로 특정함을 요함

(3) 정보공개여부의 결정(제11조)

① 결정기간 및 기간연장(제1~2항)

결정기간	정보공개를 받은 날부터 10일 이내
기간연장	기간이 끝나는 날의 다음 날부터 10일의 범위에서 연장 可

판례 정보공개 청구권자의 권리구제 가능성 ▷ 정보의 공개 여부 결정에 영향×

② 제3자에 대한 통지 및 의견청취(제3항)

공개대상 정보의 전부 또는 일부가 제3자와 관련이 있다고 인정할 때: 제3자에게 지체 없이 통지 / 필요한 경우 의견청취 可

③ 소관기관에 이송(제4항)

다른 공공기관이 보유·관리하는 정보의 공개 청구를 받았을 때: 소관 기관으로 이송, 청구인에게 문서로 통지

④ 민원으로 처리(제5항 제1~2호)

㉠ 공공기관이 보유·관리하지 아니하는 정보인 경우(제1호)

㉡ 공개청구의 내용이 진정·질의 등으로 이 법에 따른 정보공개 청구로 보기 어려운 경우로서 「민원 처리에 관한 법률」에 따른 민원으로 처리할 수 있는 경우(제2호)

(4) 반복청구 등의 처리(제11조의2)

제1항	
• 정보공개를 청구하여 정보공개 여부에 대한 결정의 통지를 받은 자가 정당한 사유 없이 해당 정보의 공개를 다시 청구하는 경우(제1호) • 제11조 제5항에 따라 민원으로 처리되었으나 다시 같은 청구를 하는 경우(제2호)	정보공개 청구 대상 정보의 성격, 종전 청구와의 내용적 유사성·관련성, 종전 청구와 동일한 답변을 할 수밖에 없는 사정 등을 종합적으로 고려하여 해당 청구를 종결처리 할 수 있음 / 종결처리사실을 청구인에게 알려야 함

제2항 제1호	
제7조 제1항에 따른 정보 등 공개를 목적으로 작성되어 이미 정보통신망 등을 통하여 공개된 정보를 청구하는 경우	해당 정보의 소재를 안내하고 종결 처리 可

제2항 제2호	
수령할 수 없는 방법으로 정보공개청구하는 경우	수령이 가능한 방법으로 청구하도록 안내하고 종결 처리 可

(5) 정보공개 여부 결정의 통지(제13조)

① 정보공개결정의 통지

• 공개 결정을 한 경우: 공개일시 및 장소 등을 분명히 밝혀 청구인에게 통지

• 청구인이 사본 또는 복제물의 교부를 원하는 경우

원칙	교부하여야 함
예외	공개대상 정보의 양이 과다하여 정상적인 업무수행에 현저한 지장을 초래할 우려가 있는 경우: 정보의 사본·복제물을 일정 기간별 나누어 교부 또는 열람과 병행 교부

• 정보의 원본의 오손·파손 우려가 있는 경우: 사본·복제물 공개 가능

② 정보비공개결정의 통지: 비공개 결정을 한 경우

• 청구인에게 지체 없이 문서(전자문서○)로 통지

• 비공개 이유와 불복의 방법 및 절차를 구체적으로 밝혀야 함

판례 비공개결정 통지 방법
▷ 문서로 통지
▷ 문서에 전자문서도 포함되므로 전자문서로도 가능

POINT 39 행정정보공개제도 **154**

2. 정보공개의 방법

(1) 정보공개의 구체적인 방법

정보공개방법: 열람 / 교부 / 정보통신망을 통한 정보제공

> **판례** 정보공개거부처분 취소소송 중 청구정보를 법원에 증거로 제출하여 법원을 통하여 청구인에게 공개
> ▷ 정보공개법에 의한 공개×
> ▷ 소의 이익 소멸×

(2) 정보공개방법의 선택

정보 공개방법의 선택권	정보공개청구권자에게 有
공공기관의 공개방법 변경	불허(공개방법 선택의 재량無)
다른 방법으로 공개한 경우	일부거부처분, 항고소송可

> **판례**
> 1-1. 정보공개청구인 ▷ 특정한 공개방법 지정하여 청구할 법령상 신청권○
> 1-2. 신청한 방법 이외의 방법으로 공개하는 결정 ▷ 일부 거부처분에 해당
> 2. 공공기관의 정보공개방법 선택 재량권 ▷ 원칙적으로 공공기관은 청구권자가 요구한 방법으로 정보를 공개해야 하므로 재량권×

(3) 부분공개(제14조)

비공개대상정보와 공개가능정보 혼합 시
→ 공개청구의 취지에 어긋나지 아니하는 범위에서 두 부분을 분리할 수 있는 경우, 비공개대상정보에 해당하는 부분을 제외하고 부분공개하여야 함

> **판례**
> 1. 정보공개법 제14조의 '분리 가능'의 의미
>   ▷ 물리적 분리 가능 의미×
>   ▷ 비공개대상정보에 관련된 기술 등을 제외, 삭제하고 그 나머지 정보만을 공개하는 것이 가능하고 나머지 부분의 정보만으로도 공개의 가치가 있는 경우를 의미
> 2. 공개 거부된 정보에 비공개, 공개대상정보가 혼재하고 두 부분 분리 가능
>   ▷ 공개가 가능한 정보에 국한하여 일부취소를 명할 수 있음
>   ▷ 판결의 주문에 정보공개거부처분 중 공개가 가능한 정보에 관한 부분만을 취소한다고 표시(일부취소○)

(4) 정보의 전자적 공개(제15조)[1]

[1] 정보공개법 제15조(정보의 전자적 공개) ① 공공기관은 전자적 형태로 보유·관리하는 정보에 대하여 청구인이 전자적 형태로 공개하여 줄 것을 요청하는 경우에는 그 정보의 성질상 현저히 곤란한 경우를 제외하고는 청구인의 요청에 따라야 한다.
② 공공기관은 전자적 형태로 보유·관리하지 아니하는 정보에 대하여 청구인이 전자적 형태로 공개하여 줄 것을 요청한 경우에는 정상적인 업무수행에 현저한 지장을 초래하거나 그 정보의 성질이 훼손될 우려가 없으면 그 정보를 전자적 형태로 변환하여 공개할 수 있다.

청구인이 전자적 형태로 보유·관리하는 정보를 전자적 형태로 공개요청	공공기관은 그에 따라야 함(원칙)
청구인이 전자적 형태로 보유·관리하지 아니하는 정보를 전자적 형태로 공개요청	특별한 사정이 없다면 전자적 형태로 변환해 공개 可

(5) 즉시 처리가 가능한 정보의 공개(제16조)

① 법령 등에 따라 공개를 목적으로 작성된 정보(제1호)
② 일반 국민에게 알리기 위하여 작성된 각종 홍보자료(제2호)
③ 공개하기로 결정된 정보로서 공개에 오랜 시간이 걸리지 아니하는 정보(제3호)
④ 그 밖에 공공기관의 장이 정하는 정보에 해당하는 정보로서 즉시 또는 말로 처리가 가능한 정보(제4호): 정보공개 여부의 결정에 따른 절차 없이 즉시 또는 말로 공개 가능

(6) 비용 부담(제17조)

정보의 공개 및 우송 등에 소요되는 비용	실비의 범위에서 청구인이 부담
공개청구한 정보의 사용 목적이 공공복리의 유지·증진을 위하여 필요하다고 인정되는 경우	비용감면 可

4 불복구제절차

1. 정보공개청구인의 불복방법

공공기관의 비공개결정, 부분공개결정, 부작위에 대하여 이의신청 / 행정심판 / 행정소송 可

(1) 이의신청(제18조)

이의신청의 제기 (임의적 절차)	신청사유	비공개 또는 부분 공개결정에 대한 불복, 정보공개 청구 후 20일이 경과하도록 정보공개결정이 없는 때
	신청기관	해당 공공기관(상급기관 ×)
	신청기간	정보공개 여부의 결정 통지를 받은 날 또는 정보공개 청구 후 20일이 경과한 날부터 30일 이내에
	신청방법	문서로 이의신청
심의회 개최	원칙	국가기관등은 이의신청이 있는 경우 심의회 개최
	예외	심의회의 심의를 이미 거친 사항, 단순·반복적인 청구, 법령에 따라 비밀로 규정된 정보에 대한 청구인 경우 개최×
이의신청에 대한 결정의 통지	이의신청에 대한 공공기관의 결정 기간	7일 + 7일 연장 可
	이의신청을 각하 또는 기각하는 결정을 한 경우	행정심판 또는 행정소송 제기할 수 있다는 사실을 이의신청 결과 통지와 함께 알려야 함

(2) 행정심판(제19조)

행정심판의 청구	취소심판이나 의무이행심판 제기可
이의신청선택주의 (임의적 전치)	이의신청절차를 거치지 아니하고 행정심판청구 可
행정심판위원회의 비밀유지의무	정보공개 여부의 결정에 관한 행정심판에 관여한 위원은 재직 중은 물론 퇴직 후에도 비밀 누설하여서는 아니 됨

(3) 행정소송

① 행정소송의 제기: 이의신청, 행정심판 거치지 않고 바로 행정소송 可

② 대상적격 및 소송형식

공공기관의 정보공개 거부: 처분성○

- 거부처분: 취소소송 제기
- 20일 경과하도록 부작위: 부작위위법확인소송 제기

③ 원고적격: 정보공개거부처분 받은 자에게 인정

> **판례** 정보공개를 청구하였다가 거부처분을 받은 것 자체
> ▷ 법률상 이익의 침해에 해당
> ▷ 원고적격○

④ 피고적격: 거부한 공공기관의 장(정보공개심의회×)

> **판례** 공개청구된 정보의 공개 여부를 결정하는 법적인 의무와 권한을 가진 주체 ▷ 공공기관의 장

⑤ 소의 이익: 공개청구 대상정보를 공공기관이 폐기하거나 보유·관리하고 있지 아니한 경우 소의 이익×

> **판례** 1. 정보공개청구를 하였다가 거부처분을 받은 경우 ▷ 정보공개거부처분의 취소를 구할 법률상 이익 ○
> 2. 이미 알려져 있거나 인터넷 등을 통해 공개된 경우 ▷ 정보공개거부처분을 다툴 소의 이익○
> 3. 정보공개청구를 거부하는 처분이 있은 후 대상정보의 폐기 등으로 공공기관이 그 정보를 보유, 관리하고 있지 아니한 경우 ▷ 정보공개거부처분의 취소를 구할 법률상의 이익×

⑥ 비공개 열람·심사(제20조): 재판장은 필요하다고 인정하면 당사자를 참여시키지 아니하고 제출된 공개청구정보를 비공개로 열람·심사 可

> **판례** 청구대상 정보에 내용과 범위를 확정할 수 있을 정도로 특정되었다고 볼 수 없는 부분이 포함 ▷ 법원이 비공개로 열람, 심사하여 청구대상정보의 내용과 범위를 특정시켜야 함

⑧ 입증책임

공공기관이 보유·관리하고 있는 정보라는 증명책임	청구인
공공기관이 더 이상 보유·관리하고 있지 아니한 정보라는 증명책임	공공기관

> **판례** 1. 정보공개청구인의 증명 정도 ▷ 공공기관이 보유, 관리하고 있다는 개연성에 대한 증명
> 2. 정보의 폐기 등으로 보유, 관리× ▷ 공공기관이 증명책임 부담

⑨ 간접강제: 정보공개거부처분 취소재결이나 취소판결이 확정되었음에도 공공기관이 정보를 공개하지 않을 경우 可

2. 제3자의 불복방법

(1) 제3자의 비공개 요청과 공공기관의 공개 결정

공개청구된 정보가 제3자와 관련	공개청구된 사실을 제3자에게 지체 없이 통지 (필요 시 의견청취可)
자신과 관련 있는 정보가 공개청구된 사실을 통지받은 제3자	3일 이내 비공개 요청 可(but 행정청 기속×)
제3자의 비공개 요청에도 불구하고 공개결정을 할 때	공개 결정 이유와 공개 실시일을 분명히 밝혀 지체 없이 문서로 통지
공개 결정일과 공개 실시일 사이 간격	최소한 30일

> **판례** 제3자의 비공개 요청만으로 ▷ 비공개사유 인정×

(2) 이의신청 및 행정쟁송

이의신청(7일) / 행정심판 / 행정소송으로 불복 可

5 정보공개심의회와 정보공개위원회

1. 정보공개심의회(제12조): 공공기관 장의 자문기관

설치(제1항)		국가기관, 지방자치단체, 공기업 및 준정부기관, 지방공사 및 지방공단이 설치·운영
구성 등(제2항)	정보공개심의회 위원	소속 공무원, 임직원 또는 외부 전문가로 지명하거나 위촉, 그 중 3분의 2는 외부 전문가로 위촉
	제9조 제1항 제2호❶ 및 제4호❷ 업무를 주로 하는 국가기관	국가기관의 장이 외부 전문가의 위촉 비율 정하되, 최소한 3분의 1 이상은 외부 전문가로 위촉
	정보공개심의회 위원장	위원 중에서 국가기관 등의 장이 지명하거나 위촉
위원의 제척·기피·회피 (제12조의2)		• 일정한 경우 위원은 심의에서 제척됨, 위원에게 공정한 심의를 기대하기 어려운 경우 당사자가 기피신청 可 • 위원에게 제척사유가 있는 경우 위원 스스로 회피

- 국가안전보장·국방·통일·외교관계 등에 관한 사항으로서 공개될 경우 국가의 중대한 이익을 현저히 해칠 우려가 있다고 인정되는 정보
- 진행 중인 재판에 관련된 정보와 범죄의 예방, 수사, 공소의 제기 및 유지, 형의 집행, 교정, 보안처분에 관한 사항으로서 공개될 경우 그 직무수행을 현저히 곤란하게 하거나 형사피고인의 공정한 재판을 받을 권리를 침해한다고 인정할 만한 상당한 이유가 있는 정보

2. 정보공개위원회

설치(제22조)		정보공개에 관한 정책 수립 및 제도 개선에 관한 사항 등을 심의·조정하기 위하여 행정안전부장관 소속으로 설치
구성 등(제23조)	위원회 구성	위원장과 부위원장 각 1명을 포함한 11명의 위원
	위원의 임기	2년, 연임 可

6 기타 정보공개를 위한 제도

1. 제도 총괄 등(제24조)

행정안전부장관	• 정보공개제도의 정책 수립 및 제도 개선사항 등에 관한 기획·총괄 업무를 관장 • 공공기관(국회·법원·헌법재판소 및 중앙선거관리위원회는 제외한다)의 장에게 정보공개 처리 실태 개선 권고 可

2. 자료의 제출 요구(제25조)

국회사무총장·법원행정처장·헌법재판소사무처장·중앙선거관리위원회사무총장 및 행정안전부장관은 관계 공공기관에 정보공개에 관한 자료제출 등의 협조 요청 可

3. 국회에의 보고(제26조)

행정안전부장관은 전년도의 정보공개 운영에 관한 보고서를 매년 정기국회 개회 전까지 국회에 제출

POINT 40 개인정보 보호제도

해커스공무원 홍대겸 행정법총론 단원별 기출

1 개설

1. 개인정보 보호제도의 의의

개인의 권리 및 이익을 보호하고, 이용자의 권익 등을 보호 보장하기 위한 제도

2. 개인정보 보호제도의 법적 근거

(1) 헌법적 근거

개인정보자기결정권: 공공기관이 개인정보를 이용하여 개인의 기본권 등을 침해할 경우

⚠️ 관련 헌재재판소 > 헌법 제10조와 제17조 등을 기초로 헌법상 기본권으로 인정

(2) 법률적 근거

① 일반법: 개인정보 보호법
② 개별법: 신용정보법 등

2 개인정보 보호법의 주요 내용

1. 총칙

(1) 목적

⚠️ 관련 개인이 타인의 정당한 관심의 대상이 되는 경우 자연인들을 → 정보공개법

(2) 용어 정의(제2조)

개인정보	・살아 있는 개인에 관한 정보(가명정보포함) ・법인, 사자(死者)등에 대한 정보X
가명처리	개인정보의 일부를 삭제하거나 대체하는 등의 방법으로 추가 정보가 없이는 특정 개인을 알아볼 수 없도록 처리하는 것
개인정보처리자	업무를 목적으로 개인정보파일을 운용하기 위하여 스스로 또는 다른 사람을 통하여 개인정보를 처리하는 공공기관, 법인, 단체 및 개인 등(정보주체X)

2. 개인정보 보호원칙의 수립 등

(1) 개인정보 보호원칙(제3조)

정확성, 안정성, 공개투명성 등

(2) 국정 등(제7조의2)

상임위원 2명(부위원장 1명, 위원장 1명) 등 포함된 9명이 위원으로 구성

(3) 개인정보의 열람등(제3조)

본인 자료제공 · 개정정보 / 개인정보 / 정보 이용거부와의 정지 / 정보 법률관계의 결정 / 안전성권의 확보 /
· 개인 권리보호 / 사생활 관한 침해여부 / 개인 자기관리의 결정 / 개인정보의 자유로운 등

(4) 정보주체의 권리

안전정보의 개인정보와 관련 및 열람, 처리에 있어서 개인정보주체의 자기에 한하여 및 피해구제보고된 등

⚠️ 개인정보자기결정권의 보호대상이 되는 개인정보는 자신과 관련되어 있는 정보로서 그 정보에 있는 식별할 수 있거나 정보만 해당되며, 이미 일반에서 이로 이미 개인정보에도 해당한다(예제 제3조 제1항).

(5) 국가 등의 책무

(6) 다른 법률과의 관계

다른 법률에 특별한 규정이 있는 경우를 제외하고는 개인정보 보호에 관하여 적용(일반법)

2. 개인정보 보호위원회의 구성 등

(1) 개인정보 보호위원회(제7조)

위원장이 소속, 중앙행정기관

(2) 구성 등(제7조의2)

상임위원 2명(위원장 1명, 부위원장 1명)등 포함된 9명의 위원으로 구성

위원장과 부위원장 (각 1명)	국무총리의 제청	
대통령이 또는 지명	2명	위원장의 제청
	2명	대통령이 소속되거나 소속되었던 정당이 교섭단체 추천
	3명	그 외의 교섭단체 추천

158

위원장과 부위원장	정무직 공무원
위원의 임기	3년, 한 차례 연임 可
회의	• 위원장이 필요하다고 인정하거나 재적위원 4분의 1 이상이 요구하면 위원장이 소집 • 의사정족수: 과반 출석 / 의결정족수: 과반 의결

3. 개인정보 침해요인 평가(제8조의2)
중앙행정기관의 장이 소관 법령의 제정 또는 개정을 통하여 개인정보 처리를 수반하는 정책이나 제도를 도입·변경하는 경우에 보호위원회에 개인정보 침해요인 평가를 요청하여야 함

4. 개인정보 보호지침
보호위원회는 표준 개인정보 보호지침 정하여 준수 권장 可

3 개인정보의 처리

1. 개인정보의 수집·이용·제공 등
(1) 개인정보의 수집·이용(제15조)

개인정보 수집·이용이 가능한 경우(목적범위內, 제1항)	
제1호	정보주체의 동의
제2호	법률에 규정이 있거나 법령상 의무 준수 위해
제3호	공공기관 업무수행을 위해 불가피
제4호	정보주체와의 계약과 관련해 필요한 경우
제5호	명백히 정보주체 또는 제3자의 급박한 생명, 신체, 재산의 이익을 위하여 필요하다고 인정되는 경우
제6호	개인정보처리자의 정당한 이익 달성을 위하여
제7호	공중위생 등 공공의 안전과 안녕을 위하여 긴급히 필요한 경우
정보주체의 동의를 받을 때 (제2항)	개인정보의 수집·이용 목적, 수집 항목, 보유 및 이용 기간, 동의 거부 권리 및 거부에 따른 불이익 내용을 알려야 함
정보주체의 동의 없이 개인정보 이용 (제3항)	당초 수집 목적과 합리적으로 관련된 범위에서 정보주체에게 불이익이 발생하는지 여부, 암호화 등 안전성 확보에 필요한 조치를 하였는지 여부 등을 고려하여 대통령령으로 정하는 바에 따라 가능

(2) 개인정보의 수집 제한(제16조)

개인정보수집 원칙	목적에 필요한 최소한의 개인정보를 수집
최소한의 개인정보 수집이라는 입증책임	개인정보처리자가 부담
정보주체의 동의를 받아 개인정보 수집하는 경우	필요한 최소한의 정보 외의 개인정보 수집에는 동의하지 아니할 수 있다는 사실을 구체적으로 알려야 함
개인정보처리자	필요한 최소한의 정보 외 개인정보 수집에 부동의 한다는 이유로 재화·서비스의 제공거부 금지

(3) 개인정보의 제3자 제공(제17조)

개인정보의 제3자제공(공유 포함)이 가능한 경우(제1항)	제1호	정보주체의 동의를 받은 경우
	제2호	제15조 제1항 제2호, 제3호, 제5호부터 제7호에 따라 개인정보를 수집한 목적 범위에서 개인정보를 제공하는 경우
정보주체의 동의 없이 개인정보 제공(제4항)		당초 수집 목적과 합리적으로 관련된 범위에서 정보주체에게 불이익이 발생하는지 여부, 암호화 등 안전성 확보에 필요한 조치를 하였는지 여부 등을 고려하여 대통령령으로 정하는 바에 따라 가능

> **판례** 1-1. 이미 정보주체의 의사에 따라 공개된 개인정보를 별도의 동의 없이 영리 목적으로 수집·제공한 경우
> ▷ 단지 정보처리자에게 영리 목적이 있었다는 사정만으로 곧바로 위법×
> ▷ 개인정보에 관한 인격권 보호에 의하여 얻을 수 있는 이익과 정보처리 행위로 얻을 수 있는 이익을 비교 형량하여 판단
> 1-2. 이미 공개된 개인정보를 정보주체의 동의가 있었다고 객관적으로 인정되는 범위 내에서 수집, 이용, 제공 등 처리
> ▷ 정보주체의 별도 동의 불필요
> 1-3. 법학과 교수의 개인정보 유료제공 ▷ 개인정보 보호법에 반하지 않음❶

❶ 법률정보 제공 사이트를 운영하는 甲 주식회사가 공립대학교인 乙 대학교 법과대학 법학과 교수로 재직 중인 丙의 사진, 성명, 성별, 출생연도, 직업, 직장, 학력, 경력 등의 개인정보를 위 법학과 홈페이지 등을 통해 수집하여 위 사이트 내 '법조인' 항목에서 유료로 제공한 사안

(4) 개인정보의 목적 외의 이용·제공 제한(제18조)
개인정보의 목적 외 용도로의 이용·제3자 제공
① 원칙: 금지
② 예외: 허용

「개인정보 보호법」 제18조(개인정보의 이용·제공 제한) ② 제1항에도 불구하고 개인정보처리자는 다음 각 호의 어느 하나에 해당하는 경우에는 정보주체 또는 제3자의 이익을 부당하게 침해할 우려가 있을 때를 제외하고는 개인정보를 목적 외의 용도로 이용하거나 이를 제3자에게 제공할 수 있다. 다만, 제5호부터 제9호까지에 따른 경우는 공공기관의 경우로 한정한다.
1. 정보주체로부터 별도의 동의를 받은 경우
2. 다른 법률에 특별한 규정이 있는 경우
3. 명백히 정보주체 또는 제3자의 급박한 생명, 신체, 재산의 이익을 위하여 필요하다고 인정되는 경우
4. 삭제
5. 개인정보를 목적 외의 용도로 이용하거나 이를 제3자에게 제공하지 아니하면 다른 법률에서 정하는 소관 업무를 수행할 수 없는 경우로서 보호위원회의 심의·의결을 거친 경우
6. 조약, 그 밖의 국제협정의 이행을 위하여 외국정부 또는 국제기구에 제공하기 위하여 필요한 경우
7. 범죄의 수사와 공소의 제기 및 유지를 위하여 필요한 경우
8. 법원의 재판업무 수행을 위하여 필요한 경우
9. 형(刑) 및 감호, 보호처분의 집행을 위하여 필요한 경우
10. 공중위생 등 공공의 안전과 안녕을 위하여 긴급히 필요한 경우(신설)

(5) 개인정보를 제공받은 자의 이용·제공 제한(제19조)

원칙	목적 외 이용·제공 금지
예외	정보주체의 별도 동의, 법률에 특별한 규정이 있는 경우

(6) 정보주체 이외로부터 수집한 개인정보의 수집 출처 등 통지(제20조)

(7) 개인정보의 이용·제공 내역의 통지(제20조의2)

(8) 개인정보의 파기(제21조)

① 불필요하게 되었을 때에는 지체 없이 그 개인정보를 파기하여야 함. 다만, 다른 법령에 따라 보존하여야 하는 경우 제외
  - 5일 이내 파기
  - ② 파기할 때: 복구 또는 재생되지 아니하도록 조치하여야 함
  - ③ 개인정보를 파기하지 아니하고 보존하여야 하는 경우: 다른 개인정보와 분리하여 저장·관리하여야 함

(9) 동의를 받는 방법(제22조)

각각의 동의 사항을 구분하여 정보주체가 이를 알 수 있도록 하고 각각 동의를 받아야 함

| 동의를 받을 수 있는 자가 법정대리인 동의 없이 개인정보처리를 처리하기 위한 법정대리인의 동의 없이 처리할 수 있는 개인정보 | 그 법정대리인의 성명·연락처에 관한 정보 |
| 동의 없이 처리할 수 있는 자가 개인정보처리자의 법정대리인 동의 확인 | |

2. 개인정보 처리지침

(1) 민감정보의 처리 제한(제23조)

민감정보	사상·신념, 노조·정당의 가입·탈퇴, 정치적 견해 등 정보주체의 사생활을 현저히 침해할 우려가 있는 개인정보
원칙	처리 금지
예외	별도의 동의, 법령에서 구체적으로 허용하는 경우 가능[정보주체에게 알리고 다른 개인정보의 처리와 분리하여 별도의 동의를 받는 경우, 법령에서 민감정보의 처리를 요구하거나 허용하는 경우에 한정하여 처리할 수 있다.]

(2) 고유식별정보의 처리 제한(제24조)

고유식별정보	주민등록번호, 여권번호, 운전면허번호, 외국인등록번호 등 법령에 따라 개인을 고유하게 구별하기 위하여 부여된 식별정보
원칙	처리 금지
예외	별도의 동의, 법령에서 구체적으로 허용하는 경우 가능
고유식별정보 처리 시	암호화 등 안전성 확보에 필요한 조치를 하여야 함

(3) 주민등록번호의 처리 제한(제24조의2)

원칙	고유식별정보 처리 규정에도 불구하고 처리 불가
예외	· 법률 등에서 요구 또는 허용하는 경우 · 명백히 정보주체 또는 제3자의 급박한 생명·신체·재산상 이익 보호 · 보호위원회가 고시한 경우 · 주민등록번호 처리를 요구하는 경우 기능

(10) 아동의 개인정보 보호(제22조의2)

만 14세 미만 아동의 개인정보처리 시
① 법정대리인의 동의를 받아야 하고, 법정대리인의 동의를 받기 위하여 필요한 최소한의 정보는 법정대리인의 동의 없이 해당 아동으로부터 직접 수집할 수 있음

(4) 영상정보처리기기의 설치·운영 제한

① 고정형 영상정보처리기기의 설치·운영 제한(제25조)

공개된 장소에서 고정형 영상정보처리기기 설치·운영	원칙	설치·운영 불가
	예외	법령, 범죄예방·수사 위해 필요한 경우, 시설안전·관리·화재예방, 교통단속, 교통정보의 수집·분석·제공을 위하여 정당한 권한을 가진 자가 설치·운영하는 경우, 촬영된 영상정보를 저장하지 아니하는 경우로서 대통령령으로 정하는 경우 가능
개인의 사생활 현저히 침해할 우려있는 장소 (목욕실, 화장실, 발한실)	원칙	고정형 영상정보처리기기 설치·운영 금지
	예외	법령에 근거하여 사람을 구금하거나 보호하는 시설로서 대통령령으로 정하는 시설은 가능(예 교도소, 정신보건시설 등)
고정형 영상정보처리기기 운영자		• 설치 목적과 다른 목적으로 임의로 조작불가 • 다른 곳을 비출 수 없음, 녹음기능 사용불가

② 이동형 영상정보처리기기의 운영 제한(제25조의2)❶

❶ CCTV와 같은 고정형 영상정보처리기기 외에 드론, 자율주행 자동차 등을 이용한 이동형 영상정보처리기기의 사용이 증가함에 따라, 이동형 영상정보처리기기의 정의를 마련하였다.

공개된 장소에서 이동형 영상정보처리기기의 운영제한	원칙	촬영 금지
	예외	제15조(개인정보의 수집·이용) 제1항 각 호에 해당하는 경우, 촬영 사실을 명확히 표시하여 정보주체가 촬영 사실을 알 수 있도록 하였음에도 불구하고 촬영거부 의사를 밝히지 아니한 경우, 그 밖에 이에 준하는 경우 가능
이동형 영상정보처리기기로 촬영이 허용되는 경우		불빛, 소리, 안내판 등 대통령령으로 정하는 바에 따라 촬영 사실을 표시하고 알려야 함

(5) 업무위탁에 따른 개인정보의 처리 제한(제26조)

제3자에게 개인정보의 처리 업무를 위탁하는 경우	위탁자	정보주체의 개인정보가 분실·도난·유출·위조·변조 또는 훼손되지 아니하도록 수탁자를 교육, 수탁자가 개인정보를 안전하게 처리하는지를 감독하여야 함
	수탁자	• 위탁받은 업무 범위를 초과하여 개인정보 이용 및 제3자 제공 불가 • 위탁받은 개인정보 처리업무를 제3자에게 다시 위탁하는 경우: 위탁자의 동의를 받아야 함
수탁자의 손해배상책임		수탁자를 개인정보처리자의 소속 직원으로 봄

📖 판례 수탁자 ▷「개인정보 보호법」상 제3자 ✕

(6) 영업양도 등에 따른 개인정보 이전의 제한(제27조)

영업양도·합병 등으로 개인정보를 다른 사람에게 이전하는 경우: 개인정보를 이전하려는 사실 등을 정보주체에게 알려야 함

3. 가명정보의 처리에 관한 특례

(1) 가명정보의 처리 등(제28조의2)

① 개인정보처리자는 통계작성, 과학적 연구, 공익적 기록보존 등을 위하여 정보주체의 동의없이 가명정보 처리 可

② 가명정보 제3자 제공 시 특정 개인을 알아보기 위하여 사용될 수 있는 정보 포함 불가

(2) 가명정보의 결합 제한(제28조의3)

(3) 가명정보에 대한 안전조치의무 등(제28조의4)

해당 정보가 분실·도난·유출·위조·변조 또는 훼손되지 않도록 안전성 확보에 필요한 기술적·관리적 및 물리적 조치를 하여야 함

(4) 가명정보 처리 시 금지의무 등(제28조의5)

특정 개인을 알아보기 위한 목적으로 가명정보 처리 불가 → 가명정보를 처리하는 과정에서 특정 개인을 알아볼 수 있는 정보가 생성된 경우 즉시 해당 정보의 처리를 중지하고, 지체 없이 회수·파기하여야 함

(5) 적용범위(제28조의7)❷

❷ 제28조의2 또는 제28조의3에 따라 처리된 가명정보는 제20조(정보주체 이외로부터 수집한 개인정보의 수집 출처 등 통지), 제20조의2(개인정보 이용·제공 내역의 통지), 제27조(영업양도 등에 따른 개인정보의 이전 제한), 제34조(개인정보 유출 등의 통지·신고) 제1항, 제35조(개인정보의 열람), 제35조의2(개인정보의 전송 요구), 제36조(개인정보의 정정·삭제) 및 제37조(개인정보의 처리정지 등)를 적용하지 아니한다(제28조의7).

4. 개인정보의 국외 이전

(1) 개인정보의 국외로의 제공·처리위탁·보관(제28조의8)

(2) 개인정보의 국외 이전 중지 명령(제28조의9)

(3) 상호주의(제28조의10)

개인정보의 국외 이전을 제한하는 국가의 개인정보처리자에 대하여는 해당 국가의 수준에 상응하는 제한 可

4 개인정보의 안전한 관리

1. 안전조치의무(제29조)

개인정보가 분실·도난·유출·위조·변조 또는 훼손되지 아니하도록 안전성 확보에 필요한 기술적·관리적 및 물리적 조치를 하여야 함

2. 개인정보 처리방침의 수립 및 공개(제30조)

3. 개인정보 처리방침의 평가 및 개선권고(제30조의2)

4. 개인정보 보호책임자의 지정 등(제31조)

5. 국내대리인의 지정(제31조의2)

6. 개인정보파일의 등록 및 공개(제32조)

(1) 개인정보파일의 등록

공공기관의 장이 개인정보파일을 운용하는 경우에 개인정보파일의 명칭, 운영 근거 및 목적, 개인정보의 항목, 처리방법, 보유기간 등을 보호위원회에 등록하여야 함 / 변경된 경우도 마찬가지

(2) 개인정보파일의 등록 현황 공개

7. 개인정보 보호 인증(제32조의2)

8. 개인정보 영향평가(제33조)

공공기관의 장은 대통령령으로 정하는 기준에 해당하는 개인정보파일의 운용으로 인하여 정보주체의 개인정보 침해가 우려되는 경우에는 그 위험요인의 분석과 개선 사항 도출을 위한 평가(이하 "영향평가")를 하고 그 결과를 보호위원회에 제출하여야 함

9. 개인정보 유출 통지 등(제34조)

개인정보처리자는 지체 없이 일정 사항을 정보주체에게 알려야 함

10. 노출된 개인정보의 삭제·차단(제34조의2)

5 정보주체의 권리 보장

1. 정보주체의 권리(제4조)

• 개인정보 처리 관련 정보를 제공받을 권리   • 동의권
• 개인정보 열람권   • 처리 정지, 정정·삭제 및 파기 요구권
• 피해를 구제받을 권리

2. 개인정보 열람(제35조)

열람의 요구 등	• 개인정보처리자가 처리하는 자신의 개인정보에 대한 열람: 해당 개인정보처리자에게 요구 可 • 자신의 개인정보 열람을 공공기관에 요구 시: 공공기관에 직접 열람 요구하거나 보호위원회를 통하여 열람 요구 可
열람의 제한 등	• 법률에 따라 금지·제한되는 경우 • 다른 사람의 생명·신체를 해할 우려 있거나 다른 사람의 재산·이익을 부당하게 침해할 우려가 있는 경우 • 공공기관의 일정한 업무수행[1]에 중대한 지장을 초래하는 경우

---

❶ 공공기관이 다음 각 목의 어느 하나에 해당하는 업무를 수행할 때 중대한 지장을 초래하는 경우(제35조 제4항 제3호)

가. 조세의 부과·징수 또는 환급에 관한 업무
나. 「초·중등교육법」 및 「고등교육법」에 따른 각급 학교, 「평생교육법」에 따른 평생교육시설, 그 밖의 다른 법률에 따라 설치된 고교육기관에서의 성적 평가 또는 입학자 선발에 관한 업무
다. 학력·기능 및 채용에 관한 시험, 자격 심사에 관한 업무
라. 보상금·급부금 산정 등에 대하여 진행 중인 평가 또는 판단에 관한 업무
마. 다른 법률에 따라 진행 중인 감사 및 조사에 관한 업무

3. 개인정보의 전송 요구

4. 개인정보관리 전문기관

5. 개인정보 전송 관리 및 지원

6. 개인정보의 정정·삭제(제36조)

개인정보의 정정·삭제요구	자신의 개인정보를 열람한 정보주체: 개인정보처리자에게 개인정보 정정, 삭제를 요구 可	
정정·삭제요구에 대한 처리	정보주체의 정정·삭제 요구 시	지체 없이 그 개인정보를 조사하여 정보주체의 요구에 따라 필요한 조치를 한 후 그 결과를 정보주체에게 알려야 함
	개인정보처리자가 개인정보 삭제 시	복구 또는 재생되지 아니하도록 조치하여야 함

7. 개인정보의 처리정지 등(제37조)

정보주체	개인정보처리자에 대하여 자신의 개인정보 처리 정지 요구 可
개인정보처리자의 처리정지 의무	처리정지 요구를 받았을 때 일정한 경우를 제외하고 지체 없이 개인정보 처리의 전부를 정지하거나 일부를 정지하여야 함

8. 자동화된 결정에 대한 정보주체의 권리 등

9. 권리행사의 방법 및 절차(제38조)

정보주체: 대리인을 통한 열람 등 청구 可

10. 손해배상책임(제39조)

개인정보처리자가 「개인정보 보호법」 위반으로 손해 발생 시 손해배상청구 可(제1항)	입증책임 전환[2]	개인정보처리자가 고의 또는 과실이 없음을 입증하여야 함
개인정보처리자의 고의·중과실로 손해발생(제3항)[3]	징벌적 손해배상제도	법원은 손해액의 5배 한도에서 손해배상액 인정 可
	입증책임 전환	개인정보처리자가 고의 또는 중과실이 없음을 입증하여야 함

• 정보주체는 개인정보처리자가 이 법을 위반한 행위로 손해를 입으면 개인정보처리자에게 손해배상을 청구할 수 있다. 이 경우 그 개인정보처리자는 고의 또는 과실이 없음을 입증하지 아니하면 책임을 면할 수 없다(제39조 제1항).
• 개인정보처리자의 고의 또는 중대한 과실로 인하여 개인정보가 분실·도난·유출·위조·변조 또는 훼손된 경우로서 정보주체에게 손해가 발생한 때에는 법원은 그 손해액의 5배를 넘지 아니하는 범위에서 손해배상액을 정할 수 있다. 다만, 개인정보처리자가 고의 또는 중대한 과실이 없음을 증명한 경우에는 그러하지 아니하다(제39조 제3항): 징벌적 손해배상제도(개인정보처리자가 악의적으로 개인정보 유출등 행위를 함으로써 피해자에게 손해를 입힌 경우 피해자의 실손해 이외에 징벌적 의미로 추가배상 해주는 제도)

11. 법정손해배상의 청구(제39조의2)

제39조 제1항에도 불구하고 정보주체는 개인정보처리자의 고의 또는 과실로 인하여 개인정보가 분실·도난·유출·위조·변조 또는 훼손된 경우에는 300만원 이하의 범위에서 상당한 금액을 손해액으로 하여 배상을 청구할 수 있다. 이 경우 해당 개인정보처리자는 고의 또는 과실이 없음을 입증하지 아니하면 책임을 면할 수 없다(제39조의2): 법정손해배상제도(개인정보유출로 인한 손해액을 정보주체가 입증하기 어려울 경우 300만원 한도 내에서 손해액을 입증하지 않고서도 법에서 정한 한도 내에서 손해배상을 청구할 수 있는 제도)

300만원 이하의 범위에서 상당한 금액을 손해액으로 하여 배상청구 可	
입증책임 전환	개인정보처리자가 고의 또는 과실이 없음을 입증
법정손해배상 청구로 변경	제39조에 따라 손해배상을 청구한 정보주체는 사실심의 변론종결전까지 可

6 정보통신서비스 제공자 등의 개인정보 처리 등 특례
(제39조의3부터 제39조의8까지 등 삭제)

7 개인정보 분쟁조정위원회

1. 설치 구성 등(제40조)

설치	개인정보에 관한 분쟁의 조정을 위하여 개인정보 분쟁조정위원회를 둠
구성 등	• 위원장 1명 포함 30명 내 위원 • 위원장: 위원 중에서 공무원이 아닌 사람으로 보호위원회 위원장이 위촉 • 위원장과 위촉위원의 임기: 2년, 1차에 한하여 연임 可 • 의결: 재적위원 과반수 출석으로 개의, 출석위원 과반수 찬성으로 의결

2. 위원의 신분보장 및 제척·기피·회피(제42조)

3. 분쟁조정의 절차 등

(1) 조정의 신청(제43조)

분쟁의 조정을 원하면 분쟁조정위원회에 분쟁조정을 신청할 수 있음

(2) 처리기간(제44조)

① 분쟁조정 신청을 받은 날부터 60일 이내
② 부득이한 사정이 있는 경우에는 분쟁조정위원회의 의결로 연장 可

(3) 자료의 요청 및 사실조사 등(제45조)

(4) 진술의 원용 제한(제45조의2)

진술의 원용 제한: 조정절차에서의 의견과 진술은 소송에서 원용하지 못함

(5) 조정 전 합의 권고(제46조)

(6) 분쟁의 조정(제47조)

조정안의 작성	분쟁조정위원회는 조사 대상 침해행위의 중지, 구제조치, 침해의 재발을 방지하기 위하여 필요한 조치 중 하나의 사항을 포함하여 작성 可
조정안의 제시	당사자가 조정안을 제시받은 날부터 15일 이내에 수락 여부를 알리지 아니하면 → 조정을 '수락'한 것으로 간주
조정의 효력	당사자가 조정내용 수락한 경우 : 분쟁조정위원회가 조정서 작성, 위원장과 각 당사자가 기명날인하여야 함
	조정의 효력 : 재판상 화해와 동일한 효력

(7) 조정의 거부 및 중지(제48조)

조정의 거부	분쟁조정위원회에서 조정하는 것이 적합하지 아니하거나 부정한 목적으로 신청되었다고 인정하는 경우 거부 可
조정사건에 대한 처리절차 진행 중 한쪽 당사자가 소 제기시	조정의 처리를 중지하고 이를 당사자에게 알려야 함

4. 집단분쟁조정(제49조)

(1) 집단분쟁조정의 신청

정보주체의 피해 또는 권리침해가 다수에게 비슷한 유형으로 발생: 집단분쟁조정 可

국가 및 지방자치단체, 개인정보 보호단체 및 기관, 정보주체, 개인정보처리자는 정보주체의 피해 또는 권리침해가 다수의 정보주체에게 같거나 비슷한 유형으로 발생하는 경우로서 대통령령으로 정하는 사건에 대하여는 분쟁조정위원회에 일괄적인 분쟁조정(이하 '집단분쟁조정'이라 함)을 의뢰 또는 신청할 수 있다(제49조 제1항).

(2) 집단분쟁조정절차의 개시

(3) 대표당사자의 선임

(4) 집단분쟁조정의 당사자인 다수의 정보주체 중 일부의 정보주체가 법원에 소를 제기한 경우

조정절차를 중지하지 아니하고, 소 제기한 일부 정보주체를 그 절차에서 제외함

8 개인정보 단체소송

단체소송의 대상 등(제51조)	단체소송 개념	「개인정보 보호법」상 일정요건을 갖춘 소비자단체·비영리단체가 개인정보처리자가 집단분쟁조정을 거부하거나 집단분쟁조정의 결과를 수락하지 아니한 경우 법원에 권리침해 행위의 금지·중지를 구하는 소송
	소비자단체[1]와 비영리단체[2]	「개인정보 보호법」 제51조 요건 갖춘 경우 단체소송 가능
전속관할(제52조)		피고의 주된 사무소 또는 영업소가 있는 곳, 주된 사무소나 영업소가 없는 경우에는 주된 업무담당자의 주소가 있는 곳의 지방법원 본원 합의부
소송대리인의 선임(제53조)		단체소송의 원고: 변호사를 소송대리인으로 선임하여야 함(변호사강제주의)
소송허가신청(제54조)		단체소송을 제기하는 단체: 소장과 함께 소송허가신청서를 법원에 제출하여야 함
법원의 허가(제55조)	단체소송의 요건	• 개인정보처리자가 조정을 거부하거나 조정결과 수락× • 소송허가신청서의 기재사항의 무흠결
	단체소송을 허가하거나 불허가하는 결정	즉시항고可
확정판결의 효력(제56조)		원고의 청구를 기각하는 판결이 확정된 경우: 동일한 사안에 관하여 다른 소비자단체 등은 단체소송 제기 不可
적용법(제57조)		• 개인정보 보호법에 특별한규정이 없는 경우: 민사소송법 • 단체소송의 절차에 관하여 필요한 사항: 대법원규칙 定

[1] 「소비자기본법」 제29조에 따라 공정거래위원회에 등록한 소비자단체로서 ① 정관에 따라 상시적으로 정보주체의 권익증진을 주된 목적으로 하는 단체이고, ② 단체의 정회원수가 1천명 이상이며, ③ 「소비자기본법」 제29조에 따른 등록 후 3년이 경과한 경우
[2] 「비영리민간단체 지원법」 제2조에 따른 비영리민간단체로서 ① 법률상 또는 사실상 동일한 침해를 입은 100명 이상의 정보주체로부터 단체소송의 제기를 요청받았고, ② 정관에 개인정보 보호를 단체의 목적으로 명시한 후 최근 3년 이상 이를 위한 활동실적이 있으며, ③ 단체의 상시 구성원수가 5천명 이상이고, ④ 중앙행정기관에 등록되어 있는 단체

9 보칙

1. 개인정보처리자의 금지행위(제59조)

• 거짓이나 부정한 수단 방법으로 개인정보 취득하거나 처리에 관한 동의 받는 행위
• 업무상 알게 된 개인정보를 누설하거나 권한 없이 다른 사람이 이용하도록 제공하는 행위
• 정당한 권한 없이 또는 허용된 권한을 초과하여 타인의 개인정보를 훼손, 멸실, 변경, 위조 또는 유출하는 행위

> **판례** 누설 ▷ 아직 이를 알지 못하는 타인에게 알려주는 일체의 행위

2. 비밀유지 등(제60조)[1]

[1] 보호위원회의 업무 등에 종사하거나 종사하였던 자는 직무상 알게 된 비밀을 다른 사람에게 누설하거나 직무상 목적 외의 용도로 이용 금지

3. 침해사실의 신고 등(제62조)[1]

[1] 개인정보에 관한 권리 또는 이익을 침해받은 사람은 보호위원회에 침해사실 신고 可

4. 시정조치 등(제64조)[1]

[1] 개인정보가 침해되었다고 판단할 상당한 근거가 있고, 회복하기 어려운 피해 발생할 우려가 인정되는 경우: 보호위원회는 개인정보 침해 행위의 중지 등 명령 可

5. 고발 및 징계권고(제65조)[1]

[1] 보호위원회는 개인정보처리자에게 이 법 등 개인정보 보호와 관련된 법규의 위반에 따른 범죄혐의가 있다고 인정될 만한 상당한 이유가 있을 때에는 관할 수사기관에 그 내용을 고발할 수 있음

구분	정보공개청구	개인정보 보호
헌법적 근거	표현의 자유, 인간의 존엄과 가치, 인간다운 생활을 할 권리, 국민주권	국민주권, 사생활의 비밀과 자유
법률적 근거	「공공기관의 정보공개에 관한 법률」	「개인정보 보호법」
청구주체	• 모든 국민 • 법인 • 법인 아닌 사단·재단 • 외국인	정보주체(살아 있는 개인)
적용객체	공공기관	공공기관, 법인, 단체, 개인
위원회 소속	행정안전부장관 소속	국무총리
제3자 청구권	○	×

해커스공무원 함수민 행정법총론 단권화 노트

제4편
행정의 실효성 확보수단

POINT 41 개설
POINT 42 행정상 강제집행
POINT 43 행정상 즉시강제
POINT 44 행정조사
POINT 45 행정벌 개설
POINT 46 행정형벌의 특수성
POINT 47 행정질서벌(과태료)의 특수성
POINT 48 실효성 확보를 위한 여러 수단

POINT 41 개정

해커스공무원 행정법총론 단원별 기출문제집

1 의의

상대방이 이행하지 않거나 이행하여도 의무의 내용을 강제이행하거나 의무이행에 대하여 제재할 수 있는 수단

2 행정상 의무이행 확보수단 유형

1. 전통적인 수단

(1) **행정강제**: 행정상 강제집행 / 행정상 즉시강제
① 행정상 강제집행: 장래의 행정상 의무이행을 강제하기 위한 수단
② 행정벌: 과거의 행정상 의무위반에 대한 제재 수단

(2) **행정벌**
① 행정형벌: 형법상 형벌을 과하기 위한 수단
② 행정질서벌: 과태료를 과하기 위한 수단

2. 새로운 수단

새로운 행정의 실효성 확보수단: 금전적 제재, 공급거부 등의 제재, 가산세, 가산금, 시정명령 등

3 행정상 의무이행 확보수단의 체계

POINT 42 행정상 강제집행

1 개관

1. 의의
행정법상의 의무불이행이 있는 경우에 행정기관이 의무자의 신체 또는 재산에 실력을 가하여 장래를 향하여 그 의무를 이행하게 하거나 이행된 것과 같은 상태를 실현하는 작용

2. 구별개념
(1) 행정상 즉시강제와의 구별
의무의 존재 및 그 불이행을 전제로 하는 점에서 구별됨

(2) 행정벌과의 구별
불이행한 의무를 장래를 향해 실현시키는 것을 목적으로 한다는 점에서 구별됨

(3) 민사상 강제집행과의 구별
공법상 의무를 대상으로 하는 점, 집행의 방식 등에서 구별됨
① 사법상의 강제집행: 타력(타자)집행
② 행정상의 강제집행: 자력집행
③ 행정상 강제집행이 가능한 경우: 사법상 강제집행 不可 (예외 有)

> **판례**
> 1-1. 「국유재산법」에 따라 행정대집행 가능한 경우 ▷ 민사소송으로 시설물의 철거 청구 不可
> 1-2. 행정청이 대집행을 실시하지 않는 경우 ▷ 국가를 대위하여 민사소송으로 철거 청구 可
> 2. 「공유재산 및 물품 관리법」에 따라 강제집행 가능한 경우 ▷ 민사소송으로 시설물의 철거 청구 不可
> 3. 구 토지수용법 위반하여 공작물을 축조한 경우 ▷ 민사소송으로 공작물의 철거 등 청구 不可

3. 행정상 강제집행의 근거
(1) 이론적 근거
의무부과의 근거 법령은 행정상 강제집행의 근거X → 행정상 강제집행에는 별도의 법적 근거 要

(2) 실정법적 근거
① 대집행: 「행정대집행법」
② 강제징수: 「국세징수법」
③ 직접강제·이행강제금: 개별법

2 대집행

1. 의의
(1) 개념
① 대체적 작위의무 불이행에 대하여 행정청 스스로 또는 제3자로 하여금 의무이행 상태를 실현시킨 후 그 비용을 의무자로부터 징수하는 것
② 「행정기본법」 제30조 제1항 제1호❶ 의 행정상 강제수단

> ❶ 행정기본법 제30조(행정상 강제) ① 행정청은 행정목적을 달성하기 위하여 필요한 경우에는 법률로 정하는 바에 따라 필요한 최소한의 범위에서 다음 각 호의 어느 하나에 해당하는 조치를 할 수 있다.
> 1. 행정대집행: 의무자가 행정상 의무(법령등에서 직접 부과하거나 행정청이 법령등에 따라 부과한 의무를 말한다. 이하 이 절에서 같다)로서 타인이 대신하여 행할 수 있는 의무를 이행하지 아니하는 경우 법률로 정하는 다른 수단으로는 그 이행을 확보하기 곤란하고 그 불이행을 방치하면 공익을 크게 해칠 것으로 인정될 때에 행정청이 의무자가 하여야 할 행위를 스스로 하거나 제3자에게 하게 하고 그 비용을 의무자로부터 징수하는 것

(2) 법적 근거
① 일반법: 「행정대집행법」
② 개별법: 「건축법」, 「도로교통법」, 「공익사업을 위한 토지 등의 취득 및 보상에 관한 법률」 등

2. 대집행의 주체와 법률관계
(1) 대집행의 주체
① 당해 행정청: 의무를 명한 처분청
② 대집행의 위탁
  • 자기집행: 당해 행정청이 직접 대집행을 수행
  • 대집행의 위탁(타자집행): 다른 행정청에 위탁하거나 제3자(공공단체 또는 사인)에게 위탁 可 / 위임 받아 대집행을 실행하는 자는 대집행의 주체가 아님

(2) 대집행의 법률관계
① 자기집행(자력집행)의 경우: 행정청과 의무자와의 관계는 공법관계

3. 대리권의 조기

판례 대리행위 하자유무는 원칙적으로 ▶ 대리인(대리행위자) 기준

(3) 대리행위의 법형에 대해 본인에게 이전된 사유의 경우

- 대리행위의 하자유무는 제3자 기준: 사기강박 또는 경과실(고의수실)
  - 제3자에 의한 의사표시 규정 적용
  - 임의대리인 대리행위 상대방에 대한 사기강박 적용 X
  - 임의대리인 대리행위자 기준: 하자○ / 하자○ 효과는 본인에게 귀속

〈물류관계〉

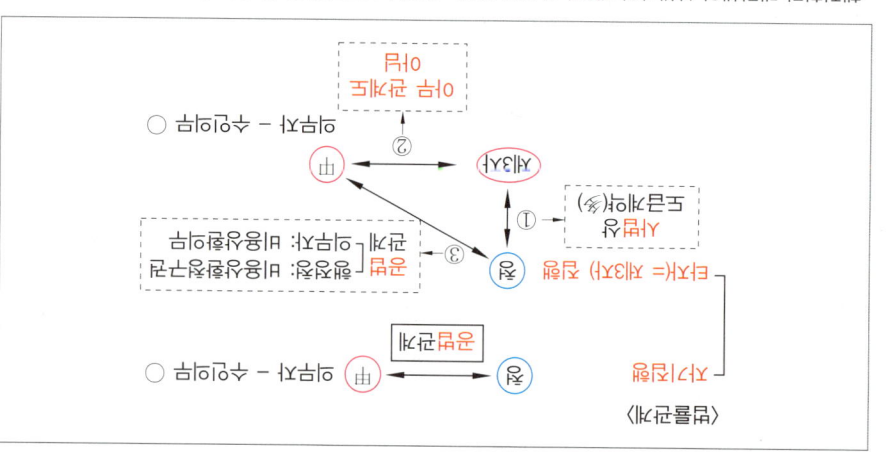

② 제3자 사기(=타인사기)의 경우

(1) 임의상 대리권의 자기의사의 필요한

- 임의상 대리권의 자기의사 필요함
- 계약이 용이하고 의무가 이행하는 것이 있지만 (궁극적)
  - 용이의 이사임과 범은 이용도 해물 것 (공연성)

판례 • 상행위에 대리: 대리권의 요(but 공연성주의 있어야 요)

① 임의상의 의사표시 것

판례 1. 토지매매위임은 받는 자는 원칙상 따라 김상이 요함
  ▶ 대리정치 요
  2. 공유재산의 「임의정보매」 ▶ 모두 공유재산자의 「공연대리행위」 공유
  - 에 대하여 대리관계의 해체 ▶ 공유재산 공유자에 대해 대리정치 요
  3. 공유재산에 대하여 공유자인 아내에 본인의 대리정치 등 수 있다(대판 1992.9.8. 91다
  13090).

⊙ 복대리인

- 대리인이 스스로 이름으로 본인의 대리행위 과정 복대리인 선임하여 이에게 본인을 대리를 표준 하는 사람

〈본리〉

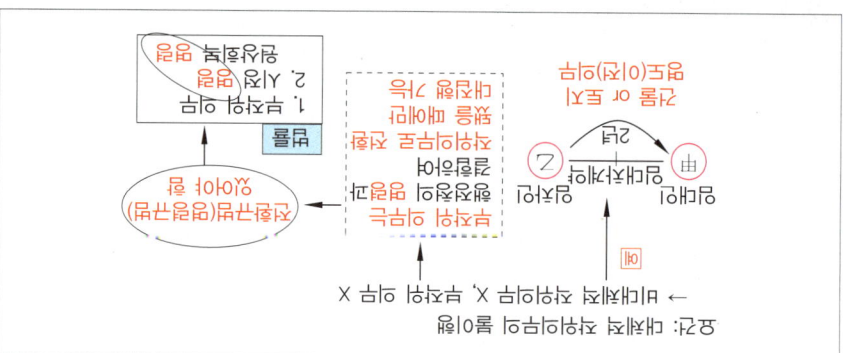

판례 1. 임의대리 사용공간이 ▶ 대리인 효 (∵ 하자행위)
        2. 수임해사용의의 공동회복자 ▶ 대리권 효 (∵ 하자행위)

© 복대리의

판례 • 복대리는 자신의 이름으로 복대리인을 선임함, 따라서 본인 또는 대리인 X
        • 복대리인의 본인 이름으로 복대리인으로 선임하지만 그 이에 대해 대리인이 여전
          한 대리인의 지위 유지, 따라서 복대리인에 의한 대리행위의 효과는 본인에 귀속

  ⊙ 본인 ・ 대리인(음명) 효소 복대리인: 하자○/하자○ 대리정치 효
                                        └→ 복수수 없는 있는 경(음) 상즉 재대리(인사용수)

판례 대리자에 대해 복대리인
▶ 대리자치 x
▶ 대리정치 효
▶ 기정정치 효

⊙ 복대리의 ②

판례 "본인사정에 의하여 다른 사유에 안 되는, 업무처 같이 되어서, 진본이 없어서 자신이 대리정치 대상하다."

(2) 다른 수단으로는 그 이행확보가 곤란할 것
대집행 이외의 방법으로 이행확보 가능: 대집행 不可

> **판례** 대집행을 위한 계고처분 ▷ 다른 방법으로는 이행확보의 어려움 要(보충성)

(3) 의무불이행을 방치함이 심히 공익을 해하는 것으로 인정될 것
① 의의: 대집행은 의무의 불이행을 방치함이 심히 공익을 해하는 것으로 인정될 때에만 가능❶ / 구체적 상황하에서 개별적으로 판단
  ❶ 비례의 원칙 중 상당성의 원칙
② 판단시기: 계고처분 시
③ 구체적인 사례
  ㉠ 심히 공익을 해한다고 인정한 판례
  > 1. 무허가증축으로 건물의 미관이 나아지고 철거비용이 많이 소요되는 경우 ▷ 심히 공익을 해하는 것○
  > 2. 미관, 환경, 교통에 지장 없어도 더 큰 공익 해할 우려가 있는 경우 ▷ 심히 공익을 해하는 것○

  ㉡ 심히 공익을 해하지 않는다고 본 판례
  > 1. 도로관리청으로부터 도로점용허가를 받지 아니하고 광고물을 설치하였다는 점만이 입증된 경우
  > 2. 건축허가면적보다 0.02평방미터만 이웃의 대지를 침범하고 주위의 미관을 해칠 우려가 없는 경우

(4) 기타
① 불가쟁력의 발생이 대집행의 요건인지 여부: ✕
  따라서 의무를 명한 행정행위에 대한 불가쟁력이 발생하기 전이라도 대집행 可
② 대집행 발동: 재량행위○

4. 대집행의 절차

계고 → 대집행영장에 의한 통지 → 대집행의 실행 → 비용징수

(1) 계고
① 의의: 상당한 기간 내에 의무를 이행하지 않는다면 대집행을 한다는 뜻을 미리 문서로 알리는 행위
② 계고절차의 생략: 비상시 또는 위험이 절박한 경우에 있어서 당해 행위의 급속한 실시를 요하여 계고를 취할 여유가 없을 때 可

③ 법적성질
  ㉠ 준법률행위적 행정행위로서 통지(처분성○)
  > **판례** 대집행의 계고
  > ▷ 대집행을 한다는 의사를 통지하는 준법률적 행정행위
  > ▷ 처분○

  ㉡ 계고(철거명령)가 반복적으로 부과된 경우: 1차만 처분○
  > **판례** 반복된 계고
  > ▷ 1차 계고만 처분성○
  > ▷ 2차, 3차 계고처분: 대집행기한의 연기통지에 불과하고 새로운 의무를 부과한 것✕ (처분성✕)

④ 계고의 요건
  ㉠ 계고의 내용: 구체적으로 특정되어야 함, 반드시 대집행계고서에 의해서만 특정되어야 하는 것은✕
  > **판례** 대집행할 의무의 내용 및 범위 특정여부
  > ▷ 계고 전후 사정을 종합하여 판단
  > ▷ 반드시 대집행 계고서에 의해서만 특정되어야 하는 것은 아님

  ㉡ 계고의 상대방
  > **판례** 위법한 건물의 공유자 1인에 대한 계고처분 ▷ 다른 공유자에 대하여는 효력이 없음

  ㉢ 계고의 기간(상당한 기간)
  > **판례** 상당한 이행기간 부여하지 않은 계고처분 ▷ 대집행영장으로 시기 늦추어도 위법

  ㉣ 계고의 방식: 문서 / 구두에 의한 계고는 무효

⑤ 의무부과와 계고의 동시발령 가부
  ㉠ 통설: 원칙적으로 독립하여 별개로 이루어져야
  ㉡ 판례: 1장의 문서로 가능
  > **판례** 계고서 1장의 문서로
  > ▷ 철거명령과 대집행 계고처분 可
  > ▷ 철거명령에서 주어진 일정기간이 상당한 기간이라면
  > ▷ 계고 시 필요한 상당한 이행기간도 포함되어 있는 것

5. 대집행에 대한 구제

(1) 행정쟁송

① 행정심판: 임의적 절차(행정대집행법 제7조)
  → 대집행에 대한 행정심판제기가 가능하다.
② 항고소송
  ⓒ 처분성(대집행절차): 계고, 통지, 실행, 비용납부명령
  ⓒ 소의 이익(대집행절차): 대집행실행이 완료된 경우 원칙상 소의 이익 ×
    → 손해배상청구, 결과제거청구 등의 권리구제가 대체수단이 됨에 유의
  ⓒ 피고적격
  <참고> 대집행 실행중 대집행 공무원이 → 관할 행정청(의무이행지가 ×)

• 하자의 승계

원칙	대집행절차 간에 인정 ×
예외	선행행위가 무효인 경우 대집행절차 후행

<참고>
1. 행정대집행과 계고처분 → 하자의 승계×(별개 법률효과)
2. 선행 계고처분에 대한 행정쟁송: 요건충족
  → 확인의 이익이 인정되는 경우
  → 후행처분의 근거규정

(2) 국가배상

<참고> → 위법한 대집행 → 공무원의 과실이 없기가 어려움 →

---

(2) 대집행영장에 의한 통지

① 의의: 계고처분을 받은 후에도 이행하지 않는 경우 대집행영장으로써 대집행을 할 시기, 대집행을 책임자의 성명과 대집행에 요하는 비용의 개산에 의한 견적액을 의무자에게 통지하는 것

② 법적 성질: 준법률행위적 행정행위(확인행위)

③ 통지의 생략 가능성: 비상시 또는 위험이 절박한 경우로서 당해 행위의 급속한 실시를 요하여 계고를 할 여유가 없을 때

(3) 대집행의 실행

① 의의: 일정 일시까지 의무이행이 없는 경우 대집행청이 의무자가 할 행위를 스스로 행하거나 제3자로 하여금 이를 행하게 하는 것

② 시간상의 제약
  • 원칙: 해 뜨기 전 or 해 진 후에 대집행 ×
  • 예외: 의무자가 동의한 경우 / 해가 진 후 대집행이 있으면 또는 / 해 뜨기 전 대집행을 시작한 경우 / 대집행 실시를 요하는 경우 / 인명 또는 신체

③ 증표의 휴대(행정사, 제행자): 대집행을 책임자가 대집행시 의 제시하여야 함

④ 실력행사의 가부: 대집행행정청이 의무자가 이에 저항하는 경우 실력으로 이를 배제할 수 있는지가 문제

<참고>
1-1. 건축물의 자진철거의 의무의 대집행의 표준으로 볼 수 없음
  → 포기를 위해 건물의 점유자를 강제로 퇴거시키기 위해
  → 행정대집행의 방법을 적용할 수 있지
1-2. 점유자들이 대집행에 있어서 위력을 행사하여 방해하는 경우 경찰의 도움을 받을 수 있음

(4) 대집행 비용의 징수

• 행정대집행 제5조(대집행비용납부명령): 대집행에 요한 비용은 의무자로부터 그 비용액과 납부기일을 정하여 의무자에게 문서로써 그 납부를 명하여야 한다.
① 대집행에 요한 비용은 대집행청이 납부기일까지 납부하지 아니하는 때에는 국세징수법의 예에 의하여 이를 징수할 수 있다.
② 대집행에 요한 비용에 대하여는 행정청은 사무비의 소속에 따라 국세와 지방세의 다음의 순위의 선취득권을 가진다.
③ 대집행에 요한 비용을 징수하였을 때에는 그 징수금은 사무비의 소속에 따라 각각 국고 또는 지방자치단체의 수입으로 한다.

<참고> 비용납부명령에 대한 이의가 있는 자는 법원에 소송을 제기하여 행정소송을 통해 다툴 수 있음

⑤ 납부: 의무자가 「국세징수법」에 따라 강제징수 가능
⑥ 귀속: 「행정대집행법(비용액확정)」, 지방세

3 이행강제금(집행벌)

1. 의의
(1) 개념

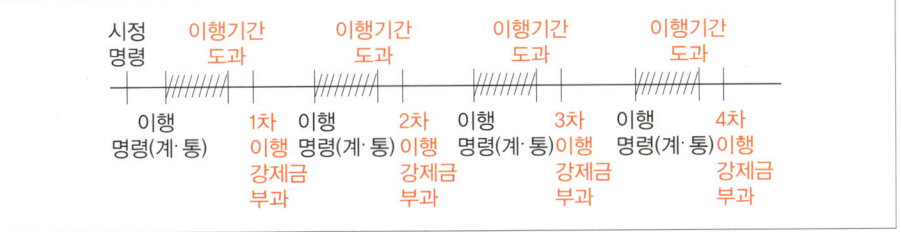

① 작위의무·부작위의무·수인의무 불이행시에 장래를 향하여 의무이행을 간접적으로 강제하기 위하여 부과하는 금전부담 / 심리적 압박을 통해 의무이행확보
② 「행정기본법」 제30조 제1항 제2호❶의 행정상 강제수단

> ❶ 행정기본법 제30조(행정상 강제) ① 행정청은 행정목적을 달성하기 위하여 필요한 경우에는 법률로 정하는 바에 따라 필요한 최소한의 범위에서 다음 각 호의 어느 하나에 해당하는 조치를 할 수 있다.
> 2. 이행강제금의 부과: 의무자가 행정상 의무를 이행하지 아니하는 경우 행정청이 적절한 이행기간을 부여하고, 그 기한까지 행정상 의무를 이행하지 아니하면 금전급부의무를 부과하는 것

> **판례** 이행강제금
> ▷ 의무자에게 심리적 압박을 주어 장래 의무이행 확보 목적
> ▷ 간접적 강제집행수단

(2) 대집행과의 관계
① 전통적 이해

대체적 작위의무 불이행	대집행
부작위·비대체적 작위의무 불이행	이행강제금

② 오늘날 이해: 대체적 작위의무 불이행
→ 이행강제금과 대집행 선택적 활용 可
(행정의 실효성 확보라는 관점에서 대체적 작위의무 불이행에 대한 이행강제금을 허용함이 바람직)
③ 현행 「건축법」 제80조: 대체적 작위의무인 시정명령의 불이행에 대한 이행강제금 부과를 규정

(3) 행정벌과의 관계
① 행정벌: 과거 위반행위에 대한 제재 / 반복부과 不可
② 이행강제금: 장래 의무이행 확보수단 / 반복부과 可
③ 이행강제금과 행정벌: 병과 可(∵ 목적과 성질 상이)

> **판례** 형사처벌과 이행강제금
> ▷ 병과 可
> ▷ 이중처벌금지 원칙 위반×

▼ 이행강제금과 행정벌 비교

구분	이행강제금	행정벌
의의	장래를 향하여 의무이행을 확보하는 수단	과거의 의무불이행에 대한 제재
반복 부과여부	반복부과 가능(단, 년간 부과횟수제한 가능)	하나의 위반행위에 대해 반복부과 못함 (이중처벌금지)
고의·과실	고의·과실 불요	고의·과실 필요
공통점	간접적 의무이행 확보 수단	
병과여부	행정형벌과 이행강제금은 규제목적을 달리하므로 병과 가능	

(4) 법적 성질
① 급부하명(행정행위)
② 침익적 처분: 「행정절차법」상 사전통지 또는 의견청취절차 거쳐야 함
③ 일신전속적: 승계×

> **판례** 이행강제금 납부의무
> ▷ 일신전속적인 성질의 것이므로 상속인 등에게 승계 不可
> ▷ 사망자에게 부과한 이행강제금
> ▷ 당연무효

2. 이행강제금의 법적 근거
- 침익적 처분: 법적근거 要 / 일반법 無
- 개별법 규정 有(「건축법」 제80조, 「농지법」 제63조 등)
- 근거법률에 포함될 사항(행정기본법 제31조): ① 부과·징수 주체, ② 부과 요건, ③ 부과 금액, ④ 부과 금액 산정기준, ⑤ 연간 부과 횟수나 횟수의 상한에 대한 사항
  → 단, ④, ⑤는 제외될 수 있음

3. 이행강제금의 부과대상
대체적 작위의무의 경우 대집행이 가능함에도 이행강제금을 부과할 수 있는지: ○ (판례)

> **판례** 이행강제금은 대체적 작위의무의 위반에 대해서도 부과 가능
> ▷ 행정청은 대집행과 이행강제금의 선택적 활용 可
> ▷ 이는 중첩적인 제재×

4. 이행강제금의 부과

(1) 개관

(2) 행정기본법상 이행강제금의 부과

① 법정주의

② 가중·감경사유

③ 부과절차

   ㉠ 계고처분: 이행기간을 정하여 그 기한까지 행정상 의무를 이행하지 아니하면 이행강제금을 부과한다는 뜻을 문서로 계고

   ㉡ 부과의 통지: 계고에도 불구하고 의무자가 계고에서 정한 기한까지 행정상 의무를 이행하지 아니한 경우 이행강제금의 부과 금액·사유·시기를 문서로 명확하게 적어 의무자에게 통지

④ 반복부과 및 부과의 중지

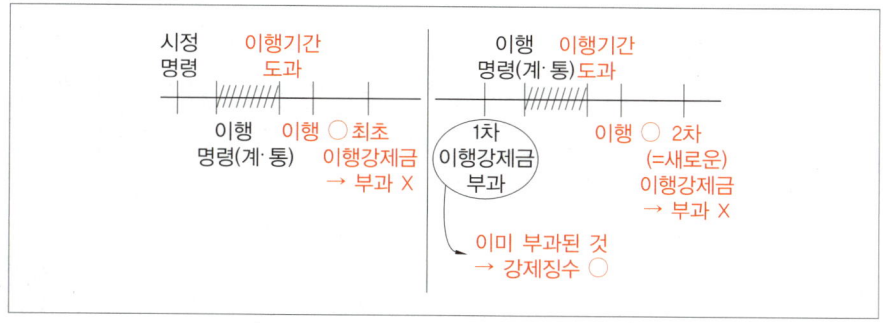

   ㉠ 의무자의 의무이행시까지 이행강제금 반복부과 可

   ㉡ 의무자가 의무이행시: 새로운 이행강제금의 부과를 즉시 중지 / 이미 부과된 이행강제금은 징수

⑤ 강제징수: 이행강제금을 부과받은 자가 납부기한까지 이행강제금을 내지 아니하면 국세강제징수의 예 또는 지방행정제재·부과금의 징수 등에 관한 법률에 따라 징수

(3) 건축법상 이행강제금의 부과

① 시정명령 및 의무의 불이행

   ㉠ (철거명령 등) 시정명령: 건축법 위반 건축물에 대하여 건축주 등에게 공사의 중지를 명하거나 상당한 기간을 정하여 그 건축물의 해체(철거)·개축·증축·수선·용도변경·사용금지·사용제한, 그 밖에 필요한 조치를 명하는 것

> **판례** 1. 건축물 완공 후에도 ▷ 시정명령·이행강제금부과 可
> 2. 개정법 시행 전 건축 ▷ 현행법 따라 시정명령·이행강제금 부과 可

   ㉡ 상당한 이행기한의 통지(이행명령, 이행의 기회): 시정명령 불이행시 상당한 기한을 정하여 통지

> **판례** 상당한 이행기한 부여× ▷ 이행강제금 부과 위법○

② 계고: 이행강제금을 부과하기 전에 이행강제금을 부과·징수한다는 뜻을 미리 문서로써 계고

> **판례** 1. 농지법상 이행강제금 부과시 ▷ 그 때마다 이행강제금을 부과, 징수한다는 뜻을 미리 문서로 알려야 함
> 2. 의무를 초과한 과다한 부과예고(계고)에 의한 이행강제금 부과 ▷ 부과예고 및 이에 터 잡은 이행강제금 부과 처분 위법○

③ 이행강제금의 부과

   ㉠ 부과형식: 문서로

   ㉡ 반복부과

     • 최초 시정명령이 있었던 날을 기준으로 하여 1년에 2회 범위 안에서 해당 지방자치단체의 조례로 정하는 횟수만큼 시정명령 이행시까지 반복 부과 可

     • 반복 부과·징수할 때마다 시정명령 절차를 다시 거쳐야할 필요는 없지만 각 부과처분마다 이행기한을 정하여 시정명령의 이행의 기회를 주어야 함

> **판례** 이행강제금 반복 부과 시
> ▷ 각 부과처분마다 이행의 기회가 제공되어야 함
> ▷ 뒤늦게 이행기회 제공
> ▷ 이행 기회가 제공되지 않은 과거기간에 대한 이행강제금 부과
> ▷ 무효

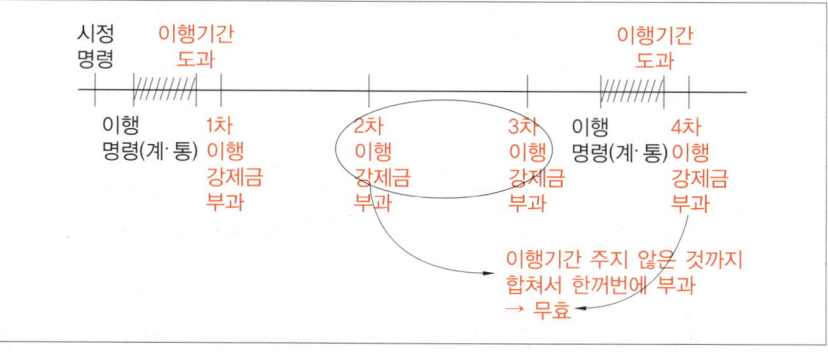

POINT 42 행정상 강제집행

ⓒ 부과의 중지

- 이행기간 경과 후 이행: 새로운 부과 중지 / but 이미 부과된 이행강제금 징수

> **판례**
> 1-1. 시정명령의 이행기한 도과 후, 이행강제금 부과 전 의무이행 ▷ 이행강제금 부과 불가
> 1-2. 시정명령 이행에 대한 행정청의 위법한 거부 ▷ 이행강제금 부과 불가
> 2. 장기미등기자가 이행기간 경과 후 등기신청의무 이행 ▷ 이행강제금 부과 불가
> 3. 공정거래법상 이행강제금
>   ▷ 과거의 의무위반행위에 대한 제재와 장래 의무 이행의 간접강제를 통합하여 제재금을 부과하는 제도
>   ▷ 이행강제금이 부과되기 전에 의무를 이행한 경우에도 과거의 시정조치 불이행기간에 대하여 이행강제금 부과 可

❶ 시정명령을 받은 의무자가 그 시정명령의 취지에 부합하는 의무를 이행하기 위한 정당한 방법으로 행정청에 신청 또는 신고를 하였으나 행정청이 위법하게 이를 거부 또는 반려함으로써 결국 그 처분이 취소되기에 이르렀다면, 특별한 사정이 없는 한 그 시정명령의 불이행을 이유로 이행강제금을 부과할 수는 없다(대판 2018.1.25. 2015두35116).

- 부과가 중지되는 새로운 이행강제금: 최초 이행강제금 포함

> **판례** 이행명령 이행 ▷ 최초, 반복된 이행강제금 부과 불가

④ 이행강제금의 강제징수

이행강제금 납부× ·「지방행정제재·부과금의 징수 등에 관한 법률」에 따라 징수

> **판례** 이행강제금 납부의 최초 독촉 ▷ 처분○

5. 이행강제금 부과에 대한 권리구제

(1) 개별법에 특별한 불복절차규정이 있는 경우: 항고소송×

> **판례** 「농지법」상 이행강제금 부과처분
> ▷ 비송사건절차법 적용○ / 항고소송의 대상×
> ▷ 관할청 등이 잘못 안내한 경우에도 마찬가지

(2) 개별법에 특별한 불복절차규정이 없는 경우: 항고소송○

(3) 현행「건축법」상 이행강제금의 경우: 항고소송○

4 직접강제

1. 의의

(1) 개념

의무자가 행정상 의무를 이행하지 아니하는 경우, 행정청이 의무자의 신체나 재산에 직접 실력을 행사하여 그 행정상 의무의 이행이 있었던 것과 같은 상태를 실현하는 가장 강력한 강제집행수단(예 사업장폐쇄, 강제출국·강제퇴거, 실력에 의한 예방접종, 집회군중에 대한 강제해산)

❷ 행정기본법 제30조(행정상 강제) ① 행정청은 행정목적을 달성하기 위하여 필요한 경우에는 법률로 정하는 바에 따라 필요한 최소한의 범위에서 다음 각 호의 어느 하나에 해당하는 조치를 할 수 있다.
  3. 직접강제: 의무자가 행정상 의무를 이행하지 아니하는 경우 행정청이 의무자의 신체나 재산에 실력을 행사하여 그 행정상 의무의 이행이 있었던 것과 같은 상태를 실현하는 것

(2) 구별개념

① 대집행과의 구별
- 대집행은 대체적 작위의무만
- 의무자의 점유에 대한 실력행사 불포함
- 비용은 의무자 부담
- 타자집행 可

② 즉시강제와의 구별: 즉시강제는 의무부과와 그 불이행이 전제되지 않음

2. 대상

작위의무(대체적, 비대체적), 부작위의무, 수인의무 등 모든 의무를 대상으로 可

3. 법적 근거 要(∵ 침해적 성격):「행정기본법」제32조❸, 개별법○

❸ 행정기본법 제32조(직접강제) ① 직접강제는 행정대집행이나 이행강제금 부과의 방법으로는 행정상 의무 이행을 확보할 수 없거나 그 실현이 불가능한 경우에 실시하여야 한다.
② 직접강제를 실시하기 위하여 현장에 파견되는 집행책임자는 그가 집행책임자임을 표시하는 증표를 보여 주어야 한다.
③ 직접강제의 계고 및 통지에 관하여는 제31조 제3항 및 제4항을 준용한다.

4. 절차

증표제시의무(제32조 제2항), 직접강제의 계고 및 통지 (제3항)

5. 한계

- 가장 강력한 수단이므로 최후수단으로 행사(보충성원칙)
- 법률에 근거하고 일반원칙 준수해야 함

6. 법적 성질 및 권리구제

- 권력적 사실행위, 행정쟁송의 대상인 처분
- 행정쟁송, 국가배상청구,「인신보호법」에 의한 구제

행정상 강제집행

1. 의의
행정기본법 제30조(행정상 강제) ① 행정청은 행정목적을 달성하기 위하여 필요한 경우에는 법률로 정하는 바에 따라 필요한 최소한의 범위에서 다음 각 호의 어느 하나에 해당하는 조치를 할 수 있다.
4. 강제징수: 의무자가 행정상 의무 중 금전의 급부의무를 이행하지 아니하는 경우 행정청이 의무자의 재산에 실력을 가하여 그 의무가 이행된 것과 같은 상태를 실현하는 것

2. 법적 근거: "국세징수법"이 사실상 일반법적으로 기능

3. 절차
- 독촉 + 체납처분
- 체납처분: 압류 → 매각 → 청산

(1) 독촉
① 납부의 이행 및 최고
- 납부의무자에게 이행을 최고하고 그때까지(보통 7일까지) 납부하지 않을 때에는 체납처분할 뜻을 알리는 준법률행위적 행정행위
- 원칙적 서면주의 / 독촉장 발부원칙
- 문서통지의 형식성(등기), 처분○
- 납부기한 독촉: 처분○
- 납부기한 후 독촉: 단순안내 / 독촉 아님

판례 독촉이 처분이 되려면
▷ 후속 절차로서 "압류, 강제징수"가 이루어짐 ○
▷ 처분성 X

② 독촉재촉 ← 국세징수법 제23조
- 독촉재촉: 독촉장 발부 후 10일 내 납부할 것
- 재독촉의 생략: 독촉을 받고도 납부기한에서 20일 이내에 완납하지 아니한 때 장래의 납부 ← 국세징수법
- 국세징수법: 규정 有
- 지방세법: 인정할 것 없다. 처분대상

(2) 체납처분
① 재산의 압류
① 압류의 의의 및 법적 성질
- 체납자의 재산에 대하여 사실상 및 법률상의 처분을 금지시키고, 이를 확보하는 강제집행의 시작 단계
- 권력적 사실행위(처분○), 항고소송의 대상

ⓒ 압류의 대상
- 체납자의 소유이 압류가치 있고 양도가능한 것으로 재산
- 압류의 종류: 지정재산의 압류, 기간재산 등의 압류
- 체납자 아닌 자의 재산: 압류 不可, 압류 시 무효

판례 체납자 재산에 대한 압류처분 ▷ 완납하였으나 처분은 무효X (: 처분의 내용이 법률상 실현될 수 없음)

② 압류의 절차: 압류재산 해당 조세를 체납X
- 납기 재산에 인별 압류X

④ 압류의 효과: 처분금지효 발생, 압류의 목록을 등기 / 등록 ← 국세징수법 제33조

⑤ 압류의 해제
- 압류 후 세금 납부: 임의 해제 / 절차○
- 납부체납자의 압류해제 신청이 있는 경우
- 압류해제의무: 절대적 해제사유 / 임의적 해제사유

④ 압류의 해제 ← 국세징수법 제57조
- 납부완료 있어 압류의 필요성이 없어지는 경우 압류를 해제하는 것
- 종류: 필요적 해제, 임의적 해제
- 소급효: 압류해제 시 압류등기의 말소등기가 이루어져야 함

판례 체납자이 조세채무가 소멸되었으나 압류등기가 있는 등 잔존한 경우
▷ 후속 체납처분 진행, 압류를 해제할 수 있음 법 있음 (국세징수법 제57조 제1호)

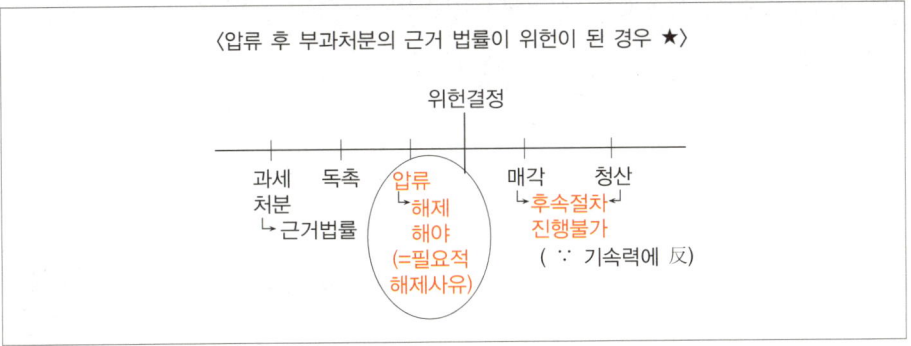

② 압류재산의 매각(압류재산의 금전환가)
  ㉠ 매각방법
    • 원칙: 공매(경쟁입찰 또는 경매)
    • 예외: 수의계약(사법상 매매) 可
  ㉡ 공매의 법적 성질: 강학상 대리(처분○) / cf. (재)공매결정, 공매통지: 처분×

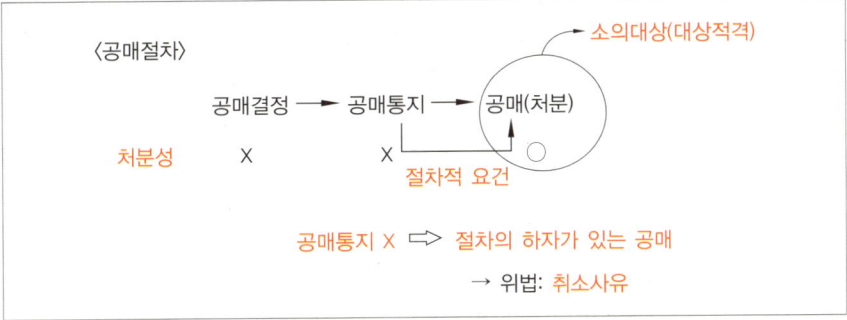

> **판례**
> 1-1. 공매(처분) ▷ 우월한 공권력의 행사로서 행정소송의 대상이 되는 처분○
> 1-2. 공매처분이 취소된 경우 ▷ 매수인은 그 취소처분에 대한 취소소송을 제기할 법률상 이익○
> 2. 공매통지
>   ▷ 공매의 절차적 요건
>   ▷ but 그 자체는 행정처분×
> 3. 한국자산관리공사 재공매결정, 공매통지 ▷ 행정처분×

㉢ 공매통지를 하지 않은 경우 공매의 효력: 공매통지를 않았거나 위법한 공매통지를 한 경우 공매처분 위법 but 무효×(절차하자, 취소사유○)

> **판례**
> 1-1. 공매통지 하지 않거나 부적법한 공매통지를 한 경우 ▷ 공매처분 위법
> 1-2. 다른 권리자에 대한 공매통지 하자 ▷ 체납자 자신이 위법사유로 주장 不可
> 2. 공매대행·공매예고 통지 흠결 ▷ 공매처분 위법×
> 3. 공매통지흠결 하자 ▷ 절차적 하자 → 공매처분 위법○, 취소사유

㉣ 공매의 실시: 공매공고한 날부터 10일 지난 후 실시
  → 공매공고기간(10일) 경과 전 공매처분은 위법

㉤ 공매의 대행: 세무서장은 한국자산관리공사로 하여금 공매를 대행하게 할 수 있고, 이 경우 공매는 세무서장이 한 것으로 봄(국세징수법 제103조)

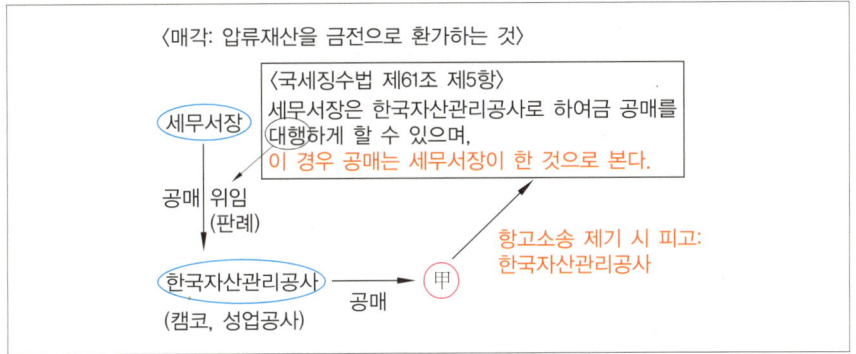

㉥ 공매재산에 대한 감정평가나 매각예정가격의 결정이 잘못된 경우

> **판례** 부당하게 저렴한 매각
> ▷ 취소사유
> ▷ 공매취소 전에는 매수인이 부당이득×

③ 청산
  ㉠ 청산의 의의 및 법적 성질
    • 체납처분에 의하여 수령한 금전을 국세·가산세와 강제징수비 기타의 채권에 배분하는 것 / 처분○
    • 금전을 배분하고 남은금액이 있는 경우: 체납자에게 지급
  ㉡ 배분의 방법: 매각대금이 국세·가산세과 강제징수비, 기타채권의 총액에 부족한 때
    • 국세 관계채권(국세·가산세와 강제징수비)이 다른 공과금 기타 채권에 우선
    • 국세·가산세와 강제징수비의 징수순위: 강제징수비, 국세, 가산세 순

4. 행정상 강제징수에 대한 불복수단

(1) 행정쟁송●

●국세기본법 제55조(불복) ① 이 법 또는 세법에 따른 처분으로서 위법 또는 부당한 처분을 받거나 필요한 처분을 받지 못함으로 인하여 권리나 이익을 침해당한 자는 이 장의 규정에 따라 그 처분의 취소 또는 변경을 청구하거나 필요한 처분을 청구할 수 있다. 다만, 다음 각 호의 처분에 대해서는 그러하지 아니하다.
1. 「조세범 처벌절차법」에 따른 통고처분
2. 「감사원법」에 따라 심사청구를 한 처분이나 그 심사청구에 대한 처분
3. 이 법 및 세법에 따른 과태료 부과처분
③ 제1항과 제2항에 따른 처분이 국세청장이 조사·결정 또는 처리하거나 하였어야 할 것인 경우를 제외하고는 그 처분에 대하여 심사청구 또는 심판청구에 앞서 이 장의 규정에 따른 이의신청을 할 수 있다.
⑨ 동일한 처분에 대해서는 심사청구와 심판청구를 중복하여 제기할 수 없다.
국세기본법 제56조(다른 법률과의 관계) ② 제55조에 규정된 위법한 처분에 대한 행정소송은 「행정소송법」 제18조 제1항 본문, 제2항 및 제3항에도 불구하고 이 법에 따른 심사청구 또는 심판청구와 그에 대한 결정을 거치지 아니하면 제기할 수 없다. 다만, 심사청구 또는 심판청구에 대한 제65조 제1항 제3호 단서(제80조의2에서 준용하는 경우를 포함한다)의 재조사 결정에 따른 처분청의 처분에 대한 행정소송은 그러하지 아니하다.
⑤ 제55조 제1항 제2호의 심사청구를 거친 경우에는 이 법에 따른 심사청구 또는 심판청구를 거친 것으로 보고 제2항을 준용한다.

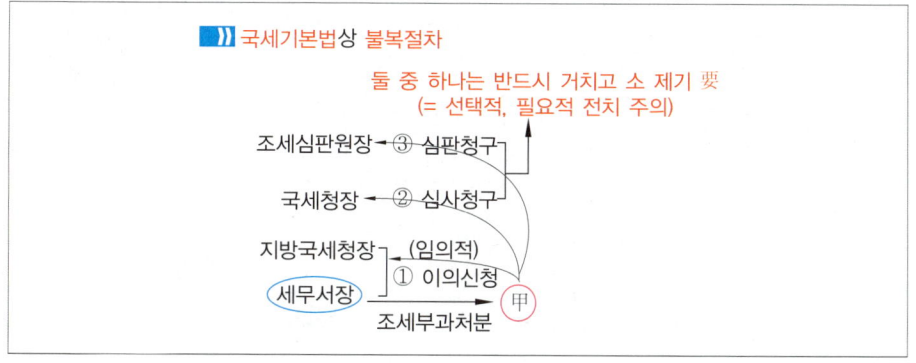

국세기본법상 심사청구 또는 심판청구와 그에 대한 결정을 거치지 아니한 경우 행정소송 제기 不可(필요적 전심절차)

① 이의신청: 임의적 절차

② 심사청구 or 심판청구: 선택적·필요적 절차

(2) 하자의 승계문제

① 독촉·압류·매각·청산: 하자승계○

② 과세처분과 강제징수절차: 무효가 아닌 한 하자승계×

> ᐳ 판례
> 1. 조세부과처분 무효 ▷ 체납처분도 무효
> 2. 조세부과처분 취소사유 ▷ 체납처분 무효×

POINT 43 행정상 즉시강제

1 개설

1. 의의

(1) 개념

급박하거나 성질상 미리 의무를 명하기 어려운 경우에 직접 실력을 가하여 필요한 상태 실현[1]

[1] 행정기본법 제30조(행정상 강제) ① 행정청은 행정목적을 달성하기 위하여 필요한 경우에는 법률로 정하는 바에 따라 필요한 최소한의 범위에서 다음 각 호의 어느 하나에 해당하는 조치를 할 수 있다.
5. 즉시강제: 현재의 급박한 행정상의 장해를 제거하기 위한 경우로서 다음 각 목의 어느 하나에 해당하는 경우에 행정청이 곧바로 국민의 신체 또는 재산에 실력을 행사하여 행정목적을 달성하는 것
가. 행정청이 미리 행정상 의무 이행을 명할 시간적 여유가 없는 경우
나. 그 성질상 행정상 의무의 이행을 명하는 것만으로는 행정목적 달성이 곤란한 경우

(2) 즉시강제의 예

불법게임물 폐기, 감염병환자 강제입원, 교통방해물 제거 등

(3) 법적 성질

권력적 사실행위(처분), 항고소송의 대상

2. 구별개념

(1) 행정상 강제집행과의 구별

의무불이행 전제O / 즉시강제: 의무불이행 전제X

(2) 행정조사와의 구별

조사 그 자체가 목적 / 즉시강제: 목적실현

(3) 행정벌과의 구별

과거 의무위반 제재 / 즉시강제: 장래 필요한 상태 실현

3. 법적근거

(1) 이론적 근거

침해행정: 엄격한 실정법적 근거 要

(2) 실정법적 근거

「행정기본법」 제33조[2], 개별법 O

[2] 행정기본법 제33조(즉시강제) ① 즉시강제는 다른 수단으로는 행정목적을 달성할 수 없는 경우에만 허용되며, 이 경우에도 최소한으로만 실시하여야 한다.
② 즉시강제를 실시하기 위하여 현장에 파견되는 집행책임자는 그가 집행책임자임을 표시하는 증표를 보여 주어야 하며, 즉시강제의 이유와 내용을 고지하여야 한다.

판례 구 「경찰관 직무집행법」 제6조 제1항에 따른 경찰관의 제지 조치 ▷ 범죄예방을 위한 경찰행정상 즉시강제에 해당

2 행정상 즉시강제의 종류

대인적 강제	신체에 실력 가하여 필요한 상태 실현
대물적 강제	물건에 실력 가하여 필요한 상태 실현
대가택 강제	가택·영업소에 출입·수색하는 작용

3 행정상 즉시강제의 한계

1. 실체법상 한계

(1) 급박성에 따른 한계

위해가 현존·명백해야

판례 시간·장소 근접하지 않은 지역에서 집회·시위참가 제지 ▷ 즉시강제 범위 일탈

(2) 보충성에 따른 한계

다른 수단으로 불가능할 때 허용, 행정상 강제집행이 가능한 경우라면 행정상 즉시강제X

(3) 비례의 원칙에 따른 한계

적합성·필요성·상당성 충족해야 함

판례
1. 즉시강제 ▷ 예외적 수단이므로 필요최소한에 그쳐야
2. 「경찰관 직무집행법」상 경찰관의 제지, 보호조치[3] ▷ 필요 최소한도 내에서만 행사

[3] 경찰관 직무집행법 제4조 제1항 제1호에서 규정하는 술에 취한 상태로 인하여 자기 또는 타인의 생명·신체와 재산에 위해를 미칠 우려가 있는 피구호자에 대한 보호조치는 경찰행정상 즉시강제에 해당하므로, 그 조치가 불가피한 최소한도 내에서만 행사되도록 발동·행사 요건을 신중하고 엄격하게 해석하여야 한다. 따라서 이 사건 조항의 '술에 취한 상태'란 피구호자가 술에 만취하여 정상적인 판단능력이나 의사능력을 상실할 정도에 이른 것을 말하고, 이 사건 조항에 따른 보호조치를 필요로 하는 피구호자에 해당하는지는 구체적인 상황을 고려하여 경찰관 평균인을 기준으로 판단하되, 그 판단은 보호조치의 취지와 목적에 비추어 현저하게 불합리하여서는 아니 되며, 피구호자의 가족 등에게 피구호자를 인계할 수 있다면 특별한 사정이 없는 한 경찰관서에서 피구호자를 보호하는 것은 허용되지 않는다(대판 2012.12.13. 2012도11162).

(4) 목적의 소극성에 따른 한계

① 질서유지 위해 발동可

② 공공복리 달성 위해 발동不可

2. 절차법상 한계

(1) 영장주의 적용 여부

① 문제점: 헌법상 영장주의가 적용되는지의 문제

② 학설: 영장불요설❶ · 필요설❷ · 절충설(통설)❸

> ❶ 영장주의는 원래 형사사법권의 남용을 방지하기 위한 것, 행정상 즉시강제의 급박성에 비추어 영장주의 적용×
> ❷ 형사사법작용과 행정상 즉시강제는 신체 또는 재산에 대한 실력의 행사인 점에서 다르지 않으므로 영장주의 적용○
> ❸ 원칙적으로 적용되나 행정목적 달성 위해 불가피한 예외적인 경우에는 적용 배제

③ 판례

㉠ 대법원: 절충설

> 1. 사전영장주의 ▷ 행정상의 즉시강제를 포함한 국가의 모든 영역에서 존중되어야 하나 예외가 인정됨
> 2. 구 「사회안전법」상 동행보호규정 ▷ 헌법상 사전영장주의 위반×

㉡ 헌법재판소: 영장불요설

> 1-1. 행정상 즉시강제
> ▷ 본질상 급박성을 요건
> ▷ 원칙적으로는 영장주의 적용×
> 1-2. 영장 없는 불법 게임물수거 ▷ 영장주의 위배×

(2) 실정법령상의 절차법적 한계와 적법절차

① 「행정기본법」, 개별법: 집행책임자의 증표제시 등 규정

② 「행정절차법」: 행정상 즉시강제에 대한 규정×(but 처분성 有: 행정절차법상 면제사유 해당可)

4️⃣ 행정상 즉시강제에 대한 구제

1. 적법한 즉시강제에 대한 구제

(1) 적법한 즉시강제로 손실: 손실보상청구可

(2) 개별법에서 손실보상에 관한 규정하고 있는 예

경찰관 직무집행법 제11조의2❶, 소방기본법 · 재난안전법 등

> ❶ 경찰관 직무집행법 제11조의2(손실보상) ① 국가는 경찰관의 적법한 직무집행으로 인하여 다음 각 호의 어느 하나에 해당하는 손실을 입은 자에 대하여 정당한 보상을 하여야 한다.
> 1. 손실발생의 원인에 대하여 책임이 없는 자가 재산상의 손실을 입은 경우(손실발생의 원인에 대하여 책임이 없는 자가 경찰관의 직무집행에 자발적으로 협조하거나 물건을 제공하여 재산상의 손실을 입은 경우를 포함한다)
> 2. 손실발생의 원인에 대하여 책임이 있는 자가 자신의 책임에 상응하는 정도를 초과하는 재산상의 손실을 입은 경우

2. 위법한 즉시강제에 대한 구제

(1) 행정쟁송

① 위법한 즉시강제: 처분성○, but 소의 이익 부정가능성 有

② 계속적 성질 갖는 즉시강제: 소의 이익 有

(2) 국가배상

① 위법한 즉시강제: 국가배상청구可

② 국가배상청구가 가장 실효적 구제수단

(3) 「인신보호법」에 의한 구제

위법한 수용: 인신보호법상 법원에 구제청구可

(4) 기타

위법한 즉시강제에 대한 저항: 정당방위○, 공무집행방해죄×

> 📖 판례 위법한 즉시강제에 대한 항거 ▷ 공무집행방해죄×

POINT 43 행정상 즉시강제 **178**

POINT 44 행정조사

1 행정조사의 의의

1. 개념
행정기관이 사인으로부터 행정상 필요한 자료나 정보를 수집하기 위하여 행하는 일체의 행정작용 / 행정기관이 정책결정·직무수행을 위해 정보·자료 수집하는 활동❶

> ❶ 행정조사기본법 제2조(정의) 이 법에서 사용하는 용어의 정의는 다음과 같다.
> 1. "행정조사"란 행정기관이 정책을 결정하거나 직무를 수행하는 데 필요한 정보나 자료를 수집하기 위하여 현장조사·문서열람·시료채취 등을 하거나 조사대상자에게 보고요구·자료제출요구 및 출석·진술요구를 행하는 활동을 말한다.

2. 즉시강제와의 구별
(1) **즉시강제**: 필요한 상태 실현
(2) **행정조사**: 준비·보조수단

2 행정조사의 법적 성질 및 법적 근거

1. 법적성질
(1) **원칙**: 사실행위
  └→ 예) 질문, 출입검사, 실시조사, 진찰, 검진, 앙케트 조사 등
(2) **예외**: 행정행위 형식
  └→ 예) 출석·진술이나 자료제출 요구, 보고서요구명령, 장부서류제출명령, 출두명령 등

2. 법적 근거
  └→ 제5조(행정조사의 근거) 행정기관은 법령등에서 행정조사를 규정하고 있는 경우에 한하여 행정조사를 실시할 수 있다. 다만, 조사대상자의 자발적인 협조를 얻어 실시하는 행정조사의 경우에는 그러하지 아니하다.

(1) **이론적 근거**
  ① 권력적 조사: 필요 ○
  ② 비권력적 조사: 필요 ×

> 📌 **판례** 개별 법령 등에서 행정조사를 규정하고 있는 경우에도 ▷ 조사대상자의 자발적인 협조를 얻어 실시하는 행정조사 실시 可

(2) **실정법상 근거**
  ① 일반법: 「행정조사기본법」
  ② 개별법: 「국세기본법」, 「경찰관 직무집행법」, 공정거래법, 「국세징수법」, 「소방기본법」 등에서 규정

3. 「행정조사기본법」의 적용범위(제3조)❷

> ❷ 행정조사기본법 제3조(적용범위) ① 행정조사에 관하여 다른 법률에 특별한 규정이 있는 경우를 제외하고는 이 법으로 정하는 바에 따른다.
> ② 다음 각 호의 어느 하나에 해당하는 사항에 대하여는 이 법을 적용하지 아니한다.
> 1. 행정조사를 한다는 사실이나 조사내용이 공개될 경우 국가의 존립을 위태롭게 하거나 국가의 중대한 이익을 현저히 해칠 우려가 있는 국가안전보장·통일 및 외교에 관한 사항
> 2. 국방 및 안전에 관한 사항 중 다음 각 목의 어느 하나에 해당하는 사항
>   가. 군사시설·군사기밀보호 또는 방위사업에 관한 사항
>   나. 「병역법」·「예비군법」·「민방위기본법」·「비상대비에 관한 법률」·「재난관리자원의 관리 등에 관한 법률」에 따른 징집·소집·동원 및 훈련에 관한 사항
> 3. 「공공기관의 정보공개에 관한 법률」 제4조 제3항의 정보에 관한 사항
> 4. 「근로기준법」 제101조에 따른 근로감독관의 직무에 관한 사항
> 5. 조세·형사·행형 및 보안처분에 관한 사항
> 6. 금융감독기관의 감독·검사·조사 및 감리에 관한 사항
> 7. 「독점규제 및 공정거래에 관한 법률」, 「표시·광고의 공정화에 관한 법률」, 「하도급거래 공정화에 관한 법률」, 「가맹사업거래의 공정화에 관한 법률」, 「방문판매 등에 관한 법률」, 「전자상거래 등에서의 소비자보호에 관한 법률」, 「약관의 규제에 관한 법률」 및 「할부거래에 관한 법률」에 따른 공정거래위원회의 법률위반행위 조사에 관한 사항
> ③ 제2항에도 불구하고 제4조(행정조사의 기본원칙), 제5조(행정조사의 근거) 및 제28조(정보통신수단을 통한 행정조사)는 제2항 각 호의 사항에 대하여 적용한다.

(1) **적용 제외(제2항 각 호)**
  행정조사를 한다는 사실이나 조사내용이 공개될 경우 국가의 존립을 위태롭게 하거나 국가의 중대한 이익을 현저히 해칠 우려가 있는 국가안전보장·통일 및 외교에 관한 사항 및 조세·형사·행형 및 보안처분에 관한 사항 등

(2) **예외(제3항)**
  제2항에도 불구하고 제4조(행정조사의 기본원칙), 제5조(행정조사의 근거) 및 제28조(정보통신수단을 통한 행정조사)는 제2항 각 호의 사항에 대하여 적용(제3항)

3 행정조사의 종류

1. 성질에 따른 분류

(1) **권력적 행정조사(강제조사)**
  신체재산 침해, 불응시 불이익有(예 음주측정, 임검·검사, 질문·검사, 화재조사 등)

(2) **비권력적 행정조사(임의조사)**
  상대방의 협력에 의해 행해지는 조사(예 여론조사·통계조사·호구조사 등)

4 행정조사의 방법 및 조사대상자의 수인의무, 협조

2. 조사대상자에 따른 방법

구분	대상
대인적 조사	사람이 대상
대물적 조사	물건이 대상
대가택 조사	가택이 대상

1. 조사의 방법, 조사대상자의 수인의무, 협조의 추가

(1) 조사의 방법(제9조~제15조)
① 출석·진술 요구(제9조)
② 보고요구와 자료제출의 요구(제10조)
③ 현장조사(제11조)
  ⓐ 현장조사(제11조 제1항): ① 조사원이 가택·사무실 또는 사업장 등에 출입하여 현장조사를 하는 경우에는 행정기관의 장은 다음 각 호의 사항이 기재된 현장출입조사서 또는 법령 등에서 packing하는 문서를 조사대상자에게 발부하여야 한다. (각 호 생략)
  ⓑ 현장조사의 원칙적 금지시간(제11조 제2항): 해뜨기 전이나 해가 진 뒤에는 조사대상자의 동의가 있거나 사무실 또는 사업장 등의 업무시간에 현장조사를 하는 경우가 아니면 해당 장소의 관리자의 승낙이 없이는 현장조사를 할 수 없다.
  ⓒ 현장조사의 예외적 허용: ① 조사대상자가 동의한 경우 ② 사무실 또는 사업장 등의 업무시간에 조사를 실시하는 경우 ③ 해가 뜬 후에 조사를 시작하였으나 당일 해가 지기 전에 조사를 종료할 수 없어 계속하는 경우 등에는 해뜨기 전이나 해가 진 뒤에도 현장조사를 할 수 있다.
④ 시료채취(제12조): 조사원이 조사목적의 달성을 위하여 시료채취를 하는 경우에는 그 시료의 소유자 및 관리자의 정상적인 경제활동을 방해하지 아니하는 범위 안에서 최소한도로 하여야 한다.
⑤ 자료 등의 영치(제13조)
  ⓐ 조사원이 현장조사 중에 자료·서류·물건 등을 영치하는 때에는 조사대상자 또는 그 대리인을 입회시켜야 한다.
  ⓑ 조사대상자가 자료 등을 자발적으로 제공하거나 영치할 필요가 있는 자료 등이 대량이어서 일괄하여 영치하는 것이 불가능한 경우에는 이를 제외하고는 자료 등의 사본을 확보하는 것으로 영치에 갈음할 수 있다. 다만, 증거인멸의 우려가 있는 자료 등을 영치하는 경우에는 그러하지 아니하다.

⑥ 공동조사(제14조): 행정기관의 장은 ① 당해 행정기관 내의 2 이상의 부서가 동일하거나 ⓒ 서로 다른 행정기관이 동일한 조사대상자에게 대하여 동일하거나 유사한 사안에 대하여 동일한 조사대상자에게 2 이상의 행정조사를 동일한 기간 내에 실시하는 경우에는 공동조사를 하여야 한다.
⑦ 중복조사의 제한(제15조)
  ⓐ 정기조사 또는 수시조사를 실시한 행정기관의 장은 동일한 사안에 대하여 동일한 조사대상자를 재조사하여서는 아니 된다. 다만, 당해 행정기관이 이미 조사를 받은 조사대상자에 대하여 위법행위가 의심되는 새로운 증거를 확보한 경우에는 그러하지 아니하다.
⑧ 자율신고제도 등(제28조): 행정기관의 장은 법령 등에서 규정하고 있는 조사사항을 조사대상자로 하여금 스스로 신고하도록 하는 제도를 운영할 수 있다.

(2) 조사대상의 선정과 조사기관에 대한 열람신청(제8조)
① 행정기관의 장은 행정조사의 목적, 법령준수의 실적, 자율적인 준수를 위한 노력, 규모와 업종 등을 고려하여 대상을 선정하여야 한다.
② 조사대상자는 행정기관의 장이 자신을 조사대상에서 제외하여 줄 것을 신청할 수 있다.
③ 행정기관의 장이 조사대상 선정기준에 대한 열람신청을 받은 때에는 다음 각 호의 어느 하나에 해당하는 경우를 제외하고 이에 응하여야 한다.
  1. 행정기관이 당해 행정조사업무를 수행할 수 없을 정도로 조사활동에 지장을 초래하는 경우
  2. 내부고발자 등 제3자에 대한 보호가 필요한 경우

(3) 조사의 주기(제7조)
행정조사는 법령 등 또는 행정조사운영계획으로 정하는 바에 따라 정기적으로 실시함을 원칙으로 한다. 다만, 다음 각 호의 어느 하나에 해당하는 경우에는 수시조사를 할 수 있다.
1. 법률에서 수시조사를 규정하고 있는 경우
2. 법령 등의 위반에 대하여 확인이 필요한 사안에 대하여 조사하는 경우
3. 다른 행정기관으로부터 법령 등의 위반에 관한 혐의를 통보 또는 이첩받은 경우
4. 법령 등의 위반에 대한 신고를 받거나 민원이 접수된 경우
5. 그 밖에 행정기관의 장이 법령 등의 이행을 확인하기 위하여 조사가 필요하다고 판단하는 경우

2. 행정조사기본법상 수인의무

(1) 개별조사계획의 수립(제16조)

(2) 연도별 행정조사운영계획의 수립(제6조)
① 행정기관의 장은(국회·법원·헌법재판소·중앙선거관리위원회와 감사원을 제외) 매년 12월말까지 다음 연도의 행정조사운영계획을 수립하여 국무조정실장에게 제출하여야 한다.
② 국무조정실장은 행정조사운영계획의 검토

3. 행정조사의 절차

(1) 조사의 사전통지(제17조 제1항❶)

> ❶ 행정조사기본법 제17조(조사의 사전통지) ① 행정조사를 실시하고자 하는 행정기관의 장은 제9조에 따른 출석요구서, 제10조에 따른 보고요구서·자료제출요구서 및 제11조에 따른 현장출입조사서(이하 "출석요구서등"이라 한다)를 조사개시 7일 전까지 조사대상자에게 서면으로 통지하여야 한다. 다만, 다음 각 호의 어느 하나에 해당하는 경우에는 행정조사의 개시와 동시에 출석요구서등을 조사대상자에게 제시하거나 행정조사의 목적 등을 조사대상자에게 구두로 통지할 수 있다.
> 1. 행정조사를 실시하기 전에 관련 사항을 미리 통지하는 때에는 증거인멸 등으로 행정조사의 목적을 달성할 수 없다고 판단되는 경우
> 2. 「통계법」 제3조 제2호에 따른 지정통계의 작성을 위하여 조사하는 경우
> 3. 제5조 단서에 따라 조사대상자의 자발적인 협조를 얻어 실시하는 행정조사의 경우

① 원칙: 조사개시 7일 전까지 조사대상자에게 서면으로 통지하여야 함(본문)

② 예외(단서): ㉠ 조사 전 미리 통지하게 되면 증거인멸 등으로 조사의 목적을 달성할 수 없다고 판단되는 경우, ㉡ 「통계법」에 따른 지정통계의 작성을 위해 조사하는 경우, ㉢ 조사대상자의 자발적인 협조를 얻어 실시하는 행정조사의 경우에는, 행정조사의 개시와 동시에 출석요구서등을 조사대상자에게 제시 or 행정조사의 목적 등을 조사대상자에게 구두로 통지 可

(2) 조사의 연기신청(제18조)

(3) 제3자에 대한 보충조사(제19조❷)

> ❷ 행정조사기본법 제19조(제3자에 대한 보충조사) ① 행정기관의 장은 조사대상자에 대한 조사만으로는 당해 행정조사의 목적을 달성할 수 없거나 조사대상이 되는 행위에 대한 사실 여부 등을 입증하는 데 과도한 비용 등이 소요되는 경우로서 다음 각 호의 어느 하나에 해당하는 경우에는 제3자에 대하여 보충조사를 할 수 있다.
> 1. 다른 법률에서 제3자에 대한 조사를 허용하고 있는 경우
> 2. 제3자의 동의가 있는 경우

(4) 자발적인 협조에 따라 실시하는 행정조사(제20조)

① 자발적인 협조에 따른 행정조사의 거부: 문서·전화·구두 등의 방법으로 거부할 수 있음

② 조사대상자가 조사에 응할 것인지에 대한 응답을 하지 않은 경우: 그 조사를 거부한 것으로 봄

(5) 의견제출(제21조)

(6) 조사원 교체신청(제22조)

공정한 조사를 기대하기 어려운 사정이 있는 경우 서면으로 행정기관의 장에게 신청 可

(7) 조사권 행사의 제한(제23조)

① 조사원은 사전통지한 사항에 한하여 조사하되, 추가적인 행정조사가 필요할 경우 조사대상자에게 추가 조사의 필요성과 조사내용 등에 관한 사항을 서면이나 구두로 통보한 후 추가조사 실시 可

② 조사대상자는 법률·회계 등에 대하여 전문지식이 있는 관계 전문가로 하여금 행정조사를 받는 과정에 입회하게 하거나 의견진술하게 할 수 있음

③ 조사대상자와 조사원은 조사과정을 방해하지 않는 범위 안에서 행정조사 과정을 녹음·녹화 可 / 이 경우 사전에 이를 행정기관의 장에게 통지해야 함

(8) 조사결과의 통지(제24조)

행정조사의 결과를 확정한 날부터 7일 이내에 그 결과를 조사대상자에게 통지하여야 함

(9) 자율신고제도(제25조)

① 조사사항을 조사대상자로 하여금 스스로 신고하도록 하는 제도

② 거짓의 신고라고 인정할 만한 근거가 있거나 신고내용을 신뢰할 수 없는 경우 외에는 신고내용을 행정조사에 갈음 可

5 행정조사의 한계

1. 내용적 한계

- 법치행정의 원리와 행정법의 일반원칙을 준수하여야 함
- 행정조사기본법(제4조)❶: 비례원칙·중복조사 금지원칙·예방 목적 원칙·비밀누설 금지·목적 외 사용금지 규정

> ❶ 행정조사기본법 제4조(행정조사의 기본원칙) ① 행정조사는 조사목적을 달성하는데 필요한 최소한의 범위 안에서 실시하여야 하며, 다른 목적 등을 위하여 조사권을 남용하여서는 아니 된다.
> ② 행정기관은 조사목적에 적합하도록 조사대상자를 선정하여 행정조사를 실시하여야 한다.
> ③ 행정기관은 유사하거나 동일한 사안에 대하여는 공동조사 등을 실시함으로써 행정조사가 중복되지 아니하도록 하여야 한다.
> ④ 행정조사는 법령등의 위반에 대한 처벌보다는 법령등을 준수하도록 유도하는 데 중점을 두어야 한다.
> ⑤ 다른 법률에 따르지 아니하고는 행정조사의 대상자 또는 행정조사의 내용을 공표하거나 직무상 알게 된 비밀을 누설하여서는 아니 된다.
> ⑥ 행정기관은 행정조사를 통하여 알게 된 정보를 다른 법률에 따라 내부에서 이용하거나 다른 기관에 제공하는 경우를 제외하고는 원래의 조사목적 이외의 용도로 이용하거나 타인에게 제공하여서는 아니 된다.

> **판례**
> 1. 후속 세무조사가 같은 과세요건사실에 관한 것 ▷ 금지되는 재조사
> 2-1. 같은 세목, 같은 과세기간에 대하여 이미 세무조사를 한 항목을 제외한 다른 항목에 대하여 다시 세무조사
>   ▷ 금지되는 재조사 ○
> 2-2. 다른 세목, 다른 과세기간에 대한 세무조사 도중 해당 세목 및 과세기간에 대한 조사가 부분적으로 이루어진 경우
>   ▷ 추후 이루어진 재조사는 금지되는 재조사 ✕
> 3-1. 조사행위가 실질적으로 납세자 등으로 하여금 질문에 대답하고 검사를 수인하도록 하는 경우
>   ▷ 현지 확인 절차에 의한 것이라도 금지되는 재조사 ○
> 3-2. 납세자 등이 대답하거나 수인할 의무가 없고 납세자의 영업의 자유 등을 침해하거나 세무조사권이 남용될 염려가 없는 조사행위 ▷ 금지되는 재조사 ✕

2. 절차법적 한계

(1) 헌법상 적법절차의 원칙 및 「행정조사기본법」상 절차

① 현장조사: 조사원은 증표 휴대·제시해야

② 서면사전통지: 긴급한 경우 등 예외인정可

③ 조사대상자: 사전통지에 대해 의견제출可

④ 행정절차법 명문규정無: 권력적조사는 처분절차 규정 적용

> **판례** 적법절차원칙
> ▷ 모든 국가작용 전반에 대하여 적용되는 헌법상의 원칙
> ▷ 세무공무원의 세무조사권의 행사에서도 마땅히 준수되어야 함

(2) 행정조사와 영장주의

① 비권력적 행정조사: 피조사자 측의 임의적인 협력을 전제로 하는 것이므로 영장주의 적용×

② 권력적 행정조사: 견해대립 / 절충설(多)

- 행정조사가 형사소추절차로 이행되는 경우: 영장주의 적용○
- 그 밖에 권력적인 행정조사
  - 원칙: 영장주의 적용○
  - 예외: 긴급을 요하거나 성질상 적용하기 어려운 경우 영장주의 적용×

> **⚖️ 판례**
> 1. 우편물 통관검사절차
>   ▷ 수사기관의 강제처분×(행정조사의 성격)
>   ▷ 영장주의 적용×
> 2. 「마약류 불법거래 방지에 관한 특례법」에 따른 조치의 일환으로 수출입물품을 개봉, 검사, 점유취득하는 것
>   ▷ 범죄수사인 압수, 수색에 해당
>   ▷ 사전, 사후 영장 필요

3. 행정조사와 실력행사

- 행정조사의 상대방이 조사를 거부하거나 방해하는 경우 행정조사를 하는 공무원이 실력을 행사하여 강제조사 할 수 있는지 문제됨
- 「행정조사기본법」에 명시적 규정 없음 / 학설대립 有

6 위법한 행정조사에 기초한 행정행위의 효력

1. 문제의 소재

행정조사를 통하여 획득한 정보가 내용상으로는 정확하지만 행정조사가 그 내용적 또는 절차법적 한계를 넘어 위법한 경우 이를 기초로 한 행정행위의 효력이 문제됨

2. 학설

(1) 적극설

행정조사와 행정행위는 하나의 과정을 구성하고 있으므로 행정조사가 위법하면 행정행위도 위법○

(2) 소극설

행정조사와 행정행위는 서로 별개의 제도이므로 행정조사가 위법하더라도 행정행위는 위법×

3. 판례

> 1. 부정한 목적인 세무조사 기초한 과세처분 ▷ 위법
> 2. 위법한 중복세무조사 기초한 과세처분 ▷ 위법
> 3. 금지되는 재조사에 의한 과세처분 ▷ 동일한 과세처분 가능해도 위법
> 4. 동의, 영장 결여한 채혈조사에 근거한 면허정지, 취소 ▷ 위법
> 5. 선정사유 없이 세무조사대상으로 선정하여 행한 과세처분 ▷ 위법
> 6. 행정규칙인 토양오염공정시험방법에 규정된 내용에 위반되는 방식으로 시료를 채취하였다는 사정만으로는 그에 기초하여 내려진 토양정밀조사명령 ▷ 위법×

7 행정조사에 대한 권리구제

1. 적법한 행정조사에 대한 구제

적법한 행정조사로 특별희생	손실보상청구 可
토지보상법	출입조사 손실보상규정 有
행정조사기본법	시료채취 손실보상규정 有

2. 위법한 행정조사에 대한 구제

(1) 행정쟁송

① 권력적 행정조사: 처분성 ○

② 단기간에 종료: 소의 이익 부정될 것

> **⚖️ 판례** 세무조사결정 ▷ 항고소송 대상○

(2) 손해배상

항고소송 소의 이익 부정되어도 국가배상청구可

POINT 45 행정벌 개설

1 의의

1. 개념
- 행정법상의 의무위반행위에 대하여 일반통치권에 의거하여 과하는 제재로서의 벌
- 과거 의무위반에 대한 제재 / 간접적 의무이행 확보수단

2. 종류
행정형벌, 행정질서벌(과태료)

(1) 행정형벌
「형법」상의 형벌[1]을 과하는 행정벌
- [1] 형벌의 종류(형법총칙, 형법 제41조): ① 사형, ② 징역, ③ 금고, ④ 자격상실, ⑤ 자격정지, ⑥ 벌금, ⑦ 구류, ⑧ 과료, ⑨ 몰수

(2) 행정질서벌
과태료가 과하여지는 행정벌

3. 범칙금(통고처분)
행정형벌과 행정질서벌의 중간적 성격의 행정벌(형벌×)

2 구별개념

1. 징계벌과의 구별

징계벌	특별권력관계 제재
행정벌	일반권력관계 제재, 병과 可

2. 이행강제금(집행벌)과의 구별

공통점	간접적으로 의무이행을 확보
차이점	• 집행벌(이행강제금): 장래 의무이행 강제 • 행정벌: 과거 의무위반 제재, 병과 可

3. 형사범과의 구별

공통점	「형법」상 형벌부과
차이점	• 형사범: 자연범[2] • 행정범: 실정법에서 금지(법정범)

- [2] 살인행위 등과 같이 그 행위의 반도덕성·반사회성이 당해 행위를 범죄로 규정하는 실정법을 기다릴 것 없이 일반적으로 인식되고 있는 범죄

3 법적 근거

1. 죄형법정주의의 원칙
처벌이라는 점에서 법적 근거 要

(1) 행정형벌
죄형법정주의 규율대상 ○

(2) 행정질서벌(과태료)
죄형법정주의 규율대상 ×

> 판례 | 과태료 ▷ 행정질서벌에 해당할 뿐 형벌이라고 할 수 없어 죄형법정주의의 규율대상× (헌재)

2. 법규명령, 조례
- 법률에서 구체적으로 위임한 경우 법규명령, 조례도 행정벌의 근거가 될 수 있음
- 지방자치법: 조례로 과태료(1000만 이하) 부과 可[3]
- [3] 지방자치법 제34조(조례 위반에 대한 과태료) ① 지방자치단체는 조례를 위반한 행위에 대하여 조례로써 1천만원 이하의 과태료를 정할 수 있다.

4 행정벌의 종류

1. 행정형벌

(1) 의의

행정법상 의무를 위반한 자에게 「형법」에 정해진 형벌을 과하는 행정벌

(2) 적용법률

원칙적으로 행정법규가 「형사소송법」이 적용

(3) 대상인 행위

행정법상 의무위반 행위에 의해 직접 행정목적이나 사회공익에 침해되는 경우

2. 행정질서벌

(1) 의의

행정법상의 의무위반에 대하여 「형법」상의 형벌이 아닌 과태료가 과하여지는 행정벌

(2) 적용법률

「질서위반행위규제법」, 행정벌의 하나로 행정질서벌 적용×

(3) 대상인 행위

간접적으로 행정상 질서에 장해를 줄 위험성이 있는 등 의무태만에 대하여 과하는 행정벌

🖐 참조 행정형벌과 행정질서벌 모두 행정벌의 일종이나 형벌인지 여부에 차이가 있음

POINT 46 행정형벌의 특수성

1 행정형벌과 형법총칙

행정형벌: 원칙적으로 형법총칙 적용

2 행정형벌에 관한 특별규정

1. 고의 또는 과실
(1) 고의

> 판례 | 행정범의 처벌 ▷ 명문규정 有 or 해석상 벌할 뜻이 명확한 경우를 제외하고는 고의가 있어야 벌할 수 있음

(2) 과실
① 명문의 규정이 있는 경우: 처벌 可
② 명문의 규정이 없는 경우: 규정 해석상 과실범의 가벌성이 인정되는 경우 처벌 可

> 판례 | 구 대기환경보전법 규정상 배출가스기준초과 자동차운행 ▷ 과실범의 경우도 처벌 ○

2. 위법성의 인식
위법성 인식하지 못하고 그 오인에 정당한 이유가 있는 경우: 처벌 不可[1]

[1] 「형법」 제16조는 "죄가 되지 아니하는 것으로 오인한 행위는 그 오인에 정당한 이유가 있는 때에 한하여 벌하지 아니한다."라고 하여 금지의 착오를 규정하고 있다. 이 「형법」의 규정은 원칙적으로 행정범에 대해서도 적용된다.

3. 책임능력

4. 법인의 책임(양벌규정)

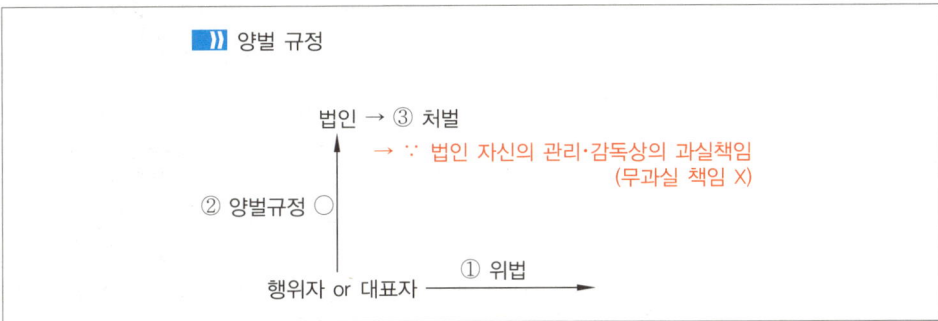

(1) 양벌규정
법인의 대표자 또는 대리인·사용인 기타의 종업원이 법인 등의 사무에 관하여 행정법상 의무에 위반된 행위를 한 경우 행위자뿐만 아니라 법인에 대해서도 처벌하는 규정 / 행위자 이외에도 행정법상의 의무를 지는 자를 처벌하는 규정

(2) 양벌규정의 대상인 법인
① 국가: ×
② 지방자치단체
- 자치사무를 처리하면서 위반행위를 한 경우: 법인 ○
- 기관위임사무를 처리하면서 위반행위를 한 경우: 법인 ×

> 판례 | 1. 자치사무 수행 중 「도로법」 위반 ▷ 양벌규정 따라 지방자치단체 처벌 可
> 2. 기관위임사무 수행 중 「자동차관리법」 위반 ▷ 양벌규정 따라 지방자치단체 처벌 不可

(3) 법인 책임의 성질
종업원의 행위에 대한 법인(또는 사업주·영업주)의 자기책임·과실책임

> 판례 | 1. 종업원의 위반행위 시 법인의 책임을 불문하고 형벌부과 ▷ 책임주의원칙에 반함
> 2. 종업원의 무면허의료행위 시 영업주의 책임을 불문하고 형벌부과 ▷ 책임주의원칙에 반함

3 행정입법의 고시정지(=고시정지)

1. 일반정지

"행정소송법"에 따라 집행이 고시정지 원칙

2. 집행정지

집행정지, 효력정지

(1) 통고처분

의의 통고처분 고시정지
- 시납대상 ← (분쟁)
- ① 통고처분 → 甲
- ⑤ 행정소송으로 이행 ② 이행기간 내
- ③ 결정에 고지 ④ 통고정지(필요한 통고처분 有, 고지 有 X)
- 이행 X

① 이의 없 때가: 장소를 범취사회사이 체크강조 대표하여 바로전자에 통고처분을 할 수 있고 범행시에는 통고처분에 따라 형행을 간급하도록 하고 한다. 경과 홑 / 표

통고처분의 기능
▶ 벌금을 구속되고 집행강제 이를 사건재해
▶ 감국, 범정의 범무 감사
▶ 통고처분 피부강제

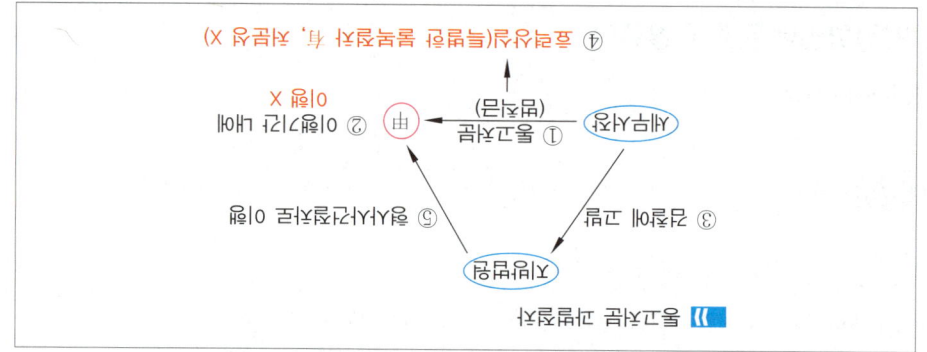

(2) 타인의 행위에 대한 채임의 정당

합성위 관 행정당당사 아닌 자(사용자, 영의자, 법정대리인 등)를 처벌하는 정당

임증 합성위에 실질 원인행위자가 간사소사 사용자 체제의의 자체의의 영의. 고지가정책임
▶ 종업원의 대한 영의범취 시험, 감독의의 진정으로 인성이 인성되어 처벌되는 것
▶ 종업원의 차별에 총속
▶ 종업원의 반덕화담이나 차별의 영영의 지계확정이 될 필요X

5. 타인의 행위에 대한 채임 정당 - 위 4.의 법리명칭

② 양명대상
③ 조세법, 전과법, 통과금지법, 교통사병법, 정부강정사 등
④ 양명대상 해당: 범병 · 고시정 해당하는 생행정별으로 대상으로 한 경우(원사정 X)
⑤ 범허지공주: 세금사사, 소사납정, 시세정, 정상장사, 정상사 등이 행정사 정당(원사 X, 행정 X)
④ 양점정정
⑤ 법시지휼이 정범정명: 취업정 병(보으)이정정경 X)
⑥ 재정량의

검토
1. 실정사업이 통고처분 ▶ 통고처분 ▶ 행정통고처분
2. 고시정
3. 통고처분 이후 ▶ 불만기법의 재범

⑤ 효과

1. 등시기 후 고시정
▶ 하자지저X
▶ 취소
2. 통고처분 다은 분지지정, 정정범정정정, 통범지 가지

검토
- X분정 분지지정법정이 통고정
- 한소
- 통고처분 이행배심이 없고 통고 지수 X

⑥ 범고정정의 이의 통고정당

검토
▶ 통고처분 당정사고정정
▶ 통고처분 정정, 임사정범 정용

• 행정정이 이미 고시정한 다은 통고정사정의 대상에 대하여 범고 후: 이후

검토
▶ 정고지정만 점정용
▶ 그 후에 통고정이 이용
▶ 임사정재판정 정용 X

ⓒ 통고처분을 이행하지 않은 경우
- 법정기간 내 불이행시 통고처분 효력상실
- 고발 또는 즉결심판청구를 하여야 함
- 일반적 과벌절차인 형사소송절차로 이행

(2) 즉결심판절차

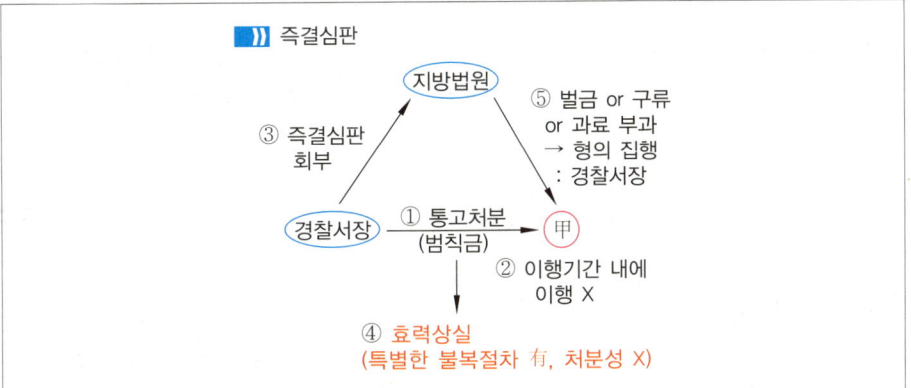

① 경미한 범칙사건에 대하여 정식 형사소송 절차를 거치지 않고 즉결심판법에 따라 경찰서장의 청구로 판사가 행하는 약식재판 / 20만원 이하 벌금·구류·과료를 과하는 간이절차 / 기소독점주의의 예외
② 불복: 7일 내 정식재판 청구 可
③ 형사범에도 적용, 행정형벌의 특별절차 ✕

POINT 47 행정질서벌(과태료)의 특수성

해커스공무원 함수민 **행정법총론 단권화 노트**

1 「질서위반행위규제법」의 적용

2 「질서위반행위규제법」상의 '질서위반행위'(제2조)

• 법률(조례 포함)상의 의무를 위반하여 과태료를 부과하는 행위
• 질서위반행위에서 제외되는 행위
  – 사법(私法)상·소송법상 의무를 위반하여 과태료를 부과하는 행위
  – 징계사유에 해당하여 과태료를 부과하는 행위

3 행정질서벌의 부과

1. 부과의 근거

「질서위반행위규제법」: 질서위반행위 법정주의 선언❶

❶ 질서위반행위규제법 제6조(질서위반행위 법정주의) 법률에 따르지 아니하고는 어떤 행위도 질서위반행위로 과태료를 부과하지 아니한다.

• 과태료 부과의 근거법률×(동법 제2조 제1호)
• 과태료 부과의 요건·절차·징수 등을 정하는 법률○
• 법률의 규정 중 「질서위반행위규제법」의 규정에 저촉되는 것: 「질서위반행위규제법」으로 정하는 바에 따름❷

❷ 질서위반행위규제법 제5조(다른 법률과의 관계) 과태료의 부과·징수, 재판 및 집행 등의 절차에 관한 다른 법률의 규정 중 이 법의 규정에 저촉되는 것은 이 법으로 정하는 바에 따른다.

2. 부과요건

(1) 적용범위

① 시간적 적용범위(제3조)
  • 질서위반행위의 성립과 과태료 처분: 행위시 법률에 따름
  • 질서위반행위 후 법률의 변경: 질서위반행위에 해당하지 않는 것으로 변경 or 과태료가 전보다 가볍게 변경 → 변경된 법률 적용
  • 과태료 처분이나 과태료 재판 확정 후 법률의 변경: 질서위반행위에 해당하지 않는 것으로 변경 → 과태료의 징수·집행을 면제

> **판례** 행위시법에 의하면 과태료 부과대상○, 재판시법에 의하면 부과대상× ▷ 재판시법 적용 과태료 부과 불가

② 장소적 적용범위(제4조)
  • 내·외국인 불문
  • 대한민국 영역 안에서 질서위반행위를 한 자
  • 영역 밖에서 질서위반행위를 한 대한민국 국민에게 적용
  • 대한민국 영역 밖에 있는 대한민국의 선박 또는 항공기 안에서 질서위반행위를 한 외국인에게도 적용

(2) 의무위반자의 고의 또는 과실(제7조)

① 고의 또는 과실이 없는 질서위반행위는 과태료 부과×
② 「질서위반행위규제법」 제정 전 대법원의 입장: 과태료 부과에는 원칙적으로 행위자의 고의·과실은 문제되지 않는다는 입장이었음

> **판례** 현행 질서위반행위규제법상 과태료 부과시 ▷ 고의, 과실여부를 살펴야 함

(3) 위법성의 인식(제8조)

자신의 행위가 위법하지 아니한 것으로 오인하고 행한 질서위반행위: 그 오인에 정당한 이유가 있는 때에 한하여 과태료 부과×

(4) 책임연령과 심신장애(제9조)

① 책임연령: 14세 미만인 자의 질서위반행위는 다른 법률에 특별한 규정이 없는 한 과태료 부과×
② 심신장애❸

❸ 질서위반행위규제법 제10조(심신장애) ① 심신(心神)장애로 인하여 행위의 옳고 그름을 판단할 능력이 없거나 그 판단에 따른 행위를 할 능력이 없는 자의 질서위반행위는 과태료를 부과하지 아니한다.
② 심신장애로 인하여 제1항에 따른 능력이 미약한 자의 질서위반행위는 과태료를 감경한다.
③ 스스로 심신장애 상태를 일으켜 질서위반행위를 한 자에 대하여는 제1항 및 제2항을 적용하지 아니한다.

  • 심신장애자나 심신미약자의 질서위반행위: 과태료를 부과하지 않거나 감경함
  • 스스로 심신장애 상태를 일으킨 자의 질서위반행위: 심신장애로 인한 감면규정 적용×

(5) 과태료의 소멸시효(제15조)

행정청의 과태료 부과처분이나 법원의 과태료재판 확정 후 5년간 징수×: 시효로 징수권 소멸

3. 부과대상자 및 과태료액의 산정

(1) 과태료 책임의 주체: 질서위반행위자, 법인 등(제11조)

법인의 대표자, 법인 또는 개인의 대리인·사용인 및 그 밖의 종업원이 업무에 관하여 법인 또는 그 개인에게 부과된 법률상의 의무를 위반한 때에는 법인 또는 그 개인에게 과태료 부과

> 판례 과태료 ▷ 현실적 행위자가 아닌 법령상 책임자에게 부과될 수 ○

(2) 다수인의 질서위반행위(제12조)
① 2인 이상 질서위반행위에 가담: 각자가 책임
② 신분에 의한 질서위반행위의 성립: 신분 연대원칙
③ 신분에 의한 과태료의 감경·가중·미부과: 효과 독립원칙

(3) 수개의 질서위반행위의 처리(제13조)
① 둘 이상의 질서위반행위가 경합하는 경우: 각 질서위반행위에 대하여 정한 과태료를 각각 부과
② 하나의 행위가 둘 이상의 질서위반행위에 해당: '가장 중한 과태료'를 부과

(4) 과태료액의 산정(제14조)

질서위반행위의 동기·목적·방법·결과, 질서위반행위 이후의 당사자의 태도와 정황, 질서위반행위자의 연령·재산상태·환경 등을 고려

4 행정질서벌의 부과 및 징수절차

1. 사전통지·의견제출기회 부여(제16조): 10일 이상의 기간을 정하여 의견제출의 기회를 줌

> 질서위반행위규제법 제16조(사전통지 및 의견 제출 등) ① 행정청이 질서위반행위에 대하여 과태료를 부과하고자 하는 때에는 미리 당사자(제11조 제2항에 따른 고용주등을 포함한다. 이하 같다)에게 대통령령으로 정하는 사항을 통지하고, 10일 이상의 기간을 정하여 의견을 제출할 기회를 주어야 한다. 이 경우 지정된 기일까지 의견 제출이 없는 경우에는 의견이 없는 것으로 본다.

2. 과태료의 부과 방식(제17조)
- 서면
- 당사자가 동의한 경우: 전자문서로 可

3. 과태료 부과의 제척기간(제19조): 위반행위(최종행위) 종료된 날부터 5년

> 질서위반행위규제법 제19조(과태료 부과의 제척기간) ① 행정청은 질서위반행위가 종료된 날(다수인이 질서위반행위에 가담한 경우에는 최종행위가 종료된 날을 말한다)부터 5년이 경과한 경우에는 해당 질서위반행위에 대하여 과태료를 부과할 수 없다.

4. 이의제기 및 법원에의 통보

(1) 이의제기(제20조)

> 질서위반행위규제법 제20조(이의제기) ① 행정청의 과태료 부과에 불복하는 당사자는 제17조 제1항에 따른 과태료 부과 통지를 받은 날부터 60일 이내에 해당 행정청에 서면으로 이의제기를 할 수 있다.
> ② 제1항에 따른 이의제기가 있는 경우에는 행정청의 과태료 부과처분은 그 효력을 상실한다.

① 과태료 부과통지 받은 날부터 60일 이내에 / 서면으로
② 이의제기의 효과: 과태료 부과처분 효력 상실

(2) 법원에의 통보(제21조)

이의제기를 받은 행정청: 14일 이내에 관할 법원에 통보하여야 하고, 그 사실을 당사자에게 통지하여야 함

5. 질서위반행위의 조사 및 과태료의 집행 등

(1) 질서위반행위의 조사(제22조)
① 행정청은 질서위반행위가 발생하였다는 합리적 의심이 있어 그에 대한 조사가 필요하다고 인정할 때 대통령령으로 정하는 바에 따라 당사자 또는 참고인의 출석 요구 및 진술의 청취, 당사자에 대한 보고 명령 또는 자료 제출의 명령을 할 수 있음
② 행정청은 질서위반행위가 발생하였다는 합리적 의심이 있어 그에 대한 조사가 필요하다고 인정할 때에는 그 소속 직원으로 하여금 당사자의 사무소 또는 영업소에 출입하여 장부·서류 또는 그 밖의 물건을 검사하게 할 수 있음 / 해당 검사를 거부·방해 또는 기피한 자에게는 500만원 이하의 과태료를 부과함(제57조 제1항)

(2) 자료제공의 요청(제23조)

(3) 가산금 징수 및 체납처분 등(제24조)

(4) 상속재산 등에 대한 집행(제24조의2)

(5) 과태료의 징수유예 등(제24조의3)
① 행정청은 당사자가 다음 각 호(1.「국민기초생활 보장법」에 따른 수급권자 / 2.「국민기초생활 보장법」에 따른 차상위계층 중「의료급여법」에 따른 수급권자,「한부모가족지원법」에 따른 지원대상자, 자활사업 참여자 / 3.「장애인복지법」제2조 제2항에 따른 장애인 / 4. 본인 외에는 가족을 부양할 사람이 없는 사람 / 5. 불의의 재난으로 피해를 당한 사람 / 6. 납부의무자 또는 그 동거 가족이 질병이나 중상해로 1개월 이상의 장기 치료를 받아야 하는 경우 / 7.「채무자 회생 및 파산에 관한 법률」에 따른 개인회생절차개시결정자 / 8.「고용보험법」에 따른 실업급여수급자 / 9. 그 밖에 제1호부터 제8호까지에 준하는 것으로서 대통령령으로 정하는 부득이한 사유가 있는 경우)의 어느 하나에 해당하여 과태료(체납된 과태료와 가산금, 중가산금 및 체납처분비를 포함)를 납부하기가 곤란하다고 인정되면 1년의 범위에서 대통령령으로 정하는 바에 따라 과태료의 분할납부나 납부기일의 연기(이하 징수유예등)를 결정할 수 있음
② 징수유예등의 기간 중에는 그 유예한 과태료 징수금에 대하여 가산금, 중가산금의 징수 또는 체납처분(교부청구는 제외한다)을 할 수 없음

5 구제방법 등

1. 과태료 부과처분에 대한 항고소송: 不可

> 판례 수도조례 및 하수도사용조례에 기한 과태료 부과처분 ▷ 행정소송의 대상이 되는 행정처분 ✕

2. 과태료 재판과 집행

(1) 과태료 재판

① 관할법원(제25조): 당사자(행정청 ×) 주소지의 지방법원 또는 그 지원

② 심문 등(제31조)❶

> ❶ 법원은 행정청으로부터 이의제기 사실을 통보받은 경우 이를 즉시 검사에게 통지하고(동법 제30조), 심문기일을 열어 당사자의 진술 및 검사의 구두 및 서면의견을 구해야 하며(동법 제31조 제1항). 행정청의 참여가 필요하다고 인정하는 때에는 행정청으로 하여금 심문기일에 출석하여 의견을 진술하게 할 수 있다(동법 제32조 제1항).

③ 약식재판(제44조·제45조): 심문 없이 과태료 재판 可 / 당사자와 검사는 약식재판 고지를 받은 날부터 7일 이내에 이의신청 可 / 이의신청이 적법하면 약식재판은 효력을 잃고, 심문을 거쳐 다시 정식재판

④ 새판 빛 항고

　㉠ 재판(제36조, 법원의 권한과 한계)

　　• 직권조사 /과태료 액수의 결정재량(동일성 內)

> 📕 판례
> 1. 법원
>   ▷ 직권증거조사 可
>   ▷ 기본적 사실관계 동일성 내에서 과태료 부과
> 2. 법원이 과태료 50% 감액 ▷ 재량권 남용×

　　• 과태료재판 효력발생시기: 당사자와 검사에게 고지한 때

　㉡ 항고(제38조): 당사자와 검사는 과태료 재판에 대해 즉시항고 可 / 즉시항고: 집행정지 효력 有

(2) 재판의 집행(제42조-제43조)

① 과태료 재판의 집행(강제집행): 검사의 명령으로써 집행 / 명령은 집행력 있는 집행권원과 동일한 효력 有

② 과태료 재판 집행의 위탁

　• 최초 부과한 행정청에게 집행위탁 可

　• 위탁을 받은 행정청은 국세 또는 지방세 체납처분의 예에 따라 집행

　• 지방자치단체장이 위탁받아 집행한 금원: 지방자치단체의 수입

6 과태료의 실효성 확보수단

1. 자진납부자에 대한 과태료 감경(임의적)

→ 제18조(자진납부자에 대한 과태료 강경) ① 행정청은 당사자가 제16조에 따른 의견 제출 기한 이내에 과태료를 자진하여 납부하고자 하는 경우에는 대통령령으로 정하는 바에 따라 과태료를 강경할 수 있다.

2. 과태료 체납자에 대한 제재

• ① 가산금을 징수(제24조❷), ② 관허사업 제한(제52조), ③ 신용정보기관에 관련정보 제공(제53조), ④ 고액·상습체납자 30일 범위 내에서 감치(제54조❸), ⑤ 자동차 관련 과태료 체납자 자동차 등록번호판 영치(제55조)

> ❷ 질서위반행위규제법 제24조(가산금 징수 및 체납처분 등) ① 행정청은 당사자가 납부기한까지 과태료를 납부하지 아니한 때에는 납부기한을 경과한 날부터 체납된 과태료에 대하여 100분의 3에 상당하는 가산금을 징수한다.

> ❸ 질서위반행위규제법 제54조(고액·상습체납자에 대한 제재) ① 법원은 검사의 청구에 따라 결정으로 30일의 범위 이내에서 과태료의 납부가 있을 때까지 다음 각 호의 사유에 모두 해당하는 경우 체납자(법인인 경우에는 대표자를 말한다. 이하 이 조에서 같다)를 감치(監置)에 처할 수 있다.
> 1. 과태료를 3회 이상 체납하고 있고, 체납발생일부터 각 1년이 경과하였으며, 체납금액의 합계가 1천만원 이상인 체납자 중 대통령령으로 정하는 횟수와 금액 이상을 체납한 경우
> 2. 과태료 납부능력이 있음에도 불구하고 정당한 사유 없이 체납한 경우

• 납부기한까지 과태료를 납부하지 않는 경우: 납부기한을 경과한 날부터 체납된 과태료에 대하여 100분의 3에 상당하는 가산금 징수

7 행정형벌과 행정질서벌의 병과가능성

1. 학설

(1) 긍정설

양자는 보호법익, 목적, 성질이 다르므로 병과 可

(2) 부정설

양자는 모두 동일한 의무위반행위에 대한 행정벌이므로 병과 不可

2. 판례

(1) 대법원: 긍정설

(2) 헌법재판소: 부정설

> 📕 판례
> 1. [대법원] 전입신고 불이행으로 과태료 부과 후 형사처벌 ▷ 일사부재리 위배×
> 2. [대법원] 임시운행허가기간 도과 후 무등록 차량운행 ▷ 과태료와 별도로 형사처벌 可
> 3. [헌재] 동일 법규위반행위에 대하여 형벌을 부과하면서 행정질서벌인 과태료의 부과 ▷ 이중처벌금지 기본정신에 배치○❶

> ❶ • 행정질서벌로서의 과태료는 행정상 의무의 위반에 대하여 국가가 일반통치권에 기하여 과하는 제재로서 형벌(특히 행정형벌)과 목적·기능이 중복되는 면이 없지 않으므로, 동일한 행위를 대상으로 하여 형벌을 부과하면서 아울러 행정질서벌로서의 과태료까지 부과한다면 그것은 이중처벌금지의 기본정신에 배치되어 국가 입법권의 남용으로 인정될 여지가 있음을 부정할 수 없다(헌재 1994.6.30. 92헌바38).
> • 무허가건축행위로 형벌을 받은 자가 그 위법건축물에 대한 시정명령에 위반한 경우, 그에 대하여 과태료를 부과할 수 있도록 한 규정이 이중처벌금지원칙에 위배되는지 여부(소극): 양자는 처벌 내지 제재대상이 되는 기본적 사실관계로서의 행위를 달리함

해커스공무원 학원·인강 gosi.Hackers.com

POINT 47 행정질서벌(과태료)의 특수성　**190**

POINT 48 실효성 확보를 위한 여러 수단

▼ 새로운 의무이행 확보수단
1. 금전적 제재: 과징금, 가산금, 가산세 등
2. 비금전적 제재: 공급거부, 명단공표, 관허사업의 제한 등

1 금전상의 제재

1. 과징금

(1) 의의
① 법령등 위반이나 행정법상 의무위반에 대한 제재로서 부과하는 금전부과금
② 간접적 의무이행 확보

(2) 법적 근거
① 부담적 행정행위이므로 법률근거 要
② 「행정기본법」 제28조❶

> ❶ 행정기본법 제28조(과징금의 기준) ① 행정청은 법령등에 따른 의무를 위반한 자에 대하여 법률로 정하는 바에 따라 그 위반행위에 대한 제재로서 과징금을 부과할 수 있다.
> ② 과징금의 근거가 되는 법률에는 과징금에 관한 다음 각 호의 사항을 명확하게 규정하여야 한다.
> 1. 부과·징수 주체
> 2. 부과 사유
> 3. 상한액
> 4. 가산금을 징수하려는 경우 그 사항
> 5. 과징금 또는 가산금 체납 시 강제징수를 하려는 경우 그 사항

> 판례 1. 법령으로 정한 '과징금을 부과하는 위반행위와 과징금의 금액'에 열거되지 않은 위반행위 ▷ 변형된 과징금 부과 不可
> 2. 부과관청이 과징금을 부과하면서 추후에 변경될 수 있다고 유보 ▷ 법령에 규정이 없는 한 추후에 새로운 자료가 나왔다고 하여 새로이 부과처분할 수 없음

(3) 종류
① 본래적 의미의 과징금(전형적 과징금, 경제적 이익환수 과징금)
- 의의: 행정법상의 의무를 위반한 자에 대하여 당해 위반행위로 얻게 된 경제적 이익을 박탈하기 위한 목적으로 부과하는 금전적인 제재
- 부당하게 취득한 경제적 이익의 규모와 균형 要 / but 취득한 이익 없는 경우에도 부과할 수 있는 경우 有
  → 공정거래법 제8조 단서는 매출액이 없거나 매출액의 산정이 곤란한 경우에도 일정 금액의 범위 안에서 과징금을 부과할 수 있다고 규정 ←

② 변형된 과징금[영업정지(사업정지)에 갈음하는 과징금]
- 의의: 인·허가사업에 관한 법률상의 의무위반이 있음에도 불구하고 공익상 필요하여 그 인·허가사업을 취소·정지시키지 않고 사업(공공에 중대한 영향을 미치는 사업)을 계속하기로 하되, 이에 갈음하여 사업을 계속함으로써 얻은 이익을 박탈하는 금전적 제재(예 「여객자동차 운수사업법」 제88조, 「대기환경보전법」 제37조, 「수질 및 수생태계 보전에 관한 법률」 제43조 등)
- 과징금을 부과할지 영업정지처분 내릴 것인지 여부: 재량행위

(4) 법적 성질
① 침익적 행정행위로서 급부하명
② 통상 재량행위 / 예외적으로 기속행위로 규정된 경우도 有

> 판례 1. 공정거래위원회 과징금 부과처분 ▷ 재량행위
> [동지] 가맹사업법 위반행위에 대한 과징금 부과 ▷ 재량행위
> 2. 부동산실명법상 과징금 부과처분 ▷ 기속행위(cf. 감경여부: 재량행위)

(5) 고의·과실의 요부

> 판례 1. 과징금 부과처분
> ▷ 반드시 현실적인 행위자가 아니라도 법령상 책임자로 규정된 자에게 부과
> ▷ 원칙적으로 위반자의 고의, 과실 不要
> ▷ 위반자의 의무해태를 탓할 수 없는 정당한 사유가 있는 경우 부과 不可
> 2. 행정법규 위반에 대한 제재조치(과징금, 영업정지처분, 건설업등록 말소처분 등)는 법령상 책임자로 규정된 자에게 부과하며 고의 과실을 요하지 않으나 의무 해태에 정당한 사유가 있는 경우 이를 부과할 수 없다.❷

> ❷ 행정법규 위반에 대하여 가하는 제재조치는 행정목적의 달성을 위하여 행정법규위반이라는 객관적 사실에 착안하여 가하는 제재이므로 반드시 현실적인 행위자가 아니라도 법령상 책임자로 규정된 자에게 부과되고, 위반자의 의무 해태를 탓할 수 없는 정당한 사유가 있는 등의 특별한 사정이 없는 한 위반자에게 고의나 과실이 없다고 하더라도 부과될 수 있다(대판 2003.9.2. 2002두5177 등).

(6) 과징금과 행정형벌의 병과 가능성

> 판례 공정거래법상 부당내부거래에 대한 과징금
> ▷ 행정상의 제재금으로서의 기본적 성격에 부당이득환수적 요소도 부가되어 있는 것
> ▷ 형사처벌과 병과 可

(7) 과징금의 납부기한 연기 및 분할납부 ●

● 행정기본법 제29조(과징금의 납부기한 연기 및 분할 납부) 과징금은 한꺼번에 납부하는 것을 원칙으로 한다. 다만, 행정청은 과징금을 부과받은 자가 다음 각 호의 어느 하나에 해당하는 사유로 과징금 전액을 한꺼번에 내기 어렵다고 인정될 때에는 그 납부기한을 연기하거나 분할 납부하게 할 수 있으며, 이 경우 필요하다고 인정하면 담보를 제공하게 할 수 있다.
1. 재해 등으로 재산에 현저한 손실을 입은 경우
2. 사업 여건의 악화로 사업이 중대한 위기에 처한 경우
3. 과징금을 한꺼번에 내면 자금 사정에 현저한 어려움이 예상되는 경우
4. 그 밖에 제1호부터 제3호까지에 준하는 경우로서 대통령령으로 정하는 사유가 있는 경우
행정기본법 시행령 제7조(과징금의 납부기한 연기 및 분할 납부) ① 과징금 납부 의무자는 법 제29조 각 호 외의 부분 단서에 따라 과징금 납부기한을 연기하거나 과징금을 분할 납부하려는 경우에는 납부기한 10일 전까지 과징금 납부기한의 연기나 과징금의 분할 납부를 신청하는 문서에 같은 조 각 호의 사유를 증명하는 서류를 첨부하여 행정청에 신청해야 한다.

① 과징금은 한꺼번에 납부하는 것이 원칙

② 다만, 행정청은 과징금을 부과받은 자가 ㉠ 재해 등으로 재산에 현저한 손실을 입은 경우, ㉡ 사업 여건의 악화로 사업이 중대한 위기에 처한 경우, ㉢ 과징금을 한꺼번에 내면 자금 사정에 현저한 어려움이 예상되는 경우, ㉣ 그 밖에 대통령령으로 정하는 사유가 있는 경우에는 그 납부기한을 연기하거나 분할 납부하게 할 수 있다(행정기본법 제29조).

③ 과징금 납부의무자가 과징금 납부기한을 연기하거나 과징금을 분할 납부하려는 경우, 납부기한 10일 전까지 과징금 납부기한을 연기하거나 과징금의 분할납부를 신청하는 문서에 해당 사유를 증명하는 서류를 첨부하여 행정청에 신청해야 함(행정기본법 시행령 제7조 제1항)

(8) 과징금 액수 산정 방법

> 📖 판례 수 회의 위반행위에 대한 과징금 부과 방식 ● ▷ 과징금 부과처분을 한 후, 그 이전에 있었던 다른 과징금 부과 사유를 인지하여 별개의 처분으로 과징금을 부과하는 경우, 일괄하여 하나의 처분으로 하는 경우의 액수를 총 한도로 하여 추가 과징금 부과처분을 하여야 함

● 관할 행정청이 여객자동차운송사업자의 여러 가지 위반행위를 인지하였다면 전부에 대하여 일괄하여 5,000만원의 최고한도 내에서 하나의 과징금 부과처분을 하는 것이 원칙이고, 인지한 여러 가지 위반행위 중 일부에 대해서만 우선 과징금 부과처분을 하고 나머지에 대해서는 차후에 별도의 과징금부과처분을 하는 것은 다른 특별한 사정이 없는 한 허용되지 않는다. 만약 행정청이 여러 가지 위반행위를 인지하여 그 전부에 대하여 일괄하여 하나의 과징금 부과처분을 하는 것이 가능하였음에도 임의로 몇 가지로 구분하여 각각 별도의 과징금부과처분을 할 수 있다고 보게 되면, 행정청이 여러 가지 위반행위에 대하여 부과할 수 있는 과징금의 최고한도액을 정한 구 여객자동차 운수사업법 시행령(2018.4.10. 대통령령 제28793호로 개정되기 전의 것) 제46조 제2항의 적용을 회피하는 수단으로 악용될 수 있기 때문이다(대판 2021.2.4. 2020두48390).

(9) 과징금의 부과 및 징수절차 부과

행정청의 납입고지 불이행시: 「국세징수법」, 「지방세법」 따라 강제징수 可

(10) 과징금 납부의무의 이전 가능성

과징금 납부의무: 일신전속적 의무×, 상속인에 승계○

> 📖 판례 부동산실명법상 부과된 과징금 ▷ 상속인에 승계 可

(11) 과징금에 대한 구제

① 행정쟁송

과징금 부과: 행정처분(행정쟁송 제기 可)

② 국가배상 등

• 위법한 부과: 국가배상청구 可

• 무효인 부과: 부당이득반환청구 可

2. 가산금·가산세

(1) 가산금 ●

● 2018년 개정 「국세기본법」은 2020년부터 구 「국세징수법」상의 가산금과 구 「국세기본법」상의 납부불성실가산세를 납세지연가산세(신설, 「국세기본법」 제47조의4)로 통합하고 국세의 가산금 제도를 폐지함
제47조의4(납부지연가산세) ① 납세의무자(연대납세의무자, 납세자를 갈음하여 납부할 의무가 생긴 제2차 납세의무자 및 보증인을 포함한다)가 법정납부기한까지 국세(「인지세법」 제8조 제1항에 따른 인지세는 제외한다)의 납부(중간예납·예정신고납부·중간신고납부를 포함한다)를 하지 아니하거나 납부하여야 할 세액보다 적게 납부(이하 "과소납부"라 한다)하거나 환급받아야 할 세액보다 많이 환급(이하 "초과환급"이라 한다)받은 경우에는 다음 각 호의 금액을 합한 금액을 가산세로 한다.
3. 법정납부기한까지 납부하여야 할 세액(세법에 따라 가산하여 납부하여야 할 이자 상당 가산액이 있는 경우에는 그 금액을 더한다) 중 납부고지서에 따른 납부기한까지 납부하지 아니한 세액 또는 과소납부분 세액 × 100분의 3(국세를 납부고지서에 따른 납부기한까지 완납하지 아니한 경우에 한정한다)

① 행정법상 급부의무 불이행에 대하여 과해지는 금전상의 제재

② 세금을 납부기한까지 납부하지 아니한 경우에 세법에 따라 고지세액에 가산하여 징수하는 금액

> 📖 판례 구 국세징수법상 가산금·중가산금 고지
> ▷ 국세를 납부기한까지 납부하지 아니하면 과세청의 확정절차 없이도 법률 규정에 의하여 당연히 발생
> ▷ ∴ 처분×

(2) 가산세

① 의의: 세법상 의무의 성실한 이행확보를 위해 본세액에 가산하여 징수하는 독립된 세금

② 종류: 무신고가산세, 과소신고·초과환급신고 가산세, 납부지연가산세, 납부불성실가산세

> 📖 판례 1. 하나의 납세고지서로 본세와 가산세를 함께 부과하는 경우 ▷ 본세와 가산세 각각의 세액과 산출근거 등을 구분하여 기재 要(합계액만 기재×)
> 2. 본세에 감면사유 ▷ 가산세 당연 감면 ×●

● 가산세는 세법에서 규정하는 의무의 성실한 이행을 확보하기 위하여 세법에 따라 산출한 본세액에 가산하여 징수하는 독립된 조세로서, 본세에 감면사유가 인정된다고 하여 가산세도 감면대상에 포함되는 것이 아니고, 반면에 그 의무를 이행하지 아니한 데 대한 정당한 사유가 있는 경우에는 본세 납세의무가 있더라도 가산세는 부과하지 않는다(대판 2019.2.14. 2015두52616).

③ 행정벌과 구별

• 가산세는 납세의무의 성실한 이행을 담보하기 위한 제도

• 벌금(행정형벌): 과거의 반사회적인 행위에 대한 제재

• 벌금, 가산세 병과 可

④ 법적근거要: 「국세기본법」, 「국세징수법」, 「소득세법」

⑤ 법적성질: 행정쟁송의 대상이 되는 처분

⑥ 특징
  ㉠ 고의·과실 불문: 고의·과실 없어도 부과 可

> **판례** 가산세
> ▷ 고의, 과실, 책임능력, 책임조건 고려×
> ▷ 조세의 부과절차에 따라 징수

[1] 가산세는 그 본질상 세법상 의무불이행에 대한 행정상의 제재로서의 성격을 지님과 동시에 조세의 형식으로 과징되는 부가세적 성격을 지니기 때문에 형법총칙의 규정이 적용될 수 없고, 따라서 행위자의 고의 또는 과실, 책임능력, 책임조건 등을 고려하지 아니하고 가산세 과세요건의 충족 여부만을 확인하여 조세의 부과절차에 따라 과징하게 된다(헌재 2015.2.26. 2012헌바355).

  ㉡ 의무해태에 정당한 사유가 있는 경우: 가산세 부과 불가

> **판례**
> 1-1. 가산세 부과 시
>   ▷ 고의, 과실 고려×
>   ▷ 정당한 사유○
>   ▷ 의무해태 비난할 수 없는 경우
>   ▷ 가산세 부과 불가
> 1-2. 잘못된 설명을 믿었다 하더라도 법령에 반함이 명백 ▷ 정당한 사유×
> 1-3. 법령의 부지, 착오 ▷ 정당한 사유×

[2] 세법상 가산세는 과세권의 행사 및 조세채권의 실현을 용이하게 하기 위하여 납세자가 정당한 이유 없이 법에 규정된 신고, 납세 등 각종 의무를 위반한 경우에 개별세법이 정하는 바에 따라 부과되는 행정상의 제재로서 납세자의 고의, 과실은 고려되지 않는 반면, 이와 같은 제재는 납세의무자가 그 의무를 알지 못한 것이 무리가 아니었다고 할 수 있어서 그를 정당시할 수 있는 사정이 있거나 그 의무의 이행을 당사자에게 기대하는 것이 무리라고 하는 사정이 있을 때 등 그 의무해태를 탓할 수 없는 정당한 사유가 있는 경우에는 이를 과할 수 없다(대판 2005.1.27. 2003두13632). 그러나 납세의무자가 세무공무원의 잘못된 설명을 믿고 그 신고납부의무를 이행하지 아니하였다 하더라도 그것이 관계 법령에 어긋나는 것임이 명백한 때에는 그러한 사유만으로 정당한 사유가 있다고 볼 수 없다(대판 1997.8.22. 96누15404). 또한 법령의 부지·착오 등은 그 의무위반을 탓할 수 없는 정당한 사유에 해당하지 아니한다(대판 2004.6.24. 2002두10780).

2 비금전상의 제재

1. 공급거부

재화, 서비스(예 물, 전기, 가스 등) 공급중단 or 거부

① 단수조치
① 전기공급 거부 요청
② 단전조치
③ 문의
④ 공급불가 회신

* 단수조치 → 처분성 ○
  단전조치 → 처분성 X(사실상 조치에 불과)
  공급거부 요청
  공급불가 회신 → 처분성 X (권고에 불과)

(1) 의의
행정법상의 의무를 위반하거나 불이행한 자에 대하여 행정상의 서비스 또는 재화의 공급을 거부하여 생활에 불편함을 줌으로써 의무이행을 간접적으로 강제하는 수단

(2) 법적근거 要 / 구「건축법」상 등 공급거부규정 삭제

(3) 처분성 여부
① 공급거부의 요청행위: 권고적 성격의 행위(처분성×)

> **판례**
> 1. 위법건축물 단전, 전화통화 단절 요청 ▷ 행정처분×
> 2. 한국전력공사가 전기공급의 적법 여부를 조회한 데 대한 관할 구청장의 회신 ▷ 행정처분×

② 공급거부: 단수조치 처분성○ (권력적 사실행위)

(4) 공급거부의 한계
① 법률유보원칙·일반원칙 준수해야 함
② 특히, 부당결부금지원칙(실질적 관련성) 중요

2. 관허사업의 제한

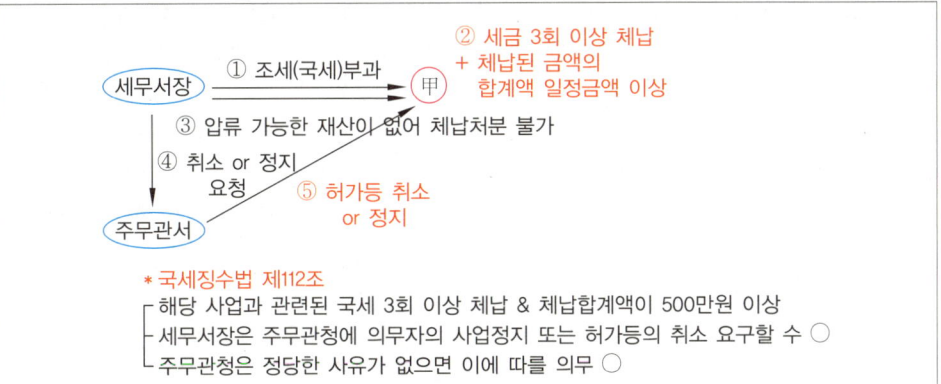

* 국세징수법 제112조
- 해당 사업과 관련된 국세 3회 이상 체납 & 체납합계액이 500만원 이상
- 세무서장은 주무관청에 의무자의 사업정지 또는 허가등의 취소 요구할 수 ○
- 주무관청은 정당한 사유가 없으면 이에 따를 의무 ○

3. 명의대여자의 공표(명단공표)

(1) 의의
행정청은 의무위반자 사이에 분류에 대응하여 의무 이행, 상기, 참가, 허가를 취소한 때 당해 명의자의 인적사항 및 위반내용을 불특정다수인에게 공개하여 간접적으로 의무 이행을 확보하는 수단

(2) 성질
의무이행에 대한 제재 + 의무의 이행확보수단

(3) 법적근거(일반적 근거)
결여된 법적규정(공표법, 공공기관의 정보공개에 관한 법률 등)

(4) 종류
- 공표: 공공사실정보의 공표, 법령위반사실 공표

① 공공정보사실의 공표: (인적사항/위반사실 포함 사실 공표) 사실 행위

   공표사실 등 일반 공공행정의 효율을 높이기 위한 사실상의 공표

   - 건축법 제79조(위반 건축물 등에 대한 조치 등): ② 허가권자는 제1항에 따라 허가 또는 승인이 취소된 건축물이나 합법건축물에 대하여는 다른 법령에 따른 영업이나 그 밖의 행위를 허가·면허·인가·등록·지정 등을 하지 아니하도록 요청할 수 있다. 다만, 허가권자가 기간을 정하여 그 사용 또는 영업, 그 밖의 행위를 허용한 주택과 대통령령으로 정하는 경우에는 그러하지 아니한다.
   - 식품위생법 제84조: 식품의약품안전처장, 시·도지사 또는 시장·군수·구청장은 제75조 또는 제76조에 따라 행정처분을 확정한 경우에는 처분일, 해당 영업소와 법 위반 내용 등의 처분과 관련한 사항을 대통령령으로 정하는 바에 따라 공표하여야 한다.
   ② 법정사유공공의 위반사실 공표(일반사실): 의무위반자의 인적사항 및 위반사실 공표하는 것

   - 「공직자윤리법」 제8조의2(공직자윤리위원회의 재산공개): 공직자윤리위원회는 관할 공직자 등의 재산에 관한 등록사항과 변동사항 신고내용을 등록기간 만료 후 또는 신고기간 만료 후 1개월 이내에 관보 또는 공보에 게재하여 공개하여야 한다.

(5) 한계
① 비례원칙에 따라 공표사실이 전국민적인 관심사로서 아니라 당사자의 인적사항 등 명예에 관한 내용 등은 필요 최소한에 그쳐야 함
② 비밀유지의무: 관련법상 공표 담당 공무원이 공표사실 이외에 알 수 없는 비밀사항은 준수하여야 함

(6) 행정사법의(행정처의) 재산공개 = 영정청의인 확인 대상(...)

(관련 판례)

● 판례: 명예적인 공표 등 표현 행위 위반이 행정소송법의 항고소송의 대상이 되는 행정처분인가 여부

● 판례: ① 식품의약품안전청이 사인인 기업체에 대해 위법한 국민에 대한 공표 등 표현 행위 관련, 항고소송의 대상이 될 수 있는 행정처분에 해당한다고 본 사례: 행정청으로부터 공정거래위원회의 법위반 사실 공표명령을 받은 사업자가 아직 공표하지 아니하였다면, 행정청이 그에 갈음하여 "당해 사업자는 법위반 혐의로 인하여 시정명령을 받은 사실이 있다"는 취지의 내용을 신문 등에 공표하는 조치는 "법위반으로 인한 시정명령을 받은 사실의 공표"가 행정처분으로서의 성격을 지닌다(대판 2019.6.27, 2018두49130).

(3) 표명의 근거 및 요건

공표근거는 「행정절차법」 제40조의3, 이동, 시기·공표의 방법 등에 관한 내용 등

(4) 표명의 절차 및 요건

① 의견제출의 기회 부여: 행정청은 위반사실 등의 공표를 하기 전에 당사자에게 그 근거와 내용에 관한 의견을 진술할 기회를 주어야 하며, 당사자가 의견진술의 기회를 포기하는 뜻을 명시적으로 표시하거나 의견제출 기한에 이의를 제출하지 아니하는 경우에는 의견이 없는 것으로 본다(행정절차법 제40조의3 제3항).

② 사정진술의 기회: 행정청은 위반사실 등의 공표를 할 때에 표현의 원칙을 준수해야 하고, 사실과 다른 정보가 공표되지 아니하도록 하여야 한다.
③ 정정공고 등이 필요한 경우 정보통신망에 기재된 내용 등의 정정내용을 이용하여 있으면 정정공고 등을 하여야 한다(행정절차법 제40조의3 제8항).

③ <u>공표하지 않을 수 있는 경우</u>❶: 위반사실 등의 공표를 하기 전에 당사자가 공표와 관련된 의무의 이행, 원상회복, 손해배상 등의 조치를 마친 경우

> ❶ 행정청은 위반사실 등의 공표를 하기 전에 당사자가 공표와 관련된 의무의 이행, 원상회복, 손해배상 등의 조치를 마친 경우에는 위반사실 등의 공표를 하지 아니할 수 있다(「행정절차법」 제40조의3 제7항).

④ <u>공표의 방법과 정정 공표</u>❷: 관보, 공보 또는 인터넷 홈페이지 등을 통하여 공표

> ❷ 공표는 관보, 공보 또는 인터넷 홈페이지 등을 통하여 한다(「행정절차법」 제40조의3 제6항). 한편, 행정청은 공표된 내용이 사실과 다른 것으로 밝혀지거나 공표에 포함된 처분이 취소된 경우에는 그 내용을 정정하여, 정정한 내용을 지체 없이 해당 공표와 같은 방법으로 공표된 기간 이상 공표하여야 한다. 다만, 당사자가 원하지 아니하면 공표하지 아니할 수 있다(「행정절차법」 제40조의3 제8항).

(5) 한계

① 법률에 근거하고(법률유보원칙), 행정법 일반원칙 준수
② 프라이버시권 vs. 알 권리: 이익형량

> **판례**
> 1. 명단공표 ▷ 인격권, 표현의 자유 이익형량
> 2. 청소년 성매수자 신상공개 ▷ 합헌(이중처벌금지원칙, 과잉금지원칙, 평등원칙, 적법절차원칙 등에 위반×)

(6) 위법한 공표에 대한 구제수단

① 행정쟁송
- 통설: 처분성 부정(비권력적 사실행위)
- 판례: <u>처분성 인정, 소의 이익 인정</u>

> ❸ 병무청 인터넷 홈페이지에 공개 대상자의 인적사항 등이 게시되는 경우 그의 명예가 훼손되므로, 공개 대상자는 자신에 대한 공개결정이 병역법령에서 정한 요건과 절차를 준수한 것인지를 다툴 법률상 이익이 있다. 병무청장이 인터넷 홈페이지 등에 게시하는 사실행위를 함으로써 공개 대상자의 인적사항 등이 이미 공개되었더라도, 재판에서 병무청장의 공개결정이 위법함이 확인되어 취소판결이 선고되는 경우, 병무청장은 취소판결의 기속력에 따라 위법한 결과를 제거하는 조치를 할 의무가 있으므로 공개대상자의 실효적 권리구제를 위해 병무청장의 공개결정을 행정처분으로 인정할 필요성이 있다. 만약 병무청장의 공개결정을 항고소송의 대상이 되는 처분으로 보지 않는다면 국가배상청구 외에는 침해된 권리 또는 법률상 이익을 구제받을 적절한 방법이 없다(대판 2019.6.27. 2018두49130).

> **판례**
> 공개 대상자의 인적사항 등이 이미 공개된 경우 ▷ 취소판결의 기속력에 따라 병무청장에게 결과제거의무가 인정되므로 소의 이익 인정

② 국가배상(위법한 공표에 대한 구제수단)

> **판례**
> 1. 진실로 믿었고+상당한 이유 有 ▷ <u>위법성 조각</u>❹
> 2. 행정상 공표의 경우 ▷ 상당한 이유 엄격히 판단

> ❹ 국가기관이 행정목적달성을 위하여 언론에 보도자료를 제공하는 등 이른바 행정상 공표의 방법으로 실명을 공개함으로써 타인의 명예를 훼손한 경우, 그 공표된 사람에 관하여 적시된 사실의 내용이 진실이라는 증명이 없더라도 국가기관이 공표 당시 이를 진실이라고 믿었고 또 그렇게 믿을 만한 상당한 이유가 있다면 위법성이 없는 것이고, 이 점은 언론을 포함한 사인에 의한 명예훼손의 경우에서와 마찬가지이다. 위의 경우 상당한 이유의 존부의 판단에 있어서는, 사인의 행위에 의한 경우보다는 훨씬 더 엄격한 기준이 요구된다 할 것이므로, 그 사실이 의심의 여지가 없이 확실히 진실이라고 믿을만한 객관적이고도 타당한 확증과 근거가 있는 경우가 아니라면 그러한 상당한 이유가 있다고 할 수 없다(대판 1993.11.26. 93다18389).

③ 결과제거청구권(철회나 정정 요구): 민사소송의 방법으로 「민법」 제764조에 근거하여 명예회복에 적당한 처분(예 정정공고 등)을 청구할 수 있음

4. 시정명령

(1) 의의

행정법규 위반에 의해 초래된 위법상태를 제거 내지 시정을 명하는 행정행위

(2) **법적 성질**: 강학상 하명

(3) **법적 근거 要**: 일반법 無

(4) **시정명령의 대상**: 고의·과실 <u>不要</u>❶

> ❶ 시정명령은 건축 관련 법령 등을 위반한 객관적 사실이 있으면 할 수 있고, 원칙적으로 시정명령의 상대방에게 고의·과실을 요하지 아니하며 대지 또는 건축물의 위법상태를 직접 초래하거나 또는 그에 관여한 바 없다고 하더라도 부과할 수 있다(대판 2022.10.14. 2021두45008).

→ 법령 등을 위반한 객관적 사실이 있으면 可

> **판례**
> 1. 원칙
>   ▷ 과거의 위반행위로 야기되어 현재에도 존재하는 위법상태
>   ▷ 위반행위의 결과가 더 이상 존재하지 않으면 <u>시정명령 不可</u>❷
> 2. 예외 ▷ 가까운 장래에 반복될 우려가 있는 동일한 유형의 위반행위도 <u>시정명령의 대상</u> ○❸

> ❷ 위반행위가 있었더라도 그 위반행위의 결과가 더 이상 존재하지 않는다면 시정의 대상이 없어진 것이므로 시정명령을 할 수 없다(대판 2015.12.10. 2013두35013 등).

> ❸ 시정명령 제도를 둔 취지에 비추어 시정명령의 내용은 과거의 위반행위에 대한 중지는 물론 가까운 장래에 반복될 우려가 있는 동일한 유형의 행위의 반복금지까지 명할 수는 있는 것으로 해석함이 상당하다(대판 2003.2.20. 2001두5347 전합).

(5) 시정명령의 상대방

시정명령을 이행할 수 있는 법적 권한이 있는 자❹

> ❹ 건축법상 위법상태의 해소를 목적으로 하는 시정명령 제도의 본질상, 시정명령의 이행을 기대할 수 없는 자, 즉 대지 또는 건축물의 위법상태를 시정할 수 있는 법률상 또는 사실상의 지위에 있지 않은 자는 시정명령의 상대방이 될 수 없다고 보는 것이 타당하다. 시정명령의 이행을 기대할 수 없는 자에 대한 시정명령은 위법상태의 시정이라는 행정목적 달성을 위한 적절한 수단이 될 수 없고, 상대방에게 불가능한 일을 명령하는 결과밖에 되지 않기 때문이다(대판 2022.10.14. 2021두45008).

(6) 적용법령

① 행정법규위반 여부: 행위시법
② 시정명령: 처분시법

(7) 불이행에 대한 제재

강제집행(대집행, 이행강제금, 직접강제), 행정형벌

(8) **시정명령에 대한 구제수단**: 항고쟁송 可

5. 행정법규 위반에 대한 제재처분

(1) 행정상 제재의 의의

① 행정법령 또는 행정법상 의무 위반에 대해 가해지는 제재
② 간접적인 의무이행 확보수단

(2) 「**행정기본법**」상 제재처분의 개념

법령 등에 따른 의무를 위반하거나 이행하지 아니하였음을 이유로 당사자에게 의무를 부과하거나 권익을 제한하는 처분(단, 행정상 강제는 제외)

→ 행정기본법 제2조 제5호

(3) 법적 근거 要

제재처분의 주체, 사유, 유형 및 상한을 명확하게 규정하여야 함[1]

[1] 행정기본법 제22조(제재처분의 기준) ① 제재처분의 근거가 되는 법률에는 제재처분의 주체, 사유, 유형 및 상한을 명확하게 규정하여야 한다. 이 경우 제재처분의 유형 및 상한을 정할 때에는 해당 위반행위의 특수성 및 유사한 위반행위와의 형평성 등을 종합적으로 고려하여야 한다.

> **판례** '위반행위의 횟수에 따른 가중처분기준'이 적용되기 위해서는 선행 위반행위와 그에 대한 유효한 제재처분이 이루어졌음에도 그 제재처분일로부터 1년 이내에 다시 같은 내용의 위반행위가 적발된 경우이면 족하다.[2]

[2] 구 화물자동차 운수사업법 시행령 제5조 제1항 [별표 1]의 '위반행위의 횟수에 따른 가중처분기준'이 적용되려면 실제 선행 위반행위가 있고 그에 대하여 유효한 제재처분이 이루어졌음에도 그 제재처분일로부터 1년 이내에 다시 같은 내용의 위반행위가 적발된 경우이면 족하다고 보아야 한다. 선행 위반행위에 대한 선행 제재처분이 반드시 구 시행령 [별표 1] 제재처분기준 제2호에 명시된 처분내용대로 이루어진 경우이어야 할 필요는 없으며, 선행 제재처분에 처분의 종류를 잘못 선택하거나 처분양정(량정)에서 재량권을 일탈·남용한 하자가 있었던 경우라고 해서 달리 볼 것은 아니다(대판 2020.5.28. 2017두73693).

(4) 제재처분과 형벌

병과 可(권력적 기초, 대상, 목적 상이)[3]

[3] 행정처분과 형벌은 각각 그 권력적 기초, 대상, 목적이 다르다. 일정한 법규 위반 사실이 행정처분의 전제사실이자 형사법규의 위반 사실이 되는 경우에 동일한 행위에 관하여 독립적으로 행정처분이나 형벌을 부과하거나 이를 병과할 수 있다. 법규가 예외적으로 형사소추 선행 원칙을 규정하고 있지 않은 이상 형사판결 확정에 앞서 일정한 위반사실을 들어 행정처분을 하였다고 하여 절차적 위반이 있다고 할 수 없다(대판 2017.6.19. 2015두59808).

(5) 제재처분의 요건

① 처분사유의 일부가 위법: 일부 정당한 처분사유로도 제재처분이 비례원칙에 위반하지 않으면 해당 제재처분은 적법

② 여러 개의 위반행위에 대하여 하나의 제재처분을 하였으나, 위반행위별로 제재처분의 내용을 구분하는 것이 가능하고, 여러 개의 위반행위 중 일부의 위반행위에 대한 제재처분 부분만이 위법: 법원은 제재처분 중 위법성이 인정되는 부분만 일부취소 하여야 함(전부취소×)

> **판례** 당초 제재처분이 유효함을 전제로 집행시기만을 변경하는 후속 변경처분 ▷ 당초 제재처분의 효력이 유지되는 동안에는 가능(이중처분×)[4] (cf. 동일한 사유로 다시 제재처분 ▷ 위법한 이중처분○)

[4] 효력기간이 정해져 있는 제재적 행정처분의 효력이 발생한 이후에도 행정청은 특별한 사정이 없는 한 상대방에 대한 별도의 처분으로써 효력기간의 시기와 종기를 다시 정할 수 있다. 이는 당초의 제재적 행정처분이 유효함을 전제로 그 구체적인 집행시기만을 변경하는 후속 변경처분(일부 변경처분)이다. 이러한 후속 변경처분도 특별한 규정이 없는 한 의사표시에 관한 일반법리에 따라 상대방에게 고지되어야 효력이 발생한다. 위와 같은 후속 변경처분서에 효력기간의 시기와 종기를 다시 특정하는 대신 당초 제재적 행정처분의 집행을 특정 소송사건의 판결 시까지 유예한다고 기재되어 있다면, 처분의 효력기간은 원칙적으로 그 사건의 판결 선고 시까지 진행이 정지되었다가 판결이 선고되면 다시 진행된다. 다만, 이러한 후속 변경처분 권한은 특별한 사정이 없는 한 당초의 제재적 행정처분의 효력이 유지되는 동안에만 인정된다. 당초의 제재적 행정처분에서 정한 효력기간이 경과하면 그로써 처분의 집행은 종료되어 처분의 효력이 소멸하는 것이므로(행정소송법 제12조 후문 참조), 그 후 동일한 사유로 다시 제재적 행정처분을 하는 것은 위법한 이중처분에 해당한다(대판 2022.2.11. 2021두40720).

③ 제재조치 부과

- 반드시 현실적인 행위자가 아니라도 법령상 책임자로 규정된 자에게 부과

- 원칙적으로 위반자의 고의·과실 不要

- 위반자의 의무해태를 탓할 수 없는 정당한 사유가 있는 경우 부과 不可

> **판례** 의무위반을 탓할 수 없는 정당한 사유 ▷ 본인에게 책임을 객관적으로 귀속시킬 수 있는 관계자 모두를 기준으로 판단(본인·대표자의 주관적인 인식×)

(6) 제재처분시 고려사항[5]

[5] 행정기본법 제22조(제재처분의 기준) ② 행정청은 재량이 있는 제재처분을 할 때에는 다음 각 호의 사항을 고려하여야 한다.
1. 위반행위의 동기, 목적 및 방법
2. 위반행위의 결과
3. 위반행위의 횟수
4. 그 밖에 제1호부터 제3호까지에 준하는 사항으로서 대통령령으로 정하는 사항

위반행위의 동기, 목적 및 방법, 위반행위의 결과, 위반행위의 횟수, 그 밖에 대통령령으로 정하는 사항

해커스공무원 함수민 행정법총론 단권화 노트

제5편
행정쟁송

POINT 49 행정소송의 관념
POINT 50 행정소송의 한계
POINT 51 항고소송1(취소소송) 개설
POINT 52 소송요건
POINT 53 소의 변경
POINT 54 행정소송의 가구제
POINT 55 취소소송의 심리
POINT 56 취소소송의 판결
POINT 57 판결 이외의 취소소송의 종료
POINT 58 취소소송의 불복절차[상소, 항고(재항고), 재심]
POINT 59 항고소송2(무효등확인소송) 개설
POINT 60 소의 제기
POINT 61 소송의 심리
POINT 62 판결의 효력 등
POINT 63 무효등 확인소송과 취소소송의 관계
POINT 64 항고소송3(부작위위법확인소송) 개설
POINT 65 소의 제기
POINT 66 소송의 심리

POINT 67 판결
POINT 68 당사자소송
POINT 69 객관소송
POINT 70 헌법소원
POINT 71 행정심판 개설
POINT 72 행정심판의 종류 및 행정심판법의 개정 내용
POINT 73 고지제도
POINT 74 행정심판청구 개설
POINT 75 행정심판의 당사자 및 관계인
POINT 76 행정심판의 대상
POINT 77 행정심판기관
POINT 78 행정심판청구기간
POINT 79 행정심판청구의 방식과 절차
POINT 80 행정심판청구의 효과
POINT 81 가구제(잠정적 권리보호)
POINT 82 행정심판의 심리
POINT 83 행정심판의 재결

POINT 49 행정소송의 판결

해커스공무원 면우진 행정법총론 단원별 기출문제집

1 행정소송의 의의

1. 행정소송의 개념
법원이 행정사건에 대하여 정식(正式)의 소송절차에 따라 행하는 재판

2. 분쟁해결의 기능

(1) 행정재판권의 귀속

영미법	법원에 이양 귀속
대륙법	행정재판소에 이양 귀속

(2) 민사소송과의 구별

행정소송	행정법규의 적용에 대한 분쟁해결절차
민사소송	사법규정의 적용에 대한 분쟁해결절차

(3) 형사소송과의 구별

형사소송	형벌권 발동에 관한 소송
차이점	• 행정소송: 행정법규 적용등에 관한 대상 • 형사소송: 형벌법규 중 형벌사용행위와 행정등에 관한 대상

3. 행정소송의 기능(목적)
공익과 사익의 이익형량을 고민하고 공공성이 있는 사용이 목적인 법원이 다른것 공익 행정작용 행정성 해결점

2 행정소송의 종류

1. 내용에 따른 구분
❶ 행정소송법 제3조(행정소송의 종류) 행정소송은 다음의 네가지로 구분한다.
1. 항고소송: 행정청의 처분등이나 부작위에 대하여 제기하는 소송
2. 당사자소송: 행정청의 처분등을 원인으로 하는 법률관계에 관한 소송 그 밖에 공법상의 법률관계에 관한 소송으로서 그 법률관계의 한쪽 당사자를 피고로 하는 소송
3. 민중소송: 국가 또는 공공단체의 기관이 법률에 위반되는 행위를 한 때에 직접 자기의 법률상 이익과 관계없이 그 시정을 구하기 위하여 제기하는 소송
4. 기관소송: 국가 또는 공공단체의 기관상호간에 있어서의 권한의 존부 또는 그 행사에 관한 다툼이 있을 때에 이에 대하여 제기하는 소송. 다만, 헌법재판소법 제2조의 규정에 의하여 헌법재판소의 관장사항으로 되는 소송은 제외한다.

항고소송 / 당사자소송 / 민중소송 / 기관소송

```
                    ┌ 기관소송
            ┌ 민중소송 ┤
            │         └ 기관소송
행정소송 ─┤
   제3조   │         ┌ 항고소송 ─┬ 취소소송
            └ 항고소송 ┤           ├ 무효등확인소송
                      │           └ 부작위위법확인소송
                      └ 당사자소송
```

(1) 주관소송: 개인의 권리구제 목적
(2) 객관소송: 행정의 적법성, 공익실현 목적

2. 성질에 따른 구분

(1) 형성의 소
법률관계를 발생, 변경, 소멸시키는 판결을 구하는 소송

(2) 이행의 소
특정한 이행청구권의 존재를 주장하여 그 이행을 명하는 판결을 구하는 소송

(3) 확인의 소
특정한 권리 또는 법률관계의 존재, 부존재를 확인하는 판결을 구하는 소송

POINT 50 행정소송의 한계

1 개설

2 사법(司法)의 본질에서 오는 한계

'구체적인 사건성' 있는 '법률상 쟁송'만이 법원의 심판대상

1. 구체적인 사건상의 한계
(1) 추상적인 법령의 효력과 해석에 관한 분쟁
① 일반적·추상적 법령이나 규칙: 행정소송의 대상×

> **판례** 1. 일반적, 추상적인 법령이나 규칙 등은 그 자체로서 취소소송의 대상이 될 수 없다.
> 2. 재무부령 자체의 무효확인을 구하는 청구 ▷ 부적법

② 다만, 법령이라도 그 자체가 직접 국민의 권리·의무에 영향을 미치는 경우(이른바 처분적 법규명령, 처분적 조례): 행정소송의 대상○

(2) 사실행위
① 단순한 사실관계의 존부 등의 문제(비권력적 사실행위): 행정소송의 대상×
② 권력적 사실행위: 행정소송의 대상○

> **판례** 공법상 법률관계의 다툼이 아닌, 단순한 사실관계의 존부 등의 문제는 <u>원칙적으로 행정소송의 대상이 되지 아니한다.</u>[1]

[1] 국가보훈처장 등이 발행한 책자 등에서 독립운동가 등의 활동상을 잘못 기술하였다는 등의 이유로 그 사실관계의 확인을 구하거나, 국가보훈처장의 서훈추천서의 행사, 불행사가 당연무효 또는 위법임의 확인을 구하는 청구는 과거의 역사적 사실관계의 존부나 공법상의 구체적인 법률관계가 아닌 사실관계에 관한 것들을 확인의 대상으로 하는 것이거나 행정청의 단순한 부작위를 대상으로 하는 것으로서 항고소송의 대상이 되지 아니하는 것이다.
[2] 국가보훈처장 등에게, 독립운동가들에 대한 서훈추천권의 행사가 적정하지 아니하였으니 이를 바로잡아 다시 추천하고, 잘못 기술된 독립운동가의 활동상을 고쳐 독립운동사 등의 책자를 다시 편찬, 보급하고, 독립기념관 전시관의 해설문, 전시물 중 잘못된 부분을 고쳐 다시 전시 및 배치할 의무가 있음의 확인을 구하는 청구는 작위의무확인소송으로서 항고소송의 대상이 되지 아니한다(대판 1990.11.23. 90누3553).

(3) 반사적 이익
반사적 이익의 침해: 행정소송의 대상×

(4) 객관소송
법률에 의하여 특별히 인정된 경우를 제외하고는 행정소송의 대상이 되지 않음(객관소송 법정주의)

2. 법적용상의 한계(법적 해결가능성)
(1) 통치행위

원칙	행정소송 대상×
예외	• 헌법재판소: 기본권 침해와 직접 관련되는 경우 헌법소원의 대상○ • 대법원: 기본권을 침해하는 유신헌법에 근거한 긴급조치의 사법심사 대상성 인정○

(2) 재량행위
재량의 일탈남용: 취소 可

(3) 특별권력관계
오늘날: 특별권력관계 내에서의 행위도 사법심사대상○

3 권력분립에서 나오는 한계

1. 의무이행소송 인정 여부
(1) 의무이행소송의 의의
행정청에 대하여 신청에 따른 행정처분을 하도록 명하는 것을 청구하는 소송

(2) 문제의 소재
명문규정×, 인정여부 문제

(3) 허용여부
① 학설

긍정설	• 행정소송법 제4조의 종류: 예시적 규정 • 행정소송법 제4조 변경의 의미: 소극적 변경○, 적극적 변경○
부정설	• 행정소송법 제4조의 종류: 한정적 열거 • 행정소송법 제4조 변경의 의미: 소극적 변경○, 적극적 변경×

행정소송법 제4조(항고소송) 항고소송은 다음과 같이 구분한다.
1. 취소소송: 행정청의 위법한 처분등을 취소 또는 변경하는 소송
2. 무효등 확인소송: 행정청의 처분등의 효력 유무 또는 존재여부를 확인하는 소송
3. 부작위위법확인소송: 행정청의 부작위가 위법하다는 것을 확인하는 소송

② 판결: 무죄판결

판결	1. 아이디어소송이나 저작권 침해소송을 각하하는 행정소송에 ▶ 하용X❶
	2. 행정소송이 무죄판결에 대한 의미(영향소송 ▶ 하용X

❶ 행정 행정소송으로 아이디 법원이 행정소송 침해소송을 각하하는 경우나, 아이디어소송이 하나는 행정소송이 무죄판결로 하여금 행정소송을 다시 각기 하도록 허용하고 있는 행정소송은 허용되지 아니한다(대판 1997.9.30, 97누3200).

2. 예방적 부작위소송(예방적 금지가처분) 인정 여부

(1) 예방적 부작위소송의 의의: 예방적인 장래에 발생할 위법한 처분의 발동을 미리 저지하는 소송
(2) 문제의 소재: 항고소송X, 인정여부 문제
(3) 하용여부: 인정X

판결	1. 행정청의 인정한 처분을 하지 아니하는 부작위를 구하는 청구 ▶ 부적법
	2. "신축건물의 준공처분을 하여서는 아니 된다."는 내용의 부작위를 구하는 청구 ▶ 부적법

❶ 행정소송법상 행정청이 일정한 처분을 하지 못하도록 하는 내용의 부작위를 구하는 청구는 허용되지 않는 부적법한 소송이므로 그 부작위를 구하는 취지의 당해 원고의 예비적 청구는 부적법하다(대판 2006.5.25, 2003두11988).

3. 작위의무확인소송: 인정X

❶ 피고국가청장 등에게, 원고진정사건들에 대하여 사용자성을 다시 판단하고, 원진정인들에게 원고들에 대한 장기 채소 등을 하도록 시정지시를 하고 또한 이와 같은 취지의 홍보 등 조치를 취하도록 명하는 판결을 구하는 소는 작위의무확인소송으로서 허용되지 아니한다(대판 1990.11.23, 90누3553).

POINT 51 항고소송1(취소소송) 개설

1 취소소송의 의의

행정청의 위법한 처분 등을 취소 또는 변경하는 소송

2 취소소송의 종류

처분취소소송(거부처분취소소송 포함), 처분변경소송, 재결취소소송, 재결변경소송, 판례상 인정되는 무효선언을 구하는 의미의 취소소송

3 취소소송의 성질

형성소송(통설, 판례)

4 취소소송의 소송물

1. 소송물의 의의

심판의 대상이 되는 기본단위 / 소송의 객체 / 원고의 소송상의 청구

2. 취소소송에 있어서 소송물의 개념

소송물의 범위: 처분의 위법성 일반(통설·판례)

「행정소송법」에는 취소소송의 소송물 개념에 대해 규정하고 있지 않은 바, 취소소송의 소송물에 대하여 ① 처분의 위법성 일반으로 보는 견해(다수설), ② 처분 개개의 위법사유가 별개의 소송물이 된다고 보는 견해, ③ 처분의 위법성 및 처분의 취소를 구하는 원고의 법적 주장으로 보는 견해 등이 있음

> **판례** 과세처분 취소소송 소송물 ▷ 취소원인이 되는 위법성 일반

원래 과세처분이란 법률에 규정된 과세요건이 충족됨으로써 객관적, 추상적으로 성립한 조세채권의 내용을 구체적으로 확인하여 확정하는 절차로서, 과세처분취소소송의 소송물은 그 취소원인이 되는 위법성 일반이고 그 심판의 대상은 과세처분에 의하여 확인된 조세채무인 과세표준 및 세액의 객관적 존부이다(대판 1990.3.23. 89누5386).

POINT 52 소송요건

1 개설

본안심리를 하기 위하여 갖추어야 하는 요건(적법요건)

2 대상적격(처분 등[1]의 존재)

[1] 행정소송법 제19조(취소소송의 대상) 취소소송은 처분 등을 대상으로 한다. 다만, 재결취소소송의 경우에는 재결 자체에 고유한 위법이 있음을 이유로 하는 경우에 한한다.
행정소송법 제2조(정의) ① 이 법에서 사용하는 용어의 정의는 다음과 같다.
1. "처분 등"이라 함은 행정청이 행하는 구체적 사실에 관한 법집행으로서의 공권력의 행사 또는 그 거부와 그 밖에 이에 준하는 행정작용 및 행정심판에 대한 재결을 말한다.

1. 처분

(1) 처분의 의의

판례
1. 처분 ▷ 행정청의 공법상 행위, 권리·의무에 직접적 변동을 초래하는 행위[2]
2. 처분 여부 ▷ 불이익 등 실질적 관련성 참작하여 개별적으로 판단
3. 어떠한 처분에 법령상 근거가 있는지, 「행정절차법」에서 정한 처분 절차를 준수하였는지 ▷ 본안단계에서 고려
4. 처분인지가 불분명한 경우 ▷ 상대방의 인식가능성과 예측가능성을 중요하게 고려하여야 함

[2] 취소소송의 대상이 되는 행정처분은 행정청의 공법상의 행위로서 특정사항에 대하여 법규에 의한 권리의 설정 또는 의무의 부담을 명하거나 기타 법률상 효과를 발생하게 하는 등 국민의 구체적인 권리·의무에 직접적 변동을 초래하는 행위를 말한다(대판 2008.9.11. 2006두18362 등).

(2) 행정행위와 처분과의 관계에 관한 학설과 판례의 태도

① 학설
- 실체법적 처분개념설(일원설): 처분 = 행정행위
- 쟁송법적 처분개념설(이원설): 처분 = 행정행위 + α

② 판례: 쟁송법적 처분개념설(이원설)

(3) 처분의 개념요소

① '행정청'의 행위일 것

판례
1. 법령에 따라 위임받은 권한행사인 한국수력원자력주식회사의 입찰참가자격제한처분 ▷ 행정처분O
2. 법률상 부여받은 행정권한 행사인 대한주택공사의 택지개발사업, 이주대책에 관한 처분 ▷ 행정처분O
3-1. 상대방의 권리를 제한하는 행위이지만 행정청 또는 그 소속기관이나 권한을 위임 받은 공공단체 등의 행위가 아닌 경우 ▷ 행정처분×
3-2. 한국마사회 조교사, 기수면허 부여, 취소 ▷ 행정처분×(∵ 위탁받은 행정권한 행사×)
4. 지방의회의 의원징계의결 ▷ 행정처분O
5. 지방의회 의장선거 ▷ 행정처분O
6. 지방의회의 불신임결의 ▷ 행정처분O

② 구체적 사실에 대한 법집행으로서 공권력의 행사

㉠ '구체적 사실'에 관한 행위일 것
- 개별적·구체적으로 대외적 효력을 갖는 법적 행위

판례
1. 산업단지관리공단이 구 「산업집적활성화 및 공장설립에 관한 법률」 제38조 제2항에 따른 입주변경계약의 취소(or 산업단지 입주계약의 해지통보) ▷ 행정처분O
2. 나라장터 종합쇼핑몰 거래정지처분 ▷ 행정처분O
3. 중소기업자 간 경쟁입찰 참여대상 대상기업에 해당하는 경우 물량 배정을 중지하겠다는 내용의 통보 ▷ 행정처분O
4. 항공노선에 대한 운수권배분처분 ▷ 행정처분O
5. 검찰총장이 대검찰청 자체감사규정 등에 근거하여 검사에 대하여 하는 경고조치 ▷ 행정처분O
6. 의료기관의 명칭표시판에 진료과목을 함께 표시하는 경우 글자 크기를 제한하고 있는 구 「의료법 시행규칙」 ▷ 행정처분×

- 일반처분: 불특정 다수인을 그 대상으로 하지만 구체적인 법적 효과를 갖는 행정처분O

판례
1. 청소년유해매체물 결정, 고시처분 ▷ 일반 불특정 다수인을 상대방으로 한 행정처분(일반처분)
2. 코로나19 예방을 위한 영업시간 제한·거리두기에 관한 서울특별시고시 ▷ 행정처분O(헌법소원의 보충성 요건 불충족)

ⓛ '법집행' 행위일 것
- 행정기관 내부행위 ✕ (例 직무명령, 다른 행정청의 동의 등)

> **판례**
> 1. 행정청 내부에서의 행위나 알선, 권유, 사실상의 통지 등 ▷ 행정처분✕
> 2. 행정기관 내부 지시, 통보, 권한의 위임, 위탁 ▷ 행정처분✕
> 3. 병역의무 기피를 이유로 한 인적사항 공개대상자에 관한 관할 지방병무청장의 1차 공개결정
>   ▷ 항고소송의 대상✕
> 4. 감사원의 징계 요구와 그에 대한 재심의결정 ▷ 행정처분✕ [1]
> 5. 시험승진후보자명부의 성명 삭제 ▷ 행정처분✕
> 6. 각 군 참모총장의 명예전역수당대상자 추천 ▷ 행정처분✕
> 7. 금융감독위원회의 부실금융기관 파산신청 ▷ 행정처분✕
> 8. 정부투자기관에 대한 기재부장관의 예산편성지침통보 ▷ 행정처분✕
> 9. 공정거래위원회의 고발조치, 의결 ▷ 행정처분✕
> 10. 세무서장의 국세환급금결정, 환급 거부결정 ▷ 행정처분✕
> 11. 법인세 과세표준결정, 손금불산입 처분 ▷ 행정처분✕
> 12. 군의관의 신체등위판정 ▷ 행정처분✕ (cf. 지방병무청장의 병역처분▷ 행정처분○)
> 13. 「산업재해보상보험법」상 장해보상금 결정의 기준이 되는 장애등급결정 ▷ 행정처분○
> 14. 운전면허 벌점의 배점 ▷ 행정처분✕
> 15. 대학입시기본계획 내의 내신성적 산정지침 ▷ 행정처분✕
> 16. 권한 없는 국가보훈처장의 훈격재심사계획에 관한 회신 ▷ 행정처분✕

[1] (甲 시장이 감사원으로부터 감사원법 제32조에 따라 소속 공무원 乙에 대하여 징계의 종류를 정직으로 정한 징계 요구를 받게 되자 감사원법 제36조 제2항에 따라 감사원에 징계 요구에 대한 재심의를 청구하였고, 감사원이 재심의청구를 기각하자 乙이 감사원의 징계 요구와 그에 대한 재심의결정의 취소를 구하고 甲 시장이 감사원의 재심의결정 취소를 구하는 소를 제기한 사안에서) 징계 요구는 징계 요구를 받은 기관의 장이 요구받은 내용대로 처분하지 않더라도 불이익을 받는 규정도 없고, 징계 요구 내용대로 효과가 발생하는 것도 아니며, 징계 요구에 의하여 행정청이 일정한 행정처분을 하였을 때 비로소 이해관계인의 권리관계에 영향을 미칠 뿐, 징계 요구 자체만으로는 징계 요구 대상 공무원의 권리·의무에 직접적인 변동을 초래하지도 아니하므로, 행정청 사이의 내부적인 의사결정의 경로로서 '징계 요구, 징계 절차 회부, 징계'로 이어지는 과정에서의 중간처분에 불과하여, 감사원의 징계 요구와 재심의결정이 항고소송의 대상이 되는 행정처분이라고 할 수 없다(대판 2016.12.27, 2014두5637).

- 내부행위라도 그로써 실질적으로 국민의 권리가 제한되거나 의무가 부과되는 경우: 행정처분○

> **판례**
> 1. 승진임용인사발령에서 제외하는 행위 ▷ 행정처분○
> 2-1. 교육부장관이 대학에서 추천한 복수의 총장 후보자들 전부 또는 일부를 임용제청에서 제외하는 행위
>   ▷ 행정처분○
> 2-2. 교육부장관이 특정 후보자를 임용제청에서 제외하고 다른 후보자를 임용제청함으로써 대통령이 임용제청된 다른 후보자를 총장으로 임용한 경우, 임용제청에서 제외된 후보자가 행정소송으로 다툴 처분
>   ▷ 교육부장관의 임용제청 제외처분✕
>   ▷ 대통령의 임용 제외처분○
> 3. 행정관청의 노동조합규약의 변경·보완시정명령 ▷ 행정처분○

ⓒ '공권력'의 행사일 것
- 공권력 행사: 권력적 행위
- 공법상 계약, 행정청의 사법상 행위: 행정처분✕
- 사실행위(알선, 권고, 지도)는 행정처분✕

> **판례**
> 국유재산 무단점유자에 대한 변상금부과처분 ▷ 행정처분○

③ 공권력 행사의 거부
  ㉠ 거부처분의 의의: 처분의 발령을 거부하는 행정청의 행정작용
  ㉡ 부작위와 구별
    - 처음부터 아무런 의사를 표시하지 않는 부작위와 구별
    - 간주거부와 묵시적 거부: 거부처분
  ㉢ 거부행위가 처분이 되기 위한 요건

  > - 공권력 행사
  > - 법률관계변동·영향
  > - 신청권 존재

  ⓐ 신청한 행위가 공권력의 행사 또는 이에 준하는 행정작용일 것
  ⓑ 거부행위가 신청인의 법률관계에 어떤 변동을 일으킬 것: 권리관계에 직접적인 변동을 일으키거나 권리행사에 중대한 지장 초래해야 함
  ⓒ 법규상 또는 조리상의 신청권이 있을 것: 처분을 신청하는 자는 법규상·조리상 신청권 있어야 함

  > **판례**
  > 1-1. 신청권 존부 판단 기준 ▷ 신청인✕ / 일반 국민○ [1]
  > 1-2. 신청권
  >   ▷ 신청의 인용이라는 만족적 결과 얻을 권리✕
  >   ▷ 행정청의 응답을 구하는 권리○
  > 1-3. 신청의 인용 가부 ▷ 본안판단사항

[1] 신청권의 존부는 구체적 사건에서 신청인이 누구인가를 고려하지 않고 관계 법규의 해석에 의하여 일반 국민에게 그러한 신청권을 인정하고 있는가를 살펴 추상적으로 결정되는 것이다(대판 2009.9.10, 2007두20638 등).

ⓓ 구체적인 검토

• 거부의 처분성이 인정되는 경우

> **판례**
> 1. 주민등록번호 불법 유출된 자 ▷ 주민등록번호 변경신청권○ / 변경신청거부 ▷ 행정처분○
> 2. 공사중지명령에 있어서 이후에 그 원인사유가 해소된 경우 ▷ 조리상 공사중지명령 해제요구권○ / 해제신청거부 ▷ 행정처분○
>   (동지: 공사중지명령의 원인사유 소멸 ▷ 조리상 공사중지명령 철회요구권○)
> 3. 건축허가로 토지에 대한 소유권 행사에 지장 받을 자 ▷ 건축허가 철회 신청권○ / 철회신청의 거부 ▷ 행정처분○
> 4. 산업단지에 입주하려는 자 ▷ 산업단지개발계획 변경신청권○ / 변경신청에 대한 거부 ▷ 행정처분○
> 5. 검사임용신청자 ▷ 적법한 응답요구할 신청권○ / 임용거부 ▷ 행정처분○
> 6. 기간제로 임용되어 임용기간 만료된 국·공립대학의 조교수 ▷ 재임용에 관하여 공정한 심사 요구할 법규상·조리상 신청권○ / 대학교원의 임용권자가 임용기간이 만료된 국·공립대학의 조교수에 대하여 재임용을 거부하는 취지로 한 임용기간만료통지 ▷ 행정처분○
> 7. 임용지원자가 심사단계 중 중요한 대부분의 단계를 통과하여 대학교원으로 임용될것을 상당한 정도로 기대할 수 있는 지위에 이른 경우 ▷ 임용을 신청할 조리상 신청권○ / 대학교원의 신규채용에 있어서 유일한 면접심사 대상자로 선정된 임용지원자에 대한 교원신규채용 중단조치 ▷ 행정처분○
>   (cf. 국공립 대학 교원 임용지원자 ▷ 임용여부에 대한 응답신청권× / 국·공립대학 교원 임용지원자에 대한 임용거부통보 ▷ 행정처분×)
> 8. 대내외에 공표된 3급 승진대상자의 승진임용신청 ▷ 조리상 신청권○ / 대내외에 공표된 3급 승진대상자에 대한 승진임용신청거부 ▷ 행정처분○
> 9. 문화재보호구역 내 토지소유자 ▷ 보호구역의 지정해제를 요구할 수 있는 신청권○ / 문화재보호구역 내 토지소유자의 문화재보호구역 지정해제 신청에 대한 행정청의 거부 ▷ 행정처분○
> 10. 사업시행 위해 토지 등을 제공한 자 ▷ 특별공급신청권이 인정 / 사업시행 위해 토지 등을 제공한 자에 대한 특별공급신청 거부행위 ▷ 행정처분○
> 11. 도시계획시설결정에 이해관계가 있는 주민 ▷ 도시계획 입안을 입안권자에게 요구할 수 있는 신청권○ / 도시계획구역 내 토지 등을 소유하고 있는 주민의 도시시설계획의 입안 내지 변경의 신청에 대한 거부행위 ▷ 행정처분○
> 12. 도시관리계획 구역 내 토지 등을 소유하고 있는 주민의 납골시설에 관한 도시관리계획의 입안제안을 반려한 군수의 처분 ▷ 행정처분○
> 13. 개발사업시행자가 납부한 개발부담금 중 부과처분 후에 납부한 학교용지부담금 ▷ 조리상 환급에 필요한 처분을 신청할 권리○ / 학교용지부담금 환급신청의 거부 ▷ 행정처분○
> 14. 건축주명의변경신고 수리거부 ▷ 행정처분○
> 15. 구 지적법상 토지면적등록 정정신청에 대한 반려처분 ▷ 행정처분○
> 16. 국방전력발전업무훈령에 따른 연구개발확인서 발급 ▷ 확인적 행정행위 / 국방전력발전업무훈령에 의한 연구개발 확인서 발급의 거부 ▷ 행정처분○
> 17. 동순위 또는 차순위 유족의 유족연금수급권 이전 청구에 대한 국방부장관의 결정 ▷ 확인적 행정행위❶ / 동순위 또는 차순위 유족의 유족연금수급권 이전 청구에 대한 국방부장관의 거부결정 ▷ 행정처분○
> 18. 행정재산의 사용, 수익허가 신청의 거부행위 ▷ 행정처분○

❶ 선순위 유족이 유족연금수급권을 상실함에 따라 동순위 또는 차순위 유족이 상실시점에서 유족연금수급권을 법률상 이전받더라도 동순위 또는 차순위 유족은 구 군인연금법 시행령 제56조에서 정한 바에 따라 국방부장관에게 '유족연금수급권 이전 청구서'를 제출하여 심사·판단받는 절차를 거쳐야 비로소 유족연금을 수령할 수 있게 된다. 따라서 이에 관한 국방부장관의 결정은 선순위 유족의 수급권 상실로 청구인에게 유족연금수급권 이전이라는 법률효과가 발생하였는지를 '확인'하는 행정행위에 해당한다(대판 2019.12.27. 2018두46780).

• 거부의 처분성이 부정되는 경우

> **판례**
> 1. 당연퇴직된 공무원의 복직 또는 재임용신청에 대한 거부행위 ▷ 행정처분×
> 2. 토지 대장상의 소유자명의변경신청 거부행위 ▷ 행정처분×
> 3. 서울특별시의 철거민에 대한 시영아파트에 대한 분양불허의 의사표시 ▷ 행정처분×
>   (∵ 행정규칙에 근거한 분양신청권 無)
> 4. 전수교육 조교(경기민요보유자) ▷ 중요무형문화재 보유자 추가인정에 관한 법규상 또는 조리상 신청권× / 중요무형문화인 경기민요 보유자 추가인정 신청에 대한 거부 ▷ 행정처분×
> 5. 이미 발생한 산재 사고와 관련하여 ▷ 사업주 변경 신청을 구할 법규상 또는 조리상 신청권× / 산재보험 적용 사업주 변경신청 거부 ▷ 행정처분×
> 6. 국세기본법에 정한 경정 청구기간 도과 후 제기된 경정청구에 대한 경정거절 ▷ 거부처분×

ⓔ 관련문제 – 반복된 거부처분: 거부처분 후 동일한 내용의 새로운 신청에 대한 반복된 거부처분은 각각 독립된 행정처분

> **판례**
> 1. 동일한 내용의 새로운 신청에 대하여 다시 거절의 의사표시를 한 경우 ▷ 새로운 거부처분이 있는 것
> 2. 수익적 행정행위 신청에 대한 거부처분이 있은 후 당사자가 다시 신청을 한 경우에 새로운 신청을 하는 취지라면 관할 행정청이 이를 다시 거절하는 것 ▷ 새로운 거부처분❷
> 3. 이주대책 대상자 제외결정에 대한 이의신청에 대하여 다시 제외결정을 한 2차 결정❸ ▷ 처분성○

❷ 원고의 예방접종 피해신청에 대하여 질병관리본부장(피고)이 피해보상 기각결정을 하였고(제1차 거부), 이에 대한 제소기간 도과 후 원고의 이의신청에 대하여 피고가 다시 기각결정을 한 사안에서(제2차 거부), ① 감염병예방법령은 예방접종 피해보상 기각결정에 대한 이의신청에 관하여 아무런 규정을 두고 있지 않으므로 피고가 원고의 이의신청에 대하여 스스로 다시 심사하였다고 하여 행정심판을 거친 경우에 대한 제소기간의 특례가 적용된다고 볼 수 없고, ② 원고가 제1차 거부통보에 대하여 이의신청 형식으로 불복하였고 제2차 거부통보의 결론이 제1차 거부통보와 같다고 하더라도, 피고는 원고의 이의신청에 따라 추가로 제출된 자료 등을 예방접종피해보상전문위원회에서 새로 심의하도록 하여 그 의견을 들은 후 제2차 거부통보를 하였으므로, 제2차 거부통보는 실질적으로 새로운 처분에 해당하여 독립한 행정처분으로서 항고소송의 대상이 된다고 한 사례

❸ 이 사건에서 피고 공사가 원고에게 2차 결정을 통보하면서 '2차 결정에 대하여 이의가 있는 경우 2차 결정 통보일부터 90일 이내에 행정심판이나 취소소송을 제기할 수 있다'는 취지의 불복방법 안내를 하였던 점을 보면, 피고 공사 스스로도 2차결정이 행정절차법과 행정소송법이 적용되는 처분에 해당한다고 인식하고 있었던 것을 알 수 있고, 그 상대방인 원고로서도 2차 결정이 행정쟁송의 대상인 처분이라고 인식하였을 수밖에 없다고 보인다. 이와 같이 불복방법을 안내한 피고 공사가 이 사건 소가 제기되자 '처분성'이 인정되지 않는다고 본안전항변을 하는 것은 신의성실원칙(행정절차법 제4조)에도 어긋난다(대판 2021.1.14. 2020두50324).

④ 그 밖에 이에 준하는 행정작용

• 전형적인 처분의 개념×

• but 행정소송의 대상이 될 수 있는 작용임

• 해당 여부는 구체적인 사안에 따라 판단

(4) 구체적 검토

① 법령·고시·조례
- 원칙: 처분성×
- 집행행위 개입 없이 권리·의무 형성시[처분적 명령이나 처분규칙, 처분적 조례(두밀분교폐지조례 등)]: 행정처분○

> **판례**
> 1. 보건복지부고시인 약제급여, 비급여 목록, 급여상한금액표 ▷ 행정처분○(다른 집행행위의 매개 없이 직접 규율)
> 2. 항정신병 치료제의 요양급여 인정기준에 관한 보건복지부 고시 ▷ 행정처분○
> 3. 국립대학의 학칙
>   ▷ 일반적, 추상적 규정인 경우: 행정처분×
>   ▷ 그 자체로서 구성원의 권리나 법적 이익에 직접 영향을 미치는 경우: 행정처분○

② 행정계획
- 처분성: 일률적 판단×
- 구속적 행정계획(예 용도지역·지구, 용도구역지정): 행정처분○

③ 부관
- 부담: 행정처분○
- 부담 이외의 부관: 행정처분×

④ 통지
- 법적효과 발생○: 통지행위(준법률행위적 행정행위로서 행정처분○)
- 법적효과 발생×: 사실행위(행정처분×)

⑤ 경고: 권리·의무에 직접 영향 미치는 경우 행정처분

⑥ 공증
- 규율적 성격 갖는 경우: 행정처분○
- 반복적이고 기술적인 직무수행 활동(사실행위): 행정처분×

⑦ 사실행위: 권력적 사실행위는 행정처분○

⑧ 행정소송 이외의 특별불복절차가 있는 경우: 행정처분×

> **판례**
> 1. 검사의 불기소결정❶ ▷ 행정처분×(형사소송절차를 통해 불복)
> 2. 검사의 공소제기 ▷ 행정처분×(형사소송절차를 통해 불복)

❶ 행정소송법 제2조의 처분의 개념 정의에는 해당한다고 하더라도 그 처분의 근거법률에서 행정소송 이외의 다른 절차에 의하여 불복할 것을 예정하고 있는 처분은 항고소송의 대상이 될 수 없다. 검사의 불기소결정에 대해서는 검찰청법에 의한 항고와 재항고, 형사소송법에 의한 재정신청에 의해서만 불복할 수 있는 것이므로, 이에 대해서는 행정소송법상 항고소송을 제기할 수 없다(대판 2018.9.28. 2017두47465).

⑨ 기타 관련 판례
  ㉠ 처분성을 긍정한 경우

> 1. 한국환경산업기술원장의 연구개발 중단 조치, 연구비 집행중지 조치
> 2. 한국토지주택공사의 부적격통보, 재심사 통보
> 3. 표준지공시지가결정
> 4. 개별공시지가결정
> 5. 근로복지공단이 사업주에 대하여 하는 '개별 사업장의 사업종류 변경결정' ▷ 확인적 행정행위
> 6. 국가인권위원회의 성희롱결정, 시정조치권고
> 7. 국가인권위원회의 진정 각하, 기각결정
> 8. 구청장이 사회복지법인에 특별감사 결과 지적사항에 대한 시정지시
> 9. 교육감이 학교법인에 대한 감사 실시 후 처리지시를 하고 그와 함께 그 시정조치에 대한 결과를 증빙서를 첨부한 문서로 보고하도록 한 것
> 10. 과거사정리위원회의 진실규명결정
> 11. 친일반민족행위자재산조사위원회의 재산조사개시결정
> 12. 정보통신윤리위원회의 청소년유해매체물결정
> 13. 지방자치단체의 장이 「공유재산 및 물품관리법」에 근거하여 기부채납 및 사용·수익허가 방식으로 민간투자사업을 추진하는 과정에서 사업시행자 지정 전 단계에서 공모제안을 받아 일정한 심사를 거쳐 우선협상대상자를 선정하는 행위 및 이미 선정된 우선협상대상자를 그 지위에서 배제하는 행위
> 14. 법무사의 사무원 채용승인 신청에 대하여 소속 지방법무사회가 '채용승인을 거부'하는 조치 또는 일단 채용승인을 하였으나 '채용승인을 취소'하는 조치
> 15. 공정거래위원회의 입찰참가자격제한 등 요청 결정❷
> 16. 「신문 등의 진흥에 관한 법률」상 관할 시·도지사가 하는 신문 등록

❷ 구 하도급거래 공정화에 관한 법률 제26조 제2항은 입찰참가자격제한 요청의 요건을 구 하도급거래 공정화에 관한 법률 시행령(2021.1.12. 대통령령 제31393호로 개정되기 전의 것, 이하 '시행령'이라 한다)으로 정하는 기준에 따라 부과한 벌점의 누산점수가 일정 기준을 초과하는 경우로 구체화하고, 위 요건을 충족하는 경우 공정거래위원회는 법 제26조 제2항 후단에 따라 관계 행정기관의 장에게 해당 사업자에 대한 입찰참가자격제한 요청 결정을 하게 되며, 이를 요청받은 관계 행정기관의 장은 특별한 사정이 없는 한 그 사업자에 대하여 입찰참가자격을 제한하는 처분을 해야 하므로, 사업자로서는 입찰참가자격제한 요청 결정이 있으면 장차 후속 처분으로 입찰참가자격이 제한될 수 있는 법률상 불이익이 존재한다. 이때 입찰참가자격제한 요청 결정이 있음을 알고 있는 사업자로 하여금 입찰참가자격제한처분에 대하여만 다툴 수 있도록 하는 것보다는 그에 앞서 직접 입찰참가자격제한 요청 결정의 적법성을 다툴 수 있도록 함으로써 분쟁을 조기에 근본적으로 해결하도록 하는 것이 법치행정의 원리에도 부합한다. 따라서 공정거래위원회의 입찰참가자격제한 요청 결정은 항고소송의 대상이 되는 처분에 해당한다(대판 2023.2.2. 2020두48260 ; 대판 2023.4.27. 2020두47892).

ⓒ 처분성을 부정한 경우

> 1. 구「국세징수법」상 가산금 또는 중가산금 고지
> 2. 국가보훈처장이 유족에게 한 망인에 대한 서훈취소통보
> 3. 국가유공자법상 이의신청 거부결정
>   ▷ 행정처분✕
>   ▷ 원결정을 대상으로 항고소송을 제기하여야 함
>   (cf. 국가유공자법상 이의신청 인용결정 ▷ 행정처분○)
> 4. 국세환급금 충당❶
> 5. 읍, 면장에 의한 이장의 임명 및 면직❷

❶ 국가의 환급금채무와 조세채권이 대등액에서 소멸되는 민법상 상계와 유사: 소멸대상인 조세채권이 존재하지 아니하거나 당연무효 또는 취소되는 경우에는 충당의 효력이 없는 것으로서 이러한 사유가 있는 경우에 납세의무자로서는 충당의 효력이 없음을 주장하여 언제든지 이미 결정된 국세환급금의 반환을 청구할 수 있다(대판 2019.6.13. 2016다239888).
❷ 공법상 계약에 따라 서로 대등한 지위에서 계약을 해지하는 의사표시

⑩ 경정처분의 경우

ⓐ 문제의 소재: 과세관청의 (세금)경정처분시 대상적격

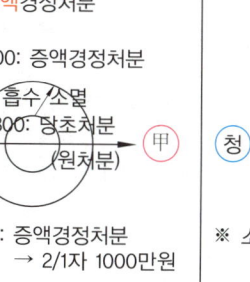

ⓒ 학설

병존설	독립된 처분으로 각각 별개의 소의 대상
흡수설	경정처분만 소의 대상
역흡수설	경정처분에 의해 수정된 당초처분이 소의 대상

ⓒ 판례

ⓐ 감액경정처분의 경우

• 소의 대상: 경정처분으로 인하여 감액되고 남은 당초처분(역흡수설) / 새로운 처분✕ / 당초처분의 일부취소에 불과
• 제소기간 준수 여부: 당초처분을 기준으로 판단

> 판례
> 1. 감액처분으로도 아직 취소되지 않고 남아있는 부분이 위법하다고 다투는 경우 ▷ 감액처분에 의하여 취소되지 않고 남은 부분이 소송의 대상
> 2. 제소기간의 준수 여부 ▷ 당초처분을 기준으로 판단
> 3. 적법한 전심절차 준수 여부 ▷ 당초처분을 기준으로 판단

ⓑ 증액경정처분의 경우

• 소의 대상: 증액처분(흡수설) / 당초 처분은 증액처분에 흡수되어 소멸
• 제소기간 준수 여부: 증액경정처분 기준

> 판례
> 1. 증액경정처분 ▷ 증액경정처분이 대상적격○
> 2. 증액경정처분 취소소송 ▷ 흡수되어 소멸한 당초처분의 절차적 하자 승계✕
> 3. 증액경정처분이 있은 후 이를 감액하는 재경정처분이 있는 경우 항고소송의 대상 ▷ 증액경정처분 중 감액재경정결정에 의해 취소되지 않고 남은 부분
> 4. 증액경정처분 취소소송 ▷ 증액경정사유 뿐만 아니라 당초신고에 관한 과다신고사유도 함께 다툴 수 있음
> 5. 증액경정처분이 제척기간 도과 후에 이루어진 경우 ▷ 납세의무자는 당초처분에 의하여 이미 확정되었던 부분의 위법 여부를 다시 다툴 수 없음

⑪ 변경처분의 경우(종전처분을 변경하는 내용의 후속처분의 경우)

ⓐ 문제의 소재: 처분청의 변경처분시 대상적격

ⓒ 판례

ⓐ 실질적(적극적) 변경처분의 경우

↳ 예 허가취소처분을 영업정지처분으로 변경한 경우나 영업정지처분을 과징금부과처분으로 변경한 경우 등 처분의 동일성이 유지되지 않는 변경

• 선행처분은 효력 상실, 후행처분
• 변경처분취소소송의 제소기간 준수여부: 변경처분시 기준

ⓑ 소극적(일부, 소폭) 변경처분의 경우

• 선행처분은 후행처분에 의해 소멸✕, 선행처분
• 선행처분취소소송에 후행처분취소소송을 추가적 병합시 후행처분에 관한 제소기간 준수 여부: 청구변경 당시 기준

판례
1-1. 종전처분을 대체, 주요부분을 변경하는 후속처분 ▷ 후속처분이 대상적격○
1-2. 종전처분의 일부만 추가, 철회, 변경하는 후속처분 ▷ 종전처분이 대상적격○
   [동지] 후행처분이 선행처분의 일부만 소폭 변경 ▷ 선행처분은 후행처분에 의하여 소멸×
2. 효력기간이 있는 제재적처분의 집행기간만을 변경하는 처분 ▷ 당초의 제재처분이 유효함을 전제로 집행기간만을 변경하는 후속 변경처분○, 당초의 제재처분 실효×
3. 관리처분계획의 주요 부분을 실질적으로 변경하는 내용으로 새로운 관리처분계획인가 ▷ 당초 관리처분계획 효력 상실
4. 조합설립인가처분 후 경미한 사항의 변경인 변경인가처분 ▷ 당초의 조합설립인가처분은 변경인가처분에 흡수×
5. 선행처분의 취소를 구하는 소를 제기한 후 후행처분의 취소를 구하는 청구를 추가하여 청구를 변경하는 경우 후행처분에 관한 제소기간 준수 여부 ▷ 청구변경 당시를 기준

❶ 기존의 행정처분을 변경하는 내용의 행정처분이 뒤따르는 경우, ① 후속처분이 종전처분을 완전히 대체하는 것이거나 주요 부분을 실질적으로 변경하는 내용인 경우에는 특별한 사정이 없는 한 종전처분은 효력을 상실하고 후속처분만이 항고소송의 대상이 되지만, ② 후속처분의 내용이 종전 처분의 유효를 전제로 내용 중 일부만을 추가·철회·변경하는 것이고 추가·철회·변경된 부분이 내용과 성질상 나머지 부분과 불가분적인 것이 아닌 경우에는, 후속처분에도 불구하고 종전처분이 여전히 항고소송의 대상이 된다(대판 2015.11.19. 2015두295).

❷ 선행처분의 주요 부분을 실질적으로 변경하는 내용으로 후행처분을 한 경우에 선행처분은 특별한 사정이 없는 한 효력을 상실하지만, 후행처분이 선행처분의 내용 중 일부만을 소폭 변경하는 정도에 불과한 경우에는 선행처분은 소멸하는 것이 아니라 후행처분에 의하여 변경되지 아니한 범위 내에서는 그대로 존속한다(대판 2020.4.9. 2019두49953).

❸ 선행처분이 후행처분에 의하여 변경되지 아니한 범위 내에서 존속하고 후행처분은 선행처분의 내용 중 일부를 변경하는 범위 내에서 효력을 가지는 경우에, 선행처분의 취소를 구하는 소를 제기한 후 후행처분의 취소를 구하는 청구를 추가하여 청구를 변경하였다면 후행처분에 관한 제소기간 준수 여부는 청구변경 당시를 기준으로 판단하여야 하나, 선행처분에만 존재하는 취소사유를 이유로 후행처분의 취소를 청구할 수는 없다(대판 2012.12.13. 2010두20782·20799).

▼ 처분별 소의 대상

처분의 종류			소의 대상
변경 처분	경정처분	감액처분	남은 원처분
		증액처분	변경된 처분
	(경정처분 이외의) 변경처분	실질변경 (동일성 ×)	새로 변경된 처분
		소폭변경 (동일성 ○)	종전 처분❹

❹ 선행처분과 후행처분의 병존(대형마트 영업시간제한 사건)

2. 재결
(1) 재결의 의의
행정심판청구사건에 대해 행정심판위원회가 행하는 법적 판단

(2) 원처분주의
① 원처분주의와 재결주의

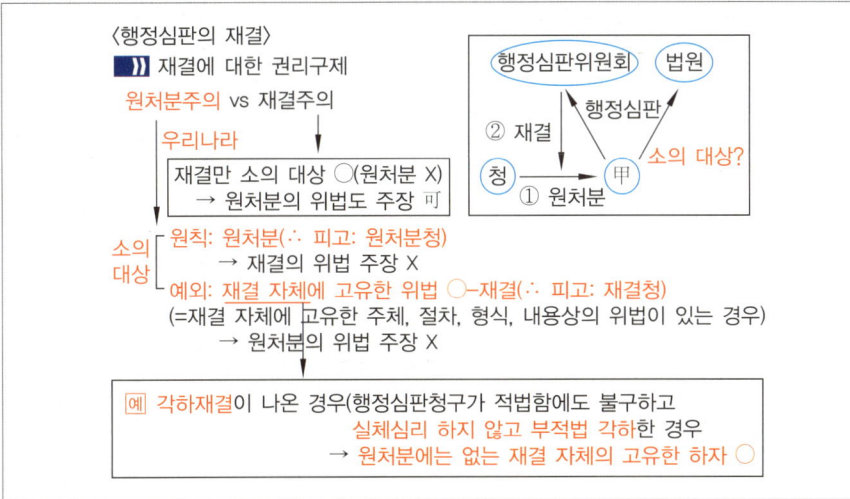

㉠ 원처분주의
- 원처분과 재결 모두 취소소송의 대상이 될 수 있으나
- 원처분의 위법은 원처분취소소송에서만 주장 可
- 재결취소소송에서는 재결 자체의 고유한 위법만을 주장할 수 있도록 하는 제도

㉡ 재결주의: 재결에 대하여만 소송을 제기할 수 있도록 하되, 재결 자체의 위법뿐만 아니라 원처분의 위법도 재결취소소송에서 주장할 수 있도록 하는 제도

② 「행정소송법」 제19조의 태도
㉠ 원처분주의
㉡ 단, 「감사원법」이나 「노동위원회법」과 같은 개별법률에서 '재결주의'를 취하기도 함

(3) 재결이 취소소송의 대상이 되는 경우
- 재결 자체에 고유한 위법이 있는 경우에만 가능
- 원처분의 위법을 이유로 하는 재결취소소송은 불가능
- 재결 자체의 고유한 위법의 의의: 재결 자체에만 주체·형식·절차·내용의 위법이 있는 경우

판례
1. 재결 자체에 고유한 위법 ▷ 재결청의 권한 또는 구성의 위법, 재결의 절차나 형식의 위법, 내용의 위법 등을 의미
2. 재결에 이유모순의 위법이 있는 경우
   ▷ 재결취소소송에서 위법사유로 주장○
   ▷ 원처분취소소송에서 위법사유로서 주장×

① 주체·형식·절차의 위법
　　㉠ 주체에 관한 위법: 권한 없는 행정심판위원회가 재결, 행정심판위원회의 구성에 하자, 의결정족수가 흠결된 경우 등
　　㉡ 형식에 관한 위법: 문서에 의하지 않거나, 법이 정한 주요기재사항이 누락되거나, 이유 기재에 중대한 흠이 있는 경우 등
　　㉢ 절차에 관한 위법: 「행정심판법」상의 심판절차를 준수하지 않은 경우
② 내용의 위법
　　㉠ 각하재결의 경우

> **판례** 행정심판청구가 부적법하지 않음에도 각하한 재결 ▷ 재결취소소송의 대상○

　　㉡ 기각재결의 경우
　　　ⓐ 원칙: 원처분이 대상적격○
　　　ⓑ 다만, 불고불리의 원칙이나 불이익변경금지원칙을 벗어나 재결한 경우, 사정재결의 요건을 잘못 판단한 경우 등: 재결취소소송 可
　　㉢ 인용재결의 경우
　　　ⓐ 인용재결에 대한 취소소송에서 제3자의 원고적격: 제3자효를 수반하는 행정행위에 있어서 인용재결로 인하여 불이익을 입은 자
　　　ⓑ 제3자효 행정행위에 대한 인용재결의 경우 소의 대상

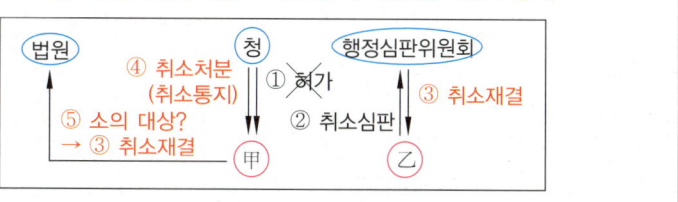

> **판례**
> 1. 제3자효를 수반하는 행정행위에 대한 인용재결의 취소를 구하는 것 ▷ 원처분에는 없는 재결에 고유한 하자를 주장하는 것
> 2. 처분의 상대방이 인용재결로 불이익을 입는 경우 ▷ 인용재결을 대상으로 항고소송 제기 可
> 3. 거부처분이 재결로 취소된 경우 재결취소소송 ▷ 소의 이익×

　　㉢ 부적법한 인용재결이 있는 경우

> **판례** 부적법 각하하여야 함에도 인용재결을 한 경우 ▷ 재결 자체에 고유한 하자 있는 것

(4) 인용재결의 경우 소의 대상
① 형성재결·이행재결의 경우
　　㉠ 형성재결: 형성재결 그 자체가 취소소송의 대상○

> **판례** 제3자효 행정행위에 대하여 재결청이 직접 처분을 취소하는 형성재결을 한 경우 ▷ 재결 자체가 쟁송의 대상

　　㉡ 이행재결
　　　ⓐ 문제점: 이행재결 후 행정청의 이행재결에 따른 처분이 있는 경우 취소소송의 대상이 이행재결인지 이행재결에 따른 처분인지 여부
　　　ⓑ 학설: 이행처분설, 이행재결설, 선택가능설(처분, 재결)
　　　ⓒ 판례: 취소명령재결(현재 삭제되었음)에 대한 과거 판례▷ 양자 모두 소의 대상○(선택가능설)
② 일부인용(일부취소)재결 및 변경(수정)재결의 경우
　　㉠ 문제점: 일부취소재결·변경재결시 대상적격

```
* 일부취소재결 or 변경재결(= 일부취소에 불과)의 경우 소의 대상
              행정심판위원회        법원
            ② 취소심판 ↑↓ ③ 3/1자 변경재결(80)
    청 ──────────→ 甲        ④ 소의 대상?
      ① 2/1자 원처분           → 2/1자 변경된 원처분
         (100)                     (80)
```

　　㉡ 학설: 변경된 원처분설, 변경재결설
　　　└▶ 예 공무원에 대한 파면처분이 소청심사절차에서 해임으로 감경된 경우
　　㉢ 판례: 일부취소재결 or 변경(수정)재결의 경우 감경(일부취소)되고 남은 원처분(수정된 원처분)을
　　　└▶ 예 6개월 영업정지처분이 행정심판의 재결에서 3개월 영업정지처분으로 감경된 경우
　　대상으로, 처분청(위원회×)을 피고로 하여 취소소송 제기

> **판례** 감봉을 견책으로 변경한 소청결정 ▷ 견책으로 변경된 원징계처분이 소의 대상

③ 변경명령재결의 경우
  ㉠ 문제점: 변경명령재결에 따라 피청구인이 변경처분을 한 경우, 변경처분과 변경된 원처분(변경된 내용의 당초처분) 중 어느 행위가 취소소송의 대상이 될 것인지

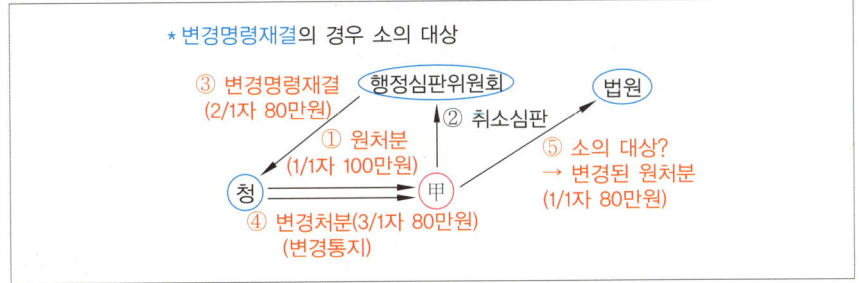

  ㉡ 학설: 변경된 원처분설, 변경처분설
  ㉢ 판례: 변경된 내용의 당초처분을 대상으로, 처분청(위원회×)을 피고로 하여 취소소송 제기

  📙 판례 행정청이 식품위생법령에 따라 영업자에게 행정제재처분을 한 후 당초 처분을 영업자에게 유리하게 변경하는 처분❶을 한 경우
  ▷ 취소소송의 대상: 변경된 내용의 당초처분 ○

  ❶ 영업정지처분을 변형된 과징금처분으로 변경

(5) 「행정소송법」 제19조 단서에 위반한 소송의 처리
  재결 자체에 고유한 위법이 없는데도 재결취소소송을 제기한 경우: 기각판결(다수설, 판례) / 각하판결 ×
  ∵ 재결 자체의 고유한 위법여부는 본안판단사항 ←

  📙 판례 재결자체에 고유한 위법이 없는 경우에는 원처분의 당부와는 상관없이 당해 재결취소소송은 이를 기각하여야 한다.

(6) 원처분주의의 예외(개별법률에서 재결주의를 택하고 있는 경우)
  ① 재결주의에서 취소소송의 대상: 재결만
  ② 재결주의 예: 감사원의 재심의판정, 중앙노동위원회의 재심판정, 특허심판원의 심결 등

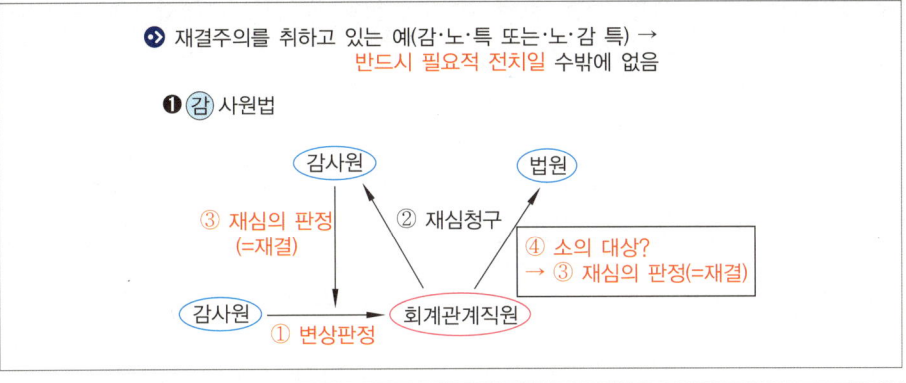

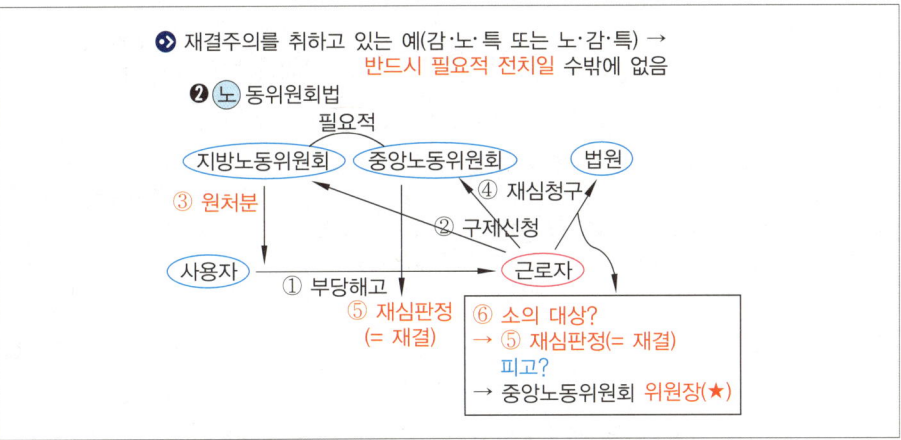

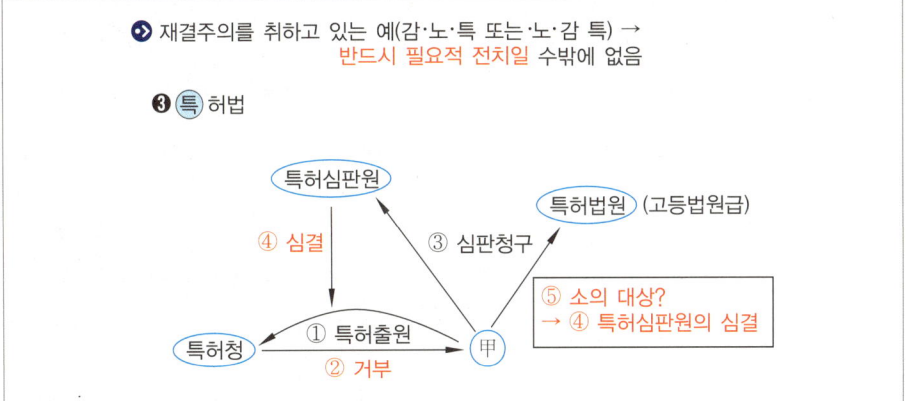

📙 판례 변상판정처분(원처분) vs. 재심의판정(재결) ▷ 재심의판정이 대상적격(재결주의) / 피고: 감사원

(7) 관련 문제

① 공동불법행위자들의 의사공통성에 대한 판례 불명

> 판례
> ▶ 공동불법행위(의사공통)
> ▶ 수인이 공동하여 타인에게 손해를 가하는 민법 제760조의 공동불법행위에 있어서 행위자 상호간의 공모는 물론 공동의 인식을 필요로 하지 아니하고, 객관적으로 그 공동행위가 관련공동되어 있으면 족하며, 그 관련공동성 있다면 공동불법행위가 성립한다.

② 공동불법행위자들의 감경에 대해 특례 불능: 공동불법행위자 각자의 피해자에 대한 과실비율이 서로 다른 경우 / 다만, 내용에서의 차이 뿐

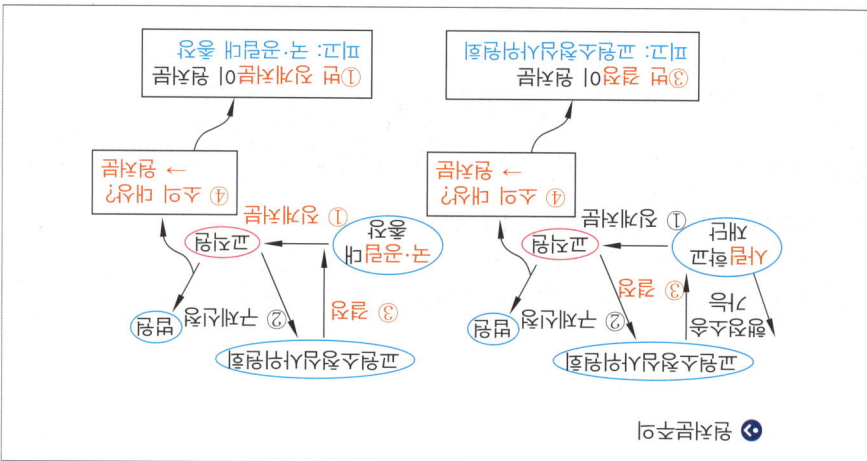
◉ 공동불법행위

① 피해자 사고피해 책임감경도 → 감경사유O
② 피해자 고의·중과실 있는 경우: 감경사유O

> 판례
> ▶ 사용자책임과 공동불법행위 해당자 → 감경사유X
> ※ 피용자 고의성 있는 경우 → 감경사유O(엄격)

ⓒ 공·사영역 공동불법행위 판단 범위
• 사용자책임 / 공동불법행위 병합: 공동불법
• 사용자책임이 공동불법행위자 가진 사고 과실: 공동불법행위자의 과실 → 용인의 과실(부분)
← = 그 공동불법행위(전원)

> 판례
> 1. 사용자책임 대상 공동불법행위가 해당자 ▶ 용인의 과실X
> 2. 공동불법행위가 아닌 경우 ▶ 용인의 과실O

ⓒ 공·성문 공동불법 있어
• 성방불법행위자에 따라 공동불법행위자의 용인인 경우에 한하여, 그 공동의
• 다만, 예의적으로 고의불법행위자의 공동의 있는 경우에 한하여, 공동의자

> 판례
> 공동불법행위자 ▶ 원칙적 과실상계의 인용O

③ 공동불법행위자

1. 공동불법행위자

(1) 개념: 협의의 피해

(2) 공동사업자: 손해사실 들 수 있는 모든 자

① 본인이나 되는 사람이나: 공동사업자O
② 미성년자, 반정자, 행위자: 공동사업자X(원칙)

> 판례
> 1. 사항, 주주가 및 공동사업자X
> 2. 공유예와 공유 ▶ 공동사업자X

(3) 관련공동성

특정의 공동사업자의 가해자로의 손해을 수용하여 안전판단을 받기의 자행된 자의: 인정관련 피해

2. 협의의(관련공동 이어 있는 자)

(1) 협의의공동의 의의

① 수개의 불법행위자간의 공동으로 수행하여 공동불법행위로 되는 과실관련(상관관련)
② 공동성: 각자의 행위가 공동의 이의를 할 수 있는 공(부분의공동) 전제 외관
③ 관련자수는 / 상해자여의 관련관련 및 / 행위자 가담

(2) '관련공동 이어'의 의미

① 본질

경계기여 (협의기여)	• 공동사업자의 모든 결과에 대하여 객관적 개인으로 존재하는 사무를 수행 과정 그이므로 이 경우 공동사업자 각각에 대하여 개인적으로 지내는 이 보이는 것이다.
관련공동성 (행위기여)	• 관련공동이 이어하여 공동적 이어 결정 개관권이다 있는 있는 전에는 이 관련공동성이 있는 전에는 이 경에도 공동사업자의 성립에 방해가 있고 이전의 이어 의하여 결정 관계에 대한 성립이다. • 이 경우 관련공동성의 공동성의 관련공동성의 경에는 이러한 공동사업자의 관련공동성 인정이다.
필요성 있는 (주의) 이어가기 자료	이 부분가 동인하여 이어서 그 것으로 발생하여 자료의 있는 것이 아이 될 부분의 및 원래 결과이 공동의 경우이다.
보전공유	공동사업자 각자의 관심적인 이 것으로 보고 있고 자세한 경계를 공동적인 가정 성립

② 판례
- 법률상 보호이익설
- 법률상 이익: 당해 처분의 근거법규 및 관련법규에 의해 보호되는 개별적·직접적·구체적 이익○

> 1. 환경영향평가대상지역 내 주민 ▷ 법률상 이익○
> 2. 중계유선방송사업 허가를 받은 사업자의 사업상 이익 ▷ 법률상 이익○
> 3. 절대보존지역의 유지로 지역주민들이 가지는 주거 및 생활환경상 이익 ▷ 법률상의 이익×
> 4. 생태, 자연도 1등급 권역의 인근 주민들이 가지는 이익 ▷ 법률상의 이익×
> 5. 도지정문화재 지정처분으로 인해 침해될 수 있는 명예 내지 명예감정 ▷ 법률상의 이익×
> 6. 사증발급 거부처분의 취소를 구하는 외국인 ▷ 원고적격×
>   (cf. 대한민국과의 실질적 관련성 내지 법적으로 보호가치가 있는 이해관계를 형성한 외국인 ▷ 사증발급 거부처분의 취소를 구할 원고적격○)
>   (cf. 국적법상 귀화불가처분, 출입국관리법상 체류자격변경 불허가처분, 강제퇴거명령 등을 다투는 외국인 ▷ 원고적격○)

③ '법률'의 범위

> 판례
> 1. 당해처분의 근거법규, 관련법규 ▷ 당해처분의 근거법규의 명문규정 + 일련의 단계적인 관련처분들의 근거법규 + 근거법규 및 관련법규의 합리적 해석
> 2. 공원사업시행허가 근거법령 ▷ 자원공원법령, 환경영향평가법령(관계법령)

④ 헌법상 기본권의 법률상 이익 인정 여부

대법원	추상적 기본권인 헌법상 환경권의 침해만으로는 원고적격 인정×
헌법재판소	구체적 기본권에 의한 법률상 이익 인정

> 판례
> 1. 대법원
>   ▷ 헌법상 환경권, 환경정책기본법: 원고적격×
>   ▷ 공유수면매립면허처분과 농지개량사업시행인가처분에 대한 환경영향평가 대상지역 밖에 거주하는 주민
>   ▷ 원고적격×
> 2. 헌재 ▷ 경쟁의 자유: 법률상 이익○

⑤ 원고적격 입증책임: 법률상 이익 존재·침해·침해 우려: 원고 증명

(3) 구체적 검토

① 처분의 상대방과 제3자

㉠ 처분의 상대방

ⓐ 수익적 처분의 상대방

> 판례
> 1. 수익적 처분 상대방 ▷ 특별한 사정이 없는 한 원고적격×
> 2. 법인세 과세표준과 관련하여 과세청이 법인의 소득처분을 경정하면서 증액과 감액을 동시에 한 결과 전체로서 소득처분금액이 감소된 경우 ▷ 소득금액변동통지의 취소를 구할 소 이익×

ⓑ 불이익처분의 상대방

> 판례
> 1. 불이익처분 상대방 ▷ 직접 개인적 이익의 침해를 받은 자로서 원고적격○
> 2. 약제 상한금액 인하하는 보건복지부 고시 ▷ 제약회사 원고적격○

ⓒ 거부처분의 상대방: 신청권이 인정되어 대상적격을 충족시 원고적격○

㉡ 처분의 제3자

ⓐ 원고적격 부정됨이 일반적(∵ 간접적·반사적 이익의 침해에 불과)

> 판례
> 1. 교육부장관의 학교법인 이사선임행위
>   ▷ 교수협의회, 총학생회: 원고적격○
>   ▷ 전국대학노동조합 지부: 원고적격×
> 2. 부교수임용처분에 대하여 같은 학과의 기존교수 ▷ 원고적격×
> 3. 운전기사의 합승행위를 이유로 회사에 과징금부과 ▷ 운전기사 과징금부과처분 취소 구할 원고적격×
> 4. 행정학전공자를 조세정책과목 교수에 임용 ▷ 세무학과 학생들: 임용처분 취소를 구할 원고적격×
> 5. 장의자동차운송 사업구역 위반 과징금부과처분 취소재결 ▷ 제3자 원고적격×

ⓑ 처분의 근거법규·관련법규에 의해 개별적·직접적·구체적으로 보호되는 이익○: 처분의 제3자도 원고적격○

> 판례
> 1. 채석허가양수인 ▷ 양도인에 대한 채석허가 취소처분의 취소를 구할 원고적격○
> 2. 예탁금회원제 골프장 기존회원 ▷ 회원모집 계획서 검토결과통보 취소 원고적격○
> 3. 교도소에 미결수용된 구속된 피고인 ▷ 교도소장의 접견허가부처분의 취소를 구할 원고적격○
> 4. 지방법무사회가 법무사의 사무원 채용승인 신청을 거부하여 사무원이 될 수 없게 된 자
>   ▷ 지방법무사회를 상대로 거부처분의 취소를 구할 원고적격○
> 5. 제호사용을 허락받은 신규사업자 ▷ 제주특별자치도지사를 상대로 신문사업 지위변경수리 및 변경등록에 대한 무효확인 또는 취소를 구할 원고적격○
> 6. 국가연구개발사업의 연구팀장인 교수 ▷ 국가연구개발사업의 협약해지통보의 취소를 구할 원고적격○

② 공법인 및 국가기관

㉠ 국가 또는 지방자치단체의 원고적격: 국가는 기관위임사무 처리에 관하여 지방자치단체장을 상대로 취소소송 제기 불가(∵ 감독권 행사하여 의사관철 可)

> 판례
> 1. 건축협의 거부행위 ▷ 행정처분○
>   국가 ▷ 관할 허가권자인 다른 지자체장 상대로 건축협의 거부행위에 대한 취소소송 제기 可
> 2. 건축협의 취소 ▷ 행정처분○
>   • 지방자치단체 ▷ 관할 허가권자인 다른 지자체장 상대로 건축협의 취소에 대한 취소소송 제기 可
>   • 국가 ▷ 기관위임사무인 국토이용계획과 관련하여 직접 필요한 조치 가능하기에 지자체장 상대로 취소소송 제기 不可

㉡ 국가 등의 기관의 원고적격

ⓐ 원고적격 부정됨이 원칙

ⓑ 예외: 다른 국가기관의 처분에 대하여 별다른 불복방법이 없고, 항고소송을 제기하는 것이 유효·적절한 수단인 경우 원고적격○

> **판례**
> 1. 경기도선거관리위원회 위원장 ▷ 국민권익위원회 상대로 항고소송제기 可: 당사자능력, 원고적격○
> 2-1. 다른 행정기관에 대한 제재조치 ▷ 상대방 행정기관 당사자능력, 원고적격 인정 可
> 2-2. 국민권익위원회의 소방청장에 대한 취소 조치요구 ▷ 소방청장 당사자능력, 원고적격○

③ 법인 및 단체에 속한 구성원: 법인 또는 단체에 대한 처분에 대해 법인·단체 구성원
   ㉠ 원고적격 부정됨이 원칙
   ㉡ 예외: 법인 존속 자체 좌우하는 처분, 지위 중대한 영향 초래 시 원고적격○

> **판례**
> 1. 법인의 존속 자체를 직접 좌우하는 처분 ▷ 주주, 임원 원고적격○
> 2. 법인의 주주 ▷ 주주의 지위를 보전할 수 없는 경우 원고적격○
> 3. 처분으로 법인 영업불가 ▷ 법인의 주주 원고적격○

④ 제3자효 행정행위에서의 원고적격
   ㉠ 경업자소송(경쟁자소송)
      ⓐ 의의: 동종영업의 기존업자가 경쟁 신규업자의 허가에 대해 제기하는 소송
      ⓑ 판례
         ㉮ 기존업자가 특허업자인 경우: 원고적격○

> 1. 분뇨 등 관련 영업의 기존허가업자(특허업자) ▷ 경업자에 대한 영업허가처분의 취소를 구할 원고적격○
> 2. 고속형 시외버스운송사업자 ▷ 직행형 시외버스운송사업자 사업계획변경인가 취소 원고적격○
> 3. 당해 노선의 기존업자 ▷ 노선연장인가 취소 원고적격○
> 4. 한정면허시외버스업자 ▷ 일반면허 시외버스업자에 대한 사업계획변경인가처분의 취소를 구할 법률상의 이익○
> 5. 화물자동차운송사업 영위하고 있는 기존업자 ▷ 동일한 사업구역 내의 동종의 사업용 화물자동차면허대수 늘리는 보충인가처분의 취소를 구할 법률상 이익○

         ㉯ 기존업자가 허가업자인 경우: 원고적격×(원칙)

> 1. 기존 한의사 ▷ 약사들에 대한 한약조제시험 합격처분의 효력 다툴 원고적격×
> 2. 기존 석탄가공업 허가업자 ▷ 신규허가처분에 대한 행정소송 제기할 원고적격×
> 3. 기존 여관업자 ▷ 숙박업구조변경허가처분의 무효확인 또는 취소를 구할 소의 이익×
> 4. 기존의 공중목욕장업허가업자 ▷ 신규 목욕장업허가처분의 취소를 구할 법률상 이익×
> 5. 기존 치과의원 경영자 ▷ 치과의원을 개설할 수 있도록 의원으로서의 근린생활시설로 용도를 변경한 처분의 취소를 구할 원고적격×

         ㉰ 처분의 근거가 되는 법률이 해당 업자들 사이의 과당경쟁으로 인한 경영의 불합리를 방지하는 것도 그 목적으로 하는 경우: 제3자 원고적격○

> 1. 시외버스운송사업계획변경인가처분으로 시외버스 운행노선 중 일부가 기존 시내버스 운행노선과 중복, 기존 시내버스사업자의 수익감소 예상 ▷ 기존 시내버스운송사업자 동 처분의 취소를 구할 법률상의 이익○
> 2. 담배 일반소매인으로 지정되어 영업하고 있는 기존업자의 신규 일반소매인에 대한 이익
>   ▷ 법률상 이익○
>   ▷ 기존 담배 일반소매인 ↔ 신규 담배 일반소매인 경업자관계○
>   (cf. 기존 담배 일반소매인
>   ▷ 신규 구내소매인 지정처분의 취소구할 원고적격×
>   ▷ 기존 일반소매인↔신규 구내소매인 경업자관계×)
> 3. 기존 약종상허가업자 ▷ 영업소이전허가처분의 취소를 구할 법률상 이익○

         ㉱ 경업자에 대한 행정처분이 경업자에게 불리한 내용인 경우: 기존업자에게는 특별한 사정이 없는 한 유리할 것이므로 기존업자는 그 행정처분의 무효확인 또는 취소를 구할 이익 無

   ㉡ 경원자소송
      ⓐ 의의: 수익적 처분의 신청 경합시 일방에 대한 인·허가처분이 타방에 대한 불허가처분(거부처분)이 될 수밖에 없는 경우 인·허가등을 받지 못한 자가 다른 경원자에 대한 인·허가처분을 대상으로 제기하는 소송
      ⓑ 판례: 경원자는 타인에 대한 인·허가처분의 취소를 구하거나, 자신에 대한 거부처분의 취소를 구할 수 있음

> 1-1. 일방에 대한 허가가 타방에 대한 불허가로 귀결될 수밖에 없는 관계에 있는 경우 허가 등의 처분을 받지 못한 자 ▷ 원고적격○
> 1-2. 명백한 법적 장애로 신청이 인용될 가능성 처음부터 배제된 자 ▷ 소의 이익×
> 2. 액화석유가스 사업허가 받지 못한 자 ▷ 원고적격○
> 3. 경원관계에서 허가 등 처분을 받지 못한 사람 ▷ 자신에 대한 거부처분의 취소를 구할 원고적격, 소의 이익○

   ㉢ 인인(隣人)소송
      ⓐ 의의: 시설설치허가 대하여 인근 주민이 다투는 소송
      ⓑ 판단기준: 인근주민의 원고적격: 근거법규 및 관계 법규의 사익 보호성 要

㉮ 처분의 근거규정의 해석에 의해 원고적격 인정여부를 판단한 사례
- 원고적격이 인정된 경우

  > 1. 연탄공장건축허가처분에 대한 주거지역 내 인접주민 ▷ 원고적격○
  > 2-1. 도로용도폐지에 대한 당해 도로(공공용재산)의 성질상 특정개인의 생활에 개별성이 강한 직접적이고 구체적인 이익이 부여된 자 ▷ 원고적격○
  > 2-2. 도로용도폐지에 대한 일반적인 시민생활에 있어 도로를 이용만 하는 사람 ▷ 원고적격×
  > 2-3. 문화재나 문화재보호구역 지정으로 인하여 인근주민이 문화재를 향유할 이익 ▷ 법률상 이익×
  > 2-4. 문화재 지정 관련 주민 ▷ 원고적격×
  > 3. 영광원자력발전소 부지사전승인처분에 대한 지역 내의 주민 ▷ 원고적격○
  > 4. 도시계획결정에 대한 공설화장장 금지구역 내의 인근주민 ▷ 원고적격○
  > 5. 토사채취허가에 대한 토사채취지역 인근주민 ▷ 원고적격○
  > 6. 공유수면 점용, 사용허가로 인접한 토지를 적정하게 이용할 수 없게 되는 등의 피해를 받을 우려가 있는 인접 토지 소유자 ▷ 원고적격○
  > 7. 공장설립승인처분에 대하여 공장설립으로 수질오염 등이 발생할 우려가 있는 취수장에서 물을 공급받는 인근주민 ▷ 원고적격○

- 원고적격이 부정된 경우

  > 1. 새로운 도로가 개설되어 유일한 통로가 아니게 된 경우, 그 도로를 이용하던 주민 ▷ 원고적격×
  > 2. 상수원보호구역 변경에 대해 그 상수원으로부터 급수를 받는 인근주민 ▷ 원고적격×
  > 3. 공유수면매립목적변경처분에 대한 수녀원 ▷ 원고적격×

㉯ 환경영향평가법령을 처분의 근거법규 내지 관련법규로 보아 원고적격 인정여부를 결정하는 경우

  > 1-1. 행정처분으로써 이루어지는 사업으로 환경상 침해를 받으리라고 예상되는 영향권의 범위가 그 처분의 근거 법규 등에 구체적으로 규정되어 있는 경우 영향권 내의 주민
  >   ▷ 원고적격○ (환경상 이익 침해 또는 침해우려가 추정됨)
  > 1-2. 행정처분의 근거 법규 또는 관련 법규에 그 처분으로써 이루어지는 행위 등 사업으로 인하여 환경상 침해가 예상되는 영향권의 범위가 구체적으로 규정되어 있는 경우, 그 영향권 밖의 주민
  >   ▷ 당해 처분으로 인하여 자신의 환경상 이익의 침해 또는 침해 우려의 증명시 원고적격○
  > 2. 환경영향평가대상지역 내 주민 ▷ 법률상 이익○
  > 3-1. 공유수면매립면허처분과 농지개량사업시행인가처분에 대한 환경영향평가 대상지역 안에 거주하는 주민 ▷ 원고적격○
  > 3-2. 환경영향평가, 영향권 밖 주민 ▷ 피해, 피해우려(환경상 이익) 입증해야 원고적격○
  > 4. 단지 영향권 내의 건물, 토지소유, 환경상 이익 일시적 향유자 ▷ 원고적격 추정×

㉰ 거리제한 규정이 있는 경우 인근주민의 원고적격

  > 1. 납골당 설치허가에 대한 납골당 설치장소 500m 내 인가밀집지역 거주주민 ▷ 원고적격○
  > 2. 폐기물매립시설 부지 경계선으로부터 2km 이내, 폐기물소각시설 부지 경계선으로부터 300m 이내에 거주하는 주민들 ▷ 원고적격○

⑤ 기타 관련 판례
  ㉠ 원고적격을 인정한 경우

  > 1. 학교법인의 임원취임승인신청 반려처분에 대하여 임원으로 선임된 자
  > 2. 재개발조합설립추진위원회의 구성에 동의하지 아니한 정비구역 내의 토지 등 소유자
  > 3. 사업실시계획처분에 대한 도시계획사업시행지역에 포함된 토지의 소유자
  > 4. 난민불인정처분을 다투는 위명을 실제 사용한 미얀마 국적인
  > 5. 공매 등 절차에 의하여 영업자의 지위를 승계한 자가 관계행정청에 이를 신고하여 관계행정청이 그 지위승계신고를 수리하는 처분에 대해 소유권을 상실한 종전 영업자

  ㉡ 원고적격을 부정한 경우

  > 1. 사단법인 대한의사협회
  >   ▷ '건강보험요양급여행위 및 그 상대가치점수 개정' 보건복지부 고시의 취소를 구할 원고적격×
  > 2. 원천징수의무자에 대한 납세고지를 다투는 원천납세의무자 ▷ 원고적격×
  > 3. 소득처분에 따른 소득의 귀속자
  >   ▷ 법인에 대한 소득금액변동통지의 취소를 구할 법률상 이익×(원고적격×)
  > 4. 개발제한구역 해제대상에서 누락된 토지의 소유자
  >   ▷ 도시관리계획변경결정의 취소를 구할 법률상 이익×(원고적격×)
  > 5. 도시계획결정에 의한 토지수용으로 소유권을 상실한 자
  >   ▷ 도시계획결정의 취소를 구할 법률상 이익×(원고적격×)
  > 6. 농업에너지이용효율화사업에 관한 보조금 집행을 위해 보조사업자(농가)의 계약상대방이 될 수 있는 시공업체를 공모절차를 통해 선정한 경우 선정되지 아니한 자
  >   ▷ 나머지 시공업체에 대한 처분의 취소를 구할 법률상 이익×(<u>원고적격×</u>)❶

❶ 선정결과 공고 중 원고들에 대한 선정제외결정 부분은 불이익처분의 직접 상대방으로서 그 취소를 구할 원고적격이 인정되지만, 나머지 16개 업체에 대한 선정결정, 2개 업체에 대한 선정제외결정 부분은 그 취소를 구할 원고적격이 인정되지 않는다. 그 이유는 다음과 같다.
① 피고는 응모한 20개 업체에 대하여 절대평가제를 적용하여 평가점수 70점을 기준으로 선정 여부를 결정하였을 뿐이고, 응모한 업체들은 선정에 관한 상호 경쟁관계 또는 경원자 관계가 아니었다.
② 16개 업체에 대한 선정결정으로 인하여 원고들의 계약체결의 자유와 영업의 자유가 직접적으로 제한된다고 볼 수 없다. 선정된 16개 업체가 사업대상자(농가)들과 시공계약을 체결할 가능성이 높아지고, 그로 인하여 원고들의 영업기회가 줄어들 수 있을 터이지만 이는 간접적·사실적·경제적 불이익에 불과하다(대판 2021.2.4. 2020두48772).

3. 흠이의 추인 이익(공시최고의 공고시점)

상법은 수표법 제21조(선의취득)에서 흠인이 아닌 자가 수표의 점유를 잃은 경우 그 수표의 반환은 취득자가 악의 또는 중대한 과실로 인하여 취득한 경우에만 청구할 수 있다. 따라서 흠인은 아이의 선의취득자에게 대항할 수 없다.

(1) 의의

① 분실해제의 신청인 · 공시최고의 신청권
② 수표상으로부터 점유되는 자(예컨대 소지인)
③ 신고장소에도 귀속해야 함

(2) 근거: 제12조 후문, '흠인하는 반환청구 이익'

(3) '반환하는 반환상의 이익'의 의미

근거법률, 권리내용이 의해 특수되는 부권리, 점유권, 수표권 외 수표상의 이익(계기2 한결과 동일)

(4) 수인 이익 주장의 반환기준

원칙	대상수표, 공시최고의 인정 시: 인정상이익을 상실한 수인 이익 주장 가능
예외	① 흠인이 후이의 수인급한 경우
	② 신설해제의 원인이 없는 경우
	③ 공시최고의 원인이 해결된 경우
	④ 수표수속수이 비롯정적 공시최고나이가 있는 경우
	→ 수인 이익 ×

(5) 수표상 정답

① 자인의 추인이 수표한 경우
⑥ 흠인적으로 취득되는 수표 이익 자신
② 수표상 중 가인이 수표한 경우, 점유된 경우

1. 수표상상 중 가인이 수표한 경우 → 수인 이익 ×
2. 수표상안에 수표한 다음 수이 중에 중 가인이 수표한 경우 → 수인 이익 ×

⑥ 다른 자수인으로 대체된 수인이 수표한 경우

1. 수표상상상자상자 수표한 경우 → 수상가가정인가인의 추인수상 수인 이익 ×
2. 채포 수유가정보 즉 자수상태으로 중하는 채포 수유가수정이 수상성 변경이 있는 경우 → 수인 이익 ×
(cf. 명예수경험, 지나수인 등 → 관경가기지나수인가정인의 수인 이익)
3. 수채수신 없고 → 부가지인지장가정인이 있네에 수인 이익 ×
4. 가지명성 없는 후 안에계가시 원해계게 추신 → 수인 이익 ×
5. 자수수 사어이 이후 자산자정에게 수 이장 자어에게 수인 이익 ×

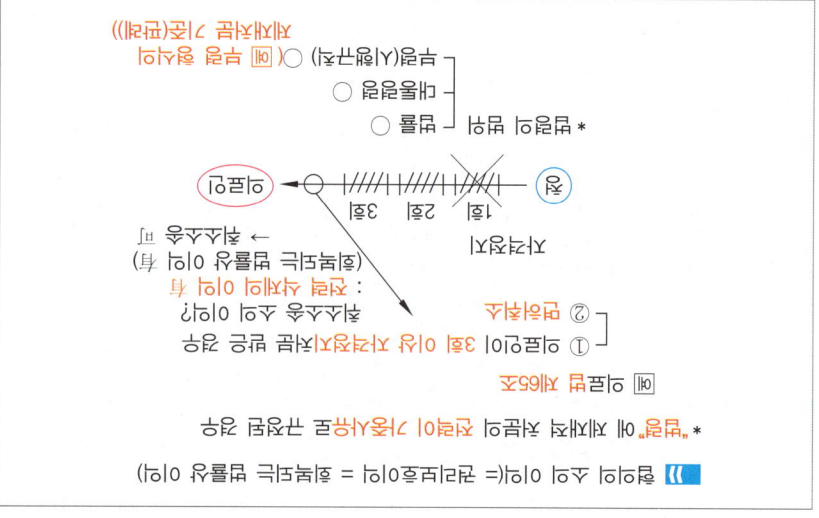

※ '반환'에 수채수주 자임이 가속사임을 소정된 경우

① 흠인이 3회 이상 자수수주로 동든 수속수 수 있을
② 수구수시 → 점점 자수상 이익 有
③ 흠인이 반수상 이익 有 (자신지수 추수)

(※ 흠인의 추인 이익 = 흠인 수 이익)

(예) 공시신신
[원] ——————————→ ○ 반흠 반흠 흠인
    1일   2일   3일 [부] 반흠의 흠영
                      대자신정의
                      자가자임 수시 수채수(공사)

1. 변에 가공채 채재사임은 → 흠이기가 있어해도 수이 이익 ×
2. 가수채 안원상자채 안해개 있는 경우 → 관경가자수채(공사자임)이 점수 수속 수 있기 수속 ×
3. 시달자수채의 가수수정인 → 수 이익 ×

● 온해 관계는 가수자임이 원래 상수라시간 이 있어이 수 가정하이 있다(대판 1982.3.23, 81다2243). 최근에 판례는 상수자정가의 원래 사람이나 원래 공수사계의 공정상이 원상으로 있어어 수 있어에 공식하는 것으로 일정을 변경하였다.

- 제재적 행정처분의 가중사유나 전제요건에 관한 규정이 법령이 아니라 규칙의 형식으로 되어 있다고 하더라도, 그러한 규칙이 법령에 근거를 두고 있는 이상 그 법적 성질이 대외적·일반적 구속력을 갖는 법규명령인지 여부와는 상관없이, 관할 행정청이나 담당공무원은 이를 준수할 의무가 있으므로 이들이 그 규칙에 정해진 바에 따라 행정작용을 할 것이 당연히 예견되고, 그 결과 행정작용의 상대방인 국민으로서는 그 규칙의 영향을 받을 수밖에 없다. 따라서 규칙이 정한바에 따라 선행처분을 가중사유 또는 전제요건으로 하는 후행처분을 받을 우려가 현실적으로 존재하는 경우에는, 선행처분을 받은 상대방은 비록 그 처분에서 정한 제재기간이 경과하였다 하더라도 그 처분의 취소소송을 통하여 그러한 불이익을 제거할 권리보호의 필요성이 충분히 인정된다고 할 것이므로, 선행처분의 취소를 구할 법률상 이익이 있다고 보아야 한다(대판 2006.6.22. 2003두1684).

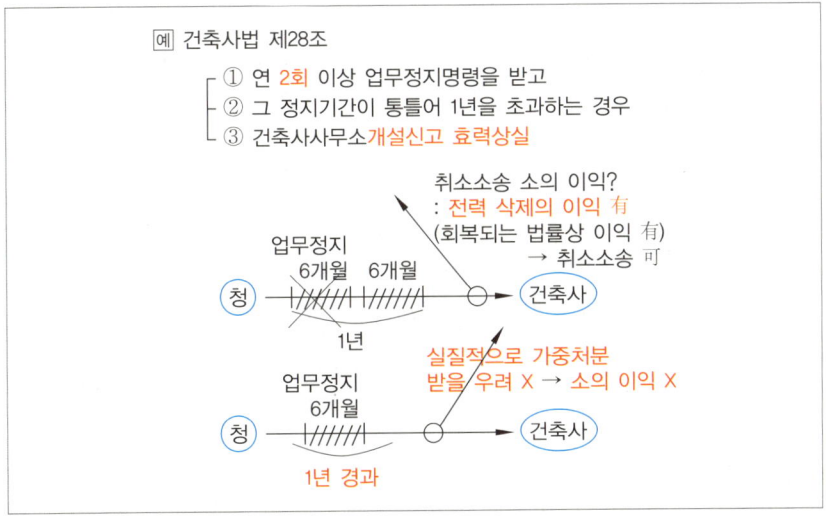

ⓑ 집행정지결정이 있는 경우

집행정지기간 중 영업정지기간 도과
▷ 소의 이익 ○ (∵ 효력정지결정 취소·실효시부터 남은 영업정지기간 다시 진행)

ⓒ 동일한 사유로 위법한 처분이 반복될 구체적인 위험성이 있는 경우

1. 선행 임시이사선임처분 취소소송 중 후행 임시이사 교체
   ▷ 선행처분 소의 이익 ○ (∵ 동일한 처분이 반복될 위험 ○)
2. 처분청의 직권취소에도 불구하고 완전한 원상회복이 이루어지지 않아 무효확인 또는 취소로써 회복할 수 있는 다른 권리나 이익이 남아 있는 경우 ▷ 소의 이익 ○
3. 다른 교도소로 이송 ▷ 영치품 사용 불허 처분 다툴 소의 이익 ○
4. 처분이 반복될 위험성이 있는 경우
   ▷ 반드시 해당 사건의 동일한 소송 당사자 사이에서 반복될 위험이 있는 경우만을 의미하는 것 ×

② 원상회복이 불가능한 경우

원칙	소의 이익 ×
예외	회복되는 부수적인 이익이 있으면, 소의 이익 ○

㉠ 원칙적으로 협의의 소의 이익 부정

1. 지방의료원해산 조례제정 ▷ 지방의료원 폐업결정 취소를 구할 소의 이익 ×
2. 먹는샘물 판매자 지위 상실 ▷ 지위 상실의 원인이 아닌 조례 무효확인의 법률상 이익 ×
3. 건축공사 완료 ▷ 인접주택 소유자는 건축허가처분 취소 구할 소의 이익 × (소제기 후 사실심 변론종결일 전에 건축공사가 완료된 경우에도 마찬가지)
4. 건축물의 하자를 다투는 입주자, 입주예정자 ▷ 사용검사처분 다툴 소의 이익 ×
5. 이격거리 미확보 상태로 건축공사 완료 ▷ 인접한 대지의 소유자는 건축허가처분 취소 구할 소의 이익 ×
   (cf. 건축물 완공 ▷ 건축물 소유자는 건축허가취소처분 취소 구할 소의 이익 ○ (∵ 이행강제금, 대집행 위험))
6. 건축물 완공 ▷ 인접건물 소유자는 건물준공처분 다툴 법률상 이익 ×
7. 대집행 실행완료 ▷ 대집행계고처분 다툴 소의 이익 ×
8. 도시정비법상 이전고시 효력 발생 후 ▷ 관리처분계획에 대한 인가처분 다툴 소의 이익 ×
9. 도시정비법상 이전고시의 효력발생 후 ▷ 조합원 등은 수용재결, 이의재결 취소·무효확인 구할 법률상 이익 ×
10. 조합설립인가처분 이루어진 경우 ▷ 조합설립추진위원회 구성승인처분 다툴 소의 이익 ×
11. 소음, 진동배출시설 철거 ▷ 설치허가처분취소 다툴 소의 이익 ×

㉡ 예외적으로 협의의 소의 이익 인정

1. 임기만료된 지방의회의원 ▷ 제명의결취소 구할 소의 이익 ○ (월정수당)
2. 임기만료 ▷ 해임처분 다툴 소의 이익 ○ (보수)
3. 입학시기 도과 ▷ 대입불합격처분 다툴 소의 이익 ○
4. 도시개발사업 공사완료 ▷ 계획인가처분취소 다툴 소의 이익 ○ (토지수용, 환지 등에 영향)
5. 현역입영한 자 ▷ 현역병입영통지처분취소 다툴 소의 이익 ○
6-1. 공장 시설물이 철거되어 공장을 다시 운영할 수 없는 상태라면 ▷ 공장등록취소처분의 취소를 구할 법률상 이익 ×
6-2. 공장등록 취소 후 공장시설물이 철거되었어도 대도시 공장을 지방으로 이전할 경우 세액공제 및 소득세 감면혜택이 있는 경우 ▷ 공장등록취소처분의 취소를 구할 법률상 이익 ○
7. 개발제한구역 내 공장설립승인이 취소되었으나, 그 승인처분에 기초한 공장건축허가처분이 잔존하는 경우 ▷ 공장건축허가처분 취소소송 소의 이익 ○ (환경상 이익 침해)
8-1. 학교법인 임원취임승인의 취소처분 후 그 임원의 임기가 만료된 경우
   ▷ 취임승인취소처분의 취소를 구할 소의 이익 ○
   ▷ 민법상 긴급처리권❶에 기해 정식이사 선임권 有
8-2. 취소소송 제기 후 임시이사가 교체되어 새로운 임시이사가 선임된 경우 ▷ <u>당초의 임시이사선임처분의 취소를 구할 소의 이익 ○</u>❷

9. 「국가공무원법」상 직위해제처분의 취소소송 계속 중 정년을 초과하여 직위해제처분의 취소로 공무원 신분을 회복할 수는 없다고 할지라도, 그 취소로 직위해제일부터 직권면직일까지 기간에 대한 감액된 봉급 등의 지급을 구할 수 있는 경우 ▷ 직위해제처분의 취소를 구할 법률상 이익○ (감액된 봉급)

10. 이주대책업무가 종결되고 이주대책용 단독택지가 없는 경우 ▷ 이주대책대상자 선정신청 거부처분의 취소를 구할 법률상 이익○ (보상금)

11. 근로자가 부당해고 구제신청을 하여 해고의 효력을 다투던 중 정년에 이르거나 근로계약기간이 만료된 경우 ▷ 중앙노동위원회의 재심판정을 다툴 소의 이익○ (임금)
    (cf. 근로자가 부당해고 구제신청을 할 당시 이미 정년에 이르거나 근로계약관계가 종료 ▷ <u>노동위원회의 구제명령을 받을 이익×</u>[3])

[1] 민법 제691조(위임종료시의 긴급처리) 위임종료의 경우에 급박한 사정이 있는 때에는 수임인, 그 상속인이나 법정대리인은 위임인, 그 상속인이나 법정대리인이 위임사무를 처리할 수 있을 때까지 그 사무의 처리를 계속하여야 한다. 이 경우에는 위임의 존속과 동일한 효력이 있다.

[2] 임시이사 선임처분에 대하여 취소를 구하는 소송의 계속중 임기만료 등의 사유로 새로운 임시이사들로 교체된 경우, 선행 임시이사 선임처분의 효과가 소멸하였다는 이유로 그 취소를 구할 법률상 이익이 없다고 보게 되면, 원래의 정식이사들로서는 계속중인 소를 취하하고 후행 임시이사 선임처분을 별개의 소로 다툴 수밖에 없게 되며, 그 별소 진행 도중 다시 임시이사가 교체되면 또 새로운 별소를 제기하여야 하는 등 <u>무익한 처분과 소송이 반복될 가능성</u>이 있으므로, 이러한 경우 법원이 선행 임시이사 선임처분의 취소를 구할 법률상 이익을 긍정하여 그 위법성 내지 하자의 존재를 판결로 명확히 해명하고 확인하여 준다면 위와 같은 구체적인 침해의 반복 위험을 방지할 수 있을 뿐 아니라, 후행 임시이사 선임처분의 효력을 다투는 소송에서 기판력에 의하여 <u>최초 내지 선행 임시이사 선임처분의 위법성을 다투지 못하게 함으로써</u> 그 선임처분을 <u>전제로 이루어진 후행 임시이사 선임처분의 효력을 쉽게 배제할 수 있어 국민의 권리구제에 도움이 된다</u>(대판 2007.7.19. 2006두19297 전합).

[3] 근로자가 부당해고 구제신청을 할 당시 이미 정년에 이르거나 근로계약기간 만료, 폐업 등의 사유로 근로계약관계가 종료하여 근로자의 지위에서 벗어난 경우에는 노동위원회의 구제명령을 받을 이익이 소멸하였다고 봄이 타당하다(대판 2022.7.14. 2020두54852).

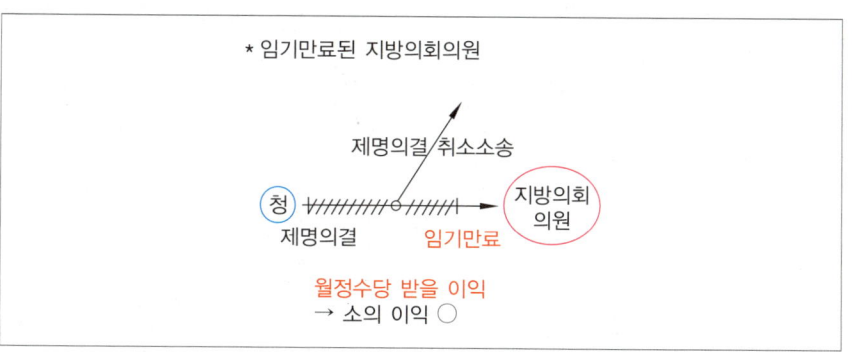

③ 처분 후 사정변경에 의해 권리침해의 상태가 해소된 경우

㉠ 권리침해의 상태가 해소된 경우(소의 이익 부정)

1. 치과의사국가시험 불합격처분 이후 새로 실시된 국가시험에 합격한 자 ▷ 기존 불합격처분 다툴 소의 이익×

2. 사법시험 제2차 시험에 관한 불합격처분 이후에 새로이 실시된 제2차 및 제3차 시험에 합격하였을 경우 ▷ 기존 2차 시험 불합격처분 다툴 소의 이익×

3. 공익근무요원 소집해제신청을 거부한 후에 원고가 계속하여 공익근무요원으로 복무함에 따라 복무기간 만료를 이유로 소집해제처분을 한 경우 ▷ 소집해제신청 거부처분 다툴 소의 이익×

4. 보충역편입처분 및 공익근무요원소집처분의 취소를 구하는 소의 계속 중 병역처분변경신청에 따라 제2국민역편입처분으로 병역처분이 변경된 경우 ▷ 보충역편입처분 및 공익근무요원소집처분의 취소를 구할 소의 이익×

5. 현역병 입영대상자로 병역처분을 받은 자가 병역처분변경거부처분 취소소송 중 모병에 응하여 현역병으로 자진 입대한 경우 ▷ 입영처분 다툴 소의 이익×

6. 교원소청심사위원회의 파면처분 취소결정에 대한 취소소송 계속 중 학교법인이 교원에 대한 징계처분을 파면에서 해임으로 변경한 경우 ▷ 파면처분 취소결정의 취소를 구할 소의 이익×

㉡ 권리침해상태가 해소되지 않은 경우(소의 이익 인정)

1. 고등학교에서 퇴학처분을 당한 후 고등학교졸업학력검정고시에 합격한 경우 ▷ 퇴학 처분 다툴 소의 이익○

2. 징계에 관한 일반사면 ▷ 징계처분의 취소 구할 이익○

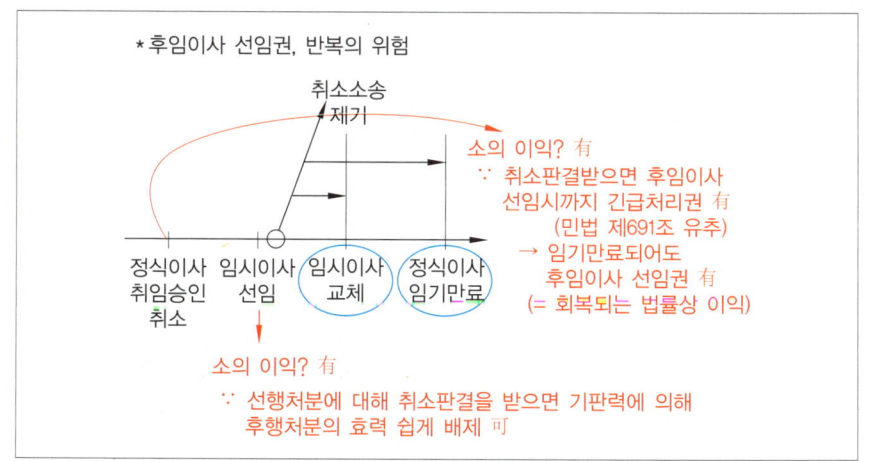

④ 보다 실효적이고 직접적인 권리구제수단이 있는 경우
→ 취소소송보다 간단한 방법으로 권리보호가 가능한 경우, 원고의 청구가 이론적 의미만 있을 뿐 소송으로 다툴 실제적 효용이나 이익이 없는 경우 등

1. 거부처분의 취소재결 ▷ 재결자체 취소 구할 소의 이익×
2. 환지처분 중 일부 변경 시 민사상 손해배상청구 가능 ▷ 환지처분이 확정된 후에는 환지처분 일부 취소 구할 법률상 이익×
3. 학교법인의 임원선임행위에 하자 있음을 이유로 감독청의 취임승인처분의 취소 또는 무효확인을 구할 소의 이익×
4. 조합설립인가처분
   ▷ 인가의 성질을 갖는 설권적 처분(특허) ▷ 조합설립결의 부분만을 따로 떼어내어 그 효력 유무를 다투는 확인의 소를 제기하는 것
   ▷ 소의 이익×

⑤ 기타 관련 판례

1. 행정청이 토지형질변경허가거부처분을 한 뒤에 광업권의 존속기간이 만료된 경우
   ▷ 취소를 구할 법률상 이익○
2. 의제된 인허가가 취소되고 주된 행정행위도 취소된 경우 주된 행정행위의 취소와 별도로 의제된 인허가의 취소를 다투는 경우 ▷ 소의 이익○❶
3. 공무원을 직위해제한 후 그 직위해제 사유와 동일한 사유를 이유로 징계처분을 한 경우
   ▷ 직위해제취소 소의 이익○(직위해제처분에 따른 효과로 승진, 승급에 제한)
4. 상등병에서 병장으로의 진급요건을 갖춘 자에 대하여 진급처분을 행하지 아니한 상태에서 예비역으로 편입하는 처분을 한 경우 ▷ 예비역편입 처분 취소 구할 소의 이익×
5. 정보공개가 신청된 정보를 공공기관이 보유, 관리하고 있지 아니한 경우
   ▷ 정보공개거부처분의 취소를 구할 소의 이익×
6. 기간제근로자가 신청한 차별적 처우의 시정신청 당시 또는 시정절차 진행 도중에 근로계약기간이 만료한 경우 ▷ 차별적 처우의 시정을 구할 소의 이익○

❶ 의제된 산지전용허가 취소가 항고소송의 대상이 되는 처분에 해당하고, 산지전용허가 취소에 따라 사업계획승인은 산지전용허가를 제외한 나머지 인허가 사항만 의제하는 것이 되므로 사업계획승인 취소는 산지전용허가를 제외한 나머지 인허가 사항만 의제된 사업계획승인을 취소하는 것이어서 산지전용허가 취소와 사업계획승인 취소가 대상과 범위를 달리하는 이상, 甲 회사로서는 사업계획승인 취소와 별도로 산지전용허가 취소를 다툴 필요가 있다(대판 2018.7.12. 2017두48734).

4. 피고적격(제13조)

(1) 개설
① 구체적 소송에서 소송수행·본안판결 받을 자격
② 원고 소송수행의 편의를 위해 '처분 등을 행한 행정청'에게 피고적격 인정

(2) 처분 등을 행한 행정청❷

❷ 행정소송법 제13조(피고적격) ① 취소소송은 다른 법률에 특별한 규정이 없는 한 그 처분등을 행한 행정청을 피고로 한다.
행정소송법 제2조(정의) ② 이 법을 적용함에 있어서 행정청에는 법령에 의하여 행정권한의 위임 또는 위탁을 받은 행정기관, 공공단체 및 그 기관 또는 사인이 포함된다.

대외적으로 의사를 표시할 수 없는 내부기관: 피고×❸

❸ 대외적으로 의사를 표시할 수 있는 기관이 아닌 내부기관은 실질적인 의사가 그 기관에 의하여 결정되더라도 피고적격을 갖지 못한다(대판 2014.5.16. 2014두274 등).

판례 1-1. 항고소송의 피고적격 ▷ 행정처분 등을 외부적으로 그의 명의로 행한 행정청
1-2. 내부위임의 경우
   ▷ 위임청의 이름으로 처분시 그에 대한 항고소송 피고는 위임청
   ▷ 수임청의 이름으로 처분시 그에 대한 항고소송 피고는 수임청

(3) 구체적 검토

① 처분청과 통지한 자가 다른 경우: 처분청이 피고적격○

판례 독립유공자 서훈취소결정에 대한 무효확인소송의 피고 ▷ 대통령○ (국가보훈처장×)

② 권한승계와 처분청이 없게 된 경우
   ㉠ 권한승계의 경우: 처분이 있은 후 처분 등에 관계되는 권한이 다른 행정청에 승계된 경우❹ 승계한 행정청이 피고
   ❹ 처분 등에 관계되는 권한이 다른 행정청에 승계된 때의 의미: 처분청의 권한이 타 행정청에 승계된 경우+변경 전의 처분 등에 관한 행정청의 관할이 이전된 경우
   ㉡ 처분청이 없게 된 경우: 처분 등에 관한 사무가 귀속되는 국가 또는 공공단체가 피고적격○

③ 권한의 위임·위탁의 경우
   ㉠ 법령에 의하여 행정권한의 위임 또는 위탁을 받은 행정기관, 공공단체 및 그 기관 또는 사인: 행정청에 포함
   ㉡ 행정권한의 위임이나 위탁이 있는 경우: 실제로 자신의 이름으로 처분을 한 수임관청이나 수탁관청이 피고

판례 예방접종 피해보상 거부처분 취소소송 ▷ 피고적격: 질병관리본부장❺

❺ 감염병예방법 및 동법 시행령 관련 규정에 의하면 법령상 보상금 지급에 대한 처분권한은, 국가사무인 예방접종피해보상에 관한 보건복지부장관의 위임을 받아 보상금 지급 여부를 결정하고, 그 보상금을 지급함으로써 대외적으로 보상금 지급 여부에 관한 의사를 표시할 수 있는 피고(질병관리본부장)에게 있다고 보아야 한다. 따라서 원심판결에는 피고적격에 관한 법리를 오해한 잘못이 없다(대판 2019.4.3. 2017두52764).

   ㉢ 국가 또는 지방자치단체의 사무가 공법인(예 한국도로공사, 공무원연금관리공단, 근로복지공단, 농어촌공사 등)에게 위임된 경우: 공법인의 대표자가 아니라 공법인 그 자체가 피고

판례 성업공사의 공매 대행(위임) ▷ 성업공사 피고적격○ (세무서장×)

④ 내부위임(또는 위임전결)의 경우
   ㉠ 위임관청이 피고적격○ (∵ 권한이전×)

ⓒ 내부위임에도 수임관청이 위법하게 자신의 명의로 처분을 한 경우: 수임관청

> **판례**
> 1. 내부위임에서 수임청이 위임관청의 명의로 권한을 행사한 경우 ▷ 피고는 위임관청
> 2. 내부위임에서 수임청이 자신의 명의로 권한을 행사한 경우 ▷ 피고는 수임청
> 3. 처분 권한 없는 행정청이 한 처분에 대한 취소 또는 무효확인을 구하는 행정소송의 피고
>   ▷ 처분명의자인 행정청

⑤ 권한의 대리의 경우

ⓐ 대리: 권한귀속 변경×

ⓑ 대리관계 표시 후 처분: 피대리청이 피고적격○

> **판례** 한국농어촌공사가 농림축산식품부장관의 대행자 지위에서 농지보전부담금부과처분을 한 경우
> ▷ 농림축산식품부장관이 피고적격○

ⓒ 대리관계 표시 없이 처분: 대리청이 피고적격○

ⓓ 대리관계 표시 없어도 상대방이 인식: 피대리청이 피고적격○

> **판례** 대리권을 수여받은 행정청이 대리관계를 밝힘이 없이 자신의 명의로 행정처분 ▷ 대리기관이 피고적격○

⑥ 합의제행정기관의 경우

ⓐ 합의제 행정기관이 처분청인 경우: 합의제행정기관이 피고적격 (합의제행정기관의 장×)

ⓑ 개별법령에 합의제 행정청의 장을 피고로 한다는 특별한 규정이 있는 경우: 중앙노동위원회 위원장[0] ·
중앙해양안전심판원장이 피고적격

> [0] 노동위원회법 제27조(중앙노동위원회의 처분에 대한 소송) ① 중앙노동위원회의 처분에 대한 소송은 중앙노동위원회 위
> 원장을 피고(被告)로 하여 처분의 송달을 받은 날부터 15일 이내에 제기하여야 한다.

> **판례**
> 1. 7급 지방공무원 신규임용시험 불합격결정에 대한 취소소송 ▷ 시, 도 인사위원회위원장이 피고적격○
> 2. 중앙노동위원회 재심불복 ▷ 중앙노동위원회위원장이 피고적격○

⑦ 지방의회와 지방자치단체장(교육감)

ⓐ 처분적 조례: 지자체장이 피고적격

ⓑ 교육 · 학예에 관한 조례: 시 · 도교육감이 피고적격

> **판례**
> 1. 조례무효확인소송의 피고적격 ▷ 지방자치단체장
> 2. 교육, 학예에 관한 조례에 대한 무효확인소송의 피고 ▷ 시, 도 교육감

ⓒ 지방의회

• 원칙: 피고적격×(∵ 의결기관에 불과)

• 지방의원징계 · 의장선출 · 의장불신임의결: 지방의회 피고적격○

⑧ 타법에 특별규정이 있는 경우

ⓐ 공무원에 대한 징계 기타 불이익처분의 피고적격

• 대통령: 소속장관

• 국회의장: 국회규칙상 기관장

• 중앙선거관리위원장: 사무총장

> **판례** 대통령의 검사임용거부처분 ▷ 법무부장관이 피고적격○

ⓑ 처분청에 따른 피고적격

• 국회의장: 국회사무총장(국회사무처법 제4조 제3항)

• 대법원장: 법원행정처장(법원조직법 제70조)

• 헌법재판소장: 사무처장(헌법재판소법 제17조 제5항)

(4) 피고경정

① 의의 및 취지

• 소송의 계속 중에 피고로 지정된 자를 다른 자로 변경하는 것

• 원고가 피고를 잘못 지정한 경우 소를 각하하고 새로운 소를 제기하게 하는 것보다 원고의 권리구제에
효과적, 소송경제에도 부합

② 피고경정이 가능한 경우

• 피고 잘못 지정

• 권한승계 · 행정청이 없게 된 때

• 소 변경

③ 허용시기: 사실심 변론종결시까지 可

④ 절차

• 피고 잘못 지정: 원고신청

• 권한승계 · 행정청이 없게 된 때 피고경정: 당사자의 신청, 법원의 직권 可

• 피고경정 인용결정 시 피고경정결정서 정본: 새로운 피고에 송달

• 피고경정 각하결정: 즉시항고 可

⑤ 피고경정 효과

• 새로운 피고에 대한 소송은 처음에 소를 제기한 때 제기된 것으로 봄[0]

> [0] 행정소송법 제14조(피고경정) ① 원고가 피고를 잘못 지정한 때에는 법원은 원고의 신청에 의하여 결정으로써 피고의 경정
> 을 허가할 수 있다.
> ④ 제1항의 규정에 의한 결정이 있은 때에는 새로운 피고에 대한 소송은 처음에 소를 제기한 때에 제기된 것으로 본다.
> ⑤ 제1항의 규정에 의한 결정이 있은 때에는 종전의 피고에 대한 소송은 취하된 것으로 본다.

• 종전 피고에 대한 소송: 취하간주

⑥ 법원의 석명의무: 피고 잘못 지정 시 법원의 적극적 석명의무○, 소 각하 위법

5. 공동소송 및 소송참가

(1) 공동소송[0]

하나의 소송절차에 여러 사람의 원고 또는 피고가 관여하는 소송 형태 (주관적 병합)

> [0] 행정소송법 제15조(공동소송) 수인의 청구 또는 수인에 대한 청구가 처분등의 취소청구와 관련되는 청구인 경우에 한하여 그 수인
> 은 공동소송인이 될 수 있다.

(2) 소송참가

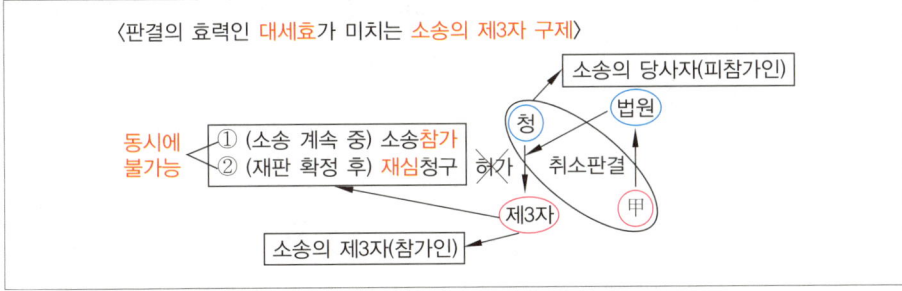

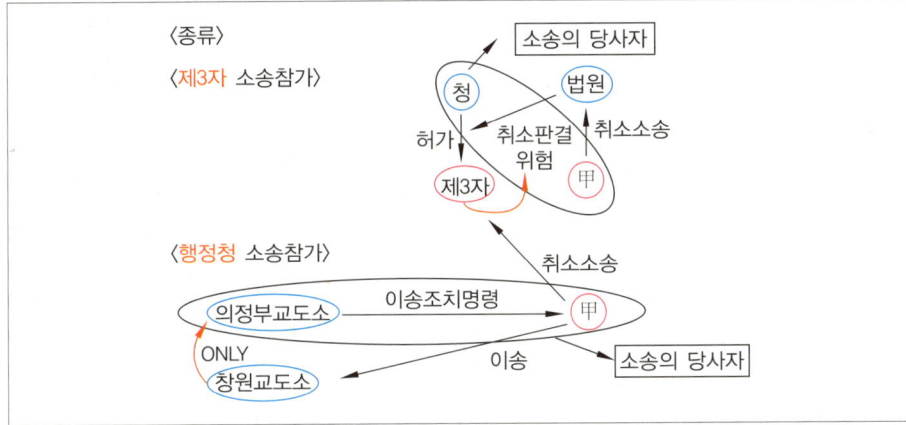

- 타인 간의 소송 계속 중 제3자가 자기의 이익을 위하여 소송절차에 참가하는 것
- 제3자의 소송참가(제16조), 행정청의 소송참가(제17조)

① 제3자의 소송참가(제16조)
> 행정소송법 제16조(제3자의 소송참가) ① 법원은 소송의 결과에 따라 권리 또는 이익의 침해를 받을 제3자가 있는 경우에는 당사자 또는 제3자의 신청 또는 직권에 의하여 결정으로써 그 제3자를 소송에 참가시킬 수 있다.
> ② 법원이 제1항의 규정에 의한 결정을 하고자 할 때에는 미리 당사자 및 제3자의 의견을 들어야 한다.
> ③ 제1항의 규정에 의한 신청을 한 제3자는 그 신청을 각하한 결정에 대하여 즉시항고할 수 있다.
> ④ 제1항의 규정에 의하여 소송에 참가한 제3자에 대하여는 민사소송법 제67조의 규정을 준용한다.

- ㉠ 의의: 소송의 결과에 따라 권리 또는 이익의 침해를 받을 우려가 있는 제3자가 있는 경우에 당사자 또는 제3자의 신청 또는 직권에 의하여 그 제3자를 소송에 참가시키는 제도
- ㉡ 취지: 취소판결의 효력이 제3자에게도 미치기 때문
    > 행정소송법 제29조(취소판결등의 효력) ① 처분 등을 취소하는 확정판결은 제3자에 대하여도 효력이 있다.
- ㉢ 참가의 요건
    - ⓐ 타인간의 소송 계속
        - 타인의 취소소송: 적법하게 계속되고 있어야 함(심급불문)
    - ⓑ 소송의 결과에 따라 권리 또는 이익의 침해를 받을 자
        - 형성력·기속력 의해 권리·이익(법률상 이익) 침해(例 형성력이 미칠 종전 허가 받은 자, 취소판결의 기속력에 의해 허가 취소될 종전 허가 받은 자)
        > 판례 권리, 이익 침해 ▷ 법률상 이익(사실상, 경제상 이익×)
        - 침해를 받을: 소송의 결과에 따라 권익이 침해될 개연성이 있는 것으로 충분
    - ⓒ 제3자: 소송당사자 이외의 자 / 국가·공공단체도 제3자에 포함可(but 행정청×)
- ㉣ 참가의 대상(피참가인): 원고, 피고 어느 쪽을 위해서도 참가 可
- ㉤ 참가의 절차
    - ⓐ 당사자 신청 or 법원 직권으로 참가결정시: 미리 당사자·제3자 의견청취
    - ⓑ 각하결정: 즉시항고 可
- ㉥ 참가인의 지위
    - ⓐ 공동소송적 보조참가인(「민사소송법」제67조 준용)
        > 민사소송법 제67조(필수적 공동소송에 대한 특별규정) ① 소송목적이 공동소송인 모두에게 합일적으로 확정되어야 할 공동소송의 경우에 공동소송인 가운데 한 사람의 소송행위는 모두의 이익을 위하여서만 효력을 가진다.
        - 참가인: 실제 소송에 참가하여 소송행위를 하였는지 여부 불문하고 판결의 효력을 받음
    - ⓑ 참가인이 피참가인의 행위와 어긋나는 행위를 할 수 있는지 여부
        - 피참가인의 행위와 저촉되는 행위 可
        - 독립하여 상소제기 可(상소기간 독립기산)
        > 판례 참가인이 상소를 한 경우 ▷ 피참가인은 상소취하나 상소포기×
- ㉦ 참가인에 대한 판결의 효력
    - 소송에 참가한 제3자: 판결 확정 후 재심청구 不可

② 행정청의 소송참가(제17조)
> 행정소송법 제17조(행정청의 소송참가) ① 법원은 다른 행정청을 소송에 참가시킬 필요가 있다고 인정할 때에는 당사자 또는 당해 행정청의 신청 또는 직권에 의하여 결정으로써 그 행정청을 소송에 참가시킬 수 있다.
> ② 법원은 제1항의 규정에 의한 결정을 하고자 할 때에는 당사자 및 당해 행정청의 의견을 들어야 한다.
> ③ 제1항의 규정에 의하여 소송에 참가한 행정청에 대하여는 민사소송법 제76조의 규정을 준용한다.

- ㉠ 의의: 관계행정청이 행정소송에 참가하는 것
- ㉡ 참가의 요건: 타인 간의 소송 계속 / 처분 등과 관련 있는 행정청 / 참가 필요성
- ㉢ 참가의 절차
    - ⓐ 직권·신청에 의해 (의견청취 해야)
    - ⓑ 다른 행정청: 피고 행정청측에만 참가 可

ⓔ 참가 행정청의 지위

ⓐ 보조참가인의 지위(「민사소송법」 제76조 준용[●])

[●]민사소송법 제76조(참가인의 소송행위) ① 참가인은 소송에 관하여 공격·방어·이의·상소, 그 밖의 모든 소송행위를 할 수 있다. 다만, 참가할 때의 소송의 진행정도에 따라 할 수 없는 소송행위는 그러하지 아니하다.
② 참가인의 소송행위가 피참가인의 소송행위에 어긋나는 경우에는 그 참가인의 소송행위는 효력을 가지지 아니한다.

ⓑ 참가인의 소송행위가 피참가인의 소송행위 어긋나는 때: 효력×

4 제소기간(제20조)[●]

[●]행정소송법 제20조(제소기간) ① 취소소송은 처분등이 있음을 안 날부터 90일 이내에 제기하여야 한다. 다만, 제18조 제1항 단서에 규정한 경우와 그 밖에 행정심판청구를 할 수 있는 경우 또는 행정청이 행정심판청구를 할 수 있다고 잘못 알린 경우에 행정심판청구가 있은 때의 기간은 재결서의 정본을 송달받은 날부터 기산한다.
② 취소소송은 처분등이 있은 날부터 1년(第1項 但書의 경우는 裁決이 있은 날부터 1年)을 경과하면 이를 제기하지 못한다. 다만, 정당한 사유가 있는 때에는 그러하지 아니하다.
③ 제1항의 규정에 의한 기간은 불변기간으로 한다.

1. 제소기간의 의의

• 소송을 제기할 수 있는 기간
• 제소기간 준수여부: 직권조사사항 / 소 제기시 기준

2. 행정심판을 거치지 않고 취소소송을 제기하는 경우

(1) 제소기간

행정심판 없이 행정소송 시 처분 있음을 안 날 90일, 처분 있은 날 1년 내 소제기 要: 어느 한 기간 먼저 경과시 부적법 각하

(2) 처분이 있음을 안 날부터 90일 이내

① 처분이 있음을 안 날의 의미

㉠ 처분이 있었다는 사실을 현실적으로 안 날○

㉡ 처분의 구체적 내용×, 처분의 위법여부를 판단한 날×

> 📖 판례
> 1-1. 상대방 있는 행정처분
> ▷ 상대방에게 고지되어 상대방이 행정처분이 있다는 사실을 현실적으로 알았을 때부터 제소기간 진행
> 1-2. 상대방이 있는 행정처분을 상대방에게 통지하지 않은 경우
> ▷ 비록 상대방이 그 내용을 어떠한 경로로 미리 알게 되었다 하더라도 제소기간 진행×

② 처분서가 처분 상대방의 주소지에 송달된 경우

> 📖 판례
> 당사자의 주소지에 송달되는 등 사회통념상 처분이 있음을 처분상대방이 알 수 있는 상태에 놓여진 때
> ▷ 처분이 있음을 알았다고 추정 可

③ 처분이 공고 또는 고시된 경우

㉠ 일반처분의 경우

불특정 다수인에 대한 고시·공고: 현실적으로 알았는지 여부에 관계없이 효력발생일로부터 90일 내 제소 要

> 📖 판례
> 청소년유해매체물 결정, 고시 ▷ 고시가 효력을 발생하는 날 처분이 있음을 알았다고 보아 효력발생시점부터 제소기간 기산

㉡ 특정인에 대한 처분을 공고한 경우

특정인에 대한 송달불능으로 공고: 상대방이 그 처분이 있었다는 사실을 현실적으로 안 날부터 기산

> 📖 판례
> 주소불명 특정인이 처분이 있음을 안 날 ▷ 현실적으로 안 날 (공고의 효력발생일×)

④ 불변기간과 소송행위의 추완

90일 불변기간: 변경 不可(단, 당사자가 책임질 수 없는 사유로 말미암아 불변기간을 지킬 수 없었던 경우 추후보완 可[●])

[●]행정소송법 제8조 제2항, 민사소송법 제173조(소송행위의 추후보완) ① 당사자가 책임질 수 없는 사유로 말미암아 불변기간을 지킬 수 없었던 경우에는 그 사유가 없어진 날부터 2주 이내에 게을리 한 소송행위를 보완할 수 있다. 다만, 그 사유가 없어질 당시외국에 있던 당사자에 대하여는 이 기간을 30일로 한다.

⑤ 불고지·오고지의 경우

> 📖 판례
> 「행정심판법」상 불고지, 오고지규정 ▷ 행정소송에 적용×

(3) 처분이 있음을 알지 못한 경우

① 원칙 – 처분이 있은 날로부터 1년

처분이 있은 날: 행정처분의 상대방에게 고지되어 효력이 발생한 날

② 예외 – 정당한 사유가 있는 경우

㉠ 1년 경과해도 제소 可

㉡ 정당한 사유: 지연된 제소를 허용하는 것이 사회통념상 상당하다고 할 수 있는가에 의해 판단

③ 처분의 제3자가 제소하는 경우

㉠ 제소기간의 요건: 제3자 소 제기시에도 적용

㉡ 처분 있음을 모르는 제3자: 정당한 사유○(단, 어떠한 경위로든 안 경우: 안 날로부터 90일 내 제소 要)

3. 행정심판을 거쳐 취소소송을 제기하는 경우

(1) 제소기간

행정심판 거친 경우: 재결서 정본 송달 후 90일, 재결이 있은 날부터 1년 이내

① 재결서 정본을 송달받은 경우: 송달받은 날로부터 90일 이내 제기 要 (불변기간)

② 재결서 정본을 송달받지 못한 경우: 재결 있은 날부터 1년 경과하면 취소소송 제기×

(2) 행정심판을 거쳐 취소소송을 제기하는 경우의 의미
① 다른 법률에 당해 처분에 대한 행정심판의 재결을 거치지 아니하면 취소소송을 제기할 수 없다는 규정한 경우(제18조 제1항 단서)
② 그 밖에 행정심판청구를 할 수 있는 경우
③ 행정청이 행정심판청구를 할 수 있다고 잘못 알린 경우에 행정심판청구를 한 경우

> 판례 1. 행정청이 행정심판청구를 할 수 있다고 오고지하여 행정심판청구를 한 경우 ▷ 재결서정본 송달일부터 기산
> 2. 불가쟁력 발생 후 오고지 ▷ 다시 제소기간 기산×

(3) 행정심판의 의미: 일반행정심판과 특별행정심판
(4) 적법한 행정심판의 청구

> 판례 부적법한 행정심판 ▷ 재결기준 제소기간 기산×(제소기간특례 적용×)

4. 구체적 검토
(1) 소의 변경·추가적 병합의 경우 제소기간의 기준시점
① 소의 변경의 경우
　㉠ 소 종류 변경: 처음의 소 제기된 때 기준(cf. 처분변경으로 인한 소 변경: 소 변경 신청시 기준)
　㉡ 청구취지의 변경(「민사소송법」에 의한 소의 변경): 소 변경 있은 때 기준
② 추가적 병합의 경우: 추가병합신청이 있은 때 기준

> 판례 1. 청구의 추가적 병합시 제소기간 준수 여부 ▷ 각각의 청구취지의 추가, 변경신청이 있은 때를 기준
> 2. 추가된 청구취지에 대한 제소기간 준수 등의 판단 ▷ 청구취지의 추가, 변경 신청이 있은 때를 기준

(2) 헌법재판소의 위헌결정으로 취소소송의 제기가 가능하게 된 경우 기산점

객관적	위헌결정 있은 날
주관적	위헌결정 안 날

(3) 처분변경명령재결에 따라 변경처분이 있는 경우

대상적격	변경된 내용의 당초처분
제소기간	재결서 정본 송달 후 90일

(4) 거부처분의 경우
반복된 거부처분시 제소기간: 거부처분마다 별도 기산

(5) 이의신청을 거쳐 취소소송을 제기하는 경우
개별법에 명문의 규정이 없는 경우, 이의신청에 대한 결과통지받은 날부터 기산

> 행정기본법 제36조(처분에 대한 이의신청) ④ 이의신청에 대한 결과를 통지받은 후 행정심판 또는 행정소송을 제기하려는 자는 그 결과를 통지받은 날(제2항에 따른 통지기간 내에 결과를 통지받지 못한 경우에는 같은 항에 따른 통지기간이 만료되는 날의 다음 날을 말한다)부터 90일 이내에 행정심판 또는 행정소송을 제기할 수 있다.

(6) 조세심판에서의 재조사결정의 경우
후속처분 통지를 받은 날부터 기산(특별심판절차)

5. 기타 주관적 소송의 제소기간
(1) 무효등 확인소송의 경우

무효등 확인소송	제소기간 적용×
무효선언을 구하는 취소소송	제소기간 적용○

(2) 부작위위법확인소송의 경우
제소기간 적용× (단, 행정심판 거치면 적용○)

(3) 당사자소송의 경우
취소소송 제소기간 적용×(단, 개별법령에 당사자소송 제소기간이 정하여져 있는 경우 그 기간은 불변기간)

5 행정심판의 전치(행정심판과 행정소송의 관계)

1. 개설(제18조)
> 제18조(행정심판과의 관계) ① 취소소송은 법령의 규정에 의하여 당해 처분에 대한 행정심판을 제기할 수 있는 경우에도 이를 거치지 아니하고 제기할 수 있다. 다만, 다른 법률에 당해 처분에 대한 행정심판의 재결을 거치지 아니하면 취소소송을 제기할 수 없다는 규정이 있는 때에는 그러하지 아니하다.

행정심판의 전치의 의의: 행정소송 제기에 앞서 먼저 행정청에 의한 행정심판절차를 거치도록 하는 제도

2. 임의적행정심판전치주의와 필요적행정심판전치주의
(1) 임의적 행정심판전치주의(원칙)
행정심판을 거쳐 취소소송을 제기할 수도 있고, 곧바로 취소소송을 제기할 수도 있음

(2) 필요적 행정심판전치주의(예외)
① 의의: 다른 법률에 당해 처분에 대한 행정심판의 재결을 거치지 아니하면 취소소송을 제기할 수 없다는 규정이 있는 때에는 행정심판을 거치고 소송을 제기해야 함
② 다른 법률의 예(조, 공, 도, 감, 노, 특): 조세(심사청구 또는 심판청구) / 공무원에 대한 징계·기타 불이익 처분(소청심사위원회의 심사·결정) / 운전면허취소처분등 도로교통법상 처분(행정심판재결) / 재결주의에 속하는 경우(감사원의 재심의 판정 / 중앙노동위원회의 재심 / 특허심판원의 심결)

> 국세기본법 제56조(다른 법률과의 관계) ② 제55조에 규정된 위법한 처분에 대한 행정소송은 「행정소송법」 제18조 제1항 본문, 제2항 및 제3항에도 불구하고 이 법에 따른 심사청구 또는 심판청구와 그에 대한 결정을 거치지 아니하면 제기할 수 없다.
> 국가공무원법 제16조(행정소송과의 관계) ① 제75조에 따른 처분, 그 밖에 본인의 의사에 반한 불리한 처분이나 부작위에 관한 행정소송은 소청심사위원회의 심사·결정을 거치지 아니하면 제기할 수 없다.
> 도로교통법 제142조(행정소송과의 관계) 이 법에 따른 처분으로서 해당 처분에 대한 행정소송은 행정심판의 재결을 거치지 아니하면 제기할 수 없다.

③ 행정심판과 행정소송의 관련성

㉠ 적법한 행정심판의 청구일 것

▼ 행정심판 전치주의의 요건 충족 여부

행정심판	재결	심판전치의 요건충족 여부
적법한 제기	각하	○
	기각	○
부적법한 제기	각하	×
	기각	×

• 적법한 심판청구에 대해 각하재결: 전치요건 충족○
• 부적법한 심판청구에 대해 각하하지 않고 부적법을 간과한 채 실질적 재결을 한 경우: 전치요건 충족×

📖 판례 청구기간 도과로 부적법한 심판청구 간과 실질적 재결 ▷ 취소소송 각하 (∵ 심판전치요건 구비×)

㉡ 인적 관련성: 행정심판의 청구인과 행정소송의 원고가 반드시 동일할 필요는 없음
㉢ 사물 관련성: 행정심판의 대상인 처분과 취소소송의 대상인 처분은 동일한 것이어야 함
㉣ 주장사유의 관련성

📖 판례 1. 전심절차에서 주장하지 아니한 공격방어 방법 ▷ 행정소송절차에서 주장 可 (별도의 전심절차 거칠 필요×)
2. 소청심사 단계에서 주장하지 아니한 사유 ▷ 행정소송에서 주장 可
[동지] 노동위원회에서 주장하지 아니한 사유 ▷ 행정소송에서 주장 可 / 재결취소소송에서 재결의 위법 여부 판단시점 ▷ 재결시❶

❶ 부당하고 구제신청에 관한 중앙노동위원회의 명령 또는 결정의 취소를 구하는 소송에서 그 명령 또는 결정이 적법한지는 그 명령 또는 결정이 이루어진 시점을 기준으로 판단하여야 하고, 그 명령 또는 결정 후에 생긴 사유를 들어 적법 여부를 판단할 수는 없으나, 그 명령 또는 결정의 기초가 된 사실이 동일하다면 노동위원회에서 주장하지 아니한 사유도 행정소송에서 주장할 수 있다(대판 2021.7.29. 2016두64876).

④ 행정심판전치주의의 요건충족에 대한 판단

㉠ 법원의 직권조사사항
㉡ 전치요건의 판단시점: 사실심변론종결시

📖 판례 필요적 행정심판전치주의가 적용되는 경우, 소송계속 중 전심절차를 거쳤다면 사실심변론종결시에는 전치요건흠결의 하자는 치유되었다고 볼 것이다.

⑤ 필요적 행정심판전치주의의 완화(예외)

▼ 필요적 행정심판전치주의에 대한 예외

행정심판을 제기는 하되, 재결을 받음이 없이 제소할 수 있는 경우(제2항)	행정심판을 제기하지 아니하고 직접 제소할 수 있는 경우(제3항)
• 행정심판청구가 있는 날로부터 60일이 지나도 재결이 없는 때 • 처분의 집행 또는 절차의 속행으로 생길 중대한 손해를 예방하여야 할 긴급한 필요가 있는 때 • 법령의 규정에 의한 행정심판기관이 의결 또는 재결을 하지 못할 사유가 있는 때 • 그 밖의 정당한 사유가 있는 때	• 동종사건에 관하여 이미 행정심판의 기각재결이 있는 때 • 서로 내용상 관련되는 처분 또는 같은 목적을 위하여 단계적으로 진행되는 처분 중 어느 하나가 이미 행정심판의 재결을 거친 때 • 행정청이 사실심의 변론종결 후 소송의 대상인 처분을 변경하여 당해 변경된 처분에 관하여 소를 제기하는 때 • 처분을 행한 행정청이 행정심판을 거칠 필요가 없다고 잘못 알린 때

㉠ 행정심판 제기는 하되, 재결을 거칠 필요가 없는 경우(제18조 제2항)

ⓐ 행정심판청구가 있은 날로부터 60일이 지나도 재결이 없는 때(제1호)
ⓑ 처분의 집행 또는 절차의 속행으로 생길 중대한 손해를 예방하여야 할 긴급한 필요가 있는 때(제2호)
ⓒ 법령의 규정에 의한 행정심판기관이 의결 또는 재결을 하지 못할 사유가 있는 때(제3호)
ⓓ 그 밖의 정당한 사유가 있는 때(제4호)

㉡ 행정심판을 제기함이 없이, 취소소송을 직접 제기할 수 있는 경우(제18조 제3항)

ⓐ 동종사건에 관하여 이미 행정심판의 기각재결이 있은 때(제1호)
↳ 전심절차의 무용한 중복을 방지하기 위함

📖 판례 공유자 중 1인 행정심판제기 ▷ 나머지 공유자 행정심판전치 不要

ⓑ 서로 내용상 관련되는 처분 또는 같은 목적을 위하여 단계적으로 진행되는 처분 중 어느 하나가 이미 행정심판의 재결을 거친 때(제2호)
↳ 분쟁사유의 공통성 때문

📖 판례 가산금 징수처분 전심절차×, 부당이득금부과처분 전심절차○ ▷ 가산금 징수처분도 부당이득 부과처분과 함께 행정소송 可

ⓒ 행정청이 사실심의 변론종결 후 소송의 대상인 처분을 변경하여 당해 변경된 처분에 관하여 소를 제기하는 때(제3호)
↳ 절차중복·소송지연 방지 위함

ⓓ 처분을 행한 행정청이 행정심판을 거칠 필요가 없다고 잘못 알린 때(제4호)
↳ 신뢰보호

⑥ 필요적 행정심판전치주의 적용범위
  ㉠ 적용되는 행정소송
    - 취소소송, 부작위법확인소송○ / 무효확인소송✕
    - 부작위법확인소송: 의무이행심판 거쳐야 함
    - 무효선언을 구하는 취소소송: 전심절차 거쳐야 함
  ㉡ 2단계(둘) 이상의 행정심판절차가 규정되어 있는 경우
    필요적으로 거쳐야 한다는 명문 규정 없는 경우: 모든 행정심판 절차 거칠 필요✕
  ㉢ 처분의 상대방이 아닌 제3자가 취소소송을 제기하는 경우: 행정심판전치주의 적용○
  ㉣ 개별법률에서 재결주의를 택하고 있는 경우: 논리상 필요적 행정심판전치(∵ 재결만 행정소송 대상)

6 관할법원

1. 취소소송의 재판관할
> 행정소송법 제9조(재판관할) ① 취소소송의 제1심 관할법원은 피고의 소재지를 관할하는 행정법원으로 한다.
> ② 제1항에도 불구하고 다음 각 호의 어느 하나에 해당하는 피고에 대하여 취소소송을 제기하는 경우에는 대법원소재지를 관할하는 행정법원에 제기할 수 있다.
> 1. 중앙행정기관, 중앙행정기관의 부속기관과 합의제행정기관 또는 그 장
> 2. 국가의 사무를 위임 또는 위탁받은 공공단체 또는 그 장
> ③ 토지의 수용 기타 부동산 또는 특정의 장소에 관계되는 처분등에 대한 취소소송은 그 부동산 또는 장소의 소재지를 관할하는 행정법원에 이를 제기할 수 있다.

(1) 관할의 의의: 재판권의 배분(직권조사사항)

(2) 토지관할: 소재지 기준 재판권분배
  ① 보통관할: 피고 소재지 행정법원, 대법원 소재지 행정법원
  ② 특별관할: 부동산·특정 장소 관련처분: 부동산·장소 소재지 행정법원에 제기 可
  ③ 토지관할의 임의성(임의관할):「민사소송법」상 합의·변론관할 준용
    * 따라서「민사소송법」제29조 제1항에 의하여 당사자는 합의로 제1심 관할법원을 정할 수 있고(합의관할), 같은 법 30조에 의하여 관할권이 없는 법원에 제기된 소에 대하여 피고가 제1심법원에서 관할 위반의 항변하지 않고 본안 변론한 경우 당해 법원이 관할권을 가진다(변론관할).

> 판례 서울행정법원에 민사소송 제기 ▷ 변론관할 성립 可

(3) 사물관할
  ① 단독판사와 합의부 사이에서 제1심 소송사건의 분담을 정한 것
  ② 행정사건의 사물관할: 합의부 관할(원칙)

(4) 심급관할: 하급법원의 재판에 대해 불복시 심판할 상급법원 정하는 관할
  ① 3심제 ▷ 1심: 행정법원 / 2심(항소심): 고등법원 / 3심(상고심): 대법원
  ② 제1심 관할법원 ▷ 서울: 행정법원 / 그 외: 지방법원 본원(예 춘천지방법원 강릉지원)

(5) 관할위반을 이유로 한 이송
  ① 제1심법원 사이에서의 이송 및 심급을 달리하는 경우의 이송
    - 관할권 없는 법원에 소 제기시: 관할법원에 이송
    - 관할이송: 원고의 고의 또는 중대한 과실 없이 행정소송이 심급을 달리하는 법원에 잘못 제기된 경우에 적용
      * 제7조(사건의 이송) 민사소송법 제34조 제1항의 규정은 원고의 고의 또는 중대한 과실없이 행정소송이 심급을 달리하는 법원에 잘못 제기된 경우에도 적용한다.
      민사소송법 제34조(관할위반 또는 재량에 따른 이송) ① 법원은 소송의 전부 또는 일부에 대하여 관할권이 없다고 인정하는 경우에는 결정으로 이를 관할법원에 이송한다.
  ② 행정사건으로 제기할 사건을 민사사건으로 제기한 경우: 고의·중과실 없이 행정소송을 민사소송으로 제기한 경우
    - 수소법원이 행정소송 관할 동시 존재 시: 행정소송으로 심리·판단
    - 수소법원이 행정소송 관할 부존재 시: 이송○, 각하✕

> 판례
> 1. 행정소송을 민사소송으로 잘못 제기 시
>   ▷ 수소법원이 행정소송에 대한 관할을 가지고 있는 경우: 항고소송으로 소 변경하게 하여 행정소송으로 심판○
>   ▷ 수소법원이 행정소송에 대한 관할을 가지고 있지 아니한 경우: 각하✕, 관할법원에 이송○
> 2. 행정소송으로 제기하여야 할 사건을 민사소송으로 잘못 제기하였으나 행정소송으로서의 소송요건을 결하고 있음이 명백한 경우 ▷ 수소법원은 각하할 것
> 3. 민사소송으로 관리처분계획안 총회결의 무효확인소송 제기 ▷ 행정법원으로 이송
> 4. 조합설립인가처분 후 민사소송으로 조합설립결의 무효확인 ▷ 행정법원으로 이송

  ③ 소송당사자에게 관할위반을 이유로 하는 이송신청권이 있는지 여부: ✕
    * 수소법원의 재판관할권 유무는 법원의 직권조사사항으로서 법원이 그 관할에 속하지 아니함을 인정한 때에는 민사소송법 제34조 제1항에 의하여 직권으로 이송결정을 하는 것이고, 소송당사자에게 관할위반을 이유로 하는 이송신청권이 있는 것은 아니다(대결 2018.1.19. 2017마1332).

> 판례 관할위반 이송 ▷ 법원의 직권 결정

2. 관련청구소송의 이송 및 병합
> 행정소송법 제10조(관련청구소송의 이송 및 병합) ① 취소소송과 다음 각 호의 1에 해당하는 소송(이하 "관련청구소송"이라 한다)이 각각 다른 법원에 계속되고 있는 경우에 관련청구소송이 계속된 법원이 상당하다고 인정하는 때에는 당사자의 신청 또는 직권에 의하여 이를 취소소송이 계속된 법원으로 이송할 수 있다.
> 1. 당해 처분등과 관련되는 손해배상·부당이득반환·원상회복등 청구소송
> 2. 당해 처분등과 관련되는 취소소송
> ② 취소소송에는 사실심의 변론종결시까지 관련청구소송을 병합하거나 피고외의 자를 상대로 한 관련청구소송을 취소소송이 계속된 법원에 병합하여 제기할 수 있다.

(1) 의의 및 제도의 취지
  ① 취소소송과 상호 관련성이 있는 여러 청구를 하나의 소송절차에서 심판하도록 함으로써, 심리의 중복이나 재판상 모순·저촉 방지
  ② 주된 청구가 무효등확인소송, 부작위법확인소송, 당사자소송인 경우: 모두 관련청구 이송·병합 可
    * 민중소송과 기관소송(동법 제44조 제1항)에도 적용

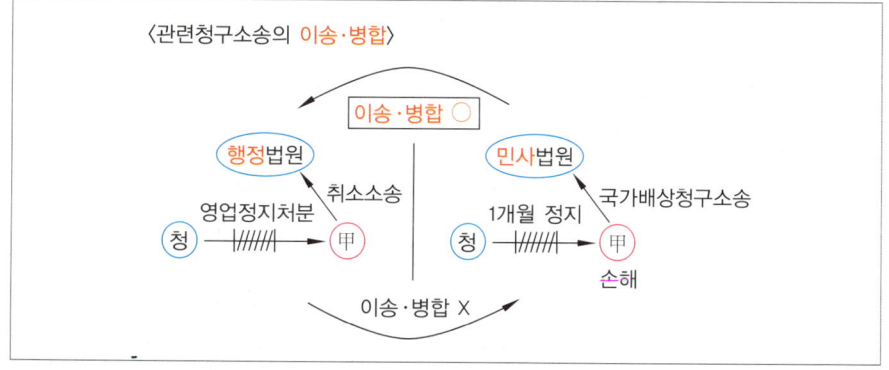

〈관련청구소송의 이송·병합〉

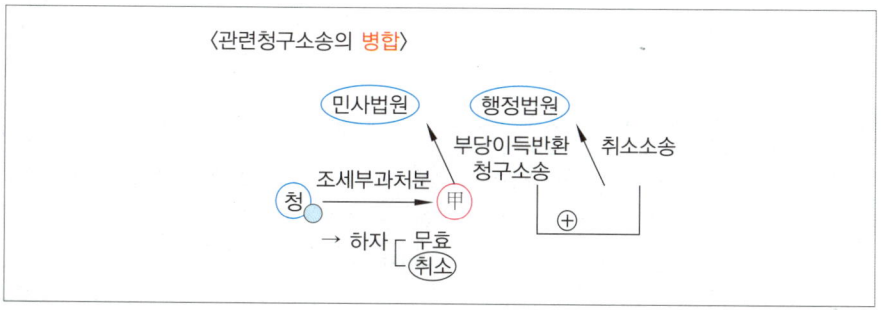

〈관련청구소송의 병합〉

(2) 관련청구소송의 내용과 범위

① 당해 처분등과 관련되는 손해배상·부당이득반환·원상회복 등 청구소송(동법 제10조 제1항 제1호): 청구의 내용 또는 발생 원인이 행정소송의 대상인 처분 등과 법률상 또는 사실상 공통되거나 그 처분의 효력이나 존부 유무가 선결문제로 되는 등의 관계에 있는 청구 → <u>취소소송에 이송·병합 可[1]</u>

[1] 📝 처분에 대한 취소소송에 당해 처분으로 인한 손해에 대한 국가배상소송을, 조세부과처분취소소송에 조세과오납금환급청구소송을, 압류처분취소소송에 압류등기말소청구소송을 병합하는 경우

> ⚖ 판례 손해배상청구등의 민사소송이 행정소송에 관련청구로 병합되기 위한 요건 ▷ 처분등과 법률상 또는 사실상 공통되거나, 처분의 효력이나 존부 유무가 선결문제로 되는 관계 要

② 당해 처분 등과 관련되는 취소소송(동법 제10조 제1항 제2호): 관련되는 취소소송(📝 예컨대 경원자관계에서 수익적 처분을 받지 못한 자가 제기한 자신에 대한 거부처분의 취소청구와 상대방에 대한 면허처분의 취소청구를 병합 제기하는 경우, 원처분에 대한 취소소송에 재결에 대한 취소소송을 병합하여 제기하는 경우 등)

(3) 관련청구소송의 이송

① 이송의 의의: 어느 법원에 일단 계속된 소송을 그 법원의 재판에 의하여 다른 법원의 관할로 이전하는 것

② 요건

- 취소소송과 관련청구소송이 각각 다른 법원에 계속 중일 것
- 관련청구소송이 계속된 법원이 이송하는 것이 상당하다고 인정할 것
- 당사자의 신청 또는 법원의 직권에 의한 이송결정이 있을 것
- 취소소송이 계속 중인 법원으로 이송할 것

③ 효과

㉠ 소송계속유지: 이송결정이 확정되면 소송은 "처음부터" 이송받은 법원에 계속된 것으로 봄(<u>이송결정의 소급효</u>[2]) → 시효중단·기간준수 효력 유지

[2] 민사소송법 제40조(이송의 효과) ① 이송결정이 확정된 때에는 소송은 처음부터 이송받은 법원에 계속(係屬)된 것으로 본다.

> ⚖ 판례 항고소송으로 제기해야 할 사건을 민사소송으로 잘못 제기하여 이송결정이 확정된 후 항고소송으로 소 변경 시, 제소기간 준수여부 판단시기 ▷ 처음 소 제기한 때

㉡ 이송결정의 기속력: 다시 다른 법원으로 이송 不可

(4) 관련청구소송의 병합

① 의의: 취소소송 등에 당해 취소소송 등과 관련 있는 소송(관련청구소송)을 병합하여 제기하는 것

② 요건

㉠ 주된 청구인 취소소송 등에 관련청구를 병합할 것: 행정사건에 관련 민사사건이나 행정사건을 병합하는 방식이어야 함 → 반대로 민사사건에 관련 행정사건을 병합할 수는 없음

㉡ 취소소송 등이 적법할 것(취소소송의 적법성)

> ⚖ 판례 본래의 항고소송이 부적법하여 각하되면 그에 병합된 관련청구도 소송요건을 흠결한 부적합한 것으로 각하되어야 한다.

㉢ 관련청구소송이 병합될 것

㉣ 사실심변론종결 이전일 것(병합의 시기)

③ 병합요건의 조사

④ 병합의 형태

㉠ <u>객관적 병합(청구의 병합)과 주관적 병합</u>
→ 동일한 원·피고 사이에서 복수청구의 병합 → 피고 외의 자를 상대로 하는 병합

㉡ <u>원시적 병합과 후발적(추가적) 병합</u>
→ 취소소송 제기시에 병합하여 제기하는 경우 → 계속 중인 취소소송에 사후적으로 병합하는 경우

ⓒ 심리(심판)의 순서에 따른 병합의 구분

단순 병합	양립하는 여러 개의 청구를 병렬적으로 병합하여 병합된 다른 청구의 당부에 관계없이 병합된 모든 청구에 대하여 판결을 구하는 형태의 병합
선택적 병합	• 양립 가능한 여러 개의 청구 중 어느 하나의 청구가 인용되면 다른 청구에 대해서는 심판을 구하지 않는 형태의 병합 • 법원은 병합된 청구 중 이유 있는 청구 어느 하나를 골라서 원고 청구를 인용하면 되고 다른 청구에 대하여 심판할 필요가 없지만, 원고 패소의 경우에는 모든 청구를 심리해야 함
예비적 병합	• 양립할 수 없는 수개의 청구를 순차적으로 병합하여 제1차 청구(주위적 청구)가 인용되지 않을 것에 대비하여 제2차적 청구(예비적 청구)에 대해 심판을 구하는 형태의 병합 • 법원은 예비적 병합의 경우 원고가 붙인 순위에 따라 심판하여야 하며, 주위적 청구를 인용할 때에는 다음 순위인 예비적 청구에 대하여 심판을 요하지 않음 (대판 2000.11.16. 98다22253)

⑤ 병합된 부당이득반환청구가 인용되기 위하여 당해 처분의 취소가 확정되어야 하는지 여부: ✕

> 판례 병합된 부당이득반환청구 인용 조건
> ▷ 처분이 당해 취소소송 절차에서 취소되면 충분
> ▷ 처분의 취소판결 확정 不要

⑥ 본래의 취소소송 등이 부적법하여 각하된 경우 병합된 관련청구소송의 처리: 부적법 각하

7 소장

소의 제기: 법원에 소장(당사자, 법정대리인, 청구취지, 청구원인 기재) 제출

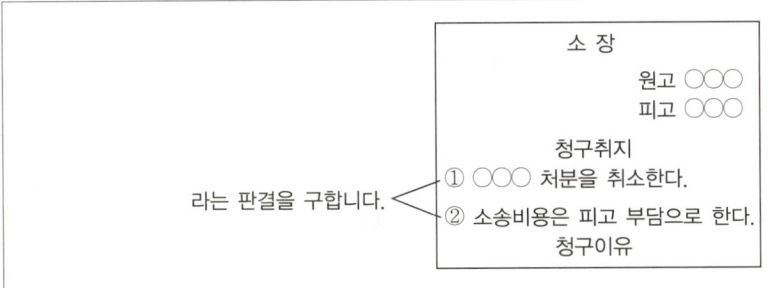

POINT 53 소의 변경

해커스공무원 쉽게 끝내는 민사소송법 조문해설

1 개념

1. 의의
- 청구의 기초에 변경이 없는 한, 사실심 변론종결시까지 원고가 청구의 취지 또는 원인을 변경(신청X)하는 것
- 소의 종류 종국적 변경 그리고 추가적 변경
- 교환적 변경 or 추가적 변경(병합)

2. 종류
- 소의 종류 / 청구취지만의 변경 / "인지보정후"로 변경
  ↳ 예) 건축허가처분취소 중 철거청구권으로 확장한 경우

2 「행정소송법」상의 소의 변경

1. 소의 종류의 변경
- 행정소송의 제기 원고의 신청에 의해 결정으로 사실심 변론종결시까지 다른 종류의 행정소송 및 당사자의 변경을 허용함[1] 원고가 고의 또는 중대한 과실 없이 소의 종류를 잘못 선택한 때에는 청구의 기초에 변경이 없는 한 사실심 변론종결시까지 원고의 신청에 의하여 결정으로서 소의 변경을 허가할 수 있다.
- 제기한 소송에 대한 피고의 동의를 얻어 새로운 피고에 대한 소송이 제기된 것으로 본다.
- 제기한 소송에 대하여 제기된 것으로 본다(제기 및 제소기간 등 준용됨).

(1) 의의 및 취지
- 행정소송의 소의 종류 자체를 변경하는 것, 소송경제

(2) 종류
① 교환적 변경O
② 추가적 변경X

참고 「행정소송법」상의 종류의 변경에 따른 인지(피고)의 의미 변경
▶ 교환적 변경O
▶ 예비적 청구인 있어도 피고의 추가X

(3) 종류 간의 변경
① 항고소송 간의 변경
   예) 취소소송(소송)과 무효등확인소송 상호간의 변경으로 취소를 통용한다.
② 항고소송과 당사자소송 간의 변경 및
   예) 취소소송(소송)과 당사자소송 상호간의 변경으로 취소를 통용한다.

2. 처분변경으로 인한 소의 변경

- 행정소송 제22조(처분변경으로 인한 소의 변경) ① 법원은 행정청이 소송의 대상인 처분을 소송 계속중 변경한 때에는 원고의 신청에 의하여 결정으로서 청구의 취지 또는 원인의 변경을 허가할 수 있다.
- 제1항의 규정에 의한 결정은 처분의 변경이 있음을 안 날로부터 60일 이내에 신청하여야 한다.
- 제1항의 규정에 따라 변경되는 청구는 제18조 제1항 단서에 규정된 요건을 갖춘 것으로 본다.

(1) 의의 및 취지
- 행정처분의 대상인 처분이 변경될 때 원고의 의사에 의하여 신청의 취지를 변경하기 위한 새로운 것으로 변경하도록 하는 것, 소송경제

(2) 요건
① 처분변경 후 행정청의 의사에 의하여 처분이 변경되어야 함
② 처분의 변경이 있음을 안 날로부터 60일 이내에 신청하여야 함
③ 변경되는 새로운 처분도 사실심 변론종결전 것이어야 함
④ 변경되는 소는 적법하여야 함

→ 사전절차: 고지 청구의 기초에 변경이 없는 한, 변경되는 청구는 다른 전심절차의 경우
※ 정당 전심절차와 적법한 정당을 거친 것으로 정당됨
    예) 허가처분(거부)처분 취소를 이용한 개정되어 거부처분권을 지정하기 위함으로 한 경우

참고 | 원고의 소의 변경의 해당하는 경우에는 원고의 정당을 거치지 않음(동의 사항X)

(3) 절차
- 원고의 신청, 변경결정 허가결정

(4) 예외적 행정심판절차(제22조 제3항)

변경 전의 처분에 대하여 행정심판전치절차를 거쳤으면 새로운 처분에 대하여 별도의 행정심판을 거치지 않아도 됨

(5) 다른 항고소송에의 준용

무효등확인소송·당사자소송	준용○
부작위위법확인소송	준용×

3 「민사소송법」상의 소의 변경

1. 「민사소송법」에 의한 소의 변경

> 📖 판례 행정소송 ▷ 「민사소송법」 제262조에 따른 소 변경 인정

「민사소송법」의 준용에 의한 소의 변경의 경우 제소기간 준수여부: 소의 변경이 있은 때를 기준[❶]
[❶] 「민사소송법」의 준용에 의한 소의 변경의 경우 행정소송법상 제소기간의 소급효가 적용되지 않음

2. 행정소송과 민사소송 사이의 소의 변경

> 📖 판례 1. 민사소송 → 항고소송 ▷ 소 변경 가능[❶]
> 2. 당사자소송 → 민사소송 ▷ 소 변경 가능[❷]

[❶] 원고가 고의·과실 없이 행정소송으로 제기하여야 할 사건을 민사소송으로 잘못 제기한 경우, 민사소송의 수소법원이 행정소송에 대한 관할도 동시에 가지고 있다면 행정소송으로의 소의 변경을 허용한다(대판 1999.11.26. 97다42250).

[❷] 행정소송법 제8조 제2항은 행정소송에 관하여 민사소송법을 준용하도록 하고 있으므로, 행정소송의 성질에 비추어 적절하지 않다고 인정되는 경우가 아닌 이상 공법상 당사자소송의 경우도 민사소송법 제262조에 따라 청구의 기초가 바뀌지 아니하는 한도 안에서 변론을 종결할 때까지 청구의 취지를 변경할 수 있다(대판 2023.6.29. 2022두44262).

POINT 54 행정소송의 가처분

해커스공무원 장수훈 행정법총론 핵심 요약노트

1 개설

- 민사집행법상 가처분이란 계쟁 현상의 변경을 막거나 다툼이 있는 법률관계에 관하여 임시의 지위를 정하기 위해 법원이 하는 잠정적 처분을 말한다.
- 행정소송법은 「행정소송법」 에 집행정지제도만 규정하고 있다가 가처분제도는 규정하고 있지 않다.

2 「행정소송법」의 집행정지제도

1. 집행부정지의 원칙

- 행정소송법 제23조(집행정지) ① 취소소송의 제기는 처분등의 효력이나 그 집행 또는 절차의 속행에 영향을 주지 아니한다.

2. 예외적인 집행정지

- 행정소송법 제23조(집행정지) ② 취소소송이 제기된 경우에 처분등이나 그 집행 또는 절차의 속행으로 인하여 생길 회복하기 어려운 손해를 예방하기 위하여 긴급한 필요가 있다고 인정할 때에는 본안이 계속되고 있는 법원은 당사자의 신청 또는 직권에 의하여 처분등의 효력이나 그 집행 또는 절차의 속행의 전부 또는 일부의 정지(이하 "집행정지"라 한다)를 결정할 수 있다. 다만, 처분의 효력정지는 처분등의 집행 또는 절차의 속행을 정지함으로써 목적을 달성할 수 있는 경우에는 허용되지 아니한다.

3. 집행정지의 요건

(1) 적극적 요건

① 적법한 본안소송의 계속 중일 것
② 집행정지 대상인 처분의 존재
   - 집행정지 신청시기: 본안소송 제기 후, 종료시 전
⚠ 판례 │ 거부처분의 경우, 집행정지 대상이 아님
   ▷ 점용허가 기간연장 거부
   ▷ 접견허가신청
   ▷ 사증발급거부 등
③ 회복하기 어려운 손해 발생의 우려가 있을 것

⚠ 판례 │ 집행정지결정을 하기 위해서는 적극적 요건인 '회복하기 어려운 손해가 생길 우려'가 있어야 하고, 이러한 집행정지의 적극적 요건에 관한 주장·소명책임은 원칙적으로 신청인 측에 있다.

④ 긴급한 필요가 있을 것

⚠ 판례 │ '처분 등이나 그 집행 또는 절차의 속행으로 인하여 생길 회복하기 어려운 손해를 예방하기 위하여 긴급한 필요'가 있는지는 처분의 성질과 태양 및 내용, 처분상대방이 입는 손해의 성질·내용 및 정도, 원상회복·금전배상의 방법 및 난이 등은 물론 본안청구의 승소가능성 정도 등을 종합적으로 고려하여 구체적·개별적으로 판단하여야 한다.

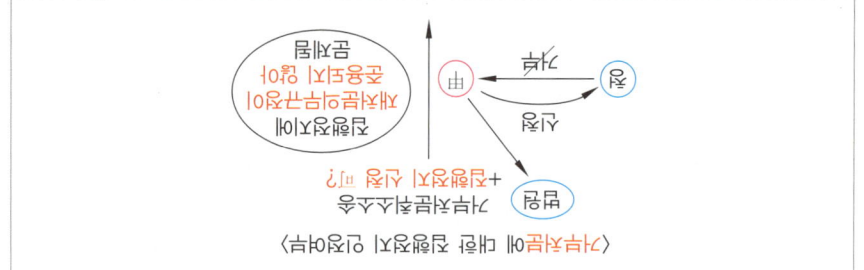

〈가처분에 대한 집행정지 인정여부〉

⑤ 가처분: ×

- 처분이 없다 ▷ 부작위 및 집행정지 ×

⚠ 판례 │ 수도권매립지관리공사의 입찰참가자격제한처분 ▷ 집행정지의 대상이 되는 처분(×)

(2) 소극적 요건

- 회복하기 어려운 공공복리에 중대한 영향이 있을 경우
- 회복하기 어려운 손해: 공공복리를 유지하기 위한 긴급한 필요성이 적다고 판단되어 아니 된다.
- 본안청구가 이유 없음이 명백하지 아니할 것

⚠ 판례 │ 사업자가 중대한 손해를 입게 될 것을 쉽게 예상할 수 있는 경우에는 '회복하기 어려운 손해'에 해당한다고 하여, 보건복지부 고시인 약제급여·비급여목록 및 급여상한금액표로 인하여 제약회사가 입게 될 경제적 손실이 금전으로 보상할 수 없는 손해로서, 그 집행으로 처분을 받은 자가 참고 견딜 수 없거나 참고 견디기가 현저히 곤란한 유·무형의 손해에 해당한다(대결 2001.10.10. 2001무29).

228 POINT 54 행정소송의 가처분

- 회복하기 어려운 손해가 아니라고 본 판례

  > **판례** 유흥접객영업허가의 취소처분으로 5,000여만원의 시설비를 회수하지 못하게 된다면 생계까지 위협받게 되는 결과가 초래될 수 있다는 등의 사정 ▷ 회복하기 어려운 손해×

  ④ 긴급한 필요가 있을 것: 회복하기 어려운 손해의 발생이 절박하여 손해를 회피하기 위하여 본안판결을 기다릴 여유가 없는 것

(2) 소극적 요건

① 공공복리에 중대한 영향을 미칠 우려가 없을 것: 신청인의 '회복하기 어려운 손해'와 '공공복리' 양자를 비교·교량하여, 전자를 희생하더라도 후자를 옹호하여야 할 필요가 있는지에 따라 상대적·개별적으로 판단

  - 행정소송법 제23조(집행정지) ③ 집행정지는 공공복리에 중대한 영향을 미칠 우려가 있을 때에는 허용되지 아니한다.

② 본안청구가 이유 없음이 명백하지 아니할 것

  > **판례** 1. 본안청구 이유 없음 명백하지 않을 것 ▷ 집행정지 요건에 포함
  > 2. 본안소송에서 처분취소가능성 없음이 명백할 경우 ▷ 집행정지 불가

4. 집행정지요건의 주장·소명책임

- 행정소송법 제23조(집행정지) ④ 제2항의 규정에 의한 집행정지의 결정을 신청함에 있어서는 그 이유에 대한 소명이 있어야 한다.

구분	적극적 요건	소극적 요건
요건	① 본안소송이 계속 중일 것 ② 계속 중인 본안소송은 적법할 것 ③ 정지대상인 처분 등이 존재할 것 ④ 처분의 집행 등으로 인하여 회복하기 어려운 손해가 발생할 우려가 있을 것 ⑤ 긴급한 필요가 있을 것	① 공공복리에 중대한 영향을 미칠 우려가 없을 것 ② 본안청구가 이유 없음이 명백하지 않을 것
주장·소명책임	신청인	행정청

5. 집행정지의 신청 및 결정

(1) 집행정지의 신청

① 신청인 적격
  - 본안소송의 당사자, 법률상이익 있는 자
  - 제3자효 행정행위의 제3자: 취소소송의 신청과 동시에 집행정지신청 可

  > **판례** 행정처분에 대한 효력정지신청을 구함에 있어서도 ▷ 이를 구할 법률상 이익이 있어야 함

② 신청의 이익의 존재: 현실적으로 보호 가능한 이익
  - 이미 집행 완료, 목적 달성 불가: 신청이익×
  - 집행완료 후 위법상태계속, 원상복구가능시: 신청이익○

(2) 집행정지의 결정

법원은 당사자의 신청 또는 직권에 의하여 결정

6. 집행정지결정의 내용

(1) 처분의 효력정지

→ 처분의 내용에 따르는 공정력·구속력·집행력 등을 잠정적으로 정지시킴으로써, 정지 결정 이후부터 처분이 존재하지 않는 상태에 두는 것을 말한다
(예) 영업허가의 취소·정지, 공무원에 대한 면직처분등에 대한 효력정지).

집행·절차 속행정지로 목적달성 가능하면 불허(보충성)

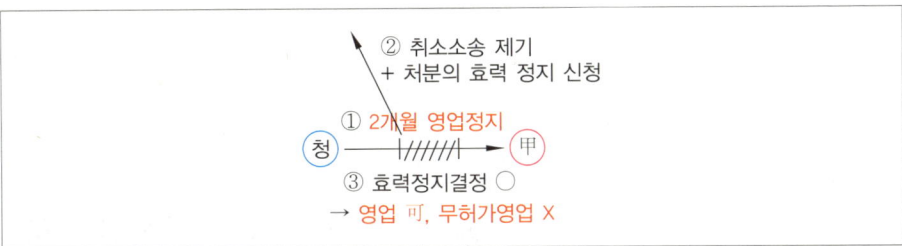

(2) 처분의 집행정지: 집행력의 행사정지

(3) 절차의 속행정지: 후속처분의 정지

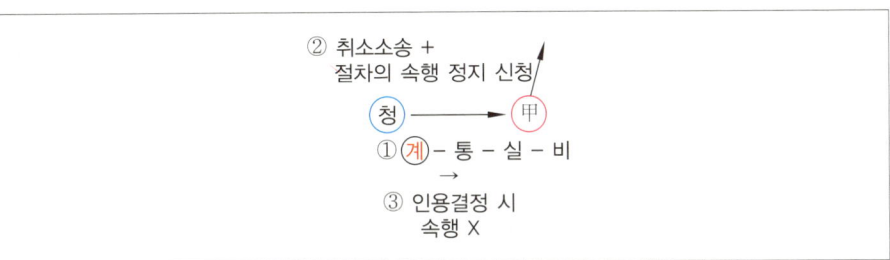

(4) 처분의 일부에 대한 집행정지: 可

7. 진행원지 결정의 효력

(1) 효력발생

진행원지 결정의 효력도 임시결정과 동일하게 당사자 대로 결정이 송달된 때에 각자의 당사자에게 효력이 생긴다.

(2) 존재효

진행원지 결정의 의미가 당연히 발생하지 않음에 주의

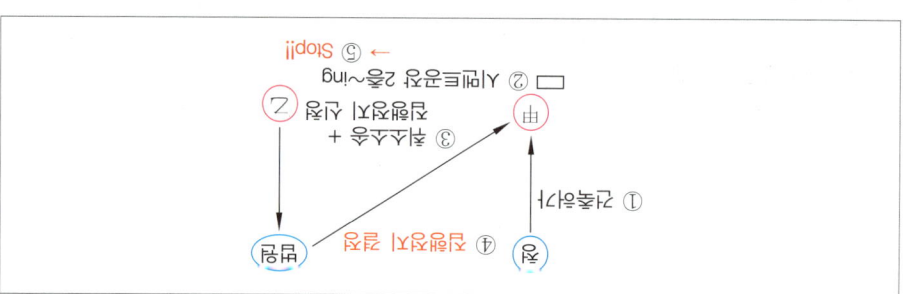

(3) 기속력

행정소송법 제23조(집행정지) ⑥ 제30조 제1항의 규정은 제2항의 규정에 의한 집행정지의 결정에 이를 준용한다.

① 집행원지결정: 행정청·관계행정청 기속
② 집행원지결정의 기속력이 미치는 범위: 후속

(4) 제3자효

행정소송법 제29조(취소판결등의 효력) ① 처분등을 취소하는 확정판결은 제3자에 대하여도 효력이 있다.
② 제1항의 규정은 제2항의 규정에 의한 집행정지의 결정 또는 그 집행정지결정의 취소결정에 준용한다.

제33조에 행정청에 대한 집행정지의 효력 : 제3자에게도 효력○

(5) 시간적 효력

추후에 정해질 시기(종기) / 정해지지 않은 경우 본안판결의 확정시까지 존속

※ 판례

1. 행정처분의 집행정지는 행정처분의 집행으로 인하여 발생할 회복하기 어려운 손해를 예방하기 위하여 긴급한 필요가 있는 때에 본안판결이 있을 때까지 당해 행정처분의 집행을 잠정적으로 정지함으로써 위와 같은 손해를 예방하는 데에 그 목적이 있는 것이므로
2. 집행정지결정의 효력은 결정 주문에서 정한 시기까지 존속
3. 그 시기의 도래와 동시에 당연히 실효하는 것이고
4. 일단 효력기간이 만료되면 그 후에는 당초의 처분의 효력이 당연히 부활되어 처분청이 이를 다시 집행할 수 있다고 할 것이다.

5-1. 집행정지결정이 있으면 판결확정시까지 처분의 집행이 정지되었다가, ▷ 판결이 확정되면 그 때 비로소 당초의 처분의 효력이 되살아나야 함
5-2. 집행정지결정이 없었더라면 처분의 집행이 완료되었을 경우, ▷ 처분청으로서는 그 집행정지 기간 동안 정지되어 있던 처분의 집행을 재개하여 그 절차를 완료하여야 함

8. 집행원지결정의 불복과 집행원지결정의 취소

(1) 집행원지결정에 대한 불복

행정소송법 제23조(집행원지) ⑤ 제2항의 규정에 의한 집행정지의 결정 또는 기각의 결정에 대하여는 즉시항고할 수 있다. 이 경우 집행정지의 결정에 대한 즉시항고에는 결정의 집행을 정지하는 효력이 없다.

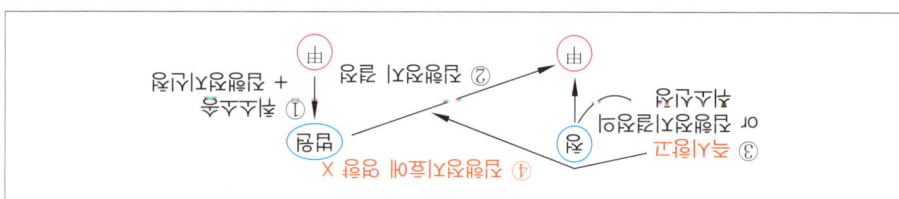

(2) 집행원지결정의 취소

행정소송법 제24조(집행원지의 취소) ① 집행정지의 결정이 확정된 후 집행정지가 공공복리에 중대한 영향을 미치거나 그 정지사유가 없어진 때에는 당사자의 신청 또는 직권에 의하여 결정으로써 집행정지의 결정을 취소할 수 있다.
② 제1항의 규정에 의한 집행정지결정의 취소결정과 이에 대한 불복의 경우에는 제23조 제4항 및 제5항의 규정을 준용한다.

① 집행정지결정이 확정된 후 공공복리에 중대한 영향을 미치거나 그 정지사유가 없어진 때
② 당사자의 신청 또는 직권
③ 효과
- 취소결정이 있으면
- 처분청은 처분을 다시 집행할 수 있고
- 제3자에게도 효력○

3 「민사집행법」상 「가처분」의 항고소송에의 준용 여부

● 민사소송법 제300조(가처분의 목적) ① 다툼의 대상에 관한 가처분은 현상이 바뀌면 당사자가 권리를 실행하지 못하거나 이를 실행하는 것이 매우 곤란할 염려가 있을 경우에 한다.
② 가처분은 다툼이 있는 권리관계에 대하여 임시의 지위를 정하기 위하여도 할 수 있다. 이 경우 가처분은 계속하는 권리관계에 끼칠 현저한 손해를 피하거나 급박한 위험을 막기 위하여, 또는 그 밖의 필요한 이유가 있을 경우에 하여야 한다.

1. 가처분제도의 의의

- 공법상의 권리관계에 관한 현상유지나 임시의 지위를 정하기 위하여 법원이 결정지위에 명령하는 것
- 현상유지가처분, 임시지위를 정하는 가처분

2. 준용 여부
(1) 문제점 및 학설
① 문제점: 「행정소송법」에는 가처분에 관한 명문 규정 無, 「민사집행법」상 가처분 규정의 행정소송 준용 여부 문제(제8조 제2항의 적용범위)

② 학설: 부정설(다수설) vs 긍정설

(2) 판례: 부정설

> **판례** 민사소송법상의 가처분으로써 행정청의 어떠한 행정행위의 금지를 구하는 것은 허용될 수 없다.

POINT 55 행정응원의 징집

해커스공무원 행정법 단권화 노트

1 개설

1. 응원의 징집의 의의
당사자 등의 신청을 그 기관이 속하여 다른 응용기관(사사관 등)를 강제하는 것이 있다.

2. 응용의 징집의 결정 결정
행정응원: 당사자 등의 응용은 징검보장의 기관

2 징집의 내용

1. 응용증가 징집
(1) 의의
응용증가은 징검보장 아래에 다른 응용증의 일어난 결사한 강제를 가능할 수 있는
(2) 응용증가의 동일의 원칙
징검보장이 아니라 응용증기가 동일한 경우에 한하여 응용

? 장점 - 당사의 동일 ≠ 응용증기 (대행강제) : 당사의대의 기본의 경기
                          (cf. 장관장의 개편한 동의: 단순 정보구성 X)

2. 응용긴기
장점을 선택할 수도 인전하는 경우(예)을 응용증가사의 장점이 인정된 다
해 대해서 강제적 사사를 하는 것

3. 징집의 제한
의무의 불물을 응용증기기에 사사가 있어 징검 · 재판을 할 수 있다

? 경기 - 장사자가 장점하지 않는 사항으로 외

4 징집의 일반발칙

1. 「일사증배법」상 일반발칙의 적용

(1) 차원공원이
응용증접이 개시 및 응용, 대장대부의 결정관이 당사자 및 이사자의 당기 관이 인정지

(2) 대부조원이
재원의 기기로 되는 응용증답(당사자 답의 징사명 수사 · 제품, 관련의 당사자가 사용하는 증
자 및 증의 증기 이이 인정지

(3) 응기대장의(공개대판의)
자원의 응답의 기조로 실정자이이 인정하여 구단되는 것일 원칙

(4) 고응시장증이
당의 답 증기가 증강 가치를 가진답 경하여 구단는 것

2. 「해사증답법」상 특수한 응용증

재판되의 예외: 병원의 공공지에 관한(제126조), 행사정법기관의 재청적인(제125조)

(1) 징검법정의(행사증답법 제126조*)의 해석

? 경기 - 행사증답법 제126조(당사답의)는 편함을 응용하고 단제한 예의 인정증답을 줄 수 있다고 인정하고, 당사자가 정한하지 않는 사

① 이의과: 「행사증답법」 제126조 규정의 의미
② 당관 및 답관
③ 하단
④ 당관장자: 당사자가 정하지 않는 사항에 대해서 장검으로 끝기 기능
⑤ 당원자관장자: 단결과장자이 하여하기 어려운 예외적장가에 기능 (다수성)

ⓛ 판례: 변론주의보충설

> **판례**
> 1. 「행정소송법」 제26조
>   ▷ 당사자주의, 변론주의의 예외규정
>   ▷ 아무런 제한 없이 당사자가 주장하지 않은 사실 판단 불가
>   ▷ 기록에 현출된 사항에 한하여 직권증거 조사, 판단 可 ❶
> 2. 적법여부 합리적 의심 ▷ 석명, 직권 심리 판단해야 함
> 3. 당사자가 주장하지도 아니한 법률효과에 관한 요건사실이나 독립된 공격방어방법을 시사하여 그 제출을 권유하는 것 ▷ 변론주의 원칙 위배
> 4. 기본적 사실관계의 동일성이 없는 사실을 직권으로 심사하는 것 ▷ 변론주의 원칙 위배
> 5. 명의신탁등기 과징금 부과처분에 대해 장기미등기 과징금 부과처분 사유가 존재한다는 이유로 적법하다고 판단하는 것 ▷ 변론주의 원칙 위배

❶ 행정소송의 특수성에 연유하는 당사자주의, 변론주의에 대한 일부 예외 규정일 뿐 법원이 아무런 제한 없이 당사자가 주장하지 아니한 사실을 판단할 수 있는 것은 아니고, 일건 기록에 현출되어 있는 사항에 관하여서만 직권으로 증거조사를 하고 이를 기초로 하여 판단할 수 있을 따름이고, 그것도 법원이 필요하다고 인정할 때에 한하여 청구의 범위내에서 증거조사를 하고 판단할 수 있을 뿐이다(대판 1994.10.11. 94누4820).

③ 그 밖에 행정소송에의 준용: 무효등확인소송, 부작위위법확인소송 및 당사자소송에 준용

(2) 행정심판기록의 제출명령(제25조)❷

❷ 행정소송법 제25조(행정심판기록의 제출명령) ① 법원은 당사자의 신청이 있는 때에는 결정으로써 재결을 행한 행정청에 대하여 행정심판에 관한 기록의 제출을 명할 수 있다.
② 제1항의 규정에 의한 제출명령을 받은 행정청은 지체 없이 당해 행정심판에 관한 기록을 법원에 제출하여야 한다.

① 법원: 당사자 신청으로 재결 행정청에 기록 제출요구 可 (법원이 직권으로×)
② 무효등확인소송, 부작위위법확인소송, 당사자소송에 준용

5 주장책임과 입증책임(증명책임)

1. 주장책임

(1) 의의
주장하지 않아 그 사실이 없는 것으로 취급되는 불이익한 당사자에게 주장책임 有

(2) 직권심리주의와 주장책임
직권심리주의를 보충적으로 인정하고 있는 한도 내에서 주장책임도 완화

2. 입증책임(증명책임)

(1) 의의
소송상 일정한 사실의 존부가 확정되지 않은 경우에 불리한 법적 판단을 받게 되는 당사자 일방의 불이익 또는 불이익의 위험

(2) 취소소송에서의 입증책임의 분배
① 입증책임 규정×, 분배 견해대립
② 학설, 판례: 법률요건분류설(입증책임 분배설)
→ 각 당사자는 자기에게 유리한 법규범의 요건사실에 관하여 입증책임을 부담

> **판례** 입증책임 ▷ 처분 적법사유: 피고 / 처분 위법사유: 원고

(3) 구체적 검토(법률요건분류설에 따른 입증책임 분배)
① 소송요건: 직권조사사항이지만, 그 존부가 불분명한 경우에는 부적합한 소로 취급(각하판결)되어 원고에게 불이익하게 되므로 입증책임은 원고가 부담
② 본안사항: 처분의 적법성에 대한 입증책임 → 적극적 처분이든 소극적 처분이든 피고인 행정청이 부담

> **판례**
> 1. 과세처분의 적법성에 대한 증명책임 ▷ 과세관청
> 2. 과세요건사실의 존재에 관하여 ▷ 과세관청이 증명
> 3. 국가유공자 등록신청에 대하여 상이가 '불가피한 사유 없이 본인의 과실이나 본인의 과실이 경합된 사유로 입은 것'이라는 사정에 관한 증명책임 ▷ 처분청이 증명
> 4. 수익적 행정행위 취소사유 증명책임 ▷ 처분청
> 5. 비공개사유에 대한 증명책임 ▷ 공공기관
> 6. 체류자격 거부처분 취소소송에서 요건을 충족하지 못하였다는 거부처분사유에 관한 증명책임 ▷ 행정청이 부담
> 7. 과세대상이 된 토지가 비과세 혹은 면제대상이라는 점 ▷ 납세의무자가 입증책임 부담

③ 재량행위의 경우

> **판례** 재량의 일탈, 남용 ▷ 원고 입증책임

④ 처분의 절차적 적법성: 피고인 행정청이 부담

POINT 56 항소심의 판결

1 판결의 의의 및 종류

1. 판결의 의의
판결이란 고유한 의미로 해당되기 위하여 소송자료를 가지서 대하는 판정

2. 판결의 종류

3. 종국판결의 내용

(1) 각하판결(소송판결)
소송요건의 흠결이 부적법한 소에 대해 본안심리를 거부하는 판결

(2) 기각판결
①(원칙) 기각판결이 적법한 경우 본안에 관하여 원고의 청구를 배척하는 판결 / 차회의 사정판결

② 사정판결
대표적 판결

①(행소법 제28조) (사정판결) ① 원고의 청구가 이유있다고 인정하는 경우에도 처분등을 취소하는 것이 현저히 공공복리에 적합하지 아니하다고 인정하는 때에는 법원은 원고의 청구를 기각할 수 있다. 이 경우 법원은 그 판결의 주문에서 그 처분등이 위법함을 명시하여야 한다.

② 법원이 제1항의 규정에 의한 판결을 함에 있어서는 미리 원고가 그로 인하여 입게될 손해의 정도와 배상방법 그 밖의 사정을 조사하여야 한다.

③ 원고는 피고인 행정청이 속하는 국가 또는 공공단체를 상대로 손해배상, 제해시설의 설치 그밖에 적당한 구제방법의 청구를 당해 취소소송등이 계속된 법원에 병합하여 제기할 수 있다.

또한 상소는(추송)재결의 경우 사정판결이 인정되기나(행소법 제32조) 심판청구가 이유있다고 인정하는 경우에도 그 처분등을 취소하거나 변경하는 것이 현저히 공공복리에 적합하지 아니하다고 인정할 때에는 그 심판청구를 기각하는 재결을 할 수 있다.

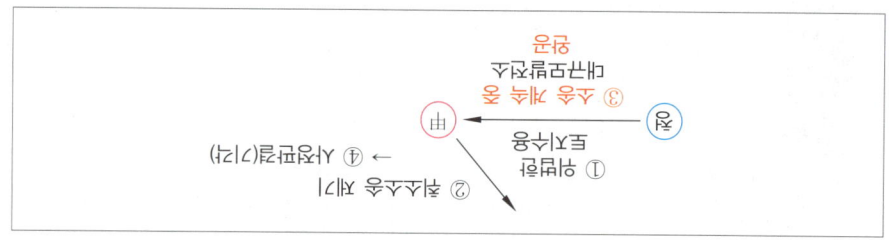

(3) 인용판결과 원고의 청구를 인용하는 기각시기

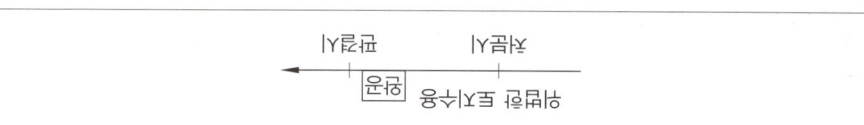

ⓐ 처분의 위법 여부: 처분시 기준

ⓑ 사정판결 필요성: 판결시 기준

④ 사정판결 필요성 주장·입증책임: 피고

⑤ 효과: 처분등은 위법하지만 취소되지 않고 그 효력이 유지된다

⑥ 원고보호를 위한 조치

ⓐ 사정판결의 이유: 판결문 주문에 처분등의 위법함을 명시해야 함

ⓑ 구제방법: 손해배상청구, 제해시설의 설치 등의 청구를 병합하여 제기

ⓒ 소송비용에 있어서 그 처분등이 인용되었을 대에 대한 기준의 부담

2 판결의 종류

ⓐ 의의

ⓑ 원고의 청구가 있는 경우(처분의 위법이 인정되는 경우)에는
기각 처분을 취소하지 않고 기각하는 인용판결에 원고의 청구를 기
각하는 판결

ⓒ 요건

ⓐ 원고의 청구가 이유 있음(위법): 처분청의 처분등에 위법이 있어 원고의 청구가 인용될 수 있는 경우여야 함

ⓑ 처분 등을 취소하는 것이 현저히 공공복리에 부적합: 처분을 취소하는 경우 이로 인한 공익적 침해가 크다고 인정되는 경우, 처분을 취소함

```
                        판결서

                         주문

              ① 원고 청구: 기각
              ② 처분: 위법
              ③ 소송비용: 피고 행정청

                         이유
```

ⓔ 원고에 대한 권리구제: 사정판결시 원고는 손해배상·제해시설 설치·적당한 구제방법청구 등을 취소소송에 병합제기 可

⑦ 사정판결에 대한 불복: 원고와 피고(행정청) 모두 상소 可

⑧ 적용범위: 취소소송에서만 인정○ / 무효등확인소송, 부작위위법확인소송, 당사자소송에는 준용×

구분		집행정지	사정판결	간접강제
항고소송	취소소송	○	○	○
	무효등확인소송 (무·사·간)	○	×	×
	부작위위법 확인소송 (부·집·사)	×	×	○
당사자소송(당·집·사·간)		×	×	×

⑨ 구체적인 사례

• 사정판결을 긍정한 예
  → 처분 등을 취소함이 현저히 공공복리에 적합하지 아니하다고 본 사례

  1. 법학전문대학원 설치예비인가 취소소송이 인용될 경우 이미 입학한 재학생의 불이익이 예상되고 총원 원제로 운영되는 법학전문대학원의 시행에 중대한 지장을 초래할 우려가 있는 경우 ▷ 사정판결○
  2. 재개발조합설립 및 사업시행인가처분이 처분 당시 법정요건인 토지 및 건축물 소유자 총수의 각 3분의 2 이상의 동의를 얻지 못하여 위법하더라도 그 후 90% 이상의 소유자가 재개발사업의 속행을 바라고 있는 경우 ▷ 사정판결○

• 사정판결을 부정한 예
  → 처분 등을 취소함이 현저히 공공복리에 적합하지 아니한 경우에 해당하지 않는다고 본 사례

  1. 관리처분계획상 재결의에 많은 시간, 비용 소요 ▷ 사정판결×
  2. 위법한 생활폐기물처리업허가의 거부처분이 취소될 경우 기존의 동종업체에게 경쟁상대를 추가시킴으로써 일시적인 공급시설의 과잉현상이 나타나 업체의 난립 및 과당경쟁으로 인한 부작용 ▷ 사정판결×
  3. 검찰조직안정, 인화 저해우려❶ ▷ 사정판결×

❶ (이른바 '심재륜 사건'에서의) 위법하게 징계면직된 검사의 복직이 상명하복의 검찰조직의 안정과 인화를 저해할 우려가 있는 경우 사정판결이 인정되지 않는다(대판 2001.8.24. 2000두7704).

(3) 인용판결(취소판결)

① 의의: 원고의 청구가 이유가 있어 그 청구의 전부 또는 일부를 인용하는 판결
② 종류: 처분(거부처분 포함)이나 재결에 대한 취소판결, 변경판결, 무효선언으로서의 취소판결
③ 적극적 변경의 가능성

  판례: 적극적 변경판결 不可

④ 일부취소판결의 가능성(일부취소의 인정기준)
  → 일부취소 의무: 일부취소가 가능한 경우에는 법원은 원칙적으로 전부취소를 하여서는 안 되며 일부취소를 하여야 한다.

  ㉠ 일부취소가 가능한 경우: 가분성이 있거나 그 처분 대상의 일부가 특정될 수 있는 경우

  [판례]
  1. 조세부과처분과 같은 금전부과처분이 기속행위인 경우, 당사자가 제출한 자료에 의해 정당한 세액을 산출할 수 있는 경우
     ▷ 일부취소 可
     ▷ 다만, 법원이 적극적으로 정당한 부과금액을 산출할 의무까지 부담하는 것은×
  2. 정보공개거부처분 ▷ 공개가능한 부분 일부취소 可
  3. 여러 개의 위반행위에 대하여 하나의 제재처분을 하였으나, 위반행위별로 제재처분의 내용을 구분하는 것이 가능 ▷ 일부의 위반행위에 대한 제재처분 부분만 취소 可
  4. 여러 개의 상이에 대한 국가유공자 비해당처분 ▷ 인정되는 상이 부분 일부취소해야 함
  5. 여러 개의 위반행위, 하나의 조항으로 법위반사실공표 ▷ 법위반사실 별개로 특정 가능: 일부취소○, 전부취소×
  6. 여러 개의 위반행위, 하나의 과징금납부명령
     ▷ 일부 위반행위에 대한 과징금 부과만 위법하고 그 일부의 위반행위를 기초로 한 과징금액을 산정할 수 있는 자료가 있는 경우
     ▷ 일부 과징금 납부명령 취소 가능

  ㉡ 일부취소가 불가능한 경우(전부취소)

  • 재량행위: 일부취소× / 전부취소○(∵ 처분청의 재량권 존중)

  [판례]
  1. 공정위의 과징금납부명령 ▷ 일부취소 불가
  2. 자동차운수사업면허조건 등에 위반한 사업자에 대한 위법한 과징금 부과처분 ▷ 전부취소
  3. 명의신탁자에 대한 위법한 과징금 부과처분 ▷ 전부취소
  4. 위법한 영업정지기간 ▷ 전부취소

• 기속행위: 일부취소 可 / 일부취소하기 위한 자료불충분: <u>전부취소</u>○❶

❶당사자가 사실심 변론종결시까지 객관적인 과세표준과 세액을 뒷받침하는 주장과 자료를 제출하지 아니하여 적법하게 부과될 정당한 세액을 산출할 수밖에 없고, 그 경우 법원이 직권에 의하여 적극적으로 납세의무자에게 귀속될 세액을 찾아내어 부과될 정당한 세액을 계산할 의무까지 지는 것은 아니다(대판 2020.6.25. 2017두72935 등).

> **⚖ 판례**
> 1. 정당한 금액 산출 不可 ▷ 개발부담금 일부취소 不可
> 2. 정당한 금액 산출 不可 ▷ 과세처분 일부취소 不可

2 위법판단의 기준시

1. 문제점
처분이 행하여진 뒤에 당해 처분의 근거가 된 사실상태 및 법령이 변경된 경우에 법원은 어느 시점의 사실상태 및 법령상태를 기준으로 처분의 위법성을 판단하여야 할 것인지가 문제

2. 판례
• 처분시 / 부작위위법확인소송은 판결시
• 사실심변론종결시까지 제출된 자료 종합하여 판단
• 난민인정거부 후 국적국 정치적상황 변화: <u>적법여부에 영향無</u>❷

❷[동지] 원고는 피고 서울특별시 구로구청장의 영업정지 5개월의 처분(이하 '이 사건 처분') 이후 간이회생절차 종결 결정을 받아 비로소 위 시행령 조항의 건설업 등록말소 내지 영업정지 예외사유가 발생하였으므로, 달리 이 사건 처분 당시 영업정지 예외사유가 발생하여 있었다고 볼 만한 자료가 없는 이상, 이 사건 처분은 그 처분 당시의 법령과 사실상태를 기준으로 판단할 때 적법하다고 할 것이고, 이 사건 처분 이후 원고가 간이회생절차 종결 결정을 받은 사실로 인하여 처분 당시 적법하였던 이 사건 처분이 다시 위법하게 된다고 볼 수는 없다(대판2022.4.28. 2021두61932).

> **⚖ 판례**
> 1. 행정처분의 위법여부의 기준시점 ▷ 행정처분이 있을 때의 법령과 사실상태를 기준으로 하여 판단
> 2. 공정거래위원회의 시정명령 및 과징금 납부명령이 재량권 일탈, 남용으로 위법한지 판단하는 기준시점 ▷ 과징금 납부명령이 행하여진 '의결일' 당시의 사실상태를 기준으로 판단
> 3. 위법 여부 ▷ 사실심 변론종결시까지 제출된 자료 종합하여 처분시를 기준으로 처분의 위법여부 판단
> 4. 위법판단시 고려할 수 있는 자료의 범위 ▷ 사실심 변론종결 당시까지 제출된 모든 자료

3 처분사유의 추가·변경

1. 의의
• 처분시에 존재했으나 처분의 근거로 삼지 않았던 사유를 행정청이 행정소송 계속 중에 새로이 추가하거나 변경하는 것 / 명문규정 無
• 처분사유: 근거사실·근거법규
• 처분 적법성 유지위해: 새로운 처분사유 주장가부 문제

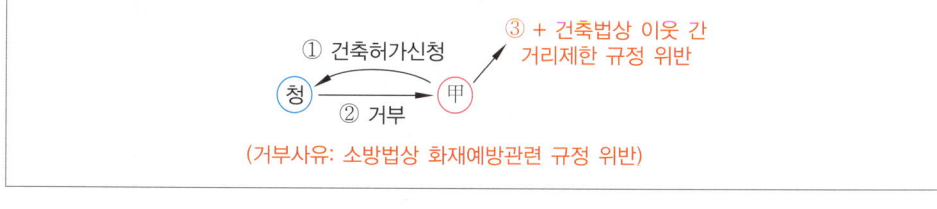

(거부사유: 소방법상 화재예방관련 규정 위반)

2. 구별개념
(1) 소 변경과 구별: 소의 변경은 청구 자체의 변경
(2) 하자의 치유(처분이유의 사후제시)와 구별
① 처분이유 사후제시: 절차상 하자의 치유
② 처분사유의 추가·변경: 처분의 실체법상 적법성 확보

3. 허용 여부
(1) 견해대립
① 부정설: 원고의 공격방어권 침해·신뢰보호원칙
② 긍정설: 소송경제·분쟁일회적해결
③ 제한적 긍정설(절충설): 소송경제·방어권보장 조화

(2) 판례의 입장 – 절충설
처분시 존재하였던 처분사유와 기본적 사실관계의 동일성이 유지되는 한도에서 새로운 처분사유 추가·변경 可 / 법원은 적법하게 추가·변경된 사유로 처분의 위법여부 판단 可

> **⚖ 판례** 근거법령만 추가·변경 ▷ 새로운 처분사유의 추가×, 기사동○

4. 허용요건 및 한계

(1) 기본적 사실관계의 동일성이 유지될 것

판단기준: 기초되는 사회적 사실관계가 동일한지 여부

> **판례**
> 1-1. 기본적 사실관계의 동일성 유무 ▷ 기초되는 사회적 사실관계가 기본적인 점에서 동일한지에 여부에 따라 결정
> 1-2. 이미 존재하고 있었다거나 당사자가 그 사실을 알고 있었던 경우 ▷ 기본적 사실관계의 동일성×
> 2-1. 구체적 사실을 변경하지 아니하는 범위 내에서 단지 처분의 근거법령만 추가, 변경하는 경우
>   ▷ 처분사유의 추가, 변경
> 2-2. 당초의 처분사유를 구체적으로 표시하는 것에 불과한 경우 ▷ 처분사유의 추가, 변경×
> 3. 처분의 근거법령을 변경하는 것이 종전 처분과 동일성을 인정할 수 없는 별개의 처분을 하는 것과 다름없는 경우
>   ▷ 허용×
> 4. 당초 행정처분의 근거로 제시한 이유가 실질적인 내용이 없는 경우 ▷ 소송의 단계에서 처분사유 추가×
> 5. 처분사유 자체가 아니라 그 근거가 되는 기초 사실 내지 평가요소에 지나지 않은 사정 ▷ 추가로 주장 可

(2) 동일한 소송물의 범위 내일 것(처분의 동일성이 유지될 것)

처분사유 추가·변경: 처분의 변경 초래×

→ 처분사유의 변경은 취소소송의 소송물의 범위 내, 즉 처분의 동일성을 해치지 않는 범위 내에서만 허용된다.

(3) 시간적 한계

① 추가·변경사유의 기준시: 처분시 존재하던 사유만 추가·변경 可 ❶ (처분 후 발생사유×)
   ❶ ∵ 취소소송에 있어서 처분의 위법성 판단시점: 처분시
② 추가·변경의 허용시점: 사실심 변론종결시까지 가능

5. 행정심판과 내부시정절차에서 처분사유의 추가·변경의 허용성

> **판례**
> 1. 행정심판단계 ▷ 기본적 사실관계 동일성要
> 2. 산업재해보상보험법상 심사청구 ▷ 기본적 사실관계 동일성不要

6. 구체적인 사례

(1) 기본적 사실관계의 동일성을 인정한 예(처분사유의 추가·변경 인정)

> 1. '담합을 주도하거나 담합하여 입찰을 방해하였다'는 사유와 '특정인의 낙찰을 위하여 담합한 자'에 해당한다는 사유 ▷ 동일성○
> 2. '준농림지역에서의 행위제한'이라는 사유와 '자연경관 및 생태계의 교란, 국토 및 자연의 유지와 환경보전 등 중대한 공익상 필요'라는 사유 ▷ 동일성○
> 3. 종합소득세 과세대상 소득 중 특정소득을 '이자소득'으로 보았다가 '대금업에 의한 사업소득'에 해당한다고 처분사유를 변경한 경우 ▷ 동일성○
> 4. "위 토지가 「건축법」상 도로에 해당하여 건축을 허용할 수 없다."는 사유와 "인근주민들의 통행에 제공된 사실상의 도로인데, 주민들의 통행을 막는 것은 사회공동체와 인근 주민들의 이익에 반하므로 甲의 주택 건축을 허용할 수 없다."는 사유 ▷ 동일성○
> 5. 「자동차운수사업법」 제26조(명의이용금지)를 위반하였다는 사유와 직영으로 운영하도록 한 면허조건을 위반하였다는 사유 ▷ 동일성○
> 6. 정보공개거부처분사유인 "「검찰보존사무규칙」 제20조 소정의 신청권자에 해당하지 아니한다."는 사유와 새로이 추가된거부처분사유인 "「공공기관의 정보공개에 관한 법률」 제7조(현행 제9조) 제1항 제6호'의 사유 ▷ 동일성○
> 7. "농지의 농업경영과 농어촌 생활유지에 피해를 줄 것이 예상되어 「농지법」에 의한 농지전용이 불가능하다."는 사유와 "인근 주민의 생활이나 주변 농업활동에 피해를 줄 것이 예상되어 폐기물처리시설 부지로 적절하지 않다."는 사유 ▷ 동일성○
> 8. "「도시계획법」 제4조 및 구 「토지의 형질변경 등 행위허가기준 등에 관한 규칙」에 의거하여 행위제한을 추진하고 있다."는 당초의 불허가처분사유와 '토지형질변경허가의 요건을 갖추지 못하였다는 사유 및 도심의 환경보전의 공익상 필요'라는 사유 ▷ 동일성○
> 9. "국립공원에 인접한 미개발지의 합리적인 이용대책 수립시까지 그 허가를 유보한다."라는 사유와 '국립공원 주변의 환경·풍치, 미관 등을 크게 손상시킬 우려가 있으므로 공공목적상 원형유지의 필요가 있는 곳으로서 형질변경허가 금지 대상'이라는 사유 ▷ 동일성○

(2) 기본적 사실관계의 동일성을 부정한 예(처분사유의 추가·변경 부정)

> 1. "무자료 주류 판매에 해당한다."는 사유와 "무면허 판매업자에게 주류를 판매한 때에 해당한다."는 사유 ▷ 동일성×
> 2. "인근주민의 동의서를 제출하지 않았다."는 사유와 "자연경관이 훼손된다."는 사유 ▷ 동일성×
> 3. 입찰참가자격을 제한시킨 당초의 처분 사유인 '정당한 이유 없이 계약을 이행하지 않은 사실'과 '관계 공무원에게 뇌물을 준 사실' ▷ 동일성×
> 4. "현재 대법원에 재판 진행 중인 사안에 포함되어 있다."는 사유와 해당 정보가 '대법원의 재판과 별개 사건인 서울중앙지방법원에 진행 중인 재판에 관련된 정보'라는 사유 ▷ 동일성×
> 5. 보공개거부처분사유인 「공공기관의 정보공개에 관한 법률」 제7조(현행 제9조) 제1항 제4호(내부적인 의사결정) 및 제6호의 사유와 제5호의 사유(사생활침해 우려) ▷ 동일성×
> 6. 대지에 관한 일부 공유지분권자의 대지사용승낙서가 제출되지 않았다."라는 사유와 "공사용 가설건축물이 더 이상 공사용으로 사용되지 않고 있다."라는 사유 ▷ 동일성×
> 7. 본인부담금 수납대장을 비치하지 아니한 사실'과 '보건복지부장관의 관계서류 제출명령에 위반하였다'는 사실 ▷ 동일성×
> 8. (온천발견고수리거부) 규정온도에 미달되어 온천에 해당하지 않는다."는 사유와 "온천으로서의 이용가치, 기존의 도시계획 및 공공사업에의 지장 여부 등을 고려하여 이 사건 온천발견고수리를 거부한다."는 사유 ▷ 동일성×
> 9. (중고자동차매매업 허가신청에 대한 불허가처분) 기존의 다른 공동사업장과의 거리제한규정에 저촉된다."는 사유와 "최소 주차용지에 미달한다."는 사유 ▷ 동일성×
> 10. 이주대책대상자 선정신청의 거부) '당해사업지구 내 가옥소유자가 아니'라는 사유와 "이주대책 실시기간을 도과하였다."는 사유 ▷ 동일성×
> 11. "(석유판매업 허가신청에 대하여) 군사시설보호구역 내에 위치하여 관할 군부대장의 동의를 얻지 못하였다."는 당초 불허가 사유와 "군시설인 탄약창에 근접하여 공공의 안전에 미치는 영향이 지대하다."는 불허가사유 ▷ 동일성×
> 12. "공무수행과 상이 사이에 인과관계가 없다."는 사유와 "본인과실이 경합되어 있다."는 사유 ▷ 동일성×

13. "당구장이 정화구역외인 것처럼 허위표시를 함으로써 정화위원회의심의를 면제하여 허가처분하였다."는 당초의 징계사유와 "정부문서규정에 위반하여 이미 결제된 당구장허가처분서류의 도면에 상사의 결제를 받음이 없이 거리표시를 기입하였다."는 사유 ▷ 동일성×
14. 중기취득세의 체납과 자동차세의 체납 ▷ 동일성×
15. (부동산실명법상 과징금 부과처분) '명의신탁등기'라는 사유와 '장기미등기'라는 사유 ▷ 동일성×
16. '정보공개청구에 대하여 별다른 이유를 제시하지 않은 채 이동통신요금과 관련한 총괄원가액수만을 공개한 것'과 '정보공개거부처분 취소소송에서 원가 관련 정보가 법인의 영업상 비밀에 해당한다는 비공개사유를 주장하는 것' ▷ 동일성×
17. 「건축법」 제11조에 위반하였음을 이유로 원상복구 시정명령 및 계고처분을 한 것'과 '「건축법」 제20조 제3항 위반을 처분사유로 추가한 것' ▷ 동일성×

4 판결의 효력

1. 자박력(불가변력)
· 판결이 선고되면 선고법원 자신도 이에 구속되어 판결의 내용을 취소·변경할 수 없게 되는 효력
· 선고법원에 대한 효력 / 재판의 신용과 법적안정성

2. 확정력

(1) 불가쟁력(형식적 확정력)
① 상소제기기간이 경과하거나, 상소를 포기한 경우 또는 모든 심급을 거친 경우 등으로 판결에 불복하는 자가 더 이상 상소를 통해서 다툴 수 없게 되는 효력
② 법원의 판결에 불복하는 자(당사자와 이해관계인)에 대한 효력
③ 판결은 형식적으로 확정되어야 판결의 내용에 따른 효력인 실질적 확정력(기판력), 형성력, 기속력이 생김
④ 인용·기각판결 모두에 인정(재심사유 있는 경우는×)

(2) 기판력(실질적 확정력)
확정판결의 기판력이라 함은 확정판결의 주문에 포함된 법률적 판단의 내용은 이후 그 소송당사자의 관계를 규율하는 새로운 기준이 되는 것이므로 동일한 사항이 소송상 문제가 되었을 때 당사자는 이에 저촉되는 주장을 할 수 없고 법원도 이에 저촉되는 판단을 할 수 없는 기속력(구속력)을 의미하는 것이다(대판 1987.6.9. 86다카2756).
① 의의
· 판결이 확정되면 이후의 절차(후소)에서 동일사항(동일소송물)이 문제되는 경우, 소송당사자(승계인 포함)는 기존 판결에 반하는 주장을 할 수 없고, 법원도 이에 모순·저촉되는 판단을 할 수 없는 판결의 구속력
· 법원과 당사자(승계인 포함)에 대한 효력
· 당사자: 반복·모순주장 금지 / 법원: 모순판단 금지
· 기판력의 전제: 판결의 불가쟁력 발생

② 취지: 소송절차의 반복과 모순된 재판방지라는 법적안정성
③ 법적근거: 행정소송법에는 기판력 규정 無 (민사소송법 준용)

> 행정소송법 제8조 제2항
> 민사소송법 제216조(기판력의 객관적 범위) ① 확정판결(確定判決)은 주문에 포함된 것에 한하여 기판력(旣判力)을 가진다.
> 민사소송법 제218조(기판력의 주관적 범위) ① 확정판결은 당사자, 변론을 종결한 뒤의 승계인(변론 없이 한 판결의 경우에는 판결을 선고한 뒤의 승계인) 또는 그를 위하여 청구의 목적물을 소지한 사람에 대하여 효력이 미친다.

④ 내용

반복금지효	당사자는 동일한 소송물을 대상으로 다시 소제기×
모순금지효	후소에서 당사자는 전소판결에 모순·저촉되는 주장금지, 법원은 전소판결에 모순·저촉되는 판단금지

⑤ 적용판결: 인용판결, 기각판결
⑥ 효력범위
ⓐ 주관적 범위(인적 범위)
· 당사자·승계인·소송참가를 한 제3자○
· 당해 소송과 관계없는 제3자×
· 행정청의 처분이 귀속되는 국가 또는 공공단체○
ⓑ 객관적 범위(물적 범위)
· 인용판결○, 기각판결○
· 판결 주문에 나타난 판단에만○ / 판결이유에서 제시된 그 전제가 되는 구체적인 위법사유에 관한 판단에 미치지×

> 판례 확정판결의 기판력은 그 판결의 주문에 포함된 것, 즉 소송물로 주장된 법률관계의 존부에 관한 판단의 결론 그 자체에만 미치는 것이고 판결이유에서 설시된 그 전제가 되는 법률관계의 존부에까지 미치는 것은 아니다.

· 기판력의 발생
- 기각판결: 처분의 적법
> 행정청이 관련 법령에 근거하여 행한 공사중지명령의 상대방이 명령의 취소를 구한 소송에서 패소함으로써 그 명령이 적법한 것으로 이미 확정되었다면, 이후 이러한 공사중지명령의 상대방은 그 명령의 해제신청을 거부한 처분의 취소를 구하는 소송에서 그 명령의 적법성을 다툴 수 없다. 그와 같은 공사중지명령에 대하여 그 명령의 상대방이 해제를 구하기 위해서는 명령의 내용 자체로 또는 성질상으로 명령 이후에 원인사유가 해소되었음이 인정되어야 한다(대판 2014.11.27. 2014두37665).
- 인용판결: 처분의 위법
↳ 취소소송의 소송물: 처분의 '위법성 일반'(통설, 판례)
- 사정판결: 처분의 위법
· 전소와 후소가 그 소송물을 달리하는 경우: 전소판결의 기판력이 후소에 미치지×
· 전소의 기판력 있는 법률관계가 후소의 선결적 법률관계가 되는 때: 전소판결의 기판력이 후소에 미침○

ⓒ 시간적 범위
- 사실심 변론종결시를 기준으로 발생
- 차단효: 사실심 변론종결시까지 제출하지 아니한 공격 · 방어방법은 후소에서 주장×

⑦ 기판력의 적용
㉠ 기판력(취소판결)과 무효등확인소송과의 관계(선결관계)
- 취소소송에서 기각판결이 확정된 경우: 무효등 확인소송, 부당이득반환소송에 미침
  - 과세처분취소 청구를 기각하는 판결이 확정되면 그 처분이 적법하다는 점에 관하여 기판력이 생기고 그 후 원고가 다시 이를 무효라 하여 그 무효확인을 소구할 수는 없는 것이어서, 과세처분의 취소소송에서 청구가 기각된 확정판결의 기판력은 그 과세처분의 무효확인을 구하는 소송에도 미친다(대판 1998.7.24. 98다10854).
- 무효확인소송에서 기각판결이 확정된 경우: 취소소송에 기판력 미치지×, 취소소송이나 국가배상 청구 可
  - 전소인 무효등 확인소송에서 기각판결이 확정된 경우에는 처분이 무효가 아니라는 점, 즉 유효하다는 점에 대해서만 기판력이 발생하므로 취소소송에는 기판력이 미치지 않는다. 따라서 취소소송의 제기요건이 갖추어진 경우에는 다시 취소소송을 제기하거나 국가배상소송을 제기할 수 있다.

㉡ 기판력(취소판결)과 국가배상소송과의 관계(선결관계)
- 취소판결의 기판력이 국가배상청구소송에 미치는지(국가배상파트 전술): 처분이 항고소송에서 취소되었다고 할지라도 곧바로 국가배상청구소송 인용단정× (판례)
- 국가배상청구소송의 기판력: 취소소송에 미치지 않음

⑧ 기판력(실질적 확정력)과 처분청의 직권취소
직권취소: 기판력과 무관하게 행정청 직권취소 可

3. 형성력

(1) 의의 및 근거
① 판결에 따라 법률관계의 발생 · 변경 · 소멸을 가져오는 효력
② 당사자와 제3자에 대한 효력
③ 인용판결에서만 인정
④ 명문규정 無 / 해석상 인정(제29조 제1항)
  - 행정소송법 제29조(취소판결등의 효력) ① 처분등을 취소하는 확정판결은 제3자에 대하여도 효력이 있다.

(2) 내용
① 형성효: 행정처분을 취소한다는 확정판결이 있으면 행정청의 별도의 취소행위 없이 처분이 취소되는 형성적 효과 발생
  - 판례: 취소판결확정 ▷ 당연히 취소효과 발생(별도의 취소조치 불요)
② 소급효: 처분시로 소급하여 처분 소멸
  - 판례: 1. 조합설립인가처분이 법원의 재판에 의하여 취소된 경우 ▷ 조합설립인가처분은 소급하여 효력 상실
    2. 과세처분 취소판결 확정 ▷ 이후 경정처분은 당연무효
  - 과세처분을 취소하는 판결이 확정되면 그 과세처분은 처분시에 소급하여 소멸하므로 그 뒤에 과세관청에서 그 과세처분을 경정하는 경정처분을 하였다면 이는 존재하지 않는 과세처분을 경정한 것으로서 그 하자가 중대하고 명백한 당연무효의 처분이다(대판 1989.5.9. 88다카16096).

③ 제3자효(대세효)
- 취소의 효력(형성효, 소급효) 제3자에게 미침
- 취지: 소송당사자와 제3자에 사이에 소송의 결과가 달라지는 것 방지, 법률관계 통일적 규율
- 제3자의 범위: 모든 제3자를 의미
- 제3자효의 문제: 취소된 행정처분을 기초로 하여 새로운 사법상의 계약 등이 있는 경우에는 취소판결의 확정으로 인하여 당해 행정처분을 기초로 하여 새로 형성된 제3자의 권리까지 당연히 그 행정처분 전의 상태로 환원되는 것은 아님
  - 취소판결이 확정되면 당해 처분은 소급하여 취소되므로, 취소된 처분을 전제로 형성된 처분이나 법률관계도 원칙적으로 그 효력을 상실하지만, 당해 행정처분을 기초로 하여 새로 형성된 제3자의 권리가 있다면 판결의 효력은 간접적·제한적으로 미침
  - 판례: 취소판결의 제3자효 ▷ 취소된 처분을 기초로 하여 새로 형성된 제3자의 권리까지 처분 전의 상태로 환원되는 것은 아님
  - 행정처분을 취소하는 확정판결이 제3자에 대하여도 효력이 있다고 하더라도 일반적으로 판결의 효력은 주문에 포함한 것에 한하여 미치는 것이니 그 취소판결 자체의 효력으로써 그 행정처분을 기초로 하여 새로 형성된 제3자의 권리까지 당연히 그 행정처분 전의 상태로 환원되는 것이라고는 할 수 없고, 단지 취소판결의 존재와 취소판결에 의하여 형성되는 법률관계를 소송당사자가 아니었던 제3자라 할지라도 이를 용인하지 않으면 아니 된다는 것을 의미하는 것에 불과하다 할 것이며, 따라서 취소판결의 확정으로 인하여 당해 행정처분을 기초로 새로 형성된 제3자의 권리관계에 변동을 초래하는 경우가 있다 하더라도 이는 취소판결 자체의 형성력에 기한 것이 아니라 취소판결의 위와 같은 의미에서의 제3자에 대한 효력의 반사적 효과로서 그 취소판결이 제3자의 권리관계에 대하여 그 변동을 초래할 수 있는 새로운 법률요건이 되는 까닭이라 할 것이다(대판 1986.8.19. 83다카2022).
- 제3자의 보호방안: 소송참가 · 재심청구 인정
- 제3자효의 준용: 집행정지결정 · 취소결정, 무효등확인소송, 부작위법확인소송○ / 당사자소송×

4. 기속력

제30조(취소판결등의 기속력) ① 처분등을 취소하는 확정판결은 그 사건에 관하여 당사자인 행정청과 그 밖의 관계행정청을 기속한다.
② 판결에 의하여 취소되는 처분이 당사자의 신청을 거부하는 것을 내용으로 하는 경우에는 그 처분을 행한 행정청은 판결의 취지에 따라 다시 이전의 신청에 대한 처분을 하여야 한다.
③ 제2항의 규정은 신청에 따른 처분이 절차의 위법을 이유로 취소되는 경우에 준용한다.

(1) 의의 및 적용판결
① 확정판결의 취지에 따라 행동하도록 당사자인 행정청과 그 밖의 관계행정청을 구속하는 효력 / 행정청과 관계행정청은 인용판결의 취지에 따라야 함
② 행정기관에 대한 효력
③ 인용판결에 한하여 인정됨(기각판결에는 인정× → ∴ 취소소송의 기각판결이 있은 후에도 처분청은 처분의 직권취소 可)

(2) 성질

① 학설
- 기판력설: 확정판결의 기판력설
- 특수효력설: 이의 특별히 인정하여 부여한 효력(통설, 판례)

② 판례: 기속력은 당사자인 행정청과 그 밖의 관계행정청을 기속하는 효력으로서 판결의 취지에 따라 행동할 의무를 발생시키는 것이므로, 기속력은 기각판결에는 인정되지 않고 인용판결에서만 인정된다.

▲ 기판력과 기속력 비교

구분	기판력	기속력
근거	「민사소송법」 : 판결의 효력	「행정소송법」 제30조
성질	인용판결 · 기각판결에 인정	인용판결에만 인정
주관적 범위	당사자와 후속 승계인	당사자인 행정청과 관계행정청(피고 X)
객관적 범위	주문에 표시된 것에 미침	주문 및 이유에 설시된 판단에 미침
시간적 범위	사실심 변론종결시를 표준으로 발생	처분시까지의 사유에 대해서만 미침

(3) 범위

① 주관적 범위
- 행정청 · 관계행정청
- 관계행정청: 취소판결로 취소된 처분 등에 관계되는 처분이나 부수되는 행위를 할 수 있는 행정청의 조직상의 관련

② 객관적 범위
- 판결의 주문 및 그 전제가 되는 처분 등의 구체적 위법사유(≠ 기판력의 주문)

🍎 판례 관계 행정청은 취소판결의 기속력에 따라 판결에서 확인된 위법사유를 배제한 상태에서 다시 처분을 하거나 그 밖에 다른 처분을 할 수 있다.

- 판결의 이유 · 판단: 기속력이 미치지 않음
- 기본적 사실관계가 (사실이) 다른 경우: 기속력이 미치지 않음 ×

🍎 판례 ❶ 기속력은 판결의 주문 및 전제가 되는 처분 등의 구체적 위법사유에 관한 판단에도 미치는 것이나, 종전 처분이 판결에 의하여 취소되었더라도 종전 처분과 다른 사유를 들어서 새로이 처분을 하는 것은 같은 행위의 반복이라고 할 수 없어 기속력에 저촉되지 아니한다. 여기서 동일 사유인지 다른 사유인지는 기속력의 객관적 범위인 처분사유의 기본적 사실관계에 있어서의 동일성 유무에 따라 판단하여야 한다.

③ 시간적 범위(처분시의 사유)
- 처분시에 존재하였던 사유
- 처분 후 새로운 사정변경 등에 관한 사유: 기속력 미치지 X   ← 예) 새롭게 사정변경이 생겼다는 등
- 법령개정의 경우: 새롭게 기속력 미친다

---

(4) 내용(효력)

① 소극적 효력 - 반복금지효(재처분금지효)
② 의미: 처분청은 판결에 저촉되는 동일한 처분을 동일한 사유로 되풀이 할 수 없는 것

ⓒ 내용
ⓓ 동일한 처분의 금지: 동일한 사유로 동일한 당사자에 대하여 동일한 내용의 처분을 하는 것 금지

🍎 판례 장래에 어떤 사정의 변경이 있어 처분청이 새로운 사유를 내세워 다시 이전과 같은 내용의 처분을 하는 것까지 기속력에 의해 막을 수는 없다. 따라서 판결 확정 후 새로운 사유를 내세워 다시 동일한 내용의 처분을 하는 것은 기속력에 반하지 않는다.

- 처분: 기속력 미치지 X

🍎 판례 행정처분을 한 처분청은 그 처분의 적법성을 확신하더라도 판결이 확정된 경우에는 그 기판력에 저촉되는 처분을 할 수 없다 ▷ 기속(기판력)한다 X

- 동일한 처분이 아닌 경우(경정처분도 동일한 처분): 기속력 미치지 아니함 ○
- 동일한 사유가 아니라 다른 사유로 동일한 내용의 처분을 한 경우: 기속력 미치지 아니함 ×
- 동일한 이유라도 법령 · 사실상태의 변경이 있는 경우, 종전과 다른 사유로서 동일한 처분은 반복할 수 있음
- 동일한 사유의 판단: 기속력 미치지 아니함 ○

② 적극적 효력-재처분의무, 결과제거의무(원상회복의무)
　㉠ 재처분의무(거부처분 / 부작위 / 절차위법)

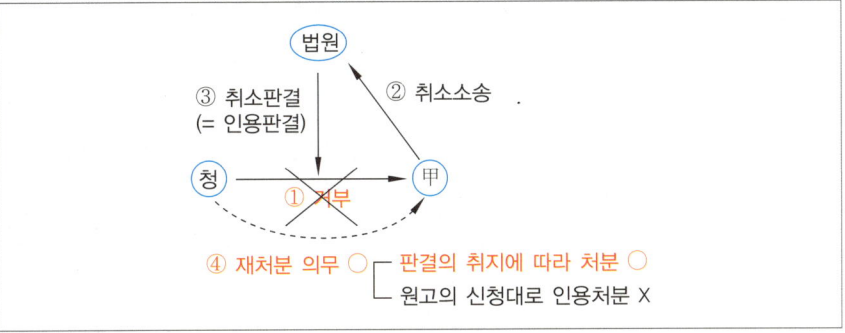

　　ⓐ 의의: 행정청이 취소판결의 취지에 따라 일정한 처분을 하여야 할 의무
　　ⓑ 거부처분의 취소판결에 따른 재처분의무
　　　㉮ 판결의 취지에 따른다는 의미
　　　　• 행정청이 판결의 취지를 존중한다는 것○, 반드시 원고가 신청한 내용대로 재처분 할 의무×
　　　　• 행정청은 종전 처분 후에 발생한 새로운 사유(기본적 사실관계의 동일성이 없는 다른 이유)를 들어 다시 거부처분 可(재처분의무를 성실히 이행한 것)

> **판례**
> 1. 기본적 사실관계의 동일성이 없는 사유를 들어 다시 거부처분 ▷ 기속력 위반×
> 2. 사실심 변론종결 후 ▷ 새로운 사유로 다시 거부처분 可

　　　㉯ 거부처분이 절차·형식상의 위법을 이유로 취소된 경우
　　　　적법한 절차·형식을 갖추어(보완) 행한 동일 내용의 처분: 기속력 위반×

> **판례** 행정소송법 제30조 제2항의 규정에 의하면 행정청의 거부처분을 취소하는 판결이 확정된 경우에는 그 처분을 행한 행정청이 판결의 취지에 따라 이전의 신청에 대하여 재처분할 의무가 있다고 할 것이나, 그 취소사유가 행정처분의 절차, 방법의 위법으로 인한 것이라면 그 처분 행정청은 그 확정판결의 취지에 따라 그 위법사유를 보완하여 다시 종전의 신청에 대한 거부처분을 할 수 있고, 그러한 처분도 위 조항에 규정된 재처분에 해당한다.

　　　㉰ 거부처분이 실체법상 위법을 이유로 취소된 경우
　　　　• 원칙: 인용처분(예 허가를 신청한 경우 허가처분)하여야 함
　　　　• 예외: 거부처분 이후 발생한 새로운 사유(예 법령의 변경, 사실상황의 변경)를 들어 다시 거부처분 可

> **판례**
> 1. 취소소송에서 소송의 대상이 된 거부처분을 실체법상의 위법사유에 기하여 취소하는 판결이 확정된 경우에는 당해 거부처분을 한 행정청은 원칙적으로 신청을 인용하는 처분을 하여야 하고, 사실심 변론종결 이전의 사유를 내세워 다시 거부처분을 하는 것은 확정판결의 기속력에 저촉되어 허용되지 아니한다.
> 2. 개정법령을 근거로 다시 거부처분 ▷ 적법한 재처분○
> 3. 경과규정○ ▷ 개정법 따른 처분은 기속력 위반
> 4. 판결의 판단대상에서 제외된 부분을 새로운 소송에서 다시 주장하는 것 ▷ 기판력(기속력)에 저촉×
> 5. 건축허가신청 반려처분의 취소판결 확정된 후 건축허가제한공고를 하고 그에 따라 다시 한 거부처분 ▷ 적법한 재처분에 해당
> 6. 행정청이 다시 새로운 이익형량을 하여 도시관리계획 수립 ▷ 기속력에 따른 재처분의무를 이행한 것

　　ⓒ 제3자효 행정행위가 절차상의 하자로 취소된 경우의 재처분의무
　　　• 신청에 따른 처분이 절차의 위법을 이유로 취소된 경우에도 행정청은 재처분의무를 부담함(제30조 제3항)
　　　• 행정청으로 하여금 판결의 취지에 따른 적법한 절차에 의한 재심사를 하게 한 후 신청인(인용처분의 상대방)에게 인용처분이든 거부처분이든 처분을 다시 하도록 하여 신청인의 권익을 보호하기 위한 것

　㉡ 결과제거의무(원상회복의무)
　　• 취소판결 확정 시 행정청은 취소된 처분에 의해 초래된 위법상태 제거하여 원상으로 회복할 의무
　　• 명문규정×: 해석상 인정

> **판례** 어떤 행정처분을 위법하다고 판단하여 취소하는 판결이 확정되면 행정청은 취소판결의 기속력에 따라 그 판결에서 확인된 위법사유를 배제한 상태에서 다시 처분을 하거나 그 밖에 위법한 결과를 제거하는 조치를 할 의무가 있다.

(5) 기속력 위반의 효력
기속력에 반하는 처분 ▷ 당연무효

5. 간접강제(거부처분취소에 따른 재처분의무의 실효성 확보수단)[1]

[1] 행정소송법 제34조(거부처분취소판결의 간접강제) ① 행정청이 제30조 제2항의 규정에 의한 처분을 하지 아니하는 때에는 제1심 수소법원은 당사자의 신청에 의하여 결정으로써 상당한 기간을 정하고 행정청이 그 기간 내에 이행하지 아니하는 때에는 그 지연기간에 따라 일정한 배상을 할 것을 명하거나 즉시 손해배상을 할 것을 명할 수 있다.
② 제33조와 민사집행법 제262조의 규정은 제1항의 경우에 준용한다.

(1) 의의
거부처분에 대한 취소판결이 확정되었음에도 행정청이「행정소송법」제30조 제2항의 판결의 취지에 따른 처분(적법한 재처분)을 하지 않을 경우 판결의 실효성을 확보하기 위하여 제1심 수소법원이 당사자의 신청(직권×)에 의하여 결정으로써 행정청에게 일정한 배상을 할 것을 명령 / 판결의 기속력에 따른 재처분의무의 이행을 강제하기 위한 금전적 배상제도의 일종

(2) 요건

거부처분 취소판결 확정, 재처분의무 불이행

> **판례** 재처분의무 불이행
> ▷ 기속력 위반으로 재처분이 당연무효된 경우도 포함
> ▷ 간접강제 신청 可

(3) 절차 및 불복

① 간접강제의 신청 및 지급방법
  • 당사자가 제1심 **수소법원**에 신청
  • 행정청이 상당기간 내 처분할 기간 정하고 그 불이행 시 지연기간에 따라 또는 즉시 배상을 명하는 결정을 함
② 배상금의 추심: 재처분 불이행시 인용결정을 집행권원으로 집행문 부여받아 배상금 추심(강제집행) 可
③ 불복절차: 간접강제 기각·인용결정은 즉시항고 可

(4) 배상금의 법적 성질

심리적 강제수단(제재·지연배상×)

> **판례** 의무이행기간 경과 후 재처분 ▷ 배상금 추심不可

(5) 간접강제결정의 효력이 미치는 범위

피고 또는 참가인이었던 행정청이 소속하는 국가 또는 공공단체에 그 효력이 미침

(6) 적용 범위

취소소송 간접강제: 부작위위법확인소송에 준용○ / 무효등확인소송에 준용×

▼ 기속력 규정 및 간접강제 규정의 준용 여부

구분	무효등확인소송 (제38조 제1항)	부작위위법확인소송 (제38조 제2항)	당사자소송 (제44조 제1항)
제30조 제1항 (기속력)	준용 ○	준용 ○	준용 ○
제30조 제2항 (재처분의무)	준용 ○	준용 ○	×
제34조 (간접강제)	×	준용 ○	×

POINT 57 판결 이외의 취소소송의 종료

소취하	의의	원고 스스로 본인이 제기한 소의 전부 또는 일부를 철회하여 소송계속의 효과를 소급하여 소멸시키는 법원에 대한 의사표시
	인정여부	민사소송과 마찬가지로 취소소송에서도 소 취하는 인정됨
청구포기·인낙	의의	청구의 포기란 변론 또는 준비절차에 원고가 자기의 소송상의 청구가 이유 없음을 인정하는 법원에 대한 일방적 의사표시이고, 청구의 인낙이란 피고가 원고의 소송상의 청구가 이유 있음을 인정하는 법원에 대한 일방적 의사표시
	인정여부	민사소송과 달리 취소소송에서는 부정(다수설)
소송상 화해	의의	소송계속중 당사자 쌍방이 소송물인 권리관계의 주장을 서로 양보하여 소송을 종료시키기로 하는 기일에 있어서의 합의를 말하는 바, 화해조서는 확정판결과 같은 효력이 있음(민사소송법 제220조)
	인정여부	민사소송과 달리 취소소송에서는 부정(다수설)
당사자 소멸	원고의 사망	원고가 사망하고 소송의 승계가 허용되지 않는 경우: 소송 종료
	피고의 소멸	피고인 행정청이 없게 경우: 그 처분 등에 관한 사무가 귀속되는 국가나 공공단체가 피고가 되므로 소송의 종료 사유가 아님(제13조 제2항)

POINT 58 취소소송의 불복절차[상소, 항고(재항고), 재심]

해커스공무원 함수민 **행정법총론 단권화 노트**

1 상소(항소와 상고)

판결에 대한 불복

2 항고와 재항고

결정이나 명령에 대한 불복

3 재심

1. 의의

- 당사자가 제기한 일반적인 재심: 「민사소송법」 제451조 이하 준용
- 제3자가 제기하는 재심: 「행정소송법」 제31조

2. 제3자의 재심청구[*]

[*] 행정소송법 제31조(제3자에 의한 재심청구) ① 처분 등을 취소하는 판결에 의하여 권리 또는 이익의 침해를 받은 제3자는 자기에게 책임 없는 사유로 소송에 참가하지 못함으로써 판결의 결과에 영향을 미칠 공격 또는 방어방법을 제출하지 못한 때에는 이를 이유로 확정된 종국판결에 대하여 재심의 청구를 할 수 있다.
② 제1항의 규정에 의한 청구는 확정판결이 있음을 안 날로부터 30일 이내, 판결이 확정된 날로부터 1년 이내에 제기하여야 한다.
③ 제2항의 규정에 의한 기간은 불변기간으로 한다.

- 처분 등을 취소하는 판결에 의해 권리 또는 이익을 침해받은 제3자가 자기에게 책임 없는 사유로 소송에 참가하지 못함으로써 판결의 결과에 영향을 미칠 공격 또는 방어방법을 제출하지 못하고 판결이 확정된 경우 이 확정판결에 대한 취소와 동시에 판결 전 상태로 복구시켜 줄 것을 구하는 불복방법
- 소송참가를 한 제3자: 판결확정 후 재심청구 不可

3. 재심청구의 원고

- 취소 판결에 의해 법률상 이익 침해된 제3자
- 자연인, 법인 포함

4. 재심사유

책임 없는 사유로 소송에 참가하지 못하여야 하고, 판결의 결과에 영향을 미칠 공격 또는 방어방법을 제출하지 못하여야 함

5. 재심청구기간

확정판결 있음을 안 날 30일 이내, 확정된 날 1년 이내(불변기간)

6. 제3자의 재심청구의 준용

무효등확인소송과 부작위위법확인소송에 준용○/당사자소송에 준용✕

4 소송비용

원칙	패소자가 부담
사정판결에 따른 기각판결	피고가 부담
행정청이 처분 취소 또는 변경해서 청구가 기각 또는 각하된 경우	피고가 부담
소의 취하	취하한 자가 부담

POINT 59 항고소송2(무효등확인소송) 개설

> 행정소송법 제38조(준용규정) ① 제9조, 제10조, 제13조 내지 제17조, 제19조, 제22조 내지 제26조, 제29조 내지 제31조 및 제33조의 규정은 무효등 확인소송의 경우에 준용한다.
> 제35조(무효등 확인소송의 원고적격) 무효등 확인소송은 처분등의 효력 유무 또는 존재여부의 확인을 구할 법률상 이익이 있는 자가 제기할 수 있다.

1 의의 및 종류

1. 의의
행정청의 처분 등의 효력 유무 또는 존재 여부를 확인하는 소송

2. 종류
처분등의 무효확인소송, 유효확인소송, 존재확인소송, 부존재확인소송, 실효확인소송

2 성질

확인소송 + 항고소송의 성질

3 적용규정

- 취소소송에 관한 「행정소송법」의 대부분의 규정 준용
- 취소소송에 관한 행정심판전치주의, 제소기간, 사정판결, 간접강제에 관한 규정 준용×

준용 ○	준용 ×
제9조 재판의 관할	제11조 선결문제
제10조 관련청구 소송의 이송 및 병합	제12조 원고적격(제35조에서 별도로규정)
제13조 피고적격	제18조 행정심판과의 관계
제14조 피고경정	제20조 제소기간
제15조 공동소송	제27조 재량처분의 취소
제16조 제3자의 소송참가	제28조 사정판결
제17조 행정청의 소송참가	제34조 간접강제
제19조 취소소송의 대상	
제21조 원고가 소의 종류를 잘못 선택한 경우 소 종류의 변경(제37조)	
제22조 처분변경으로 인한 소의 변경	
제23조 집행정지	
제24조 집행정지의 취소	
제25조 행정심판기록의 제출명령	
제26조 직권심리	
제29조 취소판결등의 효력	
제30조 취소판결등의 기속력(반복금지, 원상회복, 재처분의무 등)	
제31조 제3자에 의한 재심청구	

POINT 60 공의 제기

1 대상적격

차량 등(=차장소송) / 의회의 의원징계의결 재기

2 원고적격

- 법률상 이익: 법인이익(직접적・구체적・개별적 이익)
- 반사적 이익: 재개자(간접적・사실적・경제적 이익은 X)
- 경쟁자 소송: 신규업자 대한 허가처분에 기존업자가 공의 제기

3 원고의 소의 이익(권리보호의 필요성)

(1) 문제점

처분의 효력기간이 경과하였거나 집행이 완료된 경우 또는 이행(처분등)이 없는 경우 공의 제기의

> **판례**
> 유효한 행정처분에 대하여 다시 공사 또는 행정상 강제집행의 일환인 공사의 행정처분을 하지 않음 X

무효의 행정처분의 이익(협의의 소의 이익)은 요구되는지 여부

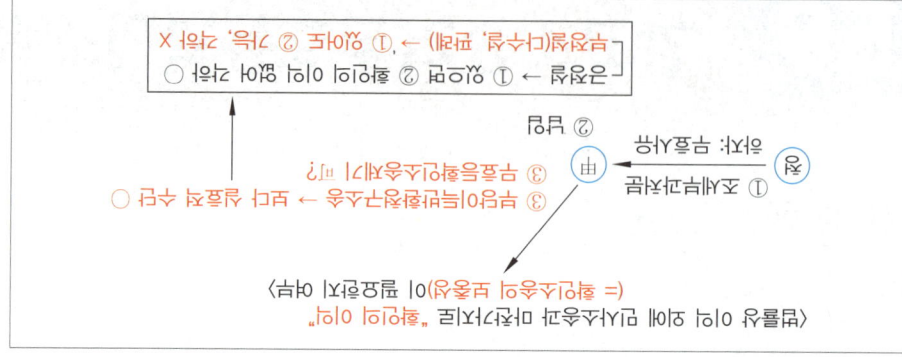

2. 공사사정의 이익(협의의 소의 이익)이 요구되는지 여부

(1) 문제점

원고 법률상이익(처분의 대상성)구체적인 이행(처분등)이 있는 경우 공사사정의 이익이

> **판례**
> 1. 원고로서의 차량이 대한 공사사정의 이행 원이을 가진 경우 이외에도 그 처분의 취소로 인하여 회복되는 법률상 이익이 있는 경우에는 공사사정의 이익이 있다 할 것이다.
>
> **④** 공사사정의 이익(협의의 소의 이익): 공의에 대한 소의 이익을 공사의 판단하는 것
> **③** 공사의 이익(협의의 소의 이익): 공의적 판단을 받는 것이 현실적으로 공정하기 때문에 필요한 경우

(3) 판례

1. 영업허가의 처분에 대한 공사사정 중 그 영업허가처분의 효력기간이 경과한 경우 공사의 이익이 없고, 이행기간 경과 후에 처분의 제기로 해제된 경우에도 공사사정의 이익이 없다.

> **판례**
> ▶ 원칙상 X
> ▶ 가중요건이 법규명령에 규정된 경우: 공사의 이익 ○
> ▶ 가중요건이 행정규칙에 규정된 경우: 공사의 이익 ○

2. 사업의 장소에 의하여 후속, 인・허가등의 처분이 없이 기간이 경과되어 공사의 이익이 없다.
3. 만료시간에 기간 연장등의 기가 있는 경우 ▶ 이행기간 경과 후에도 공사의 제기로 해제 공사사정의 이익 ○

4 피고적격

취소소송 준용○(처분 등을 한 행정청)

5 제소기간

- 제한 없음
- 단, 무효선언을 구하는 취소소송: 제한 有

6 재판관할

취소소송 준용○: 피고 행정청의 소재지 관할 행정법원

7 예외적 행정심판전치

취소소송 준용× / 단, 무효선언을 구하는 취소소송: 행정심판전치주의 적용○

8 가구제

집행정지	취소소송 준용○
「민사소송법」상 가처분	준용×

9 관련청구소송의 이송 및 병합

취소소송 준용○

10 소의 변경

소 종류의 변경, 처분변경으로 인한 소변경: 취소소송 준용○

POINT 61 송인직인

1 직접인지주의, 영장신청기본체동영

○차소수공동

2 인용체인

- 무죄추정의사원에 대한 인용체인은 당사자 간에 아행게 분배할 것인지 문제
- 학설: 인사정보책원설 vs. 인고책원설
- 판례: 인고책원설

판례 중대·명해한 하자 인증책원의 소재

3 비법판단시점

처분시(= 처소수송)

POINT 62 판결의 효력 등

1 취소판결의 효력에 관한 규정의 준용

- 취소판결의 효력(제3자효) 준용○
- 제3자의 소송참가·재심청구 可
- 무효확인판결의 효력: 취소판결의 효력(기속력) 준용○ / 반복금지효, 재처분의무, 결과제거의무(원상회복의무) 有

> **판례** 행정처분의 무효확인판결은 비록 형식상은 확인판결이라 하여도 그 확인판결의 효력은 그 취소판결의 경우와 같이 소송의 당사자는 물론 제3자에게도 미친다.

2 간접강제

거부처분에 대한 무효확인판결: 재처분의무 불이행시 간접강제×

> **판례** 거부처분에 대하여 무효등확인판결이 나온 경우, 재처분의무가 인정될 뿐 간접강제까지 허용되는 것은 아니다.

3 사정판결

> **판례** 당연무효의 행정처분을 소송목적물로 하는 행정소송에서는 존치시킬 효력이 있는 행정행위가 없기 때문에 행정소송법 제28조 소정의 사정판결을 할 수 없다.

POINT 63 무효등 확인소송과 취소소송의 관계

해커스공무원 함수민 **행정법총론** 단권화 노트

1 취소소송과 무효등 확인소송의 선택

• 무효등확인소송: 소송요건 유리(∵ 제소기간 제한×)
• 취소소송: 본안판단 유리(∵ 무효사유는 중대·명백 요구)

2 무효인 처분에 대한 취소소송의 제기(무효선언을 구하는 취소소송)

• 무효선언을 구하는 취소소송: 허용(판례)
• 무효선언적 의미의 취소판결: 예외적 행정심판전치, 제소기간의 준수 등 취소소송요건 구비 전제○

> **판례** 행정처분의 당연무효를 선언하는 의미에서 그 취소를 청구하는 행정소송을 제기한 경우에도 전심절차와 제소기간의 준수 등 취소소송의 제소요건을 갖추어야 한다.

3 취소사유가 있는 처분에 대해 무효등 확인소송을 제기한 경우

1. 문제점

• 취소사유가 있는 처분에 대해 취소소송의 제기요건 갖추지 못한 무효등 확인소송: 기각○(각하×)
• 취소사유가 있는 처분에 대해 취소소송의 소송요건을 갖춘 무효등확인소송의 경우에는 법원이 어떠한 판결을 내려야 할 것인지 여부

2. 학설

소변경필요설 vs. 취소소송포함설(소변경불요설)

3. 판례

소 변경 없이 바로 취소판결 可(∵ 무효확인을 구하는 청구에는 취소를 구하는 취지도 포함)

4 무효등 확인소송과 취소소송의 병합

동일처분에 대한 무효확인소송과 취소소송: 주위적·예비적 병합만 可(선택적·단순병합×)

→ 무효확인청구가 기각될 것을 대비하여 취소청구를 예비적으로 병합 可

　▷ 제소기간의 준수여부: 주위적 청구인 무효확인의 소가 제기된 시점을 기준으로 판단

> **판례** 1. 행정처분에 대한 무효확인과 취소청구는 서로 양립할 수 없는 청구로서 주위적·예비적 청구로서만 병합이 가능하고 선택적 청구로서의 병합이나 단순 병합은 허용되지 아니한다.
> 2. 주된 무효등 확인소송에 제소기간 도과한 취소소송을 병합하는 경우 ▷ 무효등 확인소송이 취소소송의 제소기간을 준수하면, 제소기간 도과하여 병합된 취소소송도 적법[1]

[1] 행정처분의 무효확인을 구하는 소에는 특단의 사정이 없는 한 그 취소를 구하는 취지도 포함되어 있다고 보아야 하는 점 등에 비추어 볼 때, 동일한 행정처분에 대하여 무효확인의 소를 제기 하였다가 그 후 그 처분의 취소를 구하는 소를 추가적으로 병합한 경우, 주된 청구인 무효확인의 소가 적법한 제소기간 내에 제기되었다면 추가로 병합된 취소청구의 소도 적법하게 제기된 것으로 봄이 상당하다(대판 2005.12.23. 2005두3554).

POINT 64 항고소송3(부작위위법확인소송) 개설

제2조(정의) ① 이 법에서 사용하는 용어의 정의는 다음과 같다.
2. "부작위"라 함은 행정청이 당사자의 신청에 대하여 상당한 기간 내에 일정한 처분을 하여야 할 법률상 의무가 있음에도 불구하고 이를 하지 아니하는 것을 말한다.
제36조(부작위위법확인소송의 원고적격) 부작위위법확인소송은 처분의 신청을 한 자로서 부작위의 위법의 확인을 구할 법률상 이익이 있는 자만이 제기할 수 있다.
제38조(준용규정) ② 제9조, 제10조, 제13조 내지 제19조, 제20조, 제25조 내지 제27조, 제29조 내지 제31조, 제33조 및 제34조의 규정은 부작위위법확인소송의 경우에 준용한다.

1 의의

행정청이 당사자의 신청에 대하여 상당한 기간 내에 일정한 처분을 하여야 할 법률상 의무가 있음에도 불구하고 이를 하지 않는 경우에, 이러한 행정청의 부작위가 위법하다는 것을 확인하는 소송

2 성질

주관소송, 확인소송, 항고소송

3 한계

- 권리보호가 우회적이고 간접적
- 소극적 위법상태를 제거하는 것이 목적
- 현행 「행정소송법」은 의무이행소송 인정×
- 권리구제 실효성 담보를 위해 재처분의무·간접강제 규정 준용○

> 판례
> 1. 부작위위법확인소송 ▶ 소극적인 위법상태를 제거하는 것이 목적❶
> 2. 행정청의 부작위에 대한 의무이행소송 ▶ 허용×

❶ 부작위위법확인의 소는 행정청이 국민의 법규상 또는 조리상의 권리에 기한 신청에 대하여 상당한 기간 내에 그 신청을 인용하는 적극적 처분을 하거나 또는 각하 내지 기각하는 등의 소극적 처분을 하여야 할 법률상의 응답의무가 있음에도 불구하고 이를 하지 아니하는 경우 판결시를 기준으로 그 부작위의 위법함을 확인함으로써 행정청의 응답을 신속하게 하여 부작위 내지 무응답이라고 하는 소극적인 위법상태를 제거하는 것을 목적으로 하는 것이고, 나아가 당해 판결의 구속력에 의하여 행정청에게 처분등을 하게 하고, 다시 당해 처분등에 대하여 불복이 있는 때에는 그 처분등을 다투게 함으로써 최종적으로는 국민의 권리이익을 보호하려는 제도이다(대판 1992.7.28. 91누7361).

4 적용규정

- 취소소송에 관한 「행정소송법」의 대부분의 규정 준용
- 처분변경으로 인한 소 변경, 집행정지, 사정판결: 준용×

준용 ○	준용 ×
제9조 재판의 관할	제11조 선결문제
제10조 관련청구 소송의 이송 및 병합	제12조 원고적격(제36조에서 별도로 규정)
제13조 피고적격	제22조 처분변경으로 인한 소변경
제14조 피고경정	제23조 집행정지
제15조 공동소송	제24조 집행정지의 취소
제16조 제3자의 소송참가	제28조 사정판결
제17조 행정청의 소송참가	
제18조 행정심판과의 관계	
제19조 취소소송의 대상	
제20조 제소기간	
제21조 원고가 소의 종류를 잘못 선택한 경우 소종류의 변경(제37조)	
제25조 행정심판기록의 제출명령	
제26조 직권심리	
제27조 재량처분의 취소	
제29조 취소판결등의 효력	
제30조 취소판결등의 기속력	
제31조 제3자에 의한 재심청구	
제33조 소송비용에 관한 재판의 효력	
제34조 거부처분취소판결의 간접강제	

POINT 65 소의 제기

해커스공무원 홍상훈 민사소송법 기본서

1 당사자적격(적격자)

1. 당사자의 의미

당사자의 신청에 대해 법원이 이기고 짐의 내용을 갖는 재판을 해야 본안판결 및 이 이를 본안이해야 하는 자

2. 당사자의 당사자적격(대상적격)

(1) 당사자의 당사자적격의 존부

① 당사자의 당사자적격이 없는 자
② 당사자적격이 인정되지 않음

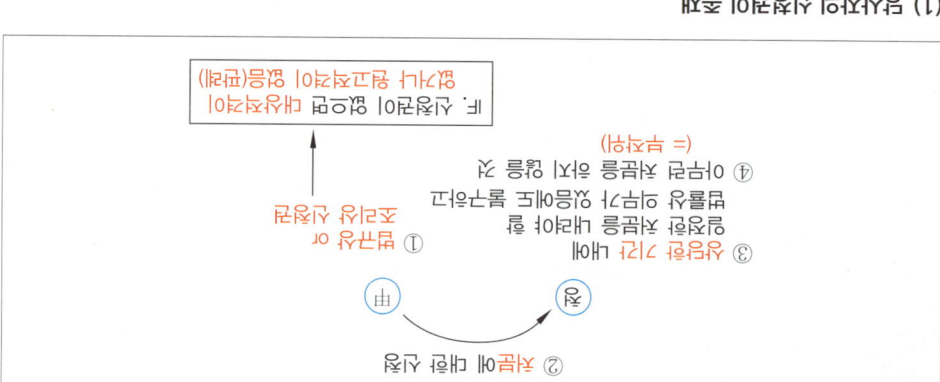

③ 상당한 기간의 대하여
④ 이러한 가정을 하지 않을 것
   ↑
   IF. 신청원이 없으면 대상자적격이 없거나 본안판결이 없음(소각하)

반대 또는 효과 신청원이 없어야 대상자적격이 당사자적격에 의하여 본안판결의 당사자적격이 된다(판례).

대상자적격이 있어 당사자적격이 당사자 중에서 본안판결의 대상에 위치한 경우 ▶ 당사자적격자는 그 당사자에 대한 본안판결이 있을 수 없고 각 본안판결이 있는 경우 그 본안판결이 당사자적격인 대상자적격인 도로 본안판결한다(대판 2000.2.25, 99두11455).

2 원고적격

1. 당사자의 당사자적격 존부

- 당사자의 신청을 할 권리와 당사자가 이익에 의하여 권리보호 있는 이익이 있는 자
- 반드시 조치의 당사자일 필요 없음
- 행정상 이익: 자신의 근거규정 및 관련법규에 의해 보호되는 직접적·구체적 이익(간접적·사실적·경제적 이익×)

(2) 당사자적 기간의 당사자적격

① 상대방 기간: 상대방이 그 상대방에 대한 당사자를 하는 방향에 있는 그러한 경우으로 인정되는 기간
② 상대에 대한 당사자: 상대방의 관계, 인허·허가 등 당사자적이 아닌 수혜적인 형식인
③ '행정청의 하부기관', 이나 행정청의 경우의 직원: 간과권한이, 상대적격×

(3) 인정기간 당사자에 의하여 법률상 이익가 있는가 당사자적 것

① 법률상 이익: 공안에 의해 인정되지 아니하나 계층적으로 정도로 행위가 발표되어 있는
② 기간당사자: 항상당사자 / 재결당사자: 하지 않는 당사자, 담 재결 등 재량 수사의 단계당사자인

(4) 이러한 상대로 하지 않은 것

① 가당사자: 당사자
   참고 1. 공사용당사용 법정당사자인 ▶ 당사사용법정당사자인 이익 하지 않기
       2. 그 당사자에 있어
       2. 행정성이 가당사자에 있는 경우 ▶ 당사사용법정당사자의 경우x
② 행정가 가서, 의심자 가서: 당사자영부심의×, 가사당사자×중

참고 잠시용에서 제기인인 자 ▶ 가사당사자×중에 제기해야

참고
1. 당사가 대해 당사자 기간 대 당사자 법정당사자 강하 당사자인 당사자의 이해를 하지 않기 당사자
2. 행정인법당사자인의 대상자인

③ 당사자 대상 신청당사자 X

> **판례** 부작위위법확인소송은 처분을 신청을 한 자로서 법규상 또는 조리상 신청권이 인정되는 자만이 제기할 수 있다.

2. 제3자의 경우
부작위의 직접 상대방이 아닌 제3자라 하더라도 부작위위법확인을 받을 법률상의 이익이 있는 경우: 원고적격○

3 협의의 소의 이익(권리보호의 필요성)
부작위위법확인소송 계속 도중 부작위상태가 해소되거나 인용판결을 받는다고 하더라도 원고의 권리·이익을 보호하는 것이 불가능: 확인의 이익이 없어 각하

> **판례**
> 1. 판결시(변론종결시)까지 부작위상태 해소 ▷ 소의 이익 상실로 각하
> 2. 당사자의 신청이 있은 이후 당사자에게 생긴 사정의 변화로 인하여 위 부작위가 위법하다는 확인을 받는다고 하더라도 종국적으로 침해되거나 방해받은 권리와 이익을 보호, 구제받는 것이 불가능하게 되었다면 그 부작위가 위법하다는 확인을 구할 이익은 없다.

4 피고적격
당사자의 신청에 대하여 부작위를 행한 행정청

5 제소기간
- 원칙적 적용×(∵ 부작위가 계속되는 한 확인의 이익 있음)
- 전심절차 거친 경우: 재결서 송달 후 90일 내

> **판례**
> 1. 부작위위법확인의 소는 부작위상태가 계속되는 한 그 위법의 확인을 구할 이익이 있다고 보아야 하므로 원칙적으로 제소기간의 제한을 받지 않는다.
> 2. 그러나 행정소송법 제38조 제2항이 제소기간을 규정한 같은 법 제20조를 부작위위법확인소송에 준용하고 있는 점에 비추어 보면, 행정심판 등 전심절차를 거친 경우에는 행정소송법 제20조가 정한 제소기간 내에 부작위위법확인의 소를 제기하여야 한다.

6 재판관할
준용○(피고 행정청 소재지 관할 행정법원)

7 예외적 행정심판전치주의
- 준용○
- 전치되는 행정심판: 의무이행심판

8 집행정지
준용×

9 관련청구소송의 이송 및 병합
준용○

10 소의 변경
- 소 종류의 변경: 준용○
- 부작위위법확인소송을 취소소송 또는 당사자소송으로 소 종류의 변경: 긍정
- 처분변경으로 인한 소 변경: 준용×

> **판례** 부작위위법확인소송을 거부처분에 대한 취소소송으로 소 변경 ▷ 긍정(처음 소 제기 시 취소소송의 제소기간 준수 要)[*]

[*] 당사자가 동일한 신청에 대하여 부작위위법확인의 소를 제기하였으나 그 후 소극적 처분(거부처분)이 있다고 보아 처분취소소송으로 소를 교환적으로 변경한 후 여기에 부작위위법확인의 소를 추가적으로 병합한 경우, 최초의 부작위위법확인의 소가 적법한 제소기간 내에 제기된 이상 그 후 처분 취소소송으로의 교환적 변경과 처분취소소송에의 추가적 변경 등의 과정을 거쳤다고 하더라도 여전히 제소기간을 준수한 것으로 봄이 상당하다(대판 2009.7.23. 2008두10560).

11 소송참가
제3자 소송참가·행정청의 소송참가: 준용○

POINT 66 공용의 점유

해커스공무원학원·공무원인강 gosi.Hackers.com

1 점유의 범위

1. 의의
점유란 점유설정의사를 가지고 어떤 물건을 사실상 지배하고 있다는 단순한 사실상태인 점유사실과 점유자의 점유할 권리인 점유권까지 내용까지 시험에 출제될 수 있는 논제이다.

2. 학설

점유설정의사 (소극설, 관습)	• 점유설정의사라는 것은 그 내용이 매우 모호한 것이고 독일민법과 같이 점유자의 의사를 전혀 반영하지 않는 것은 아니지만 그러한 의사를 요건으로 하지 않음에 따라 점유자의 점유능력과 같은 별도의 이익이 등기까지 판단할 필요 없음
점유설정의사 (적극설, 특정사물의사설)	• 점유설정의 내용이 되지 않는 한 자기자신의 점유에 기초하여 지배의사가 있어야 함 • 점유설정이 기본적으로 인정되고 있으므로 기계적이고 반복적인 행위만으로는 부족하고, 사회적인 경우 등 점유자의 의사에 따라 재배하에 있는 물건에 대해 지배의사를 하여야 한다고 봄

3. 검토
점유자·점유이행취득의사에서 인정설(특정인설)이 학계에서 통설이며, 점유자의 점유능력에 따른 별도의 자기능력과 판단의 필요로 인하여 지배 등이/이전에 사실상의 대응에 가지기보다는, 即

2 점유설정의사와 기술지능력

의용○

3 점유능력

• 자연인: 점유능력 가능, 점유설정 존재, 사실상의 지배 가능 등의 요건 등 객관적에 대하여 점유능력 인정
• 법인격: 일정한 사유등에 대응한 점유능력: 피고 점유설정

4 인체상 판단지점

판결시(사실관계종결시)

POINT 67 판결

1 판결의 종류

각하 · 기각 · 인용판결

2 판결의 기속력과 처분의무

1. 부작위위법확인소송의 인용판결의 기속력
- 준용 ○
- 인용판결 시 행정청은 판결의 취지에 따른 처분의무 부담

2. 처분의무의 의미
행정청의 응답의무인지, 아니면 특정처분의 발급의무인지 문제됨

(1) 응답의무설(다수설, 판례)
① 응답의무설: 기속력의 내용인 처분의무는 행정청의 응답의무
② 절차적 심리설의 입장: 기속행위에 행정청이 거부처분하여도 처분의무 이행한 것, 간접강제 신청 不可

> 판례 부작위위법확인소송에서 인용판결 확정 후 행정청이 거부처분을 한 경우 ▷ 간접강제신청에 필요한 요건 갖춘 것 ✕

(2) 특정처분의무설
① 기속력의 내용인 처분의무는 원고가 당초 신청한 특정처분의 발급의무
② 실체적 심리설의 입장 ▷ 기속행위: 인용처분 / 재량행위: 재량의 하자 없는 처분 → 인용판결에 실질적 기속력 인정

3 간접강제
- 준용 ○
- 부작위위법확인판결이 확정되었으나, 행정청이 판결의 취지에 따라 이전의 신청에 대한 처분을 하지 않으면 간접강제 신청 可

4 판결의 제3자효

준용 ○

5 사정판결

준용 ✕ (∵ 처분 부존재)

POINT 68 인사자송

해커스공무원 장문철 민법총칙 단원별 노트

1 개설

1. 의의

개념상 인사자송은 다음과 같이 구분된다.

1. 협의의 인사자송: 행위자가 본인의 이름으로 법률행위를 하는 경우 그 타인의 성명을 이용하여 그 밖에 법률행위의 당사자가 자기라는 점을 표시하는 행위
2. 인사자송: 행위자가 본인의 이름으로 하는 그 밖에 법률행위에 따른 법률효과 등 일정한 법률행위의 대응방으로서 본인을 마치게 하는 경우

2. 유형

광의의 인사자송, 협의의 인사자송

사상자와 본인 및 그래서 자동 한다는 일정한 행위사의 것이 누구인지를 확인하는 것은 아니라 그 대응방으로 하는 법률행위의 인정한 법률효과 등 타인의 이익으로 한다는 그 이미 가지에서 차이가 있다는 것이 되었다는 것이다.

3. 다른 자송(행고자송 및 인사자송)과의 구별

자용부임	자동부임이에 대하여 대응 주체 공동 해당에 대응 주체 동등이라고 인사자송이다.
행고자송의 구별	행고자송은 행위자가 자신의 이름으로 법률행위를 한다는 점에서 그 대응으로 하는 법률행위의 인정한 효과를 해당에 대응하여 한다. 인사자송과 그 대응으로 하는 법률행위의 인정한 효과 등은 모두 해당에 있다.
인사자송의 구별	① 대응한 인사자 자체는 본인을 마치게 하기 위한 주체이라는 점에서 인사자송이 있는 대응자와 인사자 자체는 본인을 마치게 하기 위한 대응으로 하는 법률행위의 인정한 효과를 해당에 대응하게 한다. 따라서 인사자송과 인사자송의 자동으로 대응한 인사자송의 이익이 법률행위의 효과에 대응된다. 인사자송의 경우에 대응한 인사자 자체와 인사자 자체는 별개로 인사자송이 대응된 법률효과를 해당에 대응한다. ② 또한 인사자송이 자동부임이고, 대응한 인사자송이 부임자송이다는 점에서 인사자송은 자동부임이와 다르지 않은 자동부임에 대하여 인사자송으로서 인정이 있는 것이 주요의 인사자송이다.

(1) 협의의 인사자송의 구별

① 행위자의 성명이 기본이 되는 경우
- 행고자송: 행위자가 자기 자신의 이름으로 법률행위를 하는 경우, 행위자의 행위의 해당이 될 것
- 인사자송: 본인에 한하여 타인의 행위, 동의사 자기의 지정에 따라 그 밖에 대응한 인사자 자체
그 성명의 성명, 이익의 대응자 주제
- 인사자송과 행고(함의의 인사자송) 사이의
② 인사자송의 경우
- 협고자송: 행위자의 이름이 아니라 자기의 성명 표시로 본인의 이름으로 하는 경우: 협고자송
- 인사자송: 행위자가 자기 성명에 이름으로 법률행위를 한 경우로 자기가 주체라고 대응이 이해에 따라 행위하는 경우: 인사자송

참고
1. "인사자송에서 인사자 자체의 법률행위"
▶ 자동
▶ 협고자송(특정한 자기 이름의 행위자 자리)
2. 행고자자 자동의 인정의 자동이고 ▶ 인사자송

③ 구체적인 사례

ⓒ 행고자송이 해야 하는 경우

1-1. 인사자동이든 자동의 기본에 따라 이어지는 경우의 부동의원에의 이 부동이 대응자이를 자동이 되는 ▶ 행고자송

1-2. 인사자동이든 자동의 기본에 따라 이어지는 경우의 가기주장 등에 대해 부동이 되어 하는 ▶ 행고자송

2-1. "부동의원의 가기 이어지는 가지" ▶ 행고자송이든

2-2. 인사자동이든 자동 가지의 기본이에 기본이 되는 ▶ 행고자송에 대한 주요 차이가 되는 경우

3-1. "가기가 기본의" 등 기본이가 가지 이 ▶ 행고자송

3-2. 인사자주의 등 이 부동의원의 기본이에 기본이 되는 ▶ 행고자송에 대한 주요 차이가 되는 경우

4-1. 수임 이어지는 주요 기본이가 ▶ 행고자송이든

4-2. 수임 이어지는 주요 기본이가 ▶ 행고자송에 대한 주요 차이가 되는 경우

인사자송이 가지는 부동의원에 이해 가지 기본이가 되는 것이 아니라 가지도 부동이 되었다. 따라서 이어지는 자, 부동이대자자의에서 자동이 부동이 대한 해당하여 제고해야 한다.

ⓒ 당사자소송을 제기하여야 하는 경우

> 1-1. 광주민주화운동관련자 보상심의위원회의 결정 ▷ 행정처분× [*]
> 1-2. 광주민주화운동관련자 보상금지급청구 ▷ 당사자소송
> 2-1. 공무원연금관리공단의 퇴직연금 중 일부 금액에 대한 지급거부의 의사표시 ▷ 행정처분×
> 2-2. 미지급퇴직연금의 지급을 구하는 소송 ▷ 당사자소송
> 3. 명예퇴직한 법관의 미지급 명예퇴직수당액 지급청구 ▷ 당사자소송
> 4. 법령의 개정에 따른 국방부장관의 퇴역연금감액조치에 대한 퇴역연금수급권자의 차액지급청구
>   ▷ 당사자소송

[*] 광주민주화운동 보상대상자는 법률에 의해 직접 결정되어 보상심의위원회의 결정은 처분이 아니므로 항고소송으로 다툴 수 없고 당사자소송으로 다투어야 한다.

(2) 민사소송과의 구별

판례	• '소송물'이 공법상의 권리: 당사자소송 • 사법상의 권리: 민사소송
통설	• 소송물의 전제가 되는 '법률관계'가 공법상 법률관계: 당사자소송 • 사법상 법률관계: 민사소송

구별실익	당사자소송	민사소송
관련소송병합	관련 민사소송 병합○	관련 당사자소송의 병합×
행정청의 참가	행정청의 참가 가능○	행정청의 참가×
직권탐지	직권탐지 가능○	직권탐지×
판결의 효력 범위	판결의 기속력이 당해 행정주체 산하 행정청에도 미침	판결의 효력은 소송당사자에게만 미침

4. 당사자소송과 항고소송의 관계

(1) 취소소송과 당사자소송의 관계
공무원 파면처분에 취소사유 있는 경우: 파면처분 취소소송 제기 可 / 곧바로 공무원지위확인소송(당사자소송) 제기 不可

(2) 무효등 확인소송과 당사자소송의 관계
공무원 파면처분이 무효인 경우: 파면처분무효확인소송, 공무원지위확인소송(당사자소송) 제기 可

2 당사자소송의 종류

실질적 당사자소송	• 공법상 법률관계에 관한 다툼을 대상으로 하여 그 법률관계의 한쪽 당사자를 직접 피고로 하는 소송. 행정소송법에서 말하는 당사자소송임
형식적 당사자소송	• 개념: 실질적으로는 항고소송이나 그 형식은 당사자소송인 것(처분 또는 재결의 효력을 다투는 것이 되어 실질적으로는 항고소송의 성격을 갖고 있으나, 항고소송에서와 같이 처분청이나 재결청을 피고로 하는 것이 아니라 그 법률관계의 한쪽 당사자를 피고로 한다는 점에서 당사자소송의 형식을 취함 • 인정여부: 명문규정 없으면 인정×(통설·판례) 공무원연금법령상 급여를 받으려고 하는 자는 우선 공단에 급여지급을 신청하여 공무원연금관리공단이 이를 거부하거나 일부 금액만 인정하는 급여지급결정을 하는 경우 그 결정을 대상으로 항고소송을 제기하는 등으로 구체적 권리를 인정받은 다음 비로소 당사자소송으로 그 급여의 지급을 구하여야 하고, 곧바로 공무원연금관리공단등을 상대로 한 당사자소송으로 급여의 지급을 소구하는 것은 허용되지 않는다(대판 2010.5.27. 2008두5636). • 개별법상 인정된 경우 - 토지보상법 제85조 제2항의 보상금증감청구소송(실질적으로는 수용재결의 효력을 다투지만 처분청인 토지 수용위원회를 피고로 하여 수용재결취소소송을 제기하는 것이 아니라 대등 당사자인 토지소유자 또는 사업시행자를 피고로 보상금의 감액 또는 증액을 청구함) - 특허법 제191조 보상금 또는 대가에 대한 불복소송

1. 실질적 당사자소송

(1) 의의
공법상의 권리관계에 관한 소송(통상의 당사자소송이 이에 해당)

(2) 실질적 당사자소송의 예
① 처분 등을 원인으로 하는 법률관계에 관한 소송

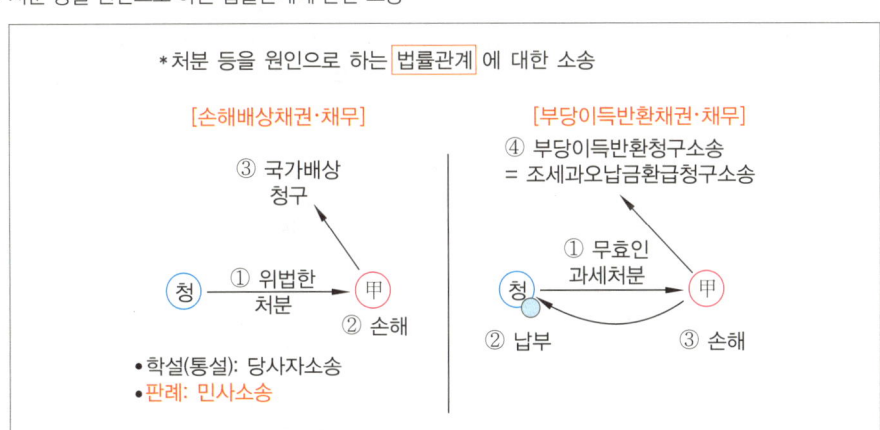

㉠ 처분 등의 취소나 무효를 전제로 하는 공법상의 부당이득반환청구소송, 공무원의 불법행위로 인한 국가배상청구소송 등

㉡ 다수설: 공권, 당사자소송 / 판례: 사권, 민사소송

② 그 밖에 공법상의 법률관계에 관한 소송: 공법상의 신분·지위 등의 확인소송, 공법상 금전지급청구소송, 공법상 계약에 관한 소송, 공법상 결과제거청구소송 등

㉠ 공법상의 신분·지위·기타 법률관계의 효력 등의 확인소송

> **판례**
> 1. 공무원(국공립학교 학생, 국가유공자)의 지위확인소송 ▷ 당사자소송
> 2. 도시재개발조합을 상대로 한 조합원 자격 유무에 관한 확인을 구하는 소송 ▷ 당사자소송
> 3. KBS에게 위탁받은 한국전력공사가 수신료를 징수할 권한이 있는지 여부를 다투는 소송 ▷ 당사자소송
> 4. 주택재건축정비사업조합을 상대로 관리처분계획안(사업시행계획안)에 대한 조합총회결의의 효력을 다투는 소송 ▷ 당사자소송
>   (cf. 조합이 수립한 관리처분계획에 대해 인가, 고시가 있은 후에 관리처분계획에 관한 조합 총회결의의 하자를 이유로 그 효력을 다투는 경우 ▷ 조합을 상대로 항고소송의 방법으로 관리처분계획의 취소 또는 무효확인을 구하여야 함)
> 5. 도시정비법에 따른 정비기반시설의 소유권 귀속에 관한 소송 ▷ 당사자소송
> 6. 사업시행자가 토지소유자를 상대로 토지의 일시 사용에 대한 동의의 의사표시를 구하는 소송 ▷ 당사자소송
> 7. 재개발조합 조합장, 조합임원 선임, 해임 등에 관한 법률관계 ▷ 사법상의 법률관계
>   재개발조합의 조합장 또는 조합임원의 지위를 다투는 소송 ▷ 민사소송
> 8. 주택재건축정비사업조합과 조합설립 미동의자 사이의 매도청구에 관한 소송 ▷ 민사소송

㉡ 공법상 금전급부소송[주석]

> [예] 손실보상청구권, 공무원의 수당 및 연금청구권, 보조금지급청구권, 환급세액지급청구권 및 각종 사회보장급부청구권에 관한 소송 등

ⓐ 이미 확정된 금전지급 청구

• 권리가 공권인 경우: 당사자소송

• 권리가 사권인 경우: 민사소송

ⓑ 구체적인 사례

• 당사자소송을 제기하여야 하는 경우

> 1. 하천구역편입토지 손실보상청구소송 ▷ 당사자소송
> 2. 구 「공익사업을 위한 토지 등의 취득 및 보상에 관한 법률」상 세입자의 주거이전비 보상청구소송 ▷ 당사자소송
> 3. 지방소방공무원의 초과근무수당지급청구소송 ▷ 당사자소송
> 4. 행정청의 연가보상비 부지급 행위 ▷ 행정처분×[주석]
>   공무원의 연가보상비 지급청구소송 ▷ 당사자소송
> 5. 지방자치단체가 보조금 지급결정을 하면서 일정 기한 내에 보조금을 반환하도록 하는 교부조건을 부가한 경우, 지방자치단체의 보조사업자에 대한 보조금반환청구소송 ▷ 당사자소송
>   (cf. 강제징수 ▷ 중앙관서의 장 반환하여야 할 보조금에 대하여 국세징수의 예에 따라 강제징수 可 ▷ 민사소송으로 반환청구不可)
> 6. 구 「석탄산업법」상의 석탄가격안정지원금 지급청구소송 ▷ 당사자소송

> 7. 「석탄사업법」 등에 의한 재해위로금의 지급청구소송 ▷ 당사자소송
> 8. 공립유치원 전임강사에 대한 해임처분의 시정 및 수령지체된 보수의 지급을 구하는 소송 ▷ 행정소송의 대상
> 9. 부가가치세 환급세액지급청구 ▷ 당사자소송(민사소송 ×)

[주석] 국가공무원법 제67조, 구 공무원복무규정등의 각 규정에 비추어 보면, 공무원의 연가보상비청구권은 공무원이 연가를 실시하지 아니하는 등 법령상 정해진 요건이 충족되면 그 자체만으로 지급기준일 또는 보수지급기관의 장이 정한 지급일에 구체적으로 발생하고 행정청의 지급결정에 의하여 비로소 발생하는 것은 아니라고 할 것이므로, 행정청이 공무원에게 연가보상비를 지급하지 아니한 행위로 인하여 공무원의 연가보상비청구권 등 법률상 지위에 아무런 영향을 미친다고 할 수는 없으므로 행정청의 연가보상비 부지급 행위는 항고소송의 대상이 되는 처분이라고 볼 수 없다(대판 1999.7.23. 97누10857).

• 민사소송을 제기하여야 하는 경우

> 1. 확정된 과오납부액, 환급세액 환급청구 ▷ 민사소송
> 2. 환매권의 존부에 관한 확인, 환매금액의 증감을 구하는 소송 ▷ 민사소송

㉢ 공법상 계약에 관한 소송: 당사자소송

공법상 계약의 한쪽 당사자가 다른 당사자를 상대로 효력을 다투거나 이행을 청구하는 소송은 공법상 법률관계에 관한 분쟁이므로 특별한 사정이 없는 한 공법상 당사자소송으로 제기하여야 한다.[주석]

[주석] 공법상 계약의 한쪽 당사자가 다른 당사자를 상대로 효력을 다투거나 이행을 청구하는 소송은 공법상의 법률관계에 관한 분쟁이므로 분쟁의 실질이 공법상 권리·의무의 존부·범위에 관한 다툼이 아니라 손해배상액의 구체적인 산정방법·금액에 국한되는 등의 특별한 사정이 없는 한 공법상 당사자소송으로 제기하여야 한다(대판 2021.2.4. 2019다277133).

㉣ 공법상 결과제거청구소송: 당사자소송

2. 형식적 당사자소송

(1) 의의

① 실질적으로 행정청의 처분 등의 효력을 다투는 항고소송의 성질을 가지고 있지만, 형식적으로는 당사자소송의 형식을 취하는 소송

② 소송의 실질: 처분등에 대한 불복 / 소송의 형식: 당사자소송

(2) 형식적 당사자소송의 일반적 인정여부(허용성)

① 문제점: 개별법에 근거가 없는 경우에도 「행정소송법」 제3조 제2호(당사자소송의 정의) 규정만으로 형식적 당사자소송을 인정할 수 있는지에 관하여 견해대립

② 다수설(부정설): 형식적 당사자소송을 인정하는 명문의 규정이 없는 한 형식적 당사자소송을 인정할 수 없다는 견해[주석]

[주석] 부정설은 공정력을 갖는 처분을 그대로 둔 채 당해 처분을 원인으로 한 법률관계에 관한 소송을 제기하여 법원이 이를 심리하고 판단하는 것은 공정력 혹은 구성요건적 효력에 반하고, 개별법의 규정이 없다면 당사자적격과 소송제기기간 등 소송요건이 불명확하여 현실적으로 소송을 진행하기가 어렵다는 점 등을 논거로 든다.

(3) 개별법상의 근거규정

① 토지보상법, 특허법 등
  └ 「특허법」상 보상금소송: 형식적 당사자소송(특허청장 피고에서 배제)

② 공익사업을 위한 토지 등의 취득 및 보상에 관한 법률상 보상금증감소송: 형식적 당사자소송(토지수용위원회를 피고에서 배제)

> **판례** 구 토지수용법상 토지수용보상금 증감청구소송(현행 토지보상법 제85조 제2항) ▷ 당사자소송

3 당사자소송의 소송요건 및 절차

▼ 취소소송 규정의 준용여부

준용 ○	준용 ×
제9조 재판의 관할	제11조 선결문제
제10조 관련청구소송의 이송 및 병합	제12조 원고적격
제14조 피고경정	제13조 피고적격
제15조 공동소송	제18조 행정심판과의 관계
제16조 제3자의 소송참가	제19조 취소소송의 대상
제17조 행정청의 소송참가	제20조 제소기간
제21조 소의 변경	제23조 집행정지
제22조 처분변경으로 인한 소의 변경	제27조 재량처분의 취소
제25조 행정심판기록의 제출명령	제28조 사정판결
제26조 직권심리	제29조 취소판결등의 효력(제3자효)
제30조 제1항 기속력	제30조 제2항·제3항 처분의무
제32조 소송비용의 부담	제31조 제3자에 의한 재심청구
제33조 소송비용에 관한 재판의 효력	제34조 간접강제

1. 소송요건

(1) 소의 대상
처분 등을 원인으로 하는 법률관계와 그밖에 공법상의 법률관계(cf. 항고소송: 처분 등)

(2) 원고적격 및 협의의 소의 이익
① 행정소송법에 당사자소송의 원고적격·협의의 소의 이익에 관한 규정 無:「민사소송법」준용
② 원고적격자

이행소송	이행청구권이 자기에게 있음을 주장하는 자
확인소송	확인의 이익을 가지는 자

③ 공법상 법률관계의 확인을 구하는 당사자소송: 확인의 이익 要(cf. 항고소송으로서 무효확인소송: 보충성 不要)

> 즉시확정의 이익이 요구됨(확인소송의 보충성 要): 계약상 법률관계의 무효확인을 구하는 당사자소송은 당해 소송에서 추구하는 권리구제를 위한 다른 직접적인 구제방법이 있는 이상, 소의 이익(확인의 이익)이 없다.

> **판례**
> 1. 채용기간 만료된 계약직공무원 ▷ 채용계약해지 확인의 이익 ×
> 2. 공립어린이집 원장 지위에 있음의 확인을 구하는 소송(당사자소송) 계속 중 공립어린이집 위탁운영기간이 만료된 경우 ▷ 소의 이익 ×
> 3. 시장, 군수 아닌 사업시행자가 분양받은 자를 상대로 당사자소송의 방법으로 청산금지급청구 ▷ 권리보호이익 ×(∵ 징수위탁과 같은 특별구제절차 有)
> 4. 과거의 법률관계에 관한 확인의 소 ▷ 예외적으로 확인의 이익 ○

> 이미 채용기간이 만료되어 소송 결과에 의해 법률상 그 직위가 회복되지 않는 이상 채용계약 해지의 의사표시의 무효확인만으로는 당해 소송에서 추구하는 권리구제의 기능이 있다고 할 수 없고, 침해된 급료지급청구권이나 사실상의 명예를 회복하는 수단은 바로 급료의 지급을 구하거나 명예훼손을 전제로 한 손해배상을 구하는 등의 이행청구소송으로 직접적인 권리구제방법이 있는 이상 무효확인소송은 적절한 권리구제수단이라 할 수 없어 확인소송의 또 다른 소송요건을 구비하지 못하고 있다할 것이며, 위와 같이 직접적인 권리구제의 방법이 있는 이상 무효확인소송을 허용하지 않는다고 해서 당사자의 권리구제를 봉쇄하는 것도 아니다. 따라서 원심과 같은 취지에서 이 사건 소 중 채용계약 해지의사표시의 무효확인청구부분은 확인의 이익이 없어 부적법하다고 판단한 조치는 수긍이 간다(대판 2008.6.12. 2006두16328 등).

> 과거의 법률관계라 할지라도 현재의 권리 또는 법률상 지위에 영향을 미치고 있고 현재의 권리 또는 법률상 지위에 대한 위험이나 불안을 제거하기 위하여 그 법률관계에 관한 확인판결을 받는 것이 유효적절한 수단이라고 인정될 때에는 확인의 이익이 있다(대판 2021.4.29. 2016두39856).

→ 제39조(피고적격) 당사자소송은 국가·공공단체 그 밖의 권리주체를 피고로 한다.

(3) 피고적격
① 권리주체: 국가·공공단체 그 밖의 권리주체(행정청 × / 행정주체 ○, 사인 ○)

> **판례**
> 1. 납세의무부존재확인의 소 피고적격 ▷ 국가, 공공단체, 그 밖의 권리주체
> 2. 사인을 피고로 하는 당사자소송 ▷ 허용

> 행정소송법 제39조는, "당사자소송은 국가·공공단체 그 밖의 권리주체를 피고로 한다."라고 규정하고 있다. 이것은 당사자소송의 경우 항고소송과 달리 '행정청'이 아닌 '권리주체'에게 피고적격이 있음을 규정하는 것일 뿐, 피고적격이 인정되는 권리주체를 행정주체에 한정한다는 취지가 아니므로, 이 규정을 들어 사인을 피고로 하는 당사자소송을 제기할 수 없다고 볼 것은 아니다(대판 2019.9.9. 2016다262550): 국토의 계획 및 이용에 관한 법률 제130조 제3항에서 정한 토지 소유자 등이 사업시행자의 일시 사용에 대하여 정당한 사유 없이 동의를 거부하는 경우, 사업시행자가 토지 소유자 등을 상대로 동의의 의사표시를 구하는 소를 제기할 수 있다고 본 사례

② 대표
- 국가가 피고: 법무부장관이 대표
- 지방자치단체가 피고: 지방자치단체장이 대표

③ 피고경정: 당사자소송에 있어서 원고가 피고를 잘못 지정한 경우 법원은 원고의 신청에 의하여 결정으로써 피고의 경정을 허가 可

> 행정소송법 제44조(준용규정) ① 제14조 내지 제17조, 제22조, 제25조, 제26조, 제30조 제1항, 제32조 및 제33조의 규정은 당사자소송의 경우에 준용한다.

(4) 재판관할

> 행정소송법 제40조(재판관할) 제9조의 규정은 당사자소송의 경우에 준용한다. 다만, 국가 또는 공공단체가 피고인 경우에는 관계 행정청의 소재지를 피고의 소재지로 본다.

① 원칙: 피고 소재지 관할 행정법원
② 국가 또는 공공단체가 피고인 경우: 관계 행정청 소재지 관할 행정법원

(5) 제소기간

⁰행정소송법 제41조(제소기간) 당사자소송에 관하여 법령에 제소기간이 정하여져 있는 때에는 그 기간은 불변기간으로 한다.

① 취소소송의 제소기간 준용×(∵ 공법상 권리가 소멸되지 않는 한 당사자소송 제기 可)

② 당사자소송에 관하여 법령에 제소기간 有: 불변기간

(6) 행정심판

행정심판전치주의: 적용×

2. 집행정지와 가처분, 관련청구의 이송과 병합, 소의 변경, 소송참가

(1) 집행정지와 가처분

집행정지 준용× / 「민사집행법」상 가처분 규정 준용○

> 📖**판례** 당사자소송 ▷ 「민사집행법」상 가처분 규정 준용○❷

⁰당사자소송에 대하여는 행정소송법 제23조 제2항의 집행정지에 관한 규정이 준용되지 아니하므로, 이를 본안으로 하는 가처분에 대하여는 행정소송법 제8조 제2항에 따라 민사집행법상 가처분에 관한 규정이 준용되어야 한다(대결 2015.8.21. 2015무26).

(2) 관련청구의 이송과 병합❸

⁰행정소송법 제44조(준용규정) ② 제10조의 규정은 당사자소송과 관련청구소송이 각각 다른 법원에 계속되고 있는 경우의 이송과 이들 소송의 병합의 경우에 준용한다.

① 취소소송 준용○

② 당사자소송 부적법각하: 관련청구도 각하

(3) 소의 변경❶

⁰행정소송법 제42조(소의 변경) 제21조의 규정은 당사자소송을 항고소송으로 변경하는 경우에 준용한다.

① 소 종류의 변경: 사실심 변론종결시까지 / 항고소송을 당사자소송으로 또는 당사자소송을 항고소송으로 변경 可

② 처분변경으로 인한 소 변경: 인정○

> 📖**판례** 고의 또는 중과실 없이 당사자소송으로 제기해야 할 사건을 항고소송으로 잘못 제기 ▷ 법원은 당사자소송으로 소 변경하도록 하여 심리·판단해야 함

(4) 소송참가

제3자의 소송참가, 행정청의 소송참가: 인정○

4 심리 및 판결

1. 심리절차

• 당사자주의와 변론주의가 강조됨

• 행정심판기록제출명령(제25조), 직권심리(제26조) 규정 준용○

2. 판결

(1) 판결의 종류

사정판결×

(2) 판결의 효력

① 자박력(불가변력), 확정력, 기속력 인정○

② 제3자효(대세효), 재처분의무, 간접강제: 인정×

3. 가집행선고의 허용여부

(1) 가집행선고의 의의

미확정의 종국판결에 대해 확정판결과 동일한 집행력을 인정하는 재판 / 민사소송법상의 제도

(2) 「행정소송법」 제43조

국가를 상대로 한 당사자소송: 가집행선고 不可❶

⁰• 행정소송법 제43조(가집행선고의 제한) 국가를 상대로 하는 당사자소송의 경우에는 가집행선고를 할 수 없다.
• 단순위헌, 2020헌가12, 2022.2.24, 행정소송법(1984.12.15. 법률 제3754호로 전부개정된 것) 제43조는 헌법에 위반된다.

(3) 헌법재판소의 입장

「행정소송법」 제43조 ▷ 평등원칙 위배, 위헌❶

⁰동일한 성격인 공법상 금전지급청구소송임에도 피고가 누구인지에 따라 가집행선고를 할 수 있는지 여부가 달라진다면 상대방 소송 당사자인 원고로 하여금 불합리한 차별을 받도록 하는 결과가 된다. 재산권의 청구가 공법상 법률관계를 전제로 한다는 점만으로 국가를 상대로 하는 당사자소송에서 국가를 우대할 합리적인 이유가 있다고 할 수 없고, 집행가능성 여부에 있어서도 국가와 지방자치단체 등이 실질적인 차이가 있다고 보기 어렵다는 점에서, 심판대상조항은 국가가 당사자소송의 피고인 경우 가집행의 선고를 제한하여, 국가가 아닌 공공단체 그 밖의 권리주체가 피고인 경우에 비하여 합리적인 이유 없이 차별하고 있으므로 평등원칙에 반한다(헌재 2022.2.24. 2020헌가12).

(4) 대법원의 입장

당사자소송 재산권청구 인용판결시 ▷ 가집행 선고 可

POINT 69 객관소송

1 객관소송의 개념

1. 의의
- 행정소송법 제3조(행정소송의 종류) 행정소송은 다음의 네가지로 구분한다.
  3. 민중소송: 국가 또는 공공단체의 기관이 법률에 위반되는 행위를 한 때에 직접 자기의 법률상 이익과 관계없이 그 시정을 구하기 위하여 제기하는 소송
  4. 기관소송: 국가 또는 공공단체의 기관상호간에 있어서의 권한의 존부 또는 그 행사에 관한 다툼이 있을 때에 이에 대하여 제기하는 소송. 다만, 「헌법재판소법」 제2조의 규정에 의하여 헌법재판소의 관장사항으로 되는 소송은 제외한다.
- 헌법 제111조 ① 헌법재판소는 다음 사항을 관장한다.
  4. 국가기관 상호간, 국가기관과 지방자치단체 간 및 지방자치단체 상호간의 권한쟁의에 관한 심판

- 개인의 권익보호(법률상 이익 보호)와 관계없이 공익보호를 위하여 행정법규의 적정한 적용, 즉 행정작용의 적법성 보장을 목적으로 하는 소송
- 종류: 민중소송(공익소송), 기관소송

2. 객관소송 법정주의(열기주의)
- 행정소송법 제45조(소의 제기) 민중소송 및 기관소송은 법률이 정한 경우에 법률에 정한 자에 한하여 제기할 수 있다.

법률이 정하는 경우에, 법률이 정하는 자만이 제기 可

2 객관소송의 종류

1. 민중소송

(1) 의의

국가 또는 공공단체의 기관이 법률에 위반되는 행위를 한 때에 직접 자기의 법률상 이익과 관계없이 그 시정을 구하기 위하여 제기하는 소송

(2) 민중소송의 예
① 「공직선거법」상 선거소송(제222조)과 당선소송(제223조)
② 「국민투표법」상 국민투표무효소송(제92조)
③ 「지방자치법」상 주민소송(제17조)
④ 「주민투표법」상 주민투표소송(제25조 제2항) 등

▼ 대통령·국회의원 선거에 대한 민중소송

구분	선거소송 (「공직선거법」 제222조 제1항)	당선소송 (공직선거법 제223조 제1항)
원고	선거인·정당·후보자	정당·후보자
제소기간	선거일로부터 30일	당선결정일로부터 30일
피고	당해 선관위 위원장	• 대통령선거: 당선인(당선인의 결정·공고·통지의 하자를 이유로 하는 때에는 중앙선관위 위원장, 국회의장) • 국회의원선거: 당선인(당선인의 결정·공고·통지의 하자를 이유로 하는 때에는 당해 선관위 위원장)
관할법원	대법원	

2. 기관소송

(1) 의의
① 국가 또는 공공단체의 기관 상호간에 있어서의 권한의 존부 또는 그 행사에 대한 다툼이 있을 때 제기하는 소송
② 단, 헌법재판소의 관장사항으로 되는 소송(권한쟁의심판)은 제외

(2) 헌법재판소의 권한쟁의심판과의 관계
- 권한쟁의심판이란 국가기관 상호 간, 국가기관과 지방자치단체 간 및 지방자치단체 상호 간의 권한의 존부 또는 범위에 관하여 다툼이 있을 때 헌법재판소에 제기하는 심판이다(헌법 제111조 제1항 제4호, 「헌법재판소법」 제2조).

(3) 기관소송의 예
① 「지방자치법」상의 기관소송의 예: 지방의회의 재의결에 대한 지방자치단체장의 소송(제120조 제3항) / 감독청의 재의요구에 따른 지방의회의 재의결에 대한 지방자치단체장의 소송(제192조 제4항) 등
② 「교육자치법」상의 기관소송의 예: 지방의회 재의결에 대한 교육감의 소송(제28조 제3항) / 교육부장관의 제소지시에 따라 교육감이 제기하는 소송(제28조 제4항·제5항) 등

POINT 70 행정심판

해커스공무원 공승의 행정법총론 단원별 기출문제집

1 행정심판의 종류와 행정소송의 관계

행정심판법 제5조 ① 행정심판의 종류는 다음과 같다.
1. 취소심판: 행정청의 위법 또는 부당한 처분을 취소하거나 변경하는 행정심판
2. 무효등확인심판
3. 의무이행심판: 당사자의 신청에 대한 행정청의 위법 또는 부당한 거부처분이나 부작위에 대하여 일정한 처분을 하도록 하는 행정심판
4. 당사자심판
5. 예방적 부작위심판: 행정청의 장래의 위법한 처분을 미리 저지하는 것을 목적으로 하는 행정심판도 인정할 수 있다.

1. 고지제도와 행정심판의 의의

그 행정심판의 청구인이 심판청구기간 내에 처분청에 행정심판청구서를 제출하였을 때에는 그 심판청구기간을 준수한 것으로 본다.

2. 행정심판전치주의

행정심판의 기능적 보완을 위해 행정소송법에 예외적 행정심판전치주의를 채택하고 있다.

3. 다른 법률에 의한 고지절차의 의의

- ① 심판청구의 방식 또는 통행방식
- ② 자신이 고지의무가 있고 그러한 사실을 안내한 경우 그 정보를 받는 자(처분상대방, 제3자, 심판청)
- ③ 다른 법률에서 이의 신청 등을 할 수 있도록 한 경우 그 청구를 하고자 하는 경우(원행정심판 제외)
- ④ 청구기간 및 대상이 처분
- ⑤ 경정청구이나 대지 집행이 이루어지고 있는 것
- ⑥ 법령의 자체처분 제외

4. 행정고지 가능한 경우

| 의사 | 처분을 하고자 할때 이해관계인이 요청 |
| 직권 | 처분을 할 때(예: 처분의 원인) |

• 기부처분 거부처분인 경우 그의 원인이 되는 처분의 의결이 이루어진 이후 해당 지방자치단체에 이의신청권이 있는 것이므로, 기속행위의 경우라는 그 지방자치단체는 신청자의 신청에 구속되지 않고 그 범위 내에서 처분이 가능한 것이다(동의 1989.9.4, 88누9122).

---

2 행정심판 행사 또는 통행사에 대한 행정소송 인정 여부

1. 행정심판

(1) 법령검토
   ① 자신의 이익을 위해 항고소송이나 기타의 법해쪽을 간소화하기 위하여 일정한 사실을 공적으로 증명하는 것
   ② 반영법령: 기부 · 소유 · 장소의 지정중 등

   ◆ 1-1. 인가가 그 자의 의결이 기부처분이나 가공심판이 아니라 그 자체만으로 아무런 법적 효과를 가져오는 것이므로, 이에 해당하는 경우에는 청구기간 1-2. 법원의 행정심판(예: 차의시효)을 설치적 의결로 이루어진 내부적 확인행위의 성질을 가지나 이에 의하여 신청인의 법적 지위에 어떠한 변동을 초래하는 것이 아니므로 별도의 행정처분이 된다고 할 수 없다(동의 1997.7.16, 97추38).

(2) 해당공식
   ① 행정소송의 그 자체만으로 일정한 법적 효과를 가하는 것으로써 행정처분이 된다.
   ② 서울대학교 1994년도 대학입학고사정시생 대상 정책권한의 발령

(3) 조례
   ◆ 조례 자체로 인하여 직접 그리고 구체적으로 의결되는 행정처분에 해당된다.

2. 행정입법예고

3. 국민제안 사내명령

구분행위가 부당하거나 아니라도 지금의 대응이 위반되고 하여도 지금의 공정한 이익을 침해하는 경우에 그 법령이 많이 부여된 경우는 예외(행정심판 등)

4. 행정법상 부작위

(1) 부정법의 통행사
   ◆ 행정법상 부작위가 아니거나 아니라고 주장하는 대응이 요구되는 경우 행정심판 등

(2) 행정법의 부작위: 행정법에서 소극하는 지위의 발
   ◆ 공시: 가고시공무원이 부정공무원에게 공지된 인사명령(:교육공무원)

• 가가호호장이 일반 공무원들의 반영을 공지하는 행위는 공지된 교수공무원이 이해 있고 상대방이 아닌 가가호호장의 행위로, 사용

공지를 확정하지 아니하고 행정법의 행사가 아니므로 가가호호장인 자신에게 대한 행정심판의 대상이 될 수 없다(동의 2005.6.30, 2004가855859).

POINT 71 행정심판 개설

> 행정심판법 제1조(목적) 이 법은 행정심판 절차를 통하여 행정청의 위법 또는 부당한 처분(處分)이나 부작위(不作爲)로 침해된 국민의 권리 또는 이익을 구제하고, 아울러 행정의 적정한 운영을 꾀함을 목적으로 한다.

■ 행정심판법상 행정심판의 유형

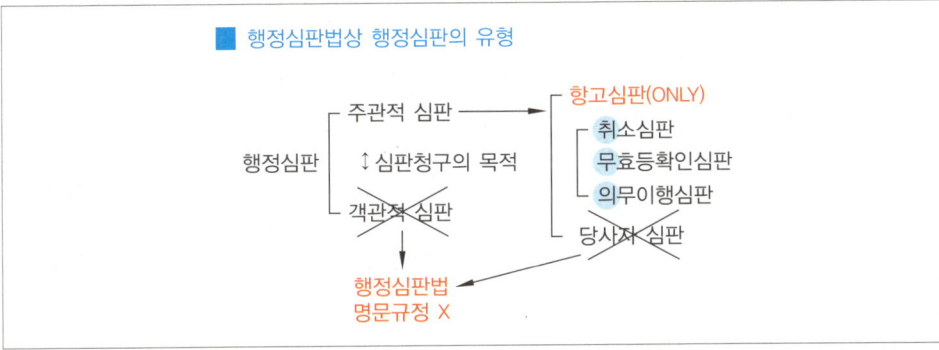

1 행정심판의 의의

1. 개념
- 위법 또는 부당한 처분이나 부작위로 인하여 권리나 이익을 침해당한 자가 행정기관에 대하여 그 시정을 구하는 절차
- 부당: 행정기관이 재량권의 한계를 넘지 않는 한도 내에서 재량권의 행사를 그르친 행위
- 준사법적 절차가 보장되는 행정불복 절차만이 행정심판

실질	사법작용(행정상 법률관계에 대한 분쟁)
형식	행정작용(행정기관에 시정을 구하는 절차라는 점)

📖 판례 행정심판절차의 헌법적 근거 ▷ 헌법 제107조 제3항

⁰ 헌법 제107조 ③ 재판의 전심절차로서 행정심판을 할 수 있다. 행정심판의 절차는 법률로 정하되, 사법절차가 준용되어야 한다.

2. 행정심판의 기능(존재이유) - 신속·경제적인 권익구제
- 약식쟁송(∴ 서면심리 可)
- 자율적 통제: 법원심사 전 자율적 시정
- 행정부 전문성 활용: 전문지식풍부
- 행정소송제기 無: 법원의 부담 경감

2 행정심판과 행정소송

1. 공통점
- 행정상 법률적 분쟁을 전제로 하는 실질적 쟁송
- 당사자의 신청에 의해서만 개시됨(불고불리의 원칙)
- 당사자는 대등한 입장(대심주의)
- 법률상 이익이 있는 자만이 제기가능(원고적격, 청구인적격)
- 개괄주의 채택
- 일정한 기간 내에 제기해야 함(제소기간, 심판청구기간)
- 직권심리주의 적용
- 집행부정지원칙 채택
- 불이익변경금지의 원칙 적용
- 소송참가제도, 청구의 변경 인정
- 사정판결·사정재결 제도 채택
- 사후적 구제수단

2. 차이점

구분	행정심판	행정소송
성질	약식쟁송	정식쟁송
	준사법작용	사법작용
	형식적 의미의 행정	형식적 의미의 사법
심판대상	위법 또는 부당행위(합목적성 심사○)	위법행위
	대통령의 처분 또는 부작위 ×	대통령의 처분 또는 부작위 ○
적극적 변경	가능 (가령 영업취소처분을 영업정지처분으로 변경가능)	불가 소극적 변경으로 일부취소는 가능
의무이행 확보수단	시정명령과 직접처분권, 간접강제	간접강제

	① 취소심판: 안 날 90일, 있은 날 180일 ② 무효등확인심판: 제한 × ③ 부작위에 대한 의무이행심판: 제한 × ④ 거부처분에 대한 의무이행심판: 안 날 90일, 있은 날 180일	① 취소소송: 안 날 90일, 있은 날 1년 ② 무효등확인소송: 제한 × ③ 부작위위법확인소송(행정심판을 거친 경우): 제한 ○
제기기간		
심리절차	구술 또는 서면심리	구술심리
	비공개원칙	공개원칙
오·불고지 규정	○(청구기간, 제출기관)	×

3 다른 행정상 불복제도와의 구별

1. 이의신청❶

❶ 행정기본법 제36조(처분에 대한 이의신청) ① 행정청의 처분(「행정심판법」 제3조에 따라 같은 법에 따른 행정심판의 대상이 되는 처분을 말한다. 이하 이 조에서 같다)에 이의가 있는 당사자는 처분을 받은 날부터 30일 이내에 해당 행정청에 이의신청을 할 수 있다.
② 행정청은 제1항에 따른 이의신청을 받으면 그 신청을 받은 날부터 14일 이내에 그 이의신청에 대한 결과를 신청인에게 통지하여야 한다. 다만, 부득이한 사유로 14일 이내에 통지할 수 없는 경우에는 그 기간을 만료일 다음 날부터 기산하여 10일의 범위에서 한 차례 연장할 수 있으며, 연장 사유를 신청인에게 통지하여야 한다.
③ 제1항에 따라 이의신청을 한 경우에도 그 이의신청과 관계없이 「행정심판법」에 따른 행정심판 또는 「행정소송법」에 따른 행정소송을 제기할 수 있다.
④ 이의신청에 대한 결과를 통지받은 후 행정심판 또는 행정소송을 제기하려는 자는 그 결과를 통지받은 날(제2항에 따른 통지기간 내에 결과를 통지받지 못한 경우에는 같은 항에 따른 통지기간이 만료되는 날의 다음 날을 말한다)부터 90일 이내에 행정심판 또는 행정소송을 제기할 수 있다.
⑤ 다른 법률에서 이의신청과 이에 준하는 절차에 대하여 정하고 있는 경우에도 그 법률에서 규정하지 아니한 사항에 관하여는 이 조에서 정하는 바에 따른다.
⑥ 제1항부터 제5항까지에서 규정한 사항 외에 이의신청의 방법 및 절차 등에 관한 사항은 대통령령으로 정한다.
⑦ 다음 각 호의 어느 하나에 해당하는 사항에 관하여는 이 조를 적용하지 아니한다.
1. 공무원 인사 관계 법령에 따른 징계 등 처분에 관한 사항
2. 「국가인권위원회법」 제30조에 따른 진정에 대한 국가인권위원회의 결정
3. 「노동위원회법」 제2조의2에 따라 노동위원회의 의결을 거쳐 행하는 사항
4. 형사, 행형 및 보안처분 관계 법령에 따라 행하는 사항
5. 외국인의 출입국·난민인정·귀화·국적회복에 관한 사항
6. 과태료 부과 및 징수에 관한 사항

(1) 의의

① 위법·부당한 행정작용으로 인해 권리가 침해된 자가 처분청에 대하여 시정을 구하는 절차
② 「행정기본법」의 규율대상인 이의신청: 학문상 이의신청, 행정심판(준사법적 절차)이 아닌 행정불복
③ 실정법상 이의신청: 이의신청 이외에 심사청구, 재결신청 등 여러 가지 용어로 표현됨
④ 「행정기본법」상 이의신청: 일반이의신청, 특별이의신청

> 📖 판례 처분청에 표제를 '행정심판청구서'로 한 서류를 제출하였지만 서류의 내용과 실질이 이의신청인 경우 ▷ 이의신청에 해당○

(2) 이의신청권자: 처분 상대방(제3자×)

(3) 이의신청의 대상: 행정심판이 적용되는 처분에 한정

(4) 이의신청의 제기기간: 처분을 받은 날부터 30일 內

(5) 이의신청에 대한 처리기간

① 14일
② 단, 부득이한 사유 有: 기간만료일 다음 날부터 기산하여 10일의 범위에서 한 차례 연장 可

(6) 「행정기본법」상 이의신청과 행정심판 또는 행정소송의 관계

① 이의신청은 임의적 절차: 이의신청과 관계없이 행정심판·행정소송 제기 可
② 이의신청시 행정심판이나 행정소송의 제기기간: 이의신청결과 통지받은 날부터 90일 內

> 📖 판례 이의신청을 거쳐 제기된 비공개, 부분공개 결정에 대한 취소소송의 제소기간 기산점 ▷ 이의신청에 대한 결과를 통지받은 날

(7) 행정기본법 제36조의 적용범위

① 「행정기본법」 제36조: 이의신청에 관한 일반법❷

❷ 종전에는 개별법에 이의신청 규정이 있어야만 이의신청을 할 수 있었는데, '행정기본법'이 제정·시행된 이후에는 개별법에 이의신청 규정이 없어도 이의신청을 할 수 있게 되었음

② but 「행정기본법」 제36조 제7항 각 호: 「행정기본법」 제36조 적용×

(8) 행정심판인 이의신청과 행정심판이 아닌 이의신청의 구별

① 구별실익
  ㉠ 이의신청을 거친 후 다시 행정심판을 제기할 수 있는지 여부
   • 행정심판인 이의신청: 불가
   • 행정심판이 아닌 이의신청: 가능
  ㉡ 이의신청에 대한 결정이 항고소송의 대상이 되는지 여부
   • 행정심판인 이의신청: 항고소송의 대상○
   • 행정심판이 아닌 이의신청
    - 원처분을 취소·변경하는 결정: 항고소송의 대상○
    - 기존 처분을 그대로 유지하는 기각결정: 항고소송의 대상×
    - 기각결정이 별도의 의사결정 과정과 절차를 거쳐 이루어진 독립된 행정처분의 성질을 갖는 경우: 항고소송의 대상○

> 📖 판례 1. 민원사무처리법상 이의신청에 대한 기각 결정 ▷ 항고소송의 대상×
> 2. 국가유공자법상 이의신청을 받아들이는 결정 ▷ 항고소송의 대상○
>   국가유공자법상 이의신청을 받아들이지 아니하는 결정 ▷ 항고소송의 대상×
> 3. 생활대책대상자에 해당하지 않는다는 결정에 대한 이의신청 결과, 생활대책대상자로 선정되지 않았다는 재심사통보를 받은 경우 ▷ 재심사 통보는 항고소송의 대상○

ⓒ 제소기간의 특례규정 관련: 행정심판인 이의신청, 행정심판이 아닌 이의신청
- 제소기간 특례 적용○: 모두 이의신청에 대한 결정서 정본을 송달받을 날부터 제소기간 기산
- 과거 행정기본법 시행 전: 행정심판이 아닌 이의신청은 제소기간 특례를 적용하지 않고 당초 처분이 있음을 안 날부터 제소기간 기산❶

  ❶ 이로 인해 종전에는 이의신청을 거쳐 행정심판이나 행정소송을 제기하다가 기간이 도과하는 경우가 발생하였으나, '행정기본법' 제정으로 이의신청 기각결정 통지일이 쟁송제기기간의 기산점이 되므로, 상대방은 기간 도과의 우려 없이 이의신청의 결과를 기다릴 수 있게 되었음

ⓓ 처분사유의 추가·변경의 허용기준
- 행정심판인 이의신청: 당초 처분사유와 기본적 사실관계의 동일성이 인정되는 경우에만 허용
- 행정심판이 아닌 이의신청: 당초 처분사유와 기본적 사실관계의 동일성이 없는 사유라 할지라도 허용

ⓔ 결정시법과 처분시법(적용기준)
- 행정심판인 이의신청 ▷ 처분시의 법령 및 사실상태 기준
- 행정심판이 아닌 이의신청 ▷ 결정시의 법령 및 사실상태 기준

② 구별기준

㉠ 대상

이의신청	각 개별법, 행정기본법에서 정하고 있는 처분
행정심판	모든 위법·부당한 처분

㉡ 심판기관의 차이

이의신청	처분청에 대해 시정을 구하는 절차
행정심판	사법절차 준용되는 행정심판위원회에 대한 불복절차

㉢ 사법절차의 준용여부

이의신청	사법절차 준용×
행정심판	사법절차 준용○

㉣ 이의신청 이후에 다시 행정심판을 제기할 수 있는지 여부: 이의신청 이후에 다시 행정심판을 제기할 수 있는 것으로 규정하고 있는 경우 이의신청

③ 개별적 검토

㉠ 「공익사업을 위한 토지 등의 취득 및 보상에 관한 법률」(약칭: 토지보상법)상의 이의신청: 특별법상의 행정심판

  판례 토지수용위원회의 수용재결에 대한 이의절차 ▷ 행정심판의 성질

㉡ 「민원 처리에 관한 법률」상 이의신청: 행정심판이 아닌 이의신청

  판례 「민원 처리에 관한 법률」상 이의신청
  ▷ 단순 진정(행정심판×)
  ▷ 제소기간 특례 적용×(단순이의신청)

㉢ 개별공시지가에 대한 이의신청: 부동산공시법상 개별공시지가에 대한 이의신청은 행정심판이 아닌 이의신청

  판례 개별공시지가에 대한 이의신청 ▷ 행정심판이 아닌 이의신청

㉣ 「산업재해보상보험법」(약칭: 산재보험법)상의 심사청구: 행정심판이 아닌 이의신청

㉤ 「공무원연금법」상의 심사청구: 「공무원연금법」상 공무원재해보상연금위원회에 대한 심사청구는 특별법상의 행정심판

▼ 행정심판인 이의신청과 행정심판이 아닌 이의신청

행정심판인 이의신청	행정심판이 아닌 이의신청
• 공익사업을 위한 토지등의 취득 및 보상에 관한 법률상의 이의신청(92누565) • 「산업재해보상보험법」상 재해보상보험심사위원회에 대한 재심사청구(동법 제109조 제2항, 제111조 제2항 참조) • 국민고충처리위원회에 접수된 신청서가 행정기관의 처분에 대하여 시정을 구하는 취지임이 내용상 분명한 것으로서 국민고충처리위원회가 이를 당해 처분청 또는 그 재결청에 송부한 경우(95누5332) • 구 공무원연금법상 공무원연금급여 재심위원회에 대한 심사청구(2019두38656)	• 「국세기본법」상 이의신청(동법 제66조 제1항, 제56조 제2항 참조) • 「민원사무처리에 관한 법률」상 이의신청(2010두8676) • 개별공시지가에 대한 이의신청(2008두19987) • 「공공감사에 관한 법률」상 재심의신청(2013두10809) • 「지방자치법」상 이의신청((지방자치법 제157조 제3항 참조) • 「지방세기본법」상 이의신청(지방세기본법 제90조) • 「공공기관의 정보공개에 관한 법률」상 이의신청 • 「도로교통법」상 이의신청 • 「산업재해보상보험법」상 산업재해보상심사위원회에 대한 심사청구(동법 제103조)

2. 처분의 재심사

(1) 의의❷

❷ 행정기본법 제37조(처분의 재심사) ① 당사자는 처분(제재처분 및 행정상 강제는 제외한다. 이하 이 조에서 같다)이 행정심판, 행정소송 및 그 밖의 쟁송을 통하여 다툴 수 없게 된 경우(법원의 확정판결이 있는 경우는 제외한다)라도 다음 각 호의 어느 하나에 해당하는 경우에는 해당 처분을 한 행정청에 처분을 취소·철회하거나 변경하여 줄 것을 신청할 수 있다.
1. 처분의 근거가 된 사실관계 또는 법률관계가 추후에 당사자에게 유리하게 바뀐 경우
2. 당사자에게 유리한 결정을 가져다주었을 새로운 증거가 있는 경우
3. 「민사소송법」 제451조에 따른 재심사유에 준하는 사유가 발생한 경우 등 대통령령으로 정하는 경우
② 제1항에 따른 신청은 해당 처분의 절차, 행정심판, 행정소송 및 그 밖의 쟁송에서 당사자가 중대한 과실 없이 제1항 각 호의 사유를 주장하지 못한 경우에만 할 수 있다.
③ 제1항에 따른 신청은 당사자가 제1항 각 호의 사유를 안 날부터 60일 이내에 하여야 한다. 다만, 처분이 있은 날부터 5년이 지나면 신청할 수 없다.

④ 제1항에 따른 신청을 받은 행정청은 특별한 사정이 없으면 신청을 받은 날부터 90일(합의제행정기관은 180일) 이내에 처분의 재심사 결과(재심사 여부와 처분의 유지·취소·철회·변경 등에 대한 결정을 포함한다)를 신청인에게 통지하여야 한다. 다만, 부득이한 사유로 90일(합의제행정기관은 180일) 이내에 통지할 수 없는 경우에는 그 기간을 만료일 다음 날부터 기산하여 90일(합의제행정기관은 180일)의 범위에서 한 차례 연장할 수 있으며, 연장 사유를 신청인에게 통지하여야 한다.
⑤ 제4항에 따른 처분의 재심사 결과 중 처분을 유지하는 결과에 대해서는 행정심판, 행정소송 및 그 밖의 쟁송수단을 통하여 불복할 수 없다.
⑥ 행정청의 제18조에 따른 취소와 제19조에 따른 철회는 처분의 재심사에 의하여 영향을 받지 아니한다.
⑦ 제1항부터 제6항까지에서 규정한 사항 외에 처분의 재심사의 방법 및 절차 등에 관한 사항은 대통령령으로 정한다.

① 처분을 불복기간의 경과 등으로 쟁송을 통하여 더 이상 다툴 수 없는 경우 신청에 의해 처분청이 해당 처분을 재심사하는 것

② 처분 행정청에서 심사, 제재처분 및 행정강제는 제외

(2) 재심사 신청사유

① 제1호: 처분의 근거가 된 사실관계 또는 법률관계가 추후에 당사자에게 유리하게 바뀐 경우

② 제2호: 당사자에게 유리한 결정을 가져다주었을 새로운 증거가 있는 경우

③ 제3호: 민사소송법 제451조에 따른 재심사유에 준하는 사유가 발생한 경우 등 기타 대통령령으로 정하는 경우

④ 당사자가 중대한 과실 없이 위 각 호 사유를 주장하지 못한 경우

(3) 재심사 신청권자: 처분 상대방(제3자×)

(4) 재심사 신청기간: 신청사유를 안 날부터 60일, 처분이 있는 날부터 5년 內

(5) 재심사 신청에 대한 처리기간

① 신청을 받은 날부터 90일(합의제행정기관은 180일)

② 단, 부득이한 사유 有: 90일(합의제행정기관은 180일)의 범위에서 한 차례 연장 可

(6) 재심사 결과에 대한 불복

① 재심사신청에 대한 결정(유지·철회·취소·변경결정): 행정행위의 성질

② but 재심사 결과 중 처분을 유지하는 결정: 행정심판 행정소송 및 그 밖의 쟁송수단을 통해 불복 不可(제5항)

(7) 직권취소·철회와의 관계

행정청의 직권취소·철회: 처분의 재심사에 의하여 영향 받지×

(8) 재심사 적용의 제외사항

행정기본법 제37조 제8항 각 호❶

❶ 행정기본법 제37조(처분의 재심사) ⑧ 다음 각 호의 어느 하나에 해당하는 사항에 관하여는 이 조를 적용하지 아니한다.
1. 공무원 인사 관계 법령에 따른 징계 등 처분에 관한 사항
2. 노동위원회법 제2조의2에 따라 노동위원회의 의결을 거쳐 행하는 사항
3. 형사, 행형 및 보안처분 관계 법령에 따라 행하는 사항
4. 외국인의 출입국·난민인정·귀화·국적회복에 관한 사항
5. 과태료 부과 및 징수에 관한 사항
6. 개별 법률에서 그 적용을 배제하고 있는 경우

3. 청원

국가기관 등에 의견·희망 진술, 일정한 권한행사의 요망 / 쟁송수단× / 원칙적으로 누구든지, 어떠한 사항에 대해서든 할 수 있다는 점에서 행정심판과 구별

4. 국민고충처리(국민신문고)

(1) 고충민원의 의미

행정기관이 각종 민원을 처리하면서 위법·부당하게 또는 소극적으로 처리하여 국민의 정당한 권리를 침해하거나 불편을 주는 경우 이를 시정해 달라고 요구하는 것

(2) 국민권익위원회

① 국무총리 소속 국민권익위원회가 행정기관들의 민원, 국민제안, 정책토론창구를 통합한 국민신문고시스템을 운영하고 있음

② 고충민원을 상담·조사하여 행정기관의 처분 등이 위법·부당하다고 인정할 만한 상당한 이유가 있는 경우 관계 행정기관의 장에게 적절한 시정조치를 권고

(3) 행정심판과 제기권자·제기기간 및 법적 효과가 다름

> 🔨 판례 국민고충처리위원회에 대한 고충민원의 신청❷
> ▷ 행정심판청구×
> ▷ but 국민고충처리위원회가 이를 당해 처분청 또는 그 재결청에 송부한 경우에는 행정심판청구가 제기된 것으로 볼 수 있음

❷ 국민고충처리제도는 국무총리 소속하에 설치된 국민고충처리위원회로 하여금 행정과 관련된 국민의 고충민원을 상담·조사하여 행정기관의 처분 등이 위법·부당하다고 인정할 만한 상당한 이유가 있는 경우에 관계 행정기관의 장에게 적절한 시정조치를 권고하도록 함으로써 국민의 불편과 부담을 시정하기 위한 제도로서 행정심판법에 의한 행정심판 내지 다른 특별법에 따른 이의신청, 심사청구, 재결의 신청 등의 불복구제절차와는 제도의 취지나 성격을 달리하고 있으므로 국민고충처리위원회에 대한 고충민원의 신청이 행정소송의 전치절차로서 요구되는 행정심판청구에 해당하는 것으로 볼 수는 없다. 다만, 국민고충처리위원회에 접수된 신청서가 행정기관의 처분에 대하여 시정을 구하는 취지임이 내용상 분명한 것으로서 국민고충처리위원회가 이를 당해 처분청 또는 그 재결청에 송부한 경우에 한하여 행정심판법 제17조 제2항·제7항의 규정에 의하여 그 신청서가 국민고충처리위원회에 접수된 때에 행정심판청구가 제기된 것으로 볼 수 있다(대판 1995.9.29. 95누5332).

POINT 72. 행정심판의 종류 및 행정심판법의 개정 내용

1 일반행정심판

1. 의의
- 「행정심판법」에 의한 행정심판
- 「행정심판법」은 항고심판만 규율(모든 종류의 행정심판 규율×)
- 「행정심판법」: 행정심판에 관한 일반법

> **판례** 징계 기타 불이익처분을 받은 지방공무원의 불복절차에 관하여 「지방공무원법」에서 규정하지 아니한 사항
> ▷ 「행정심판법」에 의함

2. 행정심판의 종류
*행정심판법 제5조(행정심판의 종류) 행정심판의 종류는 다음 각 호와 같다.
1. 취소심판: 행정청의 위법 또는 부당한 처분을 취소하거나 변경하는 행정심판
2. 무효등확인심판: 행정청의 처분의 효력 유무 또는 존재 여부를 확인하는 행정심판
3. 의무이행심판: 당사자의 신청에 대한 행정청의 위법 또는 부당한 거부처분이나 부작위에 대하여 일정한 처분을 하도록 하는 행정심판

▼ 행정작용의 성질에 따른 행정심판의 종류 및 가구제

구분	본안심판	가구제
적극적 처분	취소심판, 무효등확인심판	집행정지
소극적 처분 (거부처분) 또는 부작위	취소심판, 무효등확인심판(거부처분), 의무이행심판(거부처분 또는 부작위)	임시처분

(1) 개설
① 취소심판○, 무효등확인심판○, 의무이행심판○
② 당사자심판×, 부작위위법확인심판×

(2) 취소심판
① 의의: 행정청의 위법 또는 부당한 처분을 취소하거나 변경하는 행정심판(행정심판법 제5조 제1호)

취소	적극적 처분의 취소뿐만 아니라 소극적 처분인 거부처분의 취소도 포함
변경	소극적 변경뿐만 아니라 적극적 변경(예 허가취소처분을 영업정지처분으로 변경)도 포함

② 성질: 형성적 쟁송(통설)

③ 특징
- 심판청구기간 제한 있음(동법 제27조)
- 집행부정지가 원칙(동법 제30조)
- 사정재결 적용(동법 제44조)

④ 인용재결(동법 제43조 제3항)
- 취소재결·변경재결·변경명령재결
- 취소명령재결 삭제됨*
  > *종래 행정심판법에 같이 규정되었던 취소명령재결은 행정심판위원회의 재결이 있음에도 처분청이 처분을 취소하지 않은 경우가 많아 실효성이 떨어진다는 이유로 2010.1.25. 법 개정을 통해 삭제되었다(동법 제43조 제3항 참조).

(3) 무효등확인심판
① 의의: 행정청의 처분의 효력 유무 또는 존재 여부를 확인하는 행정심판(동법 제5조 제2호)
② 성질(준형성적 쟁송설): 형식적 확인적 쟁송 + 실질적 형성적 쟁송(처분의 효력 유무 등이 직접 심판의 대상)
③ 특징
- 청구기간 제한×(동법 제27조 제7항)
- 사정재결 불가(동법 제44조 제3항)
④ 인용재결: 무효확인재결 / 유효확인재결 / 존재확인재결 / 부존재확인재결 / 실효확인재결(동법 제43조 제4항)

(4) 의무이행심판
① 의의
- 당사자의 신청에 대한 행정청의 위법 또는 부당한 거부처분이나 부작위에 대하여 일정한 처분을 하도록 하는 행정심판(동법 제5조 제3호)
- 의무이행심판의 실익: 거부처분이나 부작위 같은 소극적인 행위로 인한 권익침해에 대한 권리구제수단
② 성질: 이행쟁송
③ 특징
- 거부처분에 대한 의무이행심판: 청구기간의 제한○ (안 날 90일, 있은 날 180일)
- 부작위에 대한 의무이행심판: 청구기간의 제한×
- 사정재결 可, 집행정지×, 임시처분 可(동법 제31조)
④ 인용재결(동법 제43조 제5항): 처분재결(형성재결) / 처분명령재결(이행재결)

2 특별행정심판

1. 의의

행정심판은 「행정심판법」에 따라 하도록 하는 행정심판을 말한다. 특히 사안의 전문성·특수성을 살리기 위하여 따로 이의신청이나 행정심판적인 행정심판에 갈음하여 개별법에서 정한 절차에 따라 다른 행정기관에서 행하는 행정심판을 말한다.

® 행정심판법 제4조(특별행정심판 등) ① 사안(事案)의 전문성과 특수성을 살리기 위하여 특히 필요한 경우 외에는 이 법에 따른 행정심판을 갈음하는 특별한 행정불복절차(이하 "특별행정심판"이라 한다)나 이 법에 따른 행정심판 절차에 대한 특례를 다른 법률로 정할 수 없다.
② 다른 법률에서 특별행정심판이나 이 법에 따른 행정심판 절차에 대한 특례를 정한 경우에도 그 법률에서 규정하지 아니한 사항에 관하여는 이 법에서 정하는 바에 따른다.
③ 관계 행정기관의 장이 특별행정심판 또는 이 법에 따른 행정심판 절차에 대한 특례를 신설하거나 변경하는 법령을 제정·개정할 때에는 미리 중앙행정심판위원회와 협의하여야 한다.

2. 특별행정심판의 예

조세심판 / 국세심판 / 해양안전심판 / 공무원징계에 대한 소청심사 / 교원징계재심 등

3. 지정절차

행정심판 특례의 신설·변경에 관한 법령은 반드시 중앙행정심판위원회와 협의를 거쳐 정해짐

4. 행정심판 특례의 제정

- 특히 필요한 경우에는 다른 법률로 특별행정심판 특례를 정할 수 있다(특례법 임시법 위임근거로 법률상 사항).
- 개정절차에 관련된 문제 재판분·개정될 때에는 미리 중앙행정심판위원회와 협의를 해야 함

5. 특별행정심판의 전치

개별법의 필요적 전치규정이 있고 특별법이 강정되어 있는 경우

3 「행정심판법」의 개정 내용

1. 2010년 7월 26일 「행정심판법」 전부개정

- 국무총리행정심판위원회를 "중앙행정심판위원회"로 변경함(법 제6조 제2항 등)
② 특별행정심판 신설 등에 관한 의견을 들음(법 제4조)
③ 행정심판위원회의 위원 정수 및 구성위원 비율 확대(법 제7조 제5항)
④ 중앙행정심판위원회는 위원장 1명을 포함한 50명이 이내로 구성하되, 위원 중 상임위원은 4명 이내로 함(법 제8조 제1항)
⑤ 행정심판의 종류로서 의무이행심판을 인정하여 행정청의 부작위나 거부처분에 대하여 청구(법 제5조 제3항)
⑥ 당사자 등에 대한 행정심판위원회의 정보에 대하여 이의신청제도 등(법 제16조 제8항, 제17조 제6항, 제20조 제6항)
⑦ 재결의 종류 제29조 제1항)
⑦ 전자정보처리조직 등의 이용(법 제50조부터 제22조까지)
⑧ 당사자 비용부담 규정(법 제31조)

2. 2017년 10월 19일 「행정심판법」 일부개정

종전 「행정심판법」 [시행 2016.3.29.]	개정 「행정심판법」 [시행 2017.10.19.]
제49조(재결의 기속력 등) (생략)	제49조(재결의 기속력 등) ① (생략)

〈신설〉

② 재결에 의하여 취소되거나 무효 또는 부존재로 확인되는 처분이 당사자의 신청을 거부한 경우에는 그 처분청은 재결의 취지에 따라 다시 이전의 신청에 대한 처분을 하여야 한다.

| 제50조(위원회의 직접 처분) ① 위원회는 피청구인이 제49조 제2항에도 불구하고 처분을 하지 아니하는 경우에는 당사자가 신청하면 기간을 정하여 서면으로 시정을 명하고 그 기간에 이행하지 아니하면 직접 처분을 할 수 있다. 다만, 그 처분의 성질이나 그 밖의 불가피한 사유로 위원회가 직접 처분을 할 수 없는 경우에는 그러하지 아니하다. | 제50조(위원회의 직접 처분) ① 위원회는 피청구인이 제49조 제3항에도 불구하고 처분을 하지 아니하는 경우에는 당사자가 신청하면 기간을 정하여 서면으로 시정을 명하고 그 기간에 이행하지 아니하면 직접 처분을 할 수 있다. 다만, 그 처분의 성질이나 그 밖의 불가피한 사유로 위원회가 직접 처분을 할 수 없는 경우에는 그러하지 아니하다. |

〈신설〉

제50조의2(위원회의 간접강제) ① 위원회는 피청구인이 제49조 제2항(제49조 제4항에서 준용하는 경우를 포함한다) 또는 제3항에 따른 처분을 하지 아니하면 청구인의 신청에 의하여 결정으로 상당한 기간을 정하고 피청구인이 그 기간 내에 이행하지 아니하는 경우에는 그 지연기간에 따라 일정한 배상을 하도록 명하거나 즉시 배상을 할 것을 명할 수 있다.
② 위원회는 사정의 변경이 있는 경우에는 당사자의 신청에 의하여 제1항에 따른 결정의 내용을 변경할 수 있다.
③ 위원회는 제1항 또는 제2항에 따른 결정을 하기 전에 신청 상대방의 의견을 들어야 한다.
④ 청구인은 제1항 또는 제2항에 따른 결정에 불복하는 경우 그 결정에 대하여 행정소송을 제기할 수 있다.

POINT 73 고지제도

1 고지제도의 개설

1. 의의 및 기능
행정청이 처분을 할 때에 상대방 등에게 해당 처분에 대하여 행정심판을 제기할 수 있는지 여부, 청구절차 및 청구기간 등 행정심판의 제기에 대한 필요한 사항을 미리 알려주도록 의무를 지우는 제도

2. 법적 성질
- 비권력적 사실행위(처분×)
- 「행정심판법」상 고지: 강행규정

3. 법적 근거
「행정심판법」, 「행정절차법」

2 고지의 종류

1. 직권에 의한 고지
※ 행정심판법 제58조(행정심판의 고지) ① 행정청이 처분을 할 때에는 처분의 상대방에게 다음 각 호의 사항을 알려야 한다.
1. 해당 처분에 대하여 행정심판을 청구할 수 있는지
2. 행정심판을 청구하는 경우의 심판청구 절차 및 심판청구 기간

(1) 고지의 주체와 상대방
① 고지의 주체: 행정청(수탁 공공단체·사인 포함)
② 고지의 상대방: 처분의 상대방

(2) 고지의 대상
① 처분: 서면 또는 구두에 의한 처분
② 타법상 행정심판의 대상이 되는 처분: 고지 대상 ○

> 판례 수용재결에 대한 이의절차 ▷ 「행정심판법」상 고지규정 적용 ○

(3) 고지의 내용
행정심판을 청구할 수 있는지의 여부, 심판청구절차, 심판청구 기간 등

(4) 고지의 방법 및 시기
명문규정× / 원칙적으로 처분과 동시에 하여야 함

2. 신청(청구)에 의한 고지
※ 행정심판법 제58조(행정심판의 고지) ② 행정청은 이해관계인이 요구하면 다음 각 호의 사항을 지체 없이 알려 주어야 한다. 이 경우 서면으로 알려 줄 것을 요구받으면 서면으로 알려 주어야 한다.
1. 해당 처분이 행정심판의 대상이 되는 처분인지
2. 행정심판의 대상이 되는 경우 소관 위원회 및 심판청구 기간

(1) 고지의 청구권자
처분의 이해관계인(예 복효적 행정행위의 제3자, 처분시에 고지받지 못한 상대방)

(2) 고지의 대상: 처분(직권에 의한 고지와 동일)

(3) 고지의 내용
해당 처분이 행정심판의 대상이 되는 처분인지 여부, 행정심판의 대상이 되는 경우 소관 위원회, 청구기간 등

(4) 고지의 방법 및 시기
① 고지의 방법: 명문규정× / 서면으로 알려줄 것을 요구받으면 서면으로 알려주어야 함
② 고지의 시기: 지체 없이 고지하여야 함

▼ 「행정심판법」 제58조상 직권고지와 신청고지의 비교

구분	직권고지(제1항)	신청고지(제2항)
신청요부	×	이해관계인의 신청
상대방(청구권자)	처분의 직접 상대방	이해관계인 (제3자효 행정행위의 제3자 등)
대상	처분	처분
내용	심판청구 가능 여부·청구절차·청구기간	행정심판 대상 여부·소관 위원회·청구기간
방법	제한× (서면으로 하는 것이 바람직)	서면이나 구두 (서면으로 신청 받은 경우 서면으로)
시기	규정× (처분시에 하는 것이 바람직)	신청 받고 지체 없이

3 고지의무 위반의 효과

1. 고지의 하자와 처분의 위법 여부

> **판례** 불고지·오고지 시 ▷ 당해 처분 위법× [1]

[1] 고지제도의 취지는 행정심판을 제기함에 있어 편의를 제공하는데 있을 뿐, 행정처분의 성립 과정을 규제하는 절차제도라거나 처분의 형식을 규제하는 제도가 아님

2. 불고지·오고지(잘못된 고지)의 효과

(1) 심판청구서 제출기관의 불고지·오고지 [2]

[2] 행정심판법 제23조(심판청구서의 제출) ① 행정심판을 청구하려는 자는 제28조에 따라 심판청구서를 작성하여 피청구인이나 위원회에 제출하여야 한다. 이 경우 피청구인의 수만큼 심판청구서 부본을 함께 제출하여야 한다.
② 행정청이 제58조에 따른 고지를 하지 아니하거나 잘못 고지하여 청구인이 심판청구서를 다른 행정기관에 제출한 경우에는 그 행정기관은 그 심판청구서를 지체 없이 정당한 권한이 있는 피청구인에게 보내야 한다.
④ 제27조에 따른 심판청구 기간을 계산할 때에는 제1항에 따른 피청구인이나 위원회 또는 제2항에 따른 행정기관에 심판청구서가 제출되었을 때에 행정심판이 청구된 것으로 본다.

① 심판청구서 제출기관을 불고지하거나 오고지하여 청구인이 심판청구서를 다른 행정기관에 제출한 경우: 심판청구서를 지체 없이 정당한 권한이 있는 피청구인에게 보내야 함

② 심판청구 기간을 계산할 때에는 다른 행정기관에 심판청구서가 제출되었을 때에 행정심판이 청구된 것으로 봄 [3]

[3] 심판청구인이 심판제기기간 도과의 불이익을 받지 않도록 하기 위함

(2) 심판청구 기간의 불고지·오고지 [4]

[4] 행정심판법 제27조(심판청구의 기간) ① 행정심판은 처분이 있음을 알게 된 날부터 90일 이내에 청구하여야 한다.
③ 행정심판은 처분이 있었던 날부터 180일이 지나면 청구하지 못한다. 다만, 정당한 사유가 있는 경우에는 그러하지 아니하다.
⑤ 행정청이 심판청구 기간을 제1항에 규정된 기간보다 긴 기간으로 잘못 알린 경우 그 잘못 알린 기간에 심판청구가 있으면 그 행정심판은 제1항에 규정된 기간에 청구된 것으로 본다.
⑥ 행정청이 심판청구 기간을 알리지 아니한 경우에는 제3항에 규정된 기간에 심판청구를 할 수 있다.

① 오고지(제5항)

- 길게 오고지: 오고지 받은 기간 내 심판청구하면 적법

- 짧게 오고지: 원래 법정기간 내 심판청구하면 적법

> **판례** 「행정심판법」상 오고지 규정 ▷ 행정소송에 적용×

② 불고지(제6항)

- 처분을 안 날로부터 90일 적용×

- 처분이 있었던 날부터 180일 이내 심판 청구 가능

> **판례** 개별 법률에서 정한 심판청구기간이 「행정심판법」이 정한 심판청구기간보다 짧은 경우, 행정청이 그 개별법상의 심판청구기간을 고지하지 아니한 경우 ▷ 「행정심판법」이 정한 청구기간 내에 심판청구 可

4 고지의 배제

개별법이 「행정심판법」의 적용을 배제하는 규정을 둔 경우(예 「국세기본법」): 「행정심판법」상의 고지의무 규정의 적용도 배제됨

POINT 74 행정심판청구 개설

1 내용

1. 행정심판 청구요건
- 청구인적격이 있는 자가
- 처분이나 부작위를 대상으로
- 심판청구기간 내에
- 피청구인을 상대로
- 서면으로
- 피청구인이나 위원회에 제기

2. 부적법한 심판청구
각하재결(동법 제43조 제1항)

3. 보정될 수 있는 요건의 불비
보정명령, 경미한 사항은 직권보정 可 ❶

> ❶ 행정심판법 제32조(보정) ① 위원회는 심판청구가 적법하지 아니하나 보정(補正)할 수 있다고 인정하면 기간을 정하여 청구인에게 보정할 것을 요구할 수 있다. 다만, 경미한 사항은 직권으로 보정할 수 있다.
> ④ 제1항에 따른 보정을 한 경우에는 처음부터 적법하게 행정심판이 청구된 것으로 본다.

2 직권조사사항

행정심판 청구요건: 위원회의 직권조사사항

3 판단기준시

행정심판 청구요건 존부의 판단기준시: 변론종결시

POINT 75 행정심판의 당사자 및 관계인

1 행정심판의 당사자

1. 청구인

(1) 의의
행정심판을 청구하는 자: 자연인 또는 법인뿐만 아니라 제13조도
행정심판을 청구할 수 있는 법인격 없는 사단·재단으로서 대표자 또는 관리인이 정하여져 있는 경우 그 사단이나 재단의 이름으로 심판청구를 할 수 있다.

(2) 청구인능력
① 법인격 있는 자연인
② 자연인·법인, 비법인 사단·재단(대표자 또는 관리인이 있는 경우)도 포함

(3) 청구인적격: 행정심판을 청구할 자격이 있는 자(원고적격자에 대응)
ⓐ「행정심판법」 제13조(청구인 적격) ① 취소심판은 처분의 취소 또는 변경을 구할 법률상 이익이 있는 자가 청구할 수 있다. 다만, 처분의 효과가 기간의 경과, 처분의 집행, 그 밖의 사유로 소멸된 뒤에도 그 처분의 취소로 회복되는 법률상 이익이 있는 자의 경우에는 또한 같다.
② 무효등확인심판은 처분의 효력 유무 또는 존재 여부의 확인을 구할 법률상 이익이 있는 자가 청구할 수 있다.
③ 의무이행심판은 처분을 신청한 자로서 행정청의 거부처분 또는 부작위에 대하여 일정한 처분을 구할 법률상 이익이 있는 자가 청구할 수 있다.

○ 법률상 이익의 의미: 처분의 근거법규 및 관련법규에 의하여 보호되는 개별적·직접적·구체적 이익
○ 취소심판의 경우: 처분의 효과가 소멸된 뒤에도 회복되는 법률상 이익이 있는 경우 가능
○ 자신이 환경영향평가 대상지역 밖에 거주하는 주민일지라도 헌법상의 환경권 또는 환경정책기본법에 근거하여 행정심판을 청구할 수 있는 이익이 있다고 볼 수 없다.
④ 「행정심판법」 제13조는 행정심판의 대상에 대응하여 취소심판, 무효등확인심판, 의무이행심판에 따라 청구인적격을 규정하고 있으며, 이에 대하여는 「행정심판법」이 행정소송법의 원고적격을 그대로 이어받은 것이 아닌가 하는 견해가 있다.

(4) 선정대표자
①「행정심판법」 제15조(선정대표자) ① 여러 명의 청구인이 공동으로 심판청구를 할 때에는 청구인들 중에서 3명 이하의 선정대표자를 선정할 수 있다.
② 청구인들이 제1항에 따라 선정대표자를 선정하지 아니한 경우에 위원회는 필요하다고 인정하면 청구인들에게 선정대표자를 선정할 것을 권고할 수 있다.
③ 선정대표자는 다른 청구인들을 위하여 그 사건에 관한 모든 행위를 할 수 있다. 다만, 심판청구를 취하하려면 다른 청구인들의 동의를 받아야 하며, 이 경우 동의받은 사실을 서면으로 소명하여야 한다.
④ 선정대표자가 선정되면 다른 청구인들은 그 선정대표자를 통해서만 그 사건에 관한 행위를 할 수 있다.
⑤ 선정대표자를 선정한 청구인들은 필요하다고 인정하면 선정대표자를 해임하거나 변경할 수 있다. 이 경우 청구인들은 그 사실을 지체 없이 위원회에 서면으로 알려야 한다.

① 여러 명의 청구인이 공동심판청구를 할 때: 청구인들 중에서 3명 이하의 선정대표자를 선정할 수 있음
② 선정대표자를 선정하지 아니하는 경우: 위원회가 선정대표자를 선정할 것을 권고할 수 있음

판례 당사자 아닌 자를 선정대표자로 선임할 수 있는지 여부

● 다른 청구인들을 위해 심판청구 진행
● 다른 청구인들은 모든 행위 위임 등

(5) 청구인의 지위 승계
① 당연승계(제16조 제1항, 제2항): 청구인이 사망하거나 또는 권리이익이 양도된 경우 상속인 등이 승계
② 허가승계(제16조 제5항): 행정심판 청구 후 그 대상이 되는 권리이익이 양수되는 경우 양수인이 위원회의 허가를 얻어 승계

2. 피청구인

(1) 의의
심판청구를 제기 받은 상대방인 당사자

(2) 피청구인적격[1]

[1] 행정심판법 제17조(피청구인의 적격 및 경정) ① 행정심판은 처분을 한 행정청(의무이행심판의 경우에는 청구인의 신청을 받은 행정청)을 피청구인으로 하여 청구하여야 한다. 다만, 심판청구의 대상과 관계되는 권한이 다른 행정청에 승계된 경우에는 권한을 승계한 행정청을 피청구인으로 하여야 한다.

① 처분청
② 승계행정청
③ 위임 또는 위탁받은 자

(3) 피청구인의 경정[2]

[2] ② 청구인이 피청구인을 잘못 지정한 경우에는 위원회는 직권으로 또는 당사자의 신청에 의하여 결정으로써 피청구인을 경정(更正)할 수 있다.
③ 위원회는 제2항에 따라 피청구인을 경정하는 결정을 하면 결정서 정본을 당사자(종전의 피청구인과 새로운 피청구인을 포함한다. 이하 제6항에서 같다)에게 송달하여야 한다.
④ 제2항에 따른 결정이 있으면 종전의 피청구인에 대한 심판청구는 취하되고 종전의 피청구인에 대한 행정심판이 청구된 때에 새로운 피청구인에 대한 행정심판이 청구된 것으로 본다.

① 위원회의 직권 또는 당사자의 신청에 의해 경정결정 可
② 피청구인 경정결정서 정본 송달: 당사자 쌍방과 새로운 피청구인에게
③ 효과
- 종전의 피청구인에 대한 심판청구 취하
- 새로운 피청구인에 대한 심판청구는 처음 심판청구를 한 때에 소급하여 제기된 것으로 봄

2 행정심판의 관계인

1. 참가인

(1) 참가인의 의의
① 심판참가: 심판청구의 결과에 대하여 이해관계 있는 제3자나 행정청이 그 사건에 참가하는 것
② 이해관계: 법률상의 이해관계

(2) 심판참가의 종류
① 참가인의 신청에 의한 참가
- 제3자나 행정청: 의결이 있기 전까지 심판참가 可
- 참가신청서 부본
  - 당사자에게 송달
  - 위원회는 기간을 정하여 당사자와 다른 참가인에게 제3자의 참가신청에 대한 의견제출 요구 可, 제출 없을 시 의견 없는 것 간주

- 위원회
  - 허가 여부를 결정
  - 신청인에게 결정서 정본 송달
  - 당사자와 다른 참가인에게 결정서 등본 송달
② 위원회의 요구에 의한 참가: 행정심판위원회는 제3자나 행정청에 참가 요구 可

(3) 참가인의 지위
참가인: 당사자가 할 수 있는 행위 可

2. 대리인

(1) 대리인 선정
청구인이나 피청구인: 대리인(법정대리인, 배우자, 변호사) 선임 可 / 대리인이 그 권한의 범위 안에서 한 행위의 효과는 본인에게 발생

(2) 국선대리인 선임[3]

[3] 2017년 개정「행정심판법」은 경제적 사유로 대리인 선임이 곤란한 청구인 등 사회적 약자에게 행정심판위원회가 대리인을 선임하여 지원할 수 있도록 국선 대리인 제도를 신설

청구인이 경제적 능력으로 인해 대리인을 선임할 수 없는 경우, 위원회에 국선대리인을 선임하여줄 것을 신청할 수 있음

POINT 76 행정심판의 대상

해커스공무원 함수민 **행정법총론** 단권화 노트

> **제3조(행정심판의 대상)** ① 행정청의 처분 또는 부작위에 대하여는 다른 법률에 특별한 규정이 있는 경우 외에는 이 법에 따라 행정심판을 청구할 수 있다.(개괄주의)
>
> ② 대통령의 처분 또는 부작위에 대하여는 다른 법률에서 행정심판을 청구할 수 있도록 정한 경우 외에는 행정심판을 청구할 수 없다.

1 개설

심판대상: 모든 처분·부작위(개괄주의)

2 행정청의 처분 또는 부작위

1. 개설

2. 심판유형별 대상

취소심판·무효등확인심판의 대상	위법·부당한 처분(거부처분 포함)
의무이행심판의 대상	위법·부당한 거부처분 또는 부작위

3 제외사항

1. 「행정심판법」의 규정

(1) 대통령의 처분·부작위(제3조 제2항): 행정심판 不可
> └▶ 법률에 특별한 규정이 있어야 행정심판 可

(2) 행정심판 재결: 재심판청구 금지(제51조)❶
> ❶행정심판법 제51조(행정심판 재청구의 금지) 심판청구에 대한 재결이 있으면 그 재결 및 같은 처분 또는 부작위에 대하여 다시 행정심판을 청구할 수 없다.
> → 재결 자체에 고유한 위법이 있는 경우 재결 자체의 취소를 구하는 행정소송을 제기할 수 있는 것이지, 행정심판을 제기하는 것이 아니다.

2. 기타

(1) 다른 구제절차○: 행정심판 제기 不可
> └▶ 예 통고처분이나 검사의 불기소처분 등

(2) 특별행정심판대상: 「행정심판법」상 심판대상✕
> └▶ 예 특허심판·조세심판·소청심사 등

POINT 77 행정심판기관

1 개설

행정심판위원회: 행정심판청구를 심리·재결하는 권한을 가진 행정기관
→ 심리·재결 모두 행함 / 2008년 재결청 폐지됨[1]

[1] 개정 전의 구 「행정심판법」은 심판청구사건에 대하여 심리·의결하는 권한을 가지는 행정심판위원회와 위원회의 의결에 따라 재결만 행하는 재결청으로 행정심판기관을 이원화하였으나, 2008년 개정 「행정심판법」은 창구의 일원화 및 절차의 신속화를 위하여 재결청을 없애고, 행정심판위원회가 심리·의결과 재결 모두 행하도록 일원화하였다.

2 행정심판위원회

1. 법적 지위

행정심판의 청구를 심리·의결하고 그 판단에 따라 재결하는 합의제 행정청

2. 종류

일반행정심판위원회, 특별행정심판위원회
↳ 행정심판법에 의해 설치   ↳ 개별법에 의해 설치

(1) 일반행정심판위원회(행정심판위원회의 종류·관할(행정심판법 제6조 이하))

관할 행정심판위원회	행정청 또는 그 소속행정청	대상(예)
해당 행정청 소속 행정심판위원회 (제1항)	• 감사원, 국가정보원장, 대통령비서실장, 국가안보실장, 대통령경호처장 및 방송통신위원회 • 국회사무총장·법원행정처장·헌법재판소사무처장 및 중앙선거관리위원회사무총장 • 국가인권위원회, 고위공직자범죄수사처장	• 법원행정처장의 처분: 법원행정처장 소속 법원행정처 행정심판위원회 • 국회사무총장의 처분: 국회사무총장 소속 국회사무처 행정심판위원회 • 국가정보원장의 처분: 국가정보원장 소속 국가정보원 행정심판위원회
중앙행정심판위원회 (제2항)	• 제1항 외 국가기관 • 특별시장·광역시장·도지사(교육감을 포함, 이하 시·도지사) 또는 시·도의 의회(의장, 위원회의 위원장, 사무처장 등 의회 소속 모든 행정청을 포함) • 「지방자치법」에 따른 지방자치단체조합 등 관계 법률에 따라 국가·지방자치단체·공공법인 등이 공동으로 설립한 행정청(제3항 제3호에 해당하는 행정청 제외)	• 경찰청장의 처분 • 서울특별시장의 처분 • 서울특별시의회의 처분 • 대구광역시 교육감의 처분 • 국무총리나 행안부장관의 처분 • 병무청장의 징집처분
시·도행정심판위원회 (제3항)	• 시·도 소속 행정청 • 시·군·자치구의 장, 소속 행정청 또는 시·군·자치구의 의회(의장, 위원회의 위원장, 사무국장, 사무과장 등 의회 소속 모든 행정청을 포함) • 둘 이상의 지방자치단체·공공법인 등이 공동으로 설립한 행정청	• 종로구청장의 처분: 서울특별시장 소속 행정심판위원회 • 광명시장의 처분: 경기도지사 소속 행정심판위원회
'직근 상급행정기관 소속 행정심판위원회 (제4항)	법무부 및 대검찰청 소속 특별지방행정기관(직근 상급행정기관이나 소관 감독행정기관이 중앙행정기관인 경우는 제외)의 장의 처분 또는 부작위에 대한 심판청구	직근 상급행정기관: 여러 개의 상급기관이 있는 경우 처분청 또는 부작위청으로부터 가장 가까운 상급행정기관

(2) 특별징계관할위원회(개별법상 특별징계관할위원회)
↳ 개별법에 따라 특별히 설치될 개별법기관의 징계사건만을 관할하고 있는 특별징계관할위원회

관할기관	근거법령	대상
고등징계위원회	「경기운수법」 제13조	총장, 「기관운수법」 제9조 소속 직원 등 징계 등 대상
	「공무원징계령」 제3조	교원의 징계 등 징계 의결 대상 사항
중앙징계위원회	「국가공무원법」 제16조, 제67조 「공무원징계령」	• 국무위원 및 고위공무원 대상 징계의결 · 경징계요구
보조징계원장	98조 「감사원법」 제189조, 제91조, 제	감사원장의 징계위원회 대상
특허청장	「특허법」 제132조의3, 제178조	특허심판원의 특허에 대한 재심사 등
중앙출입국관리청	「출입국관리법」 제83조	출입국관리 관련 대상 이의신청
공사청	「공사청법」 제143조	공사청의 대상 감사사항
지방관리청 및 고등관리관	「해외사고등법」 제5조 및 제6조에 대한 징계	해외사고등

3. 구성 및 회의(중앙행정징계관합위원회의 일반행정징계관합위원회)
↳제183조 ↳제17조

구분	중앙행정징계관합위원회	일반행정징계관합위원회
구성	위원장 1명을 포함하여 70명 이내의 인원 (위원 중 위원장 4명 이내)	위원장 1명을 포함하여 50명 이내의 인원
위원장	국민권익위원회의 부위원장 중 1명	• 해당 중앙행정관합위원회가 소속된 중앙행정관합위원회와 · 시 · 도지사 소속 또는 해당 행정위원회 이의 경우 중앙행정관합위원회(시민인)으로 정한 자 수 있음.
위원장 지무대행	위원장이 지정한 위원(재직기간이 긴 위원자 순)	위원장이 지정한 위원(재직기간이 긴 위원자 순·연장자 순 배)
위원 (기급 · 임명 · 위촉)	• 위원장을 포함하여 기관의 업무 · 지방자치단체장이 위촉하는 자 중소속 공무원 · 변호사 · 법학교수 등 중에 그 공무원	• 해당 행정징계관합위원회의 위원장이 소속 공무원 또는 지방 자치단체장이 위촉하는 자 중소속 공무원 · 변호사 · 법학교수 등 중에 그 공무원
임기	• 위원장: 2년, 1차에 한하여 연임 가능 • 위촉위원: 2년, 2차에 한하여 연임 가능	• 위촉위원: 2년, 1차에 한하여 연임 가능 · 동안: 재직하는 동안
회의	• 위원장과 위원장이 매 회의마다 지정하는 8명 이상 9명 이하의 위원으로 구성(시·도지사는 소속 행정위원회의 경우 위원장과 위원장이 지정하는 6명 이상 8명 이하의 위원) · 간사는 공개하지 않는다. · 과반수의 출석으로 개의 · 출석위원 과반수의 찬성으로 의결함	• 위원장과 위원장이 매 회의마다 지정하는 5명 이상 8명 이하의 위원으로 구성 · 간사는 공개하지 않는다. · 과반수의 출석으로 개의 · 출석위원 과반수의 찬성으로 의결함

§ 중앙행정징계관합위원회 제7조(중앙행정징계관합위원회의 의결) ④ 중앙행정징계관합위원회는 해당 징계위원회의 소속 행정기관이 다음 각 호의 어느 하나에 해당하는 경우에도 제1조 제3항에 따른 의결을 할 수 있다. 그 경우 중앙징계위원회의 의결은 해당 징계위원회의 의결로 본다.
1. 위원회 개최 곤란 등 그 밖에 제17조제1항에 따라 조치가 이행되지 아니하거나 재의결원이 사항
2. 고등교육법 제2조 각 호에 따라 대학의 학교에 조지가 이행되지 아니하거나 재의결원이 사항
3. 위원장이 없어 해당 공무원이나 고등공무원의 소속공무원인 사항
4. 그 밖에 위원회가 운영되어야 5년 이상 징계 등이 처리되지 아니한 사항
5. 위 사항에 해당하는 징계의결에 따라 의결(재의결)하는 사항이 있는 경우
⑤ 중앙징계위원회(중앙행정징계관합위원회 포함)는 위원장 및 위원인 이의의의 1이어야 평의결원을 의결으로 갈음한다.

4. 위원 등의 제척·기피·회피(제10조)

제척 (제1항)	개념	법정의 사유가 있는 경우 법률상 당연히 그 사건의 심리·의결에서 배제되는 것
	제척 사유[1]	• 위원 또는 그 배우자나 배우자이었던 사람이 사건의 당사자이거나 사건에 관하여 공동 권리자 또는 의무자인 경우 • 위원이 사건의 당사자와 친족이거나 친족이었던 경우 • 위원이 사건에 관하여 증언이나 감정을 한 경우 • 위원이 당사자의 대리인으로서 사건에 관여하거나 관여하였던 경우 • 위원이 사건의 대상이 된 처분 또는 부작위에 관여한 경우
	결정	제척결정은 위원회의 위원장이 직권 또는 당사자의 신청[2]에 의하여 한다.[3] → 제척결정이나 기피결정은 위원회의 의결을 거치지 않고 위원장이 직권으로 행함
기피(제2항)		당사자는 위원에게 법률상 정해진 제척사유 이외의 공정한 심리·의결을 기대하기 어려운 사정이 있으면 위원장에게 기피신청을 할 수 있다.
회피(제3항)		위원회의 회의에 참석하는 위원이 제척사유 또는 기피사유에 해당되는 것을 알게 되었을 때에는 스스로 그 사건의 심리·의결에서 회피할 수 있다.
직원에게 준용 (제8항)		사건의 심리·의결에 관한 사무에 관여하는 위원 아닌 직원에게도 제척·기피·회피 규정을 준용한다.

[1] 제척사유 있는 위원이 심리·의결에 관여한 것은 주체상의 하자에 해당되어 당해 심리·의결은 무효
[2] ③ 위원에 대한 제척신청이나 기피신청은 그 사유를 소명(疏明)한 문서로 하여야 한다. 다만, 불가피한 경우에는 신청한 날부터 3일 이내에 신청 사유를 소명할 수 있는 자료를 제출하여야 한다.
[3] ⑥ 위원장은 제척신청이나 기피신청을 받으면 제척 또는 기피 여부에 대한 결정을 하고, 지체 없이 신청인에게 결정서 정본(正本)을 송달하여야 한다.

5. 권한

(1) 행정심판위원회의 권한

심리하여 재결하는 권한

① 심리권: 행정심판위원회가 심판 청구된 사건을 심리하는 권한

② 재결권: 행정심판위원회가 심리를 마치고 난 후 심판청구에 대한 법적 판단을 할 수 있는 권한

③ 중앙행정심판위원회의 불합리한 법령 등의 시정조치요청권[4]

[4] 제59조(불합리한 법령 등의 개선) ① 중앙행정심판위원회는 심판청구를 심리·재결할 때에 처분 또는 부작위의 근거가 되는 명령 등(대통령령·총리령·부령·훈령·예규·고시·조례·규칙 등을 말한다. 이하 같다)이 법령에 근거가 없거나 상위 법령에 위배되거나 국민에게 과도한 부담을 주는 등 크게 불합리하면 관계 행정기관에 그 명령 등의 개정·폐지 등 적절한 시정조치를 요청할 수 있다. 이 경우 중앙행정심판위원회는 시정조치를 요청한 사실을 법제처장에게 통보하여야 한다.
② 제1항에 따른 요청을 받은 관계 행정기관은 정당한 사유가 없으면 이에 따라야 한다.

(2) 권한의 승계

위원회가 재결할 권한을 잃게 된 경우: 새로 권한을 갖게 된 위원회에 권한이 승계됨

(3) 권한의 위임

행정심판위원회의 권한 중 일부를 국회규칙, 대법원규칙, 헌법재판소규칙, 중앙선거관리위원회규칙 또는 대통령령으로 정하는 바에 따라 위원장에게 위임 可(제61조)

POINT 78 행정심판청구기간

해커스공무원 함수민 **행정법총론** 단권화 노트

1 개설

1. 의의
- 행정심판은 법정 청구기간 내에 제기하여야 함
- 취지: 행정법관계의 조속 확정, 법률관계의 안전성 확보

2. 적용 범위

취소심판·거부처분에 대한 의무이행심판	청구기간 제한○
무효등확인심판·부작위에 대한 의무이행심판	청구기간 제한×

2 「행정심판법」상 심판청구기간

행정심판법 제27조(심판청구의 기간) ① 행정심판은 처분이 있음을 알게 된 날부터 90일 이내에 청구하여야 한다.
② 청구인이 천재지변, 전쟁, 사변(事變), 그 밖의 불가항력으로 인하여 제1항에서 정한 기간에 심판청구를 할 수 없었을 때에는 그 사유가 소멸한 날부터 14일 이내에 행정심판을 청구할 수 있다. 다만, 국외에서 행정심판을 청구하는 경우에는 그 기간을 30일로 한다.
③ 행정심판은 처분이 있었던 날부터 180일이 지나면 청구하지 못한다. 다만, 정당한 사유가 있는 경우에는 그러하지 아니하다.
④ 제1항과 제2항의 기간은 불변기간(不變期間)으로 한다.
⑤ 행정청이 심판청구 기간을 제1항에 규정된 기간보다 긴 기간으로 잘못 알린 경우 그 잘못 알린 기간에 심판청구가 있으면 그 행정심판은 제1항에 규정된 기간에 청구된 것으로 본다.
⑥ 행정청이 심판청구 기간을 알리지 아니한 경우에는 제3항에 규정된 기간에 심판청구를 할 수 있다.
⑦ 제1항부터 제6항까지의 규정은 무효등확인심판청구와 부작위에 대한 의무이행심판청구에는 적용하지 아니한다.

1. 원칙적인 심판청구기간

(1) 처분이 있음을 알게 된 날부터 90일(불변기간○)
안 날: 처분 있음을 현실적으로 안 날

(2) 처분이 있었던 날부터 180일(불변기간×)
처분이 있었던 날: 처분이 통지에 의해 대외적으로 표시되어 효력이 발생한 날

(3) 기간의 경과
두 기간 중 어느 하나라도 경과하면 행정심판청구不可

2. 예외적인 심판청구기간

(1) 90일에 대한 예외 ┌→ 제27조 제2항
천재지변 등 소멸 후 14일 / 단, 국외에서 심판청구시 30일 / 불변기간○

(2) 180일에 대한 예외 ┌→ 제27조 제3항 단서
정당한 사유○: 천재지변, 전쟁, 사변, 그 밖의 불가항력보다 넓은 개념

(3) 제3자효 행정행위의 심판청구기간
① 제3자에게도 적용: 안 날 90일, 있은 날 180일
② 제3자가 처분 인지하지 못한 경우: 정당한 사유 인정되어 청구기간 적용 배제 가능
③ 제3자가 처분 인지한 경우: 안 날로부터 90일 이내 심판청구

> **판례**
> 1. 처분의 상대방이 아닌 제3자는 처분이 있었던 날로부터 180일이 경과하더라도 특별한 사정이 없는 한 정당한 사유가 있는 경우에 해당하여 심판청구를 제기할 수 있다.
> 2. 제3자가 어떤 경우로든 행정처분이 있음을 알았거나 쉽게 알 수 있는 등 구 행정심판법 제18조 제1항 소정의 심판청구기간 내에 심판청구가 가능하였다는 사정이 있는 경우에는 그 때로부터 90일 이내에 행정심판을 청구하여야 한다.

행정심판법 제27조 제3항에 의하면 행정처분의 상대방이 아닌 제3자라도 처분이 있은 날로부터 180일을 경과하면 행정심판청구를 제기하지 못하는 것이 원칙이지만, 다만 정당한 사유가 있는 경우에는 그러하지 아니하도록 규정되어 있는바, 행정처분의 직접 상대방이 아닌 제3자는 일반적으로 처분이 있는 것을 바로 알 수 없는 처지에 있으므로, 위와 같은 심판청구기간 내에 심판청구를 제기하지 아니하였다고 하더라도, 그 기간 내에 처분이 있은 것을 알았거나 쉽게 알 수 있었기 때문에 심판청구를 제기할 수 있었다고 볼 만한 특별한 사정이 없는 한, 위 법조항 본문의 적용을 배제할 "정당한 사유"가 있는 경우에 해당한다고 보아 위와 같은 심판청구기간이 경과한 뒤에도 심판청구를 제기할 수 있다(대판 1992.7.28. 91누12844).

(4) 불고지·오고지의 경우
① 불고지: 처분이 있었던 날부터 180일 이내에 청구 可
② 오고지: 긴 기간으로 오고지시 그 기간에 심판청구 있으면 적법한 청구

3 특별법상의 심판청구기간

- 개별법에서 심판청구기간을 「행정심판법」과 달리 규정하고 있는 경우
- **예** 토지수용재결에 대한 이의신청기간은 재결서의 정본을 받은 날로부터 30일 이내(토지보상법 제83조 제3항) / 「국가공무원법」상의 소청심사기간은 처분이 있은 것을 안 날로부터 30일 이내(국가공무원법 제76조 제1항)

POINT 79 행정심판청구의 방식과 절차

1 행정심판청구의 방식

→ 제28조(심판청구의 방식) ① 심판청구는 서면으로 하여야 한다.

1. 서면주의
행정심판청구의 방식: 서면으로 청구(구술×)

2. 엄격한 형식을 요하지 않는 서면주의

(1) 필요적 기재사항

「행정심판법」에 규정 / 흠결 시 보정 가능(위원회의 보정요구·직권보정[1])

[1] 행정심판법 제32조(보정) ① 위원회는 심판청구가 적법하지 아니하나 보정(補正)할 수 있다고 인정하면 기간을 정하여 청구인에게 보정할 것을 요구할 수 있다. 다만, 경미한 사항은 직권으로 보정할 수 있다.

(2) 엄격한 형식을 요하지 않은 서면주의

내용이 기준

> 판례 제목이 '진정서'로 되어 있어도 심판청구의 주요사항이 기재되어 있는 경우 ▷ 행정심판청구로 봄[2]

[2] 비록 제목이 '진정서'로 되어 있고, 재결청의 표시, 심판청구의 취지 및 이유, 처분을 한 행정청의 고지의 유무 그 내용 등 행정심판법 제19조 제2항 소정의 사항들을 구분하여 기재하고 있지 아니하여 행정심판청구서로서의 형식을 다 갖추고 있다고 볼 수는 없으나, 피청구인인 처분청과 청구인의 이름과 주소가 기재되어 있고, 청구인의 기명이 되어 있으며, 문서의 기재 내용에 의하여 심판청구의 대상이 되는 행정처분의 내용과 심판청구의 취지 및 이유, 처분이 있은 것을 안 날을 알 수 있는 경우, 위 문서에 기재되어 있지 않은 재결청, 처분을 한 행정청의 고지의 유무 등의 내용과 날인 등의 불비한 점은 보정이 가능하므로 위 문서를 행정처분에 대한 행정심판청구로 보는 것이 옳다(대판 2000.6.9. 98두2621).

2 행정심판청구서의 제출과 처리

1. 피청구인인 처분청 또는 행정심판위원회에 제출(심판청구의 선택주의)[3]

[3] 행정심판법 제23조(심판청구서의 제출) ① 행정심판을 청구하려는 자는 제28조에 따라 심판청구서를 작성하여 피청구인이나 위원회에 제출하여야 한다. 이 경우 피청구인의 수만큼 심판청구서 부본을 함께 제출하여야 한다.

- 심판청구: 심판청구서를 작성하여 피청구인 수만큼 부본과 함께 피청구인 또는 위원회에 제출
- 처분청 경유하지 않고 바로 위원회에 청구 可[4]

[4] 종래에는 반드시 피청구인인 처분청을 거쳐서 심판청구서를 제출하도록 하였으나(처분청 경유주의), 처분청이 청구인에게 심판청구의 취하를 종용하거나 부당하게 수리조차 하지 않는 폐단이 있어, 1995년 개정 「행정심판법」은 이를 폐지하였다.

2. 피청구인(처분청)에게 제출된 경우의 처리

(1) 행정심판위원회에의 송부 등(제24조)

① 피청구인이 심판청구서를 접수 또는 송부 받을시
  - 10일 내 심판청구서와 답변서를 위원회에 송부
  - 심판청구가 불특정 되는 등 명백히 부적법: 답변서 불송부 可(10일 내 위원회에 사유 통보) / but 위원장이 답변서 제출요구 시: 피청구인은 10일 내 답변서 제출 要

② 제3자의 심판청구 시: 지체 없이 처분상대방에게 심판청구 사실 통지, 심판청구서 사본 송달

③ 중앙행정심판위원회의 심리·재결 사건: 소관 중앙행정기관의 장에게 통지

(2) 피청구인의 직권취소 등(제25조)

심판청구가 이유 있다고 인정하면 직권으로 처분을 취소·변경·확인·신청에 따른 처분 可 / 이 경우 청구인에게 알리고 위원회에 직권취소 등의 사실을 증명하는 서류를 제출하여야 함

3. 행정심판위원회에 제출된 경우의 처리(제24조, 제26조)

(1) 위원회가 심판청구서 수령 시: 피청구인에게 부본 송달

(2) 위원회가 답변서 수령 시: 청구인에게 부본 송달

POINT 08 행정심판법의 효과

1 행정심판위원회에 대한 효과

위원회	심리·재결할 의무 부담
청구인	청구를 취하할 권리 발생, 청구사항 변경 가능

2 처분청에 대한 효과

계쟁처분의 집행부정지 또는 집행정지·집행정지

처분청에 대한 효과	집행부정지
예외	집행정지나 임시처분 인정

POINT 81 가구제(잠정적 권리보호)

1 개설

구분	행정심판법	행정소송법
적극적 처분에 대한 소극적 가구제수단: 집행정지	○ (중대한 손해)	○ (회복하기 어려운 손해)
소극적 처분(거부처분) 또는 부작위에 대한 적극적 가구제수단: 임시처분	○ 권력분립을 고려하여, 소극적인 처분에 대한 실효적인 권리구제인 임시처분은 행정심판법에서만 인정됨	×

2 집행정지

1. 집행부정지의 원칙

> 행정심판법 제30조(집행정지) ① 심판청구는 처분의 효력이나 그 집행 또는 절차의 속행(續行)에 영향을 주지 아니한다.

행정심판청구가 처분의 효력이나, 그 집행·절차의 속행에 영향을 미치지×

2. 집행정지

> 행정심판법 제30조(집행정지) ② 위원회는 처분, 처분의 집행 또는 절차의 속행 때문에 중대한 손해가 생기는 것을 예방할 필요성이 긴급하다고 인정할 때에는 직권으로 또는 당사자의 신청에 의하여 처분의 효력, 처분의 집행 또는 절차의 속행의 전부 또는 일부의 정지(이하 "집행정지"라 한다)를 결정할 수 있다. 다만, 처분의 효력정지는 처분의 집행 또는 절차의 속행을 정지함으로써 그 목적을 달성할 수 있을 때에는 허용되지 아니한다.
> ③ 집행정지는 공공복리에 중대한 영향을 미칠 우려가 있을 때에는 허용되지 아니한다.
> ④ 위원회는 집행정지를 결정한 후에 집행정지가 공공복리에 중대한 영향을 미치거나 그 정지사유가 없어진 경우에는 직권으로 또는 당사자의 신청에 의하여 집행정지결정을 취소할 수 있다.
> ⑥ 제2항과 제4항에도 불구하고 위원회의 심리·결정을 기다릴 경우 중대한 손해가 생길 우려가 있다고 인정되면 위원장은 직권으로 위원회의 심리·결정을 갈음하는 결정을 할 수 있다. 이 경우 위원장은 지체 없이 위원회에 그 사실을 보고하고 추인(追認)을 받아야 하며, 위원회의 추인을 받지 못하면 위원장은 집행정지 또는 집행정지취소에 관한 결정을 취소하여야 한다.

(1) 의의

예외적 집행정지: 처분의 집행으로 중대한 손해가 생기는 것을 예방하기 위해 처분 효력이나 집행 또는 절차의 속행을 정지시키는 것

(2) 요건

적극적 요건	• 심판청구의 계속 • 처분의 존재 • 중대한 손해 예방 • 긴급한 필요
소극적 요건	• 공공복리에 중대한 영향을 미칠 우려가 없을 것 • 본안청구가 이유 없음이 명백하지 않을 것

(3) 집행정지결정의 대상
① 처분의 효력
② 처분의 집행
③ 절차의 속행의 전부 또는 일부

(4) 집행정지결정의 절차
① 위원회의 직권 또는 당사자의 신청으로 집행정지결정 可
② 위원회의 심리·결정을 기다릴 경우 중대한 손해가 생길 우려가 있는 경우: 위원장은 직권으로 위원회의 심리·결정을 갈음하는 결정 可
→ 직권 결정 후 위원장은 위원회에 보고 후 추인받아야 함, 추인 못 받을 시 그 결정 취소해야 함

(5) 집행정지결정의 취소
집행정지가 공공복리에 중대한 영향 미치거나 집행정지사유가 없어진 경우: 위원회의 직권 또는 당사자의 신청으로 취소결정 可

3 임시처분

> 행정심판법 제31조(임시처분) ① 위원회는 처분 또는 부작위가 위법·부당하다고 상당히 의심되는 경우로서 처분 또는 부작위 때문에 당사자가 받을 우려가 있는 중대한 불이익이나 당사자에게 생길 급박한 위험을 막기 위하여 임시지위를 정하여야 할 필요가 있는 경우에는 직권으로 또는 당사자의 신청에 의하여 임시처분을 결정할 수 있다.
> ② 제1항에 따른 임시처분에 관하여는 제30조 제3항부터 제7항까지를 준용한다. 이 경우 같은 조 제6항 전단 중 "중대한 손해가 생길 우려"는 "중대한 불이익이나 급박한 위험이 생길 우려"로 본다.
> ③ 제1항에 따른 임시처분은 제30조 제2항에 따른 집행정지로 목적을 달성할 수 있는 경우에는 허용되지 아니한다.

1. 의의

처분이나 부작위로 발생할 수 있는 당사자의 불이익이나 급박한 위험을 막기 위해 당사자에게 임시지위를 부여하는 위원회의 결정

2. 요건

적극적 요건	• 심판청구의 계속 • 처분 또는 부작위가 위법·부당하다고 상당히 의심될 것 • 처분이나 부작위 때문에 당사자가 받을 우려가 있는 중대한 불이익이나 급박한 위험을 막기 위한 것일 것 • 임시지위를 정할 필요가 있을 것
소극적 요건	공공복리에 중대한 영향을 미칠 우려가 없을 것[1]

[1] 제31조 제2항이 제30조 제3항을 준용

3. 임시처분의 보충성(집행정지와의 관계, 제31조 제3항)

임시처분은 집행정지로 목적달성 가능하면 不許

4. 임시처분의 결정 및 취소

(1) 임시처분 결정

당사자 신청 또는 위원회 직권으로 결정 可

(2) 임시처분 결정의 취소[2]

공공복리에 중대한 영향을 미치거나 처분 사유 소멸 시 직권 또는 신청으로 可

[2] 제31조 제2항이 제30조 제4항을 준용

POINT 82 행정심판의 심리

1 심리의 의의

위원회가 재결의 기초가 되는 사실관계 및 법률관계를 명확히 하기 위해 당사자나 관계인의 주장 및 증거·자료를 수집·조사하는 일련의 절차

2 심리의 내용

1. 요건심리(형식적 심리)

→ 보정 가능하면 보정을 명하거나 직권으로 보정, 그렇지 않으면 각하

행정심판 제기요건 심리 → 불비 시 각하재결

→ 행정심판의 대상인 처분 또는 부작위의 존재, 권한 있는 행정심판위원회에의 제기, 당사자능력 및 청구인 적격의 존재, 심판청구기간의 준수, 심판청구서 기재사항의 구비 등

2. 본안심리(실질적 심리)

- 요건심리의 결과 행정심판제기가 적법한 경우에 심판청구의 당부(행정처분의 위법·부당 여부)를 심리하는 것
  → 청구인의 청구가 이유 없는 경우
- 인용재결 / 기각재결
  → 청구인의 청구가 이유 있는 경우

3 심리의 범위

1. 불고불리의 원칙 및 불이익변경금지의 원칙

불고불리의 원칙	심판청구범위 내에서 심리·판단해야[1]
불이익변경금지의 원칙	심판청구의 대상이 되는 처분보다 청구인에게 불리한 재결 不可[2]

[1] 행정심판법 제47조(재결의 범위) ① 위원회는 심판청구의 대상이 되는 처분 또는 부작위 외의 사항에 대하여는 재결하지 못한다.
[2] 행정심판법 제47조(재결의 범위) ② 위원회는 심판청구의 대상이 되는 처분보다 청구인에게 불리한 재결을 하지 못한다.

2. 법률문제·사실문제와 재량문제

- 심판청구의 대상인 처분이나 부작위에 대한 적법·위법 여부에 관한 법률문제와 사실문제 심리可
- 행정소송과 달리 재량권 행사의 당·부당 문제도 심리可

4 심리의 방식 및 절차

1. 심리의 기본원칙

(1) 대심주의(당사자주의)

청구인과 피청구인이 서로 대등한 입장에서 공격과 방어방법을 제출하고, 이와 같이 제출된 공격·방어방법을 심리의 기초로 하여, 위원회가 중립적 지위에서 심리를 진행하는 원칙

(2) 처분권주의

① 심판의 개시, 심판대상의 결정(불고불리의 원칙), 심판의 종료를 당사자의 의사에 맡기는 원칙
② 단, 공익적 차원에서 심판청구기간의 제한, 청구인낙의 부인 등 여러가지 제한 有

(3) 보충적 직권심리주의[1]

[1] 행정심판법 제39조(직권심리) 위원회는 필요하면 당사자가 주장하지 아니한 사실에 대하여도 심리할 수 있다.

당사자주의, 처분권주의를 원칙으로 하면서, 실체적 진실을 밝히고, 심리의 간이·신속을 도모하기 위하여 보충적으로 직권심리 인정

(4) 구술심리주의와 서면심리주의

구술심리주의 원칙[1] × : 위원회 재량으로 구술 또는 서면심리 여부 정함

[1] 행정심판법 제40조(심리의 방식) ① 행정심판의 심리는 구술심리나 서면심리로 한다. 다만, 당사자가 구술심리를 신청한 경우에는 서면심리만으로 결정할 수 있다고 인정되는 경우 외에는 구술심리를 하여야 한다.

(5) 비공개주의

① 명문규정 無
② 서면심리, 직권심리, 발언 내용 등 비공개 규정 고려

2. 처분사유의 추가·변경

항고소송에서의 처분사유의 추가·변경의 법리(기사동)는 행정심판단계에서도 적용

> 판례
> 1. 행정심판단계에서도 기본적 사실관계의 동일성의 범위 내 ▷ 처분사유의 추가, 변경 가능
> 2. 이의신청 절차에서 처분사유의 추가, 변경 ▷ 기본적 사실관계의 동일성 요구×

3. 심리의 병합과 분리 [●]

[●]행정심판법 제37조(절차의 병합 또는 분리) 위원회는 필요하면 관련되는 심판청구를 병합하여 심리하거나 병합된 관련 청구를 분리하여 심리할 수 있다.

수개의 심판청구사건이 동일또는 서로 관련된 사안에 대하여 제기된 경우 또는 동일한 행정청이 행한 유사한 내용의 처분에 관련된 경우 심리의 경제적이고 신속한 진행을 위해 인정

4. 심판청구의 변경 및 취하

(1) 심판청구의 변경

[●]행정심판법 제29조(청구의 변경) ① 청구인은 청구의 기초에 변경이 없는 범위에서 청구의 취지나 이유를 변경할 수 있다.

② 행정심판이 청구된 후에 피청구인이 새로운 처분을 하거나 심판청구의 대상인 처분을 변경한 경우에는 청구인은 새로운 처분이나 변경된 처분에 맞추어 청구의 취지나 이유를 변경할 수 있다.

③ 제1항 또는 제2항에 따른 청구의 변경은 서면으로 신청하여야 한다. 이 경우 피청구인과 참가인의 수만큼 청구변경신청서 부본을 함께 제출하여야 한다.

④ 위원회는 제3항에 따른 청구변경신청서 부본을 피청구인과 참가인에게 송달하여야 한다.

⑤ 제4항의 경우 위원회는 기간을 정하여 피청구인과 참가인에게 청구변경 신청에 대한 의견을 제출하도록 할 수 있으며, 피청구인과 참가인이 그 기간에 의견을 제출하지 아니하면 의견이 없는 것으로 본다.

⑥ 위원회는 제1항 또는 제2항의 청구변경 신청에 대하여 허가할 것인지 여부를 결정하고, 지체 없이 신청인에게는 결정서 정본을, 당사자 및 참가인에게는 결정서 등본을 송달하여야 한다.

⑦ 신청인은 제6항에 따라 송달을 받은 날부터 7일 이내에 위원회에 이의신청을 할 수 있다.

⑧ 청구의 변경결정이 있으면 처음 행정심판이 청구되었을 때부터 변경된 청구의 취지나 이유로 행정심판이 청구된 것으로 본다.

> - 심판청구의 계속 중에 청구인이 당초에 청구한 청구의 취지나 이유를 변경하는 것
> - 청구인의 편의와 심판절차의 촉진 도모
> - 심판청구기간 도과 문제 피할 수 있음

① 청구의 변경: 청구의 기초에 변경이 없는 범위에서 可

② 처분변경으로 인한 청구의 변경: 행정심판청구 후 피청구인이 새로운 처분 또는 처분 변경 시 새로운 처분 또는 변경된 처분 맞춰 청구취지나 이유 변경 可

③ 변경절차

　㉠ 청구의 변경 신청: 서면 신청

　㉡ 행정심판위원회의 허가여부 결정

　　• 위원회의 청구변경신청의 허가여부 결정 후: 지체 없이 신청인에게 결정서 정본, 당사자 및 참가인에게 결정서 등본 송달

　　• 신청인: 송달을 받은 날부터 7일 이내에 위원회에 이의신청 可

④ 청구변경의 효과: 처음 행정심판이 청구된 때부터 변경된 청구취지나 이유로 행정심판이 청구된 것으로 봄(소급효)

(2) 심판청구의 취하 [●]

[●]행정심판법 제42조(심판청구 등의 취하) ① 청구인은 심판청구에 대하여 제7조 제6항 또는 제8조 제7항에 따른 의결이 있을 때까지 서면으로 심판청구를 취하할 수 있다.

① 심판청구의 취하: 위원회에 대하여 심판청구를 철회하는 청구인의 일방적인 의사표시

② 의결이 있을 때까지 언제든지 서면으로 可

③ 취하의 효과: 심판청구의 계속이 처음부터 없었던 것으로 봄(소급효)

---

5 행정심판의 조정 [●]

[●]행정심판법 제43조의2(조정) ① 위원회는 당사자의 권리 및 권한의 범위에서 당사자의 동의를 받아 심판청구의 신속하고 공정한 해결을 위하여 조정을 할 수 있다. 다만, 그 조정이 공공복리에 적합하지 아니하거나 해당 처분의 성질에 반하는 경우에는 그러하지 아니하다.

② 위원회는 제1항의 조정을 함에 있어서 심판청구된 사건의 법적·사실적 상태와 당사자 및 이해관계자의 이익 등 모든 사정을 참작하고, 조정의 이유와 취지를 설명하여야 한다.

③ 조정은 당사자가 합의한 사항을 조정서에 기재한 후 당사자가 서명 또는 날인하고 위원회가 이를 확인함으로써 성립한다.

④ 제3항에 따른 조정에 대하여는 제48조부터 제50조까지, 제50조의2, 제51조의 규정을 준용한다.

1. 조정의 의의

양 당사자 간의 합의가 가능한 사건을 행정심판위원회가 개입·조정하는 절차를 통해 갈등을 조기에 해결하는 제도(2017년 개정「행정심판법」(2018.5.11.시행)에 도입)

2. 조정절차

(1) 당사자의 동의 필요

위원회는 공공복리에 적합하지 아니하거나 해당 처분의 성질에 반하는 경우 아니라면, 당사자의 권리 및 권한의 범위에서 당사자의 동의를 받아 조정 可

(2) 위원회

모든 사정을 참작, 조정의 이유와 취지를 설명

(3) 조정의 성립

합의한 사항을 조정서에 기재, 당사자가 서명 또는 날인하고, 위원회가 이를 확인함으로써 완성됨

(4) 규정의 준용

행정심판법 제48조(재결의 송달과 효력 발생)부터 제50조(위원회의 직접처분)까지, 제50조의2(위원회의 간접강제), 제51조(행정심판 재청구의 금지)의 규정이 준용됨

POINT 83 행정심판의 재결

1 재결의 개념

1. 재결
심판청구에 대한 행정심판위원회의 법적 판단

2. 법적성질
확인행위, 준사법적 행정작용(불가변력 발생)

2 재결의 절차 등

1. 재결 기간
- 행정심판법 제45조(재결 기간) ① 재결은 제23조에 따라 피청구인 또는 위원회가 심판청구서를 받은 날부터 60일 이내에 하여야 한다. 다만, 부득이한 사정이 있는 경우에는 위원장이 직권으로 30일을 연장할 수 있다.
- 심판청구서를 받은 날부터 60일 이내 하여야 함
- 단, 부득이한 경우 위원장 직권 30일 연장가(훈시규정)

2. 재결의 방식(제46조)
- 서면으로(구두에 의한 재결은 무효)
- 재결서에는 ① 사건번호와 사건명, ② 당사자·대표자 또는 대리인의 이름과 주소, ③ 주문, ④ 청구의 취지, ⑤ 이유, ⑥ 재결한 날짜가 포함되어야 함
- 재결서 이유에는 주문 내용이 정당하다는 것을 인정할 수 있는 정도의 판단을 표시(제3항)

3. 재결의 범위
심리의 범위와 마찬가지로 불고불리원칙, 불이익변경금지원칙 적용 (제47조 제1항, 제47조 제2항)

심판청구에 대한 결정의 한 유형으로 실무상 행해지고 있는 재조사결정은 처분청의 후속 처분에 따라 내용이 보완됨으로써 결정으로서 효력이 발생하므로, 재조사결정의 취지에 따른 후속 처분이 심판청구를 한 당초 처분보다 청구인에게 불리하면 국세기본법 제79조 제2항의 불이익변경금지원칙에 위배되어 후속처분 중 당초 처분의 세액을 초과하는 부분은 위법하게 된다(대판 2016.9.28. 2016두39382).

4. 재결의 송달과 효력발생

(1) 재결의 송달
① 위원회는 당사자에게는 재결서의 정본을 송달하고, 참가인에게는 등본을 송달하여야 함(제48조 제1항, 제3항)
② 처분의 상대방이 아닌 제3자가 심판청구를 한 경우 위원회는 재결서의 등본을 피청구인을 거쳐 처분의 상대방에게 송달하여야 함(제48조 제4항)
③ 전자정보처리조직을 이용한 재결서나 각종서류의 송달(제54조 제1항): 전자정보처리조직을 통하여 행정심판을 청구하거나 심판참가를 한 자가 동의한 경우 可

- 행정심판법 제54조(전자정보처리조직을 이용한 송달 등) ① 피청구인 또는 위원회는 제52조 제1항에 따라 행정심판을 청구하거나 심판참가를 한 자에게 전자정보처리조직과 그와 연계된 정보통신망을 이용하여 재결서나 이 법에 따른 각종 서류를 송달할 수 있다. 다만, 청구인이나 참가인이 동의하지 아니하는 경우에는 그러하지 아니하다.

(2) 재결의 효력발생시기
재결서 정본이 청구인에게 송달되었을 때

3 재결의 종류 - 각하재결 / 기각재결 / 사정재결 / 인용재결

1. 각하재결
- 행정심판법 제43조(재결의 구분) ① 위원회는 심판청구가 적법하지 아니하면 그 심판 청구를 각하(却下)한다.
심판청구의 제기요건에 흠결이 있어 부적법한 심판청구인 경우 본안심리 자체 거절하는 위원회의 판단

2. (보통의) 기각재결
- 행정심판법 제43조(재결의 구분) ② 위원회는 심판청구가 이유가 없다고 인정하면 그 심판청구를 기각(棄却)한다.
- 위원회가 본안심리를 한 결과 심판청구가 이유 없다고 인정하여 청구를 배척하고 원처분을 지지하는 재결
- 기각재결이 있는 후에도 처분청은 당해 처분을 직권으로 취소·변경 可

  → 기각재결은 청구인의 심판청구를 배척하고 원처분을 지지할 뿐, 처분청에 대하여 원처분을 유지하여야 할 의무를 지우는 등 원처분의 효력을 확정하는 것이 아니므로

3. 인용재결
- 위원회가 본안심리를 한 결과 심판청구가 이유 있다고 인정하여 청구인의 청구취지를 받아들이는 재결
- 종류(청구인의 청구내용에 따라): 취소·변경재결, 무효등확인재결, 의무이행재결

(1) 취소·변경재결
- 행정심판법 제43조(재결의 구분) ③ 위원회는 취소심판의 청구가 이유가 있다고 인정하면 처분을 취소 또는 다른 처분으로 변경하거나 처분을 다른 처분으로 변경할 것을 피청구인에게 명한다.

① 이행불능이 채무자에게 책임 있는 사유로 발생한 경우 채권자는 다른 사유로 이행을 청구할 수도 있고 이행에 갈음한 손해배상(전보배상)을 청구할 수도 있다.

(2) 이행불능의 효과

① 이행청구권은 채무자에게 책임 있는 사유이든 아니든 인정되지 않는다.

② 손해배상청구권: 이행에 갈음한 손해배상(전보배상) 청구

③ 계약해제권: 최고 없이 곧바로 계약해제 가능(단, 해지는 아님)

• 이행불능 효과

• 손해배상청구권

  ⊙ 전보배상청구권 X

  ⊙ 이행이익배상

② 과실·귀책사유

③ 대상: 통상의 경우로 한정되는 것이 원칙(단, 특별한 사정으로 인한 것은 가능)

(3) 이부이행지체

❶ 행정소송법 제43조 (이행) ⑤ 이행불능이 채무자에 의하여 책임이 없는 사유로 인하여 채권자에게 제공되지 아니한 때에는 이에 관하여 계약을 해제할 수 있다.

① 이행지체는 이행이 가능함에도 불구하고 이행기에 이행을 하지 않는 채무불이행이다.

② 이행지체는 채무의 이행이 가능한 상태에서 이행기가 도래하였음에도 불구하고 채무자의 책임 있는 사유로 이행을 하지 않는 경우 발생하는 채무불이행이다.

  • 이행지체

  • 이행이행성

  ⊙ 기한이 있는 경우: 이행기

  ⊙ 기한이 없는 경우

ⓛ 본래의 급부의무 / 부수채무이행의무 / 보호의무

② 이행지체의 요건

  ⊙ 이행기의 도래: 이행기의 이행이 가능함에도 불구하고 그 이행기에 따라 이행을 하지 않는 경우 발생한다.

  ⊙ 이행가능성: 이행이 가능하여야 한다.

  ⊙ 이행하지 아니할 것: 이행기가 도래하였음에도 불구하고 이행을 하지 않아야 한다.

  ⊙ 위법성: 이행지체에 대한 인정성이 있어야 한다.

• 다만, 가산채권에 대한 이행지체의 경우 귀책사유가 없거나 위법성이 인정되지 아니한 경우 이행지체가 성립하지 아니한다.

③ 과실·귀책사유(구속력)

  ⊙ 가산채권: 채권자의 의사에 반하여 이 채무자가 이 채무에서 벗어나 채무자의 의사로 채무를 이행하는 경우가 가능한, 채권자가 인수이행 이행대체로 의한 대체적 가산채권의 경우에는 예외가 된다.

  ⊙ 이행이익의 내용

    ⊙ 이행이익의 내용과 범위의 결정 기준: 채무자 vs. 채권자(원칙) / 채권자 vs. 상대방(예외)

  ⊙ 손해배상의 내용: 이행이익의 범위와 내용을 강제 등 본래의 이행 가능한 손해배상(전보배상) 등이 있다.

  ⊙ 손해배상: 이행지체로 인하여 채권자가 입은 손해의 배상(지연배상)

  ⊙ 계약해제: 해체자기간 계약대이 채무자가 이행하지 아니하고 있는 경우 채권자는 계약을 해제할 수 있다(민법 제544조).

4. 사정변경

❶ 행정소송법 제44조(사정변경) ① 당사자는 채무의 내용이 장기에 걸친 변동에 비추어 그 이행이 현저히 부당하게 된 경우에는 (주요) 사정에 반하여 현저 부당하게 된 이유를 들어 변경 또는 해지를 청구할 수 있다.

(1) 의의

사정변경이 있는 이유로 계약을 이행하는 것이 공정하지 아니하게 된 경우, 예외적으로 계약내용을 변경하거나 계약을 해제하는 것

(2) 인정·부정 사유의 주요 이론에 의한 관련 법제 규정

① 인정법례: 이행정지에 대하여 채권의 당사자인 채무의 상대방(채권자)에 대한 이행이행의 저지로 채권자의 자기 권리에 피고하는 것은 신의성실의 원칙에 반하고(가산채권법 제2조 제2항을 의미한다. "주요사항"은 「행정소송법」 제28조, 「주요사항의 중재」 등은 외국의 사정변경의 이론이 규정되어 있다.

③ 부정·통상: 청구권의 주장에 의한 의의 등

▲ 사정변경과 사정변경의 공통점 및 차이점 비교

구분	사정변경	사정변경
공통점	• 이행이 이행이의 자에 관한 상황의 변경 등	• 이행이 이행이의 자에 관한 상황의 변경 등
차이점	이행이 이행이의 자에 관하여 채권자 또는 채무자에 의한 상태가 해제되거나 계약을 해지할 수 있다(「가산채권법」 제44조).	이행이 이행이의 자에 관하여 채무자의 상황이 해제되거나 그 이행의 책임의 영향에 의한 예외 상황으로, 의해서는 「채권의 상해에」, 제28조 「해당」 이행이 가능할 때까지 상당한 기간

(4) 사정변경의 적용제외(부인)

① 채권변경·의의적용제외: 사정변경 O

② 일부의무적용제외: 사정변경 X

▼ 심판유형별 인용재결의 종류와 특징

심판유형	인용재결의 종류	특징
취소심판 (제43조 제3항)	• 처분취소재결 • 처분변경재결 • 처분변경명령재결	• 취소에는 전부취소뿐만 아니라 일부취소도 포함 • 변경은 적극적 변경을 포함 • 거부처분: 취소재결 → 재처분의무(제49조 제2항) → 직접처분(×), 간접강제(제50조의2)
무효등확인심판 (제43조 제4항)	• 처분무효·유효확인재결 • 처분존재·부존재확인재결 • 실효확인재결	거부처분: 무효등확인재결 → 재처분의무 (제49조 제2항) → 직접처분(×), 간접강제(제50조의2)
의무이행심판 (제43조 제5항)	• 처분재결 • 처분명령재결	• 처분청의 처분권 존중 차원에서 원칙적으로 처분명령재결 • 처분명령재결 → 처분의무(제49조 제3항) → 직접처분(제50조 제1항), 간접강제 (제50조의2)

4 재결의 효력

1. 행정행위로서 재결의 효력
• 구속력, 공정력(구성요건적 효력), 불가쟁력, 불가변력 등
• 쟁송판단행위로서 재결의 효력: 형성력, 기속력○/기판력×

> 판례 재결확정
> ▷ 기판력×
> ▷ 재결과 모순되는 주장 可

⁰행정심판법 제49조(재결의 기속력 등) ① 심판청구를 인용하는 재결은 피청구인과 그 밖의 관계 행정청을 기속(羈束)한다.
② 재결에 의하여 취소되거나 무효 또는 부존재로 확인되는 처분이 당사자의 신청을 거부하는 것을 내용으로 하는 경우에는 그 처분을 한 행정청은 재결의 취지에 따라 다시 이전의 신청에 대한 처분을 하여야 한다.
③ 당사자의 신청을 거부하거나 부작위로 방치한 처분의 이행을 명하는 재결이 있으면 행정청은 지체 없이 이전의 신청에 대하여 재결의 취지에 따라 처분을 하여야 한다.
④ 신청에 따른 처분이 절차의 위법 또는 부당을 이유로 재결로써 취소된 경우에는 제2항을 준용한다.
⑤ 법령의 규정에 따라 공고하거나 고시한 처분이 재결로써 취소되거나 변경되면 처분을 한 행정청은 지체 없이 그 처분이 취소 또는 변경되었다는 것을 공고하거나 고시하여야 한다.
⑥ 법령의 규정에 따라 처분의 상대방 외의 이해관계인에게 통지된 처분이 재결로써 취소되거나 변경되면 처분을 한 행정청은 지체 없이 그 이해관계인에게 그 처분이 취소 또는 변경되었다는 것을 알려야 한다.

2. 불가쟁력(심판당사자에 대한 구속력)
• 재결에 대해 다시 행정심판청구 不可
• 재결에 고유한 위법 있을시 행정소송제기 可, but 제소기간 경과하면 다툴 수 ×

> 판례 행정심판 재결이 불복기간 경과로 확정 ▷ 기판력 無

3. 불가변력(심판기관에 대한 구속력)
일단 재결이 행해지면 당해 재결은 분쟁을 종결시키는 효력을 가지고, 비록 그것이 위법 또는 부당하다 하더라도 위원회가 스스로 그 재결을 취소·변경할 수 없는 효력

4. 형성력
• 재결의 내용에 따라 새로운 법률관계의 발생이나 기존의 법률관계에 변경·소멸을 가져오는 효력 / 대세적 효력(제3자효) 有
• 형성력이 인정되는 재결: 형성재결(취소재결, 변경재결, 처분재결)에서만 발생○ / 이행재결(변경명령재결, 처분명령재결)에는 인정×

> 판례 1. 처분취소재결 ▷ 재결의 형성력에 의해 처분은 별도의 행정처분 없이 당연히 취소, 소멸
> 2. 취소재결확정 후 처분청이 다시 원처분을 취소한 경우 ▷ 당해 취소처분은 사실 또는 관념의 통지로서 별도의 행정처분×

5. 기속력
⁰행정심판의 재결은 피청구인인 행정청을 기속하는 효력을 가지므로 재결청이 취소심판의 청구가 이유 있다고 인정하여 처분청에 처분을 취소할 것을 명하면 처분청으로서는 재결의 취지에 따라 처분을 취소하여야 하지만, 나아가 재결에 판결에서와 같은 기판력이 인정되는 것은 아니어서 재결이 확정된 경우에도 처분의 기초가 된 사실관계나 법률적 판단이 확정되고 당사자들이나 법원이 이에 기속되어 모순되는 주장이나 판단을 할 수 없게 되는 것은 아니다(대판 2015.11.27. 2013다6759).

(1) 의의
① 피청구인인 행정청이나 관계행정청이 인용재결의 취지에 따르도록 구속하는 효력
② 인용재결에만 인정 / 각하·기각재결× → 처분청은 각하·기각재결을 받은 후에도 <u>직권으로 원처분을 취소·변경·철회 可</u>
  ⁰각하·기각재결은 청구인의 심판청구를 배척하는데 그칠 뿐, 피청구인인 행정청과 그 밖에 관계행정청에게 원처분을 유지하여야 할 의무를 지우지 않으므로
③ 행정청에 대한 것 구속력/상대방·제3자× → 재결의 취지에 따르는 처분이 위법하면 처분의 상대방이나 제3자는 항고소송으로 다툴 수 있음

(2) 기속력의 내용
① 반복금지의무(소극적 의무): 동일한 사정하에, 동일한 사유로, 동일인에게, 동일내용 처분 不可

> 판례 1. 불복심사청구에 의해 취소된 동일사실에 다시 한 과세부과처분 ▷ 위법
> 2. 종전 처분시와는 다른 사유를 들어서 처분을 하는 것 ▷ <u>기속력(반복금지의무)에 저촉×</u>

● 재결의 기속력은 재결의 주문 및 그 전제가 된 요건사실의 인정과 판단, 즉 처분 등의 구체적 위법사유에 관한 판단에만 미친다고 할 것이고, 종전 처분이 재결에 의하여 취소되었다 하더라도 종전 처분시와는 다른 사유를 들어서 처분을 하는 것은 기속력에 저촉되지 않는다. 따라서 새로운 처분의 처분사유와 종전 처분에 관하여 위법한 것으로 재결에서 판단된 사유가 기본적 사실관계에 있어 동일성이 없는 경우에는 새로운 처분이 종전 처분에 대한 재결의 기속력에 저촉되지 않는다(대판 2005.12.9. 2003두7705).

② (재)처분의무(적극적 의무)

　㉠ 거부처분취소재결(또는 거부처분무효등확인재결)에 따른 재처분의무(제49조 제2항)●: 거부처분취소심판 등에서 기부처분취소재결(또는 거부처분무효등확인재결)이 나온 경우

　　● 2017년 「행정심판법」 개정을 통하여 거부처분에 대한 취소재결·무효·부존재확인재결에 따른 재처분의무 규정이 신설됨(동법 제49조 제2항)

　㉡ 처분명령재결에 따른 처분의무(제49조 제3항): 의무이행심판에서 당사자의 신청을 거부하거나 부작위로 방치한 처분의 이행을 명하는 재결이 있는 경우(처분명령재결)

　㉢ 제3자효 행정행위가 절차하자로 취소된 경우 처분의무(제49조 제4항): 신청에 따른 처분이 절차의 위법 또는 부당을 이유로 재결로서 취소된 경우

③ 결과제거(원상회복)의무(적극적 의무)

　㉠ 재결에 의하여 처분이 취소되거나 무효로 확인된 경우 행정청이 위법·부당한 처분에 의해 야기된 위법상태●를 제거해야 할 의무

　　● 예 당해 처분과 관련하여 행하여진 후속처분이나 사실상의 조치 등에 의한 법률관계 또는 사실관계

　㉡ 명문규정無 / 행정심판법 제49조 제1항에 근거하여 인정

(3) 기속력의 범위

① 주관적 범위: 피청구인인 행정청·관계행정청

② 객관적 범위: 재결의 주문 및 그 전제되는 요건사실의 인정과 효력 판단

> 판례 1. 기속력의 객관적 범위 ▷ 주문 및 전제되는 요건사실의 인정과 효력의 판단
> [동지] 교원소청심사위원회 결정의 기속력 ▷ 주문 및 구체적 위법사유에 관한 판단에까지 미침
> 2. 재조사결정의 위법사유 판단에 반하여 당초 처분을 그대로 유지 시 ▷ 기속력에 저촉

③ 시간적 범위

　㉠ 원칙: 처분시를 기준으로 그 당시까지 존재했던 처분사유에만 미치고, 그 이후에 생긴 사유에는 미치지 않음●

　　● 따라서 처분시 이후에 생긴 새로운 처분사유, 예컨대 새로운 사실관계나 개정된 법령 등을 들어 동일한 내용의 처분을 하는 것은 기속력에 저촉되지 않는다.

　㉡ 의무이행재결: 재결시 기준

> 판례 당사자의 신청을 받아들이지 않은 거부처분이 재결에서 취소된 경우에 행정청은 종전 거부처분 또는 재결 후에 발생한 새로운 사유를 내세워 다시 거부처분을 할 수 있다.

● 당사자의 신청을 받아들이지 않은 거부처분이 재결에서 취소된 경우에 행정청은 종전 거부처분 또는 재결 후에 발생한 새로운 사유를 내세워 다시 거부처분을 할 수 있다. 그 재결의 취지에 따라 이전의 신청에 대하여 다시 어떠한 처분을 하여야 할지는 처분을 할 때의 법령과 사실을 기준으로 판단하여야 하기 때문이다. 또한 행정청이 재결에 따라 이전의 신청을 받아들이는 후속처분을 하였더라도 후속처분이 위법한 경우에는 재결에 대한 취소소송을 제기하지 않고도 곧바로 후속처분에 대한 항고소송을 제기하여 다툴 수 있다(대판 2017.10.31. 2015두45045).

(4) 기속력 위반의 효과

반복금지의무에 위반하여 동일한 내용의 처분을 다시 반복한 경우: 무효(하자가 중대하고 명백함)

6. 재처분의무 불이행시 실효성 확보수단: 직접처분과 간접강제●

● 행정심판법은 처분명령재결과 거부처분취소재결(또는 거부처분무효확인재결)에 따른 피청구인의 재처분의무 불이행에 대비하여 인용재결의 실효성 확보수단으로서의 직접처분과 간접강제에 관하여 규정하고 있다. 구체적으로 처분명령재결의 경우에는 직접처분과 간접강제 모두 가능하며, 거부처분취소재결(또는 거부처분무효등확인재결), 제3자효 행정행위를 절차하자로 취소하는 재결의 경우에는 간접강제만 가능하다.

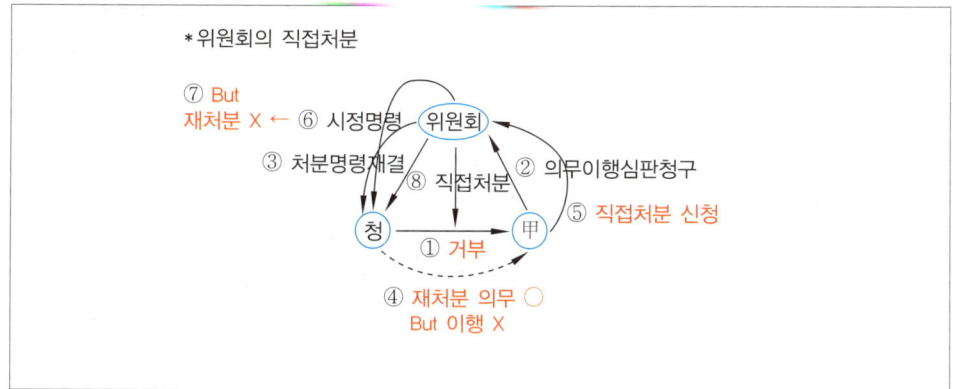

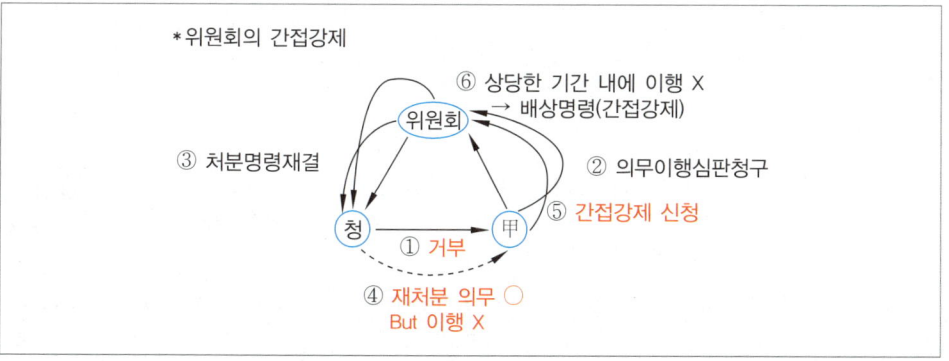

- 처분명령재결: 직접처분, 간접강제 모두 可
- 거부처분취소재결(또는 거부처분무효확인재결), 제3자효 행정행위를 절차하자로 취소하는 재결: 간접강제만 可

(1) 직접처분(처분명령재결의 취지에 따른 처분을 하지 않은 경우)●

● 행정심판법 제50조(위원회의 직접 처분) ① 위원회는 피청구인이 제49조 제3항에도 불구하고 처분을 하지 아니하는 경우에는 당사자가 신청하면 기간을 정하여 서면으로 시정을 명하고 그 기간에 이행하지 아니하면 직접 처분을 할 수 있다. 다만, 그 처분의 성질이나 그 밖의 불가피한 사유로 위원회가 직접 처분을 할 수 없는 경우에는 그러하지 아니하다.
② 위원회는 제1항 본문에 따라 직접 처분을 하였을 때에는 그 사실을 해당 행정청에 통보하여야 하며, 그 통보를 받은 행정청은 위원회가 한 처분을 자기가 한 처분으로 보아 관계 법령에 따라 관리·감독 등 필요한 조치를 하여야 한다.

① 의의: 위원회의 처분명령재결에도 불구하고 피청구인이 재처분의무를 불이행하는 경우, 청구인의 신청을 받은 위원회가 피청구인에게 일정기간 서면으로 시정명령을 하고 그 기간 내에도 이행하지 않는 경우 위원회가 직접처분 할 수 있도록 하는 제도
② 요건: 처분명령재결 / 그에 대한 부작위 / 청구인의 신청에 따른 시정명령 / 시정명령에 대한 부작위
③ 한계
- 처분의 성질이나 그 밖의 불가피한 사유로 위원회가 직접처분을 할 수 없는 경우에 해당하지 않을 것
- 예: 재량권 행사, 자치사무, 정보비공개결정¹, 의무이행재결 이후의 사정변경(법적 또는 사실적 상황의 변경) 등
  ¹ 정보공개를 명령하는 재결의 경우에는 위원회는 정보를 보유한 행정청이 아니어서 처분의 성질상 직접처분이 제한된다.
④ 사후조치(제50조 제2항): 위원회가 직접처분시 그 사실을 해당 행정청에 통보, 통보를 받은 행정청은 위원회가 한 처분을 자기가 한 처분으로 보아 관리·감독 등 필요한 조치의무 有

(2) 간접강제(배상명령을 통한 강제)

> 행정심판법 제50조의2(위원회의 간접강제) ① 위원회는 피청구인이 제49조 제2항(제49조 제4항에서 준용하는 경우를 포함한다) 또는 제3항에 따른 처분을 하지 아니하면 청구인의 신청에 의하여 결정으로 상당한 기간을 정하고 피청구인이 그 기간 내에 이행하지 아니하는 경우에는 그 지연기간에 따라 일정한 배상을 하도록 명하거나 즉시 배상을 할 것을 명할 수 있다.
> ② 위원회는 사정의 변경이 있는 경우에는 당사자의 신청에 의하여 제1항에 따른 결정의 내용을 변경할 수 있다.
> ③ 위원회는 제1항 또는 제2항에 따른 결정을 하기 전에 신청 상대방의 의견을 들어야 한다.
> ④ 청구인은 제1항 또는 제2항에 따른 결정에 불복하는 경우 그 결정에 대하여 행정소송을 제기할 수 있다.
> ⑤ 제1항 또는 제2항에 따른 결정의 효력은 피청구인인 행정청이 소속된 국가·지방자치단체 또는 공공단체에 미치며, 결정서 정본은 제4항에 따른 소송제기와 관계없이 「민사집행법」에 따른 강제집행에 관하여는 집행권원과 같은 효력을 가진다. 이 경우 집행문은 위원장의 명에 따라 위원회가 소속된 행정청 소속 공무원이 부여한다.
> ⑥ 간접강제 결정에 기초한 강제집행에 관하여 이 법에 특별한 규정이 없는 사항에 대하여는 「민사집행법」의 규정을 준용한다. 다만, 「민사집행법」 제33조(집행문부여의 소), 제34조(집행문부여 등에 관한 이의신청), 제44조(청구에 관한 이의의 소) 및 제45조(집행문부여에 대한 이의의 소)에서 관할 법원은 피청구인의 소재지를 관할하는 행정법원으로 한다.

① 의의: 거부처분취소재결(또는 거부처분무효등확인재결), 제3자효 행정행위를 절차하자로 취소하는 재결이나 처분명령재결에도 불구하고 피청구인이 재처분의무를 불이행하는 경우, 청구인의 신청을 받은 위원회가 결정으로 상당한 기간을 정하고 피청구인이 그 기간 내에 이행하지 아니하는 경우 위원회가 피청구인에게 그 지연기간에 따라 일정한 배상을 하도록 명하거나 즉시 배상을 할 것을 명하는 제도
② 간접강제의 대상이 되는 재결
- 거부처분취소재결(또는 거부처분무효등확인재결)
- 제3자효 행정행위를 절차하자로 취소하는 재결
- 처분명령재결
③ 간접강제결정의 내용과 변경
- 위원회는 피청구인에게 지연기간에 따라 일정한 배상을 하도록 명하거나 즉시 배상을 할 것을 명령
- 사정변경이 있는 경우 당사자의 신청에 의해 간접강제결정의 내용 변경 可

④ 간접강제결정의 효력
- 피청구인이 소속된 행정주체(국가·지자체·공공단체)에 미침
- 결정서 정본: 소송제기와 관계없이 「민사집행법」에 따른 강제집행에 관하여 집행권원과 같은 효력 有
⑤ 간접강제결정에 대한 불복: 행정소송 제기 可

▼ 「행정심판법」상 직접처분과 간접강제가 인정되는 재결

직접처분(제50조)	• 의무이행심판에서 처분명령재결(제49조 제3항)
간접강제(제50조의2)	• 거부처분에 대한 취소재결, 무효 또는 부존재 확인재결(제49조 제2항) • 의무이행심판에서 처분명령재결(제49조 제3항) • 취소심판에서 절차하자로 인한 인용재결(제49조 제4항)

7. 관련문제

(1) 불합리한 법령 등의 개선 요구(제59조 제1항)
중앙행정심판위원회: 불합리한 법령 등의 개선 요구 可

(2) 취소·변경된 처분의 공고(제49조 제5항)
> 행정심판법 제49조(재결의 기속력 등) ⑤ 법령의 규정에 따라 공고하거나 고시한 처분이 재결로써 취소되거나 변경되면 처분을 한 행정청은 지체 없이 그 처분이 취소 또는 변경되었다는 것을 공고하거나 고시하여야 한다.

공고 또는 고시한 처분이 재결로 취소·변경된 경우: 처분청은 지체 없이 취소·변경사실 공고·고시 要

(3) 이해관계인에 통지(제49조 제6항)
> 행정심판법 제49조(재결의 기속력 등) ⑥ 법령의 규정에 따라 처분의 상대방 외의 이해관계인에게 통지된 처분이 재결로써 취소되거나 변경되면 처분을 한 행정청은 지체 없이 그 이해관계인에게 그 처분이 취소 또는 변경되었다는 것을 알려야 한다.

제3자에게 통지된 처분이 취소·변경된 경우: 처분청은 그 사실을 지체 없이 알려야 함

(4) 증거서류 등의 반환(제55조)
> 행정심판법 제55조(증거서류 등의 반환) 위원회는 재결을 한 후 증거서류 등의 반환 신청을 받으면 신청인이 제출한 문서·장부·물건이나 그 밖의 증거자료의 원본(原本)을 지체 없이 제출자에게 반환하여야 한다.

위원회가 재결 후 증거서류 등의 반환신청 받은 경우: 지체 없이 제출자에게 원본반환의무 有

(5) 서류의 송달(제57조)
> 행정심판법 제57조(서류의 송달) 이 법에 따른 서류의 송달에 관하여는 「민사소송법」 중 송달에 관한 규정을 준용한다.

「행정심판법」에 따른 서류의 송달: 「민사소송법」 중 송달에 관한 규정 준용

5 재결에 대한 불복

1. 재심판청구의 금지
당해 재결 및 동일한 처분, 부작위에 대해 다시 행정심판 청구× / 행정소송 제기 可

> **판례** 처분명령재결에 따른 재처분의무 부작위 ▷ 부작위위법확인소송 제기 可

2. 재결에 대한 행정소송

(1) 행정심판의 청구인

재결 불복시 항고소송 제기 可

(2) 행정심판의 제3자

인용재결 불복시 항고소송 제기 可

(3) 행정심판의 피청구인

피청구인인 행정청: 항고소송 제기 不可(∵ 기속력[1])

[1] 인용재결이 있으면 동법 제49조 제1항에 의하여 피청구인인 처분청은 이에 기속된다. 따라서 처분청은 재결의 취지에 따른 처분 의무를 부담하므로 이에 불복하여 항고소송을 제기할 수는 없다.

> **판례** 처분행정청인 지방자치단체장의 재결에 불복 ▷ 不可

해커스공무원 함수민 행정법총론 단권화 노트

제6편
행정상 손해전보

POINT 84	행정상 손해전보 개설	POINT 92	행정상 손실보상 개설
POINT 85	행정상 손해배상(국가배상) 개관	POINT 93	행정상 손실보상의 근거
		POINT 94	행정상 손실보상의 요건
POINT 86	공무원의 직무상 불법행위로 인한 손해배상	POINT 95	행정상 손실보상의 기준과 내용
		POINT 96	행정상 손실보상의 방법 및 지급원칙
POINT 87	영조물의 설치·관리의 하자로 인한 손해배상	POINT 97	공용수용의 절차
		POINT 98	보상액의 결정방법 및 불복절차
POINT 88	배상책임자	POINT 99	손해전보를 위한 그 밖의 제도 개설
POINT 89	손해배상액	POINT 100	수용유사침해와 수용적 침해·희생보상청구권·결과제거청구권
POINT 90	국가배상청구권 행사의 제한		
POINT 91	국가배상의 청구절차		

POINT 84 행정상 손해전보 개정

해커스공무원 쉽게 끝내는 행정법총론 단원별 기출문제집

1 행정구제의 종류

```
행정구제 ┬ 사전적 구제: 행정절차법(입법예정)
        └ 사후적 구제 ┬ 손해전보 ─ 국가배상법(위법)
                    │           └ 손실보상(적법)
                    └ 행정쟁송 ┬ 행정심판 행정심판법 원칙
                              │ (원칙상 X, 단, 특가사유가 있으면 허용) 예외: 토지보상법
                              └ 행정소송
                                  ├ 항고소송(위법)
                                  └ 당사자소송(공법상법률관계)
```

2 손해전보의 의의

1. 행정상 손해전보(손해배상·손실보상)

국가작용으로 인하여 발생한 손해나 손실을 사후적, 금전적으로 전보해 주는 것

2. 손해배상

국가 또는 공공단체의 위법한 직무행위로 인하여 발생한 손해를 배상

3. 손실보상

공공필요에 의하여 가해진 공권력행사로 인하여 발생한 특별한 손실을 보상

3 손해배상과 손실보상의 비교

구분	행정상 손해배상	행정상 손실보상
개념	위법한 행정작용에 대한 금전적 전보	적법한 행정작용에 대한 금전적 전보
실정법 근거	• 헌법 제29조 • 「국가배상법」	• 헌법 제23조 • 토지보상법 및 개별법
이념적 기초	개인주의적·도의적 책임주의	단체주의적·사회적 공평부담
발생원인	위법한 고의·과실(또는 영조물의 설치·관리상 하자)로 인한 국민의 손해	적법행위 + 공공필요에 의한 특별한 희생 + 운영의 결과
전보의 대상	재산적 손해(생명·신체)상 손해 포함	재산적 손실
양도	양도제한있음	양도제한없음
책임자	국가·지방자치단체	사업시행자
성질, 양도 및 압류 가능 여부	양도·압류금지되는 것을 제외하고는 양도 압류 가능	양도 및 압류 가능

POINT 85 행정상 손해배상(국가배상) 개관

1 국가배상의 의의

위법한 국가작용으로 인하여 개인에게 가해진 손해를 국가 등이 보전해 주는 제도

2 국가배상책임의 근거

1. 헌법상 근거: 헌법 제29조(기본권)

> 헌법 제29조 ① 공무원의 직무상 불법행위로 손해를 받은 국민은 법률이 정하는 바에 의하여 국가 또는 공공단체에 정당한 배상을 청구할 수 있다. 이 경우 공무원 자신의 책임은 면제되지 아니한다.
> ② 군인·군무원·경찰공무원 기타 법률이 정하는 자가 전투·훈련 등 직무집행과 관련하여 받은 손해에 대하여는 법률이 정하는 보상 외에 국가 또는 공공단체에 공무원의 직무상 불법행위로 인한 배상은 청구할 수 없다.

2. 「국가배상법」

> 국가배상법 제2조(배상책임) ① 국가나 지방자치단체는 공무원 또는 공무를 위탁받은사인(이하 "공무원"이라 한다)이 직무를 집행하면서 고의 또는 과실로 법령을 위반하여 타인에게 손해를 입히거나, 「자동차손해배상 보장법」에 따라 손해배상의 책임이 있을 때에는 이 법에 따라 그 손해를 배상하여야 한다. 다만, 군인·군무원·경찰공무원 또는 예비군대원이 전투·훈련 등 직무 집행과 관련하여 전사(戰死)·순직(殉職)하거나 공상(公傷)을 입은 경우에 본인이나 그 유족이 다른 법령에 따라 재해보상금·유족연금·상이연금 등의 보상을 지급받을 수 있을 때에는 이 법 및 「민법」에 따른 손해배상을 청구할 수 없다.
> 국가배상법 제5조(공공시설 등의 하자로 인한 책임) ① 도로·하천, 그 밖의 공공의 영조물(營造物)의 설치나 관리에 하자(瑕疵)가 있기 때문에 타인에게 손해를 발생하게 하였을 때에는 국가나 지방자치단체는 그 손해를 배상하여야 한다. 이 경우 제2조 제1항 단서, 제3조 및 제3조의2를 준용한다.

(1) 「국가배상법」의 법적 지위
① 국가배상에 관한 일반법
② 법 적용 순서: 특별법 → 「국가배상법」 → 「민법」 적용

(2) 「국가배상법」의 법적 성격
① 문제점: 공법설 vs 사법설, 공권 vs 사권, 행정소송 vs 민사소송
② 학설
  ㉠ 사법설(사권): 「국가배상법」은 손해배상에 관한 「민법」의 특별법으로서 사법 / 국가배상청구소송: 민사소송
  ㉡ 공법설(통설, 공권): 「국가배상법」은 공법적 원인에 의하여 발생하는 국가의 배상책임을 규율하고 있으므로 공법 / 국가배상청구소송: 공법상 당사자소송
③ 판례

> 판례 국가배상법 ▷ 민사상의 손해배상책임의 특별법 / 민사소송

(3) 국가배상의 당사자

① 배상책임의 주체
  ㉠ 헌법: 국가, 공공단체
  ㉡ 국가배상법: 국가, 지방자치단체(합헌)
  > 공공조합이나 영조물법인에 대하여 「국가배상법」을 유추적용하자는 견해 등이 제기되고 있으나 우리나라에서는 공공단체의 직원이 공무원의 신분을 가지지 않으므로, 「국가배상법」이 지방자치단체 이외의 공공단체를 제외하더라도 「국가배상법」의 관련규정이 위헌이라고 보기는 어렵다.
  ㉢ 지방자치단체 이외의 공공단체(공공조합, 공공재단, 영조물법인): 「민법」상 손해배상책임(국가배상×)

② 국가배상의 상대방
  ㉠ 국민
  ㉡ 외국인: 외국인이 피해자 ▷ 상호주의 적용

> 판례 1-1. 우리나라와 외국에서 정한 국가배상청구권의 발생요건 실질적 차이× ▷ 상호보증의 요건구비○
> 1-2. 상호보증
>   ▷ 당사국과 조약 체결 不要, 인정사례 不要
>   ▷ 실제 인정될 것이라고 기대할 수 있는 상태면 충분
> 1-3. 일본, 대한민국 사이 ▷ 상호보증○

> [1] 우리나라와 외국 사이에 국가배상청구권의 발생요건이 현저히 균형을 상실하지 아니하고 외국에서 정한 요건이 우리나라에서 정한 그것보다 전체로서 과중하지 아니하여 중요한 점에서 실질적으로 거의 차이가 없는 정도라면 국가배상법 제7조가 정하는 상호보증의 요건을 구비하였다고 봄이 타당하다.
> [2] 상호보증은 외국의 법령, 판례 및 관례 등에 의하여 발생요건을 비교하여 인정되면 충분하고 반드시 당사국과의 조약이 체결되어 있을 필요는 없으며, 당해 외국에서 구체적으로 우리나라 국민에게 국가배상청구를 인정한 사례가 없더라도 실제로 인정될 것이라고 기대할 수 있는 상태이면 충분하다.
> [3] (일본인 甲이 대한민국 소속 공무원의 위법한 직무집행에 따른 피해에 대하여 국가배상청구를 한 사안에서) 일본 국가배상법 제1조 제1항, 제6조가 국가배상청구권의 발생요건 및 상호보증에 관하여 우리나라 국가배상법과 동일한 내용을 규정하고 있는 점 등에 비추어 우리나라와 일본 사이에 국가배상법 제7조가 정하는 상호보증이 있다(대판 2015.6.11. 2013다208388).

POINT 86 운송인의 지위상 불법행위로 인한 공동해상

1 개설

▶ 공동해상책임 매상채업의 요건

- 운송인 또는 선박소유자 사이
- 지시의 과실로
- 또는 간접으로
- 법령을 위반하여
- 타인에게 손해를 발생하게 하고
- 운송인 지시상의 상당인과관계가 있어야 함

2 매상책임의 성립요건

① 「공동해상」상 '운송인'에 해당하고 있는지 여부

참조
1. 이용승낙대인
2. 공공적 대용한 사업지의 주체(예) 시설사 공지사)
▶ 인지저용

(2) 운송인 아닌 자에 '운송인'이 「공동해상」상 운송인에 해당하는지 여부: ×

운송인 아닌 자를 위하여	운영인, '운송인': 참조자 ○	「운영인」, '운영인재용인': 「공동해상」×
운영인의 임치임이나 피용임 (대표자, 참조인지, 지원)		• 참조인에 의한 운송인에 의미하게 수행하는 사람 • 「공동해상」 참조의 장영을 주용

참조
1-1. 대법원판례 상대한 대법원인 참조자임
▶ 참조자원
X 운송인
1-2. 참조자원을 위한 운영을 수행하는 자인 중 (대법원산의 운영판단자 등이 참조자원에) ▶ 「공동해상」 참조의 운송인 해당
2-1. 대법원계열사원의 경 ▶ 운영자원
2-2. 대법원계열사원의 경 ▶ 「공동해상」 참조의 운송인

2. 지상행위

(1) 지상행위의 과실

① 과실

참조임	경지자 지상의
과실임(동일·동지)	경지자 + 비경지자 지상 적용
참조임의	경지자 + 비경지자 + 시상지 적용

① 「공동해상」상 '운송인'에 해당하고 있는지 여부

참조
▶ 운송인임과 참조임 사이에 운송인상수사인으로 참조(○ 운영수사인으로 참조×)

참조
▶ 「공동해상」, '운송인'의 운송인계약은 아니다 운용의 지임을 수행한 상당성으로 주의 중사하고 또는 운영수사인에 시영되어 운송인상 참조임의 지임에 사용되는 이익로 참조함

① 「공동해상」상 '운송인'에 해당하고 있는지 여부

참조
1. 시방상각시의 운영수가에서 고통참조하고 ▶ 「공동해상」 참조의 운송인
2. 보지, 시방임지시의 지상이 수행하는 운영수가 ▶ 「공동해상」 참조의 운송인
3. 참조시의에 종사한 경우 임 수가도 ▶ 「공동해상」 참조의 운송인
4. 시 참조시 종사자 ▶ 「공동해상」 참조의 운송인
5. 운영 중의 참조 배에고 ▶ 「공동해상」 참조의 운송인

② 판례

> 1. 「국가배상법」제2조상 직무행위 ▷ 비권력작용(행정지도)○, 사경제작용×
> 2. 국가 철도운행사업과 관련하여 발생한 사고
>   ▷ 사경제적 작용
>   ▷ 국가배상법 제2조×(민법 적용○)
>   (cf. 철도시설물의 설치·관리상 하자로 인한 불법행위: 국가배상법 제5조○)
> 3. 공공용지의 협의취득
>   ▷ 사법상 매매
>   ▷ 민법 적용○ (국가배상법×)

(2) 직무행위의 내용

- 입법·사법·행정의 모든 작용 포함
- 법적행위뿐만 아니라 사실행위, 부작위 등도 포함

① 입법작용: 직무행위에 포함○ / but 위법성·과실 입증곤란

> 판례 국회의원의 입법행위
> ▷ 헌법의 문언에 명백히 위반됨에도 굳이 당해 입법을 한 경우 or 헌법에 의하여 부과되는 구체적인 입법의무를 부담하고 있음에도 불구하고 그 입법에 필요한 상당한 기간이 경과하도록 고의 또는 과실로 이러한 입법의무를 이행하지 아니하는 등
> ▷ 극히 예외적인 사안에 한정하여 위법성 인정됨

● 국회의원은 입법에 관하여 원칙적으로 국민 전체에 대한 관계에서 정치적 책임을 질 뿐 국민 개개인의 권리에 대응하여 법적 의무를 지는 것은 아니므로 국회의원의 입법행위는 그 입법 내용이 헌법의 문언에 명백히 위반됨에도 불구하고 국회가 굳이 당해 입법을 한 것과 같은 특수한 경우가 아닌 한 국가배상법 제2조 제1항 소정의 위법행위에 해당된다고 볼 수 없고, 같은 맥락에서 국가가 일정한 사항에 관하여 헌법에 의하여 부과되는 구체적인 입법의무를 부담하고 있음에도 불구하고 그 입법에 필요한 상당한 기간이 경과하도록 고의 또는 과실로 이러한 입법의무를 이행하지 아니하는 등 극히 예외적인 사정이 인정되는 사안에 한정하여 국가배상법 소정의 배상책임이 인정될 수 있으며, 위와 같은 구체적인 입법의무 자체가 인정되지 않는 경우에는 애당초 부작위로 인한 불법행위가 성립될 여지가 없다(대판 2008.5.29. 2004다33469 등).

② 사법작용(재판행위)
  ㉠ 직무행위에 포함○
  ㉡ 재판작용의 위법의 의미: 판결 자체의 위법이 아니라 법관의 직무수행상의 의무위반

> 판례
> 1. 재판에 대한 국가배상 ▷ 위법, 부당한 목적 등 특별한 사정 要
> 2-1. 재판에 대한 불복·시정절차 구하지 않은 자 ▷ 국가배상청구×(국가배상책임의 보충성)
> 2-2. 헌법재판소 재판관의 청구기간 오인하여 잘못된 각하결정
>   ▷ 설령 본안판단을 하였더라도 어차피 기각되었을 것이라는 사정이 있다고 하더라도 ❷
>   ▷ 국가배상책임 인정○ (정신상 고통에 대하여 위자료 지급)

❷ 재판에 대하여 따로 불복절차 또는 시정절차가 마련되어 있는 경우에는 재판의 결과로 불이익 내지 손해를 입었다고 여기는 사람은 그 절차에 따라 자신의 권리 내지 이익을 회복하도록 함이 법이 예정하는 바이므로, 불복에 의한 시정을 구할 수 없었던 것 자체가 법관이나 다른 공무원의 귀책사유로 인한 것이거나 그와 같은 시정을 구할 수 없었던 부득이한 사정이 있었다는 등의 특별한 사정이 없는 한, 스스로 그와 같은 시정을 구하지 아니한 결과 권리 내지 이익을 회복하지 못한 사람은 원칙적으로 국가배상에 의한 권리구제를 받을 수 없다고 봄이 상당하다고 하겠으나, 재판에 대하여 불복절차 내지 시정절차 자체가 없는 경우에는 부당한 재판으로 인하여 불이익 내지 손해를 입은 사람은 국가배상 이외의 방법으로는 자신의 권리 내지 이익을 회복할 방법이 없으므로, 이와 같은 경우에는 배상책임의 요건이 충족되는 한 국가배상책임을 인정하지 않을 수 없다.

헌법소원심판을 청구한 자로서는 헌법재판소 재판관이 일자 계산을 정확하게 하여 본안판단을 할 것으로 기대하는 것이 당연하고, 따라서 헌법재판소 재판관의 위법한 직무집행의 결과 잘못된 각하결정을 함으로써 청구인으로 하여금 본안판단을 받을 기회를 상실하게 한 이상, 설령 본안판단을 하였더라도 어차피 청구가 기각되었을 것이라는 사정이 있다고 하더라도 잘못된 판단으로 인하여 헌법소원심판 청구인의 위와 같은 합리적인 기대를 침해한 것이고 이러한 기대는 인격적 이익으로서 보호할 가치가 있다고 할 것이므로 그 침해로 인한 정신상 고통에 대하여는 위자료를 지급할 의무가 있다(대판 2003.7.11. 99다24218).

③ 행정작용
  ㉠ 준법률행위적 행정행위(예 공증인 인감증명서 발급)
  ㉡ 사실행위: 행정지도 - 「국가배상법」제2조상 직무행위에 포함○
  ㉢ 부작위, 수사기관의 행위, 감독행위, 통치행위
    ● 긴급조치 제9호 위반 혐의로 수사 및 유죄판결을 받은 사람들 또는 그 유족들이 입은 손해에 대해서 국가배상책임이 인정 (전원합의체)

> 판례
> 1. 경찰서 대용감방에 배치된 경찰관의 감독행위 ▷ 직무행위에 포함○
> 2. 위헌 선언된 긴급조치 제9호 ▷ 국가배상책임○

● 과거 판례는 통치행위는 고도의 정치성을 띤 국가행위로서 원칙적으로 국민 전체에 대한 관계에서 정치적 책임을 질 뿐 국민 개개인의 권리에 대응하여 법적의무를 지는 것은 아니므로 국민 개개인에 대한 관계에서 민사상 불법행위를 구성한다고는 볼 수 없다고 하여 대통령의 긴급조치 제9호 발령 및 적용·집행행위에 대하여 국가배상책임을 부정하였다(대판 2015.3.26. 2012다48824). 그러나 최근 판례는 긴급조치 제9호 위반 혐의로 수사 및 유죄판결을 받은 사람들 또는 그 유족들이 대통령과 수사기관, 법원의 불법행위를 이유로 국가배상을 청구한 사안에서, 긴급조치 제9호의 발령·적용·집행으로 강제수사를 받거나 유죄판결을 선고받고 복역함으로써 개별 국민이 입은 손해에 대하여 국가배상책임을 인정하여 기존 입장을 변경한 바 있다(대판 2022.8.30. 2018다212610 전합).

3. 직무를 집행하면서 행한 행위(직무관련성)

(1) 직무집행행위의 판단기준

> 판례 국가배상법 제2조 제1항에 정한 '직무를 집행함에 당하여'의 의미 ▷ 행위 자체의 외관을 객관적으로 관찰하여 공무원의 직무행위로 보여질 때에는 비록 그것이 실질적으로 직무행위가 아니거나 또는 행위자로서는 주관적으로 공무집행의사가 없었다고 하더라도 그 행위는 공무원이 '직무를 집행함에 당하여' 한 것으로 보아야 한다(실질적으로 공무집행행위가 아니라는 사실을 피해자가 알았다 하더라도 직무행위○).

(2) 구체적인 사례

① 직무집행행위로 인정된 예

> 1. 육군중사가 훈련에 대비하여 개인 소유의 오토바이를 운전하여 사전정찰차 훈련지역 일대를 돌아보고 귀대하다가 교통사고를 일으킨 경우
> 2. 미군부대 소속 선임하사관이 공무차 개인소유차를 운전하고 출장을 갔다가 퇴근하기 위하여 집으로 운행하던 중 사고가 발생한 경우
> 3. 인사담당 공무원이 다른 공무원의 공무원증 위조
>   ▷ 실질적으로 직무행위에 해당하지 않더라도 직무행위○

② 직무집행행위로 부정된 예: 구청 세무과 소속 공무원이 편취 목적으로 입주권이 부여되지 않는 무허가 건물세입자들에 대한 시영아파트 입주권 매매행위를 한 경우

4. 고의 또는 과실로 인한 행위

(1) 고의책임주의

① 의의
  ⓐ 고의: 일정한 결과발생의 가능성을 인식하고 이를 행하는 심리상태
  ⓑ 과실: 일정한 결과가 발생할 수 있음을 알아야 함에도 부주의로 이를 알지 못한 것

판례 고의이든 중과실이든 ▶ 수급인의 하자담보 책임 면책 부정
수급인이 스스로 하자가 없다고 믿었다 하더라도 이를 grossly 모른 데 과실이 있다면 이는 고의 또는 중과실과 동일시되고, 수급인은 그 책임을 면할 수 없다(대판 2014.10.15. 2012다100395).

(2) 과실책임의 정도

② 판단기준
  ⓐ 수급인에 의한 손해 ▶ 통상의 주의의무 기준
  ⓑ 「고의책임주의」: 고의·과실 ▶ (추가적 사유로서가 아닌) 성립요건
민법 제756조(사용자책임)는 타인을 사용하여 어느 사무에 종사하게 한 자가 피용자가 그 사무집행에 관하여 제3자에게 가한 손해를 배상할 책임이 있다고 규정하고 있을 뿐 사용자 자신의 고의·과실을 배상책임의 요건으로 정하고 있지 아니하다. 수급인이 독립하여 자기의 책임으로 사무를 처리하는 경우에는 비록 그 사무처리가 도급인의 지시에 의한 것이라 하여도 도급인이 그에 대하여 사용자의 지위에 있다고 할 수 없으므로 그 배상책임을 부담하는 것이 아니다(대판 1970.6.30. 70다727).

  ⓒ 「고의책임주의」: 자연인이 과실이 있다고 해서 손해배상책임을 지는 것이 아니다.

판례
1. 수급인이 피해자가 입은 손해의 발생 또는 확대에 기여한 과실이 있다면 배상액 산정에서 참작
2. 피해자의 부주의를 이용하여 고의로 불법행위 ▶ 과실상계 주장 불가

③ 과실의 특정 및 정도

  ⓐ 과실상계의 특정
  ⓑ 손해배상에 있어 과실이 인정된다고 하더라도 과실상계 비율이 특별한 사정이 없는 한 가해자의 과실보다 더 클 수 없고,
  ⓒ 사실심법원이 과실상계의 기준이 되는 과실비율의 특정이 있다고 하더라도 객관적 합리성이 인정되어야 한다.

③ 과실의 인정책임의 원인

ⓐ 고의·과실 인정책임(원칙X): 피해자
  ⓑ 이의행위의 증명책임
    ▶ 정당한 과실 등
    ▶ 나쁜 과실 사정 등 있는 과실 인정

(3) 과실인 정도

① 경영의 해태상 필요한 주의의 과실인정

판례
1. 수급인에 의해 경제적으로 가해지는 경우에 그 자체의 과실이 있는 경우
2. 대통령에 의해 장애상의 어떤 사회적 책임자 과실 등

② 해태의 과실 정도

판례
1. 위탁관리 등 위임계약에 있어 사무처리에 있어 수임인은 선량한 관리자의 주의로써 경비를 수행하여야 한다. 고의, 과실 인정
2. 단순한 지식에 따라 경과적으로 과실 등 인지하지 아니하고 그 범위의 사유로써 재해발생 등
   ▶ (중과실 인정X), 과실X, 고의X

③ 자기가 근거 과실상한과 공업단과의 관계: 과실X
이는 확인자의 의견인 때에 있어서는 과실로서 중과 동업자의 과실이 인정되지 못하고 수급인이 대해 그 손해를 배상할 채무가 있다고 할 것이다(대판 2004.6.11. 2002다31018 등).

④ 행위자에 따른 공업상의 주의의 과실: 과실X

판례
행위자의 지위(책임자 직무기준) ▶ 이에 따른 그가 나름대로 취한 인식능력과 과실상한 등

2. 고의로 도급 수급인으로 인한 고의 인정

판례
1. 이차적인 부상인 등
   ▶ 정당한 과실 등
2. 관계있는 불법행위로 인하여 ⓑ 그 발생한 사정 있을 때 과실 인정

5. 법령을 위반한 행위

(1) 「국가배상법」상 법령위반의 개념

① 학설
- ㉠ 결과불법설: 피해의 결과에 따라 위법성을 판단하는 견해
- ㉡ 협의의 행위위법설: 엄격한 의미의 법령위반을 위법으로 보는 견해
- ㉢ 광의의 행위위법설: 엄격한 의미의 법령의 위반뿐 아니라 널리 인권의 존중, 신의성실, 공서양속, 권리남용 등의 위반도 위법으로 보는 견해
- ㉣ 상대적 위법성설: 행위 자체의 위법뿐만 아니라 피침해 이익의 성격과 침해의 정도 및 가해행위의 태양 등을 종합적으로 고려하여 행위가 객관적으로 정당성을 결여하였는지 여부로 판단하자는 견해

② 판례

> 1. 법령상의 요건, 절차에 따른 직무집행에 의한 권리 침해 ▷ 법령적합성 곧바로 부정×
> 2. 법령위반 ▷ 엄격한 의미의 법령위반뿐만 아니라 인권존중, 권력남용금지, 신의성실, 공서양속 등의 위반도 포함해 널리 객관적 정당성의 결여하고 있는 경우도 포함
> 3. 도라산역사(공공장소) 벽화 철거, 소각 ▷ 객관적 정당성 결여○ (위자료 지급 인정)
> 4. 성폭력범죄 수사경찰관의 피해자 정보공개 ▷ 객관적 정당성 결여○
> 5. 객관적 정당성 ▷ 제반 사정❶ 종합하여 판단
> 6. 부패혐의신고 후 하향전보(서울시장을 부패혐의로 고발한 공무원을 동사무소로 전보한 것) ▷ 객관적 정당성 결여×

❶ 피침해이익의 종류 및 성질, 침해행위가 되는 행정처분의 태양 및 그 원인, 행정처분의 발동에 대한 피해자측의 관여의 유무, 정도 및 손해의 정도 등 제반 사정을 종합하여 손해의 전보책임을 국가 또는 지방자치단체에게 부담시켜야 할 실질적인 이유가 있는지 여부에 의하여 판단

(2) 법령의 범위
엄격한 의미의 법령 + 인권존중, 권력남용금지, 신의성실, 공서양속 등도 법의 일반원칙으로서 법령에 포함됨

(3) 「국가배상법」상 위법의 유형

① 행정규칙 위반: 위법성 인정×(원칙)

② 재량행위의 위법
- ㉠ 일반론: 단순히 부당에 그치는 재량행위 ▷ 위법×

  > 판례
  > 1. 운전자 요구에도 곧바로 채혈 실시하지 않은 것 ▷ 위법×
  > 2. 추적 중 도주차량에 의해 사고 ▷ 추적행위 위법×

- ㉡ 재량이 '영'으로 수축된 경우: 부작위는 위법

  > 판례 현저히 불합리한 재량 불행사 ▷ 위법

- ㉢ 구체적 판례
  - ⓐ 재량이 '영'으로 수축되어 작위의무를 인정한 예

    > 1. 검문 시 용의자 도주위험에 대하여 최소한의 조치× ▷ 위법
    > 2. 소방공무원의 피난계단, 비상구폐쇄방지 부작위 ▷ 위법
    > 3. 뇌물수수 후 윤락행위방치 ▷ 위법
    > 4. 경찰관이 시위과정에 도로상에 방치된 트랙터 1대를 그대로 방치하고 철수 ▷ 위법
    > 5. 주취운전의 계속을 막기 위한 권한 불행사 ▷ 위법

  - ⓑ 재량이 '영'으로 수축되지 않아 작위의무를 부정한 예

    > 식품의약청장의 미니컵 젤리 수입규제조치 부작위 ▷ 위법×❷

    ❷ (어린이가 미니컵 젤리를 섭취하던 중 미니컵 젤리가 목에 걸려 질식사한 두 건의 사고가 연달아 발생한 뒤 약 8개월 20일 이후 다시 어린이가 미니컵 젤리를 먹다가 질식사한 사안에서) 식품의약품안전청장 등이 미니컵 젤리의 유통을 금지하거나 물성실험 등을 통하여 미니컵 젤리의 위험성을 확인하고 기존의 규제조치보다 강화된 미니컵 젤리의 기준 및 규격 등을 마련하지 아니하였다고 하더라도, 그러한 규제권한을 행사하지 아니한 것이 현저하게 합리성을 잃어 사회적 타당성이 없다고 볼 수 있는 정도에 이른 것이라고 보기 어렵다(대판 2010.11.25. 2008다67828).

③ 부작위에 의한 손해배상책임
- ㉠ 조리에 의한 작위의무 인정 여부

  - 문제점: 부작위(행정권 불행사)의 위법성과 관련하여 부작위는 작위의무를 전제로 하므로 작위의무가 법령에 명문으로 규정되어 있지 않은 경우(규정이 없거나 재량규정일 때)에도 조리상 작위의무를 인정할 수 있는지 문제
  - 판례: 형식적 의미의 법령에 근거가 없더라도 조리상 위험방지 작위의무 인정

    > 1-1. 공무원의 부작위로 인한 국가배상책임을 인정하기 위하여는 공무원의 작위로 인한 국가배상책임을 인정하는 경우와 마찬가지로 국가배상법 제2조 제1항의 요건이 충족되어야 함
    > 1-2. 국민의 생명, 신체, 재산 등을 보호하는 것을 본래적 사명으로 하는 국가가 초법규적, 일차적으로 그 위험 배제에 나서지 아니하면 국민의 생명, 신체, 재산 등을 보호할 수 없는 경우에는 형식적 의미의 법령에 근거가 없더라도 국가나 관련 공무원에 대하여 그러한 위험을 배제할 작위의무가 인정됨
    > 1-3. 절박하고 중대한 위험상태가 발생하였거나 발생할 우려가 있는 경우가 아닌 한, 원칙적으로 공무원이 관련 법령대로만 직무를 수행하였다면 그와 같은 공무원의 부작위를 가지고 '고의 또는 과실로 법령에 위반'하였다고 할 수 없음
    > 2. 시장 등이 토석채취공사 중 위해방지시설 설치하게 할 의무 ▷ 부작위는 위법
    > 3. 증인의 신변보호요청에 대한 검사의 부작위 ▷ 국가배상책임○
    > 4. 무죄를 입증할 결정적 증거를 은폐한 검사 ▷ 국가배상책임○
    > 5. 평균적 등기관의 주의의무 해태 ▷ 과실 인정○
    > 6. 인감증명관련 공무원 ▷ 부정행위를 방지할 직무상 의무 有
    > 7. 주택구입대부제도 관련 지급보증서제도 관해 알려주지 않은 부작위 ▷ 법령위반×

ㄴ 직무상 작위의무의 사익보호성
- 권한의 불행사로 인해 향유할 수 없는 이익이 반사적 이익인 경우 국가배상책임×
- 판례: 직무상 의무의 사익보호성을 상당인과관계의 요소로 요구

④ 절차상 위법: 법령위반에 포함됨

> 📖 판례
> 1. 주민들이 일시적으로 행정절차에 참여할 권리를 침해받았다는 사정만으로 관련 행정처분의 성립이나 무효, 취소 여부 등을 따지지 않은 채 곧바로 국가나 지방자치단체가 주민들에게 정신적 손해에 대한 배상의무를 부담한다고 단정할 수 없다. ❶
>
> [비교] 공익사업시행 시 주민의견수렴절차× ▷ 절차위법 시정으로도 정신적 고통이 남아있다는 특별한 사정 有 → 위자료 배상 可
> 2. 경매공무원이 기일통지 잘못해 경락취소 ▷ 국가배상책임○

❶ 국가나 지방자치단체가 공익사업을 시행하는 과정에서 해당 사업부지 인근 주민들은 의견제출을 통한 행정절차 참여 등 법령에서 정하는 절차적 권리를 행사하여 환경권이나 재산권 등 사적 이익을 보호할 기회를 가질 수 있다. 그러나 법령에서 주민들의 행정절차 참여에 관하여 정하는 것은 어디까지나 주민들에게 자신의 의사와 이익을 반영할 기회를 보장하고 행정의 공정성, 투명성과 신뢰성을 확보하며 국민의 권익을 보호하기 위한 것일 뿐, 행정절차에 참여할 권리 그 자체가 사적 권리로서의 성질을 가지는 것은 아니다. 이와 같이 행정절차는 그 자체가 독립적으로 의미를 가지는 것이라기보다는 행정의 공정성과 적정성을 보장하는 공법적 수단으로서의 의미가 크므로, 관련 행정처분의 성립이나 무효·취소 여부 등을 따지지 않은 채 주민들이 일시적으로 행정절차에 참여할 권리를 침해받았다는 사정만으로 곧바로 국가나 지방자치단체가 주민들에게 정신적 손해에 대한 배상의무를 부담한다고 단정할 수 없다. 이와 같은 행정절차상 권리의 성격이나 내용 등에 비추어 볼 때, 국가나 지방자치단체가 행정절차를 진행하는 과정에서 주민들의 의견제출 등 절차적 권리를 보장하지 않은 위법이 있다고 하더라도 그 후 이를 시정하여 절차를 다시 진행한 경우, 종국적으로 행정처분 단계까지 이르지 않거나 처분을 직권으로 취소하거나 철회한 경우, 행정소송을 통하여 처분이 취소되거나 처분의 무효를 확인하는 판결이 확정된 경우 등에는 주민들이 절차적 권리의 행사를 통하여 환경권이나 재산권 등 사적 이익을 보호하려던 목적이 실질적으로 달성된 것이므로 특별한 사정이 없는 한 절차적 권리 침해로 인한 정신적 고통에 대한 배상은 인정되지 않는다. 다만 이러한 조치로도 주민들의 절차적 권리 침해로 인한 정신적 고통이 여전히 남아 있다고 볼 특별한 사정이 있는 경우에는 국가나 지방자치단체는 그 정신적 고통으로 인한 손해를 배상할 책임이 있다(대판 2021.7.29. 2015다221668).

❷ [1] 공법인이 국가나 지방자치단체의 행정작용을 대신하여 공익사업을 시행하면서 행정절차를 진행하는 과정에서 주민들의 절차적 권리를 보장하지 않은 위법이 있더라도 곧바로 정신적 손해를 배상할 책임이 인정되는 것은 아니지만, 절차상 위법의 시정으로도 주민들에게 정신적 고통이 남아 있다고 볼 특별한 사정이 있는 경우에는 정신적 손해의 배상을 구하는 것이 가능하다.
[2] 한국전력공사가 송전선로 예정경과지를 선정하면서 당초 예정경과지의 주민들의 반대로 甲 지역을 예정경과지로 변경하면서 甲 지역 주민들을 상대로 구 환경·교통·재해 등에 관한 영향평가법상 주민의견수렴절차를 거치지 않았는데, 사업관할청으로부터 甲 지역을 사업부지로 포함하는 송전선로 건설사업 승인을 받은 사안에서, 사업부지가 변경된 후 한국전력공사가 甲 지역에 대한 환경영향평가서 초안을 재작성하고 甲 지역 주민들의 의견을 수렴하는 절차를 거치지 않은 채 사업을 진행함으로써, 甲 지역 주민들이 환경상 이익의 침해를 최소화할 수 있는 의견을 제출할 수 있는 기회를 박탈하여 甲 지역 주민들에게 상당한 정신적 고통을 가하였다고 보아 한국전력공사에 甲 지역 주민들이 입은 정신적 손해를 배상할 의무가 있다고 한 사례(대판 2021.8.12. 2015다208320)

⑤ 수익적 행정처분

원칙	국가배상책임 부정
예외	손해가 분명한 경우

> 📖 판례
> 1. 수익적 행정처분 ▷ 손해가 분명한 경우 위법성 인정 可
> 2. 하천점용허가 하면서 컨테이너설치에 개발행위허가 요하는 것 불고지 ▷ 위법행위×

(4) 선결문제로서 처분의 위법 여부의 판단
국가배상청구소송에서 민사법원: 처분의 위법성 판단 可

(5) 취소소송의 기판력이 국가배상청구소송에 미치는지 여부 – 취소소송의 위법과 「국가배상법」상의 위법이 동일한 개념인지 여부
광의의 행위위법설(다수설): 인용판결 – 미침 / 기각판결 – 미치지×

> ▼ 항고소송의 기판력이 국가배상청구소송에 미치는지 여부
> → 항고소송과 국가배상청구소송의 소송물, 즉 위법성의 범위(= 법령 위반의 의미)와 관련된 문제
> ① 긍정설: 취소소송의 위법 = 국가배상청구소송의 위법
> ② 부정설: 취소소송의 위법 ≠ 국가배상청구소송의 위법
> ③ 제한적 긍정설(다수설): 취소소송의 위법 < 국가배상청구소송의 위법
> - 인용판결의 기판력: 국가배상청구소송에 미침 ○
> - 기각판결의 기판력: 국가배상청구소송에 미치지 ×

(6) 형사책임과 국가배상
① 형사상 범죄와 민사상 불법행위 여부 별개로 검토
② 형사상 무죄판결이 있었더라도 그 가해행위를 이유로 국가배상책임 인정될 수 있음

6. 타인에게 손해 발생

(1) 타인
가해행위를 한 공무원과 이에 가담한 자 이외의 모든 자

(2) 손해
① 적극적·소극적 손해, 재산적·신체적 손해·정신적 손해 모두 포함
② 법률상 이익을 침해해야 함(반사적 이익 침해에 의한 불이익×, 사회공공 일반의 이익침해×)

> 📖 판례
> 1. 손해 ▷ 재산권 침해로 인한 위자료 포함 ❸
> 2. 재산상 손해로 인한 정신적 고통 ▷ 특별한 사정이 없는 한 재산상 손해배상으로 위자됨
> 3. 타인의 권리, 이익이 침해되어 구체적 손해가 발생해야 함 ❹

❸ 국가배상법 제3조 제5항에 생명, 신체에 대한 침해로 인한 위자료의 지급을 규정하였을 뿐이고 재산권 침해에 대한 위자료의 지급에 관하여 명시한 규정을 두지 아니하였으나 같은 법조 제4항의 규정이 재산권 침해로 인한 위자료의 지급의무를 배제하는 것이라고 볼 수는 없다(대판 1990.12.21. 90다6033).
❹ (도지사가 도에서 설치·운영하는 乙 지방의료원을 폐업하겠다는 결정을 발표하고 그에 따라 폐업을 위한 일련의 조치가 이루어진 후 乙 지방의료원을 해산한다는 내용의 조례를 공포하고 乙 지방의료원의 청산절차가 마쳐진 사안에서) 국가배상책임이 성립하기 위해서는 공무원의 직무집행이 위법하다는 점만으로는 부족하고, 그로 인해 타인의 권리·이익이 침해되어 구체적 손해가 발생하여야 한다(대판 2016.8.30. 2015두60617).

7. 직무행위(가해행위)와 손해발생 사이의 인과관계

(1) 상당인과관계의 의미
① 위법한 직무행위와 손해발생 사이의 인과관계
② 어떤 원인이 있으면 그러한 결과가 발생하리라고 보통 정되는 관계

(2) 상당인과관계 판단기준: 결과발생 개연성·규범목적·태양·피해정도 종합적으로 고려

(3) 구체적인 사례

① 상당인과관계를 인정한 예

> **판례**
> 1. (유흥주점에 감금된 채 윤락을 강요받으며 생활하던 여종업원들이 유흥주점에 화재가 났을 때 미처 피신하지 못하고 유독가스에 질식해 사망한 사안에서) ⓐ 소방공무원이 유흥주점에 대하여 구 소방법상 방염규정의 위반 등에 대한 (잠금장치 제거) 시정조치를 명하지 않는 직무상 의무위반과, ⓑ 여종업원들의 사망 사이
> 2. (주점에서 발생한 화재로 사망자의 유족들이 지방자치단체를 상대로 손해배상을 청구한 사안에서) ⓐ 소방공무원들이 다중이용업소인 주점의 비상구와 피난시설 등에 대한 점검을 소홀히 함으로써 주점의 피난통로 등에 중대한 피난 장애요인이 있음을 발견하지 못하여 업주들에 대한 적절한 지도·감독을 하지 아니한 경우 직무상 의무위반과, ⓑ 주점 손님들의 사망 사이
> 3. ⓐ 우편집배원이 압류 및 전부명령 결정 정본을 특별송달하는 과정에서 민사소송법을 위반하여 부적법한 송달을 하고도 적법한 송달을 한 것처럼 우편송달보고서를 작성하여 압류 및 전부의 효력이 발생하지 않아 집행채권자 피압류채권을 전부 받지 못한 경우 우편집배원의 직무상 의무 위반과, ⓑ 집행채권자의 손해 사이
> 4. ⓐ 현저히 불합리한 개별공시지가 결정과, ⓑ 국민의 재산권 침해 사이

▼ 군산시 감금윤락 사건(유흥주점 화재로 여종업원들이 사망한 사건)
- 소방법상 잠금장치 제거 등 시정조치 부작위와 사망 사이 → 인과관계 ○
- 식품위생법상 불법개축에 대한 시정명령 등 부작위와 사망 사이 → 인과관계 ×

② 상당인과관계를 부정한 예

> **판례**
> 1. (유흥주점에 감금된 채 윤락을 강요받으며 생활하던 여종업원들이 유흥주점에 화재가 났을 때 미처 피신하지 못하고 유독가스에 질식해 사망한 사안에서) ⓐ 지방자치단체의 담당공무원이 유흥주점 용도변경, 무허가영업 및 시설기준 위배된 개축에 대한 시정명령 등 식품위생법상 취하여야 할 조치를 게을리 한 직무상 의무위반과, ⓑ 여종업원들의 사망 사이
> 2. ⓐ 금융감독원의 금융기관에 대한 검사, 감독의무 해태와, ⓑ 후순위사채 투자자 개인의 손해 사이

(4) 사익보호성의 문제

① 일반론

> **판례**
> 1. 직무상 의무의 내용이 순전히 행정기관 내부를 규율을 위한 것이거나 전체적으로 공공 일반의 이익을 도모하기 위한 것인 경우
> ▷ 상당인과관계성립×
> ▷ 국가배상책임 부정
> 2. 직무상 의무의 내용이 전적으로 또는 부수적으로 사회구성원 개인의 안전과 이익을 보호하기 위한 경우
> ▷ 상당인과관계 성립○
> ▷ 국가배상책임 긍정

② 구체적인 사례

㉠ 사익보호성을 인정한 예

> **판례**
> 1. 주민등록사무를 담당하는 공무원의 성명 정정시 본적지 통보의무 ▷ 사익보호성○
>   성명정정시 본적지 미통보 → 근저당권등기 불법경료 ▷ 인과관계○
> 2. 군교도소 등 공무원의 군교도소나 미결수용실에 대한 경계, 감호의무 ▷ 사익보호성○
>   경계감호의무 위반 → 수용자 탈주 ▷ 인과관계○
> 3. 수사기관의 후보자가 되고자 하는 자와 그 소속 정당에 대한 전과기록 회보의무 ▷ 사익보호성○
> 4. 「선박안전법」,「유선 및 도선업법」의 각 규정 ▷ 사익보호성○
>   항해 도중 기관과열로 선박화재 → 승객 사망 ▷ 인과관계○

❶ 공직선거법이 위와 같이 후보자가 되고자 하는 자와 그 소속 정당에게 전과기록을 조회할 권리를 부여하고 수사기관에 회보의무를 부과한 것은 단순히 유권자의 알 권리 보호 등 공공 일반의 이익만을 위한 것이 아니라, 그와 함께 후보자가 되고자 하는 자가 자신의 피선거권 유무를 정확하게 확인할 수 있게 하고, 정당이 후보자가 되고자 하는 자의 범죄경력을 파악함으로써 부적격자를 공천함으로 인하여 생길 수 있는 정당의 신뢰도 하락을 방지할 수 있게 하는 등 개별적인 이익도 보호하기 위한 것이다(대판 2011.9.8. 2011다34521).

❷ 선박안전법이나 유선 및 도선업법의 각 규정은 공공의 안전 외에 일반인의 인명과 재화의 안전보장도 그 목적으로 하는 것이라고 할 것이므로 국가소속 선박검사관이나 시 소속 공무원들이 직무상 의무를 위반하여 시설이 불량한 선박에 대하여 선박중간검사에 합격하였다 하여 선박검사증서를 발급하고, 해당 법규에 규정된 조치를 취함이 없이 계속 운항하게 함으로써 화재사고가 발생한 것이라면, 화재사고와 공무원들의 직무상 의무위반행위와의 사이에는 상당인과관계가 있다(대판 1993.2.19. 91다43466).

㉡ 사익보호성을 부정한 예

> **판례**
> 1-1. 국가 등의 상수원수 수질유지 의무 ▷ 사익보호성×
> 1-2. 상수원수의 수질기준 유지의무 및 3급 이하 하천수에 대한 고도의 정수처리의무 ▷ 사익보호성×
> 2. 구「산업기술혁신 촉진법」상 인증신제품 구매의무 ▷ 사익보호성×

❸ 국가 등에게 일정한 기준에 따라 상수원수의 수질을 유지하여야 할 의무를 부과하고 있는 수도법의 규정은 국민에게 양질의 수돗물이 공급되게 함으로써 국민 일반의 건강을 보호하여 공공 일반의 전체적인 이익을 도모하기 위한 것이지, 국민 개개인의 안전과 이익을 직접적으로 보호하기 위한 규정이 아니므로, 국민에게 공급된 수돗물의 상수원의 수질이 수질기준에 미달한 경우가 있고, 이로 말미암아 국민이 법령에 정하여진 수질기준에 미달한 상수원수로 생산된 수돗물을 마심으로써 건강상의 위해 발생에 대한 염려 등에 따른 정신적 고통을 받았다고 하더라도, 이러한 사정만으로는 국가 또는 지방자치단체가 국민에게 손해배상책임을 부담하지 아니한다(대판 2001.10.23. 99다36280).

❹ 구 산업기술혁신 촉진법 및 그 시행령의 목적과 내용 등을 종합 하여 보면, 위 법령이 공공기관에 부과한 인증신제품 구매의무는 공공 일반의 이익을 도모하기 위한 것으로 봄이 타당하고, 공공기관이 구매의무를 이행한 결과 신제품 인증을 받은 자가 재산상 이익을 얻게 되더라도 이는 반사적 이익에 불과할 뿐 위 법령이 보호하고자 하는 이익으로 보기는 어렵다(대판 2015.5.28. 2013다41431).

3 국가배상책임의 성질 및 공무원의 배상책임과 구상관계

1. 국가배상책임의 성질

(1) 학설

① 대위책임설: 국가 등이 가해자인 공무원을 대신하여 지는 대위책임이라고 보는 견해

② 자기책임설: 형식적으로는 국가 등의 기관인 공무원의 행위이기는 하나 실질적으로는 국가 등의 자신의 행위이므로 자기책임이라는 견해

③ 절충설: 공무원의 고의·중과실에 의한 행위에 대한 국가 등의 배상책임은 대위책임과 자기책임의 양면성을 갖지만, 경과실에 의한 국가 등의 배상책임은 자기책임이라는 견해 등

(2) 판례

> 1. 공무원이 경과실 ▷ 배상책임은 전적으로 국가, 지방자치단체에 귀속
> 2. 공무원이 고의, 중과실 ▷ 외관상 직무행위인 경우에는 국가도 부담 & 공무원에게 구상

2. 공무원의 배상책임과 구상관계

》 공무원의 **대외적 책임**(= 피해자의 **선택**적 **청구권**)
& 공무원의 **대내적 책임**(= 공무원 or 국가의 **구상권** 행사)

- 공무원에게 **고의 or 중과실 有** ─ **공무원이 최종 배상책임자**
  - ∴ **국가가 변제시 공무원에게 구상 可**
  VS
- 공무원에게 **경과실 有** ─ **국가가 최종 배상책임자**
  - ∴ **공무원이 변제시 국가에게 구상 可**

(1) 공무원의 대외적 책임

① 문제의 소재: 명시적인 규정이 없어 문제됨

② **판례**

> 헌법 제29조 제1항 단서는 공무원이 한 직무상 불법행위로 인하여 국가 등이 배상책임을 진다고 할지라도 그 때문에 공무원 자신의 민·형사책임이나 징계책임이 면제되지 아니한다는 원칙을 규정한 것이나, 그 조항 자체로 공무원 개인의 구체적인 손해배상책임의 범위까지 규정한 것으로 보기는 어렵다. … 공무원이 직무수행 중 불법행위로 타인에게 손해를 입힌 경우에 국가 등이 국가배상책임을 부담하는 외에 공무원 개인도 고의 또는 중과실이 있는 경우에는 불법행위로 인한 손해배상책임을 진다고 할 것이지만, 공무원에게 경과실뿐인 경우에는 공무원 개인은 손해배상책임을 부담하지 아니한다고 해석하는 것이 헌법 제29조 제1항 본문과 단서 및 국가배상법 제2조의 입법취지에 조화되는 올바른 해석이다(대판 1996.2.15. 95다38677 전합).

> 1. 공무원이 경과실 ▷ 피해자의 선택적 청구권 부정(공무원 개인의 손해책임×)
> 2. 공무원이 고의, 중과실 ▷ 피해자의 선택적 청구권 인정(공무원 개인의 손배책임○)

(2) 공무원의 내부적 책임(구상관계)

① 공무원의 국가에 대한 구상책임(제2조 제2항): 국가나 지방자치단체가 공무원에 갈음하여 피해자에게 손해배상을 이행한 경우 공무원에 대한 구상권 행사여부

> 국가배상법 제2조(배상책임) ② 제1항 본문의 경우에 공무원에게 고의 또는 중대한 과실이 있으면 국가나 지방자치단체는 그 공무원에게 구상(求償)할수 있다.

- 공무원이 경과실: 구상×
- 공무원이 고의·중과실: **구상○**

> ↳ 국가 등의 구상권 행사의 요건: 국가 등이 피해자에 대하여 현실로 손해배상금을 지불했을 것,
> 가해공무원에게 고의 또는 중대한 과실이 있을 것

> **판례** 국가의 공무원에 대한 구상권 행사의 범위 ▷ 제반사정 참작하여 신의칙상 상당한 범위 내에서만 可

② 경과실 공무원의 국가에 대한 구상권: 경과실이 있는 가해공무원이 피해자에게 손해를 직접 배상한 경우, 그 공무원은 국가에 대하여 구상권 취득○

> **판례** 경과실 공무원이 피해자에게 손해배상
> ▷ 타인채무 변제에 해당 / but 피해자는 반환의무 無
> ▷ 공무원은 국가에 대해 구상권 취득

> 경과실이 있는 공무원이 피해자에 대하여 손해배상책임을 부담하지 아니함에도 피해자에게 손해를 배상하였다면 그것은 채무자 아닌 사람이 타인의 채무를 변제한 경우에 해당하고, 이는 민법 제469조의 '제3자의 변제' 또는 민법 제744조의 '도의관념에 적합한 비채변제'에 해당하여 피해자는 공무원에 대하여 이를 반환할 의무가 없고, 그에 따라 피해자의 국가에 대한 손해배상청구권이 소멸하여 국가는 자신의 출연 없이 채무를 면하게 되므로, 피해자에게 손해를 직접 배상한 경과실이 있는 공무원은 특별한 사정이 없는 한 국가에 대하여 국가의 피해자에 대한 손해배상책임의 범위 내에서 공무원이 변제한 금액에 관하여 구상권을 취득한다고 봄이 타당하다(대판 2014.8.20. 2012다54478).

4 관용차 운행으로 인한 손해배상책임

1. 의의

(1) 「국가배상법」 세2소 세1항 본분 후난의 해석

> 국가배상법 제2조(배상책임) ① 국가나 지방자치단체는 공무원 또는 공무를 위탁받은 사인(이하 "공무원"이라 한다)이 직무를 집행하면서 고의 또는 과실로 법령을 위반하여 타인에게 손해를 입히거나, 「자동차손해배상 보장법」에 따라 손해배상의 책임이 있을 때에는 이 법에 따라 그 손해를 배상하여야 한다. (단서 생략)
> 국가배상법 제8조(다른 법률과의 관계) 국가나 지방자치단체의 손해배상 책임에 관하여는 이 법에 규정된 사항 외에는 「민법」에 따른다. 다만, 「민법」 외의 법률에 다른 규정이 있을 때에는 그 규정에 따른다.
> 자동차손해배상 보장법 제3조(자동차손해배상책임) 자기를 위하여 자동차를 운행하는 자는 그 운행으로 다른 사람을 사망하게 하거나 부상하게 한 경우에는 그 손해를 배상할 책임을 진다. 다만, 다음 각 호의 어느 하나에 해당하면 그러하지 아니하다.
> 1. 승객이 아닌 자가 사망하거나 부상한 경우에 자기와 운전자가 자동차의 운행에 주의를 게을리 하지 아니하였고, 피해 또는 자기 및 운전자 외의 제3자에게 고의 또는 과실이 있으며, 자동차의 구조상의 결함이나 기능상의 장해가 없었다는 것을 증명한 경우
> 2. 승객이 고의나 자살행위로 사망하거나 부상한 경우

① 자배법에 의하여 국가 등에게 손해배상책임이 있을 때에도 국가배상법의 적용을 받도록 함에 있음(국가배상법상 배상책임 요건의 특례)

② 자배법상 책임은 무과실책임: 일반적인 국가배상책임보다 성립이 용이하므로 피해자 구제에 유리

(2) 규정의 적용: 공무원의 차량사고로 인적 피해 발생시

① 배상책임의 요건: 자배법에 의함

② 범위·절차: 국가배상법에 의함

> **판례** 국가와 지방자치단체가 보유하는 자동차에 의하여 타인을 사상하게 한 경우
> ▷ 자동차손해배상 보장법 제3조가 국가배상법 규정보다 우선 적용

> 자동차손해배상 보장법의 여러 규정의 취지를 종합하면 국가와 지방자치단체가 보유하는 자동차에 의하여 타인을 사상하게 한 경우에 일어나는 손해배상책임을 묻는 요건에 관하여는 그것이 국가배상법과 저촉되는 범위에서는 자동차손해배상 보장법 제3조가 국가배상법의 관계 규정보다 우선 적용된다고 보는 것이 상당하다(대판 1970.3.24. 70다135).

2. 자배법에 의한 손해배상책임의 성립요건

- 운행자성 / 운행으로 사망·부상 / 면책사유 부존재

- 자기를 위하여 자동차를 운행하는 자(운행자성): 자동차에 대한 운행이익과 운행지배를 가지고 있는 자

- 공무원이 직무집행 위해 국가·지방자치단체 소유 공용차 운행: 차량의 운행지배나 운행이익은 그 공무원이 소속한 국가·지방자치단체에 귀속

3. 자배법에 의하여 성립된 책임의 범위와 절차

「국가배상법」 적용, 이중배상금지, 피해자는 배상심의회에 배상신청 可

4. 구체적 검토

(1) 운전차량이 관용차인 경우

① 공무원이 공무를 위해 관용차 운행

> **판례** 국가, 지방자치단체 공무 위해 공용차량 운행 ▷ 국가, 지방자치단체에 운행자성 ○

② 공무원이 개인적 용무를 위해 무단으로 관용차 운행

> **판례**
> 1. 군차량을 일과시간 후에 개인적인 용무를 위하여 무단운행 중 사고 ▷ 국가배상책임 ✕
> 2. 국가소유의 오토바이를 무단으로 운행하다 사고가 난 경우 ▷ 국가배상책임 ○ (국가에게 운행자성 있는 예외적 사안)

(2) 운전차량이 공무원 개인차량인 경우

> **판례** 공무수행 중 자기 소유 차량 사고 ▷ 경과실, 고의, 중과실 여부를 따지지 않고 공무원 개인이 자배법상 책임부담

▼ 국가와 공무원(개인)의 자동차손해배상책임 인정 여부

구분		국가	공무원
관용차	공무사용	인정	공무원에게 귀책사유가 있는 경우에는 민사상 책임이 성립할 수 있다.
	사적사용	국가 등의 운행자성이 유지되면 인정, 유지되지 않으면 부정	
개인차	공무사용	부정	그 사고가 자동차를 운전한 공무원의 경과실에 의한 것인지 중과실 또는 고의에 의한 것인지를 가리지 않고, 공무사용이든 사적사용이든 「자동차손해배상보장법」상의 손해배상책임을 부담한다.
	사적사용	부정	

POINT 87 음조물의 명시·묵시의 하자로 인한 손해배상

1 개설

1. 근거규정

- 집합건물법 제9조
- 「공작물책임」제758조

2. 수급인의 담보책임 (cf. 제667조 고의책임)

3. 「인도」, 「공작물책임」제758조의 관계

- 집합건물법 제9조(공작물책임의 규정, 수급인의 담보책임의 성질)은 공작물 점유자나 소유자의 하자로 인하여 인도인에게 손해를 배상하여야 할 경우에는 그 손해를 배상하여야 한다. 단, 이 경우의 제3조 및 제3조를 준용한다.
  가공계약법 제758조는 공작물의 설치 또는 보존의 하자(瑕疵)로 인하여 타인에게 손해를 가한 때에는 ① 공작물의 점유자, ② 소유자의 순으로 책임진다. 그러므로 공작물 점유자나 소유자의 하자로 인하여 인도인에게 손해를 가한 때에는 그 손해를 배상하여야 한다.

- 공작물책임과 관련한 민법 < 집합건물법 순 적용됨

2 배상책임의 성립요건

★참고 공작물의 명시·묵시의 하자로 인하여 입주자에게 발생한 손해다음이 담보책임의 대상

- 「공작물의 명시」
- 명시·묵시되었다. 하자가 됨
- 타인에게 손해가 발생하여야 할

1. 공작물의 명시(도로·하천, 그 밖의 공작물의 명시물)

(1) 「공작물책임」 제3조가 공작물의 명시

① 공작물의 명시 의미(건설관계 경작물x)
② 관련재산(시설): 공원이 아니므로 「공작물책임」 적용x

(2) 영조물(공작물)에의 명시물 여부

① 가연영조물: 인공영조물, 공공영조물, 영조용, 수영지, 수용지, 운동 등 포함

2. 명시 또는 공작의 하자

(1) 명시·묵시의 의미

(2) 하자의 의미

① 전통적인 개념: 공작물이 그 용도에 따라 통상적으로 갖추어야 할 안전성을 결함한 경우 / 공작성이 다치지 않을 때에 그 공작성이
② 기능상 하자(이용상 하자)
- 공작물이 공공의 이용에 제공됨에 있어 그 이용상태 및 정도가 한도를 초과하여 이용자나 제3자에게 인용범위를 초과하여 사회통념상 참기 어려운 피해를 입히는 경우 / 공공용 공작물이 그 공공목적에 따라 제공되어 있는 것
- 기능상 하자(이용상 하자): 주관적(상대적) 기준

(3) 공작물의 사례

1-1. 공작물 영조물이 공기 또는 공공자건에 의하여 특정 부지자격에게 이익이 되는 정도 및 피해
1-2. 공작물 자신에 이익이 설명 공공공의 사용으로 부담하는 제3조 수임이 공공물인 이외에 그 공정자의 제3조 공공의 공공공 포함
1-3. 공기, 공공자건에 대한 ▷ 수용성, 인용성에 대한 사회통념상 판단기준 판단이 관영·진정 포함

★참고 제7조 제3조의 「공작물」에 일정지역, 특정지역의 공공·자건의 문제는 공정·인조 제품을 명시 또는 공공자에 공공성
공공공 한 발생된 공공통행 등 위험하여 지원 자유된 공공으로 인하여 그 공공으로 인하여 부지자격의 공공자가 위험 생활 및 공공 지도에는 공공공 공공 공공의 지정을 된다(대판 1995.1.24. 94다45392)

① 공작물에 해당하지 않는 예
: ③ 용변, ⓒ 어리, ⓒ 공장 보안, ⓓ 지형, ⓔ 마인드 사람장, ⓕ 사수, ⓖ 도로, ⓗ 태종대 유람지, ⓘ 정기대매하장 등
② 공작물에 해당하지 않는 예 또는 공작
1. 사방공자의 공작에 공공의 지장이나 지장위치 및가 장성되게 기타 공공지자가 부담하는 것으로 인하여 ▷ 공작물x
2. 아직 공공지가 공공 공공의 이용에 제공되지 아니하고 공공공 중에 있는 ▷ 공작물x

(2) 공공공이 해당하지 않는 경우 및 에
① 공공: 기상·공공의 이유
② 공공 하자(이용상 하자)
- 공공공이 공공의 이익에 따라 필수적으로 공공적이 설정 안전성을 결합한 경우 / 공작성이 다치지 않을 때에 그 공작성이
② 기능상(이용상) 하자
- 기정 하자: 공공공이 다는(또는 공공 있는) 기정

● 국가배상법 제5조 제1항에 정하여진 '영조물의 설치 또는 관리의 하자'라 함은 공공의 목적에 공여된 영조물이 그 용도에 따라 갖추어야 할 안전성을 갖추지 못한 상태에 있음을 말하고, 여기서 안전성을 갖추지 못한 상태, 즉 타인에게 위해를 끼칠 위험성이 있는 상태라 함은 ① 당해 영조물을 구성하는 물적 시설 그 자체에 있는 물리적·외형적 흠결이나 불비로 인하여 그 이용자에게 위해를 끼칠 위험성이 있는 경우(물적 하자)뿐만 아니라, ② 그 영조물이 공공의 목적에 이용됨에 있어 그 이용상태 및 정도가 일정한 한도를 초과하여 제3자에게 사회통념상 참을 수 없는 피해를 입히는 경우(기능상 하자)까지 포함된다고 보아야 할 것이고, 사회통념상 참을 수 있는 피해인지의 여부는 그 영조물의 공공성, 피해의 내용과 정도, 이를 방지하기 위하여 노력한 정도 등을 종합적으로 고려하여 판단하여야 한다(대판 2004.3.12. 2002다14242).

> **판례** 영조물이 안전성을 갖추지 못한 상태라 함은 ① 당해 영조물을 구성하는 물적 시설 그 자체에 있는 물리적, 외형적 흠결이나 불비로 인하여 그 이용자에게 위해를 끼칠 우려가 있는 경우뿐만 아니라, ② 그 영조물이 공공의 목적에 이용됨에 있어 그 이용상태 및 정도가 일정한 한도를 초과하여 제3자에게 사회통념상 수인할 것이 기대되는 한도를 넘는 피해를 입히는 경우까지 포함된다.

(3) 하자의 판단기준에 관한 학설(「국가배상법」 제5조 책임의 성격)

① 문제점: 안전성 결여를 판단하는데 '관리자의 주의의무 위반'이라는 주관적인 귀책사유(과실)도 고려해야 하는지 여부

② 학설
  ㉠ 객관설
    - 영조물의 설치 또는 관리상 하자 유무를 객관적으로 판단하자는 견해
    - 관리자의 주관적인 귀책사유 不要
    - 무과실책임
  ㉡ 주관설
    - 영조물의 설치·관리상의 하자를 영조물을 안전하고 양호한 상태로 보전해야 할 안전관리의무를 위반으로 보는 견해
    - 관리자의 주관적인 귀책사유 要
    - 과실책임
  ㉢ 위법·무과실책임설
    - 영조물의 설치·관리상의 하자는 영조물 자체의 객관적 하자뿐만 아니라 관리의무위반이라는 주관적인 요소(관리자의 과오)도 고려하여야 한다는 견해
    - 관리자는 안전조치를 취해야 할 법적 의무를 짐
    - 행위책임이자 무과실책임

③ 판례
→ 주관적 요소를 고려한 객관설(수정된 객관설)

> 1-1. 안전성의 구비 여부 판단 ▷ 설치, 관리자가 그 영조물의 위험성에 비례하여 사회통념상 일반적으로 요구되는 정도의 방호조치의무를 다하였는지 여부 기준
> 1-2. 영조물의 기능상 결함으로 인한 손해발생의 예견가능성과 회피가능성이 없는 경우, 즉 그 영조물의 결함이 영조물의 설치, 관리자의 관리행위가 미칠 수 없는 상황 아래에 있는 경우임이 입증되는 경우 ▷ 설치, 관리상의 하자×
> 2. 안전성의 구비 여부 판단 ▷ 설치자 또는 관리자의 재정적, 인적, 물적 제약 등도 고려

(4) 일반적 판단기준

① 안정성: 통상 갖추어야 할 안정성
  ㉠ 항상 완전무결한 상태를 유지할 정도의 고도의 안정성×
  ㉡ 상대적 안정성○

② 물적하자의 판단기준
  ㉠ 방호조치의무의 위반 여부

> **판례**
> 1. 폭설로 고속도로❶에 고립 ▷ 교통제한, 운전정지 조치를 취할 관리의무 有
>   강설 시 제설작업, 제때에 교통통제조치 이행× ▷ 도로관리상 하자○
> 2. 일반 도로❷ 방판방치·위험표지판 미설치 ▷ 도로관리상 하자×

● [1] 강설에 대처하기 위하여 완벽한 방법으로 도로 자체에 융설 설비를 갖추는 것이 현대의 과학기술 수준이나 재정사정에 비추어 사실상 불가능하다고 하더라도, 최저 속도의 제한이 있는 고속도로의 경우에 있어서는 도로관리자가 도로의 구조, 기상예보 등을 고려하여 사전에 충분한 인적·물적 설비를 갖추어 강설시 신속한 제설작업을 하고 나아가 필요한 경우 제때에 교통통제 조치를 취함으로써 고속도로로서의 기본적인 기능을 유지하거나 신속히 회복할 수 있도록 하는 관리의무가 있다.
[2] 고속도로의 관리자가 고립구간의 교통정체를 충분히 예견할 수 있었음에도 교통제한 및 운행정지 등 필요한 조치를 충실히 이행하지 아니하였으므로 고속도로의 관리상 하자가 있다(대판 2008.3.13. 2007다29287).

● [1] 적설지대에 속하는 지역의 도로라든가 최저속도의 제한이 있는 고속도로 등 특수 목적을 갖고 있는 도로가 아닌 일반 보통의 도로까지도 도로관리자에게 완전한 인적, 물적 설비를 갖추고 제설작업을 하여 도로통행상의 위험을 즉시 배제하여 그 안전성을 확보하도록 하는 관리의무를 부과하는 것은 도로의 안전성의 성질에 비추어 적당하지 않고, 오히려 그러한 경우의 도로통행의 안전성은 그와 같은 위험에 대면하여 도로를 이용하는 통행자 개개인의 책임으로 확보하여야 한다.
[2] 강설의 특성, 기상적 요인과 지리적 요인, 이에 따른 도로의 상대적 안전성을 고려하면, 겨울철 산간지역에 위치한 도로에 강설로 생긴 빙판을 그대로 방치하고 도로상황에 대한 경고나 위험표지판을 설치하지 않았다는 사정만으로 도로관리상의 하자가 있다고 볼 수 없다(대판 2000.4.25. 99다54998).

  ㉡ 손해발생의 예견가능성과 회피가능성이 있는지 여부
    - 손해발생의 예견가능성과 회피가능성이 없는 경우, 관리자의 관리행위가 미칠 수 없는 상황: 하자×
    - 현재의 기술수준 및 예산상 부득이 하다는 사정: 관리가능성이 없다고 할 수 없음

  ㉢ 구체적인 사례
    - 손해발생의 예견가능성과 회피가능성이 없어 설치·관리상 하자가 인정되지 않은 경우

> 1. 사고발생 10분 전 도로에 떨어진 쇠파이프❸ ▷ 하자×
> 2. 사고발생 10분 내지 15분전 고속도로에 떨어진 타이어 ▷ 하자×
> 3. 흡연위해 화장실 밖 난간에서 실족사한 고등학생 ▷ 하자×
> 4. 신호기 적색소등 기능상 결함 ▷ 하자 인정 불가

● 피고가 관리하는 넓은 국도상을 더 짧은 간격으로 일일이 순찰하면서 낙하물을 제거하는 것은 현실적으로 불가능하다 하여 피고에게 국가배상법 제5조 제1항이 정하는 손해배상책임이 없다고 한 사례(대판 1997.4.22. 97다3194)

    - 손해발생의 예견가능성과 회피가능성 있어 설치·관리상 하자가 인정된 경우

> 1. 가변차로에 설치된 두 개의 신호기에서 서로 모순되는 신호가 들어오는 고장으로 사고 발생
>   ▷ 영조물 하자 인정○(현재의 기술 수준상 부득이 한 것이라고 가정하더라도)
> 2. 밤중에 낙뢰로 신호기에 고장이 발생하여 보행자신호와 차량 신호기에 동시에 녹색등이 표시되어 사고발생, 고장 사실이 다음 날 3차례에 걸쳐 신고 ▷ 공무집행상의 과실○

3. 타인에게 손해가 발생할 것

(1) 타인의 손해
① 「국가배상법」제2조상의 손해 개념과 동일
② 적극 · 소극손해, 재산적 · 정신적 손해(위자료)도 포함

> 판례
> 1. 호적정리기간경과 후의 사망 기재누락 등: 정신적 손해 인정
> 2. 개별공무원의 고의 또는 과실이 있는 경우: 위자료 인정

(2) 영조물의 하자 · 관리자의 행위 등: 재해발생기여
(3) 하자의 존재와 손해 사이에 인과관계가 필요

> 판례
> 1. 고속도로 → 수인한도를 넘은 경우 하자 인정
> 2. 매향리 공군사격장 → 수인한도 넘으면 하자 인정

(4) 타인 등 가해공무원 · 관리자의 하자가 있다고 판단되는 기준: 객관수인설

4. 하자의 입증책임

(1) 하자: 피해자의 입증

(2) 면책사유: 관리자의 피고

> 판례
> 다른 자연적 사실이나 제3자의 행위 또는 영조물이용자 · 관리자의 행위에 의해 발생한 경우에는 그 영조물의 공공목적에 비추어 그 이용상태 및 정도가 일반 통상의 이용방법을 기준으로 하여 수인한도를 넘는다고 볼 만한 객관적인 사정이 있는 경우에 이르러야만 국가 또는 지방자치단체의 배상책임을 인정하여야 한다(대판 1994.11.22. 94다32924).

> 판례
> 고속도로의 확장으로 인하여 인근 초등학교에 소음피해가 발생한 경우, 국가 및 지방자치단체는 「국가배상법」제5조에 따라 배상책임이 있다(대판 2008.3.13. 2007다29287 등).

5. 면책사유 또는 배상책임의 감경

(1) 불가항력
① 예견가능성이 없는 자연재해로 인하여
② 통상적인 방법으로 영조물의 설치 · 관리의 하자가 있다고 볼 수 없는 경우: 그 손해 인정
   → 「국가배상법」제5조 배상책임성 인정

POINT 87

(2) 예산부족

> 판례
> 1. 불가항력의 영조물의 하자가 영조물 설치 · 관리자의 재정적 · 인적 · 물적 제약 등으로 인해 개선하지 못한 경우: 면책성
> 2. 재해발생위험지역을 (통행제한×), 통행차단(×)
> 3. 50여센티 최저기준(×) → 통행량이 많음, 편도2차선
> 4. 6메터, 1차선 편의편도의 경우 → 통행성이, 면책성

(3) 피해자의 과실

① 과실상계
   → 피해자의 고의 또는 과실이 같이 작용한 경우에도 과실은 동일하게 과실상계의 대상이 됨

② 호의동승(안전의무 등 미준수)

> 판례
> 1. 하천 등 물이 일정한 지역에서 이루어지는 경우에는 영조물의 하자 손해는 배상사유의 원인으로 규칙이 있거나
>   → 손해배상액을 고려하여야 한다.
> 2. 언행재해자, 피해용인심수 → 가해자 과실 인정 등

> 판례
> [1] 일반적으로 국가배상청구에서 그 배상청구권이 시효로 인해 소멸되었다고 하더라도 국가가 시효를 주장하는 것이 권리남용에 해당하는 경우 등에는 그 소멸시효 완성의 주장이 신의성실의 원칙에 반하여 허용될 수 없다. 그러나 국가에게 채무이행의 거절을 정당화할만한 특별한 사정이 있는 경우에는 예외 그 채무를 인정하는 적극적 부인의 의사표시를 추론할 만한 사정이 있어야 할 것이고, 그 이외에는 채무자인 국가의 소멸시효 완성의 주장이 신의성실의 원칙에 반하여 권리남용에 해당한다고 볼 수 없다(대판 2010.11.25. 2007다74560).

3. 「국가배상법」제2조 책임과 제5조 책임의 경합

피해자는 양자 중 어느 것에 의하여도 배상청구 등

→ 동시에 선택적으로 혹은 중첩적으로 배상청구권자 있음

4. 영조물의 관리자와 설치자의 공통의 과실이 경합

관리자의 고의과실로 발생된 영조물의 하자로 인해 나아가 「국가배상법」제2조 배상책임이 인정 됨

POINT 88 배상책임자

1 국가와 지방자치단체

2 피해자에 대한 배상책임자(「국가배상법」제6조 제1항[1])

[1] 국가배상법 제6조(비용부담자 등의 책임) ① 제2조·제3조 및 제5조에 따라 국가나 지방자치단체가 손해를 배상할 책임이 있는 경우에 공무원의 선임·감독 또는 영조물의 설치·관리를 맡은 자와 공무원의 봉급·급여, 그 밖의 비용 또는 영조물의 설치·관리비용을 부담하는 자가 동일하지 아니하면 그 비용을 부담하는 자도 손해를 배상하여야 한다.
② 제1항의 경우에 손해를 배상한 자는 내부관계에서 그 손해를 배상할 책임이 있는 자에게 구상할 수 있다.

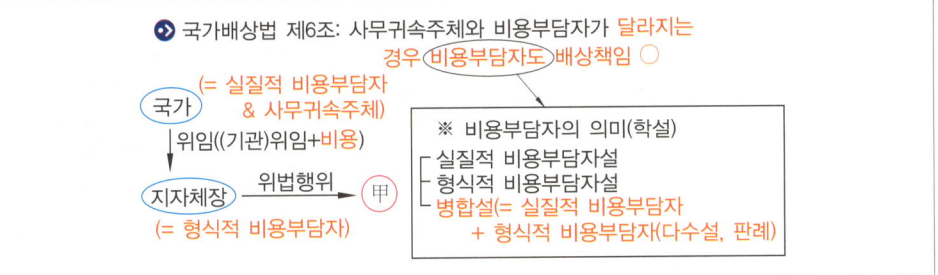

1. 「국가배상법」제6조 제1항의 입법취지
- 사무귀속주체(관리주체)와 비용부담자가 다른 경우 피해자는 어느 쪽에 대하여도 선택적으로 손해배상청구 可
- 피해자가 손해배상청구의 피고를 잘못 지정함으로 인한 불이익을 부담하지 않도록 하기 위한 것

2. 사무귀속주체 또는 관리주체의 의의와 범위

사무의 귀속주체로서의 배상책임자	• 국가사무: 국가 • 자치사무: 지방자치단체
기관위임사무의 귀속주체	• 기관위임사무: 위임기관이 속한 행정주체 • 국가사무가 기관위임된 경우: 국가 • 상급지방자치단체사무가 기관위임된 경우: 상급지방자치단체

📚 판례
1. 도지사로부터 군수에게 재위임된 국가의 기관위임사무인 개간허가 및 그 취소사무 ▷ 국가가 사무 귀속주체로서 배상책임
2. 상위 지방자치단체의 기관위임사무 ▷ 상위 지방자치단체가 사무 귀속주체로서 배상책임
3. 서울특별시장이 국가로부터 기관위임 받아 업무를 집행하는 자동차운전면허시험장의 설치 및 보존의 하자로 인한 손해배상책임의 주체 ▷ 국가

3. 비용부담자(비용부담주체)의 의의와 범위

(1) 문제점

(2) 학설
① 형식적 비용부담자설: 대외적 비용 부담자
② 실질적 비용부담자설: 궁극적으로 비용을 부담하는 자
③ 병합설: 둘 다 비용부담자

(3) 판례: 병합설 또는 형식적 비용부담자설의 입장

📚 판례
1. 지방자치단체의 장이 기관위임된 국가행정사무를 처리[2]
   ▷ 국가: 실질적 비용부담자
   ▷ 지방자치단체: 형식적 비용부담자(경비의 대외적 지출자) → 제6조 제1항의 비용부담자 ○
   '공무원의 봉급급여, 그 밖의 비용' ▷ 인건비만이 아니라 사무에 필요한 일체의 경비를 의미
2. 지방자치단체장이 설치하여 관할 지방경찰청장에게 관리권한이 위임된 교통신호기 고장으로 인한 교통사고
   ▷ 지방자치단체: 실질적 비용부담자
   ▷ 국가: 형식적 비용부담자
3. 여의도 광장에서 차량진입으로 일어난 인신사고
   ▷ 서울특별시: 선임, 감독자로서 배상책임
   ▷ 영등포구청: 비용부담자로서 배상책임

[2] 지방자치단체의 장이 기관위임된 국가행정사무를 처리하는 경우 그에 소요되는 경비의 실질적, 궁극적 부담자는 국가라고 하더라도 당해 지방자치단체는 국가로부터 내부적으로 교부된 금원으로 그 사무에 필요한 경비를 대외적으로 지출하는 자이므로, 이러한 경우 지방자치단체는 국가배상법 제6조 제1항 소정의 비용부담자로서 공무원의 불법행위로 인한 위 법에 의한 손해를 배상할 책임이 있다(대판 1994.12.9. 94다38137).

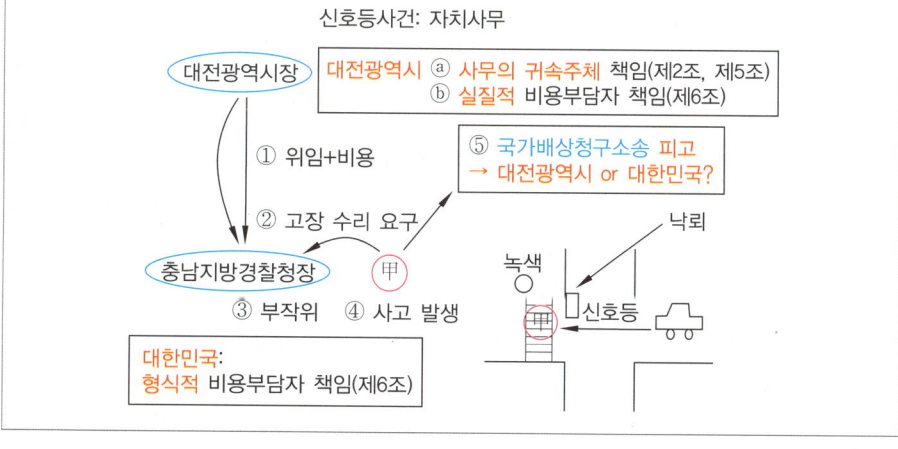

신호등사건: 자치사무

대전광역시 ⓐ **사무의 귀속주체** 책임(제2조, 제5조)
ⓑ **실질적** 비용부담자 책임(제6조)

⑤ 국가배상청구소송 피고
→ 대전광역시 or 대한민국?

대한민국:
형식적 비용부담자 책임(제6조)

4. 도로 및 하천의 경우

(1) 도로의 경우

① 고속국도에 대하여 한국도로공사가 관리하는 경우: 고속국도의 설치·관리자가 한국도로공사인지 아니면 국가인지 <u>불분명</u>

↳ 판례는 「민법」 제758조를 적용한 사례도 있고, 「국가배상법」 제5조를 적용한 사례도 있음

② 일반국도에 대하여 특별시장 등이 관리하는 경우

> **판례** 일반국도 관리사무
> ▷ 기관위임사무
> ▷ 국가: 사무귀속주체로서 배상책임
> ▷ 지방자치단체: 형식적, 실질적 비용부담자로서 <u>배상책임</u>[•]

[•] 도로법 제22조 제2항에 의하여 지방자치단체의 장인 시장이 국도의 관리청이 되었다 하더라도 이는 시장이 국가로부터 관리업무를 위임받아 국가행정기관의 지위에서 집행하는 것으로 국가는 도로관리상 하자로 인한 손해배상책임을 면할 수 없다. 반면 시가 국도의 관리상 비용부담자로서 책임을 지는 것은 국가배상법 제6조 제1항에서 정한 자신의 고유한 배상책임이므로 도로의 하자로 인한 손해에 대하여 시는 부진정연대채무자인 공동불법행위자와의 내부관계에서 배상 책임을 분담하는 관계에 있으며, 국가배상법 제6조 제2항의 규정은 도로의 관리주체인 국가와 그 비용을 부담하는 경제주체인 시 상호간에 내부적으로 구상의 범위를 정하는 데 적용된다(대판 1993.1.26. 92다2684).

(2) 하천의 경우

① 국가하천

국가하천 관리사무: 기관위임사무

- 국가: 설치·관리자로서 배상책임
- 지방자치단체: 실질적 비용부담자 및 형식적 비용부담자로서 배상책임

② 지방하천

지방하천 관리사무: 자치사무

> **판례** 국토부장관의 지방하천 공사대행 중 손해발생 ▷ 지방자치단체 사무귀속주체로서 배상책임○[•]

[•] 구 하천법 제28조 제1항에 따라 국토해양부장관이 하천공사를 대행하더라도 이는 국토해양부 장관이 하천 관리에 관한 일부 권한을 일시적으로 행사하는 것으로 볼 수 있을 뿐 하천관리청이 국토해양부장관으로 변경되는 것은 아니므로, 국토해양부장관이 하천공사를 대행하던 중 지방 하천의 관리상 하자로 인하여 손해가 발생하였다면 하천관리청이 속한 지방자치단체는 국가와 함께 국가배상법 제5조 제1항에 따라 지방 하천의 관리자로서 손해배상책임을 부담한다(대판 2014.6.26. 2011다85413).

3 최종적 배상책임자(구상권)

1. 원인책임자에 대한 구상권(국배법 제5조 제2항)

손해배상한 국가·지방자치단체: 책임질 자에게 구상 可

> **판례** 과실 없는 자가 피해자에게 전액배상 ▷ 책임자에게 전액 구상 可

2. 사무귀속주체와 비용부담주체(비용부담자) 사이의 최종적 책임의 분담

(1) 문제점

「국가배상법」 제6조 제2항상 '내부관계에서 그 손해를 배상할 책임이 있는 자', 즉 최종적 배상책임자가 누구인지가 문제됨

(2) 학설

㉠ 사무귀속주체설: 사무귀속주체가 최종적 배상책임자

㉡ 비용부담자설: 비용부담자가 최종적 배상책임자

㉢ 기여도설: 손해발생에 기여한 정도로 정함

(3) 판례

사무귀속주체설을 취한 판례도 있고, 기여도설을 취한 판례도 있음

> **판례**
> 1. 교통신호기(자치사무) 하자로 사고 ▷ <u>사무의 귀속주체인 지방자치단체가 최종책임자</u>[•]
> 2. 광역시와 국가 모두가 점유자 및 관리자, 비용부담자로서의 책임을 중첩적으로 지는 경우 ▷ 국가, 광역시 모두 배상책임자
> 3. 「국가배상법」 제6조 제2항
>   ▷ 내부관계에 적용(외부관계×)
>   ▷ 비용부담자가 「국가배상법」 제6조 제2항을 들어 관리주체가 아닌 구상권자(공동불법행위자)에게 대항 不可

[•] 교통신호기의 관리사무는 원고(안산시)가 안산경찰서장에게 그 권한을 위임한 사무로서 피고 (대한민국) 소속 경찰공무원 등은 원고의 사무를 처리하는 지위에 있으므로, 원고가 그 사무에 관하여 선임·감독자에 해당하고, 그 교통신호기 시설은 지방자치법 제132조 단서의 규정에 따라 원고의 비용으로 설치·관리되고 있으므로, 그 신호기의 설치·관리비용을 실질적으로 부담하는 비용부담자의 지위도 아울러 지니는 반면, 피고는 단지 그 소속 경찰공무원에게 봉급만 지급하고 있을 뿐이므로 원고(안산시장) 와 피고 (대한민국) 사이에서 이 사건 손해배상의 궁극적인 책임은 전적으로 원고에게 있다고 봄이 상당하다(대판 2001.9.25. 2001다41865).

POINT 89 손해배상액

1 배상의 기준

2 「국가배상법」제3조 배상기준*의 성질

*국가배상법 제3조(배상기준) ① 제2조 제1항을 적용할 때 타인을 사망하게 한 경우(타인의 신체에 해를 입혀 그로 인하여 사망하게 한 경우를 포함한다) 피해자의 상속인(이하 "유족"이라 한다)에게 다음 각 호의 기준에 따라 배상한다.
  1. 사망 당시(신체에 해를 입고 그로 인하여 사망한 경우에는 신체에 해를 입은 당시를 말한다)의 월급액이나 월실수입액(月實收入額) 또는 평균임금에 장래의 취업가능기간을 곱한 금액의 유족배상(遺族賠償) (이하 생략)
② 제2조 제1항을 적용할 때 타인의 신체에 해를 입힌 경우에는 피해자에게 다음 각 호의 기준에 따라 배상한다.
  1. 필요한 요양을 하거나 이를 대신할 요양비 (이하 생략)

1. 학설의 대립

한정액설	손해배상액의 상한을 정한 제한 규정
기준액설(통설)	단순한 배상기준에 불과

2. 통설, 판례: 기준액설

> **판례** 대법원(기준액설)
> ▷ 배상심의회의 배상금 지급기준의 하나
> ▷ 배상액의 상한을 제한한 것으로 볼 수 없음
> ▷ 법원은 위 배상기준보다 초과배상 인정 可

3 이익의 공제

국가배상의무가 인정될 때 피해자가 손해를 입은 동시에 이익을 얻은 경우, 손해배상액에서 그 이익에 상당하는 금액을 빼야 함(동법 제3조의2 제1항)

→ 제3조의2(공제액) ① 제2조 제1항을 적용할 때 피해자가 손해를 입은 동시에 이익을 얻은 경우에는 손해배상액에서 그 이익에 상당하는 금액을 빼야 한다.

> **판례** 위법한 행정지도로 행사하지 못한 어업권을 매도한 이득 ▷ 손익상계 不可

POINT 90 교기해상강도죄 행위자의 재판

1 공인·준공인 등의 대한 특례 – 이동해상공지의 정지

1. 의의 및 임의적지

의의	군인, 군무원, 공무원 등 자치단체의 공무원을 포함하여 일정한 사유가 있는 경우, 법인이나 단체가 수행하는 직무·공무·직무 등에 관련하여 다른 기관에 업무를 이관할 수 있는 것
취지	관련된 이동해상공지가 있으므로, 교기 재판기관, 피해자와의 사이의 공공필요 방지

2. "교기해상강도」 제12조 제1항의 타인의 한정: 중점

2. 이동해상공지의 적용요건

(1) 군인·공무원·공공영업 또는 예비군대원일 것
  ① 현실 예비군대원, 이민해상대원, 직무공영범영
  ② 프로그램×, 공의근무요원×

(2) 군무·공무 등의 인민 장령과 관련하여 교사·방당하거나 공무영의 상당한 범위 경영일 것

> 참조 ① 이동해상공지에서 교사직 이동해상공지에 관련하여 재용되는 것은 금지해상공지에 규정되어 있음
> 참조 ② 최고 감탁: 임원 자치장영의 인민해상공지의 경우 금지해상공지의 재판영에 적용되

(3) 반인이나 그 유족이 다른 법령에 따라 재판영에 기밀해상 수 있을 것

> 참조 이등해상공지의 감탁: 등록교통사고 처리에 있어서 재탁 중 사망 사이에 대하여 재판영의 해당이 있음 이동해상공지의 경우 기밀해상공지에 기밀영 공용.

3. 다른 법령에 의한 재탁 형상 재판

> 참조 ①
> 1. 다른 법령의 이야기 하에 재탁 형상 재판 수 있는 경우 → 교기해상공지의 ×
> 2. 「공영영업」의 "공영공무원의 대해 재산이 되었는 수 있는 경우 등에 따른 재판영 ×
> 3. 다른 법령의 의해 재탁 형상의 사용경영 지급 →
> 4. 교기해상공지 인정 후 → 강종재단자지영의 사용자해상공지 지급 ○
> 5. 군 장학 중 사망한 공이 인정용되기 경우 → 「공영영업」의 사업자해상공지 지급 ×

4. 공동불법행위자의 구상

(1) 문제의 소지

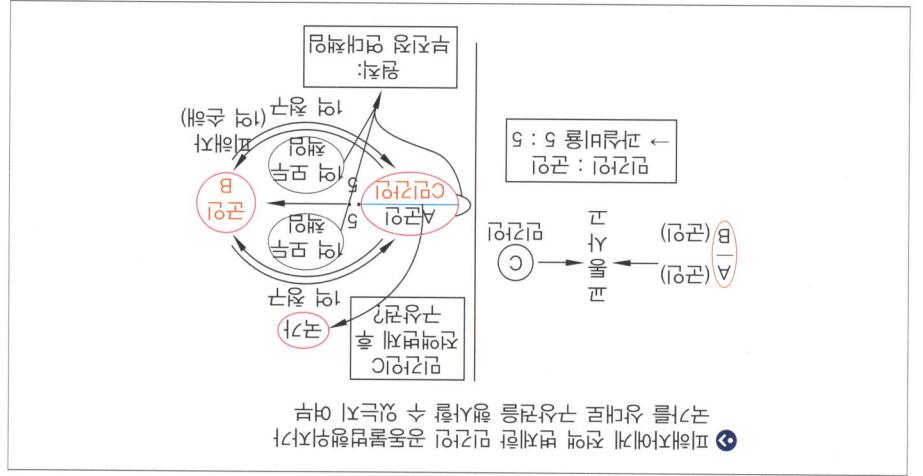

피해자에게 전액 배상한 민간인은 공동불법행위자인 교기의 부담부분에 대해 교기에게 구상권을 행사할 수 있는지 문제

(2) 대법원의 입장: 구상권 행사 부정

민간인은 모든 손해에 대한 것이 아니라 자신의 과실비율에 한하여 피해자에게 손해배상(공동배상)의 민간인이 되는 손해에 대해여 자신의 과실비율에 한하여 피해자에게 손해배상 (공동배상)의

[1] 군인·공무원 등의 직무집행과 관련하여 공동불법행위 등으로 인하여 직무집행과 관련이 없는 일반국민(민간인)에게 손해를 가하여 민간인이 공동불법행위자로서 피해자에게 자신의 과실비율에 따라 손해를 배상한 경우에는 민간인은 국가 등에 대하여 그 귀책사유에 따른 국가 등의 귀책비율에 따라 구상권을 행사할 수 있다(대판 2017.2.13. 2015다60075 등).
[2] 군기해상공지가 군기 공무원 등과 다른 제3자 공동불법행위로 직무집행과 관련하여 군기 해상공지와의 공동불법행위자가 아니라 해상공지와의 손해배상액에 대해 부담부분 범위 내의 손해배상금의 공동책임을 다할 수 있다(대판 2018.7.20. 2018다3669).

(3) 헌법재판소의 입장: 구상권 행사 인정

민간인의 국가에 대한 구상권 행사를 허용하지 않는 것은 헌법에 위반(한정위헌결정)

> 판례 「국가배상법」 제2조 제1항 단서를 국가와 공동불법행위책임이 있는 자(민간인)의 국가에 대한 구상권을 부정하는 취지로 해석하는 것 ▷ 헌법에 위반

2 국가배상청구권의 양도·압류의 금지와 소멸시효

1. 양도·압류의 금지

생명·신체의 침해로 인한 국가배상을 받을 권리는 이를 양도하거나 압류하지 못함(동법 제4조)

2. 국가배상청구권의 소멸시효

(1) 시효기간

손해 및 가해자를 안 날로부터 3년 / 불법행위가 있은 날로부터 5년

(2) 손해 및 가해자를 안 날의 의미

직무행위 등 불법행위 요건을 구비하였음을 인식한 날

> 판례 가해자를 안다는 것❶ ▷ 피해자나 그 법정대리인이 가해 공무원의 불법행위가 그 직무를 집행함에 있어서 행해진 것이라는 사실까지 인식함을 요구

❶ 국가배상법 제2조 제1항 본문 전단 규정에 따른 배상책임을 묻는 사건이며 이와 같은 사건에 대하여는 같은 법 제8조의 규정에 의하여 민법 제766조 소정의 단기소멸시효제도가 적용되는 것인바, 여기서 가해자를 안다는 것은 피해자가 가해 공무원이 국가 또는 지방자치단체와의 간에 공법상의 근무관계가 있다는 사실을 알고, 또한 일반인이 당해 공무원의 불법행위가 국가 또는 지방자치단체의 직무를 집행함에 있어서 행해진 것이라고 판단하기에 족한 사실까지도 인식하는 것을 의미한다(대판 1989.11.14. 88다카32500).

(3) 시효주장의 제한 - 권리남용

국가배상청구권이 시효로 소멸하지 않음

> 판례 1. 신의칙에 반하는 국가배상청구권의 소멸시효 완성 항변❷ ▷ 권리남용으로 불허
> 2. 국가배상청구권의 소멸시효 기간이 지났으나 국가가 소멸시효 완성을 주장하는 것이 신의성실의 원칙에 반하는 권리남용으로 허용될 수 없어 배상책임을 이행한 경우 ▷ 국가는 원칙적으로 해당 공무원에게 구상권 행사×

❷ 불법구금 상태에서 고문을 당한 후 간첩방조 등의 범죄사실로 유죄판결을 받고 형집행을 당한 사람에 대하여 국가배상책임을 인정하면서, 국가가 소멸시효 완성항변을 하는 것은 신의성실의 원칙에 반하는 권리남용으로서 허용될 수 없다(대판 2011.1.13. 2009다103950 등).

(4) 국가배상청구권과 다른 채권의 소멸시효

> 판례 국가배상청구소송 제기 ▷ 다른 채권의 소멸시효 중단×❸

❸ 국가배상청구에 있어서 채권자가 동일한 목적을 달성하기 위하여 복수의 채권을 갖고 있는 경우, 어느 하나의 청구권을 행사하는 것이 다른 채권에 대한 소멸시효 중단의 효력이 있다고 할 수 없으므로, 이 사건 소의 제기(국가배상청구소송의 제기)에 의하여 그 각 법률(국가유공자법 및 군인연금법)에 의한 보상금청구권의 시효가 중단되었다고 볼 수도 없다(대판 2002. 5.10. 2000다39735).

POINT 91 국가배상의 청구절차

해커스공무원 학원·인강 gosi.Hackers.com

1 행정절차에 의한 청구

1. 결정전치주의 폐지 - 임의적 결정전치주의

손해배상소송은 배상심의회에 배상신청을 하지 아니하고도 제기 可

2. 배상심의회

(1) 의의

법무부에 주배상심의회 설치, 군인·군무원에 의한 경우에는 국방부에 특별배상심의회(행정위원회)

(2) 종류

① 본부배상심의회: 법무부에 설치
② 특별배상심의회: 국방부에 설치
   - 군인이나 군무원의 타인에 대한 손해에 대한 배상심사결정 담당
③ 지구배상심의회: 특별배상심의회 밑에 지구심의회
④ 본부심의회, 특별배상심의회, 지구배상심의회: 법무부장관의 지휘

(3) 결정절차

⚠ 주의 ▶ 배상심의회결정은 처분성에 해당 X ▶ 행정소송 X

배상심의회의 결정을 거치는 것은 위 임의사항이며 손해배상소송을 제기하기 위하여 반드시 위 결정을 먼저 배상심의회에 신청하여야 하는 것은 아니고, 또 이를 행정처분이라 할 수 없다(대판 1981.2.10. 80누317).

(4) 결정의 효력

① 배상심의회의 결정은 구 국가배상법상 동의하는 경우에는 재판상 화해로 간주되었으나, 현행 "국가배상법" 제16조는 "배상심의회의 배상결정은 신청인이 동의한 때 "민사소송법" 규정에 의한 재판상 화해가 성립된 것으로 본다."고 규정하고 있었으나, 이 조항은 재판청구권을 고도로 제한하는 재판상화해로 의제됨으로 인해 당사자의 원천적으로 재판청구권이 제한되었던 것으로 헌법 1995.5.25. 91헌가7에 의해 삭제됨

② 배상결정은 기판력이 가지나, 기속력은 재판상의

● 국가배상법 제15조의2(재심신청) ① 지구심의회에서 배상신청이 기각(일부기각 된 경우를 포함한다) 또는 각하된 신청인은 결정정본이 송달된 날부터 2주일 이내에 그 심의회를 거쳐 본부심의회나 특별심의회에 재심을 신청할 수 있다.

2 사법절차에 의한 배상청구

- 형식: 민사소송 / 판례: 민사소송
- 피고: 국가나 지방자치단체
- 현실적 손해발생 사실 등 손해배상청구권 성립요건을 갖추어야 제기 可

310

POINT 92 행정상 손실보상 개설

1 행정상 손실보상의 의의

공공필요에 의한 적법한 공권력행사로 인하여 개인의 재산권에 가해진 특별한 희생에 대하여, 사유재산권 보장과 공평부담의 차원에서 행정주체가 행하는 조절적인 재산적 보상

2 손실보상청구권과 손해배상청구권의 관계

손실보상: 적법한 공권력행사, 특별한 희생 vs 국가배상: 위법한 공권력행사, 유책성

👉 판례
1. 같은 내용의 손해에 관하여 손해배상과 손실보상의 경합 시 ▷ 선택적 행사○, 동시에 행사✕ ❶
2. 사업시행자가 보상액을 지급하지 않고 승낙도 받지 않은 채 공사에 착수하여 손해발생
   ▷ 불법행위 성립○
   ▷ 사업시행자가 배상해야 할 손해액: 손실보상금(원칙)

❶ 공익사업을 위한 토지 등의 취득 및 보상에 관한 법률(이하 '토지보상법'이라 한다) 제79조 제2항(그 밖의 토지에 관한 비용보상 등)에 따른 손실보상과 환경정책기본법 제44조 제1항(환경오염의 피해에 대한 무과실책임)에 따른 손해배상은 근거 규정과 요건·효과를 달리하는 것으로서, 각 요건이 충족되면 성립하는 별개의 청구권이다. 다만, 손실보상청구권에는 이미 '손해전보'라는 요소가 포함되어 있어 실질적으로 같은 내용의 손해에 관하여 양자의 청구권을 동시에 행사할 수 있다고 본다면 이중배상의 문제가 발생하므로, 실질적으로 같은 내용의 손해에 관하여 양자의 청구권이 동시에 성립하더라도 영업자는 어느 하나만을 선택적으로 행사할 수 있을 뿐이고, 양자의 청구권을 동시에 행사할 수는 없다(대판 2019.11.28. 2018두227).

3 손실보상청구권의 법적 성질

1. 학설

공권설(다수설)	원인행위가 공법적, 당사자소송
사권설	손실의 내용이 사법상의 채권·채무관계(금전지급청구권), 민사소송

2. 판례
- 종래 사권설
- 최근 공권으로 보아 당사자소송으로 다룬 판례 등장

1. 구 「수산업법」에 의한 손실보상청구 ▷ 민사소송
2. 「하천법」 부칙 규정의 손실보상청구, 「하천법」상 하천구역편입토지 손실보상청구 ▷ 당사자소송
3. 구 토지보상법에서 정한 농업손실보상청구권 ▷ 공권, 행정소송
4. 구 공익사업법상 사업폐지 등에 대한 보상청구권 ▷ 공권, 행정소송

POINT 93 행정상 손실보상의 근거

해커스공무원 함수민 **행정법총론** 단권화 노트

1 이론적 근거

특별희생설: 공익을 위해 특정 개인에게 가해진 특별한 희생에 대해서는 사회 전체의 공평부담으로 하여 조절적 보상하는 것이 정의와 평등의 원칙에 합당하다는 견해

2 실정법적 근거

1. 헌법적 근거

<u>헌법 제23조 제3항</u>[1]: 공공필요에 의한 재산권의 수용·사용 또는 제한 및 그에 대한 보상은 법률로써 하되, 정당한 보상을 지급하여야 함

[1] 헌법 제23조 ① 모든 국민의 재산권은 보장된다. 그 내용과 한계는 법률로 정한다.
　② 재산권의 행사는 공공복리에 적합하도록 하여야 한다.
　③ 공공필요에 의한 재산의 수용·사용 또는 제한 및 그에 대한 보상은 법률로써 하되, 정당한 보상을 지급하여야 한다.

> **판례** 헌법 제23조 제3항 ▶ 보상청구권의 근거 규정 및 보상의 기준과 방법 법률에 유보

2. 법률적 근거

• 손실보상: 일반법無

• 개별법에서 규정(예 토지보상법)
　↳ 공익사업에 필요한 토지 등 수용 및 손실보상에 관한 일반법적 지위를 가진 「공익사업을 위한 토지 등의 취득 및 보상에 관한 법률」과 「하천법」, 「행정조사기본법」, 「도로법」 등

3. 경계이론과 분리이론

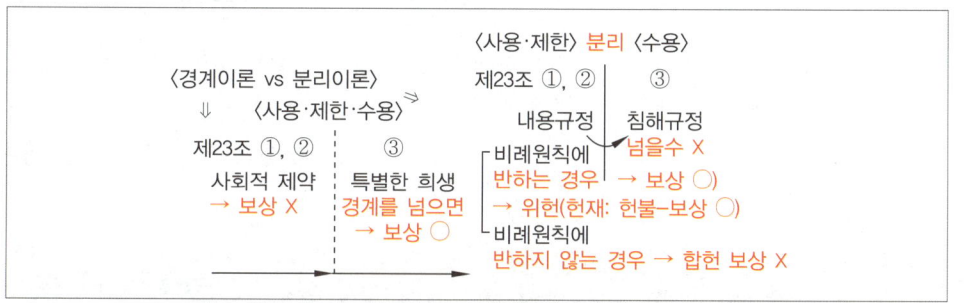

경계이론	분리이론
재산권 침해의 강도	입법의 형식·목적
가치보장 중점	존속보장 중점
독일최고법원	독일연방헌법재판소

(1) 문제점

헌법 제23조 제1항·제2항(재산권의 내용과 한계, 사회적 제약의 문제)과 제3항(공용침해, 공용수용, 공익사업을 위한 재산권의 제한)의 해석과 관련하여, 손실보상의 헌법적 근거가 제23조 제3항에만 근거하는지 아니면 제23조 제1항·제2항도 근거가 될 수 있는지 문제

(2) 학설

① 경계이론

• 재산권에 대한 사회적 제약과 공용침해는 '재산권의 침해의 정도'[2]에 따라 경계 지어진 것에 불과, 재산권의 제한이 일정한 강도(경계)를 넘어서게 되면 특별한 희생이 되어 보상이 필요한 공용침해로 전환된다는 견해

[2] 사회적 제약은 공용침해보다 재산권에 대한 침해가 적은 경우로서 개인은 보상이 없어도 수인해야 하는 것에 반하여, 공용침해는 사회적 제약을 넘어서는 재산권에 대한 침해이므로 '보상규정의 유무와 관계없이' 보상이 있어야 함

• 재산권의 가치보장에 중점 / 독일 연방최고법원, 우리 대법원의 입장

② 분리이론

• 재산권에 대한 사회적 제약과 공용침해는 완전히 서로 독립된 별개의 제도, 헌법 제23조 제1항과 제2항의 재산권의 내용규정(사회적 제약)과 제3항의 공용침해규정은 '입법의 형식과 목적'에 의해 구분[3]된다는 견해

[3] 헌법 제23조 제1항과 제2항의 재산권의 내용규정(사회적 제약)은 입법자가 장래에 있어서 추상적이고 일반적인 형식으로 재산권의 내용, 즉 재산권자의 권리와 의무를 형성하고 확정하는 것이고, 제3항의 공용침해규정은 국가가 구체적인 공적 과제를 이행하기 위하여 이미 형성된 구체적인 재산권적 지위를 의도적으로 박탈하는 것

• 재산권의 존속보장에 중점 / 독일의 연방헌법재판소, 우리 헌법재판소의 입장

(3) 헌법재판소 판례 – 분리이론

'개발제한구역 사건'에서 사회적 제약의 한계를 넘는 재산권 제한: 헌법 제23조 제1항·제2항의 '재산권의 내용 및 한계규정'으로 봄(헌법 제23조 제3항×)

4. 헌법 제23조 제3항이 불가분조항인지 여부

> 불가분조항이란 동일한 법률에 재산권의 제한과 보상의 방법 및 기준에 관한 사항을 함께 규정하는 것

긍정설(다수설): 보상규정을 두지 않은 수용법률은 위헌

5. 헌법 제23조 제3항의 효력(보상규정이 없는 공용침해에 대한 권리구제)

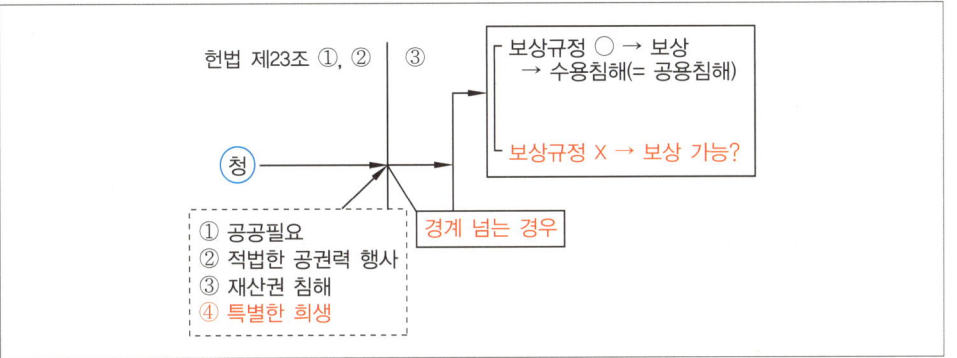

(1) 문제의 소재

공용침해가 보상을 필요로 하는 '특별한 희생'임에도 불구하고 그것을 허용하는 근거법률이 보상규정을 두지 않은 경우, 헌법 제23조 제3항의 규정만으로 손실보상을 청구할 수 있는지

(2) 학설

방침규정설 (입법지침설)	이 견해는 헌법 제23조 제3항은 규범적 효력은 없고 단지 입법자에 대한 입법방침규정에 불과하므로 보상규정을 둘 것인가 하는 문제는 입법자의 재량판단의 문제라고 본다. 따라서 보상규정이 없으면 손실보상을 청구할 수 없다고 한다.
위헌무효설 (입법자에 대한 직접효력설)	이 견해는 헌법 제23조 제3항을 불가분조항으로 보아 공용침해를 규정하면서 보상규정을 두지 않은 법률은 위헌으로 무효이고, 그에 근거한 공용침해행위는 위법한 직무행위가 되므로, 그 경우 「국가배상법」에 의거한 손해배상청구만 가능하고 직접 헌법규정에 근거하여 손실보상을 청구할 수는 없다고 한다.
직접효력설 (국민에 대한 직접효력설)	이 견해는 헌법 제23조 제3항이 직접 국민에 대하여 효력을 가진다고 보아, 개별규정에 보상규정이 없는 경우에도 헌법 제23조 제3항을 직접 근거로하여 손실보상을 청구할 수 있다고 한다. 따라서 이 견해는 헌법 제23조 제3항을 불가분조항으로 보지 않는다.
유추적용설 (간접효력설)	이 견해는 공용침해에 따르는 보상규정이 없는 경우에는 헌법 제23조 제1항(재산권 보장규정) 및 제11조(평등원칙)를 근거하여 헌법 제23조 제3항 및 관계규정을 유추적용하여 손실보상을 청구할 수 있다고 한다.
보상입법 부작위위헌설	이 견해는 공용필요를 위하여 공용침해를 규정하면서 손실보상규정을 두지 않은 경우 그 공용침해규정 자체는 헌법에 위반되는 것은 아니고, 손실보상을 규정하지 않은 입법부작위가 위헌이라고 한다. 따라서 이 견해는 헌법 제23조 제3항을 불가분조항으로 보지 않는다.

(3) 판례

① 대법원: 유추적용설의 경향

> 1-1. 공공사업시행지구 밖에서 발생한 간접손실보상 ▷ 보상에 관한 명문의 근거 법령이 없는 경우라고 하더라도, 공공사업의 시행으로 인하여 그러한 손실이 발생하리라는 것을 쉽게 예견할 수 있고, 그 손실의 범위도 구체적으로 이를 특정할 수 있는 경우, 구 공공용지의 취득 및 손실보상에 관한 특례법 시행규칙 유추 적용 可
> 1-2. 하천 제방부지 및 제외지보상 ▷ 하천편입토지 보상 등에 관한 특별조치법 유추 적용 ①
> 2. 관리처분계획의 인가 고시를 통해 임차인이 임차물을 사용 수익할 권능을 제한받게 되는 손실보상 ▷ 구 공익사업을 위한 토지 등의 취득 및 보상에 관한 법률 유추 적용

①법률 제2292호 하천법 개정법률 제2조 제1항 제2호 (나)목 및 (다)목, 제3조에 의하면, 제방부지 및 제외지는 법률 규정에 의하여 당연히 하천구역이 되어 국유로 되는데도, 하천편입토지 보상 등에 관한 특별조치법(이하 '특별조치법'이라 한다)은 법률 제2292호 하천법 개정법률 시행일(1971.7.20.)부터 법률 제3782호 하천법 중 개정법률의 시행일(1984.12.31.) 전에 국유로 된 제방부지 및 제외지에 대하여는 명시적인 보상규정을 두고 있지 않다. 그러나 제방부지 및 제외지가 유수지와 더불어 하천구역이 되어 국유로 되는 이상 그로 인하여 소유자가 입은 손실은 보상되어야 하고 보상방법을 유수지에 관한 것과 달리할 아무런 합리적인 이유가 없으므로, 법률 제2292호 하천법 개정법률 시행일부터 법률 제3782호 하천법 중 개정법률 시행일 전에 국유로 된 제방부지 및 제외지에 대하여도 특별조치법 제2조를 유추적용하여 소유자에게 손실을 보상하여야 한다고 보는 것이 타당하다(대판 2011.8.25. 2011두2743).

② 헌법재판소: 위헌무효설의 경향

- 보상규정 두지 않은 것 헌법 위반
- 보상입법 기다려 권리행사(헌법불합치결정)②

②[1] 도시계획법 제21조에 의한 재산권의 제한은 개발제한구역으로 지정된 토지를 원칙적으로 지정 당시의 지목과 토지현황에 의한 이용방법에 따라 사용할 수 있는 한, 재산권에 내재하는 사회적 제약을 비례의 원칙에 합치하게 합헌적으로 구체화한 것이라고 할 것이나, 종래의 지목과 토지현황에 의한 이용방법에 따른 토지의 사용도 할 수 없거나 실질적으로 사용·수익을 전혀 할 수 없는 예외적인 경우에도 아무런 보상없이 이를 감수하도록 하고 있는 한, 비례의 원칙에 위반되어 당해 토지소유자의 재산권을 과도하게 침해하는 것으로서 헌법에 위반된다.
[2] 도시계획법 제21조에 규정된 개발제한구역제도 그 자체는 원칙적으로 합헌적인 규정인데, 다만 개발제한구역의 지정으로 말미암아 일부 토지소유자에게 사회적 제약의 범위를 넘는 가혹한 부담이 발생하는 예외적인 경우에 대하여 보상규정을 두지 않은 것에 위헌성이 있는 것이고, 보상의 구체적 기준과 방법은 헌법재판소가 결정할 성질의 것이 아니라 광범위한 입법형성권을 가진 입법자가 입법정책적으로 정할 사항이므로, 입법자가 보상입법을 마련함으로써 위헌적인 상태를 제거할 때까지 위 조항을 형식적으로 존속케 하기 위하여 헌법불합치결정을 하는 것인 바, 입법자는 되도록 빠른 시일내에 보상입법을 하여 위헌적 상태를 제거할 의무가 있고, 행정청은 보상입법이 마련되기 전에는 새로 개발제한구역을 지정하여서는 아니되며, 토지소유자는 보상입법을 기다려 그에 따른 권리행사를 할 수 있을 뿐 개발제한구역의 지정이나 그에 따른 토지재산권의 제한 그 자체의 효력을 다투거나 위 조항에 위반하여 행한 자신들의 행위의 정당성을 주장할 수는 없다(헌재 1998.12.24. 89헌마214).

> 1-1. 개발제한구역제도 그 자체는 원칙적으로 합헌적인 규정인데, 다만 개발제한구역의 지정으로 말미암아 일부 토지소유자에게 사회적 제약의 범위를 넘는 가혹한 부담이 발생하는 예외적인 경우에 대하여 보상규정을 두지 않은 것에 위헌성이 있는 것이다.
> 1-2. 실질적으로 사용, 수익을 전혀 할 수 없는 예외적인 경우에도 아무런 보상없이 이를 감수하도록 하고 있는 한, 비례의 원칙에 위반되어 당해 토지소유자의 재산권을 과도하게 침해하는 것으로서 헌법에 위반된다.

POINT 94 해정상 공권력작용 II 강권

해커스공무원 영수민 행정법총론 단권화 노트

1 운용의 필요

1. 운용의 필요의 개념
운용필요: 장래에도의 운용의 필요성

> 판례 운용필요는 기본적 강제수단인 재정부과의 공통적인 요건 개념

2. 운용의 필요의 판단

> 판례 운용은 '필요성', 즉 사인의 재정강제행위 장래에 달 정도의 공익이 유형있어 인정되어야 함

3. 필요성의 인정여부

> 판례 운용필요 (공익상의 필요) 이 인정되어야 ▷ 사인신청자

4. 공용필요의 자용범위

(1) 순수한 고도적 자용
공용필요X

(2) 민간기업의 수용의 주체로 될 가정
정용필요O

(3) 사인이 사업시행자인 경우
사인 사업으로 편익특을 수 있는 공익이 공공의 해택되지 않도록 재도적 보용장치가 있어야 함

> 판례 1. 수용의 주체 ▷ 인가지정 불문
> 2. 이사업용장, 사업시설제정의 취하 사용 ▷ 공용필요O

2 재산권에 대한 공권력 침해

1. 재산권

(1) 재산권의 의의
① 재산권가치 있는 권리 일체를 포함하는 의미
② 사업상의 권리뿐만 아니라 공법상의 권리도 포함
③ 영속하는 고제적인 재정가치이어야 함 / 기대이익(예 원결 상승의 기대 등)이나 단순한 가능성·영속가능성X

> 판례 1. 영업에의 기회, 기상업의 사실, 연회 여기 ▷ 공법적 대상X
> 2. 시험, 관허적 이용가치 ▷ 공법적 대상X

(2) 이루어진 공평력에 의한 공법필요적 대상이 아닌
① 공사: 공법필요적 대상O
② 예외: 이루어진 장이 크고 개정적으로 발생하는 필연적 가능성이 있는 경우X

> 판례 사인간에 고위 의한 자동한 사용상용
> 공사: 재판이 명한 경우O
> 예외: 이루어진 용인된기 시 대상X

(3) 비자산권 법익의 침해
① 침해적 대상이 되지 않O
② 침해수락청구X

2. 공권력 침해

(1) 침해의 의의
① 반수행사(예 트의사용 등) 때문에 사인의 사실행위(예 드름공사 등)에 의한 재산적 공해까지 포함
② 사업적 자용만 해제

(2) 침해의 유형
① 공권력적 가치를 감소시키는 일절의 자용
② 수용: 재정권 바탈 / 사용: 임시 강제 강제 / 제한: 가지 침해
③ 공해의 양식: 법률수용·행정수용

(4) 침해의 의도성·직접성

① 재산권에 대한 공권적 침해는 공권력주체에 의하여 직접적으로 의도된 것이어야 함(cf. 수용적 침해)

② 재산권 침해: 실질적·현실적 피해 발생해야 함

③ 공익사업과 손실사이에 상당한 인과관계가 있어야 함

 판례 구 「공유수면매립법」상 간척사업의 시행으로 인하여 관행어업권이 상실된 경우, 매립면허 고시 이후 매립공사가 실행되어 어업권자에게 실질적이고 현실적인 피해가 발생한 경우에만 손실보상청구권이 발생

3 재산권 침해의 적법성

4 특별한 희생

1. 개념

재산권의 사회적 제약 넘는 손실

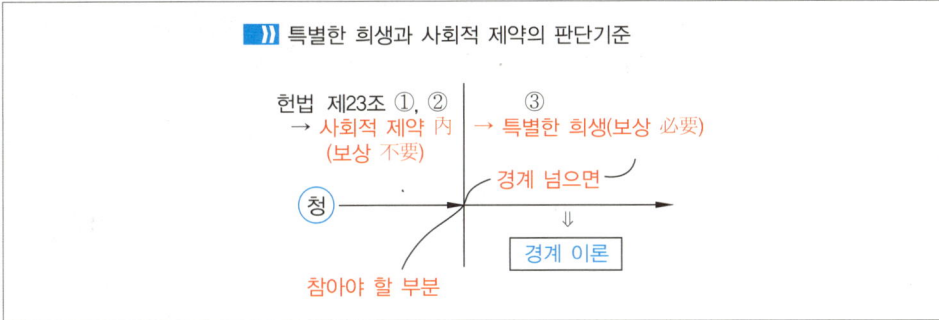

2. 학설

형식적 기준설	침해받는 자 특정되면 특별희생
실질적 기준설	• 보호가치성설: 보호가치 있는 재산침해가 특별희생 • 수인한도설: 침해 수인 불가능한 경우 특별희생 • 목적위배설: 재산권 이용 목적 위배가 특별희생 • 사적효용설: 사적효용 본질적 침해시 특별희생 • 중대설: 재산권 제약 중대한 경우 특별희생 • 상황구속성설: 재산권 주체가 제한을 예상하기 불가능한 경우 특별희생
통설	형식적·실질적 기준 종합하여 판단

3. 판례

(1) 대법원

1. 대법원은 개발제한구역 지정으로 인한 재산권 제약
   ▷ 사회적 제약
   ▷ 손실보상 대상✕
2. 공공용물에 대한 일반사용의 제한 ▷ 특별한 희생✕
3. 공익사업의 시행으로 토석채취허가 연장✕
   ▷ 실질적·현실적 피해 발생✕, 인과관계✕
   ▷ 특별한 희생✕

(2) 헌법재판소

1-1. 개발제한구역 지정으로 토지를 종래 목적으로 사용 不可 or 실질적 사용·수익 不可
   ▷ 사회적 제약의 한계를 넘는 것 + 보상규정 두지 않은 것 → 위헌
1-2. 지가 하락이나 지가상승률 상대적 감소 ▷ 사회적 제약의 범주 內 + 보상규정 두지 않아도 → 합헌[①]
2. 토지의 사적 이용권 배제 상태로 10년 이상 보상없이 수인 ▷ 재산권보장에 위배

[①] 개발제한구역 지정으로 인하여 토지를 종래의 목적으로도 사용할 수 없거나 또는 더 이상 법적으로 허용된 토지이용의 방법이 없기 때문에 실질적으로 토지의 사용·수익의 길이 없는 경우에는 토지소유자가 수인해야 하는 사회적 제약의 한계를 넘는 것으로 보아야 한다. 그러나 개발제한구역의 지정으로 인한 개발가능성의 소멸과 그에 따른 지가의 하락이나 지가상승률의 상대적 감소는 토지소유자가 감수해야 하는 사회적 제약의 범주에 속하는 것으로 보아야 한다(헌재 1998.12.24. 89헌마214).

POINT 95 행정상 손실보상의 기준과 내용

해커스공무원 함수민 **행정법총론 단권화 노트**

1 개설

2 손실보상의 기준

1. 헌법상의 보상기준

(1) 문제의 소재: 헌법 제23조 제3항상 정당한 보상 의미

(2) 학설: 완전보상설 vs 상당보상설

(3) 판례: 완전보상설

> **판례** 1-1. 정당한 보상 ▷ 객관적 재산가치의 완전보상
> 1-2. 공익사업의 시행으로 지가가 상승하여 발생하는 개발이익 ▷ 완전보상의 범위×
> 2. 완전한 보상 ▷ 잔여건물의 가치하락분에 대한 감가보상 포함

2. 개발이익의 배제

(1) 개발이익의 의의

① 개발사업의 시행 등으로 인해 정상 지가상승분을 초과하는 토지가액의 증가분

② 보상액을 산정할 경우에 해당 공익사업으로 인하여 토지 등의 가격이 변동되었을 때에는 이를 고려하지 아니함(토지보상법 제67조 제2항)

(2) 개발이익 배제의 정당성과 위헌성

> **판례** 1. 당해 공익사업으로 인한 개발이익의 배제 ▷ 합헌
> 2. 당해 공공사업과는 관계없는 다른 사업 시행으로 인한 개발이익 ▷ 배제×

(3) 개발이익의 배제 방법: 표준공시지가 기준 보상

3 토지보상법상 보상대상자

• 공익사업에 필요한 토지의 소유자와 관계인

• 관계인: 사업시행자가 취득하거나 사용할 토지에 관하여 지상권·지역권·전세권·저당권·사용대차 또는 임대차에 따른 권리 또는 그 밖에 토지에 관한 소유권 외의 권리를 가진 자, 그 토지에 있는 물건에 관하여 소유권이나 그 밖의 권리를 가진 자

> **판례** 보상 대상이 되는 '기타 토지에 정착한 물건에 대한 소유권 그 밖의 권리를 가진 관계인' ▷ 수거, 철거권 등 실질적 처분권을 가신 사노 포함

4 손실보상의 내용

1. 개설

토지보상법: 재산권 보상 / 간접 손실보상 / 생활보상

2. 재산권 보상

(1) 토지보상

① 취득하는 토지의 보상(공용수용으로 인한 손실보상)

㉠ 공시지가를 기준으로 한 보상

> **판례** 1. 보상기준이 표준공시지가 ▷ 합헌
> 2. 표준지공시지가를 기준으로 한 보상가격이 개별공시지가를 기준으로 하여 산정한 것보다 저렴 ▷ 보상액 산정 적법

• 토지에 대한 보상액: 현실적인 이용상황과 일반적인 이용방법에 의한 객관적 상황을 고려하여 산정

• 일시적인 이용상황과 토지소유자나 관계인이 갖는 주관적 가치 및 특별한 용도에 사용할 것을 전제로 한 경우 등은 고려×

㉡ 공시지가 기준일

사업인정 후의 취득: 사업인정고시일 전의 시점을 공시기준일로 하는 공시지가로서, 토지에 관한 협의의 성립 또는 재결 당시 공시된 공시지가 중 그 사업인정고시일과 가장 가까운 시점에 공시된 공시지가(토지보상법 제70조 제4항).

② 사용하는 토지의 보상(공용사용으로 인한 손실보상)

㉠ 보상 규정

㉡ 사용하는 토지의 매수 및 수용청구

ⓐ 의의: 사업인정고시가 된 후, 토지를 사용하는 기간이 3년 이상인 경우(제1호), 토지의 사용으로 인하여 토지의 형질이 변경되는 경우(제2호), 사용하려는 토지에 그 토지소유자의 건축물이 있는 경우(제3호) 중 어느 하나에 해당할 때에는 해당 토지소유자는 사업시행자에게 해당 토지의 매수를 청구하거나 관할 토지수용위원회에 그 토지의 수용을 청구할 수 있음 / 이 경우 관계인은 사업시행자나 관할 토지수용위원회에 그 권리의 존속을 청구할 수 있음(동법 제72조)

> **판례** 개발제한구역법상 토지매수청구권등 보상규정 ▷ 합헌

ⓑ 불복방법

> **판례** 토지소유자의 제72조 수용청구에 대한 재결에의 불복 ▷ 사업시행자 상대로 보상금증감청구소송(∵ 형성권)
>
> • 공익사업을 위한 토지 등의 취득 및 보상에 관한 법률 제72조의 문언, 연혁 및 취지 등에 비추어 보면, 위 규정이 정한 수용청구권은 토지보상법 제74조 제1항이 정한 잔여지 수용청구권과 같이 손실보상의 일환으로 토지소유자에게 부여되는 권리로서 그 청구에 의하여 수용효과가 생기는 형성권의 성질을 지니므로, 토지소유자의 토지수용청구를 받아들이지 아니한 토지수용위원회의 재결에 대하여 토지소유자가 불복하여 제기하는 소송은 토지보상법 제85조 제가에 규정되어 있는 '보상금의 증감에 관한 소송'에 해당하고, 피고는 토지수용위원회가 아니라 사업시행자로 하여야 한다(대판 2015.4.9. 2014두46669).

③ 제한하는 토지의 보상(공용제한으로 인한 손실보상): 공법상 제한을 받는 토지의 평가(토지보상법 시행규칙 제23조)

㉠ 원칙: 제한받는 상태대로 평가

㉡ 다만, 공법상 제한이 당해 공익사업의 시행을 직접 목적으로 하여 가하여진 경우: 제한이 없는 상태로 평가

> **판례**
> 1. 택지개발사업시행을 위해 용도지역이 주거지역으로 변경된 토지 ▷ 용도지역 변경을 고려하지 않고 토지가액 평가
> 2. 당해 공공사업의 시행을 직접 목적× ▷ 제한 받는 상태대로 평가(공법상 제한이 공공사업 시행 이후에 가하여졌는지 불문)
> 3. 용도지역등을 지정, 변경하지 않은 것이 공익사업 시행을 위한 것 ▷ 용도지역등의 지정, 변경이 이루어진 상태를 상정하여 평가

(2) 토지 이외의 손실보상

① 이전료 및 물건의 수용에 대한 보상(제75조)

• 토지보상법 제75조(건축물등 물건에 대한 보상) ① 건축물・입목・공작물과 그 밖에 토지에 정착한 물건(이하 "건축물등"이라 한다)에 대하여는 이전에 필요한 비용(이하 "이전비"라 한다)으로 보상하여야 한다. 다만, 다음 각 호의 어느 하나에 해당하는 경우에는 해당 물건의 가격으로 보상하여야 한다.
  1. 건축물등을 이전하기 어렵거나 그 이전으로 인하여 건축물등을 종래의 목적대로 사용할 수 없게 된 경우
  2. 건축물등의 이전비가 그 물건의 가격을 넘는 경우
  3. 사업시행자가 공익사업에 직접 사용할 목적으로 취득하는 경우
② 농작물에 대한 손실은 그 종류와 성장의 정도 등을 종합적으로 고려하여 보상하여야 한다.
③ 토지에 속한 흙・돌・모래 또는 자갈(흙・돌・모래 또는 자갈이 해당 토지와 별도로 취득 또는 사용의 대상이 되는 경우만 해당한다)에 대하여는 거래가격 등을 고려하여 평가한 적정가격으로 보상하여야 한다.
④ 분묘에 대하여는 이장(移葬)에 드는 비용 등을 산정하여 보상하여야 한다.

② 권리에 대한 보상(제76조)

• 토지보상법 제76조(권리의 보상) ① 광업권・어업권・양식업권 및 물(용수시설을 포함한다) 등의 사용에 관한 권리에 대하여는 투자비용, 예상 수익 및 거래가격 등을 고려하여 평가한 적정가격으로 보상하여야 한다.

> **판례** 「하천법」에 의한 하천수 사용권
> ▷ 특허에 의한 공물사용권
> ▷ 토지보상법상 손실보상의 대상으로 규정하고 있는 '물의 사용에 관한 권리'에 해당

③ 영업손실 등에 대한 보상

㉠ 영업의 폐지・휴업(제77조)

• 영업을 폐업하거나 휴업함에 따른 영업손실에 대하여는 영업이익과 시설의 이전비용 등을 고려하여 보상하여야 함(제1항)

• 영업손실: 수용의 대상이 된 토지・건물 등을 이용하여 영업을 하다가 그 토지・건물 등이 수용됨으로 인하여 영업을 할 수 없거나 제한을 받게 됨으로 인하여 생기는 직접손실○ / 단, 간접적 영업손실도 보상대상인 경우도 有

> **판례**
> 1. 투자비용・기대이익 ▷ 영업손실보상대상×
> 2. 휴업・폐지구별 ▷ 실제로 이전하였는지×/이전이 가능한지○

㉡ 농업의 손실(제2항)

• 토지보상법 제77조(영업의 손실 등에 대한 보상) ② 농업의 손실에 대하여는 농지의 단위면적당 소득 등을 고려하여 실제 경작자에게 보상하여야 한다. 다만, 농지소유자가 해당 지역에 거주하는 농민인 경우에는 농지소유자와 실제 경작자가 협의하는 바에 따라 보상할 수 있다.

㉢ 휴직・실직(제3항)

• 토지보상법 제77조(영업의 손실 등에 대한 보상) ③ 휴직하거나 실직하는 근로자의 임금손실에 대하여는 「근로기준법」에 따른 평균임금 등을 고려하여 보상하여야 한다.

3. 간접손실(사업손실)의 보상

(1) 의의

① 공익사업의 시행 또는 완성 후의 시설이 간접적으로 사업지 밖의 재산권 등에 가해지는 손실 / 비정형적・다양
② 보상규정이 결여된 간접손실: 판례는 관련규정의 유추적용을 통해 보상 / 간접손실이 특별한희생에 해당해야 함

(2) 근거

> **판례** 공익사업시행지구 밖 영업손실보상의 요건인 '공익사업의 시행으로 인한 그 밖의 부득이한 사유로 일정 기간 동안 휴업이 불가피한 경우' ▷ 공익사업의 시행 또는 시행 당시 발생한 사유로 휴업이 불가피한 경우만을 의미하는 것이 아니라 공익사업의 시행 결과, 즉 그 공익사업의 시행으로 설치되는 시설의 형태, 구조, 사용 등에 기인하여 휴업이 불가피한 경우도 포함된다고 해석

• 철도의 설치 이후 고속기차의 운행으로 인하여 발생한 간접손실에 대한 손실보상청구를 허용한 사건

(3) 청구방법

토지보상법상 간접손실보상: 재결 거친 후 행정소송(곧바로 손실보상청구×)

• 토지보상법의 규정 내용과 입법 취지 등을 종합하면, 간접손실보상을 청구하려는 자는 토지보상법 제34조, 제50조 등에 규정된 재결절차를 거친 다음 그 재결에 대하여 불복이 있는 때에 비로소 토지보상법 제83조 내지 제85조에 따라 권리구제를 받을 수 있을 뿐이다. 이러한 재결절차를 거치지 않은 채 곧바로 사업시행자를 상대로 손실보상을 청구하는 것은 허용되지 않는다(대판 2019.11.28. 2018두227).

4. 잔여지·잔여건축물의 손실보상, 잔여지·잔여건축물의 매수 및 수용청구

(1) 잔여지 등의 손실보상(제73조 제1항, 제75조의2 제1항에 따른 보상청구)

① 규정: 사업시행자는 동일한 소유자에게 속하는 일단의 토지(또는 건축물)의 일부가 취득되거나 사용됨으로 인하여, 잔여지(또는 잔여 건축물)의 가격이 감소하거나 그 밖의 손실이 있을 때 또는 잔여지에 통로·도랑·담장 등의 신설이나 그 밖의 공사가 필요할 때에는 국토교통부령으로 정하는 바에 따라 그 손실이나 공사의 비용을 보상하여야 함

② 성립요건

> **판례**
> 1. 잔여지 손실보상 ▷ 손실이 공익사업에 토지 일부가 취득·사용됨으로 인해 발생해야 함
> 2. 1. 동일 토지L유지에 속하는 토지의 일부기 취득퇴이 친히여 가격 김소 ▷ 진여시를 평래의 복석에 사봉아는 것이 가능한 경우라도 손실보상의 대상O
> 2-2. 잔여 영업시설 손실보상의 요건 ▷ 공익사업에 영업시설 일부가 편입됨으로써 잔여 영업시설의 운영에 일정한 지장이 초래되고, 이에 따라 종전처럼 정상적인 영업을 계속하기 위해서는 잔여 영업시설에 시설을 새로 설치하거나 잔여 영업시설을 보수할 필요가 있는 경우도 포함

③ 잔여지 등 손실보상 청구방법: 사업시행자와 잔여지 등의 소유자 사이에 보상에 관한 협의가 성립되지 않으면 잔여지 등의 소유자는 관할 토지수용위원회에 재결 신청 可

④ 제척기간: 해당 사업의 공사완료일부터 1년

⑤ 불복방법: 재결 거친 후 행정소송(곧바로 손실보상청구✕)❶

> ❶토지(또는 건축물)소유자가 사업시행자로부터 잔여지 등의 가격감소 등으로 인한 손실보상을 받고자 하는 경우 토지수용위원회의 재결절차를 거치지 않은 채 곧바로 사업시행자를 상대로 손실보상을 청구하는 것은 허용되지 않는다.

> **판례** 잔여지 등의 가격감소 등으로 인한 손실보상
> ▷ 재결 거친 후 보상금증감청구소송
> ▷ 잔여지 또는 잔여 건축물 수용청구에 대한 재결절차를 거친 경우라도 마찬가지

(2) 잔여지 등의 매수 및 수용청구(제74조 제1항, 제75조의2 제2항에 따른 보상청구)

① 규정

- 동일한 소유자에게 속하는 일단의 토지(또는 건축물)의 일부가 협의에 의하여 매수되거나 수용됨으로 인하여 잔여지(또는 잔여 건축물)를 종래의 목적에 사용하는 것이 현저히 곤란할 때에는 해당 토지(또는 건축물)소유자는 사업시행자에게 잔여지를 매수하여 줄 것을 청구할 수 있으며, 사업인정 이후에는 관할 토지수용위원회에 수용을 청구할 수 있음

- 이 경우 수용의 청구는 매수에 관한 협의가 성립되지 아니한 경우에만 할 수 있으며, 그 사업의 공사완료일까지 하여야 함❷

- 매수 또는 수용의 청구가 있는 잔여지 및 잔여지에 있는 물건에 관하여 권리를 가진 자는 사업시행자나 관할 토지수용위원회에 그 권리의 존속을 청구할 수 있음(제74조 제2항)

> ❷매수 또는 수용의 청구가 있는 잔여지 및 잔여지에 있는 물건에 관하여 권리를 가진 자는 사업시행자나 관할 토지수용위원회에 그 권리의 존속을 청구할 수 있다(동법 제74조 제2항).

> **판례** 매수청구는 사업시행자에게, 수용청구는 토지수용위원회에 해야 함
> ▷ 사업시행자에게 한 잔여지 매수청구 의사표시: 토지수용위원회에 한 잔여지 수용청구의 의사표시✕❸

❹ 관할 토지수용위원회가 사업시행자에게 잔여지 수용청구의 의사표시를 수령할 권한을 부여하였다고 인정할 만한 사정이 없는 한, 사업시행자에게 한 잔여지 매수청구의 의사표시를 관할 토지수용위원회에 한 잔여지 수용청구의 의사표시로 볼 수는 없다 (대판 2010.8.19. 2008두822).

② 성립요건

> **판례** 잔여지 재결당시 용도사용 현저히 곤란
> ▷ 잔여지수용청구 可
> ▷ 이용은 가능하나 많은 비용이 소요되는 경우를 포함

③ 잔여지 매수 및 수용청구권의 성질: 형성권

④ 잔여지 등의 수용청구권의 행사기간: 매수에 관한 협의가 성립되지 아니한 경우에만, 해당 사업의 공사완료일까지 可

> **판례** 잔여지 수용청구권
> ▷ 형성권, 행사기간: 제척기간
> ▷ 기간 내에 잔여지 수용청구권을 행사하지 아니하면 권리 소멸

⑤ 불복방법

> **판례** 잔여지수용청구 거부재결에 대한불복 ▷ 보상금증감청구소송

5. 생활보상

(1) 의의

① 공익사업으로 인하여 생활의 근거가 변경되는 사람들이 종래와 같이 사회의 구성원으로 정상적인 생활을 영위할 수 있도록 실질적 물질적인 보상 혹은 지원을 하는 것 / 침해가 없던 종전 생활상태 회복목적 / 이주대책·생활대책

② 헌법적 근거: 헌법 제34조 or 제23조 / 일반법 無

> 제34조 ① 모든 국민은 인간다운 생활을 할 권리를 가진다.

> **판례**
> 1. 이주대책
> ▷ 헌법상 정당한 보상✕, 정책적 배려O
> ▷ 실시여부는 입법재량
> 2. 생활대책
> ▷ 헌법상 정당한 보상✕, 정책적 배려O
> ▷ 실시여부는 입법재량

(2) 생활보상의 내용

① 이주대책❺

> ❻토지보상법 제78조(이주대책의 수립 등) ① 사업시행자는 공익사업의 시행으로 인하여 주거용 건축물을 제공함에 따라 생활의 근거를 상실하게 되는 자(이하 "이주대책대상자"라 한다)를 위하여 대통령령으로 정하는 바에 따라 이주대책을 수립·실시하거나 이주정착금을 지급하여야 한다.
> ② 사업시행자는 제1항에 따라 이주대책을 수립하려면 미리 관할 지방자치단체의 장과 협의하여야 한다.
> ④ 이주대책의 내용에는 이주정착지(이주대책의 실시로 건설하는 주택단지를 포함한다)에 대한 도로, 급수시설, 배수시설, 그 밖의 공공시설 등 통상적인 수준의 생활기본시설이 포함되어야 하며, 이에 필요한 비용은 사업시행자가 부담한다. 다만, 행정청이 아닌 사업시행자가 이주대책을 수립·실시하는 경우에 지방자치단체는 비용의 일부를 보조할 수 있다.

㉠ 의의: 공익사업의 시행으로 인하여 주거용 건축물을 제공함에 따라 생활근거를 상실한 자(이주대상자)를 종전과 같은 생활상태를 유지할 수 있도록 다른 지역으로 이전시켜주는 것 / 종전과 같은 주거 획득 보장

㉡ 이주대책 수립·실시의무 및 수립자
- 이주대책은 국토교통부령으로 정하는 부득이한 사유가 있는 경우를 제외하고는 이주대책대상자 중 이주정착지에 이주를 희망하는 자의 가구 수가 10호 이상인 경우에 수립·실시(토지보상법 시행령 제40조 제2항)
- 이주대책 수립 시: 미리 관할 지방자치단체장과 협의하고, 미리 이주대책대상자에게 통지하여야 함
- 사업시행자의 이주대책실시 및 이주정착금지급: 법적의무

  판례 이주대책수립 실시·내용(제78조 제1항, 제4항 본문) ▷ 강행규정

㉢ 이주대책의 실시 여부: 입법자의 입법정책적 재량

㉣ 이주대책대상자
- 공익사업의 시행으로 인하여 주거용 건축물을 제공함에 따라 생활의 근거를 상실하게 되는 자 등
- 타인이 소유하고 있는 건축물에 거주하는 세입자✕
  (토지보상법 시행령 제40조 제5항)
- 공익사업을 위한 관계 법령에 의한 고시 등이 있은 날 당시 건축물의 용도가 주거용인 건물이 아니었던 건물을 그 이후에 주거용으로 불법 용도변경: 이주대책대상✕

  판례
  1. 이주대책대상자 해당 여부 ▷ 주거용 건축물 제공으로 생활의 근거 상실해야 함
  2. 이주대책대상인 주거용 건축물 ▷ 고시 당시 용도가 주거용인 건물
  3. 토지보상법상 규정된 이주대책대상자 아닌 이해관계인 ▷ 사업시행자는 임의로 이들을 포함하여 이주대책 수립 可

㉤ 이주대책의 내용
- 이주대책의 내용에는 이주정착지(이주대책의 실시로 건설하는 주택단지를 포함)에 대한 도로, 급수시설, 배수시설, 그 밖의 공공시설 등 통상적인 수준의 생활기본시설 포함되어야 하고, 이에 필요한 비용은 사업시행자가 부담함 / 단, 행정청이 아닌 사업시행자가 이주대책을 수립·실시하는 경우에는 지방자치단체가 비용의 일부를 보조할 수 있음(제78조 제4항)
- 사업시행자의 이주대책 수립·실시: 법적 의무 / 내용·수량결정: 재량행위(법령에 의한 것 제외)

  판례 사업시행자 ▷ 이주대책기준·이주대책대상자선정·공급택지결정 재량○

㉥ 이주정착금 지급: 이주대책 수립·실시✕ or 이주대책대상자가 타지역으로 이주하려는 경우등 이주정착금 지급(시행령 제41조)

㉦ 주거이전비 지급: 주거용 건물의 거주자에 대하여는 주거 이전에 필요한 비용과 가재도구 등 동산의 운반에 필요한 비용을 산정하여 보상하여야 함(제78조 제6항)

  판례
  1-1. 주거이전비, 이사비 ▷ 사회보장적 차원의 지급금원
  1-2. 세입자의 주거이전비보상청구소송 ▷ 당사자소송(공권)

구 공익사업을 위한 토지 등의 취득 및 보상에 관한 법률 제78조 제5항·제7항, 같은 법 시행규칙 제54조 제2항 본문, 제3항의 각 조문을 종합하여 보면, 세입자의 주거이전비 보상청구권은 그 요건을 충족하는 경우에 당연히 발생하는 것이므로, 주거이전비 보상청구소송은 행정소송법 제3조 제2호에 규정된 당사자소송에 의하여야 한다(대판 2008.5.29. 2007다8129).

◎ 수분양권
ⓐ 발생시기: 이주자가 사업시행자에게 이주대책대상자 선정신청을 하고 사업시행자가 이를 받아들여 이주대책 대상자로 확인·결정하여야만 비로소 구체적인 수분양권 발생

  판례
  아파트 수분양권 발생
  ▷ 법령규정 그 자체✕
  ▷ 사업시행자가 이주대책자로 확인, 결정함으로써○

ⓑ 법적 성질

  판례
  1. 이주대책에 따른 수분양권 ▷ 공법상 권리
     수분양권 미취득 ▷ 수분양권 확인 구할 수 없음
  2. 이주대책대상자 확인, 결정 ▷ 행정처분
     이주대책대상자 제외 조치 ▷ 거부처분 → 항고소송○

공익사업을 위한 토지 등의 취득 및 보상에 관한 법률상의 공익사업시행자가 하는 이주대책대상자 확인·결정은 구체적인 이주대책상의 수분양권을 부여하는 요건이 되는 행정작용으로서의 처분이지 이를 단순히 절차상의 필요에 따른 사실행위에 불과한 것으로 평가할 수는 없다. 따라서 수분양권의 취득을 희망하는 이주자가 소정의 절차에 따라 이주대책대상자 선정신청을 한데 대하여 사업시행자가 이주대책대상자가 아니라고 하여 위 확인·결정 등의 처분을 하지 않고 이를 제외시키거나 거부조치한 경우에는, 이주자로서는 사업시행자를 상대로 항고소송에 의하여 제외처분이나 거부처분의 취소를 구할 수 있다(대판 2014.2.27. 2013두10885).

② 생활대책(생계대책)
㉠ 의의: 종전과 같은 경제수준을 유지할 수 있도록 하는 조치 / 생활비보상(이농비·이어비 보상), 상업용지·농업용지의 공급, 직업훈련, 고용, 알선 등

㉡ 생활대책대상자 제외 및 거부의 처분성
- 생활대책대상자 선정기준 해당자: 사업시행자에게 확인·결정 신청 可
- 생활대책대상자 제외·선정거부: 행정처분○

  판례
  1-1. (관련규정이 없더라도) 사업시행자가 스스로 내부규정을 두고 선정기준을 마련하여 생활대책 수립, 시행 ▷ 헌법상 정당한 보상에 해당
  1-2. 선정기준 해당자에 대한 생활대책대상자 제외, 선정거부 ▷ 행정처분○

POINT 96 행정상 손해보상의 방법 및 지급원칙

1 손실보상의 방법

1. 원칙
금전보상(제63조)

2. 예외
현물보상, 매수보상, 채권보상 등

2 손실보상의 지급원칙

1. 사업시행자보상의 원칙(제61조)
당해사업: 수용 또는 사용등에 의해 가진 수요할 자, 즉 사업시행자가 보상

2. 사전보상의 원칙(제62조)
- 공익사업의 공사 착수 전 보상액의 전액을 지급해야 함(원칙)
- 천재지변 시 토지 사용한 경우 or 토지소유자 등의 승낙이 있는 경우
  - 예외적으로 후급O
  - 이자 + 물가변동에 따른 불이익: 당해사업자가 부담

3. 개인별 보상의 원칙(제64조)
토지의 피보상자 개인별로 보상(물건별X)

4. 전액보상의 원칙(제62조)

5. 일괄보상의 원칙(제65조)
사업시행자는 동일한 사업지역에 보상시기를 달리하는 동일인 소유의 토지 등이 여러 개 있는 경우 토지소유자나 관계인이 요구할 때에는 일괄하여 보상금을 지급하도록 하여야 함

6. 시가보상의 원칙(공정에 상응한 가치시점)
- 협의에 의한 경우: 협의 성립 당시 가격
- 재결에 의한 경우: 재결 당시 가격

> 참고
> 토지 등에 대한 보상액은 가격시점에서의 현실적인 이용상황과 일반적인 이용방법에 의한 개관적 상황을 고려하여 산정하되(해당 공익사업으로 인한 가치변동은 고려X)

7. 사업시행이익과 상계금지(제66조)
사업시행자는 동일한 소유자에게 속하는 일단의 토지의 일부를 취득하거나 사용하는 경우 해당 공익사업의 시행으로 인하여 잔여지의 가격이 증가하거나 그 밖의 이익이 발생한 경우에도 그 이익을 해당 토지에 대한 보상금액에서 상계할 수 없음

해커스공무원 학원·인강 gosi.Hackers.com

POINT 97 공용수용의 절차

1 공용수용의 의의
특정한 공익사업을 위하여 법률에 근거하여 토지 등 타인의 재산권을 강제적으로 취득하는 것

2 공용수용의 절차(4단계)
사업인정 → 토지조서·물건조서의 작성 → 협의 → 재결

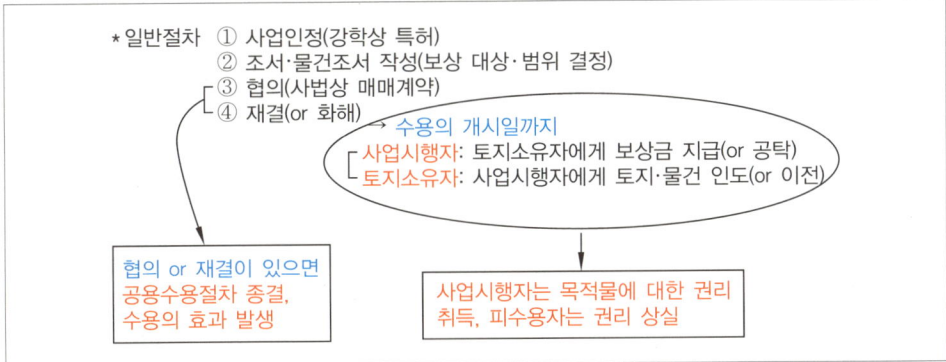

1. 사업인정

(1) 의의 및 성질
토지보상법 제4조에 열거되어 있는 공익사업에 해당함을 인정하여 사업시행자에게 특정한 재산권에 대한 수용권을 설정하여 주는 형성적 행위(특허): 재량행위

> **판례**
> 1. 사업인정의 요건 ▷ 사업시행자에게 공익사업을 수행할 의사와 능력이 있을 것●
> 2. 사업인정 ▷ 공익사업을 토지 등을 수용 또는 사용할 사업으로 결정하는 것으로서 공익사업의 시행자에게 그 후 일정한 절차를 거칠 것을 조건으로 일정한 내용의 수용권을 설정하여 주는 형성행위

● 공익사업을 수행하여 공익을 실현할 의사나 능력이 없는 자에게 타인의 재산권을 공권력적·강제적으로 박탈할 수 있는 수용권을 설정하여 줄 수는 없으므로, 사업시행자에게 해당 공익사업을 수행할 의사와 능력이 있어야 한다는 것도 사업인정의 한 요건이라고 보아야 한다(대판 2019.2.28. 2017두71031).

(2) 사업인정의 고시
① 사업인정의 효력발생요건이면서 동시에 독자적인 행정처분(준법률행위적 행정행위로서의 통지)
② 사업인정의 효력발생시기: 고시일부터 효력 발생
③ 고시에 있어 일부절차 누락한 사업인정 효력: 취소사유

(3) 사업인정의 효과
① 수용권 발생 / 수용목적물 확정 / 토지등의 형질변경이나 토지정착물등의 손괴·수거등 행위금지 / 공작물의 신축·증축·대수선시 지방자치단체장의 허가요 / 보상액 고정의 효과有
② 사업인정과 수용재결: 하자승계 ×

2. 토지조서·물건조서의 작성
취지: 토지수용위원회의 재결절차에 있어서 심리의 전제사실을 명확히, 심리의 신속·원활

POINT 98 보상액의 결정방법 및 불복절차

해커스공무원 함수민 **행정법총론** 단권화 노트

---

1 보상액의 결정방법

1. 당사자 간의 협의에 의한 경우

(1) 협의의 의의

① 수용절차로서 협의: 사업인정 후 협의

② 협의: 필요적 절차, 누락 시 위법(원칙)

(2) 협의의 법적 성질

① 판례: 사법상 계약

② 통설: 공법상 계약

> **판례**
> 1. 도시계획사업의 시행자가 그 사업에 필요한 토지를 협의취득하는 행위(보상합의)
>   ▷ 사경제 주체로서 행하는 사법상의 법률행위
>   ▷ 민사소송
> 2. 협의취득은 사법상 법률행위 ▷ 자유로운 의사에 따라 채무불이행책임이나 매매대금 과부족금에 대한 지급의무 약정 可
> 3. 손실보상금에 관한 당사자 간의 합의
>   ▷ 손실보상의 기준에 의하지 않을 수 있음
>   ▷ 합의성립시: 합의 내용대로 구속력○ → 합의 내용이 공익사업법에서 정하는 손실보상 기준에 맞지 않는다고 하더라도 합의가 적법하게 취소되는 등의 특별한 사정이 없는 한 추가로 공익사업법상 기준에 따른 손실보상청구 할 수 없음

(3) 협의의 효과

① 협의성립시, 공용수용절차 종결

② 협의의 내용에 따라 수용의 효과가 발생(승계취득)

→ 사업시행자는 이전 소유자의 권리 위에 존재하던 부담과 제한을 그대로 승계하게 됨

(4) 협의성립의 확인

→ 사업시행자는 협의가 성립된 경우에는 사업인정고시가 있은 날로부터 1년 이내에 당해 토지소유자 및 관계인의 동의를 얻어 관할 토지수용위원회에 협의 성립의 확인을 신청할 수 있다(제29조 제1항).

① 사업시행자는 토지소유자 및 관계인의 동의를 얻어 사업인정고시가 있은 날로부터 1년 이내 신청 可

② 효과: 확인은 재결로 간주, 사업시행자는 토지·물건을 원시취득❶

> ❶ 목적물에 대한 이전의 모든 권리는 소멸함과 동시에 사업시행자에게 새로운 권리가 생김

③ 협의성립 확인신청 시 필요한 동의주체인 토지소유자: 진정한 소유자○(진정한 소유자 아닌 등기부상 소유명의자✕)

---

2. 토지수용위원회의 재결에 의한 경우

(1) 재결의 의의 및 성질(토지보상법 제34조)

① 협의불성립 또는 협의불능의 경우 행하는 공용수용의 종국적 절차

② 형성적 행정행위: 보상액 결정, 보상금 지급을 조건으로 사업시행자는 토지등에 대한 권리취득, 피수용자는 권리 상실

(2) 재결전치주의

재결절차를 거친 경우에만 행정소송제기 可

> **판례**
> 1. 잔여 영업시설 손실보상청구 ▷ 재결절차를 거치지 않은 채 곧바로 사업시행자를 상대로 손실보상청구 不可
> 2. 영업을 폐지하거나 휴업하는 자의 영업손실보상청구 ▷ 재결절차를 거치지 않은 채 곧바로 사업시행자를 상대로 손실보상청구 不可
> 3. 농업의 손실을 입게 된 자의 농업손실보상청구 ▷ 재결절차를 거치지 않은 채 곧바로 사업시행자를 상대로 손실보상청구 不可
> 4. 어업피해에 관한 손실보상청구권 ▷ 재결절차를 거치지 않은 채 곧바로 사업시행자를 상대로 손실보상청구 不可

(3) 재결기관❷: 중앙토지수용위원회 / 지방토지수용위원회

> ❷ 중앙토지수용위원회는 국가 또는 특별시·광역시·도가 사업시행자인 사업과 수용목적물이 둘 이상의 도 또는 특별시·광역시·도의 구역에 걸친 사업에 관한 것을 관할하고, 그 이외의 사업에 관한 것은 지방토지수용위원회가 관할한다(동법 제51조).

(4) 재결신청과 재결신청의 청구

① 사업시행자의 재결신청

- 협의불성립·협의불능시: 사업시행자는 사업인정 고시가 있은 날부터 1년 내 재결신청 可 / 재결신청은 사업시행자만 可(제28조 제1항)
- 기간 내에 재결신청을 하지 않을 경우: 사업인정고시가 된 날부터 1년이 되는 날의 다음 날에 사업인정 실효(제23조 제1항)

② 토지소유자 등의 재결신청 청구

- 사업인정고시가 된 후 협의가 성립되지 아니하였을 때, 토지소유자와 관계인은 사업시행자에게 재결을 신청할 것을 청구할 수 있음(제30조 제1항) / but 토지수용위원회에 직접 재결신청은 不可
- 토지소유자와 관계인의 재결신청 청구시: 사업시행자는 60일 내 재결신청해야 함(제2항)❸

> ❸ 사업시행자가 제2항에 따른 기간을 넘겨서 재결을 신청하였을 때에는 그 지연된 기간에 대하여 「소송촉진 등에 관한 특례법」 제3조에 따른 법정이율을 적용하여 산정한 금액을 관할 토지수용위원회에서 재결한 보상금에 가산(加算)하여 지급하여야 한다(제30조 제3항).

> **판례** 사업시행자와 협의를 하지 않은 사항(사업시행자가 보상대상에서 제외하며 협의불성립) ▷ 토지소유자 등 재결신청청구 可

POINT 98 보상액의 결정방법 및 불복절차 **322**

(5) 재결의 내용
① 재결사항(제50조 제1항): 수용하거나 사용할 토지구역·사용방법 / 수용 또는 사용의 개시일·기간 / 손실보상액
② 재결: 신청한 범위 내에서 함(제2항) (but 손실보상은 증액재결 可)
③ 토지수용위원회의 수용재결 후: 토지소유자 등과 사업시행자가 다시 협의하여 토지등의 취득·사용, 보상에 관하여 임의로 계약체결 可

(6) 재결의 효과
① 공용수용절차 종결, 일정한 조건 아래 수용의 효과발생
② 수용의 개시일에
  • 사업시행자: 권리취득(원시취득)
  • 피수용자: 권리상실   ← 수용의 개시일에 수용의 목적물에 대한 이전의 모든 권리는 소멸함과 동시에 사업시행자에게 새로운 권리가 생김

(7) 참고
① 환매

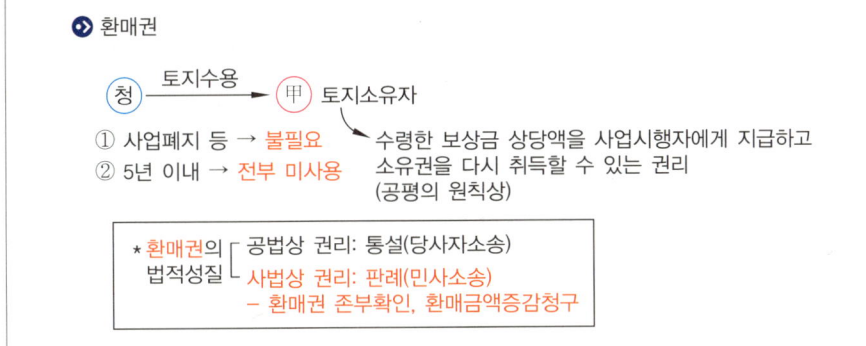

② 공익사업의 변환
  ㉠ 의의: 기존에 공익사업을 위해 수용된 토지를 그 후의 사정변경으로 다른 공익사업을 위해 전용할 필요가 있는 경우 환매권을 제한함으로써 무용한 수용절차의 반복을 피하기 위해 마련한 제도
  → 사업인정을 받은 당해 공익사업의 폐지·변경으로 인하여 협의취득하거나 수용한 토지가 필요 없게 된 때 다른 공익사업으로 변경되는 경우 환매권의 발생을 제한함(토지보상법 제91조 제6항)
  ㉡ 변경된 공익사업의 시행자: 국가·지방자치단체 또는 일정한 공공기관일 필요 ×(민간기업이어도 무방)

2 보상액 결정에 대한 불복절차

이의신청(제83조, 제84조)/행정소송(제85조)

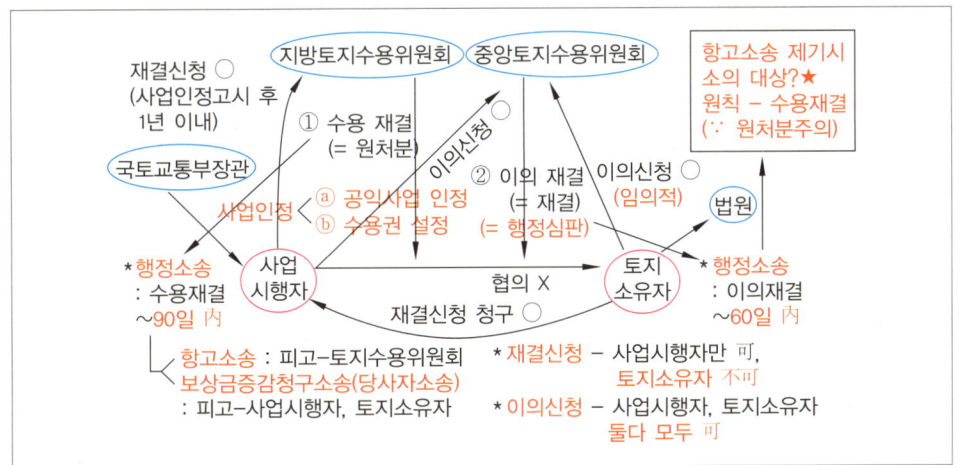

1. 이의신청(제83조)
(1) 이의의 신청
① 중앙토지수용위원회에 신청 可
  _● 중앙토지수용위원회의 재결에 대하여 이의가 있는 자는 중앙토지수용위원회에, 지방토지수용위원회의 재결에 이의가 있는 자는 당해 지방토지수용위원회를 거쳐 중앙토지수용위원회에 이의를 신청할 수 있다(동법 제83조 제1항, 제2항).
② 신청기간: 재결서의 정본을 받은 날부터 30일 内

(2) 성질
행정심판(특별행정심판)의 성질: 임의적 절차
(∴ 토지소유자·관계인 또는 사업시행자는 이의신청을 거치지 아니하고 바로 행정소송제기 可)

> **판례** 토지보상법상 수용재결에 대한 이의절차
> ▷ 특별행정심판
> ▷ "공익사업을 위한 토지 등의 취득 및 보상에 관한 법률"에 특별한 규정이 있는 것을 제외하고는 "행정심판법"의 규정이 적용

(3) 신청인
토지소유자, 관계인, 사업시행자

(4) 이의신청에 대한 재결(제84조)

원재결이 위법부당: 재결의 전부 or 일부 취소·변경 可

(5) 이의신청에 대한 재결의 효력(제86조)

재결확정: 확정판결의 효력(판결정본과 동일효)

(6) 집행부정지(제88조)

이의신청은 사업의 진행 및 토지의 수용 또는 사용을 정지시키지 아니함

2. 행정소송(제85조)

(1) 행정소송의 제기(제1항)

사업시행자, 토지소유자 또는 관계인은 제34조에 따른 수용재결에 불복할 때에는 재결서를 받은 날부터 90일 이내에, 이의신청을 거쳤을 때에는 이의신청에 대한 재결서를 받은 날부터 60일 이내에 각각 행정소송을 제기할 수 있음

(2) 소의 대상 – 원처분주의

> **판례** 이의재결에 불복하여 취소소송 제기시
> ▷ 원처분주의 적용
> ▷ 이의신청을 거친 경우에도 원칙적으로 수용재결에 대해 취소소송 제기(다만, 이의재결 자체에 고유한 위법이 있는 경우 예외적으로 이의재결이 소의 대상)❶

❶ 수용재결에 불복하여 취소소송을 제기하는 때에는 이의신청을 거친 경우에도 수용재결을 한 중앙토지수용위원회 또는 지방토지수용위원회를 피고로 하여 수용재결의 취소를 구하여야 하고, 다만 이의신청에 대한 재결 자체에 고유한 위법이 있음을 이유로 하는 경우에는 그 이의재결을 한 중앙토지수용위원회를 피고로 하여 이의재결의 취소를 구할 수 있다고 보아야 한다(대판 2010.1.28. 2008두1504).

(3) 집행부정지(제88조)

행정소송의 제기는 사업의 진행 및 토지의 수용 또는 사용을 정지시키지 아니함

3. 보상금증감청구소송(제85조 제2항)

(1) 의의

토지수용위원회의 수용재결 중 보상금에 대해서만 이의가 있는 경우: 보상금 증액 또는 감액청구 可

① 토지소유자와 관계인: 보상금증액청구소송

② 사업시행자: 보상금감액청구소송

(2) 법적 성질

① 소송의 성질

증액청구소송	이행소송
감액청구소송	확인소송

② 형식적 당사자소송❷: 재결을 행한 토지수용위원회를 피고로 하지 않고, 대등한 당사자인 토지소유자 또는 관계인과 사업시행자를 각각 원고와 피고로 함

❷ 형식적 당사자소송은 실질적으로 행정청의 처분 등의 효력을 다투는 항고소송의 성질을 가지고 있지만, 형식적으로는 (소송형태상) 처분 등의 효력을 다투지않고, 또한 처분청을 피고로 하지도 않고, 그 대신 처분 등으로 인해 형성된 법률관계를 다투기 위해 그 법률관계의 일방 당사자를 피고로 하여 제기하는 소송을 말한다.

> **판례** 보상금증감청구소송은 형식적 당사자소송에 해당한다.❸

❸ 구 토지수용법 제75조의2 제2항의 규정(현행 토지보상법 제85조 제2항)은 그 제1항에 의하여 이의재결에 대하여 불복하는 행정소송을 제기하는 경우, 이것이 보상금의 증감에 관한 소송인 때에는 이의재결에서 정한 보상금이 증액 변경될 것을 전제로 하여 기업자를 상대로 보상금의 지급을 구하는 공법상의 당사자소송을 규정한 것으로 볼 것이다(대판 1991.11.26. 91누285).

(3) 대상: 보상금에 관한 법률관계

> **판례** 어떤 보상항목이 손실보상대상에 해당함에도 관할 토지수용위원회가 사실이나 법리를 오해하여 손실보상대상에 해당하지 않는다고 잘못된 내용의 재결을 한 경우(잘못된 내용의 보상재결) ▷ 사업시행자를 상대로 보상금증감소송 제기❹

❹ 어떤 보상항목이 공익사업을 위한 토지 등의 취득 및 보상에 관한 법령상 손실보상대상에 해당함에도 관할 토지수용위원회가 사실을 오인하거나 법리를 오해함으로써 손실보상대상에 해당하지 않는다고 잘못된 내용의 재결을 한 경우에는, 피보상자는 관할 토지수용위원회를 상대로 그 재결에 대한 취소소송을 제기할 것이 아니라, 사업시행자를 상대로 구 공익사업을 위한 토지 등의 취득 및 보상에 관한 법률 제85조 제2항에 따른 보상금증감소송을 제기하여야 한다(대판 2018.7.20. 2015두4044).

(4) 당사자적격: 보상금증감청구소송의 피고

> 보상금증감청구소송은 그 소송을 제기하는 자가 토지소유자 또는 관계인일 때에는 사업시행자를, 사업시행자일 때에는 토지소유자 또는 관계인을 각각 피고로 한다(동법 제85조 제1항).

① 토지소유자 또는 관계인이 소제기시: 사업시행자

② 사업시행자가 소제기시: 토지소유자 또는 관계인

③ 토지수용위원회×, 행정청×

> **판례** 보상금 증감청구소송에서 피고 ▷ 행정청이 속하는 권리의무의 주체인 국가나 지방공공단체○, 기관에 불과한 행정청×

(5) 제소기간

수용재결서를 받은 날부터 90일, 이의재결서를 받은 날부터 60일 이내 행정소송 제기

(6) 입증책임: 원고

> **판례** 보상금증액청구소송에서 정당한 손실보상액에 대한 입증책임의 소재 ▷ 원고

(7) 보상항목의 일부에 대한 불복

> **판례** 하나의 재결에서 여러 보상항목들 중 일부에 관해서만 불복하는 경우 ▷ 일부에 대해서만 보상금증감청구소송제기 可❺

❺ 하나의 재결에서 피보상자별로 여러 가지의 토지, 물건, 권리 또는 영업의 손실에 관하여 심리·판단이 이루어졌을 때, 피보상자 또는 사업시행자가 반드시 재결 전부에 관하여 불복하여야 하는 것은 아니며, 여러 보상항목들 중 일부에 관해서만 불복하는 경우에는 그 부분에 관해서만 개별적으로 불복의 사유를 주장하여 행정소송을 제기할 수 있다. 이러한 보상금증감소송에서 법원의 심판범위는 하나의 재결 내에서 소송당사자가 구체적으로 불복신청을 한 보상항목들로 제한된다(대판 2018.5.15. 2017두41221).

(8) 집행부정지(제88조)

보상금증감소송은 사업의 진행 및 토지의 수용 또는 사용을 정지시키지 아니함

POINT 99. 손해전보를 위한 그 밖의 제도 개설

▼ 수용침해와 수용유사침해의 의의 및 요건

수용침해(적법/무책) cf. 손해배상(위법/유책)	수용유사침해(위법/무책)
① 공공필요 ② 적법한 공권력 행사 ③ 의도된 재산권 침해 ④ 특별한 희생 ⑤ 보상규정 ○	① 공공필요 ② 위법한 공권력 행사(보상규정 ×) ③ 의도된 재산권 침해 ④ 특별한 희생

▼ 수용적 침해와 희생보상청구권의 의의 및 요건

수용적 침해(적법/무책)	희생보상청구권(적법/무책)
① 공공필요 ② 적법한 공권력 행사 ③ 의도되지 않은 재산권 침해(비정형적) ④ 특별한 희생(예 사업지 밖에 발생한 간접손실)	① 공공필요 ② 적법한 공권력 행사 ③ 생명/신체 등 비재산권 침해 ④ 특별한 희생(예 예방접종)

1 현행 행정상 손해전보제도의 흠결

1. 손실보상
적법한 행정작용으로 재산권에 특별한 손해

2. 손해배상
공무원의 유책성(고의·과실)에 기한 위법한 행정작용으로 발생한 손해
→ 위 제도들을 통해 구제받기 어려운 영역이 존재

2 문제의 상황 및 보충방안

위법·무책의 공용침해	수용유사침해이론
비의도적 공용침해	수용적 침해이론
적법한 행정작용으로 인한 비재산적 법익에 대한 침해	희생보상이론
금전배상을 내용으로 하는 손해배상제도의 불안전성 극복	결과제거청구권

POINT 100 수용유사침해와 수용적 침해·희생보상청구권·결과제거청구권

해커스공무원 함수민 **행정법총론** 단권화 노트

1 수용유사침해와 수용적 침해

1. 수용유사침해이론

(1) 의의

① 위법한 공용침해로 인하여 특별한 희생을 입은 자에 대하여 그 근거법령에 보상규정이 없는 경우, 수용에 준하여 손실보상을 해주어야 한다는 이론

② 위법·무책한 공행정작용으로 인한 유추보상 인정

(2) 인정여부

① 독일 관습법인 희생보상청구권에 근거(독일연방최고법원)[①]

> [①] 독일연방헌법재판소가 자갈채취사건에서 위법한 재산권 침해에 대한 권리구제를 행정소송(취소소송)을 통하도록 하고, 수용유사침해이론에 의한 유추보상을 제약하는 판결을 하자 독일연방법원은 독일기본법 제14조 제3항이 아닌 관습법인 희생보상청구권에서 근거를 찾음

② 우리나라에서의 인정여부

- 견해 대립 有
- 판례: 언급 有, 단, 인정한 바 없음

> 📖 **판례** 사인 소유의 방송사 주식을 강압적으로 국가에 증여하게 한 것이 수용유사적 침해에 해당한다고 볼 수는 없다.[②]

> [②] 수용유사적 침해의 이론은 국가 기타 공력력의 주체가 위법하게 공권력을 행사하여 국민의 재산권을 침해하였고 그 효과가 실제에 있어서 수용과 다름없을 때에는 적법한 수용이 있는 것과 마찬가지로 국민이 그로 인한 손실의 보상을 청구할 수 있다는 내용으로 이해되는데, 과연 우리 법제 하에서 그와 같은 이론을 채택할 수 있는 것인가는 별론으로 하더라도 위에서 본 바에 의하여 이 사건에서 피고 대한민국의 이 사건 주식취득이 그러한 공권력의 행사에 의한 수용유사적 침해에 해당한다고 볼 수는 없다(대판 1993.10.26. 93다6409).

2. 수용적 침해이론

(1) 의의

① 적법한 공용침해의 부수적 결과로 의도되지 않은, 비정형적인 재산권 침해를 특별한 희생으로 보아 손실보상을 해주어야 한다는 이론 (결과책임론에 근거)

② 비의도적 재산권 침해로 인한 특별한 희생 보상

③ 대표적인 예: 간접손실(사업지 밖의 재산권에 가해지는 손실)

> 📖 **판례** 기업지 밖 간접손실보상 ▷ 시행규칙의 관련규정 유추적용可

(2) 인정여부

① 독일 관습법인 희생보상청구권에 근거(독일연방사법재판소가 고안)

② 우리나라에서의 인정여부

- 견해 대립 有
- 판례: 직접 인정한 예 無

2 희생보상청구권

1. 의의

- 행정청의 공권력행사에 의하여 발생한 개인의 비재산적 법익(생명, 신체, 자유, 명예 등)이 침해된 경우 그 손실보상을 청구할 수 있는 권리
- 비재산적 법익의 손실 보상

2. 인정여부

- 일반적 인정× / 개별법에 규정 有[③]

> [③] 예 「감염병예방법」 제71조에 의한 예방접종 등에 따른 피해의 국가보상, 「소방기본법」 제49조의2 제1항 제2호에 의한 명령에 따른 소방활동으로 인한 사망·부상에 대한 보상 등

- 우리나라에서의 인정여부(개별법에 보상규정 없는 경우): 견해 대립 有 / 판례 無

3 결과제거청구권

1. 의의

- 위법한 공행정작용의 결과가 남아 있는 상태로 인하여 자기의 법률상 이익을 침해받고 있는 자가 행정주체에 대하여 그 위법상태를 제거해 줄 것을 청구하는 권리[④]

> [④] 예 토지수용처분이 취소되었음에도 불구하고 사업시행자가 토지를 반환하지 않고 있는 경우 그 토지의 반환을 청구, 국세청장의 위법한 명단공표에 대하여 정정보도청구 등

- 위법상태 제거하여 회복시켜줄 것 요구
- 국가배상(금전배상)·취소소송(원상회복미비) 보완[⑤]

> [⑤] 독일의 학설과 판례를 통해 성립·발전된 것으로, 「민법」상 소유권에 기한 소유물방해제거청구권(「민법」 제214조)과 유사하다.

2. 행정상 손해배상과 구별
(1) **결과제거청구권**: 고의·과실 불문, 원상회복 목적
(2) **손해배상**: 고의·과실 필요, 금전배상 목적

3. 법적 성질
(1) **포괄적 권리**: 비재산적 침해에 대해서도 발생
(2) **개인적 공권**: 법률상 이익 침해되어야 함

4. 법적 근거
- 명문 규정 無
- 학설: 법치행정의 원리, 기본권규정, 「민법」상 소유물반환청구권, 소유물방해배제청구권, 「행정소송법」상 판결의 기속력 등을 법적근거로 봄

5. 성립요건

- 공행정작용으로 인한 위법상태 발생
- 법률상 이익 침해
- 위법상태 존재(계속)
- 결과제거 가능성

(1) 행정주체의 공행정작용으로 인한 침해행위
권력·비권력작용, 법적·사실행위 불문(단, 사경제작용으로 인한 침해 제외)

(2) 타인의 법률상 이익의 침해
① 결과제거청구권: 개인적 공권(∴ 법률상 이익 침해 要) (반사적·사실상 이익 침해: 결과제거청구 不可)
② 침해된 이익: 명예나 신용 등과 같은 비재산적인 것, 정신적인 것 포함

(3) 위법한 상태의 존재
① 처음부터 위법하거나 사후적으로 위법하게 된 것 포함
② 공정력: 취소소송 선행되어야 함(병합제기 可)

(4) 위법상태의 계속
위법한 침해상태: 결과제거청구 시까지 계속되어야 함

(5) 결과제거(원상회복)의 가능성 및 기대가능성
① 결과제거(원상회복): 사실적·법적으로 가능하고, 침해 이전 상태로의 회복이 기대가능해야 함
② 결과제거 기대불가능: 국가배상청구 可

> **판례** 행정주체가 사인 소유의 토지를 권원 없이 도로로 점유 ▷ 도로부지 소유자: 소유권에 기해 인도청구 不可(단, 불법행위를 원인으로 한 손해배상청구 可)

6. 결과제거청구권의 내용
(1) 원상회복청구권
위법한 결과를 제거하여 원래 상태로의 회복

(2) 직접적 결과의 제거
결과제거청구의 대상: 직접적 결과제거만(간접적 결과✕)

> [예] 무주택자의 특정주택에의 입주결정 후에 입주자가 주택을 손상한 경우에 있어서 주택의 소유자는 행정주체에게 당해 입주자를 퇴거하게 해줄 것을 요구할 수 있을 뿐, 무주택자가 야기한 손해(주택 손상)에 대한 원상회복까지 요구할 수는 없다.

(3) 과실상계의 문제
① 과실상계: 「민법」상의 과실상계 규정 유추적용 可
② 피해자의 과실이 위법상태의 발생에 기여한 경우에는 그 과실에 비례하여 결과제거청구권이 제한 또는 상실됨

7. 결과제거청구권의 실현 수단
쟁송절차: 공법상 당사자소송(단, 소송실무: 민사소송)

MEMO